KB252452

얼쑤! 스스로논술학습법

발행일 2009년 1월 30일
지은이 이도희 **발행인** 이성모
발행처 도서출판 동인 / 서울시 종로구 명륜동2가 237 아남주상복합㈜ 118호
등록 1-1599호
전화 (02)765-7145, 55   **팩스** (02)765-7165
이메일 dongin60@chol.com **홈페이지** www.donginbook.co.kr

ISBN 978-89-5506-381-3   **정가** 18,000원

얼쑤! 스스로논술학습법

저자 이도희

도서출판 동인

얼쑤!

선생의·스스로논술학습법

저자의 말

신통한 얼쑤! '스스로논술학습법'으로 논술에 취해보자!

"박제가가 사랑하는 바보들이 있습니다. 그 한 가지 바보는, 자기가 하는 일에 깊이 푹 빠져 넋을 잃고, 병적으로 집착(癖)하는 바보들입니다. 한 벗은 매화꽃 한 송이를 그리려고, 그 꽃의 표정과 몸짓과 향기를, 몇 날 며칠 밤을 굶어가며

들여다보고 또 킁킁 향기를 맡고, 그것을 한 번 그리고 열 번 그리고 스무 번 그리고 서른 번 백 번 그립니다. 그러나 더 똑똑한 바보는 자기의 일에 그렇게 미쳐 있다가도 어느 날 문득 확 떨쳐버리고 훨훨 자유자재로 벗어나 휘휘 돌아다닐 줄도 아는 사람입니다. 물론 그렇게 벗어났다가는, 다시 또 문득 그 일로 되돌아가 더 치열하게 미쳐 살아야 하겠지요.”

한승원의 소설 ‘추사(秋史)’의 내용이다. 스승인 박제가(朴齊家)가 제자인 김정희(金正喜)에게 한 마디로 말한다. ‘미쳐야(狂) 미친다(及)고...’
내가 요즘 심취하는 내용이다. 이 세상의 모든 일이 다 그러하지만 특히 어떤 분야에 전문가(匠人)이 되기 위해서는 ‘미쳐야’ 한다. 그것은 ‘몰입(沒入)’이다. 그런데 몰입은 자신만의 재미가 있어야 한다. 그 재미는 고수의 경지를 이루는 원동력으로 작용한다.

논술에는 ‘분석적, 논리적, 비판적, 창의적 사고’가 중요하다. 나는 학생들이 논술을 공부하는 과정에서 ‘스스로 깨닫게’ 하고 싶다. 요즘의 논술 교사는 논술의 모두를 가르쳐주려고 한다. 그렇지 않다. 비판적, 창의적 사고는 자신만의 관점으로 키울 때 비로소 빛을 발한다.

“한 남자는 나비가 고치에서 나오려고 애쓰고 있는 모습을 지켜보고 있었다. 작은 구멍으로 나오려고 무척 애를 쓰던 나비는 잠깐 활동을 멈춘 듯이 보였다. 그래서 그 남자는 가위로 그 고치의 껍질을 좀 더 벗겨서 구멍을 크게 하여 나비가 나올 수 있도록 도왔다. 나비는 쉽게 빠져나오게 되었다. 그러나 나비의 날개는 초라하고, 말라붙어 있었고 몸에 비해 왜소해 보였다.”

찰즈 C. 만즈의 ‘실패의 힘’의 내용이다. 고치에서 빠져나오려는 나비의 필사적인 노력이 강력한 날개를 돋게 하는 과정이다. 당연히 나비는 이러한 과정에서 많은 실패를 경험한다. 그 실패가 나비에게는 몸에서 날개가 돋게 하는 과정이고, 날아가는 능력을 갖추는 데 필수적인 요소다. 그 남자의 호의적인 도움은 결과적으로 날 수 없는 나비의 운명을 만든다. 그것은 비대한 몸과 쪼그라든 날개를 가지고 평생을 바닥을 기어다니는 나비의 운명이 된 셈이다. 오늘날 우리의 논술 교육의 어두운 현실과 겹쳐진다. '그 남자'를 논술 교사로, '그 나비'를 학생으로 보면 틀리지 않기 때문이다.

필자는 신문을 바탕으로 하는 '스스로논술학습법'을 그 대안으로 제시한다. 신문은 살아있는 교과서이며, 논술의 보고(寶庫)다. 기사의 잘 다듬어진 문장, 논리적이며 심층적인 칼럼 등 논술의 알짜들이 신문에 있다. 신문을 통한 '스스로논술학습법'은 신나는 몰입을 가져올 것이다. 이 책은 소설 아닌 소설로 돼 있다. 논술의 재미를 극대화하기 위한 고육책이었음을 밝힌다.

또한 '스스로논술학습법'은 몇 번의 실패 후에 성공하도록 돼 있다. 생각해보라. 논술 교사도 힘든 '제시문의 선택과 편집, 논술 문제 만들기, 답안 작성하기' 등을 학생들이 스스로 한다는 것이 쉬운 일인가? 그러나 학생들은 '스스로논술학습법' 15강의 1,2,3단계를 거치면서, 아니, '실패를 하면서' 깨닫게 된다. 내가 몰입하여 논술을 즐기고, 내가 논술의 고수가 된 것은 바로 이 책 때문이라고,

이 책의 출간에 도움을 주신 분들이 있다. 항상 감동의 용기를 주시는 윤갑희 교감 선생님, 투병 중에도 자식에게 용기를 주시는 아버님(아버님의 완쾌를 기원합니다), 논술 시장이 좋지 않음에도 기꺼이 출판을 결정하신 이성모 사장님과 교정에 힘써주신 송순희 님이다. 감사의 말씀을 드린다.

2008년 12월　저자 이도희 씀

차례

1단계

과정

(1) 신문의 가장 재미있는 기사를 선택하라!
(2) 신문 기사의 내용을 생각하며 그대로 베껴라!
(3) 신문 기사를 통해 스스로 '논제'를 만들고 '답안'을 작성하라!
(4) 논술 답안을 논술 선생님의 '!, ?'로 창의적 첨삭을 받아라!

대입 논술의 전과정을 '대화체'를 통해 '신문'을 통하여 쉽고 재미있게 제시합니다. 이제는 논술을 즐기며 놀이로 하시기 바랍니다. '나도 제시문을 선택하고 논제를 만들고 논술답안을 작성할 수 있는 능력'은 학생들을 논술 고수로, 선생님들을 논술의 전문가로 만들 것입니다.

이젠 1단계 · 2단계 · 3단계의 '스스로논술학습법'의 논술을 즐기시기 바랍니다. 학생들과 선생님들이 스스로 선택한 '신문 기사'와 칼럼을 선택하여 '논술 문제'를 만들고 '논술 답안'을 작성하다보면 논술을 즐기는 자신을 발견할 수 있습니다.

…1강

“바로 이거다!”

얼쑤! 선생은 소리쳤다. 흥분했다.

‘오늘은 어떤 신문의 기사를 선택할까? 재미가 있어야 하는데…’

얼쑤! 선생은 20분 동안 신문을 뒤적거렸었다.

‘스스로논술학습법’의 1단계는 제시문의 선택이 중요하다. 재미있고 흥미 있는 내용이어야 한다는 것. 그것은 바로 신문 기사에 있다. 신문 기사의 재미있는 내용은 누구에게나 관심을 유발하기 때문이다.

바로 ‘주꾸미가 고려청자를 발견했다’는 기사다. 신문에 그림과 제시된 그 박스 기사로 제시됐다. 얼쑤! 선생은 주꾸미 기사를 본능적으로 스크랩했다. 얼쑤! 선생의 논술 본능이 발휘되는 순간이다.

혼자 중얼거렸다.

‘논술 교사는 이런 기사를 놓쳐서는 안 된다. 훗훗훗.’

얼쑤! 선생의 만족감의 표현이다. 입가에 웃음이 번진다.

얼쑤! 선생의 하루 일과는 신문 기사의 사냥으로 시작한다. 피를 맛본 사자처럼 재미있는 신문 기사에 집착한다. 바로 그것이 사냥감이다.

오늘 '스스로논술학습법'의 1단계로 사용될 제시문이다.

그 날 오후에는 봄비가 내렸다.

"우나야."

"오늘부터 1단계의 스스로논술학습법을 진행한다."

우나는 비에 젖은 머리칼을 쓸어 올렸다. 비를 맞으며 논술 시간을 지키려고 애썼다. 우나가 대견스러웠다. 논술에 대한 열의가 있어 보였다.

우나에게 '얼쑤!' 추임새가 필요했다.

"덩더덩더덩더쿵!"

"얼쑤!"

"자, 우나야."

"이 신문에서 재미있는 기사를 찾아볼래?"

한참을 신문을 뒤적였다. 우나는 말했다.

"이 주꾸미 기사에 흥미가 가는데요."

얼쑤! 선생은 짧게 추임새를 했다.

"좋지!"

추임새는 판소리에서 '옳지, 그렇지, 잘한다, 암만' 등의 감탄사를 써서 광대(소리꾼)을 추켜주는 행위다. 관객으로부터 추임새를 받은 광대는 더욱 힘이 난다.

"그렇지, 나하고 큰 차이가 없네."

얼쑤! 선생은 기뻤다.

우나는 말했다.

"동물 이야기는 사람의 관심을 잡거든요."

"주꾸미가 고려청자를 발견했다는 기사는 정말 흥미가 생기지."

얼쑤! 선생이나 우나나 사람인 이상 재미있어 하는 신문 기사는 같았다.

"우나야, 이 기사는 무슨 내용이지?"

"참, 특이하네. 주꾸미를 먹는 것으로만 생각만 했지. 이런 줄은 몰랐어요."

우나는 호기심어린 눈을 보였다. 신문 기사를 읽기 시작했다. 눈이 빛났다. 그렇다. 논술을 공부할 때 바로 이런 눈이 필요하다.

얼쑤! 선생은 생각에 잠긴다. 미소가 떠오른다.

우나는 신난 듯 말했다.

"충남 태안에 사는 어부가 바닷가에서 수영하는 물 꿈을 꾸고 주꾸미 잡이를 나갔는데요, 그 중에 한 마리가 푸른 빛깔의 고려청자를 감싸 안고 끌려 나왔어요."

얼쑤! 선생은 논술의 출발은 성공적이라고 확신했다. 그동안의 논술 수업은 어렵게만 진행됐다. 처음부터 기출문제를 풀기 때문이다. 그러면 논술의 맛을 모른다.

"덩더덩더덩더쿵!"

"얼쑤!"

'얼쑤!'는 얼쑤! 선생의 상징이다. '얼쑤!'라는 추임새를 통해 리듬에 맞춰 우나를 추켜준다. 얼쑤! 선생의 수업 방법이다.

얼쑤! 선생은 성공하려면 '즐겨야 한다'는 생각을 했다.

우나가 비를 맞으면서도 얼쑤! 선생한테 시간에 맞게 논술을 배우러 왔다는 것, 그것은 의지로 표현됐다. 주꾸미의 신문 기사를 재미있게 읽으면서 관심을 보였다는 점이 그것을 증명했다.

얼쑤! 선생은 말했다.

"우나야, 그 다음에 어부가 한 행동은 무엇이지?"

우나는 미소를 지으며 말했다.

"태안군청 문화관광과에 대접을 건졌다고 신고했어요. 감정 결과는 틀림없는 진품 고려청자였다는 기사입니다."

말을 이었다.

"얼쑤! 선생님, 내용이 재미가 있으니 글이 술술 들어와요."

우나는 논술을 재미있게 시작했다. 얼쑤! 선생은 마음을 놓았다. 재미를 느끼면 즐기게 되니까. 즐기면 고수가 되니까.

얼쑤! 선생은 나직이 말했다.

"우나야, 잘 들어."

"처음에는 신문 기사의 흥미 있는 내용을 스스로 선택하는 것이다. 내가 개발한 '스스로논술학습법' 1단계의 출발이야."

"어려워, 안 어려워."

우나는 말했다.

"재미있겠는데요?"

얼쑤! 선생은 속으로 생각했다.

"바로 그거야."

얼쑤! 선생은 우나와 마찬가지로 신났다.

"그러면 얼쑤! 선생의 '스스로논술학습법'의 1단계로 들어간다."

"덩더덩더덩더쿵!"

"얼쑤!"

1. 신문의 가장 재미있는 기사를 선택하라!

얼쑤! 선생은 침을 튀기기 시작했다. 학생에게 침이 튀면 이렇게 같이 말했다. '입에 가글을 자주해서 무균의 침이다'라고 강조했다.

얼쑤! 선생은 말했다.

"우나야 잘 생각해봐."

주꾸미의 고려청자의 발견은 우리들의 관심을 끈다.

얼쑤! 선생은 말을 이었다.

"사람이 발견했어도 관심을 끌 정도인데, 주꾸미가 발견했으니 오죽하겠어. 미치고 환장하는 거지."

우나는 짧게 말했다.

"그렇지요. 나도 그랬는데요."

"너는 신문 기사를 찾아 사냥을 나서야 한다. 재미있는 엽기적인 기사도 좋지, 죽음에 대한 기사는 더 좋고..., 특히 흥미 있는 동물의 기사는 토픽으로 많이 나온다. 동물의 기사는 놓쳐서는 안 돼. 알았지."

얼쑤! 선생은 나직이 불렀다.

"우나야!"

"주꾸미 기사를 '스스로논술학습법'의 1단계의 제시문으로 선택하면 좋다."

"덩더덩더덩더쿵!"
"얼쑤!"

얼쑤! 선생의 추임새를 받았다. 우나는 기뻤다.

얼쑤! 선생은 '스스로논술학습법'의 1단계의 두 번째 순서로 들어갔다. 그것은 그대로 선택한 '신문 기사를 베껴보라'는 것이다.

얼쑤! 선생은 경험으로 얻은 교훈이 있다. '모방은 창조의 어머니다'라는 것. 이것과 같이 맞는 이야기는 없다고 생각했다.

얼쑤! 선생은 말했다.

"우나야, 너 화가인 '빈센트 고흐'를 알고 있지. 빈센트는 이미 죽은 '밀레'를 스승으로 삼았다."

우나는 관심을 보였다.

“아니, 죽은 밀레를 스승으로 모셨다고요?”

얼쑤! 선생은 추임새를 던졌다.

“그렇지!”

“빈센트는 우리 생각하고는 다르지. 잘 생각해봐? 이미 죽은 밀레를 스승으로 삼았을 때 화가의 첫출발을 어떻게 했겠어?”

우나는 곰곰이 생각했다.

얼쑤! 선생은 침을 튀기기 시작했다. 흥분하면 튀기는 것이 침이었다. 학교의 동료 교사가 얼쑤! 선생에게 ‘거품대왕’이라고 말할 정도다. 또한 언젠가 소들이 구제역에 걸려 침을 흘리는 것을 보고, 학생들은 ‘얼쑤! 선생이 구제역에 걸렸다’고 떠들어댈 정도였다. 얼쑤! 선생의 위기였었다. 속으로 웃었다.

“그래서 빈센트는 스승의 그림을 모방했어.”

말을 이었다.

“그대로 그려보는 것이지.”

“밀레는 죽어서 없으니, 빈센트는 밀레를 마음에 품고, 그의 작품을 앞에 놓았지. 그러니까 밀레의 작품이 스승이 된 것이야.”

얼쑤! 선생은 힘을 주어 말했다.

“우선 밀레의 작품인 ‘나막신’을 똑같이 수백 번 그렸던 거야.”

얼쑤! 선생은 자신도 모르게 침을 튀겼다. 설명의 절정에 다다랐다는 뜻이다. 모방의 중요성을 강조한다. 호흡을 가다듬고는 낮은 목소리로,

“우나야 들어봐.”

“밀레의 ‘나막신’이 빈센트의 ‘구두’가 된 거야.”

우나가 말을 받았다.

“‘나막신’이 ‘구두’가 돼요?”

“그렇지! 소재는 같지만 의미가 다른 창조적 모방이 된 거야.”

얼쑤! 선생은 추임새를 던졌다.

“덩더덩더덩더쿵!”
“얼쑤!”

얼쑤! 선생은 밀레와 빈센트의 이상적인 관계를 설명했다. 바로 예술 창조를 위한 이상적인 사제관계였다. 빈센트는 스승을 마음속에 두고 모방을 통한 예술을 창조했다. 그 결과 오늘날 우리들의 마음속에 남은 위대한 미술가가 되었다.

얼쑤! 선생은 속으로 말했다.

‘바로 그것이다.’

“우나야!”

목소리는 다정스러웠다. 눈에서 빛을 발했다.

얼쑤! 선생의 서재는 책으로 둘러싸였다. 그곳에서 우나는 논술 공부를 했다. 얼쑤! 선생의 ‘스스로논술학습법’의 강의를 듣고 있다.

우나는 현재 고3 여학생이다. 어떻게든 논술로 대학에 가고자하는 열망은 있다. 그러나 지금은 방향을 잡지 못했다. 안타까웠다.

지금이 3월이다. 2학기에 대학 수시모집이 있다. 그러나 우나는 논술을 통해 대학에 가리라 확신하지 못했다. 생각하지도 않았다. 지금은 그랬다.

얼쑤! 선생은 말했다.

“빈센트는 밀레의 예술의 본질을 끝없이 탐구했다. 결국 스승을 뛰어넘어 자신의 예술과 삶을 창조했다. 우리는 여기서 제자가 스승으로부터 떠나 스승을 넘어서려는 치열한 노력이 중요함을 알아야 한다. 독창성을 확보하는 원인으로 작용하니까.”

얼쑤! 선생은 질문을 던졌다.

“우리나라의 현실은 어떨까?”

“어떤 현실이요?”

얼쑤! 선생은 길게 말했다.

“우리나라의 사제 관계 말이지. 가끔 문제가 생기잖아. 어떤 교수 라인에 들기 위해 그 교수에게 아부하는 것 말이야. 이것도 좋은 논술 문제에 해당한다. 우리나라의 사제 관계의 그렇지 못하다. 처음부터 스승과 제자가 자기 라인을 만들어 종속하게 만들지. 또는 다른 교수 라인과 추악한 싸움을 일삼는 경우도 많아.”

우나는 눈을 동그랗게 뜨고 쳐다본다.

“그렇군요.”

얼쑤! 선생은 강조했다.

“스승에 영향을 많이 받아 중독된 제자에겐 참된 예술의 창조란 없다. 알겠지. 뭐 이 얼쑤! 선생이 대단한 사람은 아니지만 너는 나를 밟고 넘어서야 한다. 바로 청출어람(靑出於藍)을 입증해야 한다. 그래야 논술의 고수가 된다.”

“덩더덩더덩더쿵!”

“얼쑤!”

우나는 머뭇거리며 말했다.

“그렇군요.”

얼쑤! 선생은 모방의 중요성을 말했다. 그러나 그 다음 단계가 중요하다. 바로 스승을 뛰어넘어야 한다는 것이다. 조선 후기 박제가는 “마음속에서 스승을 철저히 죽여야 한다. 그래야 자신이 추구하는 예술의 경지에 오를 수 있다”라고 말했다.

얼쑤! 선생은 생각했다.

박제가의 이야기를 논술의 주제로 봐도 좋을 문제라는 것이다. 내친 김에 매듭을 짓고 싶었다.

“우나야, 빈센트의 ‘모방’ 이야기를 좀 더 해볼까?”

우나는 관심을 보였다.

"좋아요."

내친 김에 한 발 더 나갔다.

"지금까지의 내용으로 논술 문제를 만들어 볼까?"

"첫 시간에 우나는 혼란스럽겠지만, 논술은 일상에서도 취할 주제가 많지."

"금방 내가 말한 것을 논술 문제로 만들면 무엇이 될까?"

우나는 곰곰이 생각했다. 고심을 했다. 5분이 흘렀다.

우나는 말을 했다.

"예술가의 스승과 제자의 참된 관계를 밝히고, 오늘날 우리나라의 사제 현실에 대한 견해를 제시하시오'를 만들어보면 어떨까?"

얼쑤! 선생의 추임새가 이어졌다.

"좋지."

"덩더덩더덩더쿵!"

"얼쑤!"

우나는 논술에 직접 느낌이 오지 않았다. 그러나 어렴풋하게 다가오는 논술의 그림자는 있었다. 논술은 '스스로 깨우치는 것이 중요하겠다'는 생각이 들었다. 얼쑤! 선생이 말하는 '훌륭한 어부는 자식에게 물고기를 잡아주지 않고, 물고기를 잡는 방법을 가르쳐준다'는 말이 생각났다. 맞는 말이다. 우나는 고개를 들었다.

얼쑤! 선생은 말했다.

"우나야. 논술 문제가 나온 김에 매듭을 지어야지. 구체적으로 문제를 만들어 볼까?"

우나는 답변을 못했다. 얼굴이 붉어졌다. 첫날부터 예상치 못했던 논술 공부였다.

얼쑤! 선생은 나직이 말했다.

"빈센트의 작품인 '구두'는 밀레의 '나막신'을 모방한 것이다. 이 '구두'에 드러난 독창성을 제시하시오'를 만들어 보면 어떨까?"

우나는 고심했다. '아, 얼쑤! 선생의 스스로논술학습법은 이렇게 문제를 스스로 만드는 것이구나'하고 생각했다. 무슨 말을 어떻게 해야 할지 몰랐다. 엄두가 나지 않았다. 속으로 논술을 시작하는 자신을 위로하였다. 강한 비바람이 강한 나무를 만든다. 바로 그거다. 노력만 한다면 논술의 고수가 되리라고 생각했다. 얼쑤! 선생을 쳐다보았다.

얼쑤! 선생은 웃음을 지었다. 입을 열었다. 입에 침이 말랐다.

"밀레의 '나막신'은 그가 생존했을 때의 '농부'와 '농민생활을 상징했다. 빈센트의 '구두'는 도시의 '노동자'와 '노동자를 상징했지. 이게 모방이면서 창조다."

우나는 노트에 적었다. 손을 재빨리 놀렸다.

얼쑤! 선생은 말을 이었다.

"여기서 빈센트의 '구두'는 밀레의 '나막신'을 창조적으로 모방의 소재다. 굽이 닳고 가죽이 너덜너덜해진 낡은 구두에 우리는 노동자의 고단한 삶의 역정을 이해하고 감동을 받게 되지."

얼쑤! 선생은 빈센트의 <구두>의 그림을 보여준다.

"자, 그림을 보아라. 구두의 끈이 풀어지고, 굽이 닳아 너덜해진 이 구두를, 내가 무엇을 상징한다고 했지."

우나는 말했다.

"도시의 노동자와 관련이 있다고 했습니다."

얼쑤! 선생은 말을 이었다.

"빈센트의 구두는 노동자의 다양한 삶을 표현한 미적 질료로 작용한다. 우리는 이 구두를 통해 노동자의 건강한 걸음, 뜨거운 땀, 그러면서 처절한 고독도 느낀다. 더 나아가 볼까?"

얼쑤! 선생은 천천히 말했다.

"구두를 당시의 노동자의 침침한 공장과 거대한 기계의 표상으로 확대할 수도 있지. 구두의 색깔이 어둡잖아. 그런 구두를 보면서 일체감을 느끼고 내면을 울리는 감동을 체험할 수 있지. 그런 점에서 빈센트의 구두는 단순한 모방이 아닌 창조의 미적 즐거움을 드러내고 있다. 이런 위대한 작품은 어떻게 해서 완성됐지?"

우나가 당당하게 대답했다.

"모방을 통한 창조지요!"

얼쑤! 선생은 힘있게 말했다.

"바로 그거야, 논술도 마찬가지다."

"덩더덩더덩더쿵!"

"얼쑤!"

얼쑤! 선생은 논술 강의의 방향을 바로 잡았다. 안심이 되었다. 논술 강의는 첫 수업이 중요하다. 얼쑤! 선생은 강의할 때가 기분이 좋았다. 특히 '스스로논술학습법'을 설명할 때는 몰입이 된다. 그 때 침이 튀기는 것이다.

얼쑤! 선생은 말했다.

"'재미있는 신문 기사를 베껴쓰라'는 말을 하다가 빈센트의 이야기를 거창하게 했군. 그러나 이 말을 음미한다면 많은 교훈을 얻을 수가 있다. 우나야."

얼쑤! 선생의 목소리는 다정스러웠다.

우나가 평소에 말이 없어 걱정했었다. 그러나 우나가 '모방을 통한 창조지요!'라는 당당한 말에 희망을 가졌다. 그 한 마디의 말이 냇물이 되고 강이 되고 큰 강이 된다. 우나에게 확신을 주어야 했다. '칭찬은 고래도 춤추게 한다'는 말이 있지 않은가?

"너, 정확히 대답한 것이 있었어. 이 얼쑤! 선생이 감동했었지."

우나는 관심을 보였다.

"그게 뭔데요?"

"너의 '모방을 통한 창조'란 말 있잖아. 그 말은 논술의 고수나 하는 이야기인데, 평소 말이 없는 우나가 했단 말이지. 넌 잎으로 15강을 끝내면 논술의 고수가 돼 있을 거야. 그것도 세련된 말을 말이야. 이제는 글씨로 나타내는 문장만 세련되면 되겠어. 하하하."

얼쑤! 선생은 진정한 웃음이었다. 우나도 엷은 미소를 짓는다.

봄의 오후는 빗줄기로 얼룩졌다. 얼쑤! 선생의 서재의 창에 빗줄기가 보였다. 유리창에 매달린 빗방울은 나약하게만 보였다. 바람만 불면 떨어지는, 우나의 모습이었다.

얼쑤! 선생은 소리쳤다.

"우나야, '스스로논술학습법' 1단계의 두 번째로 들어간다!"

"덩더덩더덩더쿵!"

"얼쑤!"

2. 신문 기사의 내용을 생각하며 그대로 베껴라!

얼쑤! 선생이 침을 튀겨야 하는 순간이다.

"신문 기사는 요약을 염두에 두고 베껴야지. '물꿈, 주꾸미, 고려청자, 해저 유물선'의 의미도 생각해 봐야 한다. 주의할 것은 문장의 흐름을 잘 보면서 베껴야지. 학생들 중에는 논술을 쓰라고 논제를 주면 한 문장도 쓰지 못하는 친구들이 많다. 그런 친구들일수록 신문 기사를 베껴야 돼."

우나는 짧게 말했다. 손에는 볼펜이 들려 있다.

"그렇군요."

"우나야, 생각해봐. 신문 기사를 베끼면서 좋은 문장을 배우게 된다. 신문 기자는 글의 전문가이기에 그대로 모방해도 그것 자체가 논술의 훌륭한 문장이 되지."

얼쑤! 선생은 10분의 시간을 주었다. 신문 기사를 모방하도록 했다. 주꾸미가 고려청자를 발견했다는 내용이다. 어부는 몇 천만 원의 보상금도 받게 된다는 신문 기사다. 우나는 베낄수록 재미를 느꼈다. 주꾸미의 내용이 재미있었기 때문이다.

우나는 손이 아픈 듯이 손가락을 움직였다. 처음으로 먼저 말했다.

"얼쑤! 선생님. 그대로 모방하여 세 번을 베껴 썼는데요. 내용이 재미있네요."

얼쑤! 선생이 말을 받았다.

"지금의 기분이 어떠니? 너의 손이 많이 아프겠지만 말이야."

우나는 솔직히 말했다.

"내가 쓴 것과 같은 느낌이 들어요. 내가 기자가 된 것 같애요. 정말요."

"아냐, 벌써 그런 느낌이 들면 안 되는데…"

우나는 짧게 물었다.

"왜요?"

얼쑤! 선생은 길게 설명했다.

"그것이 내가 생각하는 목적이지만, 너무 빨라도 안 돼. 빨리 끓는 물이 빨리 식거든. '스스로논술학습법'의 2단계에서 그것을 느껴야 하거든. 2단계는 신문 기사와 칼럼을 제시문으로 선택하는 과정이다. 그것을 베껴 쓰면서 '내가 썼다'는 생각이 들어야 한다. 아이고, 내 정신 좀 봐. 1단계도 마무리를 짓지도 못했는데, 벌써 스스로논술학습법의 2단계를 말하고 있군."

"덩더덩더덩더쿵!"
"얼쑤!"

얼쑤! 선생은 생각했다. 많이 이야기를 늘어놓았다. 우나가 더 혼란스러울 것이다. 정리할 필요성을 느꼈다.

"우나야, 이제 침을 튀긴다. 알았지. 침을 튀긴다는 것은 강조한다는 말이야. 신문 기사를 그대로 모방하여 베낀다는 것은 부담이 없는 일이다. 이런 과정을 통해 신문 기사의 글의 흐름을 알게 되어 스스로 '논리성'을 익히게 된다. 그것이 중요하지. 알겠지. 그러다 보면 자연스럽게 모방이 창조로 바뀐다. 또한 좋은 신문 기사를 베끼다보니 자신만의 특징을 드러내는 글을 쓴다. 모방은 창조의 어머니다."

우나는 노트에 적는다.

"첫째, 신문 기사의 어휘의 쓰임에 주목해야 한다."

말을 이었다.

"상황에 맞는 어휘를 골라 쓰는 것을 배워야 한다는 말이다. 중요한 어휘인데 의미를 모르면 동그라미를 치고 사전을 찾아보아야 한다. 내가 기분이 안 좋은 일이 있는데 뭔지 아니?"

우나는 볼펜을 쥔 채 들었다. 오늘이 얼쑤! 선생의 논술 강의를 듣는 첫 번째 시간이다. 논술이 재미있다는 것만은 배운 듯 싶었다.

"둘째, 신문 기사의 문장의 쓰임을 배워야 한다."

얼쑤! 선생은 말을 이었다.

"신문 기사는 전문적인 기자가 쓴 글이다. 이 신문 기사를 잘 봐라. 핵심 문장은 짧게 처리하고 뒷받침의 문장은 길게 처리했다. 그렇지. 이게 글쓰기 전문가들이, 고수들이 보여주는 문장 쓰기 기술이지. 이런 문장 쓰기의 기법은 리듬까지 형성하는 장점이 있다."

우나는 노트에 적었다. 말을 했다.

"문장의 길이를 조심해야 하는군요."

"그렇지."

얼쑤! 선생의 추임새는 흥겨웠다.

"셋째, 글의 흐름을 배워야 한다. 하나의 주제의 틀 안에서 내용이 정확하게 쓰는 방법을 익혀야 한다. 특히 객관성을 확보하기 위한 '인용, 예시' 등의 방법도 신문 기사를 그대로 모방하면서 익히면 좋다."

우나는 노트에 적기에도 바빴다.

얼쑤! 선생은 말했다.

"어떠냐? 이것도 벅차지. 신문 기사를 베껴 쓰는 것만으로도 많이 배울 수 있으니 얼마나 좋으냐?"

우나는 웃었다.

얼쑤! 선생은 논술을 처음 공부할 때의 잘못을 말했다. 처음에는 논술 기출 문제집이나 모의고사 문제로 공부하지 말 것을 강조했다. 이 방법은 학생들에게 논술에 대한 흥미를 떨어뜨리는 결과만이 가져온다고 말했다. 강하게 말했다.

"자, 이제 1단계의 3번째로 들어가 보자."

"덩더덩더덩더쿵!"

"얼쑤!"

3. 신문 기사를 통해 스스로 '논제'를 만들고 '답안'을 작성하라!

그동안 학생들은 논술 문제를 만들어보지 못했다. 논술 전문가가 낸 문제를 풀었을 뿐이다. 학생들을 수동적으로 만들었다. 얼쑤! 선생은 고개를 들었다. 우나를 바라보았다.

"우나야, 자동차 이야기를 해보자."

우나는 고개를 들었다.

"A는 자동차를 판매 대리점에서 샀다. B는 자동차 엔지니어로 공장에서 자동차를 만들었다. A와 B는 친구로 같이 자동차로 여행을 가다가 차가 고장이 났다. 누가 고장이 난 자동차를 직접 고칠 수 있을까?"

우나도 자동차 이야기에 관심을 보였다. 관심은 집중력으로 나타단다. 학생들의 학습의 목표 달성에 관심은 동기로 작용한다. 얼쑤! 선생 역시 '관심, 집중력의 중요성'을 신문을 통해 실감했다.

군대에서 수색견, 군견을 양성하는 기사의 내용이다. 주목한 것은 생후 7개월 된 예비군견들의 생사(生死)를 가르는 '군견 적격 테스트'다. 목표물에 대한 '관심도'에 따라 예비군견의 생사가 결정되기 때문이다. 테스트에서 개들은 움직이는 테니스공에 집중력을 보이며 쫓아다녀야 한다. 오로지 개들의 관심은 테니스공에만 있어야 한다. 테니스공에 대한 집중력이 떨어진 개는 안락사 된다는 것이다.

자신의 삶의 목표에 집중력이 없는 사람은 사회의 경쟁에서 낙오된다는 점을 생각할 때 사람이나 군견이나 같다고 생각했다.

얼쑤! 선생은 말했다.

"우나야! 이것은 상식적인 질문이다. 답은 B다. 다 아는 이야기지만 왜 그럴까?"

우나는 얼굴을 들었다. 대답 대신이다.

“덩더덩더덩더쿵!”

“얼쑤!”

얼쑤! 선생이 말했다.

“간단하게 말해 보겠다. B는 자신이 자동차를 만들어봤기 때문이다. 자동차를 만들다보니 자동차의 원리의 모든 것을 알게 된다. 논술로 말하면 학생들이 직접 제시문을 선택하고 논제도 직접 만들어본 것과 같지. 이것은 중요한 이야기다.”

얼쑤! 선생은 자신도 모르게 침이 튀었다.

“그러나 A는 자동차를 만들어보지 못했다. 전문 엔지니어가 만든 자동차를 돈을 주고 사서 탔을 뿐이다. 자동차가 고장 나면 카센터에 맡겨 수리를 받아야 하는 이유야. 논술도 마찬가지다. 우리는 돈을 주고 논술 문제집을 산다. 제시문이나 논제를 논술 전문가가 선택하고 만든 문제집 말이야.”

우나는 고개를 끄덕였다.

얼쑤! 선생은 말을 이었다.

우리는 문제집을 수동적으로 풀었을 뿐이다. 돈을 주고 산 자동차가 고장나면 카센터에서 수리를 받아야 한다. 마찬가지로 돈을 주고 논술 문제집을 풀다가 모르면 선생님에게 물어야 한다. 우리나라 수험생은 이렇게 논술을 공부했다. 이것이 문제다.”

이 말에 얼쑤! 선생은 침을 튀겼다. 거품대왕이 맞다.

“덩더덩더덩더쿵!”

“얼쑤!”

“논술의 고수가 되기 위해서는 이것을 넘어서야 한다. 우리가 얻는 교훈은 ‘논술 문제를 만들어 봤느냐’이다.”

우나가 말했다.

"못 만들어봤지요."

얼쑤! 선생은 우나의 눈을 보며 말했다.

"논술도 마찬가지다. 논술 문제를 스스로 만들어 보고 답안까지 작성해본 학생과 그렇지 못한 학생은 엄청난 차이를 보일 수밖에 없다. 여기서는 '스스로논술학습법'의 1단계이기에 논술의 기본 문제를 만들어 보자. 알겠지. 처음이니 어려울 수도 있지. 그러나 수험생들은 논술 공부에 대한 관점을 바꾸어 볼 필요가 있어. 반드시."

논술 문제를 만들어 보자고, 자기 자신이 논술의 모든 것을 다 해보는 것이다. '스스로논술학습법'의 핵심은 문제 만들기다.

얼쑤! 선생이 먼저 말을 이었다.

"고려청자의 발견과 관련하여 '어부의 행위'를 살펴보면 현대인들에게 교훈을 준다. 그렇지. 우선 이것을 포인트로 잡아보자."

우나가 순간 말을 했다.

"제가 문제를 만들어 볼게요."

우나는 관심을 보였다.

"고려청자의 발견과 관련하여 어부의 행위를 적고, 현대인들에게 주는 교훈을 쓰시오'라고 하면 어떨까요? 괜찮을까요?"

말을 해놓고 겁을 먹은 표정이다.

"좋지."

얼쑤! 선생은 추임새로 맞장구쳤다.

제시문의 핵심을 찌르는 좋은 문제라고 설명했다. 어부는 행위는 오늘날 이기적인 사람들에게 교훈을 준다. 주꾸미가 발견한 고려청자를 문화재 관리청에 신고했기 때문이다. 말을 이었다.

"관점을 달리한 논술 문제도 만들어 봐야 한다. '제시문을 바탕으로 주꾸미 빨판의 힘을 측정한다고 할 때 권장할 만한 측정 방법을 쓰시오'는 어떨까? 그러고 보니 자연계 논술 문제가 되네. 그렇지. 우나야, 너는 인문계이니 해당 없다고 생각하지 말고 통합논술의 관점으로 주제의 폭을 넓혀서 생각해야 한다.”

“덩더덩더덩더쿵!”
“얼쑤!”

우나는 노트에 적었다. 얼쑤! 선생은 말을 이었다.
“또한 ‘어부가 고려청자를 발견한 주꾸미를 식당에 팔아넘겼다고 할 때 어부에 대한 자신의 생각을 적으시오’라는 재미있는 문제도 가능하다. 이렇게 학생 스스로 다양한 문제를 만들어보는 것이 중요하다. 그렇게 함으로써 하나의 대상이나 현상에 다양한 가치를 부여하는 창의적 사고 향상에 도움이 된다는 것을 알아야 해.”
우나는 말을 받았다.
“학생들이 스스로 문제를 만드니까 ‘스스로논술학습법’이군요. 지금은 1단계이고요.”
얼쑤! 선생의 목소리가 다정스러웠다.
“그렇지. 네가 이 주꾸미 기사에 대한 논술 문제를 정리하여 말해 볼래?”
지금까지 2시간이 흘렀다. 우나는 피곤할 것이다. 그래서인지 본격적인 기본 문제 만들기를 어려워한다. 그러나 논술의 고수가 되기 위해서는 이 과정은 거쳐야 될 일이다.
시계는 오후 4시를 가리켰다. 2시간이 지나갔다.

“덩더덩더덩더쿵!”
“얼쑤!”

주꾸미가 진품 고려청자를 감아올려 어부는 문화재 관리청에 신고했다.[1]

제시문을 바탕으로 우나가 만든 문제다.

문제 1

'고려청자의 발견과 관련하여 어부의 행위를 적고, 현대인들에게 주는 교훈을 쓰시오'를 만들어 봤어요.

우나의 논술답안 1

'어부의 행위'는 이기적이고 물질적인 현대인들에게 교훈을 준다. 어부는 고려청자를 발견하여 문화재 관리청에 신고했다. 고려청자는 비싼 가격을 받을 수 있는 문화재다. 그런데 어부는 물질의 욕심을 버리고 신고를 했으므로 기본적인 보상금만을 받게 된다. 바로 진정한 삶의 가치를 어부는 시사하고 있는 것이다. 물질적 가치의 추구보다 정신적 가치의 추구는 진정한 삶이 가치와 보람을 주며 무소유의 영원한 가치를 제시한다고 볼 수 있다. 또한 물질적 가치를 추구하여 많은 부를 이뤘던 사람이 반성을 하여 정신적 가치를 추구한 사례가 아니다. 어부라는 자신의 직분에 충실한 사람이 했다는 것은 우리 현대인들에게 많은 시사점을 준다.

문제 2

'제시문을 바탕으로 주꾸미 빨판의 힘을 측정한다고 할 때 활용 가능한 측정방법을 근거를 대어 제시하시오'를 만들어 봤습니다.

얼쑤! 선생은 말했다.

"그동안 주꾸미의 빨판에 대한 연구가 없었다. 낙지는 있었는지 몰라도."

'주꾸미', '낙지'란 말에 우나는 웃었다.

"오늘은 네가 논술의 기본적인 것을 배우는 입장이다. 일단 방법은 알려주겠어. 그런데 결국은 네가 해야 할 몫이야. 그것만은 알아야 해. 네가 논술의 고수

---

1) "주꾸미가 보물선 낚을지는 꿈에도 몰랐죠" 연합뉴스(2007.07.24)

가 되기 위해서는."

우나는 짧게 말했다.

"알겠습니다."

얼쑤! 선생은 말했다.

"아까도 말했다. 주꾸미의 내용은 관점을 달리하면, 통합논술로 접근이 가능하다. 관점에 따라 내용을 인문계, 자연계의 자료로 활용할 수 있어야 해. 그렇게 되도록 해야 한다. 물론 배경지식도 필요하고."

우나는 노트에 적었다.

"'주꾸미 빨판의 힘'에 초점을 맞춰보자. 물리의 관점이 되지. 고려청자는 무겁다. 그런데도 주꾸미의 빨판의 힘이 얼마나 강했으면 고려청자를 빨판에 붙여 올렸을까. 이렇게 관점을 바꾸니 인문의 내용이 자연의 내용으로 바뀐다. 독특한 발상이지."

우나는 관심을 보였다.

"통합논술이 다른 것이 아니군요."

얼쑤! 선생은 말했다.

"언젠가 TV에서 '낙지 vs 주꾸미'의 빨판 대결을 방송했었다. 용수철을 이용해서 빨판의 힘을 측정했었지. 주꾸미는 8개의 발이 길이가 같고, 특히 빨판이 2줄로 배열돼 있다. 그 결과 낙지보다 엄청난 발판의 힘을 과시했다."

"덩더덩더덩더쿵!"
"얼쑤!"

우나는 또 열심히 적었다.

얼쑤! 선생은 그대로 적지 말도록 했다. 그대로 적으면 암기로 이어지기가 쉽기 때문이다. 이것이 습관화되면, 끔찍하다. 중요한 내용은 일단 핵심어만 노트에 적자. 그것의 구체적인 내용은 핵심어를 바탕으로 자신이 문장으로 써봐야 한다. 얼쑤! 선생이 말한 내용의 일부는 잃어버리는 것이 좋다. 창의력을 키우는 방법이다.

우나는 순간 긴장했다. 그동안 선생님의 말씀을 그대로 암기했었다.

"핵심어만 기억하라고요?"

얼쑤! 선생은 중요한 이야기를 했다.

"그렇다. 나머지를 빈 공간으로 만들어라. 그곳을 너의 생각으로 채워라."

얼쑤! 선생의 주장이다. 그 빈 공간은 자신의 이야기로 채워 넣어야 한다. 그래야 참신한 글이 된다. 오늘날의 논술 답안을 보면 자신의 생각이 없다. 남의 이야기를, 상식적인 이야기를 주장으로 제시한다. 이것이 문제다. 창조로 가는 모방이 될 수 없다. 얼쑤! 선생이 말한 핵심어만 기억하고 그것의 설명은 우나가 채워야 한다.

우나가 물었다.

"빈 공간을 어떻게 채우나요?"

얼쑤! 선생은 자세하게 말할 필요성을 느꼈다.

"그 빈 공간에 '대조로 다른 대상을 끌어들여 주장을 강화하고', '비교로 공통점을 추출하여 외연을 확산시키고', '자신의 체험을 바탕으로 현실생활로 구체화시키고', '사례를 들어 논리적인 증명의 폭을 넓히는 방법'이 좋다. 알겠지."

우나는 속으로 생각했다. '핵심어만 적고 그 빈자리를 만들자.' '그곳에 나의 생각을 채우자.'

논술 고수의 길은 멀고 험했다.

"덩더덩더덩더쿵!"

"얼쑤!"

우나의 논술답안 2

고려청자를 붙여 올린 주꾸미의 힘의 원천은 빨판의 힘'에 있다. 2) 고려청자는 무겁다. 그런데도 주꾸미의 빨판의 힘이 강하여 빨판에 붙여 올렸다. 3) 언젠가 TV에서 '낙지 vs 주꾸미'의 빨판 대결을 방송한 적이 있었다. 용수철을 이용해서 빨판의 힘을 측정하는 데 주꾸미는 8개의 발이 거의 길이가 같고 빨판이 2줄로 배열되어 있어 엄청난 발판의 힘을 과시했다. 주꾸미의 빨판의 힘을 측정하는 방법이다.

"자, 우나야, 그 다음 문제도 만들어볼까?"
우나가 웃으며 말했다.
"오늘은 어쩔 수 없이 얼쑤! 선생님이 말씀했던 것을 그대로 말할게요."
얼쑤! 선생의 추임새가 이어졌다.
"좋아, 좋아."

문제 3

'어부가 고려청자를 발견한 주꾸미를 식당에 팔아넘겼다고 가정할 때 어부의 행위에 대한 자신의 생각을 적으시오'를 만들어 보았습니다.

"덩더덩더덩더쿵!"
"얼쑤!"

"우나야, 생각해 보자."
얼쑤! 선생은 뜸을 들이다 말했다.
"대상에 대한 다양한 관점이 필요하지. 그 결과 어부의 행위의 평가도 다양해진다. 여기서 우리는 논술의 묘미를 느낀다. 어부가 주꾸미가 발견한 고려청자를 문화재관리청에 신고한 것만을 관점으로 잡으면 어떨까?"
우나가 대답했다.
"어부의 행위는 긍정적인 평가를 받겠지요."
"좋다."
얼쑤! 선생은 말했다.

“그러나 고려청자를 발견한 주꾸미를 식당에 팔아넘겼다고 할 때는 다양한 평가가 나오겠지. 가정의 상황으로 어부의 행위를 전적으로 비판할 수는 없다. 주꾸미는 인간과 동일하게 취급할 수 없기 때문이다. 그러나 고려청자를 발견한 수훈이 주꾸미였다는 것을 생각하면 그 주꾸미는 일반의 주꾸미와는 다르다. 다른 주꾸미의 격을 지닌다. 지금 관점에 따라 말하는 것이다.”

우나는 관심을 보였다.

얼쑤! 선생은 사례를 들었다.

“큰 공을 세운 군견이 죽으면 화장시키지 않는다. 개 무덤을 만들어주고 비석을 세워주지. 같은 군견이라도 이 공을 세운 군견은 특별대우를 받는 것이야. 어때 논술이 재미있지.”

우나는 노트에 적으면서 말했다.

“그렇게도 해석이 되는군요.”

“덩더덩더덩더쿵!”

“얼쑤!”

“잘 생각해 봐. 주꾸미는 우리나라 국보급 문화재인 고려청자를 발견했잖아. 어부에게도 몇 천 만원의 보상금을 받게 해준 것이 주꾸미였고, 그런 사실을 인식한다면 그 주꾸미에게도 특별한 대접도 필요하다. 인지상정(人之常情)이지.”

우나는 의기양양하며 말했다.

“아, 그런 점에서 한국의 전통 설화도 그런 경우군요. 사람에게 은혜를 베푼 동물들은 인간과 같은 대접을 해주는 설화가 많잖아요.”

“그렇지. 좋아!”

얼쑤! 선생의 추임새가 터졌다.

우나는 신났다. 말꼬를 텄다는 생각에 미소를 지었다. 얼쑤! 선생은 오늘 논술의 맛이 난다고 생각했다.

얼쑤! 선생은 말했다.

"우나야. 외국의 사례도 있다. 영국이었지. 도살장에 끌려가던 돼지가 죽음의 공포 때문에 트럭에서 뛰어내린 경우다. 너 같으면 어떻게 하겠니?"

우나에게 질문을 던졌다. 답변을 고심하던 우나는,

"당연히 돼지 주인이 잡아서 다시 트럭에 싣고 도살장으로 가야죠."

"논리적으로야 그렇지. 그러나 이 세상에는 논리적으로만 이루어지면 삭막해서 살겠니? 인간다운 삶이 없잖아. 생각을 심층적으로 전개해 봐?"

"……"

우나는 말이 없었다. 막힌 것이다.

얼쑤! 선생이 말했다.

"영국의 동네 사람들이 뛰쳐나왔지. 그들이 인간 띠를 만들고, 못 싣게 하고는 돈을 주고 탈출한 돼지를 샀대. 그 동네에서 그 돼지가 늙어 죽을 때까지 평생 '돼지다운 생활'을 보장해 준 것이지. 다른 돼지들과 다르다는 이유 때문이야. 그 단순한 생각에 큰 뜻이 들어있어. 우리가 감동을 받는 이유로 작용하지. 사람이 덕(德)이 넘치면 밖으로 흘러내리지. 생명에 대한 경외심이 많다보니 흘러 넘쳐 돼지까지 간 것이야."

우나는 그 핵심을 노트에 적었다.

얼쑤! 선생은 말을 이었다.

"마찬가지야. 큰 수족관을 만들어 주꾸미가 평생 잘 살도록 했다면 어떨까. 그러면서 '이 주꾸미는 고려청자를 발견하게 해준 은혜로 어부와 국가는 너를 평생 주꾸미다운 생활을 보장해준다'는 글을 수족관에 안내판에 써서 붙였다면 어떨까?"

우나의 눈이 빛났다. 우나는 말했다.

"그 주꾸미는 활용에 따라 관광 히트 상품도 될 수도 있겠어요. 진돗개가 대전에서 걸어서 진도까지 찾아간 것만으로도 개 동상이 세워지고 있잖아요. 그 결과 한국은 동물의 생명도 존중하는 나라라는 이미지도 세계에 알릴 수도 있고요. 해외 토픽에 나올 수 있잖아요."

"하하하."

"호호호."

논술의 맛을 느꼈다.

"이야기가 재미있어요. 그렇게 흘러가네요. 좋아요."

"바로 그거야. 재미있게 논술을 공부해야 끝장을 보지. 그렇지."

"이 내용을 바탕으로 논술 답안을 써 볼까?"

"덩더덩더덩더쿵!"

"얼쑤!"

　　어부가 고려청자를 발견한 주꾸미를 식당에 팔아넘겼다고 가정할 때는 평가가 달라진다. 이런 가정의 상황으로 고려청자를 발견한 수훈이 주꾸미였다는 것을 생각하면 이러한 어부의 행위는 관점에 따라 씁쓸한 맛을 남기고 주꾸미는 우리나라 국보급 문화재를 발견하게 해줬다. 어부에게도 몇 천만 원의 보상금을 받게 해준 것이 주꾸미였고 그 사실을 인식한다면 여러 평가도 가능하다.

문제 4

'어부의 입장에서 물꿈이 갖는 의미와 그 결과에 대한 자신의 생각을 적으시오'를 만들어 봤어요.

우나는 자신감을 보였다.

"얼쑤! 선생님이 말씀하신 것을 그대로 문제로 만들었어요. 문제는 쉽게 만들 수 있다는 생각이 듭니다. 자신이 생겨요."

얼쑤! 선생은 칭찬을 했다.

"좋다. 그렇다면 논술 답안을 써 볼까? 네가 문제를 스스로 만들었으니 네가 답안을 작성하는 것은 당연하지. 참 묘하잖아. 남이 만든 문제는 풀어도 안 풀어도 큰 죄책감이 없는데, 자신이 만든 문제이기에 답안을 꼭 써야겠다는 책임감이 들지. 100% 네가 만든 것은 아니지만 말이야. 하하하.”

“우나야, 답안을 써 볼까?”

“막상 답안을 쓰려하니 막혀요. 머릿속에는 가득 들어있는데 말이죠.”

얼쑤! 선생이 그 말을 받았다.

“그건 누구나 하는 소리지. 어부는 고려청자를 발견하여 문화재 관리청에 신고했다. 누구나 생각할 수 있듯 고려청자는 비싼 가격을 받을 수 있는 문화재다. 그런데 어부는 물질의 욕심을 버리고 신고를 했으므로 기본적인 보상금만을 받게 된다. 태안 대섬 앞바다서 8,000점이 주꾸미에 의해 발견됐는데 왕실서 쓰던 진품으로 가치는 300억대에 이른다는 것이 기사의 내용이다.”

우나가 말했다. 자신감이 붙었다.

“기본적인 논술 문제에 해당합니다. ‘어부의 행위’는 이기적이고 물질적인 현대인들에게 교훈을 줍니다. 진정한 삶의 가치를 어부는 시사하고 있죠. 물질적 가치의 추구보다 정신적 가치의 추구는 진정한 삶이 가치와 보람을 줍니다. 무소유의 영원한 가치를 제시한다고 볼 수 있습니다.”

우나는 말을 이었다.

“또한 이 경우는 물질적 가치를 추구하여 부를 이뤘던 사람이 반성을 하여 정신적 가치를 추구한 사례가 아니죠. 어부의 직분에 충실한 사람의 행동은 이기적인 현대인들에게 시사점을 줍니다.”

얼쑤! 선생은 기뻤다. 자신 있게 대답을 했기 때문이다.

웃으며 말했다.

얼쑤! 선생이 말했다.

“주꾸미의 내용을 보면, 어부가 ‘물꿈’을 꾸었다는 내용이 나오지. 그 물꿈과 관련지어 논술 문제를 만들었구나. 꿈은 우리나라에서 많은 의미를 부여하잖아. 그치”

이 문제는 우나의 꿈의 산물이다. 자신감이 보였다. '스스로논술학습법'의 1단계부터 우나는 능력을 발휘했다. 논술에 재미를 느끼다보니 다양한 사고가 가능했기 때문이다. 얼쑤! 선생은 확신했다. '재미는 능력을 향상시킨다.'라고.

"덩더덩더덩더쿵!"
"얼쑤!"

우나는 자료를 읽었다. 꿈과 관련된 내용이다.

"신기하게도 건져 올린 800여 마리의 주꾸미 중에 한 마리가 청자를 빨판으로 끌어안고 있었다는 것 자체가 기막힌 우연이다. 어쩌면 김씨가 이러한 꿈을 꾸지 않았다면, 잡혀 올라온 주꾸미가 붙잡고 있던 청자를 자세히 보지도 않고 바다에 던져 버렸을지도 모른다. 하지만 상징적인 꿈의 미래예지 입장에서는 이러한 가정조차도 할 필요는 없다. 장차 일어날 길흉에 대한 미래 예지는 가능하나, 우리 인간이 그 실현의 결과를 벗어나거나 피할 수 없는 특징을 지니고 있기 때문이다. 다만, 사실적으로 전개되는 꿈에 있어서는 꿈속에 진행된 대로 따라하지 않으면 꿈의 실현 자체를 막아낼 수는 있다. 예를 들어, 꿈속에서 체육시간에 친구에게 농구공을 던져 친구의 안경이 깨지면서 눈을 다치게 했던 꿈을 꾼 학생이 있었다. 그런데 실제로 현실에서 몇 달 후에 체육시간에 친구에게 농구공을 던지려던 순간에 어디선가 본 듯한 상황에, 꿈속에서 일어났던 일임을 알아차리고 공을 던지는 것을 포기하였다. 이처럼 사실적인 미래투시의 꿈에 있어서는 꿈속에서 일어날 일을 예지함으로써, 현실에서 위험을 피하게 해주고 있다."2)

우나는 꿈과 관련지어 말했다.
"어부 김씨가 길몽을 꾸지 않았다면, 또 꾸었다 해도 주꾸미만 수습하고 청

---

2) [대박 꿈풀이](33) "바다서 수영하는 꿈꾸고 고려청자 건져." 홍순래. 스포츠칸(2008.06.20)

자는 바다에 휙 던져버렸어도 보물선은 발견되지 않았을 것입니다. 결국 '물꿈'
을 꾸었기에 주꾸미가 끌어올린 대상을 자세히 봤던 것이죠."

얼쑤! 선생은 칭찬했다.

"좋아. 우리는 일을 할 때 꿈의 의미와 연결하여 해석을 한다. 꿈의 기능이
과학적으로 증명되지 않았다. 그러나 산삼의 발견이나 로또의 당첨 등의 사례
로 볼 때 길몽을 꾸었다는 기록이 무시할 수 없다."

우나에게 마무리를 지으라고 했다.

우나는 신중하게 말했다.

"한국의 꿈은 삶의 고통에 희망을 갖게 하는 활력소의 기능을 합니다. 우리
의 삶을 정신적으로 윤택하게 하는데 도움이 되죠. 어부의 물꿈도 마찬가지로
봅니다."

"덩더덩더덩더쿵!"

"얼쑤!"

"말이 논리적이네. 좋아."

얼쑤! 선생은 웃었다.

우나의 논술답안 4

어부 김씨는 수영을 하는 물꿈을 꿨다. 이튿날 조업에서 주꾸미를 신나게 낚아올리던 김씨
는 문득 이상한 느낌이 들었다는 것이다. 주꾸미 한 마리가 푸른 비색이 감도는 접시를 단단히
감고 있어 전날 길몽도 꾸었던 터라 군청에 신고했다는 것이다. 김씨가 길몽을 꾸지 않았다면,
또 꾸었다 해도 주꾸미만 수습하고 청자는 바다에 휙 던져버렸어도 보물선은 발견되지 않았을
것이다.

우리나라는 일을 할 때 꿈의 의미와 연결하여 해석한다. 물론 꿈의 기능이 과학적으로 증명
된 것은 아니다. 산삼의 발견이나 로또의 당첨 등의 사례로 볼 때 길몽을 꾸었다는 기록이 많
다. 한국의 꿈은 삶의 고통에 희망을 갖게 하고 활력소가 된다는 점에서 의미를 찾아야 한다.
인간의 삶을 정신적으로 윤택하게 하는데 도움이 되는 요소로 꿈이 작용하기 때문이다.

“논제에 대한 답안을 많이 늘어놓고 나중에 다듬는 것도 논술 초보자들에게는 좋아. 축하한다.”

우나의 얼굴도 밝아졌다.

“덩더덩더덩더쿵!”

“얼쑤!”

우나는 노트에다 답안을 적었다. 얼쑤! 선생이 말한 내용이 중심이지만 손에 힘이 느껴진다. 우나가 정리한 답안은 이렇다.

4. “논술 답안을 논술 선생님의 ‘!, ?’로 창의적인 첨삭을 받아라!”

문제 1

‘고려청자의 발견과 관련하여 어부의 행위를 적고, 현대인들에게 주는 교훈을 쓰시오’를 만들어 봤어요.

“지금부터 첨삭인데, 잘 들어야 해. 네가 쓴 내용과 문장을 중심으로 잘 쓴 것은 ‘(!)’표로, 잘못된 것은 ‘(?)’로 표시할 거야. 왜 그런 표가 붙었는지 네가 잘 생각해서 다시 문장으로 너의 생각을 적어본다. 그러면 그 이유를 적은 문장 뒤에 옳으면 ‘(!)’, 틀리면 ‘(?)’표로 두 번째 평가를 할 거야. 틀리면 여러 번 이런 식의 평가가 계속되지. 알겠지. 굉장히 중요한 부분이야.”

“좋아요.”

　'어부의 행위'는 이기적이고 물질적인 현대인들에게 교훈을 준다. 1)<u>어부는 고려청자를 발견하여 문화재 관리청에 신고했다.</u>(?) 고려청자는 비싼 가격을 받을 수 있는 문화재다. 그런데 어부는 물질의 욕심을 버리고 신고를 했으므로 기본적인 보상금만을 받게 된다. 바로 진정한 삶의 가치를 어부는 시사하고 있는 것이다. 물질적 가치의 추구보다 정신적 가치의 추구는 진정한 삶이 가치와 보람을 주며 무소유의 영원한 가치를 제시한다고 볼 수 있다. 또한 물질적 가치를 추구하여 많은 부를 이뤘던 사람이 반성을 하여 정신적 가치를 추구한 사례가 아니다. 2)<u>어부라는 자신의 직분에 충실한 사람이 했다는 것은 우리 현대인들에게 많은 시사점을 준다.</u>(?)

"덩더덩더덩더쿵!"

"얼쑤!"

"잘 쓴 답안이다. 내용의 흐름이 좋다."

우나는 기뻤다.

"정말요."

"그런데 너의 답안의 1)의 문장에 (?)표가 찍혔지. 얼쑤! 선생이 그 문장의 평가를 (?)표로 한 것이야. 문제가 있다는 평가지. 심각하게 받아들이지는 말고."

얼쑤! 선생은 말을 이었다.

"1)에서 너는 '어부는 고려청자를 발견하여 문화재 관리청에 신고했다'고 썼다. 네가 1)의 문장을 수정해 볼까?"

▶1 어부는 고려청자를 발견하여 문화재 관리청에 신고했다.(?)

▶1 어부는 주꾸미가 건져 올린 고려청자를 발견하여 문화재 관리청에 신고했다.(!)

얼쑤! 선생은 수정한 문장에 (!)표를 찍었다. 잘 수정했다는 평가의 표시다. 우나는 노트에 그것을 적었다.

얼쑤! 선생은 말을 이었다.

"2)의 문장을 보자. (?)표가 찍혔지. 얼쑤! 선생은 논술 답안의 문장에 (!), (?)표를 찍어주는 데 (?)표는 문제가 내용이나 형식에서 있다는 것이야. 우선 무엇이 잘못됐을까? 노트에 문장으로 쓰기 바란다."

우나는 반문했다.

"말로 하지 말고 문장으로 쓰라고요?"

"문장으로 써서 보여줘야 문장의 실력이 늘거든."

"아하, 그렇군요."

우나는 노트에 적기 시작했다.

"2)의 문장이 (?)표인 이유는, '어부의 자신의 직분에 충실한'이 의미하는 것이 분명하지 못하다. 2)의 문장의 '어부의 직분'이란 표현이 '물고기를 잡는 것'이 직분인지 '고려청자를 문화재 관리청에 신고한 것'이 직분인지 모호하다."

얼쑤! 선생은 웃으며 (!)표를 찍어주었다. 그렇다면 우나가 문장을 수정해 보라고 했다.

> ▸ 2 어부라는 자신의 직분에 충실한 사람이 했다는 것은 우리 현대인들에게 많은 시사점을 준다.(?)
> ▸ 2 어부는 인간적인 양심에 충실했다는 것은 우리 현대인들에게 많은 시사점을 준다.(!)

잘 수정했다. (!)표를 붙여주었다.

우나는 자신감을 보였다.

"알겠습니다. '스스로논술학습법'이 뭔지 말이예요."

얼쑤! 선생은 두 문장을 첨삭하고 금방 후회했다. 우나는 3학년이지만 논술을 처음 배우는 학생이다. 그런 우나의 입장을 고려하여 칭찬 위주로 첨삭인 (!)표를 중심으로 했어야 했다. 그러나 (?)표를 위주로 했으니 말이다. 얼쑤! 선생은 ‘칭찬을 먼저 하라’를 속으로 다시 생각했다.

지금 선보인 ‘(?), (!)’의 표시로 하는 첨삭이 얼쑤! 선생의 유명한 첨삭방법이다. 바로 창의력을 키우는 ‘(?), (!) 논술첨삭법’이다.

다시 쓴 답안

어부의 행위는 이기적이고 물질적인 현대인들에게 교훈을 준다. <u>어부는 주꾸미가 건져 올린 고려청자를 발견하여 문화재 관리청에 신고했다.</u> 고려청자는 비싼 가격을 받을 수 있는 문화재다. 그런데 어부는 물질의 욕심을 버리고 신고를 했으므로 기본적인 보상금만을 받게 된다. 바로 진정한 삶의 가치를 어부는 시사하고 있는 것이다. 물질적 가치의 추구보다 정신적 가치의 추구는 진정한 삶이 가치와 보람을 주며 무소유의 영원한 가치를 제시한다고 볼 수 있다. 또한 물질적 가치를 추구하여 많은 부를 이뤘던 사람이 반성을 하여 정신적 가치를 추구한 사례가 아니다. <u>어부는 인간적인 양심에 충실했다는 것은 우리 현대인들에게 많은 시사점을 준다.</u>

“덩더덩더덩더쿵!”

“얼쑤!”

문제 2

제시문을 바탕으로 주꾸미 빨판의 힘을 측정한다고 할 때 활용 가능한 측정방법을 근거를 대어 제시하시오.

우나의 논술답안과 첨삭 2

<u>1)고려청자를 붙여 올린 주꾸미의 힘의 원천은 빨판의 힘’에 있다.</u>(!) <u>2)고려청자는 무겁다. 그런데도 주꾸미의 빨판의 힘이 강하여 빨판에 붙여 올렸다.</u>(!) 3)언젠가 TV에서 ‘낙지 vs 주꾸미’의 빨판 대결을 방송한 적이 있었다. <u>용수철을 이용해서 빨판의 힘을 측정하는 데 주꾸미는 8개의 발이 거의 길이가 같고 빨판이 2줄로 배열되어 있어 엄청난 발판의 힘을 과시했다. 주꾸미의 빨판의 힘을 측정하는 방법이다.</u>(!)

“우나야. 1)의 문장에 (!)표가 붙은 이유를 노트에 문장으로 적어라.”

우나는 고심했다. 볼펜을 잡았다. 얼쑤! 선생은 말로 설명하는 것을 좋아하지 않는다. 논술 답안이 문장으로 이루어진다. 따라서 그 설명도 말보다는 논리적인 문장체로 쓰기를 원했다.

다음은 자신이 쓴 1)의 문장의 (!)의 이유에 대한 글이다.

“‘1)의 문장에는 (!)표가 붙었다. 그 이유는, 빨판의 힘’에 초점을 잘 맞췄기 때문이다. 논제에 대한 답변을 핵심으로 ‘발판’을 잘 제시했다.”

얼쑤! 선생은 (!)표를 붙였다.

우나는 자신감에 차 있다.

“2)는 두 문장으로 돼 있다. 2)가 (!)표인 이유는, 첫 문장이 짧다. 주꾸미 빨판의 힘을 강조하기 위해 이유로 작용한다. ‘대조 기법’이 빛난다. 무거운 고려청자를 써서 주꾸미의 빨판의 힘을 증명한 것이기 때문이다.”

“좋다!”

얼쑤! 선생은 추임새를 붙였다. 덩달아 신이 났다.

“그 내용에 (!)표를 주마.”

우나도 신났다. 이번 답안은 모두 (!)표가 붙었기 때문이다. 칭찬의 효과가 발휘되는 순간이다.

“3)에 (!)표가 붙은 이유는, 구체적인 논거가 제시됐기 때문이다. ‘주꾸미는 8개의 발이 거의 길이가 같고 빨판이 2줄로 배열되어 있다’는 전문적 배경지식의 활용이 설득력을 높였다. 돋보이는 부분이다.”

얼쑤! 선생은 웃으며 (!)표를 찍었다.

얼쑤! 선생은 말했다.

“전체적으로 잘 쓴 답안이다. ‘주꾸미의 빨판의 힘’에 초점을 맞추어서 논의를 잘 전개했다. 그러나 2)와 3)의 사이에 다른 내용을 삽입시킨다면 어떤 내용이 와야 할까?”

우나는 고민했다. 돌발 질문에 당황했다.

▶ 우리가 주꾸미의 빨판에 관심을 갖는 이유다. 주꾸미 빨판에 대해 생각하여 본격적인 설명을 해보겠다.(?)

▶ 그동안 주꾸미에 대한 학문적 연구가 없었다. 이번의 주꾸미의 고려청자 발견을 기회로 연구가 이루어져야 한다.(?)

▶ 그동안 주꾸미의 빨판에 대한 본격적인 학문적 연구가 없었다. 이로 볼 때 이번에 증명된 주꾸미의 빨판의 힘은 우리에게 많은 관심을 일으켰다.(!)

이 문장 내용의 평가는 '(?),(?),(!)'로 돼 있다. 거듭된 세 번째 문장에서 (!)표를 받았기 때문이다. 이런 과정을 통해 논술의 고수로 태어난다.

"덩더덩더덩더쿵!"
"얼쑤!"

우나의 답안을 봤다. 마음 같아서는 여러 문제점을 지적하고 싶었다. 그러나 그 놈의 조급증을 가라앉히느라고 힘들었다. 논술은 기다림의 미학이다. 우선 칭찬부터 해야 한다. 칭찬은 논술 고수로 가는 동력이다.

얼쑤! 선생은 말했다.

"우나야, 잘했어. 빨판의 힘을 측정하는 방법이 좋았지. 구체적인 사례를 통해 제시한 점은 전문적이었거든. 좋았어. 바로 전문성이 설득력을 높이는 역할로 작용한다. 너만 쓸 수 있는 내용이면 더 좋지. 창의적인 능력이 조금 보이는데, 하하하."

얼쑤! 선생은 칭찬 위주로 평가했다. '낙지 vs 주꾸미'의 빨판 대결 이야기는 얼쑤! 선생의 말을 듣고 우나가 답안의 내용으로 적은 것이지만 우나가 생각하여 쓴 것으로 바꾸어서 말했다. 뻔한 칭찬이지만 기분은 좋다. 칭찬의 효과다. '내가 한 일을 상대방에게 돌려라'는 칭찬의 기법이기 때문이다.

얼쑤! 선생은 기뻤다.

고려청자를 붙여 올린 주꾸미의 힘의 원천은 빨판의 힘'에 있다. 고려청자는 무겁다. 그런데도 주꾸미의 빨판의 힘이 강하여 빨판에 붙여 올렸다. (그동안 주꾸미의 빨판에 대한 본격적인 학문적 연구가 없었다. 이로 볼 때 이번에 증명된 주꾸미의 빨판의 힘은 우리에게 많은 관심을 일으켰다.) 언젠가 TV에서 '낙지 vs 주꾸미'의 빨판 대결을 방송한 적이 있었다. 용수철을 이용해서 빨판의 힘을 측정하는 데 주꾸미는 8개의 발이 거의 길이가 같고 빨판이 2줄로 배열되어 있어 엄청난 발판의 힘을 과시했다. 주꾸미의 빨판의 힘을 측정하는 방법이다.

문제 3

어부가 고려청자를 발견한 주꾸미를 식당에 팔아넘겼다고 가정할 때 어부의 행위에 대한 자신의 생각을 적으시오.

우나의 논술답안과 첨삭 3

1) 어부가 고려청자를 발견한 주꾸미를 식당에 팔아넘겼다고 가정할 때는 평가가 달라진다.(!) 2) 이런 가정의 상황으로 고려청자를 발견한 수훈이 주꾸미였다는 것을 생각하면 이러한 어부의 행위는 관점에 따라 씁쓸한 맛을 남기고 주꾸미는 우리나라 국보급 문화재를 발견하게 해줬다.(?) 3) 어부에게도 몇 천만 원의 보상금을 받게 해준 것이 주꾸미였고 그 사실을 인식한다면 여러 평가도 가능하다.(?)

"1)의 문장이 (!)표인 이유는, 논점을 분명히 제시하여 자신의 생각을 드러냈기 때문이다. 논제가 요구하는 것을 답안의 첫 문장에 밝힘으로써 핵심을 분명히 했다."

얼쑤! 선생은 (!)표를 찍었다.

우나는 노트의 문장을 보여주었다.

"2)의 문장이 (?)표인 이유는, 내용이 상식적인 측면으로 흘러서 신선감이 없다."

얼쑤! 선생은 (?)표를 찍었다. 우나가 (?)의 이유를 잘못 말한 것이다. 우나는 고민을 했다.

"2)의 문장의 내용에 인간의 주관적인 감정이 들어 있다."

우나는 그 이유를 잘못 짚었다. 얼쑤! 선생은 또 다시 (?)표를 주었다. 다른 각도에서 생각하기를 바랬다.

"2)의 문장이 길다보니 많은 내용이 한 문장에 다 들어있다. 핵심 내용이 명확하게 전달되지 않는 이유로 작용한다.

드디어 (!)표가 붙었다. 우나는 세 번 이유를 제시한 끝에 (!)표를 받았다. 얼쑤! 선생은 문장의 수정을 요구했다.

▶ 2 이런 가정의 상황으로 고려청자를 발견한 수훈이 주꾸미였다는 것을 생각하면 이러한 어부의 행위는 관점에 따라 씁쓸한 맛을 남기고 주꾸미는 우리나라 국보급 문화재를 발견하게 해줬다.(?)

▶ 2 이런 가정의 상황으로 고려청자를 발견한 수훈이 주꾸미였다는 것을 생각하면 이러한 어부의 행위는 관점에 따라 씁쓸한 맛을 남긴다. 그 주꾸미는 우리나라 국보급 문화재를 발견하게 해줬다.(?)

▶ 2 고려청자를 발견한 수훈이 주꾸미였다는 것이 판단의 기준이 돼야 한다. 주꾸미를 팔아 넘겼다는 가정의 어부의 행위는 관점에 따라 냉정한 사람으로 평가된다. 그 주꾸미는 우리나라 국보급 문화재를 발견했기 때문이다.(!)

"3)의 문장이 (?)표인 이유는, 핵심적인 내용이 와야 하는데 전제에 해당하는 문장이 왔기 때문이다."

얼쑤! 선생은 웃으며 (!)표를 찍었다. 수정을 하게 했다.

▶ 3 어부에게도 몇 천만 원의 보상금을 받게 해준 것이 주꾸미였고 그 사실을 인식한다면 여러 평가도 가능하다.(?)

▶ 3 주꾸미의 고려청자 발견을 오로지 고려청자만을 돈에 의한 보상으로 강조하다보니 진정한 문화재 발굴이라는 정신적 가치가 왜곡됐다.(?)

▶ 3 국가와 어부에게 많은 국보급 문화재를 발굴하게 해준 것이 주꾸미였다는 사실을 인식해야 한다. 그런 관점에서 그 주꾸미도 합당한 대우를 함으로써 다양한 문화적 가치의 창출

을 추구했어야 했다.(!)

다시 쓴 답안

　어부가 고려청자를 발견한 주꾸미를 식당에 팔아넘겼다고 가정할 때는 평가가 달라진다. 고려청자를 발견한 수훈이 주꾸미였다는 것이 판단의 기준이 돼야 한다. 주꾸미를 팔아 넘겼다는 가정의 어부의 행위는 관점에 따라 냉정한 사람으로 평가된다. 그 주꾸미는 우리나라 국보급 문화재를 발견했기 때문이다. 국가와 어부에게 많은 국보급 문화재를 발굴하게 해준 것이 주꾸미였다는 사실을 인식해야 한다. 그런 관점에서 그 주꾸미도 합당한 대우를 함으로써 다양한 문화적 가치의 창출을 추구했어야 했다.

문제 4

어부의 입장에서 물꿈이 갖는 의미와 그 결과에 대한 자신의 생각을 적으시오.

우나의 논술답안과 첨삭 4

　어부 김씨는 수영을 하는 물꿈을 꿨다. 이튿날 조업에서 주꾸미를 신나게 낚아올리던 김씨는 문득 이상한 느낌이 들었다는 것이다. 주꾸미 한 마리가 푸른 비색이 감도는 접시를 단단히 감고 있어 전날 길몽도 꾸었던 터라 군청에 신고했다는 것이다. 1) 김씨가 길몽을 꾸지 않았다면, 또 꾸었다 해도 주꾸미만 수습하고 청자는 바다에 휙 던져버렸어도 보물선은 발견되지 않았을 것이다.(?) 2) 우리나라는 일을 할 때 꿈의 의미와 연결하여 해석한다.(!) 물론 꿈의 기능이 과학적으로 증명된 것은 아니다. 산삼의 발견이나 로또의 당첨 등의 사례로 볼 때 길몽을 꾸었다는 기록이 많다. 3) 한국의 꿈은 삶의 고통에 희망을 갖게 하고 활력소가 된다는 점에서 의미를 찾아야 한다. 인간의 삶을 정신적으로 윤택하게 하는데 도움이 되는 요소로 꿈이 작용하기 때문이다.(!)

　전체적으로 안정감 있는 답안이다. 특히 첫 문장이 자연스럽다. 핵심적인 내용을 제시하면 좋으나 답안의 첫 문장은 부드러워 좋다. 고득점이 예상되는 답안이다.

　우나는 노트에 1)의 (?)표의 평가 이유를 문장으로 적었다.

　"1)의 (?)표의 이유는, 문장이 길기 때문이다. 문장을 두 문장으로 나누어야 한다.”

얼쑤! 선생은 (?)표를 다시 주었다. 얼쑤! 선생이 생각한 이유와 달랐기 때문이다.

“답안의 핵심적인 내용과 관련되지 않는 부분이 있다. 이 내용을 삭제해야 한다.”

얼쑤! 선생은 (!)표를 주었다. 1)의 문장을 수정하도록 했다.

> 1 김씨가 길몽을 꾸지 않았다면, 또 꾸었다 해도 주꾸미만 수습하고 청자는 바다에 휙 던져버렸어도 보물선은 발견되지 않았을 것이다.(?)
> 1 김씨가 길몽을 꾸지 않았다면, 주꾸미만 수습하고 청자는 바다에 휙 던져버렸어도 보물선은 발견되지 않았을 것이다.(?)
> 1 김씨가 길몽을 꾸었기에 관심을 가지고 주꾸미를 수습하다가 고려청자를 실은 보물선을 발견하였다.(!)

“2)의 문장에 (!)표를 붙인 이유는, 자신의 생각을 일반화하여 제시했기 때문이다. 다음에 이어질 구체적인 사례와 단락의 구조를 잘 조화시키는 결과를 보였다.”

얼쑤! 선생은 (!)표를 주었다. 우나는 웃었다.

“3)은 꿈의 의미를 자신의 생각과 잘 관련지어 결론으로 제시했다. 이 내용은 한국인들의 꿈에 대한 공감대를 느끼는 부분으로 작용하여 설득력을 높였다.”

“(!)표로구나. 얼쑤!”

얼쑤! 선생은 추임새가 나왔다.

다시 쓴 답안

어부 김씨는 수영을 하는 물꿈을 꿨다. 이튿날 조업에서 주꾸미를 신나게 낚아올리던 김씨는 문득 이상한 느낌이 들었다는 것이다. 주꾸미 한 마리가 푸른 비색이 감도는 접시를 단단히 감고 있어 전날 길몽도 꾸었던 터라 군청에 신고했다는 것이다. 김씨가 길몽을 꾸었기에 관심을 가지고 주꾸미를 수습하다가 고려청자를 실은 보물선을 발견하였다.

우리나라는 일을 할 때 꿈의 의미와 연결하여 해석한다. 물론 꿈의 기능이 과학적으로 증명된 것은 아니다. 산삼의 발견이나 로또의 당첨 등의 사례로 볼 때 길몽을 꾸었다는 기록이 많다. 한국의 꿈은 삶의 고통에 희망을 갖게 하고 활력소가 된다는 점에서 의미를 찾아야 한다. 인간의 삶을 정신적으로 윤택하게 하는데 도움이 되는 요소로 꿈이 작용하기 때문이다.

...2강

1. 신문의 가장 재미있는 기사를 선택하라!

"덩더덩더덩더쿵!"

"얼쑤!"

봄날 오후다. 햇빛이 살갑게 내렸다. 개나리꽃이 햇빛에 샛노랗게 보였다. 얼쑤! 선생의 개나리를 보고 생각했다. '개나리가 왜 모순된 색인가?'

어느 책에서 읽은 구절을 생각했다.

"가장 모순된 색이 노랑색, 그러면서 불안정한 색이다."

30분이 되도록 그 '노랑'에 몰입되었다.

얼쑤! 선생은 '불안정하다는 것은 그 노랑색으로는 완전한 존재가 힘들다', '그러므로 노랑색은 남의 색에 의존해야 한다'의 상상에 빠져봤다.

얼쑤! 선생은 책의 재미있는 구절을 생각했다. 발상에 감동을 받는다.

'노랑은 곁에 흰색이 있으면 밝게 빛나고, 검정이 있으면 시끄럽게 추근댄다!'

멋진 표현이라고 생각했다.

"덩더덩더덩더쿵!"
"얼쑤!"

초인종 벨이 울렸다. 고개를 숙이고 들어왔다. 좀 야윈 모습에 밝은 모습. 순수하게 보였다. 이름은 수식이라고 했다.

"어서 들어와. 오늘 처음 보는데?"

수식이가 말했다.

"선생님이 신문에 나온 것을 보고 연락드렸던 학생입니다. 지금 반수를 하고 있습니다. 지난 대입 시험에서는 논술을 어려워했습니다. 원하는 대학에 못 갔지요. 지금은 법대에 다니고 있는데 휴학했습니다."

원하는 대학에 실패한 모양이다. 총명하게 보였다. 유순하게 웃는 모습이 좋다. 바람에 흔들리는 푸른 나뭇잎처럼 싱그럽다.

얼쑤! 선생이 말했다.

"나는 논술 기출문제나, 모의고사 문제를 풀지 않아. 신문을 통한 '스스로논술학습법'을 하고 있지. 창의력은 누가 가르쳐 주는 것이 아니야. 자신의 몫이지. 다른 방향으로 공부를 할텐데. 괜찮겠어."

수식이는 듣고만 있다. 얼쑤! 선생이 말을 이었다.

"내가 무료로 가르쳐준다고 해서 대충 하지 않아. 오히려 더 어려울 수도 있어."

수식이는 고개를 끄덕였다.

얼쑤! 선생이 조용히 말했다.

"신문을 펼쳐보자. 재미있는 기사를 찾아볼래?"

책상 위에 펼쳐진 일간 신문을 뒤적인다. 수식이는 읽어도 보고 연필로 밑줄도 쳤다. 수식이가 꼼꼼한 성격임을 드러내는 부분이다. 가끔 얼쑤! 선생도 쳐다본다. 오늘 처음 왔지만, 논술에는 자신이 없다는 것이다. 다른 과목은 자신이 있는데 글쓰기에는 능력이 발휘가 안 된다고 했다.

얼쑤! 선생은 직감적으로 안다. 십중팔구 논술을 즐기지 않기 때문이다.

'이 친구도 마찬가지야. 재미있는 기사로 출발하여 논술을 즐기게 하자. 그래서 흥미를 잡자. 자연스럽게 읽고 자연스럽게 쓰게 만드는 것이 최고다'라고 생각했다.

수식이가 물었다.

"얼쑤! 선생님, 이 칼럼이 어떨까요?"

"덩더덩더덩더쿵!"
"얼쑤!"

추임새로 격려해 주었다.

"지금은 '스스로논술학습법'의 1단계이기에 기사로 시작한다. 칼럼이 논술과 많이 닮았지. 그러나 그것은 2단계에서 우리가 집중적으로 공부할 거야."

수식이가 적극성을 보였다. 고개를 들고 말했다.

제시문●●●

호주 연안에서 요트에 따라붙던 고래새끼를 안락사를 시켜 지구촌 사람을 안타깝게 했다.[3]

"이것이 좋겠습니다. 안락사 당한 새끼 '흑등고래' 기사입니다. 호주 연안에서 이 고래새끼를 안락사를 시켜 지구촌 사람을 안타깝게 했던 내용입니다. 재

---

3) "아기고래야, 미안해!… 요트를 엄마로 착각한 고래 결국 안락사" 동아일보(2008.08.23)

미있습니다.”

얼쑤! 선생은 속으로 생각했다.

‘됐다. 눈썰미가 있어.’

얼쑤! 선생은 사람은 공통점을 지닌다고 생각했다. 누구나 눈에 띄는 것이 ‘재미있는 기사’라는 것. 바로 그거다. 지구가 파멸될 때가지도 변할 수 없는 진리는 ‘재미’라는 것이다.

“그것의 핵심은 무엇인데?”

얼쑤! 선생은 물었다. 밑줄 친 내용을 중심으로 ‘안락사’라고 말했다. 수식이는 모범생의 모습을 전형적으로 보여주었다. 대부분 이런 학생이 논술을 어려워한다.

“덩더덩더덩더쿵!”

“얼쑤!”

“수식아, 이 제시문을 네가 선택했지. ‘스스로논술학습법’의 1단계의 첫 출발을 내가 스스로 했어. ‘스스로’라는 말을 기억해 둬. 얼쑤! 선생의 수업에서 핵심어가 되니까.”

수식이가 말을 했다.

“흑등고래의 안락사 내용입니다. 어미에게 버림받았는지 알 수는 없습니다. 요트를 어미로 착각한 채 따라붙어 요트 곁에 붙어서 젖을 빠는 시늉을 했습니다. 과학자들은 인공 젖꼭지를 만들자고 했는데, 많은 양의 우유의 급식은 불가능하다는 판단을 했답니다. 결국 먹이를 먹지 못해 죽어가는 흑등고래의 새끼를 안락사 시키기로 했습니다. 인근 해변에선 안락사 결정 철회를 요구하는 시위가 벌어졌다고 합니다.”

얼쑤! 선생은 말했다.

“가슴이 찡한 이야기네. 아기고래라는 말이 아프게 하지. 흥미와 교훈, 생명

에 대한 신비감 등으로 이 내용은 논술의 주제로 최적이다. '스스로논술학습법'
의 1단계의 출발은 이런 기사가 좋다. 동물 이야기는 누구나 흥미를 느끼기 때
문이지. 일요일 날 아침. 'TV동물 농장'의 프로그램이 있잖아. 왜 아침의 황금시
간대에 배치됐겠어? 누구나 동물을 좋아하기 때문이지. 인기를 얻은 이유야."

수식은 고개를 끄덕였다. 노트를 폈다.

"이런 신문 기사를 선택하여 논술 제시문으로 활용하자."

수식이의 얼굴에 엷은 미소가 번졌다. 그의 미소는 분위기에 힘을 주었다. 세
상에서 가장 아름다운 것은 미소다.

봄날 오후의 공부는 늘어졌다. 그러나 논술의 맛이랄까? 아니면 논리의 맛이
랄까? 매혹적인 맛이 논술에는 들어있다. 이 맛을 알면 중독이 된다. 몰입을 말
한다.

"덩더덩더덩더쿵!"
"얼쑤!"

얼쑤! 선생은 외부 논술 특강을 갔다가 성하춘 선생님을 만났다. 너그러운
웃음과 유머가 돋보이는 국어, 논술 교사다. 그 분은 논술 이야기만 나오면 '논
술에 취한다'는 말을 썼다. 멋있는 멘트다.

얼쑤! 선생은 넌센스 문제를 만들었다.

"술은 술인데 맛있는 술은?"

수식은 대답을 못했다.

"입술!"

얼쑤! 선생은 다시 말했다.

"술은 술인데 논리적으로 취하는 술은?"

"논술!"

원래 논술의 이미지는 딱딱하다. 그런데 '취하는 논술'은 후각과 미각의 창의

적 표현이다. 이 말이 논술을 매력적으로 만들었다.

오늘이 논술에 취할 날이다. 개나리꽃의 노랑에 취할 봄날이다.

"덩더덩더덩더쿵!"
"얼쑤!"

2. 신문 기사의 내용을 생각하며 그대로 베껴라!

얼쑤! 선생은 그 기사를 베끼도록 시켰다.

'스스로논술학습법'의 1단계의 핵심은 그것이다. 모방하는 것이다. 기자의 수려한 문장과 내용의 흐름이 눈에 들어온다. 그대로 받아들인다. 내용이 쌓이게 되면 나만의 내공으로 작용한다.

글쓰기, 그렇다. 남의 것을 모방하면 그것이 창의성의 모태가 된다. 그 속에서 다양한 시각으로 숙성된 창의적인 표현법이 분출한다. 이 방법을 얼쑤! 선생은 활용한다.

얼쑤! 선생은 말했다.

"노트에 잘 적는구나. 문단 구분도 네가 자율적으로 편집했네. 기사는 문단 구분보다는 시각적으로 편이성에 중점을 두었지. 문단 구분에서 칼럼하고 기사는 다르지."

"그렇습니다."

수식이의 목소리가 맑다.

기분이 좋아졌다. 수식 어머니의 말씀을 들었다. 열심히 하는 데 논술 실력이 오르지 않는다는 것이다. 처음부터 논술 기출문제나 모의고사를 중심으로 논술을 시작했기 때문이다. 기출문제는 논술 시험에 임박하지 않고서는 도움이 되지 못한다. 당장 시험을 치러야 한다면 기출문제부터 풀어보는 것이 정상이다. 그러나 6개월 이상 남겨놓았다면 달라진다.

논술에 흥미를 유발시키는 학습이 좋다. 재미있는 기사를 모방하는 것이 첫 단계다. 논술은 억지로 되지 않는다.

얼쑤! 선생이 물었다.

"수식아, 긴 문장을 찾아봐라. 기사는 긴 문장이 필요하다. 그런데 논술에서는 답안의 분량이 1000자 내외다. 따라서 핵심적인 내용은 짧게 제시해야 한다. 문장이 짧으면 내용이 명료하게 제시되기 때문이다."

"덩더덩더덩더쿵!"

"얼쑤!"

"자, 긴 문장을 짧게 줄이는 방법을 생각해볼까?"

얼쑤! 선생은 말을 이었다.

"우선 수식어(살점)를 제외하고 피식수어(뼈대)만 정리하라. 그냥 이야기만 하면 이해가 힘드니 사례를 들어볼까?"

"'아름다운 여학생이 바람에 머리카락을 날리며 학교에 갔다'는 문장을 생각해 봐."

"이 문장에서 수식어를 말해 볼까? 잠깐, 수식어는 꾸며주는 말이지. 문장이 긴 것에는 이런 수식어가 많이 붙어있지. 물고기로 비유하면 물고기의 살은 수식어에 해당하고 물고기의 뼈는 피수식어가 된다는 말이야."

수식이가 물었다.

"수식어는 '아름다운, 바람에 머리카락을 날리며'인가요?"

수식은 당당해졌다. 그 모습이 얼쑤! 선생은 보기가 좋았다. 수식은 줄인 문장까지 말해본다.

"얼쑤! 선생님, 제가 모두 말해볼까요?"

"좋지."

“덩더덩더덩더쿵!”

“얼쑤!”

“여학생이 학교에 갔다.”

“아주 좋았어. 뼈대만 남았군.”

얼쑤! 선생은 말을 이었다.

“이렇게 줄이면 내용이 분명하게 전달되는 장점이 있다. 기본적인 문장을 줄인 것이지만 이렇게 줄이는 연습을 꾸준히 한다면 문장의 고수가 된다. 알맹이만의 논술 문장을 쓰는 능력을 키울 수 있단다. 문장의 고수가 되려면 먼저 문장을 줄이는 연습을 하지.”

수식이의 짧은 대답이다.

“아, 그렇군요.”

수식이는 그동안 긴 문장을 주로 썼다고 했다.

얼쑤! 선생은 강하게 말했다.

“논술의 문장에서 알맹이만을 제시하면 전달력이 강해지지.”

수식이는 고개를 끄덕였다.

“그렇군요. 저는 글을 쓸 때 문장의 간결함을 염두에 두지 않았습니다. 아예 생각이 없었지요. 생각나는 대로 썼거든요. 그것이 아니군요.”

우식은 겸연쩍어 하면서 말을 이었다.

“정해진 시간에 맞춰 문제와 제시문을 분석하고 답안을 작성하다보면 문장의 길이는 의식이 되지 않아요.”

“말하잖아. 고등학생은 대부분 논술 시험에서 문장의 길이를 의식하며 쓰기는 힘들지. 그러나 논술의 고수는 여기서 차이가 난다. 의식적으로도 내용의 중요도에 따라 문장의 길이를 조절한다. 특히 논술의 고수는 문장을 짧게 쓰는 습관을 지녔다.”

“덩더덩더덩더쿵!”

“얼쑤!”

“이것이 필요하다. 중요한 문장은 간결체로, 보충문장은 길게도, 때론 짧게 쓰는 습관이 필요하다. 생각해 봐? 문장들을 길게 이어 쓰다가 갑자기 짧은 문장이 나오면 읽는 사람들은 상쾌한 맛을 느낀다. 그 짧은 문장은 수험생의 단호한 주장을 나타내는데 유효하다. 또는 어떤 대상에 대한 평가의 글일 경우는 어떨까. 내용이 명료하게 전달되고 그 내용에 자신감을 주는 효과가 생기지. 논술의 고수는 이것에 능하다.”

수식이는 노트에 정리했다.

얼쑤! 선생은 침을 튀겼다. 열심히 설명했다. 대학모의 논술시험의 예시답안을 놓고 하나하나 짚어갔다. 문장의 길이에 대해 구체적으로 설명했다. 예시답안을 믿지 말라고 했다.

구체적으로 설명하는 것은 좋지 않다. 얼쑤! 선생은 안다. 훌륭한 논술 교사는 학생이 스스로 느끼고 깨닫는 과정을 만들어야 한다. 수식이가 논술 고수의 과정을 스스로 깨닫는다면 최고의 교육적 효과를 얻은 것이다. 진정한 논술의 고수가 된다. 논술 교사에게 ‘기다림’이 필요한 이유다.

기다림은 인내를 요구한다. 얼쑤! 선생은 성격이 급한 편이다. 좀처럼 기다리지를 못한다. 이 점에 문제라고 생각한다.

수식이가 입을 열었다.

“얼쑤! 선생님, 문장이 정말 중요하군요.”

“생각해봐? 논술 평가 교수가 학생의 답안을 볼 때 눈에 먼저 띄는 것이 무엇이니? 답안의 첫 문단의 첫 문장이지.”

수식은 짧게 말했다.

“아, 그렇군요.”

“그래서 논술의 고수는 논술 답안의 첫 문장에 신경을 많이 쓴다. 나는 맨 처음에 그것을 가르치지. 논술에서 문장이 짧은 것은 기본이다. 평가자의 흥미, 관심을 유도해야 한다. 답안의 내용을 모두 읽고 싶은 충동까지 들게 해야 한다. 따라서 문장 기술과 독특한 표현이 필요한 부분이 첫 문장이지."

"덩더덩더덩더쿵!"
"얼쑤!"

"논술의 첫 문장을 사람의 신체에 비유해 볼까?
"사람의 '얼굴'이겠네요."
수식은 웃으면서 대답했다.
"그럼 논술의 첫 문장과 사람의 얼굴의 공통점을 말해 볼까?"
수식이는 길게 말했다.
"사람은 자신만의 개성을 보이기 위해 얼굴에 화장을 하지요. 머리도 마찬가지입니다. 헤어스타일은 타인의 관심을 끄는 것은 맨 처음 부분이죠. 그래서 다양한 헤어 기술이 발달했죠. 수요가 많기 때문입니다."
수식이의 대답은 거침이 없다. 자신감의 표현이다.

얼쑤! 선생은 추임새를 보냈다.
"얼쑤! 좋다!"
"수식아, 너는 제자가 될 자격이 있어."
얼쑤! 선생은 칭찬했다.
'나의 제자가 될 자격이 있어'라는 말 이상의 좋은 칭찬은 없을 것이다.

"덩더덩더덩더쿵!"
"얼쑤!"

3. 신문 기사를 통해 스스로 '논제'를 만들고 '답안'을 작성하라!

"수식아!"

얼쑤! 선생은 말했다.

"'스스로논술학습법' 1단계의 중요한 부분에 왔어."

"문제 만들기이군요?"

얼쑤! 선생은 길게 설명했다.

"'문제 만들기'와 '답안 작성'은 '스스로논술학습법'에서 가장 중요하다. 문제는 논술 전문가만 만드는 것으로 알고 있지. 바로 그것이 문제야. 학생들이 선택한 신문 기사를 통해 문제와 답안 작성은 논술의 핵심에 해당하기 때문이다."

얼쑤! 선생은 말을 이었다.

"'스스로논술학습법'을 하는 학생들은 자신감이 필요하다. 여기서 오해를 하면 안 되지. 논술 전문가의 고도의 능력을 요구하는 것이 아니야. 학생들이 문제를 만들다보면, 대학논술 기출문제와 모의논술 예시문제를 모방하게 된다. 이런 과정을 통하여 대학입시의 논술 문제 속에 들어있는 출제자의 의도를 파악하는 능력이 키워진다는 것이지."

수식이는 노트에 정리했다. 손이 바쁘게 움직였다.

"수식아, 논술 문제를 스스로 만들어서 논술 답안을 작성해본 적이 있니?"

수식은 대답했다.

"없습니다. 그것을 어떻게 만들어요?"

그러나 고득점을 위해서는 남과 차별화가 이루어져야 한다. 여기서 얼쑤! 선생은 목소리를 높인다. 수식이도 귀를 세웠다.

"수식아, 스스로 논술 문제를 만들면 무엇이 좋을까? 정도의 차이는 있지만 출제자와 같은 입장에 설 수 있다. 일종의 맞먹는 것이지. 자신감이 생긴다."

수식이도 생각하다가 말한다.

“학생들이 신문 기사의 제시문을 통하여 문제를 만들다보면 제시문도 자연적으로 분석이 되겠는데요.”

얼쑤! 선생은 추임새를 던졌다.

“그렇지! 바로 그거야.”

얼쑤! 선생은 말을 이었다.

“그 동안은 논술 교사가 ‘제시문을 분석해 보자’는 식으로 말했지. 일종의 연결고리가 없었던 거야. ‘무엇을 하다보니 어느 것이 자연스럽게 되는 상황을 만든 것이 아니였지. 즉 학습의 덩어리가 각기 분할되어 제시됐던 거야. 이런 논술 공부는 단조로워서 쉽게 지루해진다는 것이 문제야.”

수식이는 고개를 끄떡였다.

얼쑤! 선생은 말했다.

“비유를 해볼까. 감자 덩굴이 있지. 사람이 호미로 흙을 파서 감자를 하나하나 캐는 방법이 있지. 이것은 손길이 많이 가고 단조롭고 어려운 일이야. 노동에 해당하지. 인내력이 필요하다는 말씀이야. 그러나 다른 방법이 있지. 감자 덩굴을 힘차게 잡아당기면 많은 감자들이 한꺼번에 매달려 뽑히는 수가 있잖아. 이것은 어떨까?”

수식은 웃었다. 얼쑤! 선생은 말을 이었다.

“감자의 덩굴만 잡아당겼을 뿐인데, 감자알까지 뽑혀 나온 경우에 속하잖아. 재미가 있잖아. 장난하는 기분이지. 한 가지로 두 가지가 해결된 경우가 된다. 중요한 것은 핵심이 의도가 아닌 자연적으로 해결된 것이나 마찬가지야.”

“그렇군요.”

“덩더덩더덩더쿵!”

“얼쑤!”

“말하려는 핵심은 다른 것이 아니다. 재미를 느끼면서 자연스럽게 해결되는 과정이 있어야 한다. 그래야 그것을 즐기게 되고, 논술의 고수에 오르게 된다.”

“수식아, 논술 문제는 축소된 지도와 같다. 생각해 봐. 축소된 지도는 중요한 도로를 중심으로 제작되었잖아. 큰 길을 통한 중요한 방향만 제시된 거야. 논술의 문제도 마찬가지야. 우리가 쓸 답안은 암시돼 있어. 어디에? 논제에 다 있다니까. 논제는 답안을 고도로 압축하여 암시하는 기능도 한다. 논제 속에 다 답이 들어있다. 단 추상적으로 암시만 돼 있다.”

“얼쑤! 선생님, 사례를 들어주세요?”

“좋지. 논술의 문제 중에 ‘제시문 (가)의 문제점을 밝히고 해결방안을 제시하시오’를 생각해보자. 우린 어떻게 생각해? 제시문 (가)를 무조건 분석하나? 그게 아니지. 문제점을 밝히라고 했으니 제시문을 읽으면서 문제점만 찾아내잖아. 이런 식으로 방향을 알려준다고. 심하게 말하면 문제는 답안의 축소판이지. 어때 이해가 되니?”

수식이는 웃으면 대답했다.

“아, 선생님, 그렇군요. 그동안 문제의 중요성을 깊게 생각을 안 했는데…”

“지나간 것은 신경 쓰지 말자. 그래서 문제를 직접 만들어보는 것이 중요해. 제시문의 선택과 문제를 잘 만들면 나머지는 자연스럽게 해결이 되지. 학생들이 문제를 내기 위해서는 반드시 거쳐야 할 과정들이야. ‘자연스럽게 된다’는 것은 교육적으로 중요한 과정이다.”

얼쑤! 선생은 말을 이었다.

“내가 말한 ‘감자 덩굴을 잘 잡아당기면 많은 감자가 뽑혀 나오는 말을 했잖아. 논술도 같은 이치지. 논술의 문제를 잘 만들면 많은 분량의 답안까지 잘 써진다는 것이다. 정말 같은 것이지.”

수식이도 첫 시간에 ‘스스로논술학습법’의 깊은 숲에서 길을 잘 잡았다. 얼쑤! 선생은 미소를 지었다. 말을 이었다.

“학생들이 논제를 만들다보면 다양한 사고를 할 수밖에 없다. 논술에서 빠질 수 없는 ‘분석적, 논리적, 비판적, 창의적’ 사고가 그것이야. 이것은 제시문을 논제에 따라 '분석, 논리, 비판, 대안, 종합'을 하는 능력을 키워준다. 굉장히 중요하지. 학생들이 논술 문제를 만들다보면 답안 작성의 방향을 스스로 정할 수 있는 능력까지도 생긴다. 굉장하지."

수식은 노트에 적었다. 빨간 볼펜으로 밑줄까지 쳤다.

"덩더덩더덩더쿵!"

"얼쑤!"

"자, 이제 이 신문 기사를 바탕으로 논제를 만들어볼까?"

수식이가 말했다. 첫 시간에 논술에 재미를 느낀다니 놀랍다.

"문제를 만드는 것이 제일 재미가 있습니다. 내가 출제 교수가 된 기분입니다."

얼쑤! 선생은 외쳤다.

"논술을 즐겨야 돼. 즐겨라. 논술과 놀아야 돼. 놀아라. 즐기는 자는 당할 수가 없거든. 수식이. 네가 문제를 만들어 봐? 지금."

시간을 10분 주었다.

수식이는 펜을 잡았다.

"'안락사'를 염두에 두고 시사적인 문제를 만들어 볼게요."

"좋아. 좋지. 그렇지"

얼쑤! 선생의 추임새가 터졌다.

얼쑤! 선생은 말했다.

"안락사 논쟁과 관련지을 때 좋은 문제야. 요즘 안락사의 논쟁은 치열하잖아. 그 찬반의 논리를 그대로 '아기 흑등고래'의 경우로 가져가는 것이지. 인간이나 고래 모두 생명을 가진 존재니까."

"예. 예."

"수식이, 네가 출제를 했으니 이 문제에 대하여 설명해 볼까?"

수식이 말했다.

"기사에 있습니다. '아기 고래는 많은 고통을 받아왔다'는 것이죠. '안락사'는 아기 고래의 고통을 줄이기 위한 수단으로 작용한 것입니다. 그런 측면에서 '안락사'도 '인간적 결정'으로 봅니다."

수식이의 말이 논리적이었다. 감동이었다.

"안락사를 인간적 결정으로 본 것은 설득력이 있어. 아기 고래의 지속적인 고통을 줄이는 방법으로 '안락사'가 활용됐으니까. 수식이도 멋진 표현을 쓰네. 그러나 이 문제는 논란이 예상된다. 안락사가 인간적 결정인지, 아기 고래의 생명을 존중하여 죽을 때까지 치료가 인간적 결정인지 말이야. 인간적 결정의 기준이 무엇이냐, 그것이 논쟁의 핵심이지. 수식이 생각은 어떨까?"

수식은 대답했다.

"글쎄요. 어렵네요. 아기 고래의 고통을 줄이기 위해 안락사를 시키는 것도, 죽을 때까지 생명을 존중해서 치료해주는 것도 인간적 결정인 것 같고..."

얼쑤! 선생이 말을 받았다.

"당연하지. 안락사를 찬성하는 경우라면, 아기 고래가 안락사를 편안하게 죽을 권리로 보는 거지. 상어에게 물린 상처가 있는, 생명을 연장하는 아기 고래의 삶이 죽음보다 더 괴롭다는 것이 논거로 작용하지. 아기 고래가 죽음보다도 더 괴로운 삶을 생각할 때 우리의 일이 무엇인지 생각해볼까?"

수식이는 단호하게 말했다.

"그런 관점이면 안락사가 최후의 방법이겠네요."

"그렇지. 아기 고래의 생을 고통 없이 마무리 짓는 안락사. 아기 고래에게 최후의 선물이라는 논리야. 아기 고래의 안락사를 반대하는 사람들의 의견은 다르지."

얼쑤! 선생은 말을 이었다.

"동물 의사의 본분은 '치료'를 기준으로 판단하지. 동물 의사의 기본적이며 고귀한 임무는 바로 동물의 생명을 보호하고 치료하는 일이거든. 그런데 동물

의사가 아기 고래를 안락사 시킨다고 생각할 때 생명의 존엄성에 대하여 무감각하게 될 뿐이라는 거야."

얼쑤! 선생은 침을 튀겼다. 수식은 고개를 끄덕였다.

"나아가 사회 전체가 동물의 생명을 경시하는 풍토로 변화될 것이라는 거야. 아기 고래가 고통스럽고, 치료에 부담이 된다는 논리로 생명을 종식시키는 일이 허용된다면 어떨까?"

수식이는 질문을 받았다.

"고통을 줄인다는 미명 아래 수많은 동물 생명이 없어질 것이겠죠."

얼쑤! 선생은 웃었다.

"바로 그거야. 문제와 답안을 만들어 보자. 알았지."

문제 1

'제시문의 내용을 통해 아기 고래의 안락사가 과연 유일한 인간적인 결정인지 그것에 대한 자신의 견해를 제시하시오'는 어떨까요.

수식이의 논술답안 1

그동안 아기 고래는 어미로부터 떨어져 고통을 받아왔다. 호주의 동물 수의사는 슬픈 일이지만 아기 고래의 고통을 줄이기 위해 안락사를 시켰다. 과연 동물 수의사들의 안락사 시도가 최선의 선택이었느냐는 논란으로 남는다. 또한 안락사의 선택이 유일한 인간적 결정인지, 아니면 아기 고래의 생명을 존중하여 죽을 때까지 치료를 하는 것이 인간적 결정인지 논란이 예상된다. 그러나 아기 고래의 삶의 고통이 죽음을 초월했다면 그 아기 고래가 최소한 편안하게 죽어도 좋을 상황이라고 본다. 만약 아기 고래가 죽음보다도 더 괴로운 삶, 그들에게 우리가 할 수 있는 일이 무엇일까를 생각한다면 아기 고래의 생을 고통 없이 마무리짓는 안락사는 상황에 따라 아름다운 선물일 수 있다.

"덩더덩더덩더쿵!"

"얼쑤!"

"수식아, 우리가 공동으로 다른 논술 문제를 만들어 볼까?"

수식은 짧게 대답했다.

"좋지요."

얼쑤! 선생은 물었다.

"일단 신문 기사의 내용의 핵심은 무엇이지?"

핵심어는 제시문의 창구 역할을 한다. 논술의 제시문은 핵심어를 논제와 관련지어서 논의를 하고 그에 대한 평가를 해야 한다.

수식은 말했다.

"아기 고래의 안락사죠."

얼쑤! 선생은 긍정했다.

"음, 좋아. 그런데 안락사에 대한 논제는 문제 1에서 만들었으니, 좀 포괄적인 문제를 만들어보자. 일반화시키면 어떻게 되지."

"음, 음, 음."

수식이는 대답을 못하고 끙끙댔다.

얼쑤! 선생은 말했다.

"생명이지. 생명에 대한 논의. 아기 고래의 안락사를 슬퍼하는 것도 생명에 대한 이야기가 되기 때문이다. 기사는 아기 고래와 인간의 생명을 동일시했는지, 그 관점에서 접근하면 어떨까? 관점을 다르게 하여 논의하면 좋은 문제가 된다. 수험생의 논리의 대결에서 누가 설득력을 높이느냐를 잘 생각하면 된다. 이런 논술 문제는 논술의 맛을 느낄 수 있다."

수식이는 노트에 적었다. 얼쑤! 선생은 말을 높였다.

"어떤 맛? 상큼한 맛! 짠한 맛!"

수식이가 물었다.

"논술이 정말 맛있어요?"

"그럼. 논리에 빠져 봐. 본질적으로 고래의 생명하고 인간의 생명은 같다. 그러나 현상적 속성으로 볼 때는 다를 수도 있지. 엄연히 고래와 사람은 다르기 때문이다. 인간을 만물의 영장이라고 부르는 이유다. 그렇다고 간단히 접근할 수 있는 문제가 아니야.”

수식이는 정리했다. ‘인간과 고래의 생명은 과연 같을까?’ 이것은 고전 문학에서도 다룬 좋은 문제가 된다. 이런 생명의 문제는 영원한 논술 주제가 될 거야. 우리가 살고 있는 한 죽음을 잊을 수는 없으니까.”

“덩더덩더덩더쿵!”
“얼쑤!”

“문제를 만들기 전에 먼저 볼 것이 있다. 바로 이규보의 ‘슬견설(虱犬說)’이다.”

어떤 손(客)이 나에게 이런 말을 했다.
“어제 저녁엔 아주 처참(悽慘)한 광경을 보았습니다. 어떤 불량한 사람이 큰 몽둥이로 돌아다니는 개를 쳐서 죽이는데, 보기에도 너무 참혹(慘酷)하여 실로 마음이 아파서 견딜 수가 없었습니다. 그래서 이제부터는 맹세코 개나 돼지의 고기를 먹지 않기로 했습니다.”
이 말을 듣고, 나는 이렇게 대답했다.
“어떤 사람이 불이 이글이글하는 화로(火爐)를 끼고 앉아서, 이를 잡아서 그 불 속에 넣어 태워 죽이는 것을 보고, 나는 마음이 아파서 다시는 이를 잡지 않기로 맹세했습니다.”
손이 실망하는 듯한 표정으로,
“이는 미물(微物)이 아닙니까? 나는 덩그렇게 크고 육중한 짐승이 죽는 것을 보고 불쌍히 여겨서 한 말인데, 당신은 구태여 이를 예로 들어서 대꾸하니, 이는 필연(必然)코 나를 놀리는 것이 아닙니까?”
하고 대들었다.
나는 좀 구체적으로 설명할 필요를 느꼈다.

"무릇 피(血)와 기운(氣)이 있는 것은 사람으로부터 소, 말, 돼지, 양, 벌레, 개미에 이르기까지 모두가 한결같이 살기를 원하고 죽기를 싫어하는 것입니다. 어찌 큰놈만 죽기를 싫어하고, 작은 놈만 죽기를 좋아하겠습니까? 그런즉, 개와 이의 죽음은 같은 것입니다. 그래서 예를 들어서 큰놈과 작은 놈을 적절히 대조한 것이지, 당신을 놀리기 위해서 한 말은 아닙니다. 당신이 내 말을 믿지 못하겠으면 당신의 열 손가락을 깨물어 보십시오. 엄지손가락만이 아프고 그 나머지는 아프지 않습니까? 한 몸에 붙어 있는 큰 지절(支節)과 작은 부분이 골고루 피와 고기가 있으니, 그 아픔은 같은 것이 아니겠습니까? 하물며, 각기 기운과 숨을 받은 자로서 어찌 저 놈은 죽음을 싫어하고 이놈은 좋아할 턱이 있겠습니까? 당신은 물러가서 눈감고 고요히 생각해 보십시오. 그리하여 달팽이의 뿔을 쇠뿔과 같이 보고, 메추리를 대붕(大鵬)과 동일시하도록 해 보십시오. 연후에 나는 당신과 함께 도(道)를 이야기하겠습니다."

"덩더덩더덩더쿵!"
"얼쑤!"

"수식아, 어떤 내용인지 말해볼까? 학교에서 배웠지."
수식이는 말했다.
"'개'와 '이'의 내용입니다. 사물을 판단할 때 선입견을 버리고 본질을 생각해야 한다는 내용입니다. 교훈을 줍니다."
수식의 말은 외운 듯이 거침이 없다. 그러면서 논리적이다.
얼쑤! 선생은 외운 듯한 표현은 좋지 않다고 말했다. 박제된 죽은 지식에 불과하다는 것이다. 표현이 서툴러도 자신의 입장에서 말하라고 당부했다.
"좋아. 수식이의 암기력은 뛰어나는군."
얼쑤! 선생은 말을 이었다.
"'손'과 '나' 사이의 견해 차이는 사고의 기본 전제가 다르기 때문이다. 그렇지. '손'은 '큰 동물의 죽음만이 불쌍하다'고 본다. 그러나 수필 속의 나는 '큰 동물이든 작은 동물이든 생명을 가진 것의 죽음은 불쌍'하다는 것이지."

얼쑤! 선생은 문제를 말했다.

"이러한 인식의 차이가 생기게 된 원인은 무엇이지?"

수식이는 신중하게 말했다.

"'손'은 피상적인 인식에서 벗어나지 못합니다. 그러나 '나' 는 현상의 이면을 바라볼 수 있는 안목을 갖춘 사람이기 때문이죠."

논리적이다. 수식의 말에는 막힘이 없다.

얼쑤! 선생은 주제를 물었다.

"선입견이나 편견을 버리고, 현상의 이면을 바라볼 수 있는 안목을 갖춰야 한다고 주장합니다. 그 결과 사물의 본질을 올바로 파악할 수 있다는 것이죠."

얼쑤! 선생은 말했다.

"관점의 중요성을 말해주고 싶은 거야. 관점에는 상대주의(相對主義) 관점과 절대주의(絶對主義) 관점이 있지. 상대주의 관점은 모든 진리나 가치 따위의 절대적 타당성을 부인하고, 모든 것은 상대적이라고 주장하는 사상이지. 이런 관점이라면 손의 말인 '개와 이의 생명 가치는 다르다'로 볼 수 있지."

수식은 노트에 정리했다. 얼쑤! 선생은 말을 이었다.

"그러나 절대주의 관점은 다르다. 즉 영원 보편의 타당성을 가진 절대자의 존재를 인정하고, 이에 대한 추구를 철학의 근본 문제라고 본다. 나의 의견인 '개와 이의 생명 가치는 같다'로 보는 관점이지. 여기서 말하는 것은, 논쟁의 원인은 각기 사고의 기본 관점이 다르기 때문이다."

수식이는 말했다.

"논술에서 관점이 중요하게 작용하는군요."

"덩더덩더덩더쿵!"

"얼쑤!"

수식이가 노트를 펼쳤다. 손을 놀려 적는다.

쓰기 전에 논의 과정을 거쳤다. 수식이의 치밀한 의도다. 얼쑤! 선생이 좋아하는 부분이다. 논술에는 치밀한 사고 과정이 녹아있어야 한다. 논리의 힘은 설득력을 증대시킨다. 누구도 치밀한 논리를 이길 수 없다. 논술의 힘이다.

수식이가 말했다.

"본질적으로는 인간과 동물의 생명은 같은 것으로 생각합니다. 그러나 인간의 삶을 조명해보면 인간은 만물의 영장이라는 미명하에 많은 동물들의 생명을 빼앗고 있죠. 지금도 이 세상에는 수많은 생물종들이 인간에 의해 멸종되고 있습니다. 인간이 과연 생물을 죽일 권리가 있습니까? 이기주의의 발상이죠."

수식이가 말을 마쳤다. 얼쑤! 선생은 문제와 답안을 만들어 보라고 했다.

문제 2

'제시문을 통해 아기 고래와 인간의 생명은 같은 것인지에 대하여 자신의 견해를 제시하시오'를 만들어 봤습니다.

수식이의 논술답안 2

　본질적으로는 인간과 동물의 생명을 같은 것으로 생각하고 있다. 그러나 인간의 삶을 조명해보면 인간은 만물의 영장이라는 미명하에 많은 동물들의 생명을 빼앗고 있다. 지금도 이 세상에는 수많은 생물종들이 인간에 의해 멸종되고 있다. 이것은 인간과 동물의 생명을 동일시하지 않는다는 것을 말해준다. 인간의 이기심의 극치일 뿐이다. 오늘날 사회는 자연과 함께 누려야 할 시대적 사명에 처해있다. 자연의 핵심은 동물이다. 따라서 동물과 인간은 동등한 대우로 동일시하며 살아가야 한다. 이런 점에서 동물의 생명과 인간의 생명이 동일시되어 동물의 생명은 존중되어야 한다.

"덩더덩더덩더쿵!"
"얼쑤!"

4. '논술 답안'을 논술 선생님의 '!, ?'로 첨삭을 받아라!

얼쑤! 선생은 말했다.

"요즘의 논술 첨삭 방식에 논란이 일고 있다. 논술 첨삭 교사의 일방적인 첨삭은 자신의 관점을 학생들에게 주입시키는 무서운 결과를 가져올 수 있다."

수식은 듣고만 있다.

얼쑤! 선생은 말을 이었다.

"수식아, 생각해 봐. 논술 답안 원고지에 온통 빨간색으로 칠해져 있다고 말야. 어떨까? 답안을 쓴 학생은 기가 질리지. 절망감에 빠진다고."

"저도 그런 첨삭을 받아본 적이 있습니다."

얼쑤! 선생은 말을 받았다.

"그래서 말야. 나는 학생들에게 자신감을 주는 논술 첨삭 방법의 필요성을 느꼈지. 다시 말하면, 스스로 자신의 논술 답안에 대해 장점과 단점을 파악하게 할 수는 없을까? 하고 말이야."

얼쑤! 선생은 이 고민을 많이 했다. 수식이는 긍정했다.

"그렇다고 논술 교사가 무조건 학생들에게 스스로 첨삭해보라고 할 수는 없잖아. 그래서 얼쑤! 선생은 논술 답안에 (?)와 (!)의 표시만 해주었지. 일종의 암시지."

얼쑤! 선생은 말을 이었다.

"(?)와 (!)의 표시를 어휘나 문장, 문단에 하기로 했는데, 주로 문장이지. 논술은 문장으로 글이 써지잖아. 학생들은 문장의 (?)와 (!)의 평가에 대한 이유를 그 옆에 적어와야 한다. 처음에는 '문장'으로 적어오게 시켰지."

"그렇군요."

"그 다음에는 (?)와 (!)의 이유를 문단으로 써오게 했어. 그 이유에도 내가 말은 안하고 (?)와 (!)를 내용에 따라 달았는데, 그러다보니..."

수식이는 호기심을 보였다.

“그러다보니 어떻다는 거예요?”

얼쑤! 선생은 대화에서 리듬을 느꼈다.

“어떤 학생의 경우는 (?),(?),(!)로 되기도 했다. 그러니까 두 번째 까지 이유를 잘못 써왔는데 세 번째에 통과가 된 것이지. 드라마틱하더군. 재미있는 것은 (!),(?),(!)가 되기도 하지. 무슨 뜻인지 아나? (!)는 답안의 문장을 잘 적어서 받은 평가지. 그런데 왜 좋은지 이유를 적어온다고 했잖아. 그 적어온 이유가 잘못돼서 (?)를 받았고, 다시 이유를 적어 온 것이 내 의도하고 맞아서 (!)가 된 것이지.”

“아, 그렇군요.”

얼쑤! 선생은 물었다.

“(?),(?),(!)의 평가가 무슨 뜻이지 아나? 처음에는 논술의 글을 잘못 써서 (?)를 받았지. 그리고 그 학생이 그 잘못의 이유를 적어왔는데 (?)의 이유를 잘 잡아내지 못했어. 그래서 또 (?), 다시 그 이유를 문장으로 적어왔는데 이제는 잘 했더라고. 그래서 (!).”

수식은 느꼈다. (?)와 (!)표의 논술 첨삭이 무엇인지를 알았다.

“학생 스스로 논술 첨삭을 한 셈이군요. 얼쑤! 선생님은 (?)와 (!)표로 암시만 준 것이고요.”

얼쑤! 선생이 말했다.

“처음으로 논술 교사로서 보람을 얻었어.”

“덩더덩더덩더쿵!”

“얼쑤!”

“이제 네가 쓴 답안을 가져와 봐? 네가 지금까지 말한 대로 네가 답안에 쓴 내용과 문장에 잘 쓴 것은 (!)표로, 잘못된 것은 (?)로 표시할 거야.”

“그 이유를 문장으로 적으란 말이죠. 하하하.”

"그렇지. 다시 말한다. 왜 그런 표가 붙었는지 네가 잘 생각해서 말이 아닌 문장으로 적어 와야 한다. 반드시 문장으로 말이다. 알았지."

수식이는 말했다.

"알겠습니다."

얼쑤! 선생은 덧붙였다.

"그 이유를 적은 너의 문장 뒤에 내가 또 (!), (?)표로 두 번째, 다시 세 번째 평가를 할 거야. 알겠지. 계속 내 평가의 의도를 알아맞히지 못하면 이런 과정이 열 번은 계속 될 걸."

"예. 알겠습니다."

"'(?),(?),(?),(?),(?),(?),(!)' 이렇게 될지도 몰라?"

문제 1

제시문의 내용을 통해 아기 고래의 안락사가 과연 유일한 인간적인 결정인지 그것에 대한 자신의 견해를 제시하시오.

수식이의 논술답안과 첨삭 1

그동안 아기 고래는 어미로부터 떨어져 고통을 받아왔다. 호주의 동물 수의사는 슬픈 일이지만 아기 고래의 고통을 줄이기 위해 안락사를 시켰다. 1) <u>과연 동물 수의사들의 안락사 시도가 최선의 선택이었느냐는 논란으로 남는다.</u>(!) 또한 2) <u>안락사의 선택이 유일한 인간적 결정인지, 아니면 아기 고래의 생명을 존중하여 죽을 때까지 치료를 하는 것이 인간적 결정인지 논란이 예상된다.</u>(?) 그러나 아기 3) <u>고래의 삶의 고통이 죽음을 초월했다면</u>(?) 그 아기 고래가 최소한 편안하게 죽어도 좋을 상황이라고 본다. 4) <u>만약 아기 고래가 죽음보다도 더 괴로운 삶, 그들에게 우리가 할 수 있는 일이 무엇일까를 생각한다면 아기 고래의 생을 고통 없이 마무리 짓는 안락사는 상황에 따라 아름다운 선물일 수 있다.</u>(?)

1)의 문장의 평가는 (!)표이다. 그 이유를 문장으로 적으라고 했다.

"1) 문장이 (!)표인 이유는, 문장이 세련되고 논점이 분명하게 제시됐기 때문이다. 앞으로 나올 내용도 암시한다."

얼쑤! 선생은 (!)표를 주었다. 이유를 잘 적은 것이다.

수식은 노트에 적은 문장을 보여줬다.

"2)의 문장이 (?)이다. 그 이유는, 문장이 길고 '인간적 결정'이라는 내용이 뒤의 내용과 연결이 잘 안 되기 때문이다."

얼쑤! 선생은 (?)표를 찍었다. 그 이유가 적절하지 못했기 때문이다.

수식이는 다시 펜을 들었다.

"2)의 문장이 길고 앞 문장의 '최선의 선택'과 2)의 '인간적 결정'은 연결되어 결국 '논란'이 된다는 내용이 중복된다."

얼쑤! 선생은 웃으며 (!)표를 주었다. 수정하도록 했다.

> ▶2 안락사의 선택이 유일한 인간적 결정인지, 아니면 아기 고래의 생명을 존중하여 죽을 때까지 치료를 하는 것이 인간적 결정인지 논란이 예상된다.(?)
> ▶2 안락사의 선택이 동물 수의사의 유일한 인간적 결정인지, 아기 고래를 죽을 때까지 치료를 하는 것이 인간적 결정인지는 관점에 따라 달라지기 때문이다.(!)

"3)의 문장의 평가는 (?)표이다. 그 이유는, '초월'이라는 어휘의 쓰임이 문맥상 부적하다."

얼쑤! 선생은 (!)표를 주었다. 그 이유로 적절하다. 수식이는 수정했다.

> ▶3 고래의 삶의 고통이 죽음을 초월했다면(?)
> ▶3 고래의 삶의 고통이 죽음보다 더 심하다면(!)

"4)의 문장이 길고 중심 내용이 담겨 있지 않아서 (?)표를 받았다."

얼쑤! 선생은 (?)표를 주었다.

"4)의 문장이 길다보니 전달하려는 내용이 분명치 못하다이다."

역시 (?)표를 받았다. 수식이는 당황했다.

"4)의 문장이 길다보니 전달하려는 내용이 분명치 못하고 비유가 부적절하다."

이제 비로소 옳은 이유를 제시하여 (!)표를 주었다.

▶ 4 만약 아기 고래가 죽음보다도 더 괴로운 삶, 그들에게 우리가 할 수 있는 일이 무엇일까를 생각한다면 아기 고래의 생을 고통 없이 마무리 짓는 안락사는 상황에 따라 아름다운 선물 일 수 있다.(?)

▶ 4 아기 고래가 죽음보다도 더 괴로운 삶을 산다고 생각했다면 동물 수의사의 안락사는 존중되어야 한다.(!)

다시 쓴 답안

그동안 아기 고래는 어미로부터 떨어져 고통을 받아왔다. 호주의 동물 수의사는 슬픈 일이지만 아기 고래의 고통을 줄이기 위해 안락사를 시켰다. 과연 동물 수의사들의 안락사 시도가 최선의 선택이었느냐는 논란으로 남는다. 또한 안락사의 선택이 동물 수의사의 유일한 인간적 결정인지, 아기 고래를 죽을 때까지 치료를 하는 것이 인간적 결정인지는 관점에 따라 달라지기 때문이다. 그러나 아기 고래의 삶의 고통이 죽음보다 더 심하다면 그 아기 고래가 최소한 편안하게 죽어도 좋을 상황이라고 본다. 아기 고래가 죽음보다도 더 괴로운 삶을 산다고 생각했다면 동물 수의사의 안락사는 존중되어야 한다.

문제 2

제시문을 통해 아기 고래와 인간의 생명은 같은 것인지에 대하여 자신의 견해를 제시하시오.

수식이의 논술답안과 첨삭 2

본질적으로는 인간과 동물의 생명을 같은 것으로 생각하고 있다. 그러나 인간의 삶을 조명해보면 인간은 만물의 영장이라는 미명하에 많은 동물들의 생명을 빼앗고 있다. 지금도 이 세상에는 수많은 생물종들이 인간에 의해 멸종되고 있다. 이것은 1) 인간과 동물의 생명을 동일시하지 않는다는 것을 말해준다.(!) 2) 인간의 이기심의 극치일 뿐이다.(!) 3) 오늘날 사회는 자연과 함께 누려야 할 시대적 사명에 처해있다.(?) 4) 자연의 핵심은 동물이다. 따라서 동물과 인간은 동등한 대우로 동일시하며 살아가야 한다.(?) 이런 점에서 동물의 생명과 인간의 생명이 동일시되어 동물의 생명은 존중되어야 한다.

"1)의 문장의 평가가 (!)인 이유는, 논점을 분명히 제시하여 자신의 판단을 드러냈기 때문이다."

이유가 적절하지 못하여 (?)표를 주었다.

"1)의 문장이 앞의 내용을 논거로 하여 논점을 분명히 제시하고 자신의 견해를 드러냈기 때문이다."

얼쑤! 선생은 말했다.

"좋다. 바로 그거다. (!)표를 주겠다."

"2)의 문장이 (!)인 이유는, 짧은 문장으로 인간의 다른 동물의 생명을 대하는 관점을 강조했기 때문이다."

얼쑤! 선생은 (!)표를 주었다.

"3)의 문장이 길다보니 내용이 분명치 못하다. 그래서 (?)의 평가를 받았다."

잘못된 이유를 제시해서 (?)표를 다시 주었다. 수식이는 고민했다.

"주어와 일부 어휘의 쓰임이 적절하지 못하다."

(!)표를 받았다. 수정한 문장이다.

▶ 3 오늘날 사회는 자연과 함께 누려야 할 시대적 사명에 처해있다.(?)
▶ 3 오늘날 우리는 자연을 삶의 터전으로 생각하여 동물의 생명을 보호해야 할 가치로 인식된다.(!)

"4) 내용이 어색하여 문맥과 맞지 않는다. 또한 일부의 어휘가 쓰임에 부적절하다. 그래서 (?)표를 받았다."

얼쑤! 선생인은 (!)표를 찍었다. 수식이는 웃음을 보였다.

▶ 4 자연의 핵심은 동물이다. 따라서 동물과 인간은 동등한 대우로 동일시하며 살아가야 한다.(?)
▶ 4 이제 생명에 대한 인식의 전환이 필요하다. 바로 동물의 생명에 대한 올바른 이해는 인간과 동물이 함께 살아가야 할 존재임을 알려준다.(!)

얼쑤! 선생이 말했다.

"수식아, 너는 다 좋은데 문장의 표현에서 쓸데없는 말이 들어가네."

수식이는 긴장했다.

"그게 뭔데요?"

"너의 말의 표현 중에 서술어인 '있다'가 들어가네. 꼭 필요하지도 않은데 들어가고 있어. 지금 논술 답안의 문장을 쓴다면 '있다'가 들어갈 거야. 이게 들어가면 세련미가 떨어지지. 문장이 늘어지거든."

수식이는 수긍했다.

"아, 그렇군요. 고쳐주세요."

"'생각하고 있다'를 '생각한다'로, '빼앗고 있다'를 '빼앗는다'로, '멸종되고 있다'를 '멸종된다'로 고치면 좋지. 다시 정리할까?"

1) '생각하고 있다.' > '생각한다.'
2) '빼앗고 있다.' > '빼앗는다.'
3) '멸종되고 있다.' > '멸종된다.'

"덩더덩더덩더쿵!"
"얼쑤!"

다시 쓴 답안

　본질적으로는 인간과 동물의 생명을 같은 것으로 생각하고 있다. 그러나 인간의 삶을 조명해보면 인간은 만물의 영장이라는 미명하에 많은 동물들의 생명을 빼앗고 있다. 지금도 이 세상에는 수많은 생물종들이 인간에 의해 멸종되고 있다. 이것은 인간과 동물의 생명을 동일시하지 않는다는 것을 말해준다. 인간의 이기심의 극치일 뿐이다. <u>오늘날 우리는 자연을 삶의 터전으로 생각하여 동물의 생명을 보호해야 할 가치로 인식된다. 이제 생명에 대한 인식의 전환이 필요하다. 바로 동물의 생명에 대한 올바른 이해는 인간과 동물이 함께 살아가야 할 존재임을 알려준다.</u> 이런 점에서 동물의 생명과 인간의 생명이 동일시되어 동물의 생명은 존중되어야 한다.

“자, 수식아,”

얼쑤! 선생의 목소리는 다정했다.

“기본적인 입장에서 ‘(?)’, ‘(!)’를 통한 첨삭을 했다. 얼쑤! 선생의 청년 시절에 이런 노래가 있었어?”

“무슨 노래인데요?”

“‘한 번 보고 두 번 보고 자꾸만 보고 싶네!’ 가사가 좋지. 연인에 대한 내용의 가사지만 논술 첨삭 글을 대상으로 옮겨서 활용해 봤지. 논술 첨삭답안을 ‘한 번 보고 두 번 보고 자꾸만 보고 싶네-’ 어때.”

수식이는 답안의 지적 받은 부분을 노트에 옮겨 적었다.

어느덧 봄날의 오후. 나른한 몸에 잠이 쏟아졌다.

“덩더덩더덩더쿵!”

“얼쑤!”

...3강

“덩더덩더덩더쿵!”
“얼쑤!”

“우나야, 한 주간 잘 지냈니?”
우나가 웃으며 말했다.
“제가 강아지를 샀거든요. 검은 푸들인데요. 얼마나 귀여운지 몰라요. 이름은 ‘깜지’라고 지었죠.”
얼쑤! 선생도 웃음으로 받았다.
“아, 그래. 나도 강아지를 좋아하는데, 까만 색깔의 강아지인가 보네. 네가 강아지를 좋아하는 이유는 무엇이지?”
우나는 싱글거리며,
“우선 언제나 피곤한 저를 반갑게 맞이해주죠. 이해관계가 없는 순수한 사랑이랄까요. 전 그게 좋아요. 학교에서 받은 스트레스가 강아지의 애교 때문에 환하게 풀려요."

"오늘은 기분이 좋다. 서로가 강아지를 좋아하니."

얼쑤! 선생이 말했다.

"아, 우나는 좋겠어."

"오늘 '스스로논술학습법'의 1단계를 들어가기 전에 강아지를 주제로 논술을 워밍업해 볼까?"

우나는 귀를 쫑긋 세웠다. 흥미를 보였다.

자신이 좋아하는 강아지를 통해 오늘 첫 이야기가 전개되기 때문이다. 강아지는 인간의 역사와 함께 해온 반려 동물이다. 친숙한 이미지로 다가오는 이유다.

얼쑤! 선생은 우나에게 깜지 강아지에 목줄을 맸는지의 여부를 물어봤다. 우나는 아직 어린 강아지이기에 줄을 매지 않았다고 말했다.

얼쑤! 선생은,

"강아지의 목줄을 매게 되면 밥을 사람이 주어야 한다. 그 강아지는 자유가 없는 대신에 먹고 사는 것은 보장을 받지. 그러나 목줄을 매지 않고 들에다 풀어놓고 강아지 스스로가 커간다고 생각해보자. 그 강아지는 어떨까?"

우나는 웃음을 지은 채로 말했다.

"자유를 얻는 대신에 스스로 먹이를 찾아야죠."

"옳지. 바로 그것이다."

얼쑤! 선생의 추임새가 터졌다.

"올바로 생각했어. 자유를 얻으면, 대신에 험한 세상을 스스로 헤쳐 나가야 한다. 그러나 자유가 없으면, 사람의 구속을 받아야 하는 현실의 문제가 있다. 다시 생각해봐? 사람도 이 원리에서 조금도 비켜가지를 못하지. 응."

강아지의 이야기에서 사람의 현실의 이야기로 옮아왔다.

얼쑤! 선생은 웃었다.

"어느 경우가 강아지에게 행복한 삶일까?"

우나는 턱을 괴고는,

"저는 자유를 찾고 냉엄한 현실을 스스로 개척하는 것이 좋다고 생각해요."

얼쑤! 선생이 보충했다.

"좀 고상하게 말해 자유를 가진 강아지는 '강렬한 생명성'을 바탕으로 주체적으로 살 수 있기 때문이라는 것이지. 여기서 우리는 진정한 삶의 가치를 '자유의지'로 볼 수 있는 토대를 마련한다. 우리 현대인들이 자녀 교육이나 삶의 방식에서 참고해야 할 부분이야. 대부분 부모의 과잉보호 속에서 자녀들이 자라고 있거든. 온실의 가녀린 화초처럼 말이야."

얼쑤! 선생은 책을 폈다. 세계문학전집이다.

"세계 고전 작품 중에 '인형의 집'이 있어. 입센의 작품이지. 마지막의 내용을 볼까."

"덩더덩더덩더쿵!"

"얼쑤!"

헬머: 아, 당신이 생각하고 있는 것, 말하는 것은 모두가 철없는 어린애나 다름없소.

노라: 그럴는지 몰라요. 하지만, 당신이 생각하는 것, 말씀하는 것은 모두 제가 일생을 맡길 수 있는 남성이 보여 주는 것은 아니었어요. 그 일이 지나가고 나자 어떻게 되었지요. 당신의 염려⋯⋯그건 저한테 덮치는 재난보다도 당신 자신의 괴로움을 염려한 것이지만⋯⋯그 위험이 아무런 탈없이 수습되었을 적에 당신은 아무런 일도 없었던 것처럼 원래대로 되돌아갔어요. 그리고 나는 또 전과 마찬가지로 당신의 자그마한 종달새, 당신의 인형이 되어야 했고요. 앞으론 더욱 조심조심 손바닥 위에 모시도록 하겠다고 말씀하셨지요. 이처럼 약하고 망가지기 쉬우니까, 라면서! (일어선다) 토르발트 씨, 전 이 순간에 분명히 깨달았어요. 전 이 집에서 팔 년 동안, 아무런 상관도 없는 남과 더불어 살면

서 남의 아이를 셋이나 낳았답니다 ……. 아, 생각만 해도 몸서리치게
됩니다. 아니! 제 자신을 갈기갈기 찢어 버리고 싶어요!
헬머: (무거운 마음으로) 알겠소, 알겠어. 정말로 ……우리 두 사람 사이에
는 깊은 단애가 입을 벌리고 있었소 ……그러나 노라, 거기에 다리를
놓을 순 없겠소?
노라: 전, 지금으로서는 어떤 일이 있어도 당신의 아내가 될 수는 없어요.
헬머: 나는 아주 딴 사람이 되어 줄 텐데…….
노라: 그러시겠지요. ……인형을 잃어 버리셨으니까요.
헬머: 헤어진다, ……당신과 헤어진다고? 안 돼, 안 돼, 노라, ……그렇게
생각하는 것만도 견딜 수 없어!
노라: (오른편 방으로 들어간다,) 그렇다면 더더구나 여기서 딱 잘라 단념하
지 않으면 안 돼요.

<중략>

노라는 현관을 거쳐서 밖으로 나간다. 헬머는 문 곁에 있는 의자에 몸을 가
라앉히듯이 해서 양손으로 얼굴을 가린다.
헬머: 노라! 노라! (주위를 둘러보고, 벌떡 일어선다.) 없어, 가 버렸구나! (마
음 속에 한 가닥 희망이 솟아오른다.) 그 기적이 ……?
아래에서 대문이 덜커덕 닫히고, 문이 잠겨지는 소리가 들린다.

"덩더덩더덩더쿵!"
"얼쑤!"

"우나야, 잘 읽어보았지. 여기서 노라는 자신을 인형이라 표현한다."
얼쑤! 선생은 말을 이었다.
"그 인형의 상징적 의미는 무엇일까?"
"여기서 인형은 자신의 인격을 갖지 못하고 사회 인습의 굴레에 묶여 있던
당시 여성의 전형입니다. 일종의 자유가 없는 강아지와 같죠."

"그래 맞아. 끈으로 묶여있는 강아지는 주인을 기쁘게 해주려고 아양을 떠는 대신 밥을 얻어먹는단 말야. 이것을 인식하고 노라는 '아, 생각만 해도 몸서리 치게 됩니다. 아니! 제 자신을 갈기갈기 찢어 버리고 싶어요!'라고 절규를 한다."

얼쑤! 선생은 말을 이었다.

"노라의 그 절규는 남편만을 믿고 살아온 자신의 허망한 삶에 대한 자각이 지. 그것이 가출로 이어지고, 자신의 힘에 의해 새로운 인생을 개척해야겠다는 삶의 의지를 보여주는 원동력으로 작용한다."

"예. 그렇군요. 노라는 용기가 있군요. 그것이 속박에서 벗어나는, 자유를 찾 는 용기가 되는 거죠. 그 행동이 노라의 가출로 이어지는 것이죠."

"우나는 여학생이다 보니 노라의 입장이 더 절실하게 다가왔나 보군. 그치."

"이젠 강아지를 어떻게 할래?"

우나가 대답했다.

"방안에서나마 줄을 풀고 자유를 줘야겠어요. 밖에다 내놓을 수는 없고…"

"좋아, 좋아,"

"우리가 좀 엉뚱한 이야기를 했지만 우리 사회는 많은 금기로 차 있지. 그러 다보니 이것을 심화 확대하면 제도도 긍정적 측면과 부정적 측면으로 나누어 살펴볼 수 있어야 해. 알겠지. 이것은 대학 시험에도 나온 주제니까 인터넷에서 검색해서 자료를 찾아보기 바래."

"덩더덩더덩더쿵!"
"얼쑤!"

1. 신문의 재미있는 기사, 이슈를 선택하라!

"우나야. 얼마 전에 베이징 올림픽이 열렸었지."

우나는 말을 받았다.

"여러 감동적인 장면들이 많았었죠."

얼쑤! 선생은 관심을 보였다.

"그런데 '인형의 집'의 '노라'가 주는 감동의 깊이를 그대로 느끼는 일이 있었어."

얼쑤! 선생은 말을 이었다.

"우나야, 이 신문에서 찾아봐. 상황은 달라도 본질을 똑같거든."

우나는 기사를 읽었다. 정치, 사회, 문화, 칼럼 등을 뒤적였다. 시선이 멎은 곳이 있다. 얼쑤! 선생도 그 기사에 시선이 갔다.

귀화 선수인 한국의 당예서의 탁구 동메달 획득의 기사였다. 얼쑤! 선생은 미소를 보였다.

제시문 ● ● ●

베이징 올림픽 한국 탁구대표 선수인 귀화 선수 당예서(중국명은 탕나)는 일본과의 3위 단체 결정전에서 승리해 동메달을 차지했다.[4]

"얼쑤! 선생님, 탁구 선수인 당예서가 노라와 같군요."

우나가 나섰다.

"여기 글 좀 보세요. 베이징 올림픽 탁구경기에서 동메달을 딴 귀화 1호 선수인 당예서를 다룬 기사예요. 중국 지린(吉林)성 창춘(長春) 출신인 당예서가 한국으로 귀화하여 모진 삶의 고통을 겪으면서 한국탁구대표가 되었죠, 베이징 올림픽에서 동메달까지 땄어요. 감동을 줍니다."

우나는 즐거워했다.

얼쑤! 선생이 말을 받았다.

"다른 신문 기사를 보면, 당예서는 중국인으로 중국청소년 탁구대회에서 우

---

4) <올림픽> "1호 귀화 메달리스트 女탁구 당예서." 연합뉴스(2008.08.17)

승했지만 중국에서 당시 세계 랭킹 1위인 왕난 등에 밀려 국가대표의 꿈을 이루지 못했다고 해.”

“그래서요?”

“한중 탁구 커플이었던 자오즈민의 권유로 한국으로 귀화한 후 7년 동안의 많은 시련을 극복하고 드디어 태극 마크를 달았다는 거야. 감동을 주기에 충분하지.”

“우와 멋지네요.”

우나가 모처럼 신났다.

“우나는 내용을 잘 선택했어. 선택 능력도 대단하군. 좋아.”

“덩더덩더덩더쿵!”

“얼쑤!”

선생은 말을 이었다.

“중국에서 당예서의 생활은 노라와 같았지. 중국 탁구 국가 대표의 선발 방식은 승자가 차지하는 것이 아니라 중국 정부에서 지목해서 장기적인 대책으로 키우는 것으로 알려져 있어. 그러니 당예서는 중국 청소년 탁구대회에서 1등을 했음에도 국가대표가 될 수 없었다는 거야.”

“그렇군요.”

“우나야. 생각해봐. 중국의 체육계가 가진 인습(因習)이지. 이런 상황에 당예서가 인형처럼 순종했나? 중국이라는 조국을 버린 당예서를 비판하는 중국인들도 많지. 특히 언론들이 그랬지. 이들의 비판은 나름대로 논리를 갖고 있어.

얼쑤! 선생은 말을 이었다. 우나는 노트에 정리했다.

“그러나 ‘자유 의지’를 바탕으로 한 논의가 더 가치가 있지. 그런 점에서 당예서의 귀화는 강한 설득력을 지니지. 다양한 관점도 살펴봐야겠지만 말야.”

“덩더덩더덩더쿵!”

“얼쑤!”

“오늘은 ‘귀화 탁구 선수 당예서의 동메달’의 기사를 활용하여 논술의 1단계를 시작해보자.”

“좋아요.”

“이 기사를 베끼면서 긴 문장을 찾아봐? 베낄 때 주의할 점은 뭐라고 했지. 어휘, 문장, 문단 등을 유심히 보면서 모방하라고 했지. 굉장히 중요한 부분이기에 내가 다시 강조하는 거야.”

우나는 웃으며,

“알고 있습니다.”

“우나야, 논술의 문장은 짧은 것이 좋다. 대입에서 출제되는 문제의 답안 분량도 길지 않다. 길어야 1,000자 안팎이야. 학생들이 논술 답안의 문장을 작성할 때 습관적으로 문장이 길어진다는 점이다. 이건 안 되는 것이지.”

“그렇다면 논제에 정신이 팔려도 답안의 문장의 길이만큼은 의식적으로 조절해야 한다는 말씀이죠.”

“그렇지.”

얼쑤! 선생의 추임새가 터졌다.

“논술 교사는 문장의 길이 사용을 자연스럽게 가르치는 것이 좋아. 문법을 통한 억지 수업은 안 좋지. ‘문법 중심의 주어와 서술어, 목적어의 문장을 써라’, ‘부사어와 관형어 등을 제외하면 짧은 문장이 된다’ 하고 가르쳐도 좋다. 그러나 문법 중심의 문장 수련은 딱딱하다는 것이 문제야. 학생들은 쉽게 싫증을 낸다는 점이 문제지. 논술 시험에서 답안을 작성할 때 학생들의 신경이 답안의 내용에 주로 몰입된다. 그 결과 학교에서 배운 문법을 통한 형식적인 문장 쓰기의 방법은 무용지물(無用之物)이 된다는 점이지.”

우나는 노트에 정리했다.

"그럼 그 대안은 뭘까?"

"……"

얼쑤! 선생은 말했다.

"내가 말했듯이 신문의 기사의 긴 문장을 찾아 줄이는 것이 좋지. 자연스럽게 익히는 것이 최고지. 기사의 긴 문장을 찾아내어 다이어트를 실시하는 것이야."

우나는 다이어트에 호기심을 보였다.

"사람만 다이어트를 하는 것이 아니군요. 호호."

"그럼, 문장도 중요한 부분에서는 뚱뚱하고 긴 문장보다 짧고 날씬한 문장이 좋지."

우나는 웃으며 질문했다.

"나는 긴 문장이예요, 짧은 문장이예요?"

"긴 문장이지."

"그럼 내가 다이어트의 대상자인가요?"

"아냐. 그냥 한 이야기야. 날씬한데 뭘."

우나는 웃었다.

얼쑤! 선생은 이럴 때 외치는 소리.

"덩더덩더덩더쿵!"

"얼쑤!"

2. 신문 기사의 내용을 생각하며 그대로 베껴라!

"기사를 그대로 베끼면서 긴 문장을 찾아보자."

우나는 신났다. 기사에서 보물찾기와 같다.

"좋아요. 미리 집에서 칼럼을 가지고 모방하면서 긴 문장을 찾아 봤어요."

대답이 순순했다. 집에서도 3시간 정도의 논술 공부를 했다고 말했다. 얼쑤!
선생은 감동이었다. 논술은 혼자 스스로 공부를 하지 않으려 한다. 시켜서 억지
로 하는 경우가 대부분이다.

"긴 문장을 찾은 후 짧게 고치는 방법을 알아 봐야지."

"(2) 문장의 구조를 단순화 시켜라!"

얼쑤! 선생의 첫소리였다. 그러면서 '단순함(Simple)'이 논술 문장에서도 중
요하다고 강조했다. 내용이 '쿨(Cool)'하면 더 좋다.

1,000자 내외의 논술 답안 분량에서 문장의 단순함은 내용의 명료함을 준다.
또한 내용의 쿨함에서 오는 상쾌함이 더해지면 고득점의 답안이 된다. 여기에
'재미(Enjoy)'까지 있다면 어떨까. 금상첨화(錦上添花)다. 얼쑤! 선생의 머릿속에
항상 가진 생각이다. 최고의 답안이기 때문이다.

얼쑤! 선생이 말했다.

"우나야, 문장 다이어트의 사례를 보자."

"덩더덩더덩더쿵!"

"얼쑤!"

얼쑤! 선생은 말을 이었다.

"'우정은 모든 사람의 보편적인 감정인 사랑보다 사람들의 신뢰에 바탕을 두
는 인간적인 믿음이 강하다'의 문장의 구조는 뭘까?"

"······"

"쉽게 생각하라고"

"그러니까 더 어렵잖아요. 호호호."

"쉽게 생각해보자. 이 문장의 구조로 말하면, 'A는 B보다 C다'이지."

우나는 웃었다.

"'A는 B보다 C다'의 구조! 이렇게 쉬운 것을..."

우나는 쉽게 생각하기로 했다. 그러나 고민스러운 모습이 역력하다. 틀려도 당당한 모습을 보이려는 것이 좋다. 얼쑤! 선생의 마음에 든다.

얼쑤! 선생은 말했다.

"그러면 우나야 네가 '우정은 모든 사람의 보편적인 감정인 사랑보다 사람들의 신뢰에 바탕을 두는 인간적인 믿음이 강하다'의 긴 문장을 줄여 봐?"

우나가 대답했다.

"우정은 보편적인 사랑의 감정보다 인간적인 믿음이 강하다."

"80점은 되겠네."

"그래도 어느 정도는 맞은 건가요?"

우나는 한숨을 쉬었다. 얼쑤! 선생은 우나의 기를 살려주고 싶었다.

"덩더덩더덩더쿵!"

"얼쑤!"

얼쑤! 선생은 추임새까지 해주었다.

그런데 'A는 B보다 C다'의 구조는 말이야. 비교의 성격을 띠거든. 따라서 'B보다'를 빼는 것이 내용의 전달면에서 명료하지. 생각해 봐."

우나가 나섰다.

"그러면 제가 마무리는 지을게요."

우나는 서둘렀다. 마무리를 자기가 지겠다는 적극성이 돋보였다. 적극성이 자신의 목표를 이루는 데 80% 작용한다. 바로 '스스로논술학습법'의 성공을 위해서는 적극성이야말로 중요한 동력으로 작용한다.

"우정은 인간적인 믿음이 강하다."

"덩더덩더덩더쿵!"

"얼쑤!"

"잘했어. 그렇지."

얼쑤! 선생은 말했다

"다른 사례를 생각해보자. '전통은 신라, 고려, 조선의 과거의 것을 이어받는 것이 아니고, 그 과거의 것을 오늘날 가장 중요하다고 생각하는 현재 문화 창조에 이바지시키는 것이다. (A는 B가 아니고 C다)' 이것을 한번 우나가 해볼까? 아까하고 비슷한 사례지. 그치"

우나는 도전장을 내밀었다. 얼쑤! 선생을 똑바로 바라봤다. 나지막이 말했다. 볼펜을 잡은 손을 들며 말했다. 당당한 모습이다.

"전통은 과거의 것을 현재 문화 창조에 이바지시키는 것이다."

얼쑤! 선생의 추임새가 터졌다.

"그렇지요. 그거예요!"

얼쑤! 선생은 농담을 던졌다.

"우나야. 돈이 있으면 네 돈 내고 빵 사 먹어라."

"얼쑤! 선생님, 절 놀리시는 거예요?"

"하하하."

얼쑤! 선생도 신났다. 우나가 논술을 잘 따라온다고 생각했기 때문이다. 선생에게도 복이다. 제자 복에 해당한다. '스스로논술학습법'의 비법 전수는 중요하다. 얼쑤! 선생에게 논술은 생명이다.

"덩더덩더덩더쿵!"
"얼쑤!"

3. 신문 기사를 통해 스스로 '논제'를 만들고 '답안'을 작성하라!

"덩더덩더덩더쿵!"

“얼쑤!”

창의력을 키우기 위해서는, 학생들이 스스로 제시문을 선택하여 스스로 논술 문제를 만들고, 답안을 작성해야 한다. 바로 ‘스스로논술학습법’의 요체다. 논술의 전과정을 누구에게 배우는 것이 아니다. 스스로 수행한다는 것이 특징이다.

처음에는 ‘스스로논술학습법’이 어렵다. 처음 해보는 것이기 때문이다. 그러나 이것이 습관이 되면 누구나 혼자 할 수 있다. 스스로 논술학습법이 된다.

얼쑤! 선생은 불렀다.

“우나야, 기사에서 귀화 선수인 당예서의 인간 승리의 역정을 읽어 봤지. 베껴보기까지 했지. 튀어나오는 주제를 생각해 볼까?”

우나는 반문했다.

“주제요?”

“‘자유 의지’란 말이 있었지. 관련지어서 네가 논제를 만들어 볼래?”

우나는 신중하게 생각했다. 볼펜을 돌리기도 했다. 고개를 돌려 서재의 책에도 관심을 가졌다. 심사숙고를 할 때의 우나의 습관이다.

얼쑤! 선생은 재촉했다.

“우나야, 네가 생각해 본 것을 말해 볼까?”

우나는 고개를 들고,

“예. 인간의 ‘자유 의지’를 바탕으로 인간 삶의 의미를 조명해보고 가치를 생각해 보는 문제를 생각해봤어요. 어떤가요?”

우나는 자신감을 약간 보였다.

“좋지.”

얼쑤! 선생의 추임새가 터졌다.

“명품의 문제가 되겠구나. 좋아. 자유 의지는 가정과 사회, 국가 속에서 인간의 영원한 논술 주제가 될 거야. 다른 관점도 생각해 볼까?”

우나는 말했다.

“예. 다른 관점에서는요. 귀화 선수가 정당한 한국 탁구대표가 되는 상황에 대하여 찬성과 반대의 의견을 생각해보는 것도 좋은 문제가 될 것 같아요.”

“나는 ‘-같아요’란 표현은 좋아하지 않는다. 자신 있게 ‘-이다’가 좋지.”

“아, 그렇군요. 단정이 자신감을 주지요.”

우나는 계면쩍어 했다.

얼쑤! 선생은 추임새를 또 던졌다.

“그렇지! 귀화 선수가 우리나라의 대표가 된다는 것을 우리의 유교적 전통, 세계화, 다문화 민족, 세계화 추세 등의 다양한 관점과 관련시켜 생각해 본다는 것이지. 좋아요. 어떻게 그것을 생각했지? 우나는 요즘 신문을 많이 보는 가 봐?”

우나는 말했다.

“아버님이 신문을 권해서 시간이 나는 대로 봅니다. 삶의 원리와 이론들을 신문의 시사적인 내용과 관련시켜 생각하니 좋아요.”

얼쑤! 선생은 무릎을 쳤다.

“아, 내가 할 이야기를 이제 우나가 다 하네.”

우나는 자신만만하여,

“내가 그 정도로 사고의 실력이 늘었나요?”

“그럼. 오늘이 너에게는 두 번째 논술 시간인데 벌써 능력 향상을 보이네. 내가 보람을 느끼는 순간이지. 교과서에 나오는 원리를 신문의 시사적인 내용과 관련짓는다는 것은 논술의 출제 경향이기도 하지. 사고를 심화시키기 위해서는 그 방법이 최고야.”

얼쑤! 선생은 나직이 말했다.

“우나야. 네가 생각한 문제를 노트에 써 볼래.”

“덩더덩더덩더쿵!”

“얼쑤!”

'귀화 탁구 선수인 당예서의 인간 승리의 역정에서 인간 삶의 의미를 조명해보고 가치를 제시하시오'를 만들어 봤어요.

"덩더덩더덩더쿵!"
"얼쑤!"

얼쑤! 선생은 말했다.

"당예서의 한국으로의 귀화 이유가 꿈을 이룰 기회를 주지 않는 중국 탁구계의 현실 때문이라고 했다. 그녀가 중국 국적을 포기하고 한국을 택한 것은 중국 탁구계는 한국처럼 선발전을 통해 대표선수를 뽑지 않기 때문이다. 가능성 있는 선수를 택해 집중 육성해 대표로 뽑는다. 중국 탁구계의 이 방법이 장점과 단점을 가지고 있지."

우나는 말을 받았다.

"아, 그렇군요. 이 세상의 모든 것은 장점만 100%, 단점만 100% 있지 않아요. 장점이 있으면 단점도 있고, 단점도 있으면 장점도 있고..."

"이 세상의 모든 대상이나 현상에는 양면성을 가지고 있다는 얘기지."

우나는 적극성을 보였다.

"그렇지요. 얼쑤! 선생님이 강조하는 다양한 관점으로 접근한 결과죠. 결국 당예서는 자신의 꿈을 이루기 위한, 자유 의지를 바탕으로 베이징 올림픽에 출전하기 위하여 한국에 귀화를 한 것이네요."

얼쑤! 선생의 추임새가 터졌다.

"옳지! 그렇지."

얼쑤! 선생은 말을 이었다.

"중요한 것은 자유 의지를 가지는 대신에 뭐가 기다리고 있다고 했지. 내가 앞에서 뭐라고 했더라? 음. 자유를 찾아 목적을 추구하는 대신 세상의 험한 세

파와 고통스럽게 싸워야 하지. 바로 당예서의 경우는 귀화 직후에는 탁구 실력을 검증받을 기회를 아예 얻지 못하고, 모항공팀의 탁구 선수의 연습 파트너로 7년을 보내는 고통으로 지냈어.

우나는 얼굴이 굳어지며,

"그렇군요."

얼쑤! 선생은 말했다.

"당예서의 고통은 말로 표현할 수 없을 정도였지. 당예서가 이런 말도 했다잖아. '몇 번이고 중국으로 돌아가고 싶다고.' 당예서도 인간인 이상 그런 생각을 가질 수 있지."

우나는 고개를 들었다.

"그런 고통의 세월이 당예서가 조국인 중국에서 뛰쳐나온 대가이군요. 대가치고는 너무한데요."

"그렇지. 탁구의 자유를 찾기 위한 고통이라고 볼 수 있어. 자유를 찾는 대신에 생활은 자신이 해결해야지. 냉정한 삶의 원칙이야. 특히 자본주의 사회에서는 개인의 능력 위주로 돼 있잖아."

우나는 고개를 끄덕였다.

얼쑤! 선생은 말을 이었다.

"결국 자유 의지의 결과로 당예서는 베이징올림픽 한국 대표 선발전에서 태극마크를 달았다. 감동이지."

우나의 얼굴에 미소가 어렸다.

얼쑤! 선생이 마무리를 지었다.

"한국에서의 당예서의 고통은 상상하기 어려울 것이다. 그녀의 힘든 결정과 꿈을 향한 집념에 인간 승리의 아름다운 가치를 끄집어 낼 수 있었지."

우나는 노트에 정리했다.

이렇게 신문 기사를 통한 '스스로논술학습법'의 1단계를 공부한다.

"우나야, 지금 논술을 배우는 입장이니, 내용을 참고하여 답안을 작성하기 바란다. 알았지."

"덩더덩더덩더쿵!"
"얼쑤!"

　당예서의 귀화 이유가 꿈을 이룰 기회를 주지 않는 중국 탁구계의 현실 때문이다. 그녀가 중국 국적을 포기하고 한국을 택한 것은 중국 탁구계는 한국처럼 선발전을 통해 대표선수를 뽑지 않고 가능성 있는 선수를 택해 집중 육성해 대표로 뽑기 때문이다. 당예서의 경우는 탁구 실력을 검증 받을 기회를 아예 얻지 못하고 귀화하여 최근 베이징올림픽 한국 대표선발전에서 태극마크를 달았다. 또한 당예서는 모항공팀의 탁구 선수의 연습 파트너로 7년을 보냈다. 그간의 당예서의 고통은 실로 상상하기 어려울 것이다. 우리는 당예서의 힘든 결정과 꿈을 향한 집념에 인간 승리의 아름다운 가치를 부여할 수 있다.

　"우나야, 왜 빨리 쓰니? 천천히 생각하며 써야지, 논리도 생각하면서."
　우나는 급했다. 자신의 생각보다는 미리 이야기한 것을 중심으로 썼기 때문이다.
　얼쑤! 선생은 말했다.
　"내가 답안의 내용을 미리 말해서 그런가? 논술은 자신의 생각이 중요하다. 그렇다고 그걸 그대로 쓰면 섭섭하지. 네가 좀 생각을 하고 정리하여 쓰면 좋은데, 너의 관점으로 답안을 작성하면 좋을 텐데 말이야. 좀 아쉽군."
　얼쑤! 선생은 이렇게 쓴소리를 했다.
　얼쑤! 선생은 우나가 논술을 공부하는 모습이 아쉬웠다. 고민은 하지만 쉽게 쓰려고 했다. 그렇게 해서 논술 성적도 향상되면 그보다도 좋은 것은 없다."
　얼쑤! 선생은 짬을 두었다.
　"그러나 얼쑤! 선생의 경험상으로 볼 때, 논술은 마음먹은 대로 금방 되지 않는다. 금방 되면 논술이 아니지. 쉽게 논술을 공부하면 아류는 된다. 일종의 얼치기, 짝퉁이지. 그러나 네가 진정으로 논술의 고수가 되려고 한다면 어려운 길을 택해야 한다. 자신과의 각고의 과정을 거쳐서 논술의 경지에 오르는 것이다.”

우나는 묵묵히 듣고만 있다. 우나를 논술의 고수로 만들고 싶었다.

우나는 모기만한 소리로,

“죄송합니다. 성미가 급해서요.”

“덩더덩더덩더쿵!”

“얼쑤!”

우나는 울먹였다.

“다른 것을 생각하려고 하면 사고의 줄기를 잡을 수 없네요. 그러다 보니 듣는 것만으로 답안을 작성했어요. 그것이 좋은 방법이 아니라는 것을 알면서 말이죠.”

우나는 힘들게 말했다.

사실 논술을 처음 배우는 입장인 우나에게 자신의 관점을 요구하는 것은 무리다. 얼쑤! 선생은 자신도 모르게 기대했던 것이다. 얼쑤! 선생도 성미가 급한 편이다.

자신을 솔직히 인정하는 우나의 모습은 보기에 좋다. 맑은 하늘을 연상케 했다. 그 속의 한조각 하얀 구름.

얼쑤! 선생은 말했다.

“우나야. 내가 (!), (?)로 너의 답안을 첨삭하기 전에 문제를 만들어 보자. 이번에는 내가 아무 말도 안 할 테니 네가 스스로 문제를 만들어 봐? 이제 너는 푸른 망망대해로 나간 어부다. 고기 잡는 모든 것을 네가 한 번 해보는 거지. 자신 있게 말이야. 어때 떨리니?”

우나는 고개를 들었다.

“아닙니다. 어차피 제가 할 일이기에 마음을 단단히 먹고 있지요.”
“장하다. 우나야. 나의 제자가 될 수 있어.”

“덩더덩더덩더쿵!”
“얼쑤!”

얼쑤! 선생은 10분 정도의 시간을 주었다. 논술 문제를 만드는데 10분이면 너무 짧은 시간이다. 그러나 기사에 나온 귀화 선수인 ‘당예서’의 내용이 어렵지 않기 때문이다. 또한 우나와 얼쑤! 선생이 미리 예비 문제를 같이 생각한 적이 있다. 이것을 정리해도 기본 문제가 된다.

얼쑤! 선생의 논술 수업을 두 번 들은 상황에서 문제까지 잘 만들어내기는 어렵다. 기대하는 것 자체가 무리다. 여기서 중요한 것은 우나가 그 벽에 부딪혀 그 느낌을 체험하게 하자는 것일 뿐이다. 아들 어부가 햇빛이 밝아오는 아침 바다가 아니라 구름이 낀 파도의 바다에 처음으로 그물을 던지는 기분이랄까. 이 때 고기를 많이 잡고 적게 잡고가 문제가 아니다. 진짜 바다에 나가 그물을 던져보는 경험이 중요한 것이다. 고기를 잡으려는 시도에서 느끼는 처음의 막막함이랄까. 우나에게 이것을 먼저 느끼게 해주고 싶었다.

우나는 고민에 잠겼다. 볼펜을 만지작거렸다.

얼쑤! 선생은 놀랐다. 이게 웬일인가? 우나의 100% 자신의 관점은 아니지만 세련되게 문제를 뽑아냈다. 얼쑤! 선생과 같이 얘기했던 그 내용이 어느 정도 들었지만 문제로 뽑아져 나온 것이다.

아들 어부의 바다의 첫 고기잡이에 고기가 잡힌 것이다.

“덩더덩더덩더쿵!”
“얼쑤!”

'귀화 선수인 당예서는 베이징 올림픽 탁구 동메달 획득에 중국 언론들의 비아냥거림의 이유와 자신의 견해를 제시하시오'를 만들어 봤어요.

"덩더덩더덩더쿵!"

"얼쑤!"

"우나야. 이 문제의 내용이 좋다. 논쟁거리를 가지고 있기 때문이야. 그걸 의식하고 네가 만들었다면 너는 대단하지. 내가 아까 말한 내용이 들어있지만 작품으로는 좋다."

우나의 얼굴에 미소가 어렸다.

우나는 말했다.

"10여분 정도 생각했는데요, 생각이 잘 떠오르지 않았어요? 스스로 문제를 만드는 것이 가장 힘들어요. 처음으로 문제를 만들어보는 것예요. 그 동안은 문제 만드는 상상도 못했지요. 오늘 문제를 만든 체험은 잊을 수 없을 거예요."

"좋다."

"논술 문제가 어설퍼도 만드는 시도를 멈춰서는 안 된다. 생각해 봐. 희한해. 자신이 만든 문제에 대한 답안을 작성하면 쉽게 써지거든. 멋진 문장으로 말야. 하하하."

우나는 끄덕였다. 얼쑤! 선생은 말을 이었다.

"앞으로는 너의 관점을 중심으로 만들어야 한다. 내가 말한 것말고."

"알겠습니다."

우나의 얼굴이 피곤해 보였다.

"덩더덩더덩더쿵!"

"얼쑤!"

얼쑤! 선생은 말했다.

"문제에 '당예서'라는 이름이 들어갔군. 좋지. 또 문제에 '견해를 제시하라'는 것은 논술의 본질을 말하니까 좋아. 만약 '사례를 들어서'라는 내용도 있으면 더 좋다. 사례의 제시는 구체적인 논거를 제시하라는 것이기에 깊이 있는 논술 실력을 평가하는 데 좋은 문제가 된다."

우나는 열심히 들었다. 얼쑤! 선생은 말했다.

"20분을 준다. 우나 네가 낸 문제에 스스로 답안을 작성해 보아라. 답안의 분량은 '네 생각대로' 하면 된다. '스스로논술학습법'의 틀이 너에게 서서히 잡혀 간다. 이 시점이 중요하다. 확실하게 몰입해라. 알았지?"

우나는 고개를 끄덕였다. 의지가 보였다.

밖은 전형적인 봄 날씨다. 가벼운 바람이 불어서 어린 잎사귀를 흔들고 지나 갔다. 그 흔들림이 자연스럽다. 바람에 맡기는 어린 잎사귀들, 세상의 풍파를 모르는 어린 잎들이 부럽게 느껴졌다.

20분이 될 때까지 얼쑤! 선생은 서재에 눈을 두고 있었다. '창조성과 고통'이라는 책을 들었다. 우나 옆에서 책을 보려는 것이다. 아니다. 답안을 작성하는 데 내가 있으면 방해가 된다.

얼쑤! 선생은 서재를 나왔다. 거실에서 책을 보려는 것이다. 우나는 20분 동안 논술 답안을 작성하고, 얼쑤! 선생은 책을 읽었다. 필립 샌드블롬이 지은 <창조성과 고통>이란 책이다.

얼쑤! 선생이 좋아하는 책이다. '위대한 예술가는 위대한 병자다'라는 말이 가슴에 와 닿는다. 이 창조적 고통은 예술가에게 영감을 준다. 따라서 작가는 삶의 일부분으로 무거운 고통을 달고 살아야 한다. 그 치열함이 이 책 속에 들어있다. 작가는 작품의 예술성을 높이기 위해 그 만큼의 정신적 고통의 대가를 지불해야 한다. 그 과정은 처절하다. 그런 삶의 연속에서 창작의 고통은 예술가를 병자로 만들 수밖에 없다는 생각을 했다.

마음이 짠했다.

“덩더덩더덩더쿵!”

“얼쑤!”

논술은 ‘종합예술이다’라고 얼쑤! 선생은 말한다. 분석력, 논리력, 비판력, 창의력과 답안 작성의 시각적인 이미지까지 논술 답안의 제출할 때까지 논술의 고수들은 그 완성도에 고심한다.

논술의 한 문장 한 문장이 자신의 피로 써졌다고 생각할 때는 더욱 그 의미가 강하다. 그렇다. 우나가 지금 논술의 고통 속에 있다. 논술의 고수가 아니라 초보지만 그 고통의 본질만큼은 그대로일 것이다. 가녀린 마음속에 우나는 고통을 고스란히 가지고 있다.

얼쑤! 선생이 책 속에 빠지려는데, 우나의 목소리가 들렸다.

“얼쑤! 선생님. 써 봤어요.”

우나의 소리가 낭낭하다. 기분이 좋아 보였다.

보던 책을 덮고, 얼쑤! 선생은 서재로 들어갔다. 얼쑤! 선생은 원고지를 펼쳤다. 글씨가 빼곡했다. 깨알 같은 글씨였다.

우나의 논술답안 2

당예서는 “지금은 한국이 나의 조국”이라고 발언한 것이 발단이 됐다. 중국의 네티즌은 “그녀가 자신의 성공을 중국을 배신했다”며 비난했다. 그러나 당예서는 국제적으로 통용되는 문제가 없는 귀화를 택한 것이다. 중국에서의 탁구 대표팀에 발탁되고 싶었으나 중국 탁구계의 선발 규칙으로 한계에 부딪힌 것이다. 올림픽에 참가하는 것이 삶의 목표였던 당예서는 그 순수한 목적을 이루기 위한 선택에 불과하다. 사람이 가질 수 있는 자유의지의 표현이라는 점에서 이해할 수 있다. 귀화(歸化)란 ‘다른 나라의 국적을 얻어 그 나라 국민이 되는 것’이다. 법적으로 아무 문제가 없는 것이다. 법으로 문제가 없으면 중국의 네티즌이 당예서를 비판해서는 안 된다. 이제 당예서는 한국으로 귀화를 했으므로 떳떳한 한국 국민이다.

“덩더덩더덩더쿵!”

“얼쑤!”

얼쑤! 선생은 말했다.

“오늘 기억될 만한 날이다. 생각해 봐? 네가 논술 문제를 만들고 답안까지 작성했잖니? 굉장한 일이지. 오늘의 너를 진심으로 축하해.”

얼쑤! 선생은 말을 이었다.

“물론 첨삭은 좀 있다가 하겠다. 지금은 첨삭의 평가 내용보다도 이런 일을 해냈다는 것이 더 큰 의미가 있지. 안 그러니?”

우나는 고개를 들었다.

“그런데요. 저의 문제에는 사례가 들어있지 않아요. 사례를 넣었으면 더 좋았을텐데요. 욕심이 생기는데요. 호호호.”

우나는 마음의 여유가 생겼다.

다음 문제를 만들어 보기로 했다. 바로 귀화 선수가 한국의 대표 선수가 되는 상황을 세계화와 관련지어 생각해보는 문제다. 문제에 이미 답안의 방향이 정해져 있다. 그러나 논리의 힘을 키우기 위해서다. 문제의 방향은 이야기했으니 문제를 만들기는 쉬울 것이다. 내용을 조합하면 되기 때문이다.

문제 3

‘귀화 선수가 정당한 한국 탁구대표가 될 수 있는 상황에 논거를 대어 찬성의 견해를 제시하시오’를 만들어 봤어요

“덩더덩더덩더쿵!”
“얼쑤!”

“우나야!”
얼쑤! 선생은 불렀다.

"이 문제의 답안 작성 방향은 정해졌다. 논거의 제시가 답안의 핵심으로 등장하여 작용할 뿐이다. 유사한 오늘날의 사례가 뭐가 있을까? 잘 생각해 봐?"

우나는 쉽게 말했다.

"예, 외국에서 한국으로 시집 온 며느리가 국회의원에 출마하는 경우와 같지 않을까요?"

"어떻게 금방 생각했어? 능력이 있는데."

얼쑤! 선생은 웃으며 말했다.

"그렇지. 국회의원 출마 기준만 충족되면 외국인 출신이라도 출마엔 문제가 없지. 마찬가지로 오늘날 귀화의 형식으로 국적을 바꾸는 선수들이 갈수록 확산된다. 올해 베이징 올림픽에서도 미국 국적을 새로 취득한 외국인 선수가 10명이 넘는다고 해. 최대 수출국이 중국이라고 하더군. 최대 수입국은 미국이고..."

우나는 노트에 써 가며 물었다.

"얼쑤! 선생님. 귀화선수에 대한 국제 사회의 기준은 어떤가요?"

"국제올림픽위원회(IOC)는 귀화 선수에게 3년간 국제대회에 출전하지 못하도록 규정한다. 그러나 원 국적의 나라 또는 해당 종목 국제 연맹이 허락하면 이 규정이 적용되지 않는다고 해. 어느 정도 융통성이 있다고 한다. 그런 점에서 당예서의 탁구 한국 대표는 실력을 갖추어서 대표 선발전에서 당당히 1위를 했기에 문제가 없지."

우나는 짧게 대답했다.

"그렇군요."

"귀화에 대한 시각은 엇갈린다. 우선 '조국에 대한 배신'이라는 비난이 있지. 그러나 귀화에 대한 옹호도 만만치 않아. 세계 모든 나라가 자국의 이익을 위해 경쟁력을 높이고 있잖아. 귀화 선수도 그런 점에서 이해가 가능하지."

얼쑤! 선생은 물었다.

"우나가 그 근거를 생각해 볼까?"

"오늘날은 세계화 시대이니까 그런 것 아닌가요?"

"틀린 말은 아닌데 막연한 이야기잖아. 구체적으로 말할 필요가 있지. 근거, 논거라는 것은 구체적이어야 설득력을 지니거든."

우나는 어렵게 생각했다.

"그렇게 말씀하니까 더 어렵네요?"

"덩더덩더덩더쿵!"

"얼쑤!"

얼쑤! 선생이 말했다.

"귀화에 대한 시각이 다양한 것은 다른 것이 아니야. 올림픽이 '국가 간의 체육 경기냐, 아니면 개인 간의 체육 경기냐'의 관점에 따라 그 시각이 달라지기 때문이지. 논쟁에서 중요한 기준이지."

우나의 얼굴에 미소가 번졌다.

"아, 그렇군요."

얼쑤! 선생이 말했다.

"올림픽은 '개인 간의 경쟁'이라는 올림픽 헌장을 내세워서 선수들의 정당한 권리로 옹호하는 것이 오늘날의 대세야."

우나는 노트에 적었다.

"당예서의 입장에서 볼 때는 중국은 좋아할 리 없지. 어떻든 조국에 대한 배신으로 생각하는 것이 인지상정이지. 그러나 네가 좀 전에 말한 내용이 있잖아. 오늘날은 세계화, 다문화 민족에 대한 인식이 성숙되어 민족에 대한 패러다임이 바뀌고 있잖아."

얼쑤! 선생이 질문했다.

"너의 생각으로 민족이란 개념이 어떻게 바뀌는 것이 좋을까?"

"글쎄요?"

"우리나라의 인구의 국제결혼 비율은 약 10%를 넘기고 있다. 신혼 부부 열 쌍 중 한 쌍은 국제결혼이라는 뜻이지. 이것이 세계적인 현상이야. 여기에서 단일민족만을 강조한다고 생각해봐?"

우나가 말을 받았다.

"그렇다면 얼쑤! 선생님. 우리나라가 그전의 교과서에서 주장하는 것처럼 단일민족인가요?"

"좋은 질문이야. 역사적으로 우리나라는 두 가지의 기준이 필요해. 한 가지는 다른 나라와 교류지. 고조선 때부터 중국과, 일본이 생긴 뒤로 일본과의 교류가 활발히 이루어졌다. 두 번째는 전쟁이지. 우나는 수업 시간에 우리 민족에 대하여 어떤 이야기를 들었니?"

우나의 대답에 자신이 없다.

"평화를 사랑하는 민족?"

"그렇지. 평화를 사랑하기에 백의민족(白衣民族)이니 하면서 다른 나라에 침략을 안 했다는 것이지. 그 결과 우리나라는 침략을 받는 쪽에 항상 서 있었다. 그게 문제지."

"이것이 문제라고요?"

"전쟁은 필연적으로 침략자에 의한 약탈이 진행되지. 약탈에는 물적 약탈과 인적 약탈이 있어. 인적 약탈을 통해 대부분 여자들이 수난을 당하지. 특히 인조 때의 병자호란의 폐해를 생각해봐? 물론 여기에 다양한 의견이 가능하겠지만 전쟁이 많았던 나라는 순수한 단일민족이 존재하지 않는다고 생각해. 따라서 세계의 모든 나라는 순수한 단일민족은 존재하지 않아. 전쟁은 인류 역사와 함께 진행해 왔으니까."

"우리나라는 단일민족을 너무 강조하는 것 같아요."

"덩더덩더덩더쿵!"

"얼쑤!"

얼쑤! 선생이 말했다.

"캐나다의 경우를 생각해 보자. 자료에 의하면 캐나다는 전체인구의 1.5% 정도인 47여만 명이 캐나다 원주민이고 나머지는 이민자로 구성되어 있지. 영국계 이민자가 약 45%, 프랑스계 이민자가 약 29%, 그 밖의 유럽지역에서 약 9%, 아시아 및 기타 지역 이민자가 나머지를 차지한다고 해. 그러면서도 캐나다는 살기 좋은 나라라고 평가를 받고 있잖아."

"그렇군요."

우나는 노트에 정리했다.

"캐나다는 지금도 매년 약 200,000여명이 각국에서 캐나다로 이민을 오고 있다고 한다."

우나는 말을 거들었다.

"다문화, 다민족을 말할 때 우리가 흔히 문화의 정체성 혼란을 말하잖아요?"

"그렇지. 문화의 정체성이란 한 국가(민족)의 구성원들이 자신의 문화에 대해 일체감을 가지고 자긍심을 느끼는 삶의 가치와 규범이지."

우나는 짧은 문장으로 말했다.

"문화 정체성의 개념을 말씀하시는군요."

"그래. 문화의 정체성은 역사의 연속성을 기반으로 형성되지. 그것이 민족적 집단 구성원으로부터 정당성과 권위를 인정받은 것이야."

우나가 말했다.

"그렇기 때문에 그 문화의 연속성에 외국인 며느리 등이 진입하여 우리의 삶을 영위하면 되겠네요."

"우나도 대단한데, 논리가 있단 말이야. 그렇지. 그런 관점에서 이젠 민족이 '같은 혈통의 같은 피부색'이 기준이 되는 것이 아니라 '같은 문화의 삶을 향유하느냐'가 중요하지. 그게 기준이 돼야 하지 잘 생각해봐. 베트남, 필리핀 등에서 시집 온 여자가 우리의 문화의 연속성 속에서 삶을 살고 있으니 당연히 우리 민족이지. 그치."

얼쑤! 선생은 말을 계속 이어갔다.

고등학교 <윤리와 사상> 교과서를 꺼냈다. 우나에게 읽어보게 했다.

"덩더덩더덩더쿵!"

"얼쑤!"

"교통과 정보통신 기술의 발달로 인해 현대 세계는 국경을 넘나드는 '열린 민족 문화'의 시대에 접어들고 있다. 따라서 우리는 안방에서도 우리 민족 문화가 아닌 타민족 문화를 공유할 수 있게 되었다. 이와 같은 빈번한 민족 문화 교류의 시대에 과연 민족주의는 어떤 역할을 해야 하며, 어떻게 전개되어야 할 것인가? 자기 민족의 이익만을 위하여 다른 민족의 이익을 무시하거나 마구 짓밟아 버리려는 배타적 민족주의는 이제 시대착오적인 잘못으로 여겨져 배척된다. 무턱대고 자기 민족이 다른 모든 민족보다 우월하다고 믿고, 주변에 있는 다른 민족을 업신여기거나 정복하고 다스리려고 하는 자민족 우월주의나 패권주의는 슬기롭게 극복되지 않으면 안 되는 지난 세기의 잘못된 유산이다. 이제 민족주의는 세계 공동체 속에서 국제 협조와 세계 평화의 주체적 견인차가 되어 인류 공영에 이바지하는 '열린 민족주의'가 되어야 한다. 세계화 시대에는 장기적으로 볼 때 인구와 자원, 환경과 에너지 등 여러 부문에서 국가 간의 이해와 협조를 증진시키고, 인류가 공존 공영해야 할 필요성을 높여야 할 것이다. 이러한 문제의 해결은 국가적 관점이 아니라 전 인류적이고 세계적인 관점에서 접근해야 한다."

"우나야. 이 교과서의 내용에서 핵심 문장은 무엇이지?"

"덩더덩더덩더쿵!"

"얼쑤!"

"예. '이제 민족주의는 세계 공동체 속에서 국제 협조와 세계 평화의 주체적 견인차가 되어 인류 공영에 이바지하는 <열린 민족주의>가 되어야 한다'는 문장이죠."

"우나의 말대로 '열린 민족주의'가 핵심어로 존재하겠네요. 세계화의 조류에 부응하면서 우리의 문화를 창조적으로 발전시키는 변증법적인 견해가 되는군."

얼쑤! 선생은 말을 이었다.

"여기서 변증법적인 논리는 역사의 발전을 설명하는데 유용하지. 이것은 다음 강의에서 좀 보기로 하지."

우나는 질문했다.

"그런 측면에서도 귀화 문제도 마찬가지겠네요?"

"맞아. 당예서가 아무리 중국 출신이라 하더라도 우리나라에서 살면서 우리의 탁구 대표 선발전에 나간 것은 우리의 체육 문화 속에서의 삶의 형태지. 이런 현상을 통해 우리 체육계, 탁구계의 발전을 창조적으로 이룰 수 있지. 어때."

얼쑤! 선생은 <장자>와 관련시켜서 이야기를 이어나갔다. <장자>는 논술 시험에서 가장 많이 제시문으로 출제된 고전이다. 이것도 우나에게 읽게 했다.

> 장자는 집에 돌아온 뒤, 석 달 동안이나 두문불출 밖에 나오지 않았다. 그러자 그의 제자가 물었다.
>
> "선생님은 무엇 때문에 요즘은 일절 밖에 나오지 않으십니까?"
>
> "나는 물질에 빠져 자신의 존재를 망각했다. 흐린 물(이해득실)을 보느라 맑은 못(본래의 천성)을 망각한 것이다. 나는 선생님으로부터 '그 지역에 가면 그곳의 법을 따르라'고 배웠다. 그런데 나는 조릉의 숲을 거닐다가 내 처지를 망각했고, 이상한 까치는 내 이마를 스치며 숲에 머물다가 자신을 망각했는데, 밤숲지기는 나에게 (밤 도둑이라고) 욕을 했다. 그래서 밖에 나가지 않은 것이다."

<장자>

얼쑤! 선생은 물었다.

"우나야. 이 일화는 인간의 인식은 지극히 상대적이며 불완전하고 일면적이라는 것을 말한다. 그 결과는 잘못된 것일 수 있다는 것이야."

우나가 끼어들었다.

"여기서 인간의 인식이 중요한 얘기가 되네요."

얼쑤! 선생은 길게 설명했다.

"우리가 이 장자의 내용을 귀화, 결혼 등을 통한 다문화로 적용한다면 그 '인간의 인식'은 외적 요인에 해당하지. 즉, 피부 색깔, 외모, 다른 문화 등을 '다름'이 아닌 '차이'로 인식하면 선입견이 생길 수가 있다는 거야. 그로 인해 생긴 우리의 선입견이 무서울 수 있지. 국가 문화의 발전과 경쟁력을 저해할 수도 있고."

우나의 얼굴빛이 밝아졌다.

"논술이 재미있네요. 이젠 논술의 맛을 알겠어요? 특히 '다름'이 아닌 '차이'라는 말이 우리 의식 속에 깊이 박힌 것 같아요."

우나는 재미있다고 했다. 얼굴에 미소가 번졌다.

"바로 그것이 문제야. 대상에 대한 상대적인 시각을 가져야 하는데 대부분 사람들이 그렇지 못하거든. 바로 상대적이 시각에서 '다름'의 철학이 나오지. 안 그래."

우나가 마무리를 지었다.

"그렇군요. 저는 막연히 알고 있었습니다. 구체적인 논거가 그래서 필요하군요."

우나는 논술 답안을 작성했다. 콧노래를 흥얼거렸다.

"덩더덩더덩더쿵!"
"얼쑤!"

　오늘날 올림픽 메달을 따기 위해 국적을 바꾸는 선수들이 갈수록 확산되고 있다. 올해 베이징 올림픽에서도 미국 국적을 새로 취득한 외국인 선수들이 있다. 한국에는 당예서라는 탁구선수가 있다. 국적을 바꾼 귀화 선수를 바라보는 시각은 찬반이 존재한다. 올림픽을 국가 간의 경기로 보는 관점에서는 조국에 대한 배신이라는 반대가 있다. 그러나 올림픽은 개인 간의 경쟁이라는 올림픽 헌장을 내세운 관점으로 보면 귀화 선수의 정당성에 대한 찬성의 논거가 된다. 오늘날 세계화, 다문화 민족의 시대에 귀화 선수의 대표로의 선발은 존중되어야 할 대상이다.

"덩더덩더덩더쿵!"

"얼쑤!"

4. '논술 답안'을 논술 선생님의 '!, ?'로 첨삭을 받아라!

문제 1

귀화 탁구 선수인 당예서의 인간 승리의 역정에서 인간 삶의 의미를 조명해보고 가치를 제시하시오.

　당예서의 귀화 이유가 꿈을 이룰 기회를 주지 않는 중국 탁구계의 현실 때문이다. 1) 그녀가 중국 국적을 포기하고 한국을 택한 것은 중국 탁구계는 한국처럼 선발전을 통해 대표선수를 뽑지 않고 가능성 있는 선수를 택해 집중 육성해 대표로 뽑기 때문이다.(!) 2) 당예서의 경우는 탁구 실력을 검증받을 기회를 아예 얻지 못하고 귀화하여 최근 베이징올림픽 한국 대표선발전에서 태극마크를 달았다.(?) 또한 당예서는 모항공팀의 탁구 선수의 연습 파트너로 7년을 보냈다. 그 간의 당예서의 고통은 실로 상상하기 어려울 것이다. 3) 우리는 당예서의 힘든 결정과 꿈을 향한 집념에 인간 승리의 아름다운 가치를 부여할 수 있다.(!)

"1)의 문장에 (!)가 찍힌 이유는, 긴 문장을 통하여 앞 문장의 중국의 탁구계의 현실을 구체적으로 잘 나타냈다. 여기서 긴 문장은 구체성을 드러내는 효과를 발휘한다."

얼쑤! 선생은 (!)표를 찍었다. 출발이 좋다.

"그런데 우나야. 1)번의 문장을 다시 보자. 내가 (!)표를 찍은 이유로 너는 '중국의 탁구계의 현실을 구체적으로 잘 나타냈다'고 적었다. 올바른 설명이야. 그러나 이 답안의 첫 문장과 1)의 문장의 서술어가 모두 '-때문이다'로 돼 있다. 이유제시가 두 번 이어진 문장들은 어색하다는 것도 알아야 한다."

우나는 나섰다.

"제가 고쳐 볼까요?"

앞 문장과 같이 1)문장의 서술어가 '때문이다'로 돼 있다. 그래서 우나가 1)의 앞 문장(답안의 첫 문장)을 고쳐 보았다.

> ▶ 당예서의 귀화 이유가 꿈을 이룰 기회를 주지 않는 중국 탁구계의 현실 때문이다.(?)
> ▶ 당예서의 귀화 이유는 꿈을 이룰 기회를 주지 않는 중국 탁구계의 현실에서 찾을 수 있다.(!)

"2)의 문장에 (?)표가 붙은 것은, 문장이 길기 때문이다."

얼쑤! 선생은 (?)표를 주었다. 그 이유로 적정하지 않다는 것이다. 우나는 다시 고민했다.

"당예서의 현실을 적었으나 귀화 후 한국에서의 삶의 자유를 누린 사실을 적지 않았기 때문이다."

다소 엉뚱한 내용이다. 그래서 역시 (?)표다. (?)표에 우나는 긴장했다. 다시 도전했다.

"내용적으로 앞 문장과의 관계가 인과구조로 돼 있는데 접속어가 없는 관계로 글의 흐름이 어색하다. 또한 당예서의 한국에서 고통스런 상황을 제시되지 않아 구체적인 내용이 되지 못하다."

얼쑤! 선생의 얼굴에 미소가 스몄다. (?)의 이유의 문장에 (!)표를 주었다. 그 문장을 우나에게 수정하도록 했다.

▶ 2 당예서의 경우는 탁구 실력을 검증받을 기회를 아예 얻지 못하고 귀화하여 최근 베이징 올림픽 한국 대표선발전에서 태극마크를 달았다.(?)

▶ 2 그 결과 당예서는 중국에서 탁구 실력을 검증받을 기회를 아예 얻지 못하자 한국으로 귀화하여 온갖 고통 속에서 최근 베이징올림픽 한국 대표선발전에서 태극마크를 달았다.(!)

"3)의 문장은 얼쑤! 선생으로부터 (!)표를 받았다. 그 이유는, 논제와 관련된 주제를 잘 드러냈기 때문이다.

얼쑤! 선생은 (!)표를 주었다. 우나는 당당하다. 적극성이 좋다. 우나가 논술의 고수가 되기 위해서 필요한 성격이다.

"덩더덩더덩더쿵!"
"얼쑤!"

다시 쓴 답안

당예서의 귀화 이유가 꿈을 이룰 기회를 주지 않는 중국 탁구계의 현실에서 찾을 수 있다. 그녀가 중국 국적을 포기하고 한국을 택한 것은 중국 탁구계는 한국처럼 선발전을 통해 대표 선수를 뽑지 않고 가능성 있는 선수를 택해 집중 육성해 대표로 뽑기 때문이다. 그 결과 당예서는 중국에서 탁구 실력을 검증받을 기회를 아예 얻지 못하자 한국으로 귀화하여 온갖 고통 속에서 최근 베이징올림픽 한국 대표선발전에서 태극마크를 달았다. 또한 당예서는 모항공팀의 탁구 선수의 연습 파트너로 7년을 보냈다. 그 간의 당예서의 고통은 실로 상상하기 어려울 것이다. 우리는 당예서의 힘든 결정과 꿈을 향한 집념에 인간 승리의 아름다운 가치를 부여할 수 있다.

문제 2

귀화 선수인 당예서는 베이징 올림픽 탁구 동메달 획득에 중국 언론들의 비아냥거림의 이유와 자신의 견해를 제시하시오.

우나의 논술답안과 첨삭 1

당예서는 "지금은 한국이 나의 조국"이라고 발언한 것이 발단이 됐다. 1) 중국의 네티즌은

"그녀가 자신의 성공을 중국을 배신했다"며 비난했다.(?) 그러나 당예서는 국제적으로 통용되는 문제가 없는 귀화를 택한 것이다. 중국에서의 탁구 대표팀에 발탁되고 싶었으나 중국 탁구계의 선발 규칙으로 한계에 부딪힌 것이다. 올림픽에 참가하는 것이 삶의 목표였던 당예서는 그 순수한 목적을 이루기 위한 선택에 불과하다. 사람이 가질 수 있는 자유의지의 표현이라는 점에서 이해할 수 있다. 2) 귀화(歸化)란 '다른 나라의 국적을 얻어 그 나라 국민이 되는 것'이다.(?) 법적으로 아무 문제가 없는 것이다. 3) 법으로 문제가 없으면 중국의 네티즌이 당예서를 비판해서는 안 된다.(?) 4) 이제 당예서는 한국으로 귀화를 했으므로 떳떳한 한국 국민이다.(!)

얼쑤! 선생은 노트에 그 이유를 문장으로 적도록 했다.

"1)문장이 (?)표인 이유는, 큰따옴표(" ")의 사용이 잘못됐기 때문이다. 큰 따옴표는 '대화'에 사용하여야 한다."

얼쑤! 선생은 (?)표를 주었다. 우나는 생각했다.

"내용적으로 볼 때, 1)문장의 '중국을 배신했다'의 앞에 '위해'가 들어가야 한다."

얼쑤! 선생은 (!)표를 찍었다. 세심함이 요구되는 문장의 사용이다. 필요한 어휘가 빠졌는지 살펴봐야 한다. 수정하도록 했다.

> ▶1 중국의 네티즌은 "그녀가 자신의 성공을 중국을 배신했다"며 비난했다.(?)
> ▶1 중국의 네티즌은 "그녀가 자신의 성공을 위해 중국을 배신했다"며 비난했다.(!)

"2)의 문장에 (?)표의 평가는, 귀화의 개념을 밝히는 내용에서 특별한 강조가 아니면 '작은 따옴표(' ')'를 쓸 필요가 없다."

얼쑤! 선생은 (!)표를 찍었다. 올바르게 지적했기 때문이다.

노트의 3)의 문장을 보여 주었다. 우나는 침착했다.

"3)의 문장이 (?)인 이유는, 단정적인 문장의 표현이 어색하기 때문이다."

이에 대하여 얼쑤! 선생은 (?)표를 주었다. 우나는 고민했다. 다시 이유를 적은 문장을 보여주었다.

"3)의 문장에서, 오로지 법만을 강조하여 결론을 내리는 것은 상황에 맞지 않는다."

얼쑤! 선생은 또 (?)표를 주었다. 우나는 머리를 숙였다. 3)의 (?)에 대한 이유를 밝히는 회심의 문장 카드를 꺼내들었다.

"3)의 문장은, 귀화 문제에 있어서는 법만의 적용은 정서적으로 거부감이 둘 수 있다. 조국에 대한 애국심이 올림픽에서는 중요한 요소도 작용되기 때문이다."

드디어 (!)표를 받았다. 그 이유를 잘 제시했다. 얼쑤! 선생은 칭찬했다. '(?),(?),(!)'가 됐기 때문이다.

얼쑤! 선생이 나직이 불렀다.

"우나야. 3)의 문장은, 법의 이치보다는 올림픽이라는 국가 간의 경쟁을 염두에 둔 판단이 더 설득력을 높일 수 있다. 귀화 상황에 대한 자국민의 정서를 감안한 합리적인 판단이 더 좋을 수 있다는 얘기다."

우나는 받아 적었다.

"또한 3)의 문장이 직접적으로 써진 것도 문제다. 조국을 배신했다고 생각하는 중국 네티즌들에게 '법적으로 문제없다'는 직접적인 문장은 너무 냉정한 표현이 되어 문제 해결에 도움이 안 될 수 있다. 빙 둘러서 말하는 완곡한 표현으로 서술해주는 것이 오히려 설득력을 높이는 글쓰기 방안이 된다. 알겠지."

"알겠습니다."

수정하도록 했다.

▶ 3 법으로 문제가 없으면 중국의 네티즌이 당예서를 비판해서는 안 된다.(?)
▶ 3 앞으로 중국에도 귀화 선수가 있을 수 있다. 역지사지의 입장에서 귀화가 법적으로 문제가 없으면 중국의 네티즌들이 당예서를 이해해주는 것이 필요하다.(!)

우나는 이어 4)의 문장을 보여 주었다.
"4)의 문장은 위의 논의에 대한 결론에 해당한다."

얼쑤! 선생은 (?)표를 주었다.

"4)의 문장이 (!)인 이유는, 인과관계로 인한 논리성이 보이기 때문이다. 자신감의 표현이다."

얼쑤! 선생은 (!)표를 찍었다.

"덩더덩더덩더쿵!"

"얼쑤!"

얼쑤! 선생의 논술 첨삭 방법은 (?),(!)의 암시의 기능을 활용한 것이다. 우나는 자신의 답안에 대해 얼쑤! 선생의 (!),(?)에 대한 그 이유를 문장으로 적었다. 그것에 대해 얼쑤! 선생이 또 다시 (!),(?)표를 통해 암시 평가를 했다. 일방적인 교사의 첨삭이 아닌 것이다.

우나는 1)의 경우 (?)를 받은 후에 두 번째로 (!)를 받았다. 3)의 문장의 경우는 (?),(?)를 연속으로 받은 끝에 (!)를 받았다. 이것이 얼쑤! 선생만의 '스스로논술학습법'의 첨삭지도 방법이다. 수험생이 자신이 자신의 논술 답안에 대해 스스로 평가해보는 시스템이다. 단 얼쑤! 선생은 답안의 문장에 대해 (?),(!)표를 통해 암시만 준다. 암시적 기능을 강화한 새로운 논술첨삭 방법이다.

"덩더덩더덩더쿵!"

"얼쑤!"

다시 쓴 답안

당예서는 "지금은 한국이 나의 조국"이라고 발언한 것이 발단이 됐다. <u>중국의 네티즌은 "그녀가 자신의 성공을 위해 중국을 배신했다"</u>며 비난했다. 그러나 당예서는 국제적으로 통용되는 문제가 없는 귀화를 택한 것이다. 중국에서의 탁구 대표팀에 발탁되고 싶었으나 중국 탁구계의 선발 규칙으로 한계에 부딪힌 것이다. 올림픽에 참가하는 것이 삶의 목표였던 당예서는 그 순수한 목적을 이루기 위한 선택에 불과하다. 사람이 가질 수 있는 자유의지의 표현이라는 점에서 이해할 수 있다. 귀화(歸化)란 다른 나라의 국적을 얻어 그 나라 국민이 되는 것이다. 법적으로 아무 문제가 없는 것이다. 앞으로 중국에도 귀화 선수가 있을 수 있다. 역지사지의 입장에서 귀화가 법적으로 문제가 없으면 중국의 네티즌들이 당예서를 이해해주는 것이 필요하다. 이제 당예서는 한국으로 귀화를 했으므로 떳떳한 한국 국민이다.

문제 3

귀화 선수가 정당한 한국 탁구대표가 될 수 있는 상황에 논거를 대어 찬성의 견해를 제시하시오.

우나의 논술답안과 첨삭 3

1) 오늘날 올림픽 메달을 따기 위해 국적을 바꾸는 선수들이 갈수록 확산되고 있다.(!) 올해 베이징 올림픽에서도 미국 국적을 새로 취득한 외국인 선수들이 있다. 한국에는 당예서라는 탁구선수가 있다. 2) 국적을 바꾼 귀화 선수를 바라보는 시각은 찬반이 존재한다.(!) 3) 올림픽을 국가 간의 경기로 보는 관점에서는 조국에 대한 배신이라는 반대의 논거가 된다. 그러나 올림픽은 개인 간의 경쟁이라는 올림픽 헌장을 내세운 관점에서는 귀화 선수의 정당성에 대한 찬성의 논거가 된다.(?) 오늘날 세계화, 다문화 민족의 시대에 귀화 선수의 대표로의 선발은 존중되어야 할 대상이다.

얼쑤! 선생의 목소리는 부드러웠다.

"우나야. <논술 답안3>은 좋은 평가를 받을 만하다. 100점에서 70점 정도다. 점수가 짠가?"

우나는 기뻐했다.

"이런 점수를 받아보기는 처음입니다. 답안 전체로는 처음으로 칭찬을 들었습니다. 기쁩니다."

얼쑤! 선생은 말했다.

"아냐. 난 칭찬을 많이 했는데, 섭섭하군. 점수는 짜게 주었지만 말로는 칭찬을 많이 했지. <논술 답안3>은 3)의 문장들에 (?)표를 하나만 주고, 나머지는 모두 (!)표를 주었다. 문장이 세련되고 내용이 정확하기 때문이다."

“좋아요.”

우나는 기쁨을 감추지 않았다.

“3)의 문장도 내용의 흐름을 볼 때 적절한 내용적이다. 구체적이어서 좋고, 단지 문장의 핵심어에 강조 기능이 없다는 것이 아쉬울 뿐이다.”

“정말 그래요?”

화기애애한 논술 공부 분위기다.

“덩더덩더덩더쿵!”

“얼쑤!”

“1)의 문장에 (!)표인 이유는, 본격적인 논의를 하기 전에 오늘날의 귀화에 대한 현황을 제시했기 때문이다.”

‘출발이 좋고!’ 얼쑤! 선생은 속으로 외쳤다. (!)표를 찍었다. 첫 문장의 무난한 출발은 바로 ‘현황’을 제시하는 것이다. 그러나 조심해야 한다. 짧은 답안의 분량에서는 과감한 ‘주제’의 제시도 고려해야 한다. 논제의 요구사항을 직접 제시해주어도 좋다.

“2)의 문장에 (!)가 붙은 이유는, 문장이 짧으면서 분명한 내용을 전달했기 때문이다.”

“좋다.”

얼쑤! 선생의 추임새가 터졌다. 말을 이었다.

“논술 문장은 리듬을 타면 좋다. 2)의 위의 문장들을 보면 길이가 두 문장은 길고, 2)의 바로 앞 문장은 길이가 짧다. 그러니까 네 문장의 길이가 순서대로 ‘길고, 길고’ ‘짧고, 짧고’가 된다. 리듬을 타서 반복을 이루니 부드럽게 읽히는 이유가 된다. 내용도 좋으니 금상첨화다. 오늘 너무 칭찬하는 것 아냐?”

“칭찬은 좋다면서요.”

“알았어.”

우나와 짧은 대화가 오갔다.

얼쑤! 선생이 말했다.

"3)의 문장은 왜 (?)표가 찍혔다고 생각하지?"

"글쎄요. 내용은 괜찮은 것 같은데, 얼쑤! 선생님이 아까 말한 강조의 기능이 없어서 그렇습니다."

얼쑤! 선생이 말했다.

"그 말을 문장으로 써 봐야지."

"아참, 그렇지요."

우나는 글을 보여 주었다.

"3)의 문장에 (?)표가 붙은 것은, 강조의 기능이 없기 때문이다. 핵심 논거가 제시됐기 때문에 강조의 기능이 들어가야 한다."

얼쑤! 선생은 (!)표 붙이며, 수정하라고 했다.

▶ 3 올림픽을 국가 간의 경기로 보는 관점에서는 조국에 대한 배신이라는 반대의 논거가 된다. 그러나 올림픽은 개인 간의 경쟁이라는 올림픽 헌장을 내세운 관점에서는 귀화 선수에 대한 찬성의 논거가 된다.(?)

▶ 3 올림픽을 국가 간의 경기로 보는 관점에서는 '조국에 대한 배신'이라는 반대의 논거가 된다. 그러나 올림픽은 개인 간의 경쟁이라는 올림픽 헌장을 내세운 관점에서는 '귀화 선수의 정당성'에 대한 찬성의 논거가 된다.(!)

얼쑤! 선생은 말했다.

"3)의 (!)표의 이유를 하나 더 말해 볼까?"

우나는 쉽게 생각했다.

"3)의 문장의 내용이 분명하여 평가자에게 정확하게 전달된다. (!)표의 이유가 된다."

얼쑤! 선생은 (?)표를 주었다. 우나는 이유를 잘못 짚은 것이다.

우나는 이유를 다시 적었다.

"3)의 문장에 (!)표가 붙은 것은, 대구법을 통한 두 문장이 리듬을 타고 주장에 대한 근거가 설득력 있게 제시됐기 때문이다."
"좋다. (!)표를 주겠다."

"덩더덩더덩더쿵!"
"얼쑤!"

다시 쓴 답안

오늘날 올림픽 메달을 따기 위해 국적을 바꾸는 선수들이 갈수록 확산되고 있다. 올해 베이징 올림픽에서도 미국 국적을 새로 취득한 외국인 선수들이 있다. 한국에는 당예서라는 탁구 선수가 있다. 국적을 바꾼 귀화 선수를 바라보는 시각은 찬반이 존재한다. 올림픽을 국가 간의 경기로 보는 관점에서는 '조국에 대한 배신'이라는 반대의 논거가 된다. 그러나 올림픽은 개인 간의 경쟁이라는 올림픽 헌장을 내세운 관점에서는 '귀화 선수의 정당성'에 대한 찬성의 논거가 된다. 오늘날 세계화, 다문화 민족의 시대에 귀화 선수의 대표로의 선발은 존중되어야 할 대상이다.

1. 신문의 가장 재미있는 기사를 선택하라!

"덩더덩더덩더쿵!"
"얼쑤!"

파랑의 하늘이다. 파란 바람이 불었다. 마음까지 상쾌해지는 하늘의 신비다.

오늘도 얼쑤! 선생은 지난 신문을 건넸다. 온통 베이징 올림픽의 기사로 넘쳐났다. 울긋불긋한 올림픽의 사진까지 독자의 시선을 잡았다. 감동의 물결이다.

수식이는 물을 먹었다.

수식이는 대입의 공부 때문에 신문이나 TV를 보지 않으리라 생각했다. 금년도에 반드시 원하는 대학에 가야 하기 때문이다.

수식이는 곱상하다. 남자다운 우락부락한 상이 아니다. 그러나 눈에는 의지의 힘이 형광처럼 빛났다. 그 눈으로 베이징 올림픽의 기사와 칼럼을 찾았다. 이리저리 뒤져봤다.

얼쑤! 선생이 말했다.

"칼럼은 '스스로논술학습법'의 2단계에서 다룬다. 우선 재미있는 기사를 찾아봐? 논술에 진한 재미를 붙여야지. 재미가 폭발해서 논술의 원동력으로 작용하게 해야지."

수식이는 기사를 꼼꼼히 뒤졌다. 감동의 글을 찾았다.

제시문● ● ●

박태환이 2008 베이징올림픽 남자 자유형400m 결선에서 3분41초86의 아시아신기록으로 금메달을 목에 걸었다.[5]

"덩더덩더덩더쿵!"
"얼쑤!"

기사의 사진은 박태환 선수가 물을 뿌리며 손을 쳐들은 모습이다. 활짝 웃는 박태환의 모습이 관심을 끌었다. 그 금메달의 기쁨은 무엇과 비교될까?

얼쑤! 선생이 말을 걸었다.

"수식아. 좋다. 오늘은 이것으로 논술을 공부를 해 보자. 선택을 잘 했다. '스스로논술학습법'의 1단계는 이렇게 재미와 감동이 있는 기사여야 한다. 그렇지. 흥미와 감동이 살아 꿈틀거려 논술 공부의 원동력으로 작용해야 한다. 1단계의 논술 학습 목표지. 세상의 움직이는 모든 기계에는 동력이 있다. 그 동력의 핵심은 모터지. 모터는 '스스로논술학습법'에서 '흥미 있는 기사'가 되는 거야."

수식이는 짧게 대답했다.

---

5) '대朴! 세계가 놀랐다…박태환 72년만에 동양인 자유형 金' 동아일보(2008.08.11)

"논술의 원리는 단순하군요."

"응. 흥미 있는 기사에서 논술에 대한 열정이 솟아오르지. 베이징 올림픽의 박태환의 수영 400미터 자유형 금메달 기사는 좋은 논술의 자료가 되는 이유야."

수식도 기분이 좋아져 웃으며 말했다.

"덩더덩더덩더쿵!"

"얼쑤!"

"'금메달 박태환'을 '고득점 명품 논술답안'이라고 해도 되겠네요?"

얼쑤! 선생이 궁금하여 고개를 들었다.

"왜 그렇지?"

"박태환은 수영에서 금메달로 감동을 줬잖아요. 마찬가지로 논술에도 감동 답안이라는 것이 있잖아요. 수영 박태환과 명품 논술답안이 주는 감동의 원리는 같다고 생각합니다. 수영은 논술답안이 되고 금메달은 고득점이 되죠. 금메달을 확정짓고 손을 쳐든 박태환의 모습은 논술로 합격하고 발표 날에 환호하는 수험생의 모습이 아닐까요?"

얼쑤! 선생은 감동하며 말했다.

"어! 재미있어. 비유도 창의적인 생각에 속하지. 속성이 정해진 대상에 다른 대상을 붙여 관련성을 끄집어 창조해내는 것도 좋다. 중요하지. 오늘날 21세기에 요구되는 사고방식이야. 모든 국가들의 생존 전략이기도 하고."

예상치 못했던 수식이의 말을 듣고 호기심이 동했다. 이것도 논술에서 느끼는 알싸한 맛이 아닐까.

"박태환과 논술을 깊숙이 말해볼까?"

"저는 박태환의 레이스 전략을 논술과 관련을 시켜볼까 해요?"

"레이스 전략을 논술과 관련시킨다? 좋은 발상이야."

다음 말이 기다렸다. 최고의 수업은 '기다림'이 있는 수업이다. 교사는 학생의 말을 기다리고, 학생은 논술 교사의 말을 기다리고, 누구나 이상의 수업에 속한다.

수식이가 말했다.

"신문 기사를 보면, 박태환이 1단계인 50-100m 구간에서 힘을 내며 1위인 해킷(호주)을 천천히 따라붙었습니다. 그는 2단계인 100-150m 구간에서 해킷을 제치고 가장 빠르게 1위에 올라섰죠. 박태환은 3단계인 마지막 50m에서 27초 07을 기록하며 시간은 좀 떨어졌지만 1위를 질주했습니다. 멋지죠."

"덩더덩더덩더쿵!"
"얼쑤!"

수식이는 의기양양하게 말했다. 자기가 금메달을 딴 것처럼 말했다. 당당함이 좋다.

얼쑤! 선생은 놀랐다. 박태환의 금메달 전략을 바로 '스스로논술학습법'의 전략으로 말했기 때문이다. 좀 더 들어보기로 했다.

"논술과 관련시켜 보겠습니다. 박태환의 1단계는 해킷을 그대로 따라붙었습니다. 이것은 박태환이 일정 구간은 뛰어난 해킷을 모방했다고 볼 수 있습니다. 바로 논술의 1단계에서 잘 써진 기사를 베끼면서 모방하는 것과 같죠."

"요놈 봐라?"

얼쑤! 선생은 수식이 쪽으로 다가 앉았다.

"그 다음은?"

"제가 아까 박태환이 2단계인 100-150m 구간에서 해킷을 제치고 1위로 올라섰다고 말했죠."

"그랬지."

"논술의 2단계에서 열정을 가지고 그대로 신문 기사나 칼럼을 베끼다보면 자신만의 관점과 비판 능력이 생기죠. 열정의 힘이죠. 이때 열정이 원동력으로 작용해서 끝없는 노력을 하게 하여 뛰어난 기사나 칼럼을 뛰어넘게 합니다. 바로 청출어람(靑出於藍)이죠. 여기서 '뛰어 넘는다'는 말은 자신만의 문체와 관점을 가진다는 것입니다. 글쓰기의 모방에서 창조로 바뀌는 순간이죠."

"와. 대단하다! 수식이가 '스스로논술학습법'을 많이 연구했구나. 무섭다. 필히 크게 될 놈이다. 나를 뛰어 넘을 놈이다."

속으로 차오르는 기쁨을 느꼈다.

얼쑤! 선생은 속으로 추임새를 외쳤다.

"덩더덩더덩더쿵!"
"얼쑤!"

"내가 가장 좋아하는 말을 했네. '모방을 통한 창조!' 하하하."

"박태환의 3단계 전략은 이렇습니다. 계속 자신의 장점을 고수하는 것이죠. 수영 선수 장린(중국)이 마지막 4명을 제치고 무서운 속도로 박태환을 따라왔지만 잡을 수 없었습니다. 모방을 통해 얻은 박태환의 창조적인 능력은 해킷이나 장린 모두 따라잡을 수는 없었죠. 박태환의 레이스 감각이 탁월했다는 것입니다."

수식이는 말을 이었다.

"'스스로논술학습법'도 마찬가지죠. 2단계에서 신문 기사와 칼럼에서 획득한 자신만의 글쓰기 창조성은 논술 답안에서 발휘됩니다. 논술 답안에서 형식이나 내용적 측면에서 창조적인 레이스 감각으로 탁월하게 작용합니다."

"덩더덩더덩더쿵!"
"얼쑤!"

얼쑤! 선생은 감동했다. 어쩌면 철저하게 나의 논술학습법을 연구했으니 기특하지 않으랴. 진정한 제자로 삼기로 했다.

수식이가 기특했다. 박태환의 수영과 얼쑤! 선생의 '스스로논술학습법'을 관련지어 감동스럽게 설명했다는 것도 있다. 그러나 이질적인 대상인 '수영과 논술'을 서로 관련시켜 적용하는 발상이 마음에 들었기 때문이다. 참신한 발상이다.

수식이는 이심전심(以心傳心)을 느낀 듯 말을 했다.

"고맙습니다."

수식이의 '고맙습니다'는 말은 나는 스승으로, 수식이는 제자로 남겠다는 상징적인 말이다. 오늘날 누구를 만나느냐에 따라 달라진다는 말은 제자에게만 쓰는 말이 아니다. 스승도 맞는 말이다. 어떤 제자를 만나느냐에 따라 스승도 달라지기 때문이다. 이럴 때 '얼쑤! 춤'이 나와야 한다.

"덩더덩더덩더쿵!"
"얼쑤!"

얼쑤! 선생은 생각했다. 수식이의 1,2,3단계의 박태환 수영 전략을 논술 문장에도 활용이 가능하다는 생각을 했다.

얼쑤! 선생은 나직이 불렀다.

"수식아."

"네가 박태환의 금메달 레이스 전략이 1단계는 '느리게', 2단계는 '빠르게', 3단계는 2단계에서 힘을 많이 소모했기에 '중간 빠르기'로 진행됐다고 말했다. 그렇지. 그렇다면 논술 답안에서의 문장의 쓰임과 관련지어 볼까?"

얼쑤! 선생은 기다렸다.

"예. 논술의 문장의 쓰임도 일관되게 평탄하게 쓰면 안 됩니다. 이것은 쓴 것이 아니라 문장을 늘인 거죠. 진흙을 양쪽으로 잡고 길게 늘어 보세요. 가늘어지면서 끊어지잖아요. 차라리 짧은 것만 못하죠."

"이놈 봐라!"

또 감동을 받을 준비를 해야 했다.

"덩더덩더덩더쿵!"

"얼쑤!"

수식이는 말했다.

"박태환이 수영 레이스 전략을 '느리게, 짧게, 중간 빠르기'로 잡은 것은 '길게. 짧게. 중간'으로 변화를 준 논술 문장 쓰기의 전략과 같습니다. 얼쑤! 선생님이 그렇게 말씀하셨잖아요. 논술 답안에서 문장 쓰기도 바로 박태환의 레이스 전략처럼 문장의 길이에 변화를 주어야 논술의 금메달을 따지요."

얼쑤! 선생이 끼어들었다. 감동의 말이다.

"좋다. 기쁘다. 논술 문장도 길이에 따라 속도로 읽힌다. 긴 문장은 느린 속도로, 짧은 문장은 빠른 속도로 읽힌다. 중간의 문장 길이는 보통의 속도로 읽히지. 아니면 농담을 해서, 채점 교수가 기분이 좋으면 빠르게, 기분이 안 좋으면 느리게 읽힌다."

"덩더덩더덩더쿵!"

"얼쑤!"

비유를 통한 사고력이 대단하다고 생각했다. 비유는 상상력이다. 수식이는 침착하다. 그 속에 비유의 상상력과 논리력이 들었다.

얼쑤! 선생은 말을 이어갔다.

"그렇지. 박태환도 가장 중요한 2단계서 가장 빠른 속도로 치고 나갔듯이 답안의 논술의 문장도 가장 중요한 부분은 '짧게 제시'하여 급박하게 채점 교수에게 읽히는 것이 좋다."

"덩더덩더덩더쿵!"
"얼쑤!"

수식이는 노트에 적었다. 얼쑤! 선생이 말했다.

"오늘 별 이야기를 다 하는군. 채점 교수들이 흥분하면서 논술 답안의 문장을 읽을 정도면 명품의 논술 답안이 될 거야. 논술 답안의 문장이 길게로 출발하든, 짧게로 출발하든, 다음의 문장에서는 반드시 반대의 문장의 길이로 배치하면 하면 되지. 또 그러다가 적당한 시점에서 반대로 하는 지혜가 요구된다. 길이로 전환하는 문장 사용의 전략을 말이야."

"그렇군요."

"그런데 어떻게 스스로논술학습법을 연구했니? 미리 알고 오니까 신이 나는데."

수식은 대답했다.

"얼쑤! 선생님이 운영하는 '다음 인터넷 카페'인 '얼쑤논술연구소'를 통해 일주일 간 연구했죠. 미리 알고 오면 좋을 것 같아서요. 하하하."

"대단하다. 좋다. 그런 문장 사용의 사례를 들어볼까?"

얼쑤! 선생은 신문 기사의 자료를 펼쳤다.

"뮤지컬의 오프닝 대사를 엮어 대던 사내의 목소리가 이내 다시 잦아든다. 무슨 사연일까? 답은 간단하다. 뮤지컬 제목은 '돌아온 고교 얄개', 그리고 이 사내는 바로 진짜 왕년의 '얄개' 이승현(47)씨로 그가 돌아와 연기를 하고 있기 때문이다. 그 옛날 밤톨 모양의 까까머리는 온데간데없고 부은 듯이 살집 잡힌 얼굴과 몸매가 영 아니지만 장난기 가득한 익살 웃음을 보니 영락없다. 웬만한 40~50대라면 기억하듯이 영화 '고교 얄개'(1976년)를 시작으로 무려 24편의 '얄개' 시리즈에서 주인공인 얄개로 활약, 70년대 하이틴의 아이돌이었던 그다. 그 시절 이씨는 고교생 '나두수'가 돼 스크린을 휘어잡았다. 그러던 그가 팬들한테서 사라진 건 86년 유학을 핑계로 훌쩍 캐나다로 떠나면서였으니…. 그리고 20여 년의 방황. 그 긴 세월을 돌고 돈 끝에 비록 영화는 아니지만 이렇게 다시 중년의 얄개로 관객 앞에 서려는 것이다. 목이 멜 법하다.6)"

"덩더덩더덩더쿵!"
"얼쑤!"

"수식아. 기사를 보자. 잘 써진 글이지. 그 근거는 누구나 이 기사를 흥미를 가지고 끝까지 읽는다는 거야. 문장이 독자를 가지고 놀지. 무엇을 가지고? 길이를 가지고! 문장의 길이를 기막히게 조절하여 글쓰기의 높은 경지를 보여줬다. 잘 읽어 봐라."
기사를 읽다가 수식이가 물었다.
"얼쑤! 선생님. 이승현이 누구예요?"
"참. 너희들은 모르지. 너의 부모님들은 아실 거야. 이승현은 70년 후반에 하이틴 영화에 주인공으로 나왔지. 그 때 나는 고등학교 시절이었는데 수업 빼먹고 몰래 극장에 들어가 봤던 영화야. 농촌에 TV가 없던 시절이니 몰래 보는 그 영화가 얼마나 재미있던지."
얼쑤! 선생은 이야기를 이어갔다. 얼굴이 붉어지는 것을 보니 얼쑤! 선생도 지난 시절이 그립게 느껴지는 듯 했다.
"수식아. '얄개'란 뜻이 뭔지 아니?"
수식은 짧게 대답했다.
"글쎄요?"
"'얄궂은 개구쟁이'란 말에서 따온 말이지."

---

6) '20여 년 만에 뮤지컬로 관객 앞에 서는 배우 이승현' 중앙일보(2008.11.10)

"아니 그때도 인터넷 언어와 같이 줄여서 말했네요."
수식이가 '얄개'란 말에 관심을 보였다.
"10대 청소년들의 심리는 예나 지금이나 같다고 할까."
얼쑤! 선생은 이 신문 기사의 문장의 활용 사례를 설명했다.

"덩더덩더덩더쿵!"
"얼쑤!"

"여기서는, 첫 번째 문장은 좀 길다. 그러면서 이어지는 '무슨 사연일까? 답은 간단하다'의 그 다음 문장을 봐라? 짧지. 일단 '길고'가 '짧게'로 문장의 길이가 분명하게 변화됐다. 그 다음은 문장의 '길고'가 계속 이어지다가."
수식이가 말을 받았다. 끼어들었다.
"그 다음에 '그 시절 이씨는 고교생 '나두수'가 돼 스크린을 휘어잡았다'로 좀 짧게 변형을 줬네요."
수식이의 '끼어들기'도 '스스로논술학습법'의 논술 방식에 재미가 붙었음을 말해준다. 그런 의미로 해석했다. 누구든 흥미가 생기면 대상에 한 발짝 당겨온다.
"그 다음 문장을 봐라. 또 문장이 길어지지."
"예. 그렇군요."
얼쑤! 선생은 마지막 문장을 손가락으로 짚었다.
"자. 여기 말야. 이 문장이 핵심이지. 아주 극단적인 짧은 문장이 왔잖아. 네가 불러볼래?"
"'목이 멜 법하다'의 아주 짧은 문장이 왔다. 아주 명쾌하지. 독자들이 읽을 때 내용의 흐름에 리듬을 느끼면서 급박하게 때로는 편안한 느낌마저 들게 하지. 물론 이 기사가 논술문의 형태는 아니지만 문장의 길이만을 가지고 그 효과를 따진다면 그렇다는 것이야."

얼쑤! 선생은 논술 수험생들의 문장의 길이에 대하여 말을 했다.

"수험생들의 문장 길이는 대부분 다 길다. 읽다가 숨 넘어 간다니까. 신문 기사의 이런 문장 기법을 수험생들은 배워야 해. 대부분 수험생들은 논술 답안에서 무조건 길게만 쓰지. 길게 쓰는 지 의식하지도 못해. 쓰다 보니 문장이 길어졌다고 하더군. 글쓰기의 초보적 수준을 보여주는 거란다."

"덩더덩더덩더쿵!"
"얼쑤!"

얼쑤! 선생은 원래로 돌아갔다. 수식을 칭찬했다. 박태환의 수영 레이스 전략을 확장하여 다른 부분에도 적용해보기로 했다.

"수식아. 박태환의 레이스 전략을 다른 부분에도 적용해볼까? 적용의 능력은 논술에서 중요한 부분인 것을 알지."

수식이가 말했다.

"예. 인생의 성공 전략과도 같아요. 20대 후반까지는 학교에서 교육을 받으면서 삶의 이상적 모델을 찾지요. 그 모델이 이순신도, 세종대왕도, 오바마도 될 수 있습니다. 학교에서 다른 학자들의 이론을 배우면서 자신의 학문의 밑거름을 위해 모방도 하죠. 이때는 공통적으로 '느리게' 지내는 시기입니다. 박태환의 1단계와 같지요."

얼쑤! 선생이 칭찬과 함께 짧게 물었다.

"덩더덩더덩더쿵!"
"얼쑤!"

"옳지. 좋아요. 그 다음 인생의 2단계는?"
"30에서 50대가 인생의 2단계에 해당하죠. 이때는 창의적 정신으로 무장하고 사회에서 치열하게 경쟁하면서 약육강식(弱肉强食)으로 살지요. 자신만의 독창성이 요구되는 중요한 시점입니다. 빠르게 사는 단계입니다."

얼쑤! 선생의 추임새가 터졌다.

"좋다!"

수식이가 말했다.

인생의 2단계에서 인생이 결정된다고 봐야죠. 박태환의 금메달 결정처럼 인생 후반의 황금빛을 결정하는 중요한 순간이죠. 사람들이 삶을 빠르게 사는 시기입니다. 박태환이 경쟁자인 해킷을 제치고 1위로 나선 것과 같습니다. 그 때 박태환은 최고의 속도를 냈죠."

얼쑤! 선생이 끼어들었다.

"수식이는 인생을 다 살아본 것 같아. 너의 말을 들어보면 말이야. 나이는 20세면서, 그 다음 인생 3단계는?"

"덩더덩더덩더쿵!"

"얼쑤!"

"쑥스럽습니다. 하하하."

"인생에서 3단계는 60대라고 생각합니다. 2단계에서 했던 것을 바탕으로 죽 밀고 나가는 것이죠. 느리지도 빠르지도 않은 적당한 속도로 말이죠. 너무 빠르면 숨차 넘어지고, 느리면 무력해져 삶의 의미를 못 느끼고... 인생의 2단계에서 너무 치열하게 사회 속에서 경쟁했다면 3단계는 빠른 삶보다는 인생 2, 3단계의 중간인 중간 빠르기의 삶이 필요합니다. 이게 지혜입니다. 박태환의 3단계 레이스와 같죠."

얼쑤! 선생은 '짝짝짝' 박수를 쳐주었다. 박태환의 금빛 레이스를 가지고 인생을 설명하는 것은 쉬운 일이 아니다. 그러나 열정적으로 말하는 수식이의 모습이 스스로 논술을 '즐긴다'는 생각이 들었다. 얼쑤! 선생이 박수를 쳐준 이유다.

“덩더덩더덩더쿵!”
“얼쑤!”

2. 신문 기사의 내용을 생각하며 그대로 베껴라!

처음으로 돌아갔다.

“그동안 곁가지로 많이 샌 것 같아. 이렇게 학생들이 논술을 스스로 하고 싶다고 느끼게 하려면 중요한 것이 무엇인가?”

얼쑤! 선생은 자문자답하였다.

“그렇지. 누구나 관심을 갖는 기사지. 지금 박태환을 활용한 광고 전략까지 내세우고 있는 상황이다. 그 금메달 기사는 논술 제시문으로 최고지. 이런 기사를 선택할 것. 강조한다. 알았지.”

“덩더덩더덩더쿵!”
“얼쑤!”

수식에게 말을 던졌다.

“박태환이 수식이와 나이도 비슷할 테니 공감되는 부분이 많겠구나?”

수식이는 엉뚱한 소리를 했다.

“박태환이 나보다 훨씬 미남인데요.”

우문우답(愚問愚答)으로 대신했다. 수식이가 웃는다.

수식이가 중요한 이야기를 했다.

“감동이지요. 동양의 작은 체구로 서양의 큰 체구들을 이기다니…”

‘동양의 작은 체구’ 바로 이것이다.

수식이도 세계 수영대회라면 서양, 동유럽의 어깨 넓은 선수들을 우선 떠올렸을 것이다. 그런데 동양의 박태환이 올림픽의 수영에서 금메달을 따다니, 우리나라 사람들의 금메달의 감동이 두 배가 된 것이다. 동양의 불리한 신체적 조건을 이기고 정상 등극에 짜릿한 쾌감마저 느꼈다. 수식이는 감동이 남아 있는 듯 했다.

얼쑤! 선생이 말했다.

"덩더덩더덩더쿵!"
"얼쑤!"

"그래. 수영에서는 서구나 동유럽의 체형을 이상적인 것으로 봤지. 그 결과 당연히 금메달은 그 쪽에서 따리라 생각했어. 그 생각은 무리가 아니잖아."

"그런데 박태환이 나타났지. 네가 박태환 기사를 선택했다. 중요한 것은 뭐지?"

얼쑤! 선생은 문제의식을 끄집어낼 것으로 기대했다. 체구가 작은 동양의 선수도 수영에서 금메달을 딸 수 있다는 의식을 말이다. 그런데 수식은,

"기사를 베끼면서 세련된 문장과 문체를 배워야죠. 어느 부분의 문장은 '길고', 어느 문장은 '짧고'에 유의하면서 베끼려고 그래요."

수식이는 순서를 밟았다. 내가 기대했던 문제의식은 문제 만들기에서 기대하기로 했다.

"덩더덩더덩더쿵!"
"얼쑤!"

얼쑤! 선생은 칭찬했다.

"좋아. 이번에는 어떤 문장은 길게 쓰고, 어떤 문장은 짧게 썼을까를 고민했으면 좋겠어. 수식이의 특징은 깊은 사고잖아."

수식이는 열심히 기사를 노트에 베꼈다. 긴 문장에 밑줄을 치고 그 이유를

살펴 적었다. 노트에 깨알같이 모방하는 모습이 대견했다. 의지가 번뜩였다.

　대부분의 글은 긴 문장 위주로 써졌다. 짧은 문장 위주로 써진 글은 드물다. 그런데 독자들과 의사소통이 잘되고 공감하는 글에는 특징이 있다. 바로 간결체를 중심으로 쓴 글이다. 그 글에는 문장 길이까지 반복적으로 처리한다. 특히 중요한 문장에서 문장이 짧은 간결체로 처리해야 한다.

　“덩더덩더덩더쿵!”
　“얼쑤!”

　짧은 문장을 썼으면 기회를 본다. 설명하는 부분이 오면 ‘긴 문장’을 넣어주면 좋다. 긴 문장을 쓰다가 또 기회를 본다. 중요한 부분이 오면 짧은 문장을 써 주면 된다. 그 결과 간결체, 만연체의 반복에서 리듬까지 느끼며 독자들은 읽는다.

　이런 식으로 문장의 흐름이 자연스럽게 써진 글은 서점의 베스트셀러의 자리에 놓인다. 잘 팔리는 책을 읽어 보라. 읽을 때 리듬감을 느낀다. 베스트셀러는 독자와 의사소통의 문제를 문장의 길이를 통해 해결한다고 해도 과언이 아니다.

　“덩더덩더덩더쿵!”
　“얼쑤!”

　독자를 가진다는 점에서 신문 기사도 마찬가지다. 긴 문장과 짧은 문장을 찾아 그 쓰임을 분석하고 연구하자. 논술 답안에서 문장은 짧은 문장을 자주 쓰는 것이 좋다. 내용이 명료하게 전달되기 때문이다. 평가를 받는 논술은 간결체를 많이 써야 한다.

3. 신문 기사를 통해 스스로 '논제'를 만들고 '답안'을 작성하라!

"수식아! 기사의 중요한 내용은 무엇이지?"

수식이는 대답했다.

"예. 박태환이 한국인의 꿈을 이뤘습니다. 베이징 올림픽에서 박태환의 금메달은 작전과 타고난 감각이 이뤄낸 것으로 우리 국민에게 감동을 주었다는 내용입니다."

얼쑤! 선생이 받았다.

"좋아. 그렇다면 직접 문제를 만들어 봐야한다. 중요한 얘기는 지금까지 너하고 많이 나누었다. 이것을 바탕으로 수식이 네가 문제를 만들어 볼까? 요약의 문제는 네가 알아서 하고."

수식이는 노트를 보며 고민했다. 얼쑤! 선생이 살짝 보니 아무렇게 적은 것이 아니었다. 수식이의 노트에 체계적으로 정리돼 있었다. 노련한 글쓰기 작가들은 모두 메모 능력이 뛰어났다. 실로 '메모광'이라고 해도 지나친 말이 아니다.

20여분이 흘렀다. 수식이는 원고지에 자신이 생각한 문제를 급하게 적었다. 평소 수식의 침착한 모습과는 다른 점이다.

"덩더덩더덩더쿵!"

"얼쑤!"

'스스로논술학법'에서 '문제 만들기'가 가장 중요하다. 평소 학생들이 논술 공부를 하면서 경험할 수 없는 부분이다. 우선 학생들이 이것이 가능하려면 제시문에 대한 다양한 관점을 지녀야 한다. 제시문을 올바로 분석하고 자신만의 관점에서 '문제거리(문제의식)'를 찾아내야 한다. '스스로논술학습법'의 성패를 좌우하는 부분이다. 이것이 숙달되면 기사의 제시문을 통해 직접 문제를 만들고 답안 작성의 과정이 재미있어진다. 모든 논술의 과정이 수월해진다. 특히 논술 답안을 빨리 쓰고 싶은 충동을 느낀다.

수험생이 전문가가 만든 논술 문제를 두고 답안 작성을 하려고 하면 망설여진다. 자신감이 없어진다. 그러나 '스스로논술학습법'에서 수험생 자신이 문제를 만들면 재미있게 답안을 작성할 수 있다. 문제를 만들면서 이미 답안 구성은 마친 상태가 되기 때문이다. 그런 과정은 수험생의 책임감도 크게 작용한다. 내가 문제를 만들었으니 내가 답안을 서야 한다는 인식에서다. 얼쑤! 선생이 경험한 결과다.

"덩더덩더덩더쿵!"
"얼쑤!"

수식이가 만든 문제를 읽어보도록 했다.
"박태환이 경쟁자들을 물리치고 금메달을 차지한 중요한 이유를 써 보자."
그런 대로 잘 만든 작품(논제)이다. 얼쑤! 선생은 논술 문제 만들기를 작품 만들기라고 한다. 제시문의 내용을 잘 읽으면 만들 수 있는 문제다.
얼쑤! 선생의 칭찬이 들어갔다.
"좋아. 1단계의 첫 문제로는 이렇게 가벼운 문제가 좋지."

문제 1

'박태환이 경쟁자들을 물리치고 금메달을 차지한 가장 큰 이유를 제시하시오'를 만들어 봤습니다.

"좋지. 이것은 쉬운 문제니 네가 가볍게 말하도록 하지?"
"예. 좋아요. 박태환의 금메달은 작전과 타고난 감각이 이뤄낸 것입니다. 바

로 박태환은 초반선두추격, 중반 이후 스퍼트, 후반 스피드 유지의 전략으로 나
섰기 때문이죠."

"그 답변은 외형적으로 나타난 부분이지. 그 정도는 누구나 다 말을 할 수 있
다는 것이 문제야. 창의성이 없는 답안이야. 따라서 금메달 획득에 가장 근본적
인 이유는 무엇일까?"

"박태환의 레이스 감각도 아닌 것 같고..."

"물론 레이스 감각이야 박태환의 특징 속에 들어가지. 다시 한 번 생각해볼
까? 우리 수식아."

"덩더덩더덩더쿵!"
"얼쑤!"

수식은 고민을 한다. 머리를 만진 그 손이 눈을 비비고 코로 넘어갔다. 피곤
이 엄습하는 것 같다. 논술은 종합 사고력을 요구하는 것이기에 하나를 생각해
도 머리가 지끈하고 아플 정도다. 물을 한 잔 먹더니 대답을 한다.

"얼쑤! 선생님. 이건 어떤가요? 박태환의 금메달의 획득은 무엇보다도 자신
과의 싸움에서 승리했기 때문이다. 동양의 불리한 신체적 조건을 초인적인 연
습으로 극복한 인간 승리의 결과이기 때문이죠. 그렇죠."

"그렇지. 눈에 보이는 능력보다는 그것의 근본을 이루는 보이지 않는 능력,
이것의 발굴이 중요하다. 오늘의 박태환이 가능한 것은 바로 자신을 이기는 초
인적 의지라 볼 수 있지. 그러니까 박태환의 금메달 작전과 레이스 전략은 외형
적으로 드러난 현상이지. 그것을 가능케 하는 것은 바로 박태환의 본질인 초인
적인 의지야."

얼쑤! 선생은 말을 이었다.

"일종의 현상보다는 본질의 중요성이라고 보지. 우리는 사실 현상에만 매달
려 인식하고 평가한단 말이야. 본질은 핵심을 보게 하는 장점이 있다. 현상만을

보는 것은 정작 중요한 것은 못 보고 누구나 다 보는 것만 보게 되지. 이 이야기를 다른 곳으로 좀 더 확장해 볼까? 좀 긴 내용이지만 읽어봐. 좋은 내용이야."

"덩더덩더덩더쿵!"
"얼쑤!"

　하수(河水)는 두 산 틈에서 나와 돌과 부딪쳐 싸우며, 그 놀란 파도와 성난 물머리와 우는 여울과 노한 물결과 슬픈 곡조와 원망하는 소리가 굽이쳐 돌면서, 우는 듯, 소리치는 듯, 바쁘게 호령하는 듯, 항상 장성을 깨뜨릴 형세가 있어, 전차(戰車) 만승(萬乘)과 전기(戰騎) 만대(萬隊)나 전포(戰砲) 만가(萬架)와 전고(戰鼓) 만좌(滿座)로써는 그 무너뜨리고 내뿜는 소리를 족히 형용할 수 없을 것이다. 모래 위에 큰 돌은 홀연히 떨어져 섰고, 강 언덕에 버드나무는 어둡고 컴컴하여 물지킴과 하수 귀신이 다투어 나와서 사람을 놀리는 듯한데, 좌우의 교리가 붙들려고 애쓰는 듯싶었다.
　혹은 말하기를, "여기는 옛 전쟁터이므로 강물이 저같이 우는 거야." 하지만 이는 그런 것이 아니니, 강물 소리는 듣기 여하에 달렸을 것이다.
　산중의 내 집 문 앞에는 큰 시내가 있어 매양 여름철이 되어 큰 비가 한 번 지나가면, 시냇물이 갑자기 불어서 항상 차기(車騎)와 포고(砲鼓)의 소리를 듣게 되어 드디어 귀에 젖어 버렸다. 내가 일찍이 문을 닫고 누워서 소리 종류를 비교해 보니, 깊은 소나무가 퉁소 소리를 내는 것은 듣는 이가 청아(淸雅)한 탓이요, 산이 찢어지고 언덕이 무너지는 듯한 것은 듣는 이가 분노한 탓이요, 뭇 개구리가 다투어 우는 것은 듣는 이가 교만한 탓이요, 천둥과 우 레가 급한 것은 듣는 이가 놀란 탓이요, 찻물이 끓는 듯이 문무(文武)가 겸한 것은 듣는 이가 취미로운 탓이요, 거문고가 궁우(宮羽)에 맞는 것은 듣는 이가 슬픈 탓이요, 종이창에 바람이 우는 것은 듣는 이가 의심 나는 탓이니, 모두 바르게 듣지 못하고 특히 흉중에 먹은 뜻을 가지고 귀에 들리는 대로 소리를 만든 것이다.
　지금 나는 밤중에 한 강을 아홉 번 건넜다. 강은 새외(塞外)로부터 나와서 장성을 뚫고 유하(楡河)와 조하(潮河)·황화(黃花)·진천(鎭川) 등의 모든 물과 합쳐 밀운성 밑을 거쳐 백하(白河)가 되었다. 나는 어제 두 번째 배로 백하를 건넜는데, 이것은 하류(下流)였다.

내가 아직 요동에 들어오지 못했을 때 바야흐로 한여름이라, 뜨거운 볕 밑을 가노라니 홀연 큰 강이 앞에 당하는데 붉은 물결이 산같이 일어나 끝을 볼 수 없으니, 이것은 대개 천리 밖에서 폭우(暴雨)가 온 것이다. 물을 건널 때는 사람들이 모두 머리를 우러러 하늘을 보는데, 나는 생각하기에 사람들이 머리를 들고 쳐다보는 것은 하늘에 묵도(黙禱)하는 것인 줄 알았더니, 나중에 알고 보니 물을 건너는 사람들이 물이 돌아 탕탕히 흐르는 것을 보면, 자기 몸은 물이 거슬러 올라가는 것 같고 눈은 강물과 함께 따라 내려가는 것 같아서 갑자기 현기(眩氣)가 나면서 물에 빠지는 것이기 때문에, 그들이 머리를 우러러보는 것은 하늘에 비는 것이 아니라, 물을 피하여 보지 않으려 함이다. 또한 어느 겨를에 잠깐 동안의 목숨을 위하여 기도할 수 있으랴.

그 위험함이 이와 같으니, 물소리도 듣지 못하고 모두 말하기를, "요동 들은 평평하고 넓기 때문에 물소리가 크게 울지 않는 거야." 하지만 이것은 물을 알지 못하는 것이다. 요하(遼河)가 일찍이 울지 않는 것이 아니라 특히 밤에 건너보지 않은 때문이니, 낮에는 눈으로 물을 볼 수 있으므로 눈이 오로지 위험한 데만 보느라고 도리어 눈이 있는 것을 걱정하는 판인데, 다시 들리는 소리가 있을 것이다. 지금 나는 밤중에 물을 건너는지라 눈으로는 위험한 것을 볼 수 없으니, 위험은 오로지 듣는 데만 있어 바야흐로 귀가 무서워하여 걱정을 이기지 못하는 것이다.

나는 이제야 도(道)를 알았도다. 마음이 어두운 자는 이목이 누(累)가 되지 않고, 이목만을 믿는 자는 보고 듣는 것이 더욱 밝혀져서 병이 되는 것이다. 이제 내 마부가 발을 말굽을 밟혀서 뒷차에 실리었으므로, 나는 드디어 혼자 고삐를 늦추어 강에 띄우고, 무릎을 구부려 발을 모으고 안장 위에 앉았으니, 한번 떨어지면 강이나 물로 땅을 삼고, 물로 옷을 삼으며 물로 몸을 삼고, 물로 성정을 삼으니, 이제야 내 마음은 한번 떨어질 것을 판단한 터이므로, 내 귓속에 강물 소리가 없어지고, 무릇 아홉 번 건너는데도 걱정이 없어 의자 위에서 좌와(坐臥)하고 기거(起居)하는 것 같았다.

옛날 우(禹)는 강을 건너는데, 황룡(黃龍)이 배를 등으로 져서 지극히 위험했으나 사생(死生)의 판단이 먼저 마음속에 밝고 보니, 용이거나 지렁이거나, 크거나 작거나 족히 관계될 바 없었다. 소리와 빛은 외물(外物)이니 외물이 항상 이목에 누가 되어 사람으로 하여금 똑바로 보고 듣는 것을 잃게 하는 것이 이 같거든, 하물며 인생이 세상을 지나는 데 그 험하고 위태로운 것이 강물보다 심하고, 보고 듣는 것이 문득 병이 되는 것임에랴.

나는 또 우리 산중으로 돌아가 다시 앞 시냇물 소리를 들으면서 이것을 증험해 보고, 몸 가지는 데 교묘하고 스스로 총명한 것을 자신하는 자에게 경고하는 바이다.

'일야구도하기(一夜九渡河記)'. 박지원. 민족문화추진연구소

"덩더덩더덩더쿵!"
"얼쑤!"

"수식아. 작가가 치밀한 관찰력으로 사물의 본질을 꿰뚫어 본 사색적인 글이야. 대부분 오늘날의 작가들은 박지원을 좋아하지. 마음속의 스승으로 모시고 있어. 마치 빈센트 고흐가 밀레를 스승으로 모시듯 말야. 그런데 어떤 내용이지?"

"예. 사람들이 장마가 진 요하(遼河)를 건널 때에 하늘을 쳐다보고 건너는 것은 물을 보면 어지럽기 때문이라는 것입니다. 또한 사람들이 밤에 요하를 건널 때 소리가 크게 들리는 것은 눈에 큰 파도가 보이지 않아 귀로 위협적인 소리만 듣기 때문이라는 것이죠."

얼쑤! 선생이 질문을 던졌다.

"그러면 결국 이 이야기는 무엇을 말하는 것이지?"

"'외물(外物)에 현혹되지 않는 삶의 자세'입니다."

"덩더덩더덩더쿵!"
"얼쑤!"

수식은 교과서적인 말을 제시했다. 얼쑤! 선생은 말을 이어갔다.

"우리의 감각은 외물에 의하여 지배적 영향을 받게 되지. 실체인 것 같은 착각을 하게 된단 말이야. 이러한 상태에서는 사물의 정확한 실체를 살필 수가 없단다. 인간의 이러한 인식의 허상에서 벗어나기 위해서는 무엇이 필요할까?"

"예. 현상을 보는 감각에서 벗어나야 합니다. 수시로 움직이는 감정과 단절한 상태를 유지해야 본질을 파악할 수 있다는 이야기죠."

수영의 금메달 획득의 이야기가 엉뚱한 곳으로 한참 빗나갔다. 그러나 얼쑤! 선생은 이러한 엉뚱한 이야기로 연관지은 사고도 필요하다고 생각했다. 사실 통합논술의 본질이 그것이니까. 두 대상이 질이 달라서 관련이 안 되는 것 같지만 관점을 달리하여 사고하니 본질적으로 관련이 되는 것이 대부분이다. 얼쑤! 선생은 학생들이 논술의 고수가 되려면 고정적인 사고에서 벗어나야 한다고 생각했다.

"덩더덩더덩더쿵!"
"얼쑤!"

"수식아. 그러면 이러한 내용을 중심으로 네가 답안을 작성해봐? 분량은 네 생각대로 하면 된다. 알았지."

수식의 논술답안 1

박태환의 금메달은 뛰어난 작전과 타고난 감각이 이뤄낸 것이라고 알고 있다. 박태환은 400미터 결승에서 초반선두추격, 중반 이후 스퍼트, 후반스피드유지의 전략으로 나서서 성공을 거두었다. 그러나 무엇보다도 박태환의 금메달의 획득은 자신과의 싸움에서 승리했다는 것을 알아야 한다. 자신을 이기는 초인적 의지는 박태환의 본질과 같다. 동양의 불리한 신체적 조건을 초인적인 연습으로 극복한 인간 승리의 결과이다.

얼쑤! 선생은 수식에게 다음 문제를 만들어보라고 했다. 학생이 논술의 문제를 만드는 것은 쉽지 않다. 그러나 쉬우면서 재미있는 기사를 제시문으로 활용하면 누구든지 출제가 가능해진다. '스스로논술학습법'의 1단계의 핵심이다.

"다음의 문제를 만들어 보자. 아까 네가 이야기한 것이 있다. 그동안 수영은 서양과 동구라파의 전유물이었다. 그런데 한국의 박태환이 그것을 깬 것이다. 이것과 관련지어 문제를 만들면 좋다."

"덩더덩더덩더쿵!"
"얼쑤!"

수식이는 고민했다.
"제가 말해볼게요?"
말을 이었다.
"박태환이 동양인으로 서구인의 전유물이었던 자유형에서 금메달을 차지했다. 그러한 관점에서 동서양 사이에 신체의 차이에 우열이 있는가를 생각해보자."
아까 기대했던 문제다. 제대로 문제가 만들어져 나왔다. '우와!' 속으로 반겼다.
"제가 그 문제를 다시 정리해 볼게요."

문제 2

'박태환이 동양인으로 서구인의 전유물이었던 자유형에서 금메달을 차지한 관점에서 인종에 따른 신체의 차이에 우열이 있는가'를 만들어 봤습니다.

"좋다!"

"덩더덩더덩더쿵!"
"얼쑤!"

얼쑤! 선생이 말했다.

"박태환의 금메달 획득은 편견을 뒤바꾸었다. 육상, 수영 등 기초 경기종목은 동양보다 다리가 길고 체격이 큰 서양, 동유럽에 알맞다고 생각했기 때문이지. 누구나 그런 생각을 했었다."

수식이는 당당하게 말했다.

"그렇습니다. 그동안 올림픽에서도 육상은 미국과 아프리카가, 수영은 호주나 동유럽이 차지했던 것이 사실이잖아요."

"그렇지. 그런 일이 그 동안의 기록 때문에 상식으로 굳어졌었지."

얼쑤! 선생은 흥분하며 말을 이었다.

"다른 사례로 IQ를 생각해보자. 처음 IQ 테스트를 창시했던 사람은 프랑스의 심리학자 비네다. 비네는 IQ를 선천적인 지능으로 인정하는 것을 거부했으며, 학습불능자나 정신지체아를 식별하기 위한 극히 제한된 기법으로만 쓰여지기를 원했다. 이런 비네의 의도는 미국으로 넘어가면서 왜곡됐다. 그 결과 백인들의 주류 문화에 편향된 백인들의 주류 문화에 편향된 IQ 테스트로 어떻게 흑인과 인디언의 지능을 테스트할 수 있겠니? 다양한 답이 존재하는 문제에 대해 한 가지 답만으로 지능을 측정한다는 것 자체가 IQ 테스트의 오류임을 알 수 있다[7]는 것이야."

수식이가 말을 받았다.

"그렇군요. 요즘도 IQ로 천재를 구분하잖아요. 잘못된 경우군요."

"덩더덩더덩더쿵!"
"얼쑤!"

---

7) '차별을 생산한 과학… 우리의 죄는 중대하다.' 일다(2003.09.28)

"너는 IQ가 얼마니?"

"그전에 테스트해서 잘 모르는데, 130 이상으로 나왔어요"

"'당연히 천재군.' 자연스럽게 천재란 말이 나오지. 미안한 이야기지만 천재는 편견에 불과해. 우리가 IQ의 고정관념에 사로잡혀 있다는 극단적 표현이지. 편견이 이렇게 무섭다."

얼쑤! 선생은 말을 이었다.

"생물학적 결정론은 터무니없는 주장이다. 그럼에도 불구하고 인종, 성, 계급 차별주의자에 의해 그 주장은 끊임없이 자행된다. 과학적인 실험과 사례를 들어 객관적으로 증명하려고 하지."

수식이가 받았다.

"그것은요. 제국주의자들이나 사회의 기득권자들이 타자, 약자, 소수자에 대한 폭력을 합리화시키기 위한 비겁함이 아닐까요."

"이것은 서구의 문제만은 아니다. 오래 전 '성인과 소인의 근본은 자체가 다르다'는 공자의 주장도 있었지. 또한 여성과 남성을 음양(陰陽)으로 구분하여 여성다움과 남성다움, 여성의 역할과 남성의 역할을 규정했지. 이 고정관념이 오늘날까지 고착시켜온 한국 사회 풍토에 대해서도 깊이 반성해 볼 문제다.8)"

"덩더덩더덩더쿵!"

"얼쑤!"

"예. 그 문제에 대하여 오류를 밝히는 데 고민해보겠습니다."

얼쑤! 선생은 '신체우열론', '지능우열론'은 오류에 불과하다고 말했다. 그것의 증명이 바로 베이징 올림픽의 박태환의 수영 금메달이라는 것이다. 동서양의 신체우열론을 극복하는, 편견을 깨는 쾌거로도 박태환의 효과는 작용했다.

얼쑤! 선생은 말했다.

---

8) '차별을 생산한 과학… 우리의 죄는 중대하다.' 일다(2003.09.28)

"이런 점에서 박태환은 우리에게 많은 점을 가르쳐줬어. 우리 모두 '하면 된다'는 희망과 신념을 갖게 해줬잖아. 그 사례가 뭐가 있니? 그래. 어린이들이 요즘 수영장에 몰리고 있다잖아. 박태환처럼 되려고 말야."

"덩더덩더덩더쿵!"
"얼쑤!"

"신체의 사이즈는 동양보다 서양이 크지. 그동안 수영과 육상을 미국 등이 독식했을 때 우리들이 생각했던 것이 바로 '신체우열론'이었어. 체념적 인식이었지."

얼쑤! 선생은 말을 이었다.

"그렇다면 왜 육상에서는 부진을 면치 못하는 것일까. 한국 선수들이 상대적으로 열악한 체격 조건을 가졌기 때문일까. 체격 조건에 관한 한 '노(No)'라고 답해야한다. 이젠 체격 차이가 나는 종목은 소수에 불과하며, 체격 조건에서는 우리나라 선수도 이미 세계적인 선수들과 어깨를 나란히 하고 있다고 감히 말할 수 있다. 세계육상선수권 등에서 준결승 진출자 이상을 조사한 결과 한국 육상 선수들이 달리기 종목에서는 거의 대등한 체격조건을 가졌음을 알 수 있었지... 특히 몸무게의 경우도 한국 선수들이 일부 종목에서 대등하거나 우위를 나타내 근육형 선수들임을 짐작할 수 있었다. 따라서 이제는 한국육상의 열세를 체격적인 조건에서 찾는 것은 옳지 않다9)는 것이야."

이 얼마나 멋진 말인가. 한국육상의 부진의 원인을 체격적인 조건에서 찾지 않는다는 발상이 창의적이다. 오히려 한국 선수의 제격 조건이 좋다는 통계도 있다는 것이다.

"그렇군요."

---

9) '한국육상의 부진 이유 체격타령은 이제 그만' 동아일보(2008.09.22)

“덩더덩더덩더쿵!”
“얼쑤!”

나른한 봄날 오후. 3시간 째 논술이 진행됐다. 지루하다고 생각하면 지루할 만한 시간이다. 논술은 부드럽지 않다. 딱딱하다는 선입감이 있다. 그 해결 방안은 ‘논술을 즐기는 것’이다. 즐기면 내가 주체로 나서게 된다. 능동적인 주체는 지루하지 않고 재미있다. 수동적으로 끌려 다니는 객체가 지루하고 재미없다. 얼쑤! 선생의 ‘스스로논술학습법’은 수험생을 주체로 만들어 논술을 즐기게 해준다.

얼쑤! 선생은 말을 이었다.

“그러나 박태환의 수영 금메달 획득은 동서양의 ‘신체우열론’이 존재하지 않음을 증명했다. 생각해 봐. 신체의 능력을 바탕으로 한 ‘신체우열론’이 허상임이 증명됐다. 그 허상을 깬 선수가 박태환 뿐만이 아니지.”

수식이가 거들었다.

“제가 알기로 중국의 영웅, 아테네 올림픽의 육상 금메달인 ‘류상’이 있죠. 베이징 올림픽 수영 2관왕인 일본의 ‘가타지마 고스케’도 그렇고요. 이들은 금메달로 세계를 지배했죠. 위대한 동양인이죠.”

얼쑤! 선생도 신났다.

“덩더덩더덩더쿵!”
“얼쑤!”

“그렇지. 잘 기억했다. 수식이 네가 이제는 답안을 작성해봐. 알았지. 잘 쓰려고 너무 긴장하지 말고 쉽게 생각해.”

얼쑤! 선생은 말을 이었다.

“생각이 안 나면 나와 토론한 내용을 바탕으로 써도 되고 중요한 것은 생각이 안 나도 억지라도 써야 한다는 거야. 내용이 없으면 논술에도 빵점이 존재하지."

수식의 논술답안 2

박태환의 금메달 획득은 우리의 편견을 뒤바꾸게 했다. 육상, 수영 등 기초 경기는 동양보다 서양, 아프리카에 알맞다고 생각했기 때문이다. 신체의 사이즈는 동양보다 서양이 크다. 그동안 수영과 육상은 우리 생각대로 미국 등이 대부분 독식했을 때 우리들이 생각했던 것이 바로 '신체 우열론'이다. 그러나 이번 박태환의 수영 금메달 획득은 동서양의 신체 우열론이 완벽히 극복된다. 단순히 신체의 사이즈를 바탕으로 한 신체 우열론은 허상임이 증명된다. 중국의 영웅인 아테네 올림픽의 육상 금메달 리스트인 류상과 베이징 올림픽 수영 2관왕인 일본의 가타지마 고스케 등이 동양인이기 때문이다.

"덩더덩더덩더쿵!"
"얼쑤!"

"수식아. 제시문의 기사를 바탕으로 <논술 문제 3>을 만들어 보자."
수식은 볼펜을 들었다.
"얼쑤! 선생이 힌트를 좀 줄 테니 잘 생각해 봐? 이번 베이징 올림픽에서 승자는 예외없이 두 손을 하늘로 쳐들고 고개를 들었지. 그러나 패자는 행동을 어떻게 하는지 유심히 봤어? 패자도 손을 흔들지만 힘이 없고 단순한 인사성 답례에 불과하지. 일종의 팬 서비스랄까. 뭐 잡히는 것이 없어."
수식이 관심을 보였다.
"어떤 경기든 선수들의 그런 모습을 많이 봅니다. 승자와 패자의 개인적인 행동을 일반화하여 그 특징을 살펴보는 문제로 생각하면 될까요?"
수식이의 말 중에서 '일반화'한다는 말이 멋있다. 대답도 힘이 있었다.
봄날의 방구석에 박혀 논술로 몇 시간 째, 이젠 지겨울 만도 하다. 그러나 수식은 마지막 논술 문제라는데 힘을 얻었다. 오후 6시가 지났다.
얼쑤! 선생은 칭찬했다.

"좋지! 재미도 있으면서 수준 있는 문제다. 어떻게 그것을 생각했니? 네가 말한 것을 바탕으로 문제를 정리하여 말해 볼래?"

문제 3

'수영 금메달리스트인 박태환을 비롯한 올림픽의 승자들은 예외 없이 손을 쳐든다. 그 승리의 표현인 손을 쳐드는 행위와 졌을 때 고개를 숙이는 행위에 대하여 자신의 견해를 제시하시오' 를 만들어 봤어요.

"덩더덩더덩더쿵!"
"얼쑤!"

"그거 좋은 문제다. 인간의 기본적 감정은 공통점이 있어. 그것을 본능적인 차원에서 접근하면 통합논술의 논제가 되겠네. 그치"

수식이는 기분 좋은 얼굴로,

"저도 느낌이 팍 오는데요. 좋은 문제인 것 같아요."

얼쑤! 선생도 끼어들었다.

"이번 베이징 올림픽 경기는 예측불허의 반전과 감동을 불러일으켰다. 야구가 대표적 사례지. 마지막 9회 1사 후 쿠바의 공격을 병살타로 처리하여 한국의 금메달을 확정지었다. 그 때의 기분은 어땠니? 참, 넌 그 때 어떻게 행동했니?"

"그렇죠. 손을 치켜들고 만세를 불렀지요. 전 그 때 카페에서 친구들과 야구를 보고 있었는데 친구들도 비슷하게 그런 행동을 했습니다."

얼쑤! 선생이 말했다.

"바로 그거야. 역동적인 스포츠 승부의 현장 뒤에는 흥미로운 과학적 사실이 숨어 있다는 거야."

"흥미로운 과학적 사실이요? 전 그동안 인간의 감정의 표출에 지나지 않는다고 생각했는데요."

수식이는 관심을 보였다. 사람이라면 흥미로운 내용에 관심을 보일 수밖에 없다. 사람이 이성의 동물이기 이전에 감정의 동물이기 때문일까? 사람에게 감정은 본능에 가깝고, 이성은 사회적으로 학습된 것이다. 어떤 모습의 표현이 순수할까? 그렇다. 본능의 표현이다.

얼쑤! 선생이 말했다.

"마린보이 박태환도 얼굴을 들고 손을 치켜들었다. 한판승의 사나이 최민호도 오른손을 하늘로 쳐들고 밝은 웃음을 보였다. 꽃미남 이용대도 우승을 확정지은 후 주먹을 쥐고 하늘로 내뻗었다. 모두 승자가 보이는 한결같은 행동이었어."

수식이가 물었다.

"경기에 패배한 선수는 반대의 행동을 했겠네요."

"그렇지. 대부분 고개를 숙이고 쓸쓸한 웃음을 보였지."

"이것도 본능으로 인한 행동일까요?"

얼쑤! 선생은 칭찬했다.

"덩더덩더덩더쿵!"

"얼쑤!"

"좋은 질문이야. 내가 신문 기사를 봤는데 흥미로운 내용이 있었어. 그것은 경기 내내 선수들에게 감정이입을 하며 자신과 선수를 동일시하는 관중이나 시청자들도 비슷한 반응을 보였다는 거야. 자신이 응원하는 선수가 이겼을 때와 졌을 때의 반응도 비슷했다는 것이지. 우리나라 야구가 금메달을 땄을 때 너도 그랬잖아. 최근 미국립과학원회보(PNAS) 최신호는 운동경기에서 승자와 패자가 보이는 독특한 신체적 반응이 학습된 것이 아니라 인간의 원초적인 본능이라[10]는 내용의 연구 결과를 실었거든."

---

10) [클릭! 올림픽] 승자의 환호 몸짓은 '원초적 본능' weekly경향(2008.08.28)

수식이가 말했다.

"아, 그렇군요. 승자와 패자가 보이는 반응은 원초적 본능에 속한다고요. 반응은 본능이죠. 승자와 패자가 결정되는 순간은 감정이 지배합니다. 이성이 아니죠. 그렇다면 원초적 본능이 상식적으로도 이해됩니다."

얼쑤! 선생도 거들었다.

"비장애인 선수, 선천적인 시각장애인 선수들도 비장애인 선수의 반응과 거의 같았다는 거야. 결국 승자나 패자의 몸짓이 인간의 본능이라는 사실을 말해주는 거지."

"동물들도 마찬가지겠네요."

"그렇지 인간의 승자와 패자의 독특한 행동이 학습된 것이 아니다. 본능은 동물의 특이한 행동으로 미루어 짐작을 할 수 있지. 가끔 TV 동물농장에서 사자의 약육강식(弱肉強食)의 현장을 보잖아. 랭킹 1위의 사자는 어떤 독특한 행동을 하지?"

"저는 TV를 잘 안 봐서 모르겠네요."

"TV 없어?"

농담에 함께 웃었다.

"덩더덩더덩더쿵!"

"얼쑤!"

"그럼 일요일 날 아침은 무엇을 하고?"

"잠을 잡니다. 늘어지게 자죠. 휴대폰이 울려도 몰라요."

우식은 쑥스럽다는 듯 잠기는 소리로 말했다.

얼쑤! 선생이 말했다.

"랭킹 1위의 사자는 자신만이 앉는 바위가 있다. 그 바위는 제왕의 상징이지. 검은 갈기털을 바람에 높게 세우고 여유 있게 그 바위에 앉는다. 때로는 누워서 항상 자신의 우월한 지위를 다른 개체들에게 확인시키지. 라이언 킹이라는 권위를."

얼쑤! 선생은 말을 이었다.

"다 아는 이야기지만 그러다가 지루해지면 자신이 지배자임을 확인하려고 나무 등에 오줌을 힘차게 갈기지. 사자의 그런 상징적 행동은 다양한 형태로 나타나는데 그것이 본능이라는 거야. 학습이 아니지. 사자의 우두머리는 그 종족의 생명유지와 종족번식의 기본적인 요건을 효율적으로 하기 위해서는 필연적으로 존재한다."

"그렇군요."

"우리 눈에 사자의 그러한 행동이 인위적인 사회성으로 보인다. 그러나 사실은 강한 새끼를 낳아 종족을 유지시키는 본능의 표현이고 행동일 뿐이지.

얼쑤! 선생이 말했다.

"자. 그러면 이것을 바탕으로 수식이가 답안을 작성해 봐야지."

수식의 논술답안 3

올림픽 경기는 감동을 불러일으킨다. 올림픽의 승부의 현장 뒤에는 항상 승자와 패자가 존재한다. 승자는 항상 이긴 자만이 갖는 독특한 행동을 한다. 일반적으로는 손을 쳐들고 기쁘게 웃는 모습을 취한다. 베이징 올림픽의 금메달의 수영의 박태환 선수가 그랬다. 또한 유도 60㎏급의 최민호는 금메달이 결정된 후 승리의 오른손을 들었다. 베드민턴의 금메달 이용대 선수도 마찬가지였다. 그러나 올림픽의 패자들은 손을 내리고 고개를 떨군다. 자신이 응원했던 관중들도 마찬가지다. 최근 미국립과학원회보(PNAS) 최신호는 운동경기에서 승자와 패자가 보이는 독특한 신체적 반응은 인간의 원초적인 본능이라는 연구 결과를 실었다. 시각 장애자 선수들의 승자들도 비장애자 선수들과 같이 비슷한 행동을 보인다는 것이다. 이것은 승자나 패자 특유의 몸짓이 인간의 본능이라는 사실을 말해주는 증거다.

"덩더덩더덩더쿵!"

"얼쑤!"

4. '논술 답안'을 논술 선생님의 '!, ?'로 첨삭을 받아라!

박태환이 경쟁자들을 물리치고 금메달을 차지한 가장 큰 이유를 제시하시오.

수식이의 논술답안과 첨삭 1

1) 박태환의 금메달은 뛰어난 작전과 타고난 감각이 이뤄낸 것이라고 알고 있다.(?) 2) 박태환은 400미터 결승에서 초반선두추격, 중반이후 스퍼트, 후반스피드유지의 전략으로 나서서 성공을 거두었다.(?) 3) 그러나 무엇보다도 박태환의 금메달의 획득은 자신과의 싸움에서 승리했다는 것을 알아야 한다.(!) 자신을 이기는 초인적 의지는 박태환의 본질과 같다. 동양의 불리한 신체적 조건을 초인적인 연습으로 극복한 인간 승리의 결과이다.

얼쑤! 선생의 (?), (!)표를 통한 첨삭을 시작했다. 이번 답안은 분량이 짧았다.

"1)의 문장에 (?)표의 이유는, 평범한 내용을 문단의 첫 문장에 적었기 때문이다."

얼쑤! 선생은 (?)표를 찍었다. 틀렸기 때문이다. 수식은 다시 작성했다.

"금메달의 획득의 일반적인 이유는 잘 적었으나 서술어가 세련되지 못해서 (?)표를 받았다."

이번에는 (!)표였다. 통과했다. 수정하도록 했다.

▶1 박태환의 금메달은 뛰어난 작전과 타고난 감각이 이뤄낸 것이라고 알고 있다.(?)

▶1 박태환의 금메달은 뛰어난 작전과 타고난 감각이 이뤄낸 결과다.(!)

"2)의 문장이 (?)표인 것은, 문장이 길고 중심 내용이 없기 때문이다."

예상대로 (?)표를 받았다. 수정한 문장을 보여주었다.

"2)의 문장은 내용의 흐름으로 보아 앞 문장과의 논리적 관계가 분명치 않기 때문이다."

이번에는 성공이다. (!)표를 받았다.

▶ 2 박태환은 400미터 결승에서 초반선두추격, 중반이후 스퍼트, 후반스피드유지의 전략으로 나서서 성공을 거두었다.(?)

▶ 2 박태환은 400미터 결승에서 초반선두추격, 중반이후 스퍼트, 후반스피드유지의 전략으로 나서서 성공을 거두었기 때문이다.(!)

"3)의 문장이 (!)표인 것은, 분명한 내용을 담은 문장의 사용으로 설득력을 높이는 결과를 보였기 때문이다."

"얼쑤! 선생은 (?)표를 찍었다. 다시 문장으로 써서 수정했다.

"3)의 문장은 대조의 표현 방식을 사용하여 필자의 의견을 객관적 사실을 구체적으로 제시했기 때문에 (!)표를 받았다."

아쉽게 이번에도 (?)표이다. 어쩐 일인가. 수식은 세 번째로 도전했다. 문장을 썼다.

"3)의 문장은 대조의 표현방식을 사용하여 박태환의 금메달 획득의 가장 중요한 근거를 설득력 있게 제시했기 때문에 (!)표를 받았다."

축하했다. (!)표를 주었다.

"덩더덩더덩더쿵!"
"얼쑤!"

"너의 답안은 잘 썼다. 그러나 문장의 사용에 있어 군더더기 표현이 눈에 보인다."

수식이는 당황했다.

"군더더기 표현이요?"

"그래. 1)문장에서의 '알고 있다.'이다. 또한 문장 간의 관계에 주의해야 한다."

"문장 간의 관계요?"

"답안의 내용의 흐름을 보면, 전반부에는 박태환의 금메달이 작전과 타고난

레이스 감각을 제시했다. 그러나 후반부에는 근본적인 금메달 획득의 원인을 제시했다. 바로 박태환의 초인적인 의지를 말한 것이지. 이러한 논리로 내용의 흐름을 갖는다면 첫 문장과 둘째 문장은 인과관계로 처리하는 것이 좋다.

"그렇군요. '그러나' 이후의 문장의 흐름은 어떤지요?"

수식은 질문했다.

"3)문장 이후 문장의 흐름은 '본질적인 원인'을 제시했다. 다음 문장에서는 그것의 '확인 과정'을 밟는다. 마지막 문장은 '초인적 의지'를 강조하는 것으로 내용이 흘러간다. 일부 문장의 표현에 군더더기가 있지만 잘 쓴 글이다."

다시 쓴 답안

<u>박태환의 금메달은 뛰어난 작전과 타고난 감각이 이뤄낸 결과다. 박태환은 400미터 결승에서 초반선두추격, 중반 이후 스퍼트, 후반스피드유지의 전략으로 나서서 성공을 거두었기 때문이다.</u> 그러나 무엇보다도 박태환의 금메달의 획득은 자신과의 싸움에서 승리했다는 것을 알아야 한다. 자신을 이기는 초인적 의지는 박태환의 본질과 같다. 동양의 불리한 신체적 조건을 초인적인 연습으로 극복한 인간 승리의 결과이다.

"덩더덩더덩더쿵!"
"얼쑤!"

문제 2

박태환이 동양인으로 서구인의 전유물이었던 자유형에서 금메달을 차지한 관점에서 인종에 따른 신체의 차이에 우열이 있는가를 논술하시오.

수식이의 논술답안과 첨삭 2

1) <u>박태환의 금메달 획득은 우리의 편견을 바꾸게 했다. 육상, 수영 등 기초 경기는 동양보다 서양, 아프리카에 알맞다고 생각했기 때문이다.</u>(!) 2) <u>신체의 사이즈는 동양보다 서양이 크다.</u>(?) 그동안 수영과 육상은 우리 생각대로 미국 등이 대부분 독식했을 때 우리들이 생각했던 것이 바로 '신체 우열론'이다. 그러나 이번 박태환의 수영 금메달 획득은 동서양의 3) <u>신체 우</u>

<u>열론이 완벽히 극복된다</u>.(?) 단순히 신체를 바탕으로 한 신체 우열론은 허상임이 증명된다. 4) 중국의 영웅인 아테네 올림픽의 육상 금메달 리스트인 류상과 베이징 올림픽 수영 2관왕인 일본의 가타지마 고스케 등이 동양인이기 때문이다.(!)

"1)의 두 개의 문장은 (!)표가 붙었다. 그 이유는 첫 문장에서 중심 내용을, 둘째 문장에서는 이유제시의 근거를 들어 논리성을 드러냈기 때문이다."
얼쑤! 선생은 (!)표를 주었다.
수식은 2)의 문장의 평가에 대한 이유를 제시했다.
"2)는 문장의 내용이 명확하게 다가오지 않기 때문에 (?)표를 받았다."
얼쑤! 선생은 (?)표를 주었다. 다시 문장으로 작성했다.
"2)는 문장의 내용이 전체의 맥락과 잘 맞지 않기 때문에 (?)표를 받았다."
이번에는 (!)표로 통과다.

▸ 2 신체의 사이즈는 동양보다 서양이 크다.(?)
▸ 2 일반적으로 서양의 신체는 동양보다 크다.(!)

"덩더덩더덩더쿵!"
"얼쑤!"

"3)의 문장에 (?)표를 받는 이유는, '완벽히'가 내용상 어색한 표현이기 때문이다. 어휘의 사용은 의미에 따라 문장에 맞는 것을 골라 써야 한다."
얼쑤! 선생은 (!)표를 주었다. 이유를 잘 댄 것이다.

▸ 3 신체 우열론이 완벽히 극복된다.(?)
▸ 3 신체 우열론은 자연스럽게 극복된다.(!)

"4)의 문장은 긴 문장의 구체적인 사례를 들어 신체우열론이 허상임을 논거로 제시했기 때문에 (!)표를 받았다."

얼쑤! 선생은 (!)표로 확인했다. 칭찬했다.

"수식아. 이 답안도 잘 썼다. 서양의 '신체우열론'을 박태환의 금메달을 통해 깬 것이 통쾌하다. 박태환의 수영 금메달은 필연적이다. 실력으로 극복한 좋은 사례가 되기 때문이다. 따라서 논술의 핵심 내용에 힘을 실어준다."

수식이 질문했다.

"답안의 마지막 문장은 어떤가요?"

얼쑤! 선생은 웃었다.

"좋은 문장이지. 긴 문장을 쓸 때는 상황에 맞아야 설득력이 높아지는 데 그것이 절묘했다. 생각해봐? 이 마지막 문장은 구체적 사례를 들어 너의 주장('서양의 신체우열론은 허상이다')을 강화하기 때문이다. 만약 박태환의 경우 한 사람만을 가지고 논거로 댔다면 성급한 일반화의 오류에 빠질 수도 있었다."

"그렇군요. 성급한 일반화의 오류요."

얼쑤! 선생이 말했다.

"그런데 다양한 논거를 확보함으로써 특수한 사례가 아닌 일반적 사례임을 밝히고 있다. 이런 구체적인 보충문장은 길게 표현해야 그 효과도 두드러진다."

수식은 기분이 좋았다.

"오늘까지 제가 2번을 배웠는데 제가 잘 쓴 것인가요? 믿기지가 않아서요."

"잘 썼다는 것보다도 너는 논리의 흐름을 잡을 줄 알기 때문이야. 그것을 느꼈지. 그런 점에서 잘 썼다고 앞당겨 표현한 것이지. 너무 좋아하지 말아. 하하하."

다시 쓴 답안

박태환의 금메달 획득은 우리의 편견을 바꾸게 했다. 육상, 수영 등 기초 경기는 동양보다 서양, 아프리카에 알맞다고 생각했기 때문이다. <u>일반적으로 서양의 신체는 동양보다 크다.</u> 그

동안 수영과 육상은 우리 생각대로 미국 등이 대부분 독식했을 때 우리들이 생각했던 것이 바로 '신체 우열론'이다. 그러나 이번 박태환의 수영 금메달 획득은 동서양의 <u>신체 우열론은 자연스럽게 극복된다.</u> 단순히 신체를 바탕으로 한 신체 우열론은 허상임이 증명된다. 중국의 영웅인 아테네 올림픽의 육상 금메달 리스트인 류상과 베이징 올림픽 수영 2관왕인 일본의 가타지마 고스케 등이 동양인이기 때문이다.

"덩더덩더덩더쿵!"
"얼쑤!"

수영 금메달리스트인 박태환을 비롯한 올림픽의 승자들은 예외 없이 손을 쳐든다. 그 승리의 표현인 손을 쳐드는 행위와 졌을 때 고개를 숙이는 행위에 대하여 자신의 견해를 제시하시오.

"오늘의 마지막 논술 답안을 가져와라. 벌써 4강이 지나가네. 시간도 4시간이 넘게 가고 있어."
수식이가 말했다.
"시간 가는 줄을 몰랐습니다."
얼쑤! 선생은 기뻐서 말했다. 시간 가는 줄 몰랐다는 것은 '몰입'했다는 얘기다.
"정말이야. 너도 논술에 취하는 것 같아."
말을 짧게 이었다.
"너는 재수생이니 술을 먹을 줄 알겠지."
수식이는 부인했다.
"아닙니다. 소주 냄새를 맡고는 먹을 것이 아니라고 생각했습니다."
"농담이겠지."
"소주 한 두 잔은 먹을 줄 압니다."
"오늘 논술의 사고에 마음껏 취해보자. 알겠지."

올림픽 경기는 감동을 불러일으킨다. 올림픽의 승부의 현장 뒤에는 항상 승자와 패자가 존재한다. 승자는 항상 이긴 자만이 갖는 독특한 행동을 한다. 일반적으로는 손을 쳐들고 기쁘게 웃는 모습을 취한다. 베이징 올림픽의 금메달의 수영의 박태환 선수가 그랬다. 또한 유도 60㎏급의 최민호는 금메달이 결정된 후 승리의 오른손을 들었다. 베드민턴의 금메달 이용대 선수도 마찬가지였다. 그러나 올림픽의 패자들은 손을 내리고 고개를 떨군다. 자신이 응원했던 관중들도 마찬가지다. 최근 미국립과학원회보(PNAS) 최신호는 운동경기에서 승자와 패자가 보이는 독특한 신체적 반응은 인간의 원초적인 본능이라는 연구 결과를 실었다. 1) <u>시각 장애자 선수들의 승자들도 비장애자 선수들과 같이 비슷한 행동을 보인다는 것이다.</u>(?) 이것은 승자나 패자 특유의 몸짓이 인간의 본능이라는 사실을 말해주는 증거다.

얼쑤! 선생은 1)의 문장만을 지적했다. (?)표를 주었다.

수식이는 10여분을 고민했다. 결국 (?)의 원인을 찾을 수 없다고 말했다.

얼쑤! 선생은 힌트를 주었다.

“어휘가 잘못 쓰였다.”

그러나 수식이는 문장에 알맞은 어휘가 쓰였다고 말했다.

얼쑤! 선생은 말했다.

“앞 문장과의 관련하여 ‘승자들’의 표현이 완전하지 못하다.”

수식은 감을 잡은 듯 볼펜을 잡았다. 1)의 문장의 (?)표의 이유를 문장으로 적었다.

“앞문장이 원초적인 본능을 적었으니 1)의 문장에도 그것에 대한 내용이 짝을 이루어 나와야 한다.”

아쉽다. (?)표를 주었다. 다시 고민했다.

“1)의 문장에는 ‘것이다’의 표현이 부적절하다.”

역시 (?)표가 찍혔다. 과연 무엇이 문제인가. 고개를 숙이고 생각했다.

“1)의 문장이 너무 길어서 내용이 명확하지 못하다.”

이번에도 (?)표가 찍혔다. 얼쑤! 선생이 말했다.

“수식아, 한번만 더 힘을 내어 그 이유를 문장으로 적어봐라.”
“위 내용과 관계없는 장애자 선수들의 내용이 갑자기 나왔다.”
“좋아요. (!)표를 주겠어!”

“덩더덩더덩더쿵!”
“얼쑤!”

“수식아. 문장의 어휘의 쓰임을 봤는데, 문장이란 앞문장과 뒷문장의 관련성을 잘 살펴봐야 한다. 1)의 앞문장은 운동경기에서의 ‘승자와 패자의 신체적 반응’을 다뤘다. 그러나 그 뒤에 오는 1)의 문장은 장애자 선수들의 ‘승자’만이 내용으로 나온다. 그 다음은 수식이 네가 말해봐?”

얼쑤! 선생이 말을 넘겼다.

“알겠네요. 1)의 문장에 ‘장애자 선수들의 승자와 패자들도’로 고쳐야 겠네요.”

▸1 시각 장애자 선수들의 승자들도 비장애자 선수들과 같이 비슷한 행동을 보인다는 것이다.(?)

▸1 시각 장애자 선수들의 승자와 패자들도 비장애자 선수들과 같이 비슷한 행동을 보인다는 것이다.(!)

“지금 생각하면 쉬운데, 그런데 이런 것까지도 알아야 하나요?”

얼쑤! 선생이 말했다.

“고등학교 수험생의 수준이라는 것이 있겠지만 이런 것도 잘 쓰면 다른 수험생과 차별화를 이루는 방법이 되지.”

수식은 긍정했다. 머리를 흔들며 말했다.

“그렇군요. 논술의 고수의 길이 시작부터 험난하군요.”

얼쑤! 선생이 말했다.

"이제 논술 공부가 시작인데 무슨 말을 하고 있어!"
"이럴 때 얼쑤! 춤이나 추자고. 수식아."
"좋지!"

"덩더덩더덩더쿵!"
"얼쑤!"

다시 쓴 답안

　올림픽 경기는 감동을 불러일으킨다. 올림픽의 승부의 현장 뒤에는 항상 승자와 패자가 존재한다. 승자는 항상 이긴 자만이 갖는 독특한 행동을 한다. 일반적으로는 손을 쳐들고 기쁘게 웃는 모습을 취한다. 베이징 올림픽의 금메달의 수영의 박태환 선수가 그랬다. 또한 유도 60㎏급의 최민호는 금메달이 결정된 후 승리의 오른손을 들었다. 베드민턴의 금메달 이용대 선수도 마찬가지였다. 그러나 올림픽의 패자들은 손을 내리고 고개를 떨군다. 자신이 응원했던 관중들도 마찬가지다. 최근 미국립과학원회보(PNAS) 최신호는 운동경기에서 승자와 패자가 보이는 독특한 신체적 반응은 인간의 원초적인 본능이라는 연구 결과를 실었다. <u>시각 장애자 선수들의 승자와 패자들도 비장애자 선수들과 같이 비슷한 행동을 보인다는 것이다.</u> 이것은 승자나 패자 특유의 몸짓이 인간의 본능이라는 사실을 말해주는 증거다.

...5강

1. 신문의 가장 재미있는 기사를 선택하라!

"덩더덩더덩더쿵!"

"얼쑤!"

"우나야. 이제 5강인데 1단계의 마지막이네. 너하고는 1단계의 1,3강을 공부했지?"

"그렇네요."

"아쉬운가?"

"아닙니다. 빨리 2단계로 가고 싶어요."

얼쑤! 선생과 짧은 대화였다.

얼쑤! 선생은 논술 공부의 기분을 물었다. '스스로논술학습법'의 1단계는 학생들에게 '논술의 맛을 주자'가 목적이다. 우나의 논술의 맛은 어떨까?

우나가 대답했다.

"동물, 베이징 올림픽의 신문 기사로 논술을 시작하니 부담이 없어요. 재미가 있습니다. 스스로 즐기는 기분입니다. 4시간을 논술해도 힘은 들지만 지루하지 않아요. 배운 것 같지 않지만 뭔가 논술에 자신감이 드는."

"처음에는 어렵게 느껴지겠지. 이 얼쑤! 선생은 분명히 말한다. 너를 논술의 고수로 만들 것이다. 너를 '스스로논술학습법'으로 논술의 고수를 만든다고. 충분히 가능하다."

우나가 말했다.

"정말 감사합니다. 저도 자신감이 들어요. 그런데 얼쑤! 선생님의 '스스로논술학습법'의 (?), (!)표를 통한 첨삭은 긴장감이 들어요. 주어진 시간도 촉박하고요. 답안을 쓰는데 한 20분 정도밖에 안주지요. 또 내가 잘 쓴 문장이나 잘못쓴 문장의 이유를 얼쑤! 선생님이 '문장으로 쓰라고' 밀어 붙이니까요. 말로 하면 좀 쉬울 것 같은데 (?), (!)의 이유를 문장으로 쓰라고 하니요. 그동안 제가 생각했던 논술 수업하고는 판이하게 달라요."

"덩더덩더덩더쿵!"

"얼쑤!"

"하하하. 쉽지는 않지. 논술을 즐기면 다 된다."

"호호호."

우나도 따라서 웃었다.

"논술에 대한 배경지식이 없어도 답안을 쓸 수 있다는 자신감이 들었어요."

우나는 웃으며 대답했다.

누구나 '스스로논술학습법'의 1단계는 부담이 없다. 제시문의 내용으로 재미있는 신문 기사를 선택하게 하기 때문이다. 놀이하듯이 말이다. 얼쑤! 선생은

'스스로'라는 것을 강조했다. 중요한 것은 '스스로'는 재미를 주는 동시에 책임감을 부여한다는 점이다. 그 책임감이 스스로 문제를 만드는 것으로, 답안을 작성하는 것으로 확장되고 심화된다. 얼쑤! 선생의 바람은 이것이다.

얼쑤! 선생은 물었다.

"우나야. 동물에게도 자살이 있을까?"

"과학이 발달했다고 하더라도 동물의 자살에 대해 명확히 알 수 있을까요? 그 기준이 명확하지 않을 것 같아요."

얼쑤! 선생이 말을 받았다.

"그렇지. 사례를 통해 일반화한 예측의 결과에 불과하다. 일종의 귀납법의 형태지. 요즘 동물의 행동에 대한 연구 결과를 보면, 같은 행동도 다르게 나오는 경우가 있잖아. 다음의 내용을 보자."

우나는 노트를 펴들고 호기심을 가졌다.

"우울증으로 인한 자살현상 외에 동물에게는 또 다른 독특한 자살행위가 있다. 소위 전체를 위해 개체를 희생하는 '이타적(利他的) 자살'. 다람쥐떼 사이에 갑자기 독수리나 매 등이 나타나면 다람쥐 중 한 마리가 큰 소리를 질러 동료들은 도망가게 하고 자신은 포식자에게 희생을 당하기도 한다. 또 두더지가 기생충에 감염되면 공동묘지에 해당하는 굴로 들어가 죽음을 기다린다. 이때 그 두더지는 먹이를 줘도 먹지 않고 순순히 죽음을 택하는 것11)이다.'

얼쑤! 선생은 말을 이었다.

"동물들에게도 자살행위가 있다고 한다. 이 내용을 참고하면 명확하지. 여기서 강조하는 부분은 '이타적 자살'이야. 자기 종족 개체들의 보존을 위한 희생적인 자살이지."

"이타적 자살이요?"

"그렇지. 다시 말하지만 이타적 자살은 자신이 속한 집단의 종을 지키기 위해 자신을 희생하는 것이지. 여러 동물들에게서 발견, 수집되고 있다."

---

11) 애니멀파크(http://www.animalpark.pe.kr)

"정말요. 인간과 같은 숭고한 일이 동물에게도 나타나네요."

얼쑤! 선생은 머리칼을 올렸다. 땀에 젖은 머리카락이 눈을 가렸다.

"요즘 동물들의 이타적 자살이 학회에 보고된다고 한다. 그런데 동물의 죽음이 과연 진실한 자살이냐는 논란의 대상이 되지. 학자들마다 이에 대한 결과가 다르다."

얼쑤! 선생은 우나의 관심을 일으키기 위해 노력했다. 관심의 주제가 동물의 죽음에 대한 이야기다. 누구나 동물을 좋아한다. 이렇게 논술의 시작은 흥미 있는 것으로 시작해야 한다.

얼쑤! 선생이 말을 이었다. 우나는 얼쑤! 선생을 쳐다보았다.

"덩더덩더덩더쿵!"

"얼쑤!"

"노르웨이에 사는 '레밍쥐'가 있다. 3, 4년만 지나면 레밍쥐의 개체수가 폭발적으로 숫자가 늘어나는데, 어느 봄이나 가을에 가장 개체수의 밀도가 높을 때 늙은 쥐들이 야음을 틈타 바닷가 절벽으로 줄을 지어 이동을 한다. 그 모습이 장관이야. 나는 그전에 TV에서 봤는데, 절벽을 향해 달려가는 그 장엄한 모습이 지금도 떠올라. 선두의 쥐가 벼랑에 와서 잠시 멈칫하다가 용기를 내어 바다로 뛰어든다. 그러면 쫓아오던 나머지 쥐들이 나뭇잎이 바람에 날리듯 까마득한 절벽 아래로 뛰어드는 거야. 생명을 잃는 행동이지. 따라 왔던 쥐들이 바다에 빠져 모두 죽는다는 거야. 이것을 자살로 봤지."

"그럼 레밍쥐들이 다 죽는 건가요?"

"아니지. 늙은 쥐들만이 죽는 것이니 젊은 쥐들은 살아있겠지. 따라오다가 힘이 없어 중간에 낙오된 쥐들도 있고."

우나가 말했다.

"그렇다면 이타적 자살로 볼 수 있겠어요."

우나는 '레밍쥐의 자살'에 많은 관심을 보였다. 동물이나 사람의 죽음에 대해서는 모든 사람들이 관심을 보인다. 누구든지 죽음은 자신에게 해당되는 일이기 때문이다. 자기 자신이 해당되는 소재는 그만큼 관심의 대상이 된다. 그 관심은 동력이 되어 사고의 영역을 심화, 확장시킨다. 얼쑤! 선생이 레밍쥐의 이야기를 하는 이유다.

인간이면 누구나 해당되는 주제, 논술의 출제자들이 노리는 영원한 주제들이다. 신문의 기사로 칼럼으로 이런 것을 주로 다룬다. 그러면서 이슈가 되는 것은 아주 중요하다. 놓쳐서는 안 되는 이슈다.

"덩더덩더덩더쿵!"
"얼쑤!"

"동물들의 이타적 자살은 논란이 되지. 그러나 때가 되면 늙은 쥐들이 죽어줌으로써 집단의 밀도를 조절하여 종족 보존에 도움이 된다는 것은 확실하다. 일종의 결과론이지. 이 내용을 바탕으로 한다면 레밍쥐의 죽음은 이타적 죽음이다. 이타적 자살은 집단을 이루는 동물들에게서 주로 본다. 너도 생각해보기 바란다."

우나는 물었다.

"그런데 이타적 자살을 명확히 알 수가 있나요. 집단 유지를 위해 자신이 희생한다는 것인데. 추측으로 한 것이 아닌가요?"

얼쑤! 선생은 마무리를 짓고 싶었다.

"그러나 데니스 치티 교수(캐나다)의 저서인 '레밍은 자살하는가? 아름다운 가설과 추한 사실'은 다른 결론을 내리고 있어. 그의 연구 결과는 벼랑에서 먹이를 찾아 우왕좌왕하다가 미끄러지는 바람에 레밍쥐들이 떼죽음을 당한다는 것이야. 또 다른 측면에서 흥미가 생기지. 책의 제목도 '아름다운 가설, 추한 사실'이잖아. 아름다운 가설은 이타적 자살을, 추한 사실은 '미끄러져 당하는 죽음이 되지. 여기에는 중요한 사실이 있어.”

“그게 뭔데요?”

“덩더덩더덩더쿵!”
“얼쑤!”

우나는 관심을 멈추지 않았다. 얼쑤! 선생은 레밍쥐의 사진을 보여주었다. 그것을 보고 어린애처럼 말했다.

“레밍쥐의 사진을 보니 귀여워요. 그 작은 모습이요. 주둥이가 좀 나왔네요. 이빨과 함께요. 황금색에 검은 털이 조금 박힌 자그마한 몸이 쥐라고는 생각이 들지 않아요. 이런 예쁜 쥐가 수백미터의 바닷가 절벽에 두려움 없이 떼를 지어 뛰어내리다니요. 믿기지가 않아요.”

얼쑤! 선생이 말했다.

“동물은 생존의 본능을 가지고 있다. 자신의 유전자를 후대에 남기려는 욕구가 강한 본능으로 작용한다는 거지. 데니스 치티 교수는 그런 생존 본능을 포기하면서까지 집단을 위하는 자살 행위는 납득하기 어렵다는 것이야. 또한 고래의 떼죽음에 대해 한 가지 해석으로 ‘가족애’가 등장했다는 거야. 가족 가운데 한 마리가 물에 갇히는 바람에 형제자매가 구하려고 몰려들다 참사를 당했다는 것이지. 하지만 고래는 원래 가족이 무리를 지어 다니는 동물이므로 식구를 구하려던 것인지, 아니면 다른 이유로 몰살을 당한 것인지 알 수 없는 것[12]으로 본다.”

얼쑤! 선생은 일간 신문을 집어 들었다. 우나에게 지금까지의 한 내용과 비슷한 내용을 찾으라고 했다. 신문을 넘기는 우나의 눈빛이 빛났다. 시선이 멎은 곳은 다음의 내용이었다.

우나는 이 기사의 내용을 제시문으로 선택했다.

---

12) “동물 자살 사건, 동료 위한 희생인가 미련한 죽음인가?” 동아일보(2004.12.07)

동해에서 참돌고래의 장례식은 숨지기 직전의 참돌고래를 살리기 위한 이타적 행위다.[13]

이 기사의 내용을 구체적으로 보자.

동해에서 참돌고래의 장례식(사망 고래에 대한 집단행동)이 처음 확인됐다. 국립수산과학원 고래연구소는 6월 27일 울산~포항 해역에서 고래 출현 조사를 하던 중 울산 정자항에서 18km 떨어진 바다에서 숨지기 직전의 참돌고래를 다른 참돌고래 5, 6마리가 수면 위로 밀어 올리는 이타적 행동을 발견해 촬영했다고 10일 밝혔다. 연구소는 "돌고래류의 사회성에 비춰 한 개체가 사망할 때 다른 무리의 이타적 집단행동은 일종의 장례식으로 보면 된다"고 설명했다. 군집생활을 하는 돌고래류는 어미가 다친 새끼의 호흡을 돕기 위해 수면 위로 밀어 올리거나 사망 직전의 개체를 다른 개체가 수면으로 밀어 올리는 행동을 한다.

"우나야. 어떤 내용이 우리가 말했던 것과 관련이 있지?"

우나는 당당하게 말했다.

"동물들의 '이타적 행위'죠. 얼쑤! 선생님과의 대화에서는 동물들의 이타적 자살을 말했고, 여기 참돌고래의 내용에서는 죽어가는 동료 고래를 위한 이타적 행위를 읽었습니다. 여기서 '이타적'이라는 말은 넓은 범위에서 같은 의미입니다."

얼쑤! 선생은 감동했다.

"우나는 말을 잘하는구나. 아주 논리적이야. 논술 답안의 글을 쓸 때도 이런 방식으로 하면 된다."

우나는 얼쑤! 선생의 칭찬에 즐거워했다.

인간들만이 이타적 행위의 전유물인 듯이 생각한다. 그러나 집단생활을 하는

---

13) "참돌고래들 '눈물어린 장례식' 첫 포착." 동아일보(2008.09.11)

동물들의 이타적 행위는 다양한 사례를 통해 증명된다.

"덩더덩더덩더쿵!"
"얼쑤!"

얼쑤! 선생은 이제 본론의 이야기를 꺼냈다.
"5강에서는 참돌고래의 이타적 행위의 신문 기사를 가지고 논술을 해보자. 그런 점에서 논술을 시작하는 1단계로는 좋다. 흥미가 있어야 한다고 누차 말했지. 인간은 동물에 대해 우월 의식으로 바라본다. 동물들이 인간의 흉내를 내면 좋아하고 박수를 치는 이유다. 인간의 우월의식의 행동 표현이지."
"동물원에서 침팬지가 인기 있는 이유군요. 특히 침팬지나 돌고래의 쇼를 보면 인간은 즐거워하지요. 그 즐거움은 인간은 동물보다 우월한 인간 종족이라는 심리적 표현에 해당합니다. 인간은 이 같은 우월의식에서 빨리 벗어나야 하는군요. 인간의 우월의식은 인간의 무식함을 드러내는 증거와 같네요."
우나는 말을 잘 했다. 시원하게 말을 했다.
얼쑤! 선생은 좀 딴 이야기를 꺼냈다. 우나에게 흥미를 더 주기 위해서다.
"너는 동물원의 호랑이 우리에 가 봤니? 호랑이 우리에는 구경하는 사람들이 많지 않다. 조금 구경하다 금방 떠나가는 사람들이 대부분이야. 그 이유가 뭘까?"
"호랑이가 귀엽지 않아서가 아닐까요. 무섭기도 하고."
얼쑤! 선생은 말했다.
"여기에서 인간의 속성이 드러난다. 처음에는 만만하게 호랑이 우리로 구경을 간다. 웃으면서 호랑이를 보고 관람객은 처음에 손가락질도 하고, 손을 뻗어 사진도 찍지. 그러나 일정 시간이 지나 호랑이의 눈과 관람객의 눈이 마주치는 순간 주체와 객체는 역전되고 만다."
"어떻게요?"

"인간이 호랑이를 구경하는 것이 아니라 호랑이가 인간을 관람하고 있다는 사실이다. 호랑이의 눈이 그것을 말해준다. 그 역전의 관계를 인식하는 순간, 인간들이 보인 행동은 뭐냐. 그렇지. 슬금슬금 뒤로 물러나 호랑이 우리에서 나오고 만다. 하하하."

"그렇군요."

우나는 간단한 말로 동감을 표시했다.

"덩더덩더덩더쿵!"

"얼쑤!"

얼쑤! 선생은 말을 이었다.

"인간은 진정 만물의 영장일까? 호주의 동물원에서는 인간도 동물원에 전시한다는 기사 내용을 봤어? 언론에 많이 보도됐는데."

우나의 호기심은 극에 다다랐다.

"아니, 인간도 동물원에 전시한다고요! 진짜로요?"

"그럼. 호주의 애들레이드 동물원이 동물원 내 우리 안에 드디어 사람들을 전시하기 시작했다. 지난 2007년 1월 1일부터 오랑우탄 우리 안에 사람들을 전시해 관람객들의 눈길을 끌고 있다는 것이야. 그 동물원 우리 안에 현재 남녀 6명의 사람들을 들여보내 관람객들의 눈길을 사로잡고 있다는 것이다. 우리 안에 놓인 먹을거리 역시 관람객들의 호기심을 자극하기 위해 동물원 측은 실제 우리 안 동물들처럼 음식들을 우리 안 곳곳에 숨겨놓았다. 전시용 사람들은 숨겨진 음식을 찾아 먹어야 되는데, 대부분 음식은 파이나 과일들이지.[14]

우나는 감동했다.

"창의적인 발상이네요. 어떻게 동물원에 인간을 전시할 생각을 했을까요?"

"그렇지. 세계 최초로 '인간'을 전시하는 것이지. 멸종 동물을 보호하기 위해

---

14) '세계 최초로 '인간'을 전시하는 호주 동물원' 워드뉴스(2007. 06.12)

인간도 하나의 동물임을 보여주는 거야. 어때 신선하지."

우나는 말했다.

"인간은 만물의 영장이라는 말을 이제 쓰지 말아야겠네요. 다른 동물과 관련지어 인간을 평가하니 교만적인 태도가 보이네요."

얼쑤! 선생은 우나의 결론이 좋았다고 생각했다. 말을 이었다.

"동물원 오랑우탄 우리에 전시된 '사람들'이 인기가 많다고 해. 전시된 사람들을 구경하기 위해 관람객들이 몰려들고 있다는 군. 인간 유인원들이 우랑우탄 우리에서 살아야 하는데 관람객 앞에서 재롱도 피워야 한 대. 이것에 대한 관람객들의 반응은 재미가 없다는 것이야. 그러나 이 인간 유인원들 전시가 현대인들에게 주는 교훈은 대단하지. 또 내용이 딴 곳으로 새버렸네."

"덩더덩더덩더쿵!"
"얼쑤!"

2. 신문 기사의 내용을 생각하며 그대로 베껴라!

"우나야. '집단행동, 이타적 행위, 사회성, 개체' 등의 의미를 생각하며 베껴보자. 신문의 기사를 베낄 때는 의미와 논리적인 연결을 생각해야 한다."

우나는 웃으면서 말했다.

"논술 전문가들도 베껴 쓰는 것이 좋다고 했어요."

"특히 한 문장을 완성하기 힘든 학생은 반드시 이 과정이 필요하다. 또한 글을 완성하더라도 말도 안 되는 내용을 쓰는 학생들도 마찬가지야."

얼쑤! 선생은 말을 이었다.

"나도 요즘도 하루에 한 편씩 신문 기사와 칼럼을 베껴 보고 있지. 나이 40대 중반에 다른 글을 베끼면 나 자신의 문체에 대해 문제점을 발견할 수가 있어. 글쓰기의 고민 과정을 거칠 수 있지."

"작가는 자신만의 문체를 가지고 있다. 이것은 글을 쓰다가 습관적으로 생긴 것인데, 다른 글을 베껴 쓰다보면 느끼는 것이 있어. 자기반성을 통해 창조적인 문체를 얻을 수 있다는 거지. 좋은 것이 있으면 뭐든지 배워야 해."

"덩더덩더덩더쿵!"
"얼쑤!"

우나는 고개를 끄덕거렸다. 수긍하는 표정이다.

어떤 소설가는 소설가로 데뷔하기 전에 성경책을 몇 달 동안 통째로 베낀 적이 있다고 한다. 그 힘든 과정에서 그 소설가는 무엇을 배웠을까? 작가로서 여러 자질을 얻었을 것이다. 지금의 위대한 작가가 된 자양분이 바로 베껴 쓰기라고 말한다. 자신의 글을 창조하기 위한 첫 단계는 다른 글의 모방이다. 모방을 하다보면 반드시 창조에 이르게 된다.

우나가 말했다.

"얼쑤! 선생님. 베끼다보면 자연스럽게 맞춤법도 익힐 수 있겠네요. 기억에도 오래 남는 방법은 자신이 스스로 베끼기와 글쓰기 경험인 것 같아요. 저 요즘에 재미있는 기사와 칼럼을 베끼고 있어요. 그 글이 내가 쓴 글처럼 착각이 들 때도 있어요."

얼쑤! 선생은 그 노력을 칭찬했다.

"베껴 쓰기를 하기 전에 먼저 눈으로 글을 읽은 것이 중요하다. 그 다음에 문단별로 글을 나누어 문단의 소주제와 형식, 글의 흐름을 이해하면서 베껴야 한다. 마지막으로 중요한 것이 있다. 반드시 재미있는 기사나 칼럼을 베낄 것."

우나가 질문했다.

"얼쑤! 선생님. 논술을 위해서는 칼럼이 좋지 않나요?"

"그렇지. 칼럼은 논리적이지. 논증적인 글이야. 딱딱한 글이 되는 이유지. 논술을 처음 배우는 학생이 그런 칼럼부터 대하면 어려움이 많다. 논술이 어렵다는 것을 먼저 깨닫게 된단 말이야."

"덩더덩더덩더쿵!"
"얼쑤!"

우나는 웃으며 말했다.
"그렇군요. 처음에는 재미있는 신문 기사를..."
"그렇다. '스스로논술학습법'의 2단계는 신문 기사와 칼럼을 다룬다. 그 때 자세한 이야기를 할 거야."
"'재미있다'는 것은 그 핵심에 몰입하는 원동력이 되지. 몰입은 즐김으로 나간다. 최소한 2일에 1회 정도 베끼는 것을 습관화해야 한다. 할 수 있지. 좋아."
우나는 10분 안에 참돌고래 기사를 베꼈다. 의지가 있다. 기사 중의 긴 문장의 사용의 효과를 얼쑤! 선생과 같이 검토했다. 짧은 문장의 사용의 큰 효과도 생각했다. 이 때 짧은 문장은 강력한 자신의 견해를 통한 단정의 효과를 준다는 것도 알았다.
우나는 기뻤다. 얼쑤! 선생이 강조하는 글의 흐름에 리듬을 타게 하는 방법도 알았던 것이다.
짧은 문장과 긴 문장을 반복시키는 것이다. 그것을 통해 독자들의 마음속에 얻어지는 반복적 리듬을 말한다. 고차원적인 문장 쓰기에 해당한다.
작가들은 말한다. 자신이 글을 다 쓴 후에는 자신이 큰 소리로 읽어본다는 것이다. 아니면 다른 사람보고 읽어보게 한다는 것이다. 작가는 자신의 글을 읽고 들으면서 문장의 리듬을 확인한다. 자연스런 리듬이 깨진 부분은 이상이 있다는 것이다.

"덩더덩더덩더쿵!"
"얼쑤!"

얼쑤! 선생은 땀을 닦았다.

"그럼 네가 선택한 기사의 내용으로 가 보자. 무슨 내용을 다루고 있지?"

우나의 목소리가 낭랑했다.

"네. '참돌고래의 이타적 집단행동'을 다루고 있습니다. 그러면서 국립수산과학원 고래연구소는 돌고래류의 사회성에 비춰 한 개체가 사망할 때 다른 무리의 이타적 집단행동은 일종의 장례식으로 보면 된다고 설명하는데요."

"그렇다면 이타적 행위의 사례를 보자."

낯선 개미의 침입을 막으려 목숨을 던지는 흰개미 병사는 개인적으로 아무 이익이 없지만 유전자 관점에서 보면 이기적인 이익을 얻는다. 수백만 마리의 흰개미가 모두 친척이기 때문에 그가 목숨을 바쳐 구한 왕과 왕비, 수많은 일개미들을 통해 그의 유전자가 살아남는 것이다.

아프리카 난쟁이 몽구스 무리는 파수꾼의 경고 덕분에 간신히 목숨을 구할 수 있다. 파수꾼은 동료들이 마음 놓고 식량을 찾는 일에 전념할 수 있도록 배려하지만 자신은 굶주려야 한다. 난쟁이 몽구스의 67%가 파수를 보다 죽는다. 그런 파수꾼 역할을 하며 동료를 돕는 까닭은 그렇지 않을 경우 공동체가 멸망하고 그로 인해 자기도 몰락하기 때문이다.

어린 수컷 고릴라가 목숨 걸고 가족 방어에 나서는 것도 비겁하게 도망치면 무리의 우두머리가 될 기회를 영원히 잃기 때문이다. 아프리카의 쇠얼룩물총새는 남의 부화를 돕는데 그 이유는 앞으로 그 암컷과 교미할 기회를 얻기 위해서다. 자연에서 조력자 현상이 발견된 370종의 새들 모두 이타주의자의 모습 어딘가에 이기심이 있다는 사실을 발견할 수 있다.

"동물들의 '의리'는 계산된 행동?" 조경욱. 조선일보(2008.09.21)

얼쑤! 선생은 말했다.

"물론 '참돌고래의 장례식' 대한 이견이 나올 수도 있다. 여기서는 참돌고래의 '이타적 집단행동'을 주목했지."

그 핵심적 내용을 바탕으로 논제를 스스로 만들도록 했다. 이어서 논술 답안을 작성하도록 했다. '스스로논술학습법'을 하는 수험생은 자신감을 갖는다.

3. 신문 기사를 통해 스스로 '논제'를 만들고 '답안'을 작성하라!

'제시문의 참돌고래의 이타적 행위가 갖는 의미를 설명하고 사례를 들어 제시하시오'를 만들어 봤어요.

우나는 문제를 만들었다. 뚝딱뚝딱 나무상자를 맞추듯이 말이다. 기사 내용에 대한 논의가 많은 대화로 이루어졌다. 우나는 그것 때문에 가능한 일이다.

얼쑤! 선생은 우나를 불렀다.

"우나야."

"'이타적인 행위'를 핵심어로 논제를 잘 만들었다. 좋다. 현대 사회에서도 여러 매체들이 이타적 행동의 필요성을 강조하지만 그 중요성에는 공감한다. 그런데 그 실천을 못한다. 그것이 문제다. 인식은 하는데 실천을 못한다는 것은 현대인의 문제점이다. 논의를 확대하고 심화시켜 이타성과 합리성의 관계를 살펴볼까?"

우나가 의문을 품으며 물었다.

"얼쑤! 선생님은 참돌고래의 이타적 행위를 말하다가 왜 '합리성'의 주제로 넘어가죠?"

좋은 질문이었다. '이타적 행위'와 '합리성'은 연결돼 있다. 그것을 연결하는 가운데는 '이기적'이라는 매개 언어가 존재한다. 언뜻 생각하기에는 남을 위한 희생이 '이타적 행위'인 것 같지만 본질은 그렇지 않다. 인간은 본능에 의해 자신의 이익에 충실한 선택과 결정을 내릴 뿐이다. 이것은 인간 다수나 집단의 이익에 충실 하는 쪽으로도 심화된다. 이것이 공리주의다. 또한 각자의 이익을 추구하다보면 모두가 잘 살게 된다는 것이 시장주의다. 그 근본은 합리적으로 이익을 추구하는 것이 이기적이 인간, 동물이라는 것이다. 참돌고래의 이타적인 행동도 무리의 집단이 유지돼야 자신의 생존도 보장된다는 이기적인 계산에서 나온 것이다. 즉 참돌고래의 이타적 행위도 자신의 이익을 추구하기 위한 합리적 선택이라는 것이다.

“덩더덩더덩더쿵!”
“얼쑤!”

“인간은 이익을 추구한다. 그 효과적인 방법이 무엇이지?”
우나는 머뭇거렸다. 인간 행위의 목적은 자신의, 집단의 ‘이익 창출’이다. 개인, 집단, 사회, 국가의 목적도 마찬가지다. 심지어 국제 관계도 자국의 이익을 기반으로 힘의 경쟁이 이루어진다.
얼쑤! 선생은 말했다.
“그 이익을 합리성이라는 말로 감싼다. 언뜻 생각하면 합리성은 좋은 말로 들린다.”
우나는 말했다.
“‘합리성’의 말은 긍정적인 말로 인식되는데요.”
얼쑤! 선생이 받았다.
“‘합리성(合理性)’을 직접적으로 말하면 ‘이기성(利己性)’이 된다. 합리성을 간접적으로, 완곡하게 말하면 ‘이타성(利他性)’이 된다는 것이 어려운 말이 될까? 잘 생각해 보자. 합리성의 강조는 지역 이기주의로 나타난다는 말은 들어 보았지. 그러니까 참돌고래의 이타적 행위는 집단의 공동 이익을 지켜줌으로써 자신을 위한 합리적인 이기적 행위가 된다. 이해가 될까?”
얼쑤! 선생이 말을 이었다.

“만약 참돌고래가 개인 차원의 이익 추구를 했다고 생각해 보자. 집단에서 따돌림을 당하고 결국 생존을 못하여 자신의 유전자를 남기지 못할 것이다. 자신의 이익도 지키면서 종족의 유지도 가능한 것이 이타적 행위다.”

우나는 노트에 정리했다.

초여름의 날씨가 서재에 밀려 들어왔다.

얼쑤! 선생은 ‘이타적 행위’, ‘이기적 행위’, ‘합리적 행위’를 관련시켰다.

“덩더덩더덩더쿵!”

“얼쑤!”

2004학년도 동국대 수시 1학기 논술고사 기출문제(인문계)

(가) 공유자원이란 공기·하천·호수·늪·공공토지 등과 같은 자연자원과 항만·도로 등과 같이 공공의 목적으로 축조된 사회간접자본을 일컫는다. 공유자원은 사회 전체에 속하며, 모든 개인에게 필요하고 이용도 가능하다. 공유자원을 이용함으로써 발생하는 비용은 사회 전체가 부담하게 된다. 그런데 공유자원은 남용되는 경향이 있기 때문에, 공유자원의 이용으로 각 개인이 얻는 편익(便益)이 종종 사회 전체가 부담해야 할 비용을 웃돈다. 하딘(Garrett Hardin)은 이러한 현상을 공유지(共有地)의 비극이라고 불렀다. 먼저 한 마을의 농부들이 소를 자유롭게 키울 수 있는 제한된 넓이의 목초 공유지가 있다고 가정하자. 농부들이 방목하는 소의 숫자가 증가함에 따라 문제가 발생한다. 방목하는 소들이 일정 수준을 넘어서면, 풀이 다시 자라는 속도에 비해서 풀이 소모되는 속도가 더 빠르기 때문에 공유지는 점점 더 황폐해질 것이다. 만약 사용할 수 있는 목초의 양을 할당하고 그것을 강제할 수 있는 농부들 간의 합의된 정책이 없다면, 목초가 없어지기 전에 자신의 이익을 최대로 높이려는 농부들의 욕구 때문에 공유지의 황폐화는 시간 문제이다. 하딘은 이런 비극적 상황을 해결하기 위한 대책으로서 사유재산

권 강화, 공해세 부과, 출산 및 이민 억제 등과 같은 다양한 방안을 제안한다. 그런데 이러한 해결책들은 '누군가의 개인적 자유를 침해한다'는 공통점을 가지고 있다. 공유지의 비극은 사회구성원들이 사회적 필요를 인식하고 강제의 필요성을 수용할 것을 요구하고 있다.

(나) '수인의 딜레마'(prisoner's dilemma)라는 게임이 있다. A와 B가 은행을 털다가 경찰에 붙잡혔다. 경찰은 이들이 범행을 저질렀다는 것을 확신하고 있으나, 구체적인 물증을 얻지는 못한 상태이다. 범인들의 자백을 받아내기 위해 경찰은 A와 B를 격리 수용하고, 각자에게 다음과 같은 조건을 제시하였다. 어느 한 사람만이 진실을 털어놓을 경우, 그는 즉시 석방되고 다른 한 사람은 10년형을 받게 된다. 두 사람이 모두 자백하면 두 사람 모두 5년형을 받아야 한다. 그러나 두 사람 모두 자백하지 않으면 두 사람은 모두 2년형만 받게 된다. 두 범죄자가 모두 합리적이라고 가정하면, 결과는 어떻게 될까? 두 사람 모두 묵비권을 지키면 사이좋게 2년만 감옥에 있다가 나올 수 있는 상황이었지만, 아이로니컬하게도 두 사람은 모두 5년을 살아야 한다는 결론에 다다르게 된다는 것이 '수인의 딜레마'의 내용이다. 그만큼 불확실한 상황에서는 최악의 상황만은 피해야 한다는 것이 합리적 선택의 기준이 된다. 서로 신뢰하고 협조하면 서로에게 더 유리하다는 것을 알면서도 협조할 수 없는 상황이 딜레마이다. 결국 이러한 상황은 각자 개인적인 관점에서 보면 합리적인 의사결정이 전체적으로 보면 모두에게 더 불합리한 결과를 가져오는 상황으로서 우리가 일상적으로 흔히 처하게 되는 문제 상황이다. 개방사회에서 빈번하게 일어날 수 있는 갈등상황의 구조를 보여주기 위해 이 게임이 활용되기도 한다. 이러한 상황에서 갈등은 두 가지 가능한 의사결정 간에 일어날 수 있는 것인데, 그 중 한 가지는 개인의 관점에서 볼 때 합리적인 선택이고, 다른 한 가지는 전체(곧 사회)의 관점에서 볼 때 합리적인 선택이다. … 결국 '수인의 딜레마' 상황은 개방사회에서 합리성과 도덕감 간의 갈등을 나타낸다.

“잘 읽어보았니?”

“예.”

얼쑤! 선생은 길게 말했다.

“(가)의 ‘공유지의 비극’은 서로 절제함으로써 공유지를 푸르게 가꿀 수 있었음에도 자신의 소에게 열심히 풀을 먹이는 이기적인 행위를 했다. 결국 공유지를 황폐하게 만들었다. 인구가 많지 않을 때는 공유지는 무한한 것이며 피해가 없다. 그러나 인구가 많아지면서 공유지에 가해지는 부담이 늘어난다. 따라서 개인 차원의 합리적인 이익 추구는 전체에 대한 파국을 불러온다는 것이다. 전체의 파국은 개인의 이기심이 만든 것이라고 할 수 있다.”

“그렇군요.”

얼쑤! 선생은 질문을 했다.

“덩더덩더덩더쿵!”

“얼쑤!”

“(나)는 무엇을 말하고 있지?”

“공범 관계의 두 명의 용의자의 내용을 다루고 있는데요.”

“좋아.”

“수인의 딜레마는 두 용의자가 모두 자백하는 합리적 전략을 선택하게 함으로써 결국 두 사람에게 이익이 되지 못하는 결과를 얻지. 여기서 중요한 것이 있어.”

“그것이 뭔가요?”

“수인의 딜레마는 개방사회에서 합리성만이 최선의 아니라는 것이지. 기본적으로 가정하는 것은 주체의 이기성이야. 잘 생각해봐. 두 용의자는 함께 서로 죄를 부인하는 것이 최선이었다. 그러나 모두가 합리성으로 작용한 이기심을 바탕으로 순순히 자백한 것이지. 여기서 합리성의 기준은 불확실한 상황에서는 최악의 상황만은 피해야 한다는 것으로 작용했지.”

우나가 말을 받았다.

“현대인들은 서로 신뢰하지 못해 합리성이라는 이기적인 행위를 하고 있군요. 오늘날 문제가 되는 사건의 씨앗이 개인의 이기성이죠.”

얼쑤! 선생은 말을 하였다.

“(나)에도 나왔듯이, 서로 신뢰하고 협조하면 서로에게 더 유리하다는 것을 알고는 있지. 이것이 무엇이냐? 개인이 집단에 할 수 있는 이타적 행위지. 그런데 개인의 합리성은 서로 협조할 수 없는 상황을 만든다. 현대인들이 각자 개인적인 관점에서 보면 합리적인 의사결정이 모두에게 불합리한 결과를 가져오는 것이지.”

“그렇군요.”

“덩더덩더덩더쿵!”

“얼쑤!”

“물론 현재 ‘인간은 이타적 존재인가, 이기적 존재인가’가 논쟁이 한창이지. 어, 큰 일 났네. 5강의 주제가 다른 방향으로 새려고 하네. 나의 말의 줄기를 빨리 잡아줘요. 하하하.”

“호호호.”

우나는 웃었다.

얼쑤! 선생은 주제를 한 방향으로 밀고 가는 것이 아니다. 그 주제를 생각나는 새로운 대상과 관련짓는 것을 좋아했다. 그것은 다양성에 신선감을 주기도 하지만 대화하는 사람에게 혼란을 주기도 한다.

얼쑤! 선생은 말했다.

“이타적인 인간도 많이 존재한다. 그러나 모든 삶의 비극은 이기적인 상황에서 발생하는 것이다. 현대인들의 문제점은 ‘이기성’에서 벗어날 수 없다는 점이

다. 그런 점에서 참돌고래의 집단적인 이타적인 행동은 우리에게 교훈을 주었
다. 본능이 인간의 삶 속에서 어떻게 작용하고 표출되는지 생각해 보자는 것이
다."

"덩더덩더덩더쿵!"
"얼쑤!"

우나의 논술답안 1

참돌고래가 동료를 도와주는 이타적인 행동은 이기적인 행동으로 풀이된다. 결국 집단을 유
지하기 위한 행동이 되는 것이다. 제시문의 참돌고래의 경우도 마찬가지다. 동료의 생존을 조
금이나마 연장하기 위한 참돌고래들의 행위는 참 눈물겹다. 우리들에게 감동을 준다.

동물들이 이타적 행위를 하는 이유는 무엇일까? 전문가들은 집단생활에서 개인적, 이기적으
로 살아남는 것보다 이타적으로 행동하는 게 장기적 관점에서 봤을 때 자신의 유전자에 유리
하기 때문이라는 것이다. 모든 유전자는 생물체를 희생시켜서라도 자신의 자손을 남기려는 이
기적인 성질을 가지고 있다. 이타적인 행동이 이기적인 계산에서 나온다는 것이다. 이것은 동
물의 집단을 유지하는 힘이 된다.

그 사례로 다람쥐를 들 수 있다. 다람쥐 떼 사이에 갑자기 독수리나 매 등이 나타나면 다람
쥐 중 한 마리가 큰 소리를 질러 동료들은 도망가게 한다. 그러나 자신은 포식자에게 노출되어
희생을 당하기도 한다. 이 다람쥐는 전체를 위해 개체를 희생하는 '이타적(利他的) 행위'로 자
신이 속한 집단의 영속성을 갖게 한다.

"덩더덩더덩더쿵!"
"얼쑤!"

얼쑤! 선생은 창문을 보았다. 하늘에 하얀 구름이 덩그렇게 떠 있다. 순백색
의 구름, 잠시 상상에 잠겼다. 어린 시절이 포플라 나무처럼 흔들렸다. 추억이
떠올랐다. 유년기에 뭉게구름이 피어오른 하늘을 볼 때는 항상 에베레스트 산
을 연상했다. 솜털처럼 덮인 것이 나의 눈에는 거대한 흰 눈이다. 한 사람이 흰

눈 사이로 사투를 버리며 에베레스트 정상으로 올라간다. 하얀 정상이 보일 듯 말듯 했다. 올라가는 사람의 가끔 다리가 보이고 부은 얼굴이 보인다. 단단한 빨간 몸도 보였다. 그러나 구름이 걷히고 나면 아무것도 없는 허상뿐!

얼쑤! 선생은 머리를 흔들었다. 허무감을 떨쳐버리는 듯, 짧게 연속적으로 말했다.
"우나야. <문제 2>를 만들어 봐라."
"세련되지 않아도 좋다."
"답안까지 작성해야 한다."

문제 2

'참돌고래의 이타적 행위를 통해 우리 인간들에게 주는 시사점을 생각하여 제시하시오'를 만들어 봤습니다.

"우나야. 다음의 편지를 읽어보자. 북미 인디언의 스와미족 추장이 미국 정부에게 보낸 편지야. 그 일부를 볼까?"
우나는 호기심을 보였다.
"그 유명한 시애틀 추장의 편지요?"

워싱턴에 있는 대통령이 우리 땅을 사고 싶다는 말을 전해왔다. 하지만 어떻게 땅과 하늘을 사고 팔 수 있나? 이 생각은 우리에게 생소하다. 신선한 공기와 물방울이 우리 것이 아닌데 어떻게 그것을 사가겠다는 건가?
이 땅의 모든 것은 우리에게 신성한 것이다. 반짝이는 소나무 잎, 바닷가 모래밭, 짙은 숲속의 안개, 수풀과 지저귀는 곤충들 모두가 우리 민족의 기억과 경험 속에 신성한 것이다.
우리는 우리의 핏줄 속을 흐르는 피처럼 나무속을 흐르는 수액을 잘 안다. 우리는 이 땅의 한 부분이며 땅 또한 우리의 일부다. 향기 나는 꽃은 우리의

자매다. 곰과 사슴과 큰 독수리는 우리의 형제다. 바위, 수풀의 이슬, 조랑말
의 체온, 사람 이 모든 것이 한 가족이다.

시내와 강을 흘러내리는 반짝이는 물은 단순히 물이 아니다. 우리 조상의
피다. 우리가 당신들에게 땅을 팔면, 이 땅이 신성하다는 것은 기억해야 할
것이다. 호숫물에 비치는 모든 것은 우리 민족 삶속의 사건과 기억을 말해
준다. 졸졸 흐르는 물소리는 내 아버지의 목소리다.

강은 우리의 형제다. 우리의 갈증을 달래주고 우리의 카누를 옮겨주고 우
리 아이들을 키운다. 그러니 당신들은 형제를 대하듯 강을 친절히 대해야
한다. (이하 생략)

- 인디언 추장의 편지

"덩더덩더덩더쿵!"

"얼쑤!"

얼쑤! 선생이 대답했다.

"그래. 자연의 소중함을 일깨우고 문명의 야만성을 비판하고 있지. 사람과
자연은 한 몸이라는 것이지. 신이 내려준 소중한 자연을 망칠 권리는 누구도 없
다는 것을 말하고 있어. 추장의 목소리는 경건함 그 자체지."

"우나야. 사람은 만물의 영장이라고 말한다."

우나가 말했다.

"인간의 오만함의 극치가 아닐까요?"

"오늘날의 과학은 자연을 인간의 정복의 대상으로 본다. 인간도 자연의 일부
이면서 자연을 정복하겠다는 말이다. 큰 모순이다. 그 결과 자연의 정복은 인간
의 정복으로 이어져 파멸만이 남은 것이다."

얼쑤! 선생은 말을 이어갔다.

"물론 자연 정복을 하나의 관점으로만 보면 현대 과학을 부정하는 꼴이 된
다. 다양한 관점에서 봐야 균형 잡힌 결과를 가져온다. 그러나 지구 생태계가

파괴된다는 것이 현실일 때 시애틀 추장의 편지는 우리를 반성케 한다. 이 추장의 편지는 자연도 인간도 한 몸이라고 말하고 있으므로 '이타 정신'을 근본으로 한다. 인간이 자연을 도와줄 때 자연도 인간에게 도움을 준다는 것이지. 그런 단순한 진리를 현대인들은 잊고 있지. 비극이야."

얼쑤! 선생은 말했다.

"우나야. 그 부분을 한 번 더 읽어볼까?"

"우리는 우리의 핏줄 속을 흐르는 피처럼 나무속을 흐르는 수액을 잘 안다. 우리는 이 땅의 한 부분이며 땅 또한 우리의 일부다. 향기 나는 꽃은 우리의 자매다. 곰과 사슴과 큰 독수리는 우리의 형제다. 바위, 수풀의 이슬, 조랑말의 체온, 사람 이 모든 것이 한 가족이다."

"감동 그 자체구나."

"이 편지는 자연과 인간을 수평적인 사고로 확장해 나간다. 수평적 사고는 서로 평등한 관계로 이타적인 입장을 전제로 하고 있어. 그러나 수직적 사고는 명령과 복종의 억압 관계가 되지. 그 수직적 사고가 과학적 사고가 되는 것이기에 오늘날 많은 문제점을 내포하고 있지."

얼쑤! 선생은 이런 말을 던져 놓았다. '인간은 만물의 영장인가?'를 다시 생각하도록 했다. '과학만능주의'는 만물의 영장인 인간이 보인 오만함의 대표적 사례라고 말했다. 그 대안으로 합일과 공생의 삶의 필요성을 강조했다.

얼쑤! 선생은 우나에게 과학기술의 긍정적인 측면도 생각하게 했다. 대상에 대한 균형된 시각의 확보를 위해서다.

"덩더덩더덩더쿵!"

"얼쑤!"

얼쑤! 선생은 말했다.

"우나야. 참돌고래의 이타적 행위를 통해 우리는 무엇을 교훈으로 얻을까?

인디언 추장의 편지에서처럼 '이타적 행위'의 결과를 파악해야 한다. 그것은 자신이 속한 집단이나 사회가 유지되는 기틀이 된다는 것이야. 여기서 개인이냐, 사회냐의 논란도 예상되지. 이타적 행위의 궁극적인 차원으로 생각하면 좋다."

우나가 웃으며 말했다.

"궁극적인 차원을 기준을 잡으셨군요. 참돌고래의 이타적 행위나 인디언 추장 편지도 궁극적인 차원에서 진정한 가치를 얻는 것이군요."

얼쑤! 선생은 추임새를 던졌다.

"그렇지!"

"학자들은 참돌고래의 '이타적 집단행동'은 일종의 제의적 성격을 띤 것으로 본다. 인간들보다 더 이타적인 행동을 보일지 모른다. 그래서 인간은 참돌고래 등의 이타적 행위에서 삶의 본질을 발견한다. 그것을 보편성으로 확대하여 새롭게 인식해야 한다. 기러기에서 팀워크와 리더십의 이타적인 행동을 배워야 한다. 또한 살모사, 거북이에서 모정이라는 이타적 행위를 배워야 한다."

우나는 동물 이야기만 나오면 관심을 보였다.

"기러기, 살모사의 이타적 행위요."

"기러기가 이동할 때다. 맨 앞에는 나이가 많으며 힘이 세고 지리에 밝으며 경험이 풍부한 수컷 기러기가 리더로 나서지. 다음으로 젊은 수컷이나 건강한 암컷들이 날고 그 뒤를 어린 새끼들이 어미 뒤를 바짝 따른다고 한다. 바로 먼 길을 가야하는 기러기로서 안전을 염두에 둔 이타적 행위에 해당한다. 그러나 오리, 참새, 까치, 까마귀 등은 제멋대로 날다가 매나 독수리에게 잡히기 쉽다는 것이다."

우나는 고개를 들고 물었다.

"기러기는 구체적으로 어떤 이타적 행동을 보이나요?"

얼쑤! 선생은 맞장구쳤다.

"좋은 질문이야."

"기러기는 40,000km의 따뜻한 곳으로 여행을 한다. 그 때 ㅅ자형으로 편대를 이루며 리더를 중심으로 날아가지. 맨 앞의 리더는 힘찬 날개짓은 기류의 양력을 만들어 뒤에 따라오는 기러기들이 쉽게 날도록 해준다. 뒤에 오는 기러기들의 피로를 덜 느끼게 되는 이유가 되지."

우나는 고개를 끄떡거렸다. 얼쑤! 선생은 말을 이었다.

"뒤에 따르는 기러기들은 가만히만 있는가? 아니다. 뒤의 기러기들은 리더를 따라가면서 끊임없이 '끼룩끼룩'하고 울음소리를 낸다. 이것은 바로 거센 바람을 가르며 힘들게 날아가는 리더 기러기에게 보내는 응원소리에 해당한다."

"덩더덩더덩더쿵!"
"얼쑤!"

우나는 감동했다. 처음으로 들은 이야기이기 때문이다.
"그 응원소리도 이타적 행동의 표현이네요. 정말 감동이에요."
얼쑤! 선생은 설명을 마쳤다. 이제 우나에게 답안을 작성하라고 말했다. 시간은 20여분 정도를 주었다.

우나의 논술답안 2

사람들은 동물과 다른 점을 강조한다. 그것의 대표가 사람은 도덕과 윤리를 가진 존재라는 것이다. 도덕과 윤리는 사람이 만물의 영장이 되는 이유라고 생각하기 때문이다. 그 결과 사람만이 이타적인 행동을 하는 것처럼 말한다. 그렇다면 사람이 보이는 이기적인 태도에서 나타나는 각종 사건은 어떻게 설명할 수 있을까? 그러나 사람들에게 보이는 이타적 행동은 다른 동물에게도 볼 수 있는 보편적인 현상에 불과하다. 우리가 다른 동물의 이타적인 행동을 유심히 관찰하지 못했을 따름이다. 그런 점에서 이번 참돌고래의 경우는 이기적인 현대인들에게 주는 메시지가 강렬하다. 신문 기사에서 보는 참돌고래류의 '이타적 집단행동'은 학계에서 일종의 제의적(祭儀的) 성격을 띤 것으로 본다. 어쩌면 사람보다 동물들이 더 이타적인 행동을 보일지 모른다. 그러기에 인간은 기러기에서 팀워크와 리더십의 이타적인 행동을 배워야 한다. 이타적인 동물들을 보고 인간들이 반성해야 할 부분이다.

우나는 논술 답안을 완성하고 다시 읽어본다. 볼펜을 만지작거리는 것을 볼 때 만족하지 못하는 모습이다.

"덩더덩더덩더쿵!"
"얼쑤!"

4. '논술 답안'을 논술 선생님의 '!, ?'로 첨삭을 받아라!

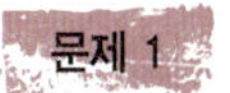

문제 1

제시문의 참돌고래의 이타적 행위가 갖는 의미를 설명하고 사례를 들어 제시하시오.

우나의 논술답안과 첨삭 1

1) 참돌고래가 동료를 도와주는 이타적인 행동은 이기적인 행동으로 풀이된다. 결국 집단을 유지하기 위한 행동이 되는 것이다.(!) 제시문의 참돌고래의 경우도 마찬가지다. 동료의 생존을 조금이나마 연장하기 위한 2) 참돌고래들의 행위는 참 눈물겹다.(?) 우리들에게 감동을 준다. 3) 동물들이 이타적 행위를 하는 이유는 무엇일까? 전문가들은 집단생활에서 개인적, 이기적으로 살아남는 것보다 이타적으로 행동하는 게 장기적 관점에서 봤을 때 자신의 유전자에 유리하기 때문이라는 것이다. 모든 유전자는 생물체를 희생시켜서라도 자신의 자손을 남기려는 이기적인 성질을 가지고 있다. 이타적인 행동이 이기적인 계산에서 나온다는 것이다. 이것은 동물의 집단을 유지하는 힘이 된다.(!)

그 사례로 다람쥐를 들 수 있다. 다람쥐 떼 사이에 갑자기 독수리나 매 등이 나타나면 다람쥐 중 한마리가 큰 소리를 질러 동료들은 도망가게 한다. 그러나 자신은 포식자에게 노출되어 희생을 당하기도 한다. 이 다람쥐는 전체를 위해 개체를 희생하는 '이타적(利他的) 행위'로 자신이 속한 집단의 영속성을 갖게 한다.

얼쑤! 선생의 (?), (!)표에 의한 논술 첨삭이다. 우나가 이유를 적은 문장이다. "1)의 문장은 (!)표가 붙었다. 그 이유는 논제가 요구하는 내용을 답안의 첫머리에 서술함으로 전체의 핵심 내용을 분명하게 제시했기 때문이다."

얼쑤! 선생은 (!)표를 붙였다. (!)표에 대한 이유를 문장으로 잘 제시했기 때문이다.

"2)의 문장에 (?)표가 붙은 이유는, 이성적이고 논리적인 글에서의 지나친 감정을 표현은 적절하지 못하기 때문이다."

역시 얼쑤! 선생은 (!)표를 주었다.

▶ 2 참돌고래들의 행위는 참 눈물겹다.(?)
▶ 2 참돌고래들의 행위는 우리에게 깨달음을 준다.(!)

"3)의 문장은 내용이 정제돼 있고 문장이 짧게 제시되어 내용이 명확하게 다가오기 때문에 (!)표를 받았다."

얼쑤! 선생은 (?)표를 찍었다. 다시 생각하여 문장으로 적도록 했다.

"3)의 문장이 (!)표인 이유는, 개체의 이기적인 성질을 논리적인 입장에서 이타적으로 연결하여 창의성을 보였기 때문이다."

"좋다. (!)표를 주마."

얼쑤! 선생은 웃었다.

얼쑤! 선생은 칭찬으로 시작했다.

"우나야. 이 답안은 잘 썼다. 논제에 충실하게 답안을 작성했기 때문이다."

"정말요?"

"그럼. 특히 동물들의 '이타적 행동'을 '이기적인 속성'에서 끄집어낸 것은 탁월하다. 창의적인 발상이라고 볼 수 있지. 즉 '모든 유전자는 생물체를 희생시켜서라도 자신의 자손을 남기려는 이기적인 성질'로 폭 넓게 해석하는 방법을 보여주었기 때문이지. 좋다. 나의 칭찬 추임새를 들으니 어떠니?"

"좋아요."

우나는 웃었다. 바람소리가 들리는 듯했다. 시원한 소리였다.

얼쑤! 선생은 칭찬으로 끝냈다.

"다람쥐를 동원한 구체적 사례도 신선하다. 물론 위에서 우리가 대화로 얘기한 것이지만... 논리적인 글로 정리하니 보기도 좋은데, 글의 흐름도 좋았어."

다시 쓴 답안

참돌고래가 동료를 도와주는 이타적인 행동은 이기적인 행동으로 풀이된다. 결국 집단을 유지하기 위한 행동이 되는 것이다. 제시문의 참돌고래의 경우도 마찬가지다. 동료의 생존을 조금이나마 연장하기 위한 참돌고래들의 행위는 우리에게 깨달음을 준다. 우리들에게 감동을 준다.

동물들이 이타적 행위를 하는 이유는 무엇일까? 전문가들은 집단생활에서 개인적, 이기적으로 살아남는 것보다 이타적으로 행동하는 게 장기적 관점에서 봤을 때 자신의 유전자에 유리하기 때문이라는 것이다. 모든 유전자는 생물체를 희생시켜서라도 자신의 자손을 남기려는 이기적인 성질을 가지고 있다. 이타적인 행동이 이기적인 계산에서 나온다는 것이다. 이것은 동물의 집단을 유지하는 힘이 된다.

그 사례로 다람쥐를 들 수 있다. 다람쥐 떼 사이에 갑자기 독수리나 매 등이 나타나면 다람쥐 중 한 마리가 큰 소리를 질러 동료들은 도망가게 한다. 그러나 자신은 포식자에게 노출되어 희생을 당하기도 한다. 이 다람쥐는 전체를 위해 개체를 희생하는 '이타적(利他的) 행위'로 자신이 속한 집단의 영속성을 갖게 한다.

문제 2

참돌고래의 이타적 행위를 통해 우리 인간들에게 주는 시사점을 생각하여 제시하시오.

우나의 논술답안과 첨삭 2

1) 사람들은 동물과 다른 점을 강조한다. 그것의 대표가 사람은 도덕과 윤리를 가진 존재라는 것이다.(?) 도덕과 윤리는 사람이 만물의 영장이 되는 이유라고 생각하기 때문이다. 그 결과 사람만이 이타적인 행동을 하는 것처럼 말한다. 2) 그렇다면 사람이 보이는 이기적인 태도에서 나타나는 각종 사건은 어떻게 설명할 수 있을까?(?)

그러나 사람들에게 보이는 이타적 행동은 다른 동물에게도 볼 수 있는 보편적인 현상에 불과하다. 우리가 다른 동물의 이타적인 행동을 유심히 관찰하지 못했을 따름이다. 그런 점에서 3) 참돌고래의 경우는 이기적인 현대인들에게 주는 메시지가 강렬하다.(!) 4) 신문 기사에서 보는 참돌고래류의 '이타적 집단행동'은 학계에서 일종의 제의적(祭儀的) 성격을 띤 것으로 본다.(?) 어쩌면 사람보다 동물들이 더 이타적인 행동을 보일지 모른다. 그러기에 인간은 기러기에서 팀워크와 리더십의 이타적인 행동을 배워야 한다. 이타적인 동물들을 보고 인간들이 반성해야 할 부분이다.

우나는 (?)표와 (!)표를 적은 문장을 보여줬다.

"1)의 문장은 상식적인 내용을 문단의 첫머리에 배치하여 식상함을 줬기 때문에 (?)표의 평가를 받았다.

얼쑤! 선생은 웃으며 (!)표를 주었다. 수정하도록 했다.

▶1 사람들은 동물과 다른 점을 강조한다. 그것의 대표가 사람은 도덕과 윤리를 가진 존재라는 것이다.(?)

▶1 사람들은 도덕과 윤리를 내세우면서도 개인적인 이기적 행위를 한다. 집단적인 이타적인 행위를 하는 동물과 다른 사람의 특징이다. 그러면서 인간은 착각한다. 그것의 대표가 사람은 도덕과 윤리를 가진 존재라는 것이다.(?)

▶1 사람들은 도덕과 윤리를 내세우면서도 개인적인 이기적 행위를 한다. 집단적인 이타적인 행위를 하는 동물과 다른, 사람의 특징이다. 그러면서 인간은 착각한다. 그것의 대표가 사람은 도덕과 윤리를 가진 존재라는 것이다.(!)

문장1)의 수정은 첫째와 둘째 문장은 큰 내용의 차이를 보였다. 그러나 둘째와 셋째의 문장은 '동물과 다른' 뒤에 쉼표(,)가 붙어 미묘한 차이로 (?)과 (!)가 갈렸다.

"2)의 문장이 (?)표인 것은, 요즘 논술은 문제 제기의 성격의 문장은 쓰지 않아야 하기 때문이다."

"얼쑤! 선생은 (?)표를 주었다. 다시 작성했다.

"2)의 문장은 논의의 핵심에서 벗어나는 '각종 사건'을 언급함으로써 인간의 부정적 측면을 강조했기 때문이다. 그것보다는 '이타적인 내용의 각종 사례는'을 넣어서 문제 제기를 해야 다음 문장과 자연스럽게 연결된다."

얼쑤! 선생은 소리쳤다.

"좋다. 좋아!"

얼쑤! 선생은 (!)표를 주었다.

▶2 그렇다면 사람이 보이는 이기적인 태도에서 나타나는 각종 사건은 어떻게 설명할 수 있
   을까?(?)

▶2 그렇다면 사람이 보이는 이타적인 태도에서 나타나는 각종 사례는 어떻게 설명할 수 있
   을까?(!)

"3)의 문장은 간결한 표현으로 자신 있는 내용이 좋기에 (!)표를 받았다.

얼쑤! 선생은 (!)표를 주었다.

우나는 신났다. 4)의 문장의 (!)표에 대한 이유를 문장으로 적었다.

"4)의 문장은, 긴 문장의 표현에서 보인 막연한 내용이 전달력을 떨어뜨린
다."

얼쑤! 선생은 고개를 흔들었다. (?)표인 것이다. 문장을 수정했다.

"4)의 문장이 (?)표인 이유는, 이 문장에 쓰인 '제의적 성격'이란 어휘가 논점
을 흐리기 때문이다."

"얼씨구 좋다."

얼쑤! 선생의 추임새가 터졌다. 그 이유에 (!)표를 찍은 것이다. 답안에 쓰인
4)의 문장의 수정을 요구했다.

▶4 신문 기사에서 보는 참돌고래류의 '이타적 집단행동'은 학계에서 일종의 제의적(祭儀的)
   성격을 띤 것으로 본다.(?)

▶4 참돌고래의 이타적 집단행동은 학계에서 자신이 속한 집단의 영속성을 유지하기 위한 행
   위로 본다.(!)

"덩더덩더덩더쿵!"

“얼쑤!”

“우나야. 논술 답안의 첫 문장은 신경을 많이 써야 한다. 논술 분량이 1,000자 정도의 논제는 말이야. 논제가 요구하는 답안을 정확하게 쓰는 것이 좋아.”

우나가 대답했다.

“답안의 첫 문장이 밋밋하다는 말씀이군요?”

“그렇지.”

“너의 첫 문장인 ‘사람들은 동물과 다른 점을 강조한다. 그것의 대표가 사람은 도덕과 윤리를 가진 존재라는 것이다’는 내가 (?)표로 부정적인 평가를 했지. 그 이유를 너는 ‘상식적인 내용을 문단의 첫머리에 배치하여 식상함을 준다’의 문장을 써서 스스로 평가했지.”

얼쑤! 선생은 말을 이었다.

“네가 내린 지적은 올바르지. 너는 얼쑤! 선생의 (?)표를 보고 ‘뭔가 부족하구나’하고 생각하고, 즉시 그 이유를 밝혔잖아.”

우나는 힘차게 말했다.

“얼쑤! 선생님의 (?), (!)표를 통한 첨삭의 방법이 좋아요. 선생님의 (?), (!)표를 통해 내가 스스로 장점과 단점을 파악하여 알게 해주는 거잖아요? 그것도 문장으로 쓰게 하잖아요. 직접적으로 알려주는 것이 아니니까 내가 다 하게 됩니다.”

“그렇다. 논술은 즐기는 것이 최고다.”

“덩더덩더덩더쿵!”

“얼쑤!”

오늘 얼쑤! 논술 수업도 마무리됐다. 우나가 힘을 냈다는 긍정적인 부분이다. 논술의 특성상 대부분 학생들은 논술의 공부의 깊이가 심화되면서 힘이 빠진다.

그런데 우나는 '스스로논술학습법' 5강의 1단계의 마지막 첨삭 부분에서 눈이 반짝거렸다. 의지가 돋은 것이다. 15강을 마쳐 논술의 고수가 되겠다는 상징적 표현이다.

얼쑤! 선생은 가방을 싸는 우나에게 말했다.

"아까 그 답안 있지. 1)의 자리인 논술 답안의 첫 문장에 3)의 문장을 써주는 것도 좋아. '참돌고래의 경우는 이기적인 현대인들에게 주는 메시지가 강렬하다'의 문장이지. 단순하면서도 강렬하잖아. 논술 답안의 첫 문장에 이 문장이 딱 박혀 봐. 논제와도 잘 관련돼 있고. 그렇지."

"얼쑤! 선생님. 4)의 문장은 어때요? 한번 듣고 싶어요. 얼쑤! 선생님은 (?)표로 암시만 줬잖아요."

"네가 말한 대로 '군더더기의 표현'과 논점과 직접 관련이 없는 '어휘'가 왔다는 것이 문제야. '신문 기사에서 보는', '일종의'의 어휘는 군더더기의 표현에 해당한다. 그리고 '제의적 성격'도 논점과 직접 관련이 없는 어휘다."

얼쑤! 선생은 말을 이었다.

"'제의적 성격'도 크게 보면 이타적 행위로 볼 수는 있다. 그러나 논점은 '동료 참돌고래들이 자연사하는 돌고래를 살리려고 수면 위로 밀어 올리는 행위지. 바로 이타적인 행위'에 초점이 맞춰져 있기 때문이다."

우나는 고개를 끄덕거렸다.

오늘 5강의 논술 수업을 마무리했다.

"덩더덩더덩더쿵!"
"얼쑤!"

다시 쓴 답안

사람들은 도덕과 윤리를 내세우면서도 개인적인 이기적 행위를 한다. 집단적인 이타적인 행위를 하는 동물과 다른, 사람의 특징이다. 그러면서 인간은 착각한다. 그것의 대표가 사람은 도덕과 윤리를 가진 존재라는 것이다. 도덕과 윤리는 사람이 만물의 영장이 되는 이유라고도

한다. 그 결과 사람만이 이타적인 행동을 하는 것처럼 말한다. 그렇다면 사람이 보이는 이타적인 태도에서 나타나는 각종 사례는 어떻게 설명할 수 있을까?

그러나 사람들에게 보이는 이타적 행동은 다른 동물에게도 볼 수 있는 보편적인 현상에 불과하다. 우리가 다른 동물의 이타적인 행동을 유심히 관찰하지 못했을 따름이다. 그런 점에서 참돌고래의 경우는 이기적인 현대인들에게 주는 메시지가 강렬하다. 참돌고래의 이타적 집단 행동은 학계에서 자신이 속한 집단의 영속성을 유지하기 위한 행위로 본다. 어쩌면 사람보다 동물들이 더 이타적인 행동을 보일지 모른다. 그러기에 인간은 기러기에서 팀워크와 리더십의 이타적인 행동을 배워야 한다. 이타적인 동물들을 보고 인간들이 반성해야 할 부분이다.

"우나야 스스로논술학습법의 2단계에서 보자."

"덩더덩더덩더쿵!"
"얼쑤!"

2단계

얼 쑤 ! 선 생 의 스 스 로 논 술 학 습 법

과정

(1) 신문의 '기사 + 칼럼'을 선택하라!
(2) 신문 칼럼의 문단을 '논술 문단'으로 재조직하라!
(3) 기사, 칼럼을 통해 스스로 '논제'를 만들고 '답안'을 작성하라!
(4) 논술 답안을 논술 선생님의 '!, ?'로 창의적인 첨삭을 받아라!

대입 논술의 전과정을 '대화체'를 통해 '신문'을 통하여 쉽고 재미있게 제시합니다. 이제는 논술을 즐기며 놀이로 하시기 바랍니다. '나도 제시문을 선택하고 논제를 만들고 논술답안을 작성할 수 있는 능력'은 학생들을 논술 고수로, 선생님들을 논술의 전문가로 만들 것입니다.

이젠 1단계 · 2단계 · 3단계의 '스스로논술학습법'의 논술을 즐기시기 바랍니다. 학생들과 선생님들이 스스로 선택한 '신문 기사'와 칼럼을 선택하여 '논술 문제'를 만들고 '논술 답안'을 작성하다보면 논술을 즐기는 자신을 발견할 수 있습니다.

1. 신문의 '기사 + 칼럼'을 선택하라!

"덩더덩더덩더쿵!"
"얼쑤!"

날씨가 무덥다. 무더운 공기가 머리칼을 스치고 지나간다. 수식이와 얼쑤! 선생은 땀을 닦는다. 선풍기를 잡아당긴다. 여름에 푸른 논술 공부로 마음이 뜨겁다. 매미 소리가 들린다. 매미를 생각할 때 고통이 떠오른다.

암컷은 알을 낳고 곧 죽는다. 이 알은 땅속에서 굼벵이로 변하여 살아간다. 그것도 7년 정도다. 매미에게 있어 굼벵이는 암흑의 과정이 된다. 매미 굼벵이는 두더지에게도 속수무책이다. 그저 운명에 맡길 뿐이다. 성충의 매미가 되기보다는 천적의 먹이가 될 확률이 더 높다. 그 세월 동안 몇 차례의 탈피가 이루

어진다. 삶의 고통의 절정이다. 탈피의 껍질은 지나온 과정의 흔적이다. 사람이
라면 액자에 넣어 간직해야 할 삶의 추억이다. 아, 여름 성충매미가 된다. 무더
운 여름 20여일을 치열하게 울기 시작한다. 죽기 살기로 우는 이유다. 저녁에는
빨갛게 울기 시작한다.

　안도현 시인은 노래했다.

　　여름이 뜨거워서 매미가
　　우는 것이 아니라 매미가 울어서
　　여름이 뜨거운 것이다.
　　(중략)
　　울지 않으면 보이지 않기 때문에
　　매미는 우는 것이다.

　매미의 울음은 존재의 확인이다. 치열하게 울수록 자신의 존재를 분명하게
느낀다. 인간도 마찬가지다. 진정한 사랑이라면 울어야 한다. 우는 것은 진실한
사랑의 확인이다. 오늘날 많은 사람들이 사랑을 찾아 나선다. 그러나 울지를 않
는다.

　얼쑤! 선생은 매미를 보며 엉뚱한 상념에 잠겼다. 어린 시절에 몸집이 큰 참
매미(왕매미)를 구워먹기도 했다. 설익어 끈적한 물이 손에 묻는 데도 맛이 있
었다. 강아지가 짖는다. 수식이가 오는 모양이다.

　"안녕하세요. 선생님."

　수줍은 미소 그대로다. 얼굴에 땀방울을 간직하고 있다. 나는 수식이의 땀을
보며 생각한다.

　'여름이 뜨거워서 수식이가
　땀을 흘리는 것이 아니라 수식이가 땀을 흘려서
　여름이 뜨거운 것이다.'

"하하하."

서재로 들어서는 수식이는 그 소리가, 그 웃음이 싫지는 않은 모양이다.

"덩더덩더덩더쿵!"

"얼쑤!"

"오늘은 스스로논술학습법의 2단계다. 이 신문을 보고 신문 기사와 칼럼을 1편씩 선택하기 바란다. 1단계에서 했던 신문 기사에 칼럼이 추가된다. 칼럼은 논술의 형님이야."

"칼럼의 어떤 점이 논술과 같습니까?"

"우선 자신의 주장에 대한 치열한 논증과정이 같다. 우리가 신문 기사를 통하여 논술의 즐거움을 맛봤다면 칼럼을 통하여 치열한 논증과정을 익혀야 한다."

수식이는 땀을 닦았다. 공부 장소인 얼쑤! 선생의 서재는 선풍기도 없다. 축축한 책 냄새만이 코를 찌른다. 그 냄새는 묘하다. 향수를 생각하고 그 냄새를 인식하면 향수 냄새가 된다. 반대로 인분 냄새를 생각하고 그 냄새를 인식하면 구린내가 된다.

"수식아. 우리는 매미가 돼야 한다!"

지금 아파트 밖에서도 매미가 울어댔다. 얼쑤! 선생은 매미의 성장 과정을 얘기해줬다. 성충의 매미로 산다는 것이 차라리 기적이라고, 말은 훈계조가 되어갔다.

"너는 알아야 한다. 너는, 너는, 논술 공부로 치열하게 울어서 올 여름을 뜨겁게 해야 한다. 여기서 '운다'와 '뜨겁다'는 같은 것이다. 논술의 고수의 길은 굼벵이가 매미의 성충이 되는 과정과 같다. 7년 동안의 굼벵이의 땅 속 생활이 너에게는 1년의 이곳 축축한 서재의 생활이다. 20여일의 매미 성충의 치열하게 우는 기간은 2시간의 논술 시험 시간이다. 그 시험기간은 치열하게 울어야 한다. 자신이 있느냐. 어떠냐?"

"덩더덩더덩더쿵!"
"얼쑤!"

수식이는 끄덕거릴 뿐 말이 없다. 조용한 성격이다.

"또한 칼럼의 치열한 논증과정은 매미의 울음소리다. 칼럼이나 논술이나 그 논증과정을 거쳐 그 존재 의미가 확인될 뿐이다."

"그러니까 논증과정이 없는 논술은 논술이 아니군요?"

"극단적으로 말하면 그렇지."

"논술의 어떤 논제든지 잘 분석해봐? 그 핵심은 '분석, 설명, 비판, 대안제시' 등으로 압축된다. 분석은 요약의 문제로, 분석을 통한 설명은 주로 통계에서 위력을 발휘한다. 비판과 대안 제시는 그 분석과 설명을 통해 만들어지지. 잘 생각해봐? 또한 현상이나 본질에 대한 문제점의 발견은 비판의 사고에서 출발하지. 그 해결 방법은 그 비판의 당위적 결과잖아. 이 모든 과정이 논증과정을 거칠 때 비로소 설득력은 높아진다. 한마디로 논증과정은 주장에 대한 근거에 해당한다. 정리하면 하나 이상의 전제(근거, 논거)와 하나의 결론으로 논리적 주장을 펴는 글이지. 이것을 구성하는 내용들이 그 주장을 정당화하는 근거의 역할을 할 때 논증이 되는 것이야."

"그 논증과정이 강조된 것이 칼럼이군요."

"예를 들어주시면 좋겠네요?"

얼쑤! 선생은 대답했다.

"(1)원자력 발전은 안전한 것이 아니다. (2)구소련의 체르노빌 원자력 발전소의 사고 등 외국에서도 원자력 사고가 있었다. (3)우리나라도 고리 원전 등 원자력 사고가 있었다. (4)과학자들은 원자력 안전에 의문을 제기한다."

수식은 말했다.

"여기서 (1)은 주장이고요. 나머지는 논거가 되겠네요. 그렇지요."

"좋아요. 이런 방식의 글이 논증적인 글쓰기가 됩니다."

"칼럼에 이런 논증적인 글이 많다는 것이야. 수식아. 이 신문의 칼럼 중에서 네가 선택해 볼래.

"제시문을 선정할 때 우선 고려해야 할 것은 무엇인가요?"

"지금 '스스로논술학습법'의 2단계는 기본적인 논제 유형을 만들어 보는 것이야. 그래서 공통점, 차이점을 우선적으로 생각하여 기사와 칼럼을 선택하는 것이 좋지. 그것도 가능하면 같은 날의 신문에서 선택하는 것이 좋아."

"덩더덩더덩더쿵!"

"얼쑤!"

2. 신문 칼럼의 문단을 '논술 문단'으로 재조직하라!

신문 칼럼은 문단 중심으로 내용이 구성된다. 논리성을 바탕으로 주장에 대한 논거를 제시해야 하는 글쓰기에서는 문단이 차지하는 비중이 아주 높다. 그런 입장에서 주장을 강조하면 두괄식으로, 논거를 강조하면 미괄식으로 구성한다. 여기서 강조의 의미는 그것이 문단에서 놓이는 위치와 관련이 있다. 문단의 중요한 위치는 첫눈에 보이는 첫줄과 관련이 있다. 논술에서 문단의 첫줄의 문장은 상당히 신경을 써야 하는 이유다.

논술의 문단으로 추천하는 것이 두괄식과 미괄식이다. 두괄식은 핵심적인 내용을 먼저 제시하고 구체적인 뒷받침 문장을 동원해 이를 논증한다. 내용이 명확히 제시되는 것은 장점이나 긴장감이 풀린다는 것이 단점으로 작용할 수 있다. 미괄식은 먼저 문단의 위에서 뒷받침 문장으로 구체적인 논거를 제시하고 문단의 마지막에 핵심적인 문장으로 정리한다. 이 미괄식 문단은 긴장감을 유지하는 장점이 있으나 핵심적인 내용을 미리 알기 어렵다는 단점을 지닌다. 두괄식과 미괄식이 이런 특성을 보인다면 논술 시험을 보는 학생들에게는 두괄식의 문단이 좋다.

"덩더덩더덩더쿵!"
"얼쑤!"

두괄식 문단의 기본 구조로 '①중심문장 + ②이유제시 + ③상술 + ④반대되는 의견을 끌어들여 비판(논쟁의 글인 경우) + ⑤예시'이다. 이런 두괄식의 논술 문단을 답안으로 활용될 경우는 '설명형, 분석형, 비판형, 문제해결형'의 논제와 잘 어울린다. 논술 답안의 분량이 적다는 것은 출제자가 명쾌한 논리와 분명한 내용을 요구하는 것과 통한다. 논술 답안의 문단을 두괄식으로 구성하는 것이 명품 답안이 되는 이유다.

얼쑤! 선생은 수식이에게 문단의 기본적인 구조를 익히는 것이 중요하다고 강조했다. 그것이 바로 두괄식과 미괄식의 문단인데, 특히 두괄식의 구조를 철저히 익히라는 얘기를 많이 했다. 1,000자 내외의 논술 답안의 구조상 두괄식의 문단은 채점 교수의 채점시의 특성을 고려하여 가장 적절하다고 말했다.

신문의 칼럼은 그 분야의 전문가의 글이다. 이런 이유로 문단의 형식과 내용에서 전문성이 두드러지는 경우가 있다. 그 분야에 전문적 배경지식을 갖춘 필자가 쓴 것이 칼럼이기 때문이다. 그러나 요즘의 신문의 칼럼은 대중과의 소통에 우선을 두고 쓰는 경우가 많다. 특수한 전문적인 내용을 쉽게 설명하고 생활 주변의 이야기로 흥미롭게 풀어나간다. 신문이 갖는 대중성을 염두에 둔 글쓰기이기 때문이다. 그런 점에서 우리 논술 수험생이 칼럼에서 배울 것이 많다. 칼럼이 논술의 보고(寶庫)라는 말이 생긴 이유다.

"수식아. 신문의 칼럼의 문단에 '예시' 등이 없으면 학생들이 내용에 맞게 스스로 만들어 넣어야 한다. 이 과정은 학생들이 실제로 논술 답안을 작성할 때 사고의 방향에 많은 도움이 된다."

"칼럼의 문단 내용이 적을 때는 어떻게 하지요?"

"그런 경우의 문단은 더 좋게 활용할 수 있다. 수식이 네가 구체적 내용을 덧붙이면서 확대, 심화시키면 된다. 그런 과정이 논술의 좋은 문단을 자연스럽게 쓰는 원동력이 되기 때문이야."

"덩더덩더덩더쿵!"

"얼쑤!"

얼쑤! 선생의 말에 수식이는 신문 칼럼의 각 문단에 번호를 매겼다. 대부분 칼럼의 문단은 10개 안쪽이다. 수식이는 문단의 중심 문장을 찾아 볼펜으로 밑줄을 그었다. 문단의 중심 문장 찾기는 글의 독해에서 기본이다. 밑줄 그은 문장이 두괄식의 논술 답안 문단에서 첫줄로 가야한다.

수식이는 핵심의 정당성을 밝혀주는 이유제시의 문장을 찾아봤다. 만약 칼럼 그 문단에 '때문이다'가 붙은 문장이 없는 경우는 구체적인 문장을 잘 읽어보면 그에 맞는 문장을 찾을 수 있다고 얼쑤! 선생은 설명했다. 합당한 내용의 문장에 '-때문이다'를 붙여 중심 문장의 뒤에 배치하면 되기 때문이다. 읽어보면서 그 문장이 논리적으로 연결되는지 판단해보라고 말했다. 요즘의 글쓰기는 이유제시에서 '-때문이다'를 붙이는 경우도 있지만 '-있다'를 써서 상술로 처리하는 경우도 많다. 물론 이것은 전문적인 글쓰기의 기법에 해당한다.

그러나 고등학생의 수준에서는 기본적인 틀을 지키는 것이 채점 시에 도리어 도움이 된다. 고교 수준의 글쓰기 능력을 논술시험에서는 요구하기 때문이다. 너무 전문적인 글쓰기 방식을 동원하여 논술 답안을 작성했을 경우 그 순수성을 의심받을 수도 있다. 논술 답안의 형식이 좀 어설프지만 합격되는 경우가 그것을 입증하는 사례다.

얼쑤! 선생은 수식이의 모습을 조용히 지켜봤다.

수식이는 상술의 문장을 찾았다. 상술은 구체적으로 그 중심 문장을 서술한다는 의미로 문장이 좀 길어도 된다. 이어서 수식이는 중심 문장에 합당한 사례를 찾아봤다. 만약 그 글의 문단에 사례가 없는 경우는 시사적인 사례를 중심으로 자신이 만들어보면 더 좋다.

얼쑤! 선생은 수식에게 이런 글쓰기 과정의 중요성을 강조했다. 잘 쓴 글을 그대로 모방하면 자신감이 생긴다. 여기서 한 단계 더 나가려면 그 칼럼의 문단 내용에 '자기 자신이 내용을 찾고, 덧붙여, 새롭게 제시하는' 능동적인 과정을 거쳐야 한다고 말했다.

"덩더덩더덩더쿵!"
"얼쑤!"

"수식아. 다음의 단락을 보자."

<가> "1) 영어만 잘 하면 성공한다는 믿음에 온 나라가 야단법석이다. 2) 한술 더 떠 일본을 따라 영어를 공용어로 하자는 주장이 심심찮게 들리고 있다. 3) 영어는 배워서 나쁠 것이 없고, 국제 경쟁력을 키우는 차원에서도 반드시 배워야 한다. 4) 하지만 영어보다 더 중요한 것은 우리말이다. 5) 우리말을 제대로 세우지 않고 영어를 들여오는 일은 우리 개구리를 돌보지 않은 채 황소개구리를 들여온 우를 또 다시 범하는 것이다."[15]

"수식아. 이 글을 칼럼의 형식으로 볼 수 있지. 설득을 목적으로 주장을 편 글이고 사회의 이슈에 대해 글쓴이의 견해가 드러나 있기 때문이지. 이 글을 두괄식의 구성으로 재배열해보자. 먼저 핵심적인 문장은 어느 것이지?"

수식이는 자신 있게 말했다.

"핵심 문장은 4)의 문장입니다. 4)의 문장은 단정적인 견해 표현이 나와 있습니다. 이어서 5)의 문장은 우리 국어를 돌보지 않고 영어를 들여와 오히려 영어

---

15) 고등학교 국어교과서(상). 황소개구리와 우리말

의 지배를 받는 것은 잘못된 것이라고 말하고 있습니다.”

얼쑤! 선생은 말했다.

“두괄식으로 문단으로 재배열하면 어떻게 될까?

수식이는 문장을 재배열했다.

<나> “1) 영어보다 더 중요한 것은 우리말이다. 2) 우리말을 제대로 세우지 않고 영어를 들여오는 일은 우리 개구리를 돌보지 않은 채 황소개구리를 들여온 우를 또 다시 범하는 것이기 때문이다. 영어만 잘 하면 성공한다는 믿음에 온 나라가 야단법석이다. 한술 더 떠 일본을 따라 영어를 공용어로 하자는 주장이 심심찮게 들리고 있다. 영어는 배워서 나쁠 것이 없고, 국제 경쟁력을 키우는 차원에서도 반드시 배워야 한다. 그러나 3) 영어를 배우기 전에 우리말의 중요성을 알아야 한다.”

“그렇지. <가> 글의 4), 5)의 문장을 <나>의 1), 2)로 올리고, 2)의 문장의 끝에 ‘때문이다’로 붙였지. 그리고 아래의 <나>글의 마지막 3)의 문장을 새롭게 덧붙여 쓴 것이지. 또는 <나>의 1)를 ‘영어의 주체적 수용이 필요하다’로 새롭게 쓸 수도 있지. 이렇게 문단의 구성을 능동적으로 해보란 말이지. 그런데 사례를 넣지 않았군.”

“영어로 인한 국어의 훼손 사례도 되지요?”

“그렇지. 쉬운 사례를 생각해보는 것도 글쓰기의 좋은 방법이지.”

“‘어제 와이프와 트러블이 있었다’이란 말을 쓰는 것을 사례로 넣으면 되겠네요.”

“그러면 <나>의 내용을 한 번 더 두괄식으로 재배열해 봐?”

“덩더덩더덩더쿵!”

“얼쑤!”

<다> “영어보다 더 중요한 것은 우리말이다. 우리말을 제대로 세우지 않고 영어를 들여오는

일은 우리 개구리를 돌보지 않은 채 황소개구리를 들여온 우를 또 다시 범하는 것이기 때문이다. 영어만 잘 하면 성공한다는 믿음에 온 나라가 야단법석이다. 한술 더 떠 일본을 따라 영어를 공용어로 하자는 주장이 심심찮게 들리고 있다. 영어는 배워서 나쁠 것이 없고, 국제 경쟁력을 키우는 차원에서도 반드시 배워야 한다. 그러나 영어를 배우기 전에 우리말의 중요성을 알아야 한다. 그렇지 않으면 '어제 와이프와 트러블이 있었다' 같은 말을 일상에서 사용할 수밖에 없다."

수식이는 <다>로 정리했다. 이런 방식으로 신문의 칼럼의 문단을 한 두 단락을 선택하여 연습한다면 논술의 좋은 문단을 작성할 수 있다고 말했다.

"덩더덩더덩더쿵!"
"얼쑤!"

3. 기사, 칼럼을 통해 스스로 '논제'를 만들고 '답안'을 작성하라!

"수식아. 선택한 제시문을 선택해 볼까?"
수식이는 고민하며 신문을 넘겼다.

제시문● ● ●

<가> "인체 질병과 노화의 원인으로 활성산소(活性酸素)가 주범이다. 이를 극복하기 위한 물질은 항산화물질(抗酸化物質)이다."[16]

<나> "현대인들은 과도한 질병에 시달린다. 지나친 담배, 야식, 기름진 안주, 육식 위주의 식단으로 순환기 계통의 각종 질병에 시달려 고혈압 등으로 노화를 촉진시킨다."[17]

수식은 일간 신문의 칼럼 중에서 하나의 칼럼을 선택했다. 땀을 흘리며 읽었다.

---

16) [과학세상/곽상수] '식물에 숨겨진 장수의 비밀' 동아일보(2008.07.28)
17) '만성질환자들의 여름나기' 동아일보(2008.07.28)

얼쑤! 선생이 말했다.

"〈가〉의 칼럼을 읽고 요약을 해볼까?"

수식은 노트에 요약을 했다. 몰입의 경지를 보였다. 요약의 내용이 깔끔했다. 핵심적인 말만 골랐기 때문이다.

〈가〉의 요약

"인체 질병과 노화의 원인으로 활성산소(活性酸素)가 주범이다. 이를 극복하기 위한 물질은 항산화물질(抗酸化物質)이다. 모든 식물의 천연 항산화물질이 고농도의 비타민C를 생성한다. 비타민C를 적게 만드는 식물이 스트레스를 많이 받는다고 밝혀졌다. 대부분 저분자 항산화물질을 많이 포함한 건강식품이 노화를 예방한다. 따라서 항산화물질의 식물을 개발하면 인류가 당면한 문제를 해결할 수 있다."

얼쑤! 선생은 칼럼에 이어 기사를 선택하도록 했다. 이번에는 '스스로논술학습법'의 2단계의 처음이기에 칼럼과 비슷한 내용의 기사를 선정하도록 말했다. 2단계는 '제시문으로 칼럼1, 신문기사1'이 활용되기 때문이다. 수식이는 건강과 관련한 신문 기사를 쉽게 선정했다.

〈나〉의 요약

"현대인들은 과도한 질병에 시달린다. 지나친 담배, 야식, 기름진 안주, 육식 위주의 식단으로 순환기 계통의 각종 질병에 시달려 고혈압 등으로 노화를 촉진시킨다"

"그럼 〈가〉의 제시문으로 '식물에 숨겨진 장수의 비밀'을, (나)의 제시문으로 '만성질환자들의 여름나기'를 선택했구나. 논술의 기본 제시문으로 네가 칼럼과 기사를 선택하여 구성했다. 복수 제시문으로 만든 것으로 건강과 관련된 내용이지."

"〈가〉와 〈나〉를 바탕으로 쉬운 문제를 만들어볼까?"

"덩더덩더덩더쿵!"

"얼쑤!"

"<가> 제시문의 핵심적 내용은 무엇이지?"

"예. <가> 제시문의 중심 내용은 '인체 질병과 노화의 원인으로 활성산소(活性酸素)가 주범이다. 따라서 항산화물질의 식물을 개발하면 인류가 당면 문제를 해결할 수 있다'가 중심 내용이죠."

"그렇다면 <가> 제시문의 핵심어가 '활성산소'가 되는데, 그것은 인간의 체내의 에너지를 생성 과정에서 자연스럽게 형성되는 거라고 하더군. 또한 외부에서 침입한 병균을 물리치기 위해서도 활성산소가 사용되는데 이것이 다량으로 발생하면 오히려 노화, 당뇨, 암 등의 성인병이 된다."

"과유불급(過猶不及)이군요."

"그렇지."

얼쑤! 선생은 말을 이었다.

"특히 외부의 스트레스에 의해 활성산소는 많이 발생하는데, 스트레스를 많이 받은 사람이 주로 암에 걸리는 현실을 인식할 필요가 있지."

"그 해결 방법은 무엇이 있나요?"

"운동을 열심히 하고 비타민C 같은 항산화제가 들어있는 음식을 많이 섭취해야 한다고 해."

얼쑤! 선생은 문제를 만들라고 했다.

문제 1

'제시문 <가>의 내용을 밝히고, 그것에 대한 자신의 견해를 제시하시오'를 만들어 봤습니다.

얼쑤! 선생은 답안을 작성하도록 했다.

<가>는 인체 질병과 노화의 원인으로 활성산소(活性酸素)가 주범이고 그 대안으로 항산화물질(抗酸化物質)의 개발이라고 말한다. 오늘날 현대인들은 인체의 질병에 노출돼 있다. 그 대표적인 사례가 암, 당뇨병, 순환기계통의 질병이다. 그 질병의 원인을 인식하면서도 그 해결 방안을 추구하려 하지 않는다. 현대인들의 문제점인 소극적인 성격이 드러난다. 이럴수록 적극적으로 식물의 광합성으로 우리에게 소중한 산소, 식량, 의약품, 산업소재를 효율적으로 생산하는 방법을 연구해야 한다.

얼쑤! 선생이 수식이의 답안을 언뜻 보았다. 그런데 내용상 관련이 없는 문장이 있다. 지금 지적하여 말할까 하다가 '(?)', '(!)'의 첨삭 시간을 기다리기로 했다. 정말 논술 교사에게는 '인내'가 얼마나 중요한지를 요즘 새삼 느낀다. 답안을 작성하는 수식을 바라보며 얼굴의 이마의 땀을 씻었다.

"<나>는 '현대인들은 과도한 질병에 시달린다'는 내용이다. 즉, 지나친 담배, 야식, 기름진 안주, 육식 위주의 식단으로 순환기 계통의 각종 질병에 시달려 고혈압 등으로 노화를 촉진시킨다는 것이다. <나>에서 보이는 상황을 현대인들의 문제점으로 제시할 경우에 해결 방안은 제시문 <가>에서 어떤 내용을 참고로 할 수 있지?"

얼쑤! 선생은 질문했다. 수식은 다시 <가>의 글을 빠르게 읽기 시작했다. 그러다가 마지막 단락에서 고개를 들고는 말했다.

"얼쑤! 선생님, 해결 방안은 중요한 내용이기에 마지막 문장에 오지요?"

"단정적으로 말할 수는 없고 대부분 글에서 그런 경향을 보이지."

"이 글도 그렇습니다. 마지막 문단의 마지막 줄에 '환경 변화에 대한 식물의 지혜로운 생로병사 대응전략을 잘 이해해 항산화물질을 많이 만드는 식물을 개발하면 인류가 당면한 환경, 식량, 에너지 및 보건문제를 대부분 해결할 수 있으리라 기대된다'18)는 내용이 있어요. 맞지요?"

---

18) [과학세상/곽상수] '식물에 숨겨진 장수의 비밀' 동아일보 칼럼(2008.07.28)

"덩더덩더덩더쿵!"
"얼쑤!"

"그렇지. <나>에서 보이는 현대인들의 문제점은 '과도한 육식 위주의 식단으로 고혈압, 스트레스로 노화를 촉진한다'로 볼 수 있지. 그 해결 방안을 <가>에서 참고하여 너의 견해를 말해 볼까? 제시문의 내용을 그대로 적으면 참고한 것이 아니지. 참고라는 것은 그 글을 근거로 하여 자신의 견해를 말하는 것이어야 하거든."

"수식이가 그 문장을 만들어보는 일에 도전해 볼까?"

"항산화물질을 많이 만드는 식물을 개발하여 그것을 식단으로 하면 인류가 당면한 문제를 해결할 수 있다'로 쓰면 어떨까요?"

"그것은 요약한 것에 불과하지. 그렇다면 '제시문 <가>를 참고하여 해결 방안을 제시하시오'의 문제가 아니라 '<가>에서 해결 방안을 찾아 쓰시오'라고 해야지."

"그렇군요."

얼쑤! 선생은 말했다.

"네가 제시한 글을 넣어서 쉽게 해결 방안을 만들어보면, '적절한 영양소를 충분히 섭취하고 몸을 운동으로 건강하게 유지한다면 활성산소를 예방할 수 있다. 특히 항산화물질을 만드는 식물을 개발한다면 인류가 당면한 문제를 해결할 수 있다.'로 만들어 주면 어떨까? <가> 제시문의 내용을 그대로 모방해서 제시한 것보다 쉬운 글을 쓰면서도 격이 다른 느낌을 주잖아."

얼쑤! 선생은 문제를 만들라고 했다.

"덩더덩더덩더쿵!"
"얼쑤!"

'제시문 <나>를 참고하여 현대인들의 문제점을 밝히고, 제시문 <가>를 참고하여 해결 방안을 제시하시오'를 만들어 봤습니다.

얼쑤! 선생은 답안을 작성하도록 했다.

수식의 논술답안 2

　<나>의 현대인들의 문제점은 지나친 담배, 야식, 기름진 안주, 육식 위주의 식단이 중심이다. 그 결과 과도한 질병에 시달리는데 특히 순환기 계통의 질병에 시달려 고혈압 등으로 노화를 촉진시킨다. 이에 대한 해결 방안은 <가>에서 참고할 수 있다. 그것은 적절한 영양소를 충분히 섭취하고 몸을 운동으로 건강하게 유지한다면 활성산소를 예방할 수 있다. 특히 항산화물질을 만드는 식물을 개발한다면 인류가 당면한 문제를 해결할 수 있다.' 우리의 사람들은 육식을 하도록 신체 구조가 안 돼 있다. 이런 신체 구조에 과도한 육식 위주의 식단은 고혈압, 스트레스로 노화를 촉진한다는 것이 정설이다. 따라서 오늘날 현대인들은 육식의 부작용을 인식하고 채식 위주의 식단이 필요한 때임을 알아야 한다.

두 번째 논술 답안도 중간에 아쉬움이 남았다. 수식이가 문장을 쓰는 도중에 안 보려고 해도 눈에 보였다. 사람의 심리가 그런 모양이다. 이번의 첨삭 중심은 '논제와 관련이 있는 내용을 핵심으로 제시하라'로 정했다. 중언부언하고 논제와 관련이 없는 문장이 오면 짧은 답안 분량에서는 금방 눈에 보인다. 결국 1,000자 내외의 논술 답안은 출제 의도를 정확히 파악하여 논제가 요구하는 것을 분명히 제시하는 것이 필요하다.

"덩더덩더덩더쿵!"
"얼쑤!"

4. 논술 답안을 논술 선생님의 '!, ?'로 창의적인 첨삭을 받아라!

문제 1

제시문 (가)의 내용을 밝히고, 그것에 대한 자신의 견해를 제시하시오

수식의 논술답안과 첨삭 1

<가>는 1) 인체 질병과 노화의 원인으로 활성산소(活性酸素)가 주범이고 그 대안으로 항산화물질(抗酸化物質)의 개발이라고 말한다.(!) 2) 오늘날 현대인들은 인체의 질병에 노출돼 있다. 그 대표적인 사례가 암, 당뇨병, 순환기계통의 질병이다. 그 질병의 원인을 인식하면서도 그 해결 방안을 추구하려 하지 않는다. 현대인들의 문제점인 소극적인 성격이 드러난다.(?) 이럴수록 적극적으로 식물의 광합성으로 우리에게 소중한 산소, 식량, 의약품, 산업소재를 효율적으로 생산하는 방법을 연구해야 한다.

"덩더덩더덩더쿵!"

"얼쑤!"

"수식아. 1)의 내용에 내가 '!'를 붙인 이유를 노트에 적어봐라. 하나의 완결된 문장으로 적어야 한다. 문단으로 적으면 더 좋고..."

"저도 그런 이유를 한 문단으로 적고 싶지만 아직은 아닌 것 같습니다. '스스로논술학습법'의 3단계에서 그렇게 해보겠습니다."

"그 이유를 문단으로 쓰는 것에 특별한 글쓰기 기술이 요구되는 것이 아닌데, 그것은 3단계에서 하도록 하자. 여기서는 그것의 이유를 문장으로 적어봐라."

수식이는 노트를 펼쳤다. 성의 있게 쓴 문장들이 얼쑤! 선생의 눈에 스쳤다. 가끔 컴퓨터로 출력해서 붙인 내용도 있다. '아, 애가 집에 가서 논술 공부를 열심히 하는구나' 하는 생각이 들었다. 기특하다.

논술 답안의 1)의 문장의 (!)에 대한 수식의 글이다.

"논제가 요구하는 것을 두괄식의 형태로 제시했다. 제시문의 내용을 적을 때는 그대로 적는 것보다는 압축해서 보여주어야 한다. 그래서 얼쑤! 선생의 논술 첨삭 평가가 (!)이다."

수식이도 글쓰기 능력이 많이 향상됐다. 분명한 내용으로 첫문장에 제시한 것은 논술평가 교수들에게 참신한 느낌을 준다. 이것이 첫문장이 갖는 중요성이다. 물론 이 내용이 모두 시선을 잡는 것은 아니다. 그러나 완결된 문장으로 압축해서 제시한 것은 세련미가 있어 보였다.

"덩더덩더덩더쿵!"
"얼쑤!"

"수식아. 그런데 2)의 3개 문장은 (?)으로 평가가 됐을까?"

수식이는 자신이 쓴 글을 다시 읽어본다. (?)이 붙어 있으니 뭔가 잘못됐다는 평가다. 이유를 적기 시작했다. 얼쑤! 선생은 무더위에 졸음이 오기 시작했다. 눈꺼풀이 무거워졌다. 수식의 이유를 담은 노트의 글씨가 실눈 사이로 보였다.

"문장 2)의 3번째 문장이 길다. 문장은 짧아야 하는데, '그 질병의 원인을 인식하면서도 그 해결 방안을 추구하려 하지 않는다. 현대인들의 문제점인 소극적인 성격이 드러난다'가 길다."

이 글을 쓴 문장에 얼쑤! 선생은 (?)를 또 붙였다. 수식의 2)에 대한 글의 평가와 또 그 이유에 대한 평가가 (?), (?)가 된 셈이다. 한 번 더 기회를 준다. 그러면서 얼쑤! 선생은 암시를 준다. 내용적인 측면에서 생각하면 좋다고 말했다.

수식이는 (?)의 이유를 다시 문장으로 썼다.

"이 글은 '활성산소'가 핵심어로 작용한다. 이것이 노화의 원인이라는 것이다. 그러나 2)의 글은 활성산소와는 직접적인 관련이 없다. 현대인들이 질병에 대해 무관심하면서도 소극적인 성격을 다루고 있기 때문이다."

여기에 얼쑤! 선생은 (!)를 붙여주었다. 수식의 얼굴이 환해졌다. 사실 (?)이 세 번이나 계속되면 서로가 어려워진다. 학생들은 의욕을 상실하고 논술 교사는 괜히 미안해지기 때문이다. (?)의 원인을 알았다면 그 문장을 내용의 흐름에 맞춰 고치도록 했다.

> ▶2 오늘날 현대인들은 인체의 질병에 노출돼 있다. 그 대표적인 사례가 암, 당뇨병, 순환기계통의 질병이다. 그 질병의 원인을 인식하면서도 그 해결 방안을 추구하려 하지 않는다. 현대인들의 문제점인 소극적인 성격이 드러난다.(?)
> ▶2 현대인들은 활성산소로 인한 질병에 노출돼 있다. 그 대표적인 사례가 암, 당뇨병, 순환기계통의 질병이다. 그 질병의 원인인 활성산소를 알면서도 대부분의 현대인들은 해결 방안을 추구하지 않는다.(!)

위의 두 번째 문장을 보면, '오늘날'과 '인체의'가 빠졌다. 그 결과 '오늘날 현대인들은 인체의 질병에 노출돼 있다'의 원래 문장이 '현대인들은 활성산소로 인한 질병에 노출돼 있다'로 수정되어 뽑혔다. 또한 둘째 문장의 '활성산소로 인한'과 '그 질병의 원인인 활성산소를 알면서도'를 넣어 내용상 원래 흐름과 맥을 이었다. 또한 '현대인들의 문제점인 소극적인 성격이 드러난다'를 과감하게 뺀 것도 돋보였다. 얼쑤! 선생은 이런 과정이 수식이의 글쓰기 능력의 향상의 근거로 생각했다. 그러면서 수식이에게 답안을 다시 작성하라고 말했다.

"덩더덩더덩더쿵!"
"얼쑤!"

다시 쓴 답안 1

<가>는 인체 질병과 노화의 원인으로 활성산소(活性酸素)가 주범이고 그 대안으로 항산화물질(抗酸化物質)의 개발이라고 말한다. 현대인들은 활성산소로 인한 질병에 노출돼 있다. 그 대표적인 사례가 암, 당뇨병, 현대인들은 활성산소로 인한 질병에 노출돼 있다. 그 대표적인 사례가 암, 당뇨병, 순환기계통의 질병이다. 그 질병의 원인인 활성선소를 알면서도 대부분의

현대인들은 해결 방안을 추구하지 않는다. 현대인들은 적극적으로 식물의 광합성으로 우리에게 소중한 산소, 식량, 의약품, 산업소재를 효율적으로 생산하는 방법을 연구해야 한다.

제시문 (나)를 참고하여 현대인들의 문제점을 밝히고, 제시문 (가)를 참고하여 해결 방안을 제시하시오.

수식의 논술답안과 첨삭 2

1) <나>의 현대인들의 문제점은 지나친 담배, 야식, 기름진 안주, 육식 위주의 식단이 중심이다. 그 결과 과도한 질병에 시달리는데 특히 순환기 계통의 질병에 시달려 고혈압 등으로 노화를 촉진시킨다.(!) 이에 대한 해결 방안은 <가>에서 참고할 수 있다. 2) 그것은 적절한 영양소를 충분히 섭취하고 몸을 운동으로 건강하게 유지한다면 활성산소를 예방할 수 있다. 특히 항산화물질을 만드는 식물을 개발한다면 인류가 당면한 문제를 해결할 수 있다.(!) 3) 우리의 사람들은 육식을 하도록 신체 구조가 안 돼 있다.(?) 4) 이런 신체 구조에 과도한 육식 위주의 식단은 고혈압, 스트레스로 노화를 촉진한다는 것이 정설이다.(?) 따라서 오늘날 현대인들은 육식의 부작용을 인식하고 채식 위주의 식단이 필요한 때임을 알아야 한다.

"덩더덩더덩더쿵!"
"얼쑤!"

얼쑤! 선생은 이 답안을 보고 생각에 잠겼다. 전체적으로 보면 잘 쓴 답안인데 중간 부분의 3)의 내용이 거슬렸기 때문이다. 물론 수식이가 첫문장은 잘 쓴다고 생각했다. 논제의 요구에 맞는 내용을 제시했기 때문이다.

"수식아. 첫문장은 좋다. 내가 두괄식으로 쓰는 것이 좋다고 했기에 썼겠지만 이것을 습관화 시켜야 한다. 또 2)의 내용도 좋다. 물론 위에서 내가 너에게 말한 내용을 그대로 적었지만 말이야."

수식이가 말했다.

"예. 그렇습니다. 1)의 경우는 두괄식의 중요성을 알고 논술 답안을 쓰니 도리어 그것이 더 편해졌습니다.”

얼쑤! 선생은 말로 한 그 이유를 듣고 “느낌표”하고 외쳤다. 원래는 문장으로 써야 하는데 그 내용이 없기에 그대로 (!)를 외쳤다. 그러나 1)의 문장도 냉정하게 말하면,

‘순환기 계통의 질병에 시달려 고혈압 등으로 노화를 촉진시킨다.’의 문장도 ‘순환기 계통인 고혈압 등으로 노화를 촉진시킨다.’가 자연스럽다는 말은 해주었다.

2)의 문장 평가는 (!)이었다. 이유는 앞에서 얼쑤! 선생이 구체적으로 설명해주었기에 그대로 적은 것이었기 때문이다.

“덩더덩더덩더쿵!”
“얼쑤!”

“그런데 3)의 내용은 왜 그렇게 쓰게 됐지?”
“저도 모르겠습니다. 그냥 쓰다 보니 그런 내용이 왔네요.”
3)과 4)의 문장을 읽어보도록 시켰다.
“우리의 사람들은 육식을 하도록 신체 구조가 안 돼 있다. 이런 신체 구조에 과도한 육식 위주의 식단은 고혈압, 스트레스로 노화를 촉진한다는 것이 정설이다.”
수식이는 난감한 표정으로 읽었다. 노트에 (?)의 이유를 문장으로 적기 시작했다. 고개를 들고 고민하기를 여러 번 하더니 문장을 내놓았다.
“사람의 ‘신체 구조’는 이 글의 핵심적 내용과 관련이 적기 때문에 (?)가 붙었다.”
간단하면서도 명료하게 말했다. 얼쑤! 선생은 신나게 (!)를 붙이려다가 (?)를 붙였다.
내용을 고치면 좋겠다고 말했다. 수식이가 고치지 못하자, 얼쑤! 선생이 암시

를 줬다. 채식이라는 말을 넣어서 육식이란 말과 비교한 내용을 써보라고.
수식은 2분여를 지체하다 3)의 내용을 완성했다.

"덩더덩더덩더쿵!"
"얼쑤!"

▶ 3 우리의 사람들은 육식을 하도록 신체 구조가 안 돼 있다.(?)
▶ 3 우리의 사람들은 육식보다는 채식에 신체 기능이 질병 없이 잘 유지된다.(!)

좋다고 말했다. 그러면서 다음 문장을 살펴보고는,
"그 다음 4)의 문장은 무엇이 문제지?"
"그렇군요. '이런 신체 구조에 과도한 육식 위주의 식단은 고혈압, 스트레스로 노화를 촉진한다는 것이 정설이다'의 문장은 참신한 내용이 아닙니다. 오늘날 상식으로 돼 있는 내용은 쓰지 않는 것이 좋습니다. 삭제해야 합니다."
얼쑤! 선생은 만족한 표정으로 (!)를 붙였다. 수식이는 고개를 끄덕이고 답안을 다시 정리했다.

다시 쓴 답안2
　　<나>의 현대인들의 문제점은 지나친 담배, 야식, 기름진 안주, 육식 위주의 식단이 중심이다. 그 결과 과도한 질병에 시달리는데 특히 순환기 계통인 고혈압 등으로 노화를 촉진시킨다. 이에 대한 해결 방안은 <가>에서 참고할 수 있다. 그것은 적절한 영양소를 충분히 섭취하고 몸을 운동으로 건강하게 유지한다면 활성산소를 예방할 수 있다. 특히 항산화물질을 만드는 식물을 개발한다면 인류가 당면한 문제를 해결할 수 있다. <u>우리의 사람들은 육식보다는 채식에 신체 기능이 질병 없이 잘 유지된다.</u> 따라서 오늘날 현대인들은 육식의 부작용을 인식하고 채식 위주의 식단이 필요한 때임을 알아야 한다.

"덩더덩더덩더쿵!"
"얼쑤!"

...7강

1. 신문의 '기사＋칼럼'을 선택하라!

"덩더덩더덩더쿵!"
"얼쑤!"

얼쑤! 선생은 신문을 펼쳐들었다. 요즘 신문은 올림픽 기간이라 온통 베이징 올림픽에 대한 내용이 대부분이다. 올림픽에는 환희와 감동, 좌절이 있었다. 그것은 기사로 또는 선수들의 얼굴이 사진으로 나타났다.

올림픽에 대한 '기사와 칼럼'은 논술을 공부하는 제시문으로 좋다. 올림픽 기사에서 흥미를 유발시키고 이것을 칼럼으로 적용시켜 논술의 유형을 만들기 때문이다.

우나가 들어왔다. 얼쑤! 선생이 신문을 건넸다.

"기사들이 대부분 베이징 올림픽에 관한 내용이야. 신문의 기사, 칼럼을 각각 1편을 선택하기 바란다."

우나는 논술 공부에 강행군이다. 수시 모집을 생각하는 우나로서는 선택의 여지가 없다. 논술을 많이 안 해본 입장에서는 최선을 다하는 수밖에 없다. 이런 입장에서 얼쑤! 선생의 '스스로논술학습법'을 택했다.

"덩더덩더덩더쿵!"
"얼쑤!"

우나는 '베이징 올림픽'의 기사를, '독도' 관련의 칼럼을 선택했다. 얼쑤! 선생은 가만히 생각했다. '그렇다. 인생은 선택이구나!' 지금도 우나는 수시를 '선택', 지금 논술 제시문으로 신문 기사와 칼럼을 '선택', 우나는 논술 선생으로 얼쑤! 선생을 '선택' 등 인간의 삶의 과정이 모두 선택의 연속이다.

"우나야, '선택'이란 말을 우선 생각해보자."

"삶은 선택의 연속이다. 현대인은 생각한다. 우나야. 사람에게 선택이 많으면 좋을 것이라고 생각하니?"

"그럼요. 많은 것을 선택한다는 것은 그만큼 기회를 많이 갖는다는 것이 아닐까요? 이런 이야기도 있잖아요. '가진 자만이 선택을 즐긴다'고…"

"그렇지. 삶에 욕심이 많은 자는 그것을 삶의 가치로 생각할 수 있지."

"무슨 말인가요?"

"덩더덩더덩더쿵!"
"얼쑤!"

우나는 관심을 보였다. 자신도 선택이 많을수록 좋다고 생각했기 때문이다.

"네 말이 옳을 수도 있다. 선택은 자율과 개인의 자유의 상징이기 때문이다.

오늘날의 현실이 선택의 양으로 부의 상징을 만들어냈으니까.”

“가진 자는 선택의 대상이 많지. 못 가진 자는 선택의 여지가 없는 경우가 많단다. 그러나 선택의 수가 늘어난 만큼 현대인들은 그 만큼 더 행복할까?”

얼쑤! 선생은 힘주어 말했다. 우나의 반응을 기다렸다. 그러나 듣고만 있다.

얼쑤! 선생은 말을 이었다.

“수많은 선택은 현대인들에게 심리적인 스트레스를 줄 수가 있지. 이해하기 어렵겠지만 심리적 만족감을 방해할 수도 있단 말이야. 많이 가진 자는 선택을 통해 자신의 존재 의미를 확인하고 있지. 그러나 그 결과는 대부분 부정적 영향을 받게 된다.”

얼쑤! 선생의 말이 계속됐다.

“너도 지금 일간지 신문을 통해 기사와 칼럼 1편씩을 선택했지. 물론 네가 기준을 정해 금방 2개를 골라냈으니까 심리적인 스트레스는 많지 않았다. 그러나 네가 10개의 기사를 선택하고 칼럼도 4편을 선택했다고 하자. 또 고민의 과정을 거쳐 1편씩을 골라냈다고 하자. 거기에 들어간 심리적인 압박감은 얼마 정도일까?”

우나는 말했다.

“굉장하겠지요. 지금은 결과에 대한 압박감이 없이 선택했으니 부담감이 없었어요. 그러나 선택의 결과에 많은 심리적 만족감을 기대한다면 상당한 스트레스가 따를 것 같아요.”

“덩더덩더덩더쿵!”
“얼쑤!”

얼쑤! 선생은 우나가 이해를 잘하고 있다고 생각했다.

“네 말이 설득력이 있다. 현대인들에게 많은 선택이 주어진 것은 많은 기회를 잡은 것과 같다. 현상으로 보기에는 긍정적이다. 그러나 본질적으로 들어가면 소유의 양의 정도에 지나지 않는다. 단적으로 말해서 현대인들에게 있어서 부(富)는 단지 소유력을 증대시키는 결과라는 것뿐이다.”

“특히 선택에는 의식적인 선택이 있고 무의식적인 선택이 있다. 의식적인 선택은 무엇일까?”

얼쑤! 선생은 말을 이었다.

“삶을 살아가면서 실존과 관련된 선택이다. 이것은 의식적으로 선택의 결과에 긍정적인 영향을 기대하고 하는 선택이다. 그러나 무의식적 선택은 그 선택의 과정이 습관과 같은 것이다.”

“추상적으로 말씀을 하시니 이해가 어려워요.”

얼쑤! 선생이 길게 말했다.

“‘아침에 세수를 하고, 밥을 먹고, 치아를 닦고’ 등의 선택은 무의식적 선택이 된다. 세수를 할까 말까하다가 긍정적인 결과를 예상하고는 ‘세수를 하자’로 선택하는 것이 아니기 때문이다. 세수, 아침, 치아를 닦는 것은 그러한 결과를 떠나서 이미 습관화되어 있어 그러한 것을 선택해야 하는 스트레스가 없다. 그러나 땅을 사기로 선택했다고 하자. 그 ‘땅값이 오를 것이지, 내릴 것인지, 안전한 땅인지, 다시 팔려고 했을 때 불이익은 없는지,’ 선택의 기준이 너무도 많다. 그 결과에 이익을 염두에 두고 의식적으로 선택을 하기 때문이다.”

“그러한 의식적인 선택에 스트레스를 많이 받는다는 말씀이군요. 그것이 현대인들의 특징이고요.”

“덩더덩더덩더쿵!”
“얼쑤!”

우나는 자신감 있게 말했다. 그러면서 신문을 보더니 ‘얼쑤! 선생님, 신문 기사의 모든 것이 선택과 관련이 있네요?’하고 말했다.

“얼쑤! 선생님. 여기를 보세요. 이 신문의 각종 사건과 사고, 미국 대통령 선거의 후보자들의 연설과 유세, 칼럼과 사설 등이 대부분 의식적인 선택에 해당해요."

"그렇지. 이것이 현대인들의 특징이다. 논술의 관점으로 접근하면 '선택'이라는 핵심어로 현대인들의 사고방식을 읽어낼 수도 있지. 우나야. 네가 의식적인 선택의 사례를 들어볼까?"

"로또복권은 의식적인 선택에 해당해요. 대박을 염두에 둔 결과에 얽매이니까요."

얼쑤! 선생은 말했다.

"그렇지. 그렇다면 중국도 올림픽을 선택하여 개최하게 되었다. 베이징의 올림픽의 경우는 대표적인 의식적인 선택이 된다. 올림픽 개최까지 얼마나 많은 대가를 치렀니. 올림픽 개최의 결과를 염두에 두고 죽기 살기로 중국이 대들었지. 그러다보니 환상이라는 평도 있었지만 정치적인 올림픽 개막식이라는 평도 있었다. 그 순간 중국 당국도 세계 여론을 살피느라 굉장히 피곤했을 거야."

얼쑤! 선생은 현대인들의 수많은 선택이 가져오는 문제점을 설명했다. 그러면서 그 해결방안을 물었다. 우나는 고심을 거듭했다.

"우선 의식적인 선택의 수를 줄여야 해요. 결과를 의식하는 만큼 스트레스를 받으니까요. 그러나 현대인들은 최고의 만족을 얻기 위해서는 선택의 수를 넓히고 수준을 높이고 있어요. 그것이 문제죠."

"놀이 공원에 가면 볼 수 있지. 높은 곳에 떨어지는 무서운 놀이 기구가 있더구나. 관람객들의 만족을 위해서 그 한계점을 점점 높이 올려야 한다. 마찬가지지. 오늘날 선택의 수를 더 많이 가지려고 발버둥치는 것처럼 말야."

"덩더덩더덩더쿵!"
"얼쑤!"

"그러면 현대인들에게 요구되는 진정한 선택이란 무엇일까?"

"……"

우나는 말이 없었다. 구체적인 답변을 요구하는 문제는 어려운 문제에 속한다. 추상적인 답변은 범위가 넓기 때문에 쉽게 답변이 가능하다. 우나는 구체적인 문제에 막히고 말았다.

얼쑤! 선생이 말했다.

"진정한 선택은 선택의 대상을 통제할 수 있는 것으로 제한하는 것이 중요하다. 중요한 선택에만 집중하는 지혜가 필요하지. 그 이유는 자기 자신이 최선의 선택이라는 만족감을 느낄 수 있기 때문이다. 또한 과감한 선택과 기회의 포기도 필요하다. 그것은 존재를 위한 무소유의 실천이기도 하다. 다음의 글을 읽어 보기 바란다."

"덩더덩더덩더쿵!"
"얼쑤!"

지난해 여름까지 난초 두 분(盆)을 정성스레, 정말 정성을 다해 길렀었다. 3년 전 거처를 지금의 다래헌(茶來軒)으로 옮겨왔을 때 어떤 스님이 우리 방으로 보내준 것이다. 혼자 사는 거처라 살아 있는 생물이라고는 나하고 그 애들뿐이었다. 그 애들을 위해 관계 서적을 구해다 읽었고, 그 애들의 건강을 위해 하이포넥슨가 하는 비료를 바다 건너가는 친지들에게 부탁하여 구해오기도 했었다. 여름철이면 서늘한 그늘을 찾아 자리를 옮겨 주어야 했고, 겨울에는 필요 이상으로 실내 온도를 높이곤 했다.

이런 정성을 일찍이 부모에게 바쳤더라면 아마 효자 소리를 듣고도 남았을 것이다. 이렇듯 애지중지 가꾼 보람으로 이른봄이면 은은한 향기와 함께 연둣빛 꽃을 피워 나를 설레게 했고, 잎은 초승달처럼 항시 청정했었다. 우리 다래헌을 찾아온 사람마다 싱싱한 난(蘭)을 보고 한결같이 좋아라 했다.

지난해 여름 장마가 갠 어느 날 봉선사로 운허노사를 뵈러 간 일이 있었다. 한낮이 되자 장마에 갇혔던 햇볕이 눈부시게 쏟아져 내리고 앞 개울물

소리에 어려 숲속에서는 매미들이 있는 대로 목청을 돋구었다.

아차! 이때에야 문득 생각이 난 것이다. 난초를 뜰에 내놓은 채 온 것이다. 모처럼 보인 찬란한 햇볕이 돌연 원망스러워졌다. 뜨거운 햇볕에 늘어져 있을 난초 잎이 눈에 아른거려 더 지체할 수가 없었다. 허둥지둥 그 길로 돌아왔다. 아니나다를까, 잎은 축 늘어져 있었다. 안타까워 안타까워하며 샘물을 길어다 축여주고 했더니 겨우 고개를 들었다. 하지만 어딘지 생생한 기운이 빠져버린 것 같았다.

나는 이때 온몸으로 그리고 마음속으로 절절히 느끼게 되었다. 집착이 괴로움인 것을, 그렇다, 나는 난초에게 너무 집념해 버린 것이다. 이 집착에서 벗어나야겠다고 결심했다. 난을 가꾸면서는 산철(승가의 遊行期)에도 나그네 길을 떠나지 못한 채 꼼짝 못하고 말았다. 밖에 볼일이 있어 잠시 방을 비울 때면 환기가 되도록 들창문을 조금 열어 놓아야 했고, 분을 내놓은 채 나가다가 뒤미처 생각하고는 되돌아와 들여놓고 나간 적도 한두 번이 아니었다. 그것은 정말 지독한 집착이었다.

며칠 후, 난초처럼 말이 없는 친구가 놀러 왔기에 선뜻 그의 품에 분을 안겨주었다. 비로소 나는 얽매임에서 벗어난 것이다. 날듯 홀가분한 해방감. 3년 가까이 함께 지낸 '유정(有情)'을 떠나 보냈는데도 서운하고 허전함보다 홀가분한 마음이 앞섰다. 이때부터 나는 하루 한 가지씩 버려야겠다고 스스로 다짐을 했다. 난을 통해 무소유의 의미 같은 걸 터득하게 됐다고나 할까.

'법정 스님'의 <무소유>

얼쑤! 선생은 법정 스님의 '난초에 대한 과감한 포기'를 설명했다. "난초처럼 말이 없는 친구가 놀러 왔기에 선뜻 그의 품에 분을 안겨주었다. 비로소 나는 얽매임에서 벗어난 것이다"의 문장을 읽어주었다.

우나도 감동을 받은 눈치다. 그 선택의 포기로부터 얻은 것은 진정한 자유였다. 선택에 대한 욕심은 집착을 가져온다. 자유는 선택과 집착에서 벗어난 결과다. 자유는 자신의 존재에 대해 무한한 희열을 준다. 바로 법정 스님이 추구한 경지다.

"덩더덩더덩더쿵!"
"얼쑤!"

"너는 나중에 결혼할 때 남자를 많이 놓고 그 중의 신랑감을 선택하지 말아
라. 즉, 대학교 4학년 때에 남자를 한두 사람으로 선택의 폭을 만드는 것이 필
요하다. 그리고 2년 정도 만나보고 과감하게 한 명만 선택하면 된다. 이럴 때
진정한 사랑, 자유가 생긴다. 대부분 남녀관계가 복잡한 사람일수록 많은 스트
레스에 시달린다. 진정한 선택이 무엇인지 알겠지?"
"저는 남자에게 인기가 없어서 신경 쓰지 않아도 될 거예요. 호호호."
"또 이야기가 다른 곳으로 샜군."
얼쑤! 선생은 우나가 선택한 제시문을 봤다.
"좋다!"
얼쑤! 선생은 짧게 칭찬했다. '스스로논술학습법'의 2단계의 제시문의 요소를
갖췄기 때문이다. 우나의 눈이 빛났다. 얼쑤! 선생은 요약하도록 시켰다.
얼쑤! 선생은 이 내용을 제시문으로 설정하고 문제를 만들기 전에 부탁을 했
다. 먼저 시간에도 말했지만 칼럼의 문단을 논술답안의 문단으로 재구성하라는
것이다. 이른바 두괄식의 기본적인 답안의 문단으로 만들어보는 방법이다.

"덩더덩더덩더쿵!"
"얼쑤!"

2. 신문 칼럼의 문단을 '논술 문단'으로 재조직하라!

논술의 문단은 자연스럽게 쓴 것이 좋다. 마치 물이 흐르듯 말이다. 그러나
이 흐름 속에도 일정한 흐름이 존재해야 한다. 그것은 논리성이다.
"우나야 다음의 글을 보자. 신문에 실린 칼럼은 아니지만 논술문이기에 칼럼

의 성격과 관련된다. 이 제시문을 워밍업으로 보자."

<가> "근래에 우리 동포 중에는 우리나라를 어느 큰 이웃 나라의 연방(聯邦)에 편입(編入)하기를 소원하는 자가 있다 하니, 나는 그 말을 차마 믿으려 아니 하거니와, 만일 진실로 그러한 자가 있다 하면, 그는 제 정신(주체성)을 잃은 미친 놈이라고밖에 볼 길이 없다.

<나> 나는 공자(孔子), 석가(釋迦), 예수의 도(道)를 배웠고, 그들을 성인(聖人)으로 숭배(崇拜)하거니와(하지만), 그들이 합하여서 세운 천당(天堂), 극락(極樂)이 있다 하더라도, 그것이 우리 민족이 세운 나라가 아닐진댄, 우리 민족을 그 나라로 끌고 들어가지 아니할 것이다. 왜 그런고 하면, 피와 역사(歷史)를 같이하는 민족이란 완연히 있는 것이어서, 내 몸이 남의 몸이 못 됨과 같이 이 민족이 저 민족이 될 수는 없는 것이, 마치 형제도 한 집에서 살기 어려움과 같은 것이다. 둘 이상이 합하여서 하나가 되자면, 하나는 높고 하나는 낮아서, 하나는 위에 있어 명령(命令)하고, 하나는 밑에 있어서 복종(服從)하는 것이 근본 문제가 되는 것이다.

<다> 1) 이에 대하여, 일부 소위 좌익(左翼)의 무리는, 혈통(血統)의 조국(祖國)(민족주의)을 부인(否認)하고 소위 사상(思想)의 조국(소련)을 운운(云云)하며, 혈족의 동포를 무시하고 소위 사상의 동무와 프롤레타리아트의 국제적(國際的) 계급(階級)을 주장하여, 민족주의(民族主義)라면 마치 이미 진리권(眞理圈) 외에 떨어진 생각(진리에서 벗어난 사상)인 것같이 말하고 있다. 심히 어리석은 생각이다."
2) 철학(哲學)도 변하고 정치(政治), 경제(經濟)의 학설(學說)도 일시적이거니와(이지만) 민족의 혈통은 영구적이다. 일찍이 어느 민족 내에서나 혹은 종교로, 혹은 학설로, 혹은 경제적·정치적 이해의 충돌로 하여 두 파, 세 파로 갈려서 피로써 싸운 일이 없는 민족이 없거니와 지내 놓고 보면 그것은 바람과 같이 지나가는 일시적인 것이요, 민족은 필경 바람 잔 뒤에 초목

모양으로 뿌리와 가지를 서로 걸고 한 수풀(민족)을 이루어 살고 있다. 오늘 날 소위 좌우익(左右翼)이란 것도 결국 영원한 혈통의 바다에 일어나는 일시적인 풍파(風波)에 불과하다는 것을 잊어서는 아니 된다. 이 모양으로 모든 사상도 가고 신앙(信仰)도 변한다. 그러나 혈통적인 민족만은 영원히 흥망성쇠(興亡盛衰)의 공동 운명의 인연에 얽힌 한 몸으로 이 땅 위에 사는 것이다.

— 고등학교 국어교과서. ‘김구’의 <나의 소원>

“덩더덩더덩더쿵!”
“얼쑤!”

얼쑤! 선생은 제시문의 <가>, <나>, <다>를 분석하여 우나에게 말했다.

“<가>는 반대되는 남의 의견을 끌어들여 비판했다. 그런데 비판이 ‘제 정신을 잃은 미친 놈’이라고 했는데 이것은 감정적 표현으로 점잖은 표현은 아니다. 논술에서는 감정적 표현을 자제해야 한다. 이것을 다른 말로 고치면 뭐가 될까?”

“문장의 흐름으로 봐서 ‘주제성이 결여된 사람’의 표현이 좋겠어요.”

“좋아. <가>에서 필자는 연방 편입을 원하는 자의 내용을 끌어들여 비판했다. 시작부터 통쾌하고 자신감이 있지. 즉, 첫문장부터 독자의 시선을 잡는다는 것이 중요한 것이지.”

“<나>의 단락은 어떤 내용이지?”

“연방 편입을 반대하는 이유가 들어있는 문단입니다.”

“좀 자세히 설명해볼까?”

“덩더덩더덩더쿵!”
“얼쑤!”

우나는 자신 있게 말했다. 고등학교 국어 교과서에서 배운 내용이기에 그런지 당당함마저 엿보였다.

"'피와 역사(歷史)를 같이하는 민족이란 완연히 있는 것이어서, 내 몸이 남의 몸이 못 됨과 같이 이 민족이 저 민족이 될 수는 없는…'의 내용이 그 이유가 됩니다. 이어서 필자는 형제도 같은 집에서 살기 어렵다는 비유까지 했습니다."

얼쑤! 선생은 고개를 끄덕였다. 이젠 우나도 논술의 맛을 아는 것 같았다. 논술이란 처음에는 두려움을 가졌다가 자신이 겪으면서 단순한 글쓰기임을 알아갔다. 얼쑤! 선생은 기뻤다.

"이제 <다> 단락을 보자. 필자는 근거를 들어 좌익의 민족관과 국가관을 비판하고 있다. 주장이 단정적이지. 그렇다면 <가>, <나>, <다>를 묶어서 분석한다면 어떻게 될까?"

우나는 말했다.

"<가>는 당시 우리나라가 처한 상황입니다. <나>는 연방제 편입에 대한 글쓴이의 태도와 근거가 나왔죠. <다>는 좌익 사상의 어리석음을 비판하고 좌익 사상 비판의 근거를 대고 있습니다."

"잘했어요. 그렇다면 <가>, <나>, <다>의 내용을 논술의 관점으로 바라보면 뭐가 될까?"

"주장과 근거가 분명히 제시됐다는 것이지요. 논술의 핵심이라고 볼 수 있죠. 그죠. <가>의 주장에 대한 근거가 <나>가 되고요. <다>의 주장이 1)이 되고, 2)부터 근거가 됩니다."

우나는 자신 있게 말했다. 논술의 핵심을 주장과 근거로 정확히 설명하고 있는 것이다. 우나는 항상 논술을 생각할 때 '주장과 근거'를 인식하고 논제와 제시문을 접근하리라 생각했다. 논술 답안 작성도 마찬가지다. 항상 주장이 나오면 이를 근거할 내용을 끌어들였다. 이것이 논증이요, 자신의 주장이 강력한 무기가 되는 폭탄이 된다.

"덩더덩더덩더쿵!"
"얼쑤!"

3. 기사, 칼럼을 통해 스스로 '논제'를 만들고 '답안'을 작성하라!

우나는 신문의 기사와 칼럼을 각각 1편씩 선택했다. 그 내용을 조심스럽게 읽고 요약을 했다. 얼쑤! 선생이 시키지도 않았는데 스스로 길을 잡아 나갔다. 누구든 어떤 일을 시작할 때는 어안이 벙벙하여 머뭇거린다. 그러나 경험이 쌓이고 문리가 트면 그 일이 재미가 있어진다. 그러다가 '내가 왜 이런 일을 하나?'는 식의 한 두 번쯤 회의감에 잠긴다. 많은 전문가들이 방황을 하는 것이 이 시기다. 여기서 의지를 다짐하고 뼈를 깎는 고통을 통해 극복해야 한다. 이 극복은 창조성을 확립하는 기폭제가 되어 자신만의 세계를 이룰 수 있다. 이런 사람들이 장인(匠人)이요, 프로패셔널인 것이다.

우나를 평가한다면 '논술에 어안이 벙벙하여 머뭇거리다 논술의 숲에서 길을 잡은 단계'라 할 수 있다. 우나가 열심히 노력한 결과다.

"덩더덩더덩더쿵!"
"얼쑤!"

제시문●●●

<가> "베이징 올림픽은 환호와 정적이 공존했다. 평화로운 분위기와 긴장감이 계속됐기 때문이다. 베이징 올림픽을 읽는 5가지 키워드는 '[1] 환호와 정적 [2] 평화와 테러 [3] 중국과 세계 [4] 전통과 현재 [5] 과거와 미래'이다."[19]

<나> "우리는 상대국에 대한 치열한 연구를 해야 한다. 독도 문제에 대한 본격적인 학술적 대응의 준비가 필요하다. 일본은 수십 년 차근차근 준비해서 이제 준비가 다 끝났기에 독도 문제를 본격적으로 들고 나왔다. 우리는 독도 문제에 흥분만 하고 있을 때가 아니다."[20]

---

19) 갈등을 녹여 화합으로… 베이징 '위대한 부흥' 꿈꾸다. 동아일보(2008.08.09)
20) [문화칼럼/정민] '韓목청 vs 日기록…누가 이길까' 동아일보 칼럼(2008.08.09)

"우나야. 내용도 좋고 요약도 잘했다. 네가 선택한 것을 보면 언뜻 보면 신문 기사와 칼럼의 내용이 연결이 되지 않는 것처럼 보인다. 그러나 그것을 용케 관련시켜 오늘날 시사적인 내용과 관련시키면 대단한 능력을 보이는 것이다. 어때. 그런 관점에서 문제를 만들어 볼까?"

"덩더덩더덩더쿵!"
"얼쑤!"

'제시문 <가>의 [1]-[5] 중에 하나를 선택하여 <나>를 관련시켜 그 의미를 밝히고, 자신의 견해를 제시하시오'를 만들어 봤습니다.

베이징 올림픽을 읽는 5가지 키워드는 '[1] 환호와 정적 [2] 평화와 테러 [3] 중국과 세계 [4] 전통과 현재 [5] 과거와 미래'다. 이 중에서 하나를 선택하여 <나>의 핵심 내용과 관련시키라는 것이 논제다.

우선 제시문 <나>의 주제문장을 확인하고, 이와 관련된 내용을 <가>와 관련시켜보기로 했다. 우나는 피곤한 기색을 보였다. 무더위에 집중력이 떨어졌다.

얼쑤! 선생이 말했다.

"우나야. 이 문제가 좋은 것이 제시문간의 관련성을 묻기 때문이다. 이렇게 논술의 문제는 제시문간의 관련성을 염두에 두어야 한다. 그렇다고 눈에 뻔히 보이는 식의 내용의 구성은 논술의 맛을 떨어뜨린다. 논술의 고수가 되기 위해서는 이런 문제를 능숙하게 만들어야 한다. 언뜻 보기에는 관련이 없어 보여야 한다. 이것을 잊어서는 안 된다."

우나가 대답했다.

"제시문 <나>의 중심 내용은요. '우리는 독도 영유권 문제에 감정의 대응보다는 일본에 대한 치열한 연구를 통한 학술적 대응이 필요하다'입니다. 이것과 관련되는 제시문 <가>의 내용은 '[5]의 과거와 미래'로 보고 싶어요."

우나의 당당하고 단호한 태도가 마음에 들었다. 얼쑤! 선생이 싫어하는 말이나 글은 '같아요'이다. 이를테면, '이것이 중요한 것 같아요', '인식의 전환이나 정책을 만들어 처리해도 좋을 것 같다' 등이다. 이것은 자신의 입장이나 주장이 아닌 책임을 미루는 태도다. 일종의 책임 회피인 것이다. 논술을 하는 학생들은 단호한 문장으로 자신의 주장을 밝히는 것이 중요하다.

"덩더덩더덩더쿵!"
"얼쑤!"

자신의 주장을 분명하게 제시하기 위해서는 '신문 사설'을 활용하면 좋다. 사설은 논리를 바탕으로 주장이 명확한 글이다. 또한 시사적인 이슈에 대해 신문사가 공개적으로 주장을 밝힌 글이다. '공개적'이란 말이 매력적이다. 논술의 맛을 느낄 수 있는 부분이기 때문이다. 사설이 바로 공개적이기에 주장에 대한 자시만의 논리를 갖추어야 한다. 어느 독자가 읽더라도 설득력을 높여야 하기에 객관성을 가진 논거를 세련된 문장을 동원하여 쓸 수밖에 없기 때문이다. 그런 의미에서 우리는 사설을 적극적으로 활용해야 한다.

사설의 주제를 빠른 시간에 확인하고 논거까지 찾아서 노트에 정리해보자. 사설은 대부분 1,000자 내외이기에 10분 안에 논술의 모든 것을 배울 수 있다. 이를테면, 사설에서 주장하는 바를 무비판적으로 수용하지 말고 자신이 직접 반대의 주장을 만들고 논리를 전개해보는 데까지 나가는 것이다. 사설은 우리에게 주는 논술의 선물이다.

얼쑤! 선생은 또 이야기가 옆길로 샜다고 생각했다.

"덩더덩더덩더쿵!"
"얼쑤!"

"우나야. 너의 문제를 같이 생각해 보자.

<가> 제시문의 '[5]의 과거와 미래' 중에 이런 내용이 있다. '중국은 이제 중국적인 것을 고집하던 과거에서 세계의 스탠더드에 맞추고, 나아가 미래의 세계의 표준을 세우는 데 주도적인 역할을 할 것임을 보여주었다'의 부분을 주목해야 한다. 이 내용을 일반화시키면 뭐가 될까?"

"글쎄요."

"'중국은 과거의 중국적인 것을 더 이상 고집하지 말고 이제는 세계의 기준을 제시하는 새로운 중국의 국제 전략을 제시했다'로 볼 수 있지."

"그렇군요."

우나는 짧게 말했다. 얼쑤! 선생의 말을 빠트리지 않고 노트에 적었다. 그러자니 고개를 들었다 내렸다 했다.

"이것은 새 시대에 맞는 중국의 생존 전략인 셈이다. 이것을 <나>와 관련시킨다면 '우리는 독도 문제 대응에 과거의 우리의 전략인 감정 대응에서 벗어나 세계 여러 나라를 설득할 수 있는 새로운 기준의 독도의 학술적 표준을 만드는 데 주도적인 역할을 해야 한다"로 볼 수 있지. 어떠냐?"

"잘 알겠습니다."

얼쑤! 선생은 <문제 1>에 대한 답안을 작성하라고 했다. 그러면서 대학의 채점 교수가 원하는 답안을 말해줬다.

"학생만의 창의적인 내용을 담아야 한다. 그 내용을 눈에 불을 켜고 찾고 있다고 봐도 무리 있는 말이 아니다. 서울대의 경우를 들어서 말해보지."

"적어도 될까요?"

"적을 필요는 없다. 이해만 하면 되지. 너는 노트에 적는 것을 왜 그렇게 좋아하니? 네가 적어놓은 것을 몇 번이고 읽어본 적이 있니? 혹시 적으면 그것으로 끝나는 것 아니야?"

"덩더덩더덩더쿵!"

“얼쑤!”

얼쑤! 선생은 생각했다. 지금까지 우나가 얼쑤! 선생한테 4번 정도를 배우고 있는데 그 효과는 기대치에 미치지 못했다. 노트에 적은 내용만을 수용했으면 논술 능력이 신장됐어야 했다. 우나는 얼굴이 빨개졌다.

얼쑤! 선생이 말했다.

“서울대는 교과서의 내용을 제시문으로 일부 발췌하겠다고 했다. 거기다가 교과서에 나오는 지식 이상의 것을 묻지 않겠다고 밝혔다. 물론 그대로 지켜지지는 않겠지. 순진하게 믿을 수는 없다. 귀에 걸면 귀걸이 코에 걸면 코걸이니까. 그러나 앞으로 논술 출제 방향만은 제시한 것은 틀림없어. 그렇다고 서울대의 논술 문제가 쉽다는 것은 아니다. 수험생들에게 제시문은 교과서의 내용이 일부 제시되기에 익숙한 내용이라고 느낄 뿐이다.”

“그 정도만 되면 쉬운 내용이 아닌가요?”

“서울대는 그것을 창의적으로 관련시켜 내용을 적도록 은연중 요구하고 있다. 즉, 교과서 지식 범위 안에서 번뜩이는 창의력을 보겠다는 것이다.”

“무섭군요. 도대체 창의력이 뭐를 말하나요?”

“창의력은 우리가 11강부터 배울 내용이야. ‘스스로논술학습법’의 3단계가 시작되는 부분이야. 3단계는 논술 시험에 직접 적용할 수 있는 능력을 키우는 것이니, 창의적인 내용은 그 때 보자고.”

“알겠습니다.”

“채점 교수들은 안다. 논술 답안을 채점할 때는 학생 자신의 목소리가 담겨 있는지 말이다. 물론 어려운 말이지. 자신의 목소리는 무엇을 말하는가? 네가 말해 볼래?”

“내용을 쓸 때 자신의 느낌을 담은 언어로 서술해야 한다는 소리가 아닐까요?”

얼쑤! 선생이 말했다.

"그렇지. 내가 스스로 생각하여 쓴 문장하고 남의 글을 외워서 쓴 문장은 느낌이 다르지. 교수들은 글을 쓰는 사람이니 그것을 기막히게 찾아낸다. 쉽게 말하면 학생다운 참신한 주장에 교과서나 시사이슈의 내용을 논거로 제시하면 나의 느낌을 담았다고 볼 수 있지."

"어렵군요."

우나는 중얼거렸다.

"자, 이제 답안을 작성해봐? 내가 말한 것을 생각해가면서 알겠지."

"덩더덩더덩더쿵!"

"얼쑤!"

우나의 논술답안 1

　제시문 <나>는 '우리는 독도 영유권 문제에 감정의 대응보다는 일본에 대한 치열한 연구를 통한 학술적 대응이 필요하다'를 말했다. 이것과 관련되는 제시문 <가>의 내용은 '[5]의 과거와 미래'이다. 즉 '중국은 이제 중국적인 것을 고집하던 과거에서 세계의 스탠더드에 맞추고 나아가 세계의 표준을 세우는 데 주도적인 역할을 할 것임을 보여주었다.'의 부분이다. 이것을 <나>에 맞추어 관련시켜보면, '우리는 독도 문제 대응에 과거의 전략인 감정 대응에서 벗어나 세계 여러 나라도 설득할 수 있는 세계 기준의 독도의 표준을 만드는 데 주도적인 역할을 해야 한다'이다. 여기서 우리는 일본의 독도 영유권 주장에 일본에 대한 철저한 연구를 통해 학술적인 독도 대응에 나서야 한다는 인식을 할 수 있다.

"우나야. 논술 답안의 문장은 짧게 쓰도록 하고, 논술문의 시제는 '현재형'이 좋다. 너의 논술 답안 첫 문장 중에서 '-학술적 대응이 필요하다를 말했다'는 과거형의 문장이다. 이것을 '-학술적 대응이 필요하다를 말한다'로 고치면 생동감을 느끼게 한다. 논술답안에 현재형의 문체를 쓰면 효과적인 이유다. 알겠지."

"현재형의 효과가 크군요."

우나는 대답했다. 얼쑤! 선생의 설명이 자꾸만 곁가지를 쳤다. 또한 다루는 주제를 다른 방향으로 내용이 새어나가도 불평을 하지 않았다. 우나의 좋은 점이다. 얼쑤! 선생의 설명이 주제와 다른 내용이 붙어서 불어 옆길로 새도 본래의 줄기인 주제를 잘 잡고 있으면 내용에 큰 혼동이 일어나지 않는다. 도리어 다양한 배경 지식을 주제와 관련지을 수 있고, 다양한 관점을 확보하여 시야를 넓힐 수 있다. 특히 통합논술에서는 이러한 얼쑤! 선생의 설명 방법도 필요하다.

얼쑤! 선생이 말했다.

"그렇지. 다음은 현재형 중심의 논술 답안의 사례다. 한 번 볼까?"

"<가>에서 허균은 인재 등용과 서인의 철폐를 주장한다. 허균은 적서 차별의 철폐를 바탕으로 사회 제도의 근본의 문제점을 제시하고 그 해결 방안을 밝힌다. 그 대안이 공평한 인재 등용이다. <나>에서 허균의 이상이 율도국으로 구체화된다. 율도국은 허균의 국가 개혁의 결과에 해당한다. 허균은 '신분차별'과 '이상향'의 문제를 중요하게 다룬다. 조선시대에는 신분차별이 존재했으나 오늘날은 철폐되었다. 그러나 오늘날에도 신분차별과 같은 현상이 발생한다. 신분차별이 학력, 지역, 성별, 인종차별 등의 다른 이름으로 오늘날 존재하기 때문이다."

"덩더덩더덩더쿵!"

"얼쑤!"

"우나야. 논술 답안의 문장의 서술어가 '주장한다', '밝힌다', '구체화된다'. '해당한다'. '다룬다', '발생한다'가 모두 현재형이다. 현재형의 문장을 사용하면 사건이 눈앞에서 펼쳐지는 듯한 현장감을 살려주지. 상황이 실감나게 느껴진다는 거야. 어때 좋지. 위의 사례에서는 과거형이 딱 한 번 사용되었다. '오늘날은 철폐되었다'가 바로 그것이다. 알겠지."

"얼쑤! 선생님! 문학 시간에 현재형 문장이 나온 소설을 배운 적이 있어요.

오상원의 <유예>란 소설인데요. 원래 소설은 과거형이 기본이잖아요. 현재형을 쓰니 생생한 현장이 떠올라요."

우나는 신이 났다. 오상원의 <유예>란 소설을 읽은 모양이다. 자신이 잘 알고 있는 내용을 물으면 신이 난다. 얼쑤! 선생은 그 소설을 펼쳐 놓고 그 일부를 써보도록 했다. 우나는 손을 빨리 놀려 노트에 적었다.

"아니, 어쩌면 놈들은 내 옷이 탐이 나서 홀랑 빨가벗겨서 걷게 할지도 모른다(찢어지기는 하였지만 아직 색깔이 제 빛인 미(美) 전투복이니까……). 나는 빨가벗은 채 추위에 살이 빨가니 얼어서 흰 둑길을 걸어간다. 수발의 총성. 나는 그대로 털썩 눈 위에 쓰러진다. 이윽고 붉은 피가 하얀 눈을 호젓이 물들여 간다. 그 순간 모든 것은 끝나는 것이다. 놈들은 멋쩍게 총을 다시 거꾸로 둘러메고 본대로 돌아들 간다. 발의 눈을 털고 추위에 손을 비벼 가며 방안으로 들어들 갈 테지. 몇 분 후면 그들은 화롯불에 손을 녹이며 아무 일도 없었던 듯 담배들을 말아 피우고 기지개를 할 것이다."

하나를 말하면 둘을 생각하는 우나가 기특했다.
"우나야. 우리 얼쑤! 춤을 추워볼까?"
"좋지요!"

"덩더덩더덩더쿵!"
"얼쑤!"

'제시문 <나>의 내용을 보완할 수 있는 것을 제시문 <가>를 참고하여 해결 방안을 제시하시오'를 만들어 봤어요

"우나야. 우리는 신문의 칼럼에서 제시한 해결 방안을 그대로 수용한다. 그

러나 이것을 다른 관점으로 확대시키는 것도 논술에서 요구되는 중요한 능력이다. 이 때 다른 관점이라는 것은 자신이 생각하는 것도 있고 다른 제시문에서 참고하는 것도 있다. 이 경우 제시문의 칼럼의 주장에 다른 의견을 통합함으로써 창의적인 내용을 담을 수 있다. 비빔밥 논술이란 말을 들어봤지?”

“그 의미는 이해가 되지만 처음 들어보는 데요.”

“여러 가지 재료를 섞으면 또 다른 창의적인 맛을 만들 수 있거든.”

얼쑤! 선생이 말했다.

“학문도 마찬가지지. 그동안은 학문을 분야별로 나누었지만 이제는 학문 간의 통합으로 가고 있지. 이런 식으로 창의성은 통합을 통해 만들어내지. 이제 제시문의 내용을 보도록 하자. <나>는 ‘우리는 독도 문제에 대한 본격적인 학술적 대응의 준비가 필요하다.’로 압축할 수 있다. 우나 네가 일본의 전략을 말해볼까?”

우나는 독도 분쟁과 관련된 신문의 기사 및 칼럼을 뒤적이며 읽어봤다. 중요한 내용은 밑줄을 치고 그것을 노트에 옮겨 적었다. 꼼꼼한 성격임을 말해주는 부분이다. 고개를 들고 말했다.

“덩더덩더덩더쿵!”
“얼쑤!”

“일본이 세계에 독도가 분쟁 지역임을 선포하려는 의도가 있습니다. 일본이 경제 강국이라는 이점을 최대한 이용하려는 것이죠. 일본이 그동안 제 3세계 국가들에게 경제적 원조를 한 이유로 이것으로 설명이 가능해요.”

우나는 똑 부러지게 말했다. 만면에 웃음까지 지으니 여유까지 넘쳤다. 우나의 말이 이어졌다.

“일본의 의도에 우리의 적절한 대응이 필요합니다. 얼쑤! 선생님도 말했지만 그동안 우리는 감정적 대응에 매달렸거든요. 일본 대사관 앞에서 머리에 띠를 두르고요. 이것도 좋은 방법이기는 하지만요. 그러나 이 외침이 과연 세계인들에게 설득력 있게 우리의 의도가 전달될지는 의문이예요. 그런 측면에서 이 칼럼의 '학술적으로 대응하자'는 내용에 공감이 갔습니다."

우나가 말하는 모습이 약간 흥분한 상태다.

얼쑤! 선생이 길게 말했다.

"독도 문제에 대해 어느 일본 학자는 독도가 한국 땅이라고 주장을 하지. 그러다보니 일본은 그 과정에서 치열한 논리를 갖게 되지. 학술적으로 충분히 숙성의 기간을 태생적으로 갖고 있다는 얘기야. 일본 학자들도 솔직히 독도가 일본의 땅이 아니라는 것을 알 거야. 독도가 한국 땅이라는 것은 역사적으로 증명하고 있으니까. 그러나 일본의 우파 학자들은 교활하게 학술적인 연구를 통해 묘한 논리를 개발해냈지. 보다 중요한 것이 있어. 일본은 치열한 연구를 중심으로 주장의 논리를 개발할 수 있는 학문적 풍토지. 이런 결과로 일본의 치열한 기록 정신도 이해하게 된다."

얼쑤! 선생도 덩달아 흥분을 하였다. 말을 이었다.

"우리나라의 학문적인 상황은 어떨까? 독도는 우리의 땅이라는 절대적인 사실에 바탕을 두다보니 학문적인 연구가 치열하지 못했다. 당연한 사실이기에 학문적인 연구를 등한시했다는 이야기다. 만약 가정을 해서 '독도가 우리 땅이다, 아니다'가 우리나라에서 논쟁이 벌어졌다고 생각해보자. 이 찬반 논쟁은 서로 간에 치열한 학문적인 연구를 통해 그의 주장을 증명하려 했을 것이다. 그러나 우리나라는 독도가 당연히 우리의 땅이기에 학자들 간에 중요한 논쟁 과정이 생략되었던 것이지. 비유를 하자면?"

우나는 말을 받았다.

"비유를 하자면요?"

"덩더덩더덩더쿵!"

"얼쑤!"

“권투 챔피언과 도전자의 관계와 같지. 우리는 독도 영유권 문제에 있어 챔피언의 자리에 있고 일본은 도전자의 입장이다 보니 그들은 치열한 학문적 논리를 개발한 거야. 일본이 허구적인 학문적 연구 결과물을 논리적으로 만들어 내면 문제는 세계인들이 믿어줄 가능성이 있다는 거야. 우리로서는 큰일이지.”

“그렇군요.”

“이 칼럼의 필자도 이런 배경에서 우리나라도 빨리 학문적인 대응을 하자는 것이지. 좋은 의견이야.”

우나는 호기심을 보였다.

“오늘날 국제 관계는 힘의 관계지요. 일본이 경제 대국의 강점을 세계에 내세우며 독도를 분쟁 지역으로 몰고 가는 인상예요. 그렇다면 어떻게 될까요?”

얼쑤! 선생이 말했다.

“전문가들의 일부 의견은 한국이 불리할 것이라는 거야. 일본은 1954년부터 독도 문제를 국제사법재판소에 회부할 것을 주장하고 있지. 만약 국제사법재판소에서 양측의 근거를 파악하여 결론을 내린다면 어떻게 될까? 아무리 국제사법재판소가 공정하게 판결을 한다고 해도 결과는 장담할 수 없는 상황이지.”

우나는 짧게 물었다.

“왜요?”

“일본은 국제사법재판소 회부에 대비해 수십 년 간을 학술적으로 준비해왔지. 국제 사회는 학술적으로 연구한 결과물에 신뢰성을 보이지. 또한 일본은 경제 대국으로 국제 사회의 힘의 질서에서 우리나라보다 우위에 있기 때문이야.”

“우리가 빨리 독도 영유권을 학술적으로 대응해야 한다는 것이군요.”

“그렇지. 독도는 누가 봐도 우리나라의 땅이라는 것은 확실하지만 좀더 깊이 있는 학문적인 논리로 다듬어서 이를 증명해 내야 돼. 대부분 같은 내용에 다른 해석의 논쟁은 학문적인 논리로 결판이 났거든. 우리나라의 독도는 반드시 지켜야 한다. 우리는 어떤 방법을 쓰더라도 독도는 지켜야지.”

"덩더덩더덩더쿵!"
"얼쑤!"

"그렇군요. 그래서 조용한 독도문제 해결이 우선이군요."

"이를 <가>의 제시문에서 참고한다면, '[5]의 과거와 미래' 부분이다. 그 일부 내용 중에 '화해를 추구하면서(...)'를 활용하고 일반화하여 관련시키면 된다. 여기서 중요한 것은 구체적 대상이 다른 내용일지라도 원리만 비슷하면 다른 상황에 적용이 가능해진다는 것을 알아야 한다."

우나가 말을 받았다.

"그렇다면 우리가 학술적으로 독도가 우리 영토라는 것을 연구하여 일본 사회의 시민들의 인식을 바꾸는 것이 좋겠네요. 그러니까 <나>의 칼럼의 필자의 주장을 중심으로 놓고 여기에 <가>의 관련 내용을 통합하면 되네요."

"바로 그거야. 논술 수험생들은 이것에 능통해야 돼. 또 재미있는 일이잖아. 너도 이런 '적용, 활용, 재해석'의 공부 방법을 즐기면 좋겠어. 게임만 즐기지 말고... 이제 문제에 대한 답안을 작성보기 바란다."

"덩더덩더덩더쿵!"
"얼쑤!"

우나의 논술답안 2

   <나>의 내용은 '독도 문제에 대한 본격적인 학술적 대응의 준비가 필요하다.'이다. 일본이 세계에 독도가 분쟁 지역임을 선포하려는 의도라면 이를 방지하기 위한 우리의 또 하나의 대응전략이 요구된다. 일본 국민들이 높은 시민 의식을 가졌다면 우리의 진실한 독도 설득에 귀를 기울일 것이기 때문이다. 독도 문제의 조용한 해결은 우리가 바라는 최선의 전략이다. 이와 관련되는 것은 제시문 <가>의 '[5]의 과거와 미래'다. 즉, '사회적 화해를 추구하면서... 높아진 시민의식에...'에 호소하는 것이 미래의 방향임을 말해준다. 이것을 <나>의 보완책으로 재해석하여 활용해야 한다. 우리는 독도문제에 있어서 감정 대립으로 일본과의 관계를 악화시켜서는

안 된다. 우리는 일본 정부와 화해를 추구하면서 학문적인 연구로 독도가 우리 땅임을 일본 국민들과 학자들을 설득시켜야 한다.

오늘날의 논술문의 기본 형식은 본론의 형태다. 300자, 500자, 800자 1,000자 내외의 논술 답안은 본론 형태로 답안을 작성하면 된다. 본론의 방법은 내용적인 측면에서 볼 때, 본론의 한 문단은 '하나의 주제의 내용만을 써야 한다'는 것이다. 하나의 본론 문단에 여러 이야기가 오면 일관성과 통일성을 해치게 된다. 그 결과는 설득력을 약화시킨다. 본론의 형식은 '대립의 원리'로 확장하는 것이 내용을 선명하게 제시할 수 있어서 좋다.

여기에 예시, 비교의 기법을 동원하면 구체적인 심층화가 가능하다. 논제가 논쟁의 성격을 가진 경우는 '상대방의 반대되는 의견을 끌어들여 비판하기'가 좋다. 논의의 대상이 추상적인 주제인 경우는 '예시나 유추'에 의하여 본론의 내용을 확장하는 것이 바람직하다. 또한 본론을 논리성을 강조하기 하기 위해서는 인과 관계에 따른 내용 확장도 설득력을 높이는 좋은 본론 쓰기 방법이다.

"덩더덩더덩더쿵!"
"얼쑤!"

"그렇다면 고득점의 논술 답안은 논제에 충실했다는 것이 눈에 보여야 겠네요.?"
"그렇다. 바로 그거다. 분량이 얼마 안 되는 본론의 형태를 답안으로 요구하기 때문이다. 과거의 1,600자 이상의 논술은 서론, 본론, 결론이 다 필요했었지. 물론 서울대는 많은 분량을 논술 시험으로 낼 가능성이 높다. 그러나 다른 대학들은 일반적으로 1,000자를 넘지 않는다."
"그렇군요."
"그럼, 교수들 사로잡은 고득점 답안의 일부를 같이 볼까?"

"(가)의 통계자료는 우리나라 출산 순위별 출생 성비의 변화를 제시하고 있다. 통계자료를 보면 출산 순위가 뒤로 갈수록 성비 불균형 현상이 심해짐을 알 수 있고 또한 해가 갈수록 심해지던 성비 불균형 현상이 1990년 이후에는 다소 완화되었음을 알 수 있다. (나)의 신문기사를 참고했을 때, 성비 불균형 현상이 1990년 이후 다소 완화된 것은 1994년 개정 의료법에 따라 태아 성감별 의료 행위에 대한 처벌이 강화되었기 때문이라고 할 수 있다.(...)" <숙명여대>[21]

"상층문화가 실생활에서 향유되어야 한다는 생각은 잘못된 생각이다. <A-1>을 보면 고급예술이 교육받은 상위계층을 위한 문화며 풍요로운 이들을 위한 문화임을 알 수 있다. 따라서 고급문화는 대중에게 널리 향유되기 어려우며 모두를 위한 문화라고 말하기도 어렵다. 또한 음악문화 규범을 제시하고 방향을 이끄는 문화가 상위 음악문화라는 말 역시 문제가 있다. 문화는 상대적인 개념이므로 '급'으로 나누는 것은 옳지 않으며 선동의 힘은 대중적 지지 속에 있음을 명심해야 한다. 일부 사람들을 위한 문화가 옳은 것이라고 단정짓는 것은 잘못된 판단이다.(...)" <서강대>[22]

"덩더덩더덩더쿵!"
"얼쑤!"

"인간을 인간으로 되게 하는 것에는 몇 가지 원리가 있다. 첫 번째는 이성이라고도 일컬어지는 '정신'이다. 정신적 존재인 인간은 충동과 환경의 구속에서 자유롭지 못한 동물과는 달리 충동적인 지능에서 해방되어 열린 세계 속의 자유로운 존재다.
　두 번째는 '집중'이다. '집중'은 자기집중의 목표를 총괄하여 자신을 인식하는 자기의식이라 부르기도 한다. 자기조차도 인식하지 못하는 몰아적 존재인 동물은 이런 '집중'을 가질 수 없다.(...) <성균관대>[23]

"우나야. 윗글의 답안은 논제가 요구하는 것을 핵심으로 잘 잡아 제시했다. 또한 문장의 길이가 적절하고 내용을 명확하게 제시한다는 공통점을 보였다.

---

21) [논술 따라잡기] '숙명여대 교수들 사로잡은 고득점 답안' 매일경제(2006.06.06)
22) [논술 따라잡기] '서강대 교수들 사로잡은 고득점 답안' 매일경제(2006.05.16)
23) [논술 따라잡기] '성균관대 교수들 눈길 사로잡은 고득점 답안' 매일경제(2006.02.20)

문장의 쓰임도 군더더기가 전혀 없는 완결된 문장이다. 그렇지.”

　“그래서 교수를 사로잡은 답안이 되는군요.”

　“덩더덩더덩더쿵!”

　“얼쑤!”

4. 논술 답안을 논술 선생님의 ‘!, ?’로 창의적인 첨삭을 받아라!

제시문 <가>의 [1] - [5] 중에 하나를 선택하여 <나>를 관련시켜 그 의미를 밝히고, 자신의 견해를 제시하시오.

우나의 논술답안과 첨삭 1

　1) <u>제시문 <나>는 ‘우리는 독도 영유권 문제에 감정의 대응보다는 일본에 대한 치열한 연구를 통한 학술적 대응이 필요하다’를 말했다. 이것과 관련되는 제시문 <가>의 내용은 ‘[5]의 과거와 미래’이다.</u>(!) 즉 ‘중국은 이제 중국적인 것을 고집하던 과거에서 세계의 스탠더드에 맞추고 나아가 세계의 표준을 세우는 데 주도적인 역할을 할 것임을 보여주었다.’의 부분이다. 이것을 <나>에 맞추어 관련시켜보면, ‘우리는 독도 문제 대응에 2) <u>과거의 전략인 감정 대응에서 벗어나 세계 여러 나라도 설득할 수 있는 세계 기준의 독도의 표준을 만드는 데 주도적인 역할을 해야 한다’이다.</u>(?) 3) <u>여기서 우리는 일본의 독도 영유권 주장에 일본에 대한 철저한 연구를 통해 학술적인 독도 대응에 나서야 한다는 인식을 할 수 있다.</u>(?)

　“우나야. 답안의 내용은 잘 썼다. 문장들의 내용적 연결이 논리성을 보이기 때문이다. 이젠 논술에 좀 감이 잡히니?”

　우나는 신나게 대답했다.

　“논술에 자신감이 붙은 것은 사실이에요. 느낌이 팍팍 오더라고요. 그것을 실감할 때는요. 제가 잠을 자면서도 논술 생각이 날 정도로 논술 공부가 하루의 중요한 일과가 됐죠. 어떤 일을 하더라도 논술이 제 머리 속에 있어요.”

얼쑤! 선생은 신나서 말했다.

“축하한다. 그것은 네가 논술을 즐기기 바로 전 단계에 접어들었다는 증거지. 누구든지 즐기는 사람은 당해낼 수가 없거든.”

“덩더덩더덩더쿵!”
“얼쑤!”

“고맙습니다.”

“1)의 문장은 내가 왜 (!)를 했지? 그 이유를 노트에 문장으로 적어봐?”

우나는 곰곰이 생각했다. 분명히 (!)이니 잘 썼다는 평가다. 그 이유를 문장으로 적어야 한다. 그 때 머리에 떠오른 생각이 있었다. 항상 얼쑤! 선생이 강조하는 말이다. ‘논술 답안의 첫문장은 논제가 요구한 것을 적어라’이다. ‘그렇지 않으면 그것의 전제를 깔아라’도 생각이 났다. 우나는 노트에 적기 시작했다.

“1)의 문장은 논제에 답안의 문장을 충실하게 적었다. 즉 <나>의 중심 내용을 첫문장으로 제시하고 다음으로 이어지는 문장으로 <나>의 관련되는 키워드를 제시했기 때문이다.”

얼쑤! 선생의 평가를 기다렸다. 자신만만한 표정이다. 드디어 (!)가 붙었다. 이어서 2)의 문장에 대한 (?)의 평가의 이유를 적어야 했다. 고민을 하기 시작했다.

“덩더덩더덩더쿵!”
“얼쑤!”

“2)의 문장은 무엇이 잘못됐을까? 왜 (?)표가 붙었을까?”
우나는 (?)표의 이유를 문장으로 적었다.

"문장이 길어서 분명한 내용을 제시하지 못했다."

그러나 얼쑤! 선생은 다시 (?)표를 붙였다. 우나는 당황한 기색이다. 그렇다면 '내용상의 문제'라는 이야기인데, 고민에 고민을 거듭했다. 펜을 들었다.

"문장의 내용에 맞지 않는 어휘가 있다. 그것이 '과거의 전략인 감정 대응'이다. 또한 추상적인 내용으로 분명한 주장이 보이지 않았다. 그것은 '세계 기준의 독도의 표준'이다."

당당하게 얼쑤! 선생의 얼굴을 쳐다봤다. 웃음을 지으며 얼쑤! 선생은 (!)표를 찍었다.

얼쑤! 선생은 웃으며 말했다.

"정확히 문제점을 잡았다. 우리의 독도에 대한 과거의 전략이 '감정 대응'이 아니다. 너는 무슨 근거로 독도에 대한 우리의 전략을 감정 대응이라고 했는지 모르겠다."

우나는 변명을 하였다.

"쓰다 보니 그렇게 된 것입니다. 퇴고 과정에서 검토를 했어야 하는데 시간이 촉박하여 그러지 못했습니다."

얼쑤! 선생은 힘을 주어 강하게 말했다.

"시간은 촉박하지 않았다. 글을 쓸 때는 신경을 써서 문장을 구성해야 한다. 알았지. 그러면 내용에 알맞은 문장으로 또 다시 고쳐봐야지."

"덩더덩더덩더쿵!"
"얼쑤!"

▶ 2 과거의 전략인 감정 대응에서 벗어나 세계 여러 나라도 설득할 수 있는 세계 기준의 독도의 표준을 만드는 데 주도적인 역할을 해야 한다.(?)
▶ 2 우리는 우선 독도 분쟁에 유리한 상황을 위해서는 감정 대응에서 벗어나야 한다. 바로 냉철한 학문적인 연구의 결과물을 통해 여러 나라를 설득할 수 있어야 한다.(!)

“그렇다면 3)의 경우는 왜 그럴까?”

우나는 문장을 써서 보여주었다.

“문장이 길게 늘어졌다. 그 결과 명확한 내용이 전해지지 않는다.”

얼쑤! 선생은 고개를 끄덕였다. 그러면서 문장을 내용의 흐름에 고려하여 고치라고 했다.

▶3 여기서 우리는 일본의 독도 영유권 주장에 일본에 대한 철저한 연구를 통해 학술적인 독도 대응에 나서야 한다는 인식을 할 수 있다.(?)

▶3 학문적 연구를 통한 논리 개발은 독도 분쟁 해결에 세계적 기준이 될 수 있다는 점에서 우리가 중요하게 인식해야 할 부분이다.(!)

“덩더덩더덩더쿵!”

“얼쑤!”

다시 쓴 답안 1

  <나>는 ‘우리는 독도 영유권 문제에 감정의 대응보다는 일본에 대한 치열한 연구를 통한 학술적 대응이 필요하다’를 말했다. 이것과 관련되는 제시문 <가>의 내용은 ‘[5]의 과거와 미래’이다. 즉 ‘중국은 이제 중국적인 것을 고집하던 과거에서 세계의 스탠더드에 맞추고 나아가 세계의 표준을 세우는 데 주도적인 역할을 할 것임을 보여주었다.’의 부분이다. 이것을 <나>에 맞추어 관련시켜보면, 우리는 우선 독도 분쟁에 유리한 상황을 위해서는 감정 대응에서 벗어나야 한다. 바로 냉철한 학문적인 연구의 결과물을 통해 여러 나라를 설득할 수 있어야 한다. 학문적 연구를 통한 논리 개발은 독도 분쟁 해결에 세계적 기준이 될 수 있다는 점에서 우리가 중요하게 인식해야 할 부분이다.

“덩더덩더덩더쿵!”

“얼쑤!”

제시문 <나>의 내용을 보완할 수 있는 것을 제시문 <가>를 참고하여 해결 방안을 제시하시오.

우나의 논술답안과 첨삭 2

<나>의 내용은 '독도 문제에 대한 본격적인 학술적 대응의 준비가 필요하다.'이다. 1) <u>일본이 세계에 독도가 분쟁 지역임을 선포하려는 의도라면 이를 방지하기 위한 우리의 또 하나의 대응전략이 요구된다.</u>(?) 일본 국민들이 높은 시민 의식을 가졌다면 우리의 진실한 독도 설득에 귀를 기울일 것이기 때문이다. 독도 문제의 조용한 해결은 우리가 바라는 최선의 전략이다. 2) <u>이와 관련되는 것은 제시문 <가>의 '[5]의 과거와 미래'다. 즉, '사회적 화해를 추구하면서... 높아진 시민의식에...'에 호소하는 것이 미래의 방향임을 말해준다. 이것을 <나>의 보완책으로 재해석하여 활용해야 한다.</u>(!) 3) <u>우리는 독도문제에 있어서 감정 대립으로 일본과의 관계를 악화시켜서는 안 된다. 우리는 일본 정부와 화해를 추구하면서 학문적인 연구로 독도가 우리 땅임을 일본 국민들과 학자들을 설득시켜야 한다.</u>(!)

"우나야. 너의 답안 2)도 내용은 좋다. 그것을 효과적으로 드러내기 위해서 설득적인 논증 방법을 쓰고 있다. 그 사례로 '일본 국민을 높은 수준의 시민 의식을 가졌다는 전제 아래 올바른 학술적인 대응이 통하리라'는 것이다. 또한 <나>의 보완책으로 <가>의 일부 내용을 재해석하는 것인데 이는 창의적 관점에 속한다."

"얼쑤! 선생님이 주장한 대로 쓴 것인데요?"

얼쑤! 선생은 웃으며 말했다.

"그래도 앞으로 네 것으로 만들면 네 것이 되는 거다. 1)의 (?) 표로 평가한 이유를 적어봐야지?"

"1)의 문장이 앞의 문장과 맥락이 이어지지 않는다. 첫문장은 '학술적 대응의 중요성'을 말하고 있는데, 1)의 문장은 '또 하나의 대응 전략'을 말하고 있기 때문이다."

우나가 노트에 적은 글이다. 얼쑤! 선생은 기분이 좋아졌다.

"어려운 내용인데 잘 잡았네. 그러면 수정을 해야겠지?"

“덩더덩더덩더쿵!”

“얼쑤!”

> ▶1 일본이 세계에 독도가 분쟁 지역임을 선포하려는 의도라면 이를 방지하기 위한 우리의 또 하나의 대응전략이 요구된다.(?)
> ▶1 더구나 일본이 세계에 독도가 분쟁 지역임을 선포하려는 의도라면 이를 방지하기 위해서는 우리의 학술적인 연구를 통한 대응이 더욱 필요하다.(!)

“잘 했어. 이제는 논술이 술술 풀리네. 곧 고수의 경지에 다다르겠군.”

“호호호.”

“2)에는 어째서 (!)표가 붙었지? 지금 글로 써서 나에게 보여주기 바란다.”

“예.”

우나는 자신감 있게 글을 썼다.

“논제의 요구를 잘 수용하면서 <가>의 [5] 내용을 자신의 주장에 대한 근거로 활용했습니다. 바로 논제가 요구한 것이죠. 여기서 얼쑤! 선생님이 말했듯이 ‘재해석과 활용’이란 말이 평가자에게 창의적으로 전달됐으리라 생각한다.”

“우나야. 좋다. (!)표를 붙여주마. 거기다가 하나를 더 말하면, ‘현재형’의 서술어를 쓰고 있는 것도 좋지. 바로 ‘말해준다’, ‘활용해야 한다’가 그것이지.”

우나가 웃으며 말했다.

“그러면 2)는 금상첨화가 되는 것인가요?”

“얘가 또 앞서 나가네. 진정하라고. 하하하. 3)의 경우는?”

“이 답안은 학문적인 연구로 독도 문제를 점진적으로 해결하자는 것이 주제가 된다. 그것을 이루기 위한 현실적인 방안이 나온 것이다.”

“‘현실적인 방안’ 이란 내용이 설득력인데...”

얼쑤! 선생은 (!)표를 붙였다. 오늘 강의를 마치면서 만족감의 표현을 얼굴에 지었다.

"덩더덩더덩더쿵!"

"얼쑤!"

다시 쓴 답안 2

<나>의 내용은 '독도 문제에 대한 본격적인 학술적 대응의 준비가 필요하다.'이다. 더구나 일본이 세계에 독도가 분쟁 지역임을 선포하려는 의도라면 이를 방지하기 위해서는 우리의 학술적인 연구를 통한 대응이 더욱 필요하다. 일본 국민들이 높은 시민 의식을 가졌다면 우리의 진실한 독도 설득에 귀를 기울일 것이기 때문이다. 독도 문제의 조용한 해결은 우리가 바라는 최선의 전략이다. 이와 관련되는 것은 제시문 <가>의 '[5]의 과거와 미래'다. 즉, '사회적 화해를 추구하면서... 높아진 시민의식에...'에 호소하는 것이 미래의 방향임을 말해준다. 이것을 <나>의 보완책으로 재해석하여 활용해야 한다. 우리는 독도문제에 있어서 감정 대립으로 일본과의 관계를 악화시켜서는 안 된다. 우리는 일본 정부와 화해를 추구하면서 학문적인 연구로 독도가 우리 땅임을 일본 국민들과 학자들을 설득시켜야 한다.

"덩더덩더덩더쿵!"

"얼쑤!"

...8강

1. 신문의 '기사 + 칼럼'을 선택하라!

"덩더덩더덩더쿵!"
"얼쑤!"

수식이가 땀을 흘리며 들어왔다. 어느 교수는 '만남은 맛남'이란 표현을 썼다. 얼쑤! 선생은 이 글을 읽고 '과연 그렇다'고 공감을 했다. 바로 수식이와의 만남이 맛남이기 때문이다. 얼쑤! 선생은 수식의 얼굴을 보며 그 '맛남'을 생각했다. 논술 교사와 학생의 신분으로 만났지만 그 유대 관계는 끈끈하다고 생각했다.

수식이의 좋은 점은 질문을 잘 한다는 것이다. 자기의 집에서 논술 답안을 작성하다가도 모르면 전화를 했다. 그러면 얼쑤! 선생의 한결같은 말은 '아는 데까지 써라!'이다. 논술이란 이렇게 저렇게 쓰라는 식의 조언은 의미가 없다고 생각했다. 결국 자신의 생각을 자신이 쓰는 것이기 때문이다. 창의력은 가르칠 수 없다는 말과 같은 맥락이다.

얼쑤! 선생은 '김훈 선생'의 <칼의 노래>를 보여줬다. 요즘 신문에 '남성들 가슴 흔들고 100만부 돌파!'란 제목도 크게 뽑혀 있었다. 40대의 남성들에게 남자의 자부심을 심어줬던 내용이다. 이 책은 인간적인 인간인 '이순신'에 대한 이야기다.

"수식아, 이순신 장군을 어떻게 생각하니?"

"민족의 영웅이죠."

"덩더덩더덩더쿵!"

"얼쑤!"

상식적인 답변이 돌아왔다. 여기서 '순신(舜臣)'이란 이름은 중국의 오제(五帝)의 순(舜)임금을 생각하여 지었다고 한다. 장군의 맏형은 복희씨(伏羲氏)를 본따 '희신(羲臣)'이라 하였고, 둘째 형인 '요신(堯臣)'은 요(堯)임금에서 비롯된 것이다. 동생 '우신(禹臣)' 또한 하(夏)왕조의 시조인 우(禹)임금을 따서 지은 것이라 한다. 이들 4형제의 이름은 모두 전설적인 제왕의 이름과 관련지어 지었다.

"수식아, 한 영웅을 바라보는 관점은 여러 가지다. 업적을 중심으로 보는 관점과 한 인간으로 보는 관점이 그것인데, 그동안 이순신 장군은 너무 영웅화되었었다."

수식이가 말을 받았다.

"서울 광화문의 거대한 동상을 보아도 그렇지요. 큰 호스로 동상을 목욕시키는데도 엄청난 물이 필요했다면서요."

"그 거대하다는 것이 영웅의 관점으로 접근한 결과다. 아산의 현충사와 동상의 경우를 봐도 그렇지."

얼쑤! 선생은 말을 이었다.

"그러나 영웅의 진정한 모습은 인간적인 것에서 파악할 때 진실성이 보이지. 인간적이라는 것이 무엇일까?"

"보통의 사람이 보이는 인식과 행동이 아닐까요?"

"그렇지. 사례를 들어보자. 이순신 장군의 아버지가 73세의 나이로 별세했는데, 그 때는 장군이 함경도 군관으로 근무할 때였다. 장군이 2개월 후에 부음을 알게 된 이유가 된다. 또한 장군의 어머니도 장군이 삼도수군통제사에서 파직된 후 옥에서 나와 권율의 휘하로 백의종군할 때 돌아가셨지. 역시 어머니의 별세를 안 것은 3일 후였다. 그 때의 <난중일기>를 보면, '배 위에서 어머니가 별세했다고 전한다. 뛰쳐나가 뛰며 발을 동동 굴렀다. 하늘이 캄캄했다. 개바우개로 달려나가니 배가 도착해 있었다. 길에서 바라보니, 가슴이 미어지고 터질 듯한 슬픔을 이루 다 어찌 적으랴'가 나와 있다. 그 때의 이순신은 장군이 아닌 한 인간이었다."

"덩더덩더덩더쿵!"
"얼쑤!"

"한 인간으로서의 모습이군요."

"우리는 그동안 위대한 장군으로만 이순신을 기억했다. 그럴수록 그의 진실한 인간적 측면은 더욱 감추어졌던 것이지. 우리는 '영웅'을 '성역'으로 생각했다. 성역화는 진정한 영웅의 모습을 깎아 내릴 뿐이다. 알겠지."

얼쑤! 선생은 수식에게 논술도 대상의 고정관념에 사로잡히면 안 된다고 말했다. 그것은 원칙, 관습, 제도를 강조하는 것 일 수 있다고 설명했다. 다른 시각을 통해 대상의 이면을 읽어내야 한다. 따라서 이순신의 이해를 넓히려면 그가 고독했던 무인임을 생각해야 한다고 말했다.

"수식아, 오늘은 '스스로논술학습법'의 2단계로 8강 째가 된다. 이제 반을 지나왔다. 논술 시험에서 고득점을 받는 학생들의 공통점은 무엇일까?"

수식이가 대답했다.

"남들이 생각하지 못하는 것을 생각하여 쓰는 것이 아닐까요?"

"그렇게 말하면 너무 어렵지. 쉽게 말해 자신의 관점을 가지라는 것이야."

"자심만의 관점은 자신만의 생각이지요. 그렇지요. 창의성과 통하는 말이네요."

"자신만의 관점을 가진 학생들은 주장을 분명하게 제시할 수 있어. 소위 명문대의 논술 시험은 이 점을 주의 깊게 보고 있지."

수식은 고개를 끄덕였다.

"덩더덩더덩더쿵!"

"얼쑤!"

서강대 김영수 교수는 자신의 주장이 분명한 글을 쓰기 위해서는 "신문 사설처럼 쓰라"고 말했다. 그는 논술도 일종의 공격적인 글쓰기라는 것이다. 그러면서 "논술 성격은 신문의 사설이라고 생각하면 된다"고 말했다.

"이순신 장군을 생각할 때도 자기의 주장이 분명한 학생은 누구나 아는 상식의 내용을 제시하지 않는다는 거야. 자신만의 관점에서 장군의 이면을 찾아서 자신의 주장에 담는다는 것이다. 즉 영웅적인 면보다는 인간적인 면을 찾아 밝히는 거지. 우리 보통 사람들과 같은 공통분모를 사례를 들어 강조하는 것이 위대한 장군을 새롭게 해석한 것이야. 입장을 바꾸어서 생각해도 되지."

"입장을 바꾸어요?"

얼쑤! 선생이 말했다.

"그러니까 위대한 사람인 자신이 반대로 평범하게 사는 경우가 있어. 역설적인 이야기지만 그런 분들도 창의성이 넘치는 사람들이지. 미국의 대통령들은 대부분 임기가 끝나면 시골 고향으로 돌아간다고 해. 고향에서 평범한 이웃 사람들처럼 지내는 것이 일상화돼 있어. 지미 카터 전 미국 대통령은 고향에서 지금도 목수 일을 하고 있다고 해.”

“덩더덩더덩더쿵!”
“얼쑤!”

수식이는 말을 받았다.
“이런 분들이 우리 주위에 많아야 하는 데요. 아쉽게도 우리나라는 그렇지가 못하군요. 한 번 대통령이면 임기 후에도 자의든 타의든 계속 그 권위가 유지되고요. 그러다 보니 존경받는 대통령이 적어지잖아요. 자기 자신에 대해서도 관점을 새롭게 할 필요가 있군요. 새로운 관점은 자신의 주장의 강화로 나타나고 그것이 참신한 논거로 작용하여 설득력을 불러일으키고요.”
얼쑤! 선생이 말했다.
“좋은 얘기야. 이야기를 들어보니 수식이도 논술 능력이 늘었네. 위대했던 사람이 보통 사람처럼 사는 것은 자기 자신의 관점에 따라 주장이 분명한 사람이지. 이런 관점의 소유자가 논술적 사고를 잘하는 것이야. 만약에 다른 사람이 그 사람보고 ‘왜 그렇게 위대한 사람이 그렇게 살아요?’라고 물었다 하자. 그러면 그 사람의 대답이 평범할까, 독창적일까, 당연히 독창적이겠지. 자신만의 관점이 분명한 색다른 주장이 나오겠지. 안 그래. 논술에서는 이것이 중요해.”
“독창적인 사고방식이 논술에서 중요하다는 이야기군요.”
얼쑤! 선생은 고개를 끄덕였다. 요즘 논술의 문제는 3, 4문제 정도가 한 세트가 된다. 대부분 창의적인 문제는 4번째 문제가 된다. 배점도 가장 많다.
이런 창의적 생각을 잘 부각시키기 위해서는 본론의 구성을 논쟁형의 대립 구도를 만들어 제시하면 좋다.

“덩더덩더덩더쿵!”
“얼쑤!”

“그것이 뭔데요?”

“내가 전 시간에도 말한 것 같지만, 상대 주장에 대한 비판, 예상되는 반론을 끌어들여서 논점을 만든 후 논쟁형으로 재구성하면 좋다. 큰 특징 없이 내용이 흘러가는 본론보다는 서로 치고 받는 논쟁형의 본론은 분명히 생명력이 살아 움직이는 글이 된다. 당연히 평가 교수의 관심을 불러일으키고 긴장감을 갖게 하지. 흘러가는 강물도 마찬가지야.”

“강물도 마찬가지라고요?”

“수식아 생각해봐. 강물이 큰 소용돌이 없이 밋밋하게 흘러가면 볼 것이 별로 없잖아. 한 번 물이 크게 굽이치고, 소용돌이치고 하는 부분의 강물은 깊이가 있다. 물이 깊으니 시퍼렇게 보이고 사는 물고기도 많다. 그 결과 그 시퍼런 물을 보는 사람도 많아지고 긴장감이 생긴다. 특히 내가 말하고자 하는 것은 지금부터야. 잘 들어봐?”

“예.”

얼쑤! 선생은 길게 설명했다.

“그런데 이 깊은 강물의 옆에서 다른 한 갈래의 큰 물줄기가 마주 보고 내리친다고 생각해보자. 어떨까? 이때는 온갖 물고기들이 모여들고 사람도 단순한 사람이 아닌 관광객이 몰려든다. 관광객이 몰려드니 호객하는 장사꾼이 몰려들어 시장바닥같이 삶의 생동감이 느껴진다. 여기서 한 갈래의 다른 강물 줄기는 예상되는 반론, 즉 자신과 다른 주장이라고 생각하자. 어떤 논쟁에 대해 하나는 찬성, 다른 하나는 반대의 물줄기가 쏟아져 내려친다. 그러나 결국 강물의 압력이 센 기존의 물에 의해 쏟아지던 강물 줄기는 하나로 통합이 된다. 여기서 압력이 센 물은 논술의 본론에서 ‘자신의 주장’이고, 쏟아져 들어온 다른 물은 ‘예상되는 반론’이다. 이른바 이것은 ‘예상되는 반론을 끌어들여 비판하여 자신의 주장을 강화했다’는 성격을 가진 본론 쓰기가 된다. 논술의 고수들이 노리는 본론 쓰기의 전략이다.”

“아, 멋진 논술의 본론 쓰기이군요.”

"덩더덩더덩더쿵!"
"얼쑤!"

얼쑤! 선생은 긴장하며 말했다.

"그렇지. 두 물은 합해져서 깊고 깊은 강물 속을 만든다. 끝이 보이지 않을 정도의 깊은 강물 속. 이런 성격을 가진 멋진 본론을 써야 한다. 그래야 평가 교수의 관심을 끌 수 있다. 다시 말하지만 1,000자 내외의 답안에서는 '본론'의 형태로 쓰는 것이 좋다. 알겠지. 물론 1,600자 이상의 통글의 답안에서는 서론, 본론, 결론의 형태가 필요하다."

얼쑤! 선생은 길게 설명했다. 그러나 수식이가 이 말에 눈을 크게 뜨고 쳐다보았다. 평가 교수의 관심을 잡는 논술 답안의 본론의 형태를 강물에 비유하여 설명했기 때문이다. 바로 비유의 힘이다. 수식이도 이 부분에 관심을 표시했다. 예상대로 수식이의 질문이 들어왔다.

"잘 쓴 본론과 폭포와도 유사한 경우네요."

"그렇지. 네가 말했으니까 네가 말해볼까?"

"덩더덩더덩더쿵!"
"얼쑤!"

수식이는 밝은 모습으로 말했다.

"폭포는 절벽의 위에서 쏟아지는 물과 고여 있는 물이 있잖아요. 쏟아지는 물은 반대되는 의견을 끌어들이는 것이고 이미 있는 깊은 물은 나의 주장과 근거고요. 사람이 많이 모여들고 물고기가 많이 살려면 고여 있는 물에 쏟아지는 물이 있어야 되지요. 쏟아지는 물의 세기가 강할수록 폭포의 바닥은 더 깊이 파이지요. 바로 유명한 명승지 중에 폭포가 꼭 들어있는 이유죠. 생동감 있는 자연의 모습을 폭포를 통해 연출하듯 논술의 답안의 본론도 대립 구도를 만들어서 제시하면 평가자의 관심을 끌겠네요."

얼쑤! 선생은 감동했다.

"비유적인 설명이 좋았어. 수식이는 논술뿐만 아니라 구술 면접도 잘하겠는데. 축하한다."

수식이는 미소를 머금었다.

"논술 수업을 하다보면 학생들이 자주 질문하는 것이 있다. '본론에서 논거를 제시할 때에는 많은 논거를 나열해야 하는가 아니면 그 중에서 핵심적인 논거를 선택하여 써야 하는가'가 그것이다. 너의 생각은 어떠냐?"

"핵심적인 논거를 선택하여 제시하는 것이 좋을 것 같군요."

얼쑤! 선생은 목소리를 높여 말했다.

"수식아. 중심 내용을 말할 땐 단정적인 표현을 해야지. '같군요'가 뭐니? 또한 중심 내용을 말했으면 뒤에서 그것을 상술해줘야 듣는 사람이 쉽게 이해를 하지. 너의 '핵심적인 논거를 선택하여 제시하는 것이 좋을 것 같군요' 뒤에 이를 풀어서 설명을 해줘야 좋아. 다시 말해봐?"

수식이는 고개를 숙인 채 말했다.

"핵심적인 논거를 선택하여 제시하는 것이 좋습니다. 여러 개의 논거를 나열하여 사용하면 논증의 깊이가 없어집니다. 핵심적인 논거 1개를 제시하고 집중적으로 심화시켜 논증하는 것이죠. 그 결과 논의의 확장을 가져오게 되고 전문성을 띠게 됩니다."

"수식아. 좋아. 말을 잘하는구나."

"덩더덩더덩더쿵!"

"얼쑤!"

이제는 신문을 펼치고 '스스로논술학습법'의 2단계를 진행했다. 수식이에게 신문 기사와 칼럼 각 한 편을 선택하도록 했다. 오늘의 신문도 베이징 올림픽의 기사가 대부분이었다. 수식의 눈이 번뜩였다. 재미도 있으면서 삶의 지혜를 주는 기사와 칼럼을 선택하려는 것이다. 20여분이 흘렀다.

"얼쑤! 선생님이 말씀한 내용을 통한 '대상의 이면'을 볼 수 있고, '논쟁이 가능한 내용'을 기준으로 두다 보니 선택이 어렵네요. 조금만 기다려 주세요."

수식은 그 내용을 선택했다. 볼펜으로 박스를 그어 처리하고, 칼로 올려 노트에 붙였다. 이어서 선택한 신문 기사에는 <가>, 칼럼에는 <나>의 기호를 붙였다. 얼쑤! 선생이 보니 대학 논술시험의 제시문과 모습이 흡사했다. '이토록 빨리 논술 능력이 성장하다니' 얼쑤! 선생은 기쁨에 잠겼다.

2. 신문 칼럼의 문단을 '논술 문단'으로 재조직하라!

논술의 답안의 문단에 꼭 정해진 형식이 있는 것은 아니다. 단지 평가를 받아야 하는 것이 논술답안이고 보면 설득력을 일으키는 형식이 존재한다. 바로 치열한 논증 과정을 보여주는 형식이어야 한다. 그 전에 논술 연수에서 강사로 나선 교수들은 신문을 최고의 논술 교재로 꼽았다. 그 중에서 칼럼이 유익하다고 강조했다. 그러면서 "남과 다른 나만의 독특한 글이 높은 점수를 받을 수 있다"고 말했다. 그런 글을 논술 답안의 형식에 담아야 한다. 글의 내용에 따라 형식에 변화를 주는 것이 좋다.

"덩더덩더덩더쿵!"
"얼쑤!"

"수식아. 술병을 보면 병의 모양이 같으니? 다르니?"
"다르지요. 소주병을 보면 푸른 색깔에 조그맣고, 맥주병은 갈색에 좀 크고, 양주병은 디자인이 천차만별이지요."
"말하는 것이 술을 많이 먹어본 것 같은데?"

"저는 술 냄새만 맡아도 정신이 없습니다."

수식이는 작년에 서울권의 명문대에 진학을 했었다. 그 때 3월 신입생 환영회에서 선배들이 준 소주를 입에 댔다가 정신이 없어지는 줄 알았다는 것이다. 그래서 "저는 술 냄새만 맡아도 정신이 없습니다."가 나온 것이다.

그러나 수식이는 금년에 1학기만 다니고 휴학을 하여 반수로 다시 대입에 도전장을 내민 상태다. 작년에 대입에서 원하는 대학에 진학을 못한 이유를 '논술에서의 실패'로 규정했다. 그 결과 이번 여름부터는 논술 공부에 중점을 두기로 했다. 자신의 목표를 이루기 위한 의지가 대단했다.

수식이는 선택한 신문의 칼럼의 문단에 기호를 달았다. 이어서 노트에 두괄식의 형태로 바꾸는 연습을 했다. 노트의 맨 앞장에는 정돈된 두괄식의 논증과정이 다음과 같이 기록되어 있었다.

"덩더덩더덩더쿵!"
"얼쑤!"

얼쑤! 선생은 먼저 말한 내용을 다시 언급했다.

"문단은 크게 '중심문장과 뒷받침 문장'으로 나눈다. 그것을 기본적인 논리 구조로 구체화하면, '①중심문장 + ②이유제시 + ③상술 + ④반대되는 의견을 끌어들여 비판(논쟁의 글인 경우) + ⑤사례(내용상 생략도 가능하다. 내용상 상술과 사례의 순서를 바꾸어도 무방하다.)' 등이다. 여기서 '①중심문장'이 중요한 내용이 되고, '②이유제시 + ③상술 + ④반대되는 의견을 끌어들여 비판(논쟁의 글인 경우) + ⑤예시'가 중심문장을 뒷받침하는 문장이 된다. 신문의 기사나 칼럼을 읽으면서, 베끼면서 논술이 요구하는 논리적인 구조로 재조직하는 스스로학습이 필요하다. 단 칼럼에 없는 내용의 항목은 학생 자신이 만들어 넣으면 더욱 좋다. 또한 내용의 전개에 따라 사례가 먼저 나오고 상술이 뒤에 나와도 무방하다. 이것은 논술 시험에서 좋은 논술문단을 쓰기 위한 기본 방법이다."

얼쑤! 선생은 말을 이었다.

"특히 오늘은 두괄식의 구조인 '①중심문장 + ②이유제시 + ③상술 + ④반대되는 의견을 끌어들여 비판(논쟁의 글인 경우) + ⑤사례' 중에 '④반대되는 의견을 끌어들여 비판'을 염두에 두고 작성해보자. 알겠지. 내가 아까 여러 번 강조했지만 이런 형태의 두괄식은 고급의 논술 쓰기에 해당한다."

수식이가 말을 받았다.

"'반대되는 의견을 끌어들여 비판한다'가 멋있게도 들리네요."

"지성인이라면 이런 논증과정에 능통해야 한다. 알겠지. 단 비판이 논리적으로 이루어져야지 감정으로 흐르면 안 된다."

얼쑤! 선생은 쉬운 글을 제시했다. 수식이에게 논술 답안의 문단으로 고쳐보라는 것이다.

"덩더덩더덩더쿵!"
"얼쑤!"

"음식이란 목숨만 이어 가면 되는 것이다. 아무리 맛있는 고기나 생선이라도 입 안으로 들어가면 이미 더러운 물건이 되어 버린다. 삼키기 전에 벌써 사람들은 싫어한다. 인간이 이 세상에서 귀하다고 하는 것은 정성 때문이니, 전혀 속임이 있어서는 안 된다. 하늘을 속이면 제일 나쁜 일이고, 임금이나 어버이를 속이거나 농부가 같은 농부를 속이고 상인이 동업자를 속이면 모두 죄를 짓게 되는 것이다. 단 한 가지 속일 수 있는 일이 있다면 그건 자기의 입과 입술이다. 아무리 맛없는 음식도 맛있게 생각하여 입과 입술을 속여서 잠깐 동안만 지내고 보면 배고픔은 가셔서 주림을 면할 수 있을 것이니, 이러해야만 가난을 이기는 방법이 된다."
— 고등학교 국어 교과서. '정약용'의 <유배지에서 보낸 편지>

수식이는 제시된 내용과 노트를 번갈아 봤다. 볼펜을 들었다.

　"음식이란 목숨만 이어 가면 되는 것이다. 아무리 맛있는 고기나 생선이라도 입 안으로 들어가면 이미 더러운 물건이 되어 버린다. 어떤 사람은 귀한 고기 음식을 먹어야 건강에 좋다는 말을 한다. 즉 귀한 음식에는 사람에게 필요한 영양소들이 들어 있고, 그것이 결국 건강을 통한 장수로 이어진다는 것이다. 그러나 이 말은 부귀영화를 누리고자하는 탐욕의 사람들의 말이다. 고기 음식은 채소가 주는 신선한 입맛을 버리게 하고 성인병에 근원이 되기 때문이다 (…)"

　"덩더덩더덩더쿵!"
　"얼쑤!"

　얼쑤! 선생이 언뜻 보니 수식이가 재구성한 글에는 오늘날의 관점도 들어있다. 정약용 선생의 글은 조선 시대의 후기를 배경으로 삼았다. 그러나 수식이가 끌어들여 비판한 글 중에는 '성인병'이란 말은 오늘날의 관점이기 때문이다. 그러나 논술 답안의 문단의 연습으로 문제가 없다고 생각했다. 내용보다는 형식을 익혀서 습관화시키려는 것이 얼쑤! 선생의 의도이기 때문이다.
　"그런데 수식아. 두괄식의 특징이 안 드러나 있어. 첫 문장에 소주제문장인 핵심 문장이 들어가야지. 다시 한 번 작성해볼래."
　"아참. 그렇네요. 저는 오늘 논술에서 강조한 '반대되는 의견을 끌어들여 비판'에만 신경을 쓰고 작성하다보니 그렇게 됐네요. 이유 제시도 빠졌고."

　"덩더덩더덩더쿵!"
　"얼쑤!"

　"가난을 이기는 방법은 맛없는 음식을 맛있게 먹는 것이다. 음식이란 목숨만 이어 가면 되는 것이다. 아무리 맛있는 고기나 생선이라도 입 안으로 들어가면 이미 더러운 물건이 되어 버리기 때문이다. 어떤 사람은 귀한 고기 음식을 먹어야 건강에 좋다는 말을 한다. 즉 귀한 음식에는 사람에게 필요한 영양소들이 들어 있고, 그것이 결국 건강을 통한 장수로 이어진다는 것이다. 그러나 이 말은 부귀영화를 누리고자하는 탐욕의 사람들의 말이다. 고기 음식은 채소가 주는 신선한 입맛을 버리게 하고 성인병에 근원이 되기 때문이다. (...)"

얼쑤! 선생은 짧게 칭찬했다.

"수고했다."

수식이의 좋은 점은 얼쑤! 선생의 말을 잘 따르면서 질문을 잘 한다는 것이다. 주어진 과제도 특별한 일이 아니면 미루는 법이 없다. 논술 공부를 우선 순위에 두고 열심히 공부하는 모습에 대견스러워했다.

"덩더덩더덩더쿵!"
"얼쑤!"

3. 기사, 칼럼을 통해 스스로 '논제'를 만들고 '답안'을 작성하라!

얼쑤! 선생은 수식이가 선택한 신문 기사와 칼럼의 중심 내용을 말하라고 했다.

제시문● ● ●

<가> "베이징 올림픽 박태환 선수 수영 경기에서 방송 3사의 캐스터의 흥분 중계가 도를 넘었다."[24]

<나> "최고의 경영자와 일류 기업을 만들어내는 비결은 '인간 본성에 대한 이해다."[25]

수식이는 고심 끝에 '베이징 올림픽의 방송 3사의 캐스터의 흥분 중계'와 '최

---

24) SBS, '울어도 좋아요' 방송사 알리는 아이콘으로. 연합뉴스(2008.08.11)
25) 갈정웅 시인. '경영자본능' 본능을 알면 경영이 보인다. 동아일보(2001.07.20)

고 경영자와 일류 기업의 비결'을 연결했다. 스포츠의 내용과 경영 내용의 연결이 절묘했다. 얼쑤! 선생도 신문 기사와 칼럼을 보고 좋은 제시문의 선택이라고 생각했다. 두 제시문의 직접적인 관련성은 없으나 '수영 경기의 중계에서 보인 캐스터의 흥분의 <가>'와 '인간 본성의 이해로 수용할 수 있다의 <나>'는 인간 본능이라는 점에서 관련성을 가진다. 수영 경기의 스포츠의 중계 형태와 일류 경영 내용의 관련짓는 내용은 생소하나 관점을 바꿔 논술로 접근할 때 그 연관성은 획득된다. 좋은 제시문의 선택은 '내용 상 관련이 없는 것'이 좋다. 관련이 없다보니 수험생이 많은 고민을 해야 한다. 학생들의 분석력, 논리력, 비판력, 창의력을 향상시키는 과정으로 작용하는 이유다. 결과보다는 과정에 의미를 두는 논술 학습은 재미를 동원해야만 가능하다. 그 재미는 학생들 스스로 만들어가는 과정에서 즐기게 되고 그 결과 고수의 경지에 오르는 것이다. 바로 '스스로논술학습법'이 지향하는 방향이다.

얼쑤! 선생이 말했다.

"이제 문제를 만들어보자."

"덩더덩더덩더쿵!"

"얼쑤!"

문제 1

'제시문 (가)의 핵심 내용에 대하여 근거를 들어 옹호와 비판을 하시오'를 만들어 봤습니다.

"수식아. 네가 만든 논술 문제를 보면, 옹호와 비판의 핵심어가 들어있다. 비판과 옹호는 관점의 문제지. 이 문제는 두 가지 다 해보라는 것으로 이해되는구나."

"예. 그렇습니다."

"그렇다면 다음의 글을 통해 접근해보자."

"덩더덩더덩더쿵!"

"얼쑤!"

"丙子修好條規(병자수호조규) 以來(이래) 時時種種(시시종종)의 金石盟約(금석맹약)을 食(식)하얏다 하야 日本(일본)의 無信(무신)을 罪(죄)하려 안이 하노라. 學者(학자)는 講壇(강단)에서, 政治家(정치가)는 實際(실제)에서, 我(아) 祖宗世業(조종 세업)을 植民地視(식민지시)하고, 아(我) 文化民族(문화 민족)을 土昧人遇(토매인우)하야, 한갓 征服者(정복자)의 快(쾌)를 貪(탐)할 뿐이오, 我(아)의 久遠(구원)한 社會基礎(사회기초)와 卓犖(탁락)한 民族心理(민족심리)를 無視(무시)한다 하야 日本(일본)의 少義(소의)함을 責(책)하려 안이 하노라."

병자수호조약 이후 때때로 굳게 맺은 갖가지 약속을 배반하였다 하여 일본의 신의 없음을 단죄하려는 것이 아니다. 그들의 학자는 강단에서, 정치가는 실제에서, 우리 옛 왕조 대대로 닦아 물려 온 업적을 식민지의 것으로 보고, 문화 민족인 우리를 야만족같이 대우하며 다만 정복자의 쾌감을 탐할 뿐이요, 우리의 오랜 사회 기초와 뛰어난 민족의 성품을 무시한다 해서 일본의 의리 없음을 꾸짖으려는 것도 아니다.

― 고등학교 국어 교과서. <기미독립선언서>

"수식아. 이 문장을 염두에 두고 옹호와 비판을 해보자. '時時種種(시시종종)의 金石盟約(금석맹약)을 食(식)하얏다 하야 日本(일본)의 無信(무신)을 罪(죄)하려 안이 하노라'와 '社會基礎(사회기초)와 卓犖(탁락)한 民族心理(민족심리)를 無視(무시)한다 하야 日本(일본)의 少義(소의)함을 責(책)하려 안이 하노라'의 두 문장이다. 어떤 내용이 담겨있지?"

수식이는 꼼꼼히 읽었다. 한자 위주로 내용이 돼 있기에 해석이 돼 있지 않으면 정확하게 읽어내기가 어렵기 때문이다. 물론 고등학교 1학년 때 배웠겠지만 잊어버린 지 오래다.

수식은 웃으며 말했다.

"때때로 굳게 맺은 갖가지 약속을 배반하였다 하여 일본의 신의 없음을 단죄하려는 것이 아니다. 오랜 사회 기초와 뛰어난 민족의 성품을 무시한다 해서 일본의 의리 없음을 꾸짖으려는 것도 아니다."

"덩더덩더덩더쿵!"
"얼쑤!"

얼쑤! 선생은 칭찬했다.

"아주 잘했다. 그렇다면 어떤 핵심을 담고 있지? 독립에 대한 우리의 자세가 나와 있다는 것이지. 일본의 속성인 '신의가 없음(無信)'과 일본의 '의리가 없음(少義)'에 우리는 '관용적 태도'를 보여주겠다는 것이다. 그 이유를 네가 말해볼래?"

"예. 마지막 문장에 보이는 대로, '현재 사태를 동여매기에 급한 우리는 묵은 일을 벌하고 잘못을 가릴 여유가 없다'는 것이죠."

"그렇지. 그래서 이 부분에 대한 사람들의 옹호와 반대가 존재할 수 있다. 우선 찬성의 의견을 논거를 통해 말해볼까?"

수식은 당당하게 말했다.

"예. 첫째, 우리의 임무는 우리나라의 건설과 국가 운명 개척에 있다는 것입니다. 둘째, 우리 민족은 비폭력주의를 기본으로 삼고 있기 때문에 일본을 해치지 않겠다는 것을 논거로 들 수 있죠."

"좋다. 그럼 반대의 의견은?"

"덩더덩더덩더쿵!"
"얼쑤!"

수식이는 말이 막혔다. 학교에서 대부분 이 문장에 대해 옹호식으로 배웠기 때문에 다른 생각을 해보지 않은 것이다. 대상에 대한 그 이면을 살피는 과정을 '스스로논술학습법'의 8강에서 하고 있는데, 설득력을 높이기 위해서는 관점을 달리한 자신의 주장이 강렬해야 한다. 그것을 대학 평가교수들은 바라고 있다.

"……"

얼쑤! 선생은 길게 말했다.

"이야기를 잘 들어봐라. 당시의 양국의 입장은 일본이 정복자의 입장이었다. 약자는 우리나라지. 여기서 우리가 일본의 잘못을 꾸짖고 단죄를 한다는 것은 무모한 이상론에 그칠 수 있다. 그래서 우선 현재 사태를 수습하기에 급하다고 말하고, 우리 민족의 비폭력, 평화주의를 내세워 관용을 말하고 있다. 이것이 당시 민족 33인의 생각이었지. 그러나 냉정하게 살펴보면 '당하고 가만있는 초라한 꼴'로 보인다. 뻴이 없어 보인다. 내가 이 내용으로 학교에서 국어 수업을 하면서도 이런 생각을 떨쳐버릴 수가 없었어. 솔직한 고백이야."

수식이는 궁금한 듯 고개를 들고 물었다.

"교과서의 내용을 지금과는 다른 관점으로 봐도 되나요?"

"그럼. 그것이 학문의 본령이지. 이 글은 특히 논설문이야. 논술의 형님뻘이지. 자신의 주장을 강조한 글이거든. 왜냐하면 당시에 일본에 무력으로 응징한 인사들이 있잖아. 대표적 사례로 안중근과 윤봉길 의사, 그리고 수많은 독립군들이지."

"덩더덩더덩더쿵!"
"얼쑤!"

수식이는 고개를 끄덕이며 말했다.
"그렇네요."
"이들과 민족 33인의 광복을 위한 방법은 달랐지만 목표는 같았거든. 어느

한 쪽에만 고귀한 의미를 줄 수가 있을까? 물론 비폭력을 강조한 독립선언서에는 간디의 비폭력 정신에 영향을 받았다고 하지만 말이야. 따라서 이런 관점으로 본다면, '時時種種(시시종종)의 金石盟約(금석맹약)을 食(식)하얏다 하야 日本(일본)의 無信(무신)을 罪(죄)하려 안이 하노라'와 '社會基礎(사회기초)와 卓犖(탁락)한 民族心理(민족 심리)를 無視(무시)한다 하야 日本(일본)의 少義(소의)함을 責(책)하려 안이 하노라'의 두 문장은 '우리 민족의 자존심을 버렸다'는 비판이 가능하다. 비유를 하자면,"

수식이는 부드럽게 말을 받았다.

"비유를 하면요?"

"내가 누구한테 폭행을 당했다고 가정하자. 그런데 나는 힘이 없다. 그 해결 방법으로 가장 옳은 나의 행동은 무엇일까?

수식은 말했다.

"합법적으로 신고하여 배상액을 받아내고 피의자는 형사 처벌을 받아야 하겠지요."

얼쑤! 선생은 고개를 들고,

"그렇다. 그런데 나는 비폭력주의를 지지하기에 관용적 태도로 용서해주겠다고 한다면 어떨까. 힘이 없는 것을 감추며 말이다. 사회에 선과 악이 구별이 안 돼서 정의의 구현이 어렵다. 그 결과 사회나 개인에게 정체성의 혼란에 빠질 수 있다는 것이 문제다."

수식이는 가만히 듣고 있다. 얼쑤! 선생은 말을 이었다.

"덩더덩더덩더쿵!"

"얼쑤!"

"물론 일제 당시는 나라의 주권이 없기에 국제 사회에 호소할 방법이 없었는지 모르지. 그러나 우리나라가 당당한 자주 민족임을 공표했다면 당연히 일본에 배상액을 언급하고 처벌도 운운했어야 한다. 기미독립선언서의 첫문장에 그 내용이 나오잖아. 바로 이 글 전체의 주제문인 '吾等(오등)은 玆(자)에 我(아) 朝鮮(조선)의 獨立國(독립국)임과 朝鮮人(조선인)의 自主民(자주민)임을 宣言(선언)하노라'이다. 봐라. 당당하게 세계만방에 '우리 민족이 자주민'을 선언했잖니. 이 당당함의 어조가 기미독립선언서의 중간에 와서는 맥이 빠져버린 격이다."

수식이는 고개를 끄덕거렸다.

"이젠 이별의 시를 보고 옹호와 비판을 해보도록 하자."

"바로 김소월의 <진달래꽃>이군요."

나 보기가 역겨워
가실 때에는
말없이 고이 보내 드리오리다.

영변(寧邊)에 약산(藥山)
진달래꽃,
아름 따다 가실 길에 뿌리오리다.

떠나는 임에 대한 축복
가시는 걸음 걸음
놓인 그 꽃을
사뿐히 즈려 밟고 가시옵소서.

나 보기가 역겨워
가실 때에는
죽어도 아니 눈물 흘리오리다.

－ 고등학교 국어 교과서. '김소월'의 <진달래꽃>

"덩더덩더덩더쿵!"
"얼쑤!"

"이 시는 알고 있으니 간략하게 말하자. 내용 상 '이별시'로 배웠는데, 대부분 참고서도 '이별의 정한'으로 주제를 뽑고 있지. 그러니 학생들은 당연히 이별의 노래로 알고 있다. 그러나 이 시는 '사랑의 기쁨'을 노래한 시로도 볼 수 있다."
수식은 고개를 들고 의아한 듯 물었다.
"사랑을 노래한 시로요?"
"그렇지. 그 근거로 이 시의 가정법을 든다. 미래 추정형의 가정법이 쓰이고 있거든. 생각해봐. 이별이 미래인 경우가 어디 있니. 지금은 내가 임을 무척 사랑하고 있으니 앞으로 이별 상황이 온다면 '죽어도 눈물을 흘리지 않겠다'로 다짐하는 것 아니겠어. 사랑하는 사람은 미래의 이별상황을 전제로 이야기할 수도 있잖아."
"아, 그렇게도 감상이 되는군요."

"덩더덩더덩더쿵!"
"얼쑤!"

얼쑤! 선생은 길게 설명했다.
"지금 시적 화자는 임과 진한 열애 중이다. 미래 추정형의 시제를 고전 시가의 과거형의 관점으로 본 것이지. 따져보면 이것도 큰 무리는 아니야. 그동안 우리의 이별시는 모두 과거형으로 감상해왔다. 이별 고전시가의 맥을 이어간다는 문학사의 흐름 측면도 작용했겠지. 대부분의 문학 평론가들은 다른 작품과의 공통점에서 그 작품을 해석하고 감상하려는 태도를 지닌다. 그런 상황의 연장선에서 <진달래꽃>을 해석한 것이야."
"그래서 <진달래꽃>의 감상에 대한 옹호와 반대의 의견을 제시할 수 있겠군요. 관점을 달리해서 바라보면 그 이면의 내용이 보이네요."

얼쑤! 선생의 이야기가 또 다른 곳으로 샜다. 빨리 방향의 중심을 잡아야 했다.

얼쑤! 선생은 본줄기를 잡아 말했다.

"사실상 현장 생중계는 어렵다는 것이 일반적인 견해다. 생중계는 특성상 캐스터의 애드립이 많이 요구된다는 거야. 특히 스포츠의 경우는 내용을 예측하기 힘들기 때문에 캐스터의 상황 파악 능력에 많이 의존한다고 한다."

얼쑤! 선생은 말을 이었다.

"올림픽의 경기는 국가 간의 경쟁이라는 의미가 강하다. 종합 순위가 결정되기 때문에 '체력은 국력'이란 말이 생긴 것이다."

"그런 상황에서 객관적이면서 담담한 경기 중계가 어렵다는 말이군요."

"그렇지. 캐스터도 사람이니까. 더구나 온 국민의 관심사인 박태환의 수영 경기에서 보인 캐스터의 흥분 중계에 대한 여론 조사를 했다고 한다. 그 결과는 참여한 사람들의 절반 이상이 '이해할 수 있다'는 반응을 보였다고 한다."

"융통성을 발휘한 반응이네요."

"그러나 다른 의견도 만만치 않지. 엄밀히 말해 캐스터의 임무를 지적하고 있는 것이야. 스포츠의 상황을 객관적으로 전달해 주면 그에 대한 감동은 시청자들의 몫이라는 원론적인 내용을 주장하지. 더구나 '레슬링 경기와 박태환 수영 경기의 해설자가 괴성을 지르고 반말을 사용해 해설자의 본분을 지키지 않았다'는 것은 본분을 넘어선 행위라는 거야. 또한 방송심의규정이라는 것이 있는데..."

수식은 궁금해했다.

"그래서요?"

"덩더덩더덩더쿵!"

"얼쑤!"

얼쑤! 선생은 이 내용이 나온 신문을 펼쳐서 읽었다.

"방송심의에 관한 규정 제51조(방송언어) 제3항은 '방송에서 바른 언어생활을 해치는 억양, 어조 및 비속어, 은어, 유행어, 조어, 반말 등을 사용해서는 안 된다'는 내용이다. 비유를 하자면,"

"얼쑤! 선생님은 꼭 비유를 하네요."

"나를 '이비유'라고 이름을 바꾸어줘도 좋지. 하하하. 비유는 즐거움을 주고 구체성을 띠니 쉽게 이해가 되니까."

"이비유 선생님, 그 비유는 무엇일까요?"

이제 수식이는 농담도 던졌다.

"학교에서 담임 선생님이 학생들에게 지각하지 말라고 시간 라인을 쳐두었지. 대부분 아침 7시 40분까지야. 그런데 먼 곳에 사는 학생이 7시 40분까지 오겠다고 하여 적용시키다가 오랜만에 8시를 넘겨서 등교했다. 이럴 때 담임 선생님은 어떻게 했을까?"

경험이 많은 듯 수식이는,

"방법이 두 가지군요. 7시 40분의 시간 라인을 내세워 벌을 주던가, 거리가 멀다고 이해해 주든가요."

"너의 말이 좋았는데, 한 가지가 빠졌군. 먼 거리에 비나 눈이 와서 늦었을 경우도 생각해야지."

"그렇군요."

"대부분 담임 선생님들은 비가 오나 눈이 왔을 때 장거리 학생의 지각을 이해해준다. 비나 눈이 오는 특별한 날이니까 지각 라인을 그대로 적용하기는 무리라는 생각이지. 그 지각 라인은 정상적인 날씨의 상황에서만 효력을 발휘하는 것을 전제로 깔기 때문이지."

수식이가 말을 끊고 끼어들었다.

"모두 그런 것 같지 않아요. 어떤 담임 선생님은 지각 시간을 철저히 지켜서 벌을 주는 분도 있으니까요."

"그러니까 논쟁이 되는 것이지. 삶이란 것은 절대적인 기준이 없기 때문이야. 상황이 기준을 앞질러 가는 경우가 많으니까 말이야."

"결국 담임 선생님이 어떻게 하든 문제는 남겠네요."

"바로 그것이야. 그래서 사회는 항상 이슈가 생기고, 거기에 찬성이니 반대니 하고 네티즌들이 댓글을 달잖아."

"덩더덩더덩더쿵!"

"얼쑤!"

"그러면 지금까지 한 이야기를 참고하여 네가 만든 문제에 대한 답안을 작성하기 바란다."

수식의 논술답안 1

<가>의 핵심 내용은 '박태환 선수의 수영 경기의 흥분된 캐스터의 중계'다. 이것을 옹호하려면 스포츠 중계의 생방송의 이해해 달라는 것이다. 현장을 캐스터의 눈으로 보고 머리로 생각하고 말로 바로 나와야 하는 어려움 때문이다. 여기에 필요한 전달력, 순발력, 애드립은 누군가 가르쳐 줄 수도 없다. 같은 맥락에서 "올림픽은 선수를 넘어 나라의 경쟁이기에 국민들에게 정서적으로 와 닿을 수밖에 없다"며 "우리 선수가 뛰는데 객관적이고 담담한 중계가 가능하고 타당한지도 생각해 달라"고 말한 모방송국 국장의 말은 설득력을 높인다. 또한 중계방송에서 캐스터와 해설자들의 '흥분 중계'가 국민 절반 이상이 이에 대해 '이해할 수 있다'는 많은 답변이 이를 뒷받침한다.

그러나 <가>의 핵심 내용에 대한 비판도 가능하다. 방송은 객관적인 정보 전달을 최우선으로 삼기 때문이다. 방통심의위의 자문기구인 방송분과특별위원회는 최근 회의를 열고 '레슬링 경기와 박태환 수영 경기의 해설자가 괴성을 지르고 반말을 사용해 해설자의 본분을 지키지 않았다'는 민원을 심의했다. 그 결과 방송언어 관련 심의 규정을 어긴 것으로 의견을 모았다는 말이 이를 증명하다. 방송심의에 관한 규정 제51조(방송언어) 제3항은 '방송에서 바른 언어생

활을 해치는 억양, 어조 및 비속어, 은어, 유행어, 조어, 반말 등을 사용해서는 안 된다'고 규정하고 있기 때문이다.

이번에는 수식이가 답안 분량을 길게 썼다. 학생들이 답안에 쓸 내용이 많다는 것은 구조적, 연쇄적으로 사고를 한다는 이야기다. 하나의 이야기가 꼬리를 물고 자꾸만 다른 이야기를 끌어댄다. 상상력이 풍부하고 논리적인 사고력을 지닌 사람은 이런 글쓰기 과정을 즐긴다는 특징이 있다.

"다음 문제를 만들어 보도록 하자."

"덩더덩더덩더쿵!"
"얼쑤!"

'제시문 <가>를 <나>의 관점으로 평가하고 그것에 대하여 자신의 견해를 제시하시오'를 만들어 봤습니다.

"앞에서 말한 대로 <나>의 관점은 '최고의 경영자와 일류 기업을 만들어내는 비결은 '인간 본성에 대한 이해'이다. 이것의 관점으로 <가>의 '흥분된 중계'를 평가하면 어떻게 될까?"

"<나>의 관점이 평가의 기준이 되는 것이군요. 그렇다면 '긍정적인 평가'가 되겠군요."

"왜 그렇지?"

수식이의 말은 차분했다.

"<나>의 관점으로 '인간의 본성'을 강조한 내용이 있습니다. 박태환 수영 경기에서 흥분된 상태로 중계한 캐스터는 인간 본성의 감정 표현으로 볼 수 있습니다."

얼쑤! 선생이 보충했다.

"특히 올림픽의 금메달이 유력시되는 수영의 극적인 상황에서 캐스터가 냉정한 심리를 유지한다는 것은 누구에게나 힘든 경우가 되겠지. 그렇지. <나>를 참고로 말하면 인간에게 주어진 본능인 감정 표현 능력을 억누르는 것이 된다는 말이야."

"저도 <나>의 관점에서 얼쑤! 선생님의 말씀에 동감입니다. 방송이라는 특수한 경우이지만 캐스터가 느낀 감동을 느낀 그대로 전해주는 것도 좋을 것 같습니다."

"덩더덩더덩더쿵!"
"얼쑤!"

얼쑤! 선생이 말을 높였다.

"또 '같다'는 말을 쓰네. 내가 논술을 가르치면서 가장 싫어하는 말이 뭔지 아나? 바로 '같다'란 표현이야. 책임을 미루는 듯한 말투 때문이지. 적당히 넘어가려는 술책으로도 보이고, 따라서 꾸밈없이 느낀 그대로 전달하는 것도 설득력을 높이는 방법이지. 물론 도를 넘는 욕설을 쓰면 안 되겠지만 말이야. 바로 인간의 감정은 보편성을 띠기 때문이다. 너는 특수한 것에 매력을 느끼지 말고 '보편적'인 것에 진정한 의미를 부여해야 돼. 이것에는 삶의 진리가 들어있어요. 후세에게 전해지는 교양으로 보편성의 의미가 작용하지. 국사책에 기록된 것을 보면 왕들의 특수성이 주로 정책이라는 이름으로 기록돼 있지. 그러나 역사를 보는 관점을 가끔 바꾸란 말이야. 일반 평민들의 삶은 당시의 배경으로 볼 때 보편성을 띠지. 그것이 오늘날 전해져 우리 삶의 토대를 이루고 있잖아."

"또 얼쑤! 선생님의 이야기가 옆길로 새려고 하네요? 옆길로."

"알았어, 알았어. 이제 내가 그런 이야기를 안 하니까 네가 하려고 하네. 하하하."

“덩더덩더덩더쿵!”
“얼쑤!”

“수식아. 언젠가 임동창이라는 피아니스트가 말했어. 소리꾼 장사익의 노래
가 좋은 이유를 ‘느끼는 그대로의 감정’으로 부른다는 것이다. 일부러 꾸미지
않고 가슴에서 우러나오는 감정으로 그대로 표출하기 때문에 장사익의 노래는
자연스럽고 편안하다는 것이야. 나도 장사익을 좋아하는 데 ‘찔레꽃’이라는 노
래가 있어.”
“저도 들어보고 싶군요.”
“좋지. 마찬가지야. 우리가 <나>의 관점으로 <가>의 흥분 중계를 평가할 때
솔직한 감정이 표출되는 중계방송은 상황에 따라 긍정적으로 볼 수 있지. 좋으
면 좋다, 싫으면 싫다가 얼마나 자연스런 일이야. 단, 도를 넘으면 안 된다는 것
이지. 그런 점에 시청자는 더욱 신뢰를 느낄 수도 있을 거야.”
수식은 맞장구를 쳤다.
“<나>의 관점으로 본다면 그럴 수도 있겠군요.”

“덩더덩더덩더쿵!”
“얼쑤!”

“내가 말하지만 논술문의 핵심 요소는 논증이다. 논증은 주장과 그 정당화의
근거로 구성된다. 아까도 말했지만 강력하게 주장이 제시된 것은 신문의 사설
이다. 또한 주장도 있으면서 논증의 과정을 거친 것은 신문의 칼럼이다. 답안
분량이 1,000자 내외는 사설과 칼럼의 형태를 통해 배우는 것이 좋다. 그래서
나는 ‘스스로논술학습법’의 1, 2, 3단계를 신문을 통해서 하도록 만들었다.”
얼쑤! 선생은 말을 이었다.
“자, 그러면 네가 만든 논제2에 대한 답안을 작성해라. 분량은 자유로 한다.

네가 능력이 되는 정도에서 답안의 분량을 조절하기 바란다. 알겠지."

　　<나>의 관점은 '최고의 경영자와 일류 기업을 만들어내는 비결은 '인간 본성에 대한 이해'이다. 이것으로 <가>의 '흥분된 중계'를 평가하면 '긍정적인 평가'가 된다. 인간의 본성은 감정의 표현이기 때문이다. 더구나 올림픽의 금메달이 유력시되는 수영 경기의 극적인 상황에서 캐스터가 냉정한 심리를 유지한다는 것은 인간에게 주어진 감정 표현 능력을 억누르는 것이 된다. 물론 방송이라는 특수한 경우이지만 캐스터가 느낀 감동을 느낀 그대로 꾸밈없이 전달하는 것은 본성에 의한 것이기에 자연스러운 행위일 수 있다. 오히려 올림픽의 캐스터의 '흥분 중계'는 사람들에게 인간의 감정은 보편성을 띠기 때문에 설득력을 높이는 방법일 수도 있다.

"덩더덩더덩더쿵!"
"얼쑤!"

4. 논술 답안을 논술 선생님의 '!, ?'로 창의적인 첨삭을 받아라!

문제 1
제시문 (가)의 핵심 내용에 대하여 근거를 들어 옹호와 비판을 하시오.

　　<가>의 핵심 내용은 '박태환 선수의 수영 경기의 흥분된 캐스터의 중계'다. 1) 이것을 옹호하려면 스포츠 중계의 생방송의 어려움을 이해해 달라는 것이다.(?) 현장을 캐스터의 눈으로 보고 머리로 생각하고 말로 바로 나와야 하는 어려움 때문이다. 여기에 필요한 전달력, 순발력, 애드립은 누군가 가르쳐 줄 수도 없다. 2) 같은 맥락에서 "올림픽은 선수를 넘어 나라의 경쟁이기에 국민들에게 정서적으로 와 닿을 수밖에 없다"며 "우리 선수가 뛰는데 객관적이고 담담한 중계가 가능하고 타당한지도 생각해 달라"고 말한 모방송국 국장의 말은 설득력을 높인다. 또한 중계방송에서 캐스터와 해설자들의 '흥분 중계'가 국민 절반 이상이 이에 대해 '이해할

수 있다'는 많은 답변이 이를 뒷받침한다.(!)

그러나 <가>의 핵심 내용에 대한 비판도 가능하다. 방송은 객관적인 정보 전달을 최우선으로 삼기 때문이다. 방통심의위의 자문기구인 방송분과특별위원회는 최근 회의를 열고 '레슬링 경기와 박태환 수영 경기의 해설자가 괴성을 지르고 반말을 사용해 해설자의 본분을 지키지 않았다'는 민원을 심의했다. 그 결과 방송언어 관련 심의 규정을 어긴 것으로 의견을 모았다는 말이 이를 증명하다. 3) 방송심의에 관한 규정 제51조(방송언어) 제3항은 '방송에서 바른 언어 생활을 해치는 억양, 어조 및 비속어, 은어, 유행어, 조어, 반말 등을 사용해서는 안 된다'고 규정하고 있기 때문이다.(!)

"덩더덩더덩더쿵!"
"얼쑤!"

얼쑤! 선생이 읽어보니 논리적인 측면이 잘 부각되었다. 물론 수식이가 얼쑤! 선생과의 대화 내용 중에서 많이 인용하여 답안을 작성했다. 그러나 상호간의 대화로 흩어진 내용을 유기적으로 엮는 것도 논술의 기술이다. 더구나 글로 표현하여 논술 답안의 형식으로 제시한다는 것은 쉬운 일이 아니다. 논술의 상당 부분이 흩어진 배경지식을 주제에 따라 수집하고 조합하여 한 편의 글로 쓰는 것과 같기 때문이다. 그런 점에서 수식의 답안을 읽은 얼쑤! 선생의 얼굴에는 웃음이 떠올랐다.

"수식아. 너의 답안은 논리성이 돋보인다! 스포츠 흥분 중계에 대한 옹호와 반대의 내용을 분명히 제시하고 그 근거가 참신하기 때문이다. 논술의 논리성은 이렇게 생긴다."

"덩더덩더덩더쿵!"
"얼쑤!"

"얼쑤! 선생님과 대화한 내용을 중심으로 적었는데요?"

"그것을 논술 답안으로 재조직한 것도 능력이지."

"그러나 1)의 경우에는 내가 (?)표를 찍었다. 그 이유를 생각하여 적어볼래?"

수식은 고민했다. 그러나 아무리 봐도 (?)표의 이유를 생각해낼 수 없었다. 바로 '흥분 중계'에 대한 옹호의 입장을 논제의 요구에 따라 밝힌 것이라고 생각했기 때문이다. 수식이는 감이 오지 않았다. 얼쑤! 선생의 의도를 쉽게 파악하기 힘들었다.

"……"

"수식아, 다시 생각해볼까?"

"문장이 긴 것도 아니고요. 생방송과 흥분 중계의 연결이 잘못된 것도 아니고요."

수식은 얼버무렸다. 말에 자신감이 사라졌다. 얼쑤! 선생은 지켜보다가 입을 열었다.

"수식아, 1)의 '이것을 옹호하려면 스포츠 중계의 생방송의 어려움을 이해해야 한다'는 내용은 옹호의 입장이 분명하게 부각되지 않는다. 단지 '흥분 중계'를 생방송의 상황과 관련지어 이해해 달라는 애원처럼 읽혀진다. 어조가 문제라는 것이지. 또한 그 문장도 자연스럽지 못하고 말이야."

"어조가 애원조라는 것이죠. 문장의 흐름도 부자연스럽다고요."

"그렇다. 이 문장을 다시 고쳐서 써보도록 하자."

수식은 펜을 들었다.

"덩더덩더덩더쿵!"

"얼쑤!"

▶1 이것을 옹호하려면 스포츠 중계의 생방송의 어려움을 이해해야 한다.(?)

▶1 흥분 중계의 옹호의 조건으로 생방송이라는 어려운 상황이 있다.(?)

▶1 스포츠 중계의 생방송을 생각할 때 캐스터의 흥분 중계는 옹호가 가능하다.(!)

세 문장을 제시한 후에 드디어 (!)표가 찍혔다. 수식이는 진땀을 흘렸다. 날씨도 더운 여름이기에 그 심리적인 더위는 더했을 것이다. 수식이는 세 번째 문장에서 '흥분 중계의 옹호의 근거로 생방송의 상황'을 제시했다. 누구나 스포츠 생방송은 예측할 수 없는, 각본이 없는 상황이라는 것을 이해한다. 물론 중계의 도가 지나치다면 문제가 되겠지만, 수영 금메달의 기대는 올림픽에서는 우리가 처음으로 가진 상황이다. 거기에 예상대로 박태환의 레이스의 선두는 캐스터로서 흥분 중계를 하는 것이 당연하다 하겠다.

"수식아, 다음 2)의 문장을 보자. '2)같은 맥락에서 "올림픽은 선수를 넘어 나라의 경쟁이기에 국민들에게 정서적으로 와 닿을 수밖에 없다"며 "우리 선수가 뛰는데 객관적이고 담담한 중계가 가능하고 타당한지도 생각해 달라"고 말한 모방송국 국장의 말은 설득력을 높인다. 또한 중계방송에서 캐스터와 해설자들의 '흥분 중계'가 국민 절반 이상이 이에 대해 '이해할 수 있다'는 많은 답변이 이를 뒷받침한다.'이다. 2)가 논술의 글로써 좋은 이유는 무엇일까? 내가 (!)를 찍었거든. 이제는 노트에 적어 볼까?"

"덩더덩더덩더쿵!"
"얼쑤!"

수식은 노트를 펼쳐 보였다.

"예. '2)의 글은 논거가 참신하다. 논거는 인용을 사용했는데, 이 글의 옹호의 설득력을 높이는 주용 요인의 작용한다.'"

"(!)표를 찍어주마. 기분 좋지."

"대부분 학생들은 논술의 논거로 쓸 때 '사례'가 중심이다. 그 사례로도 상식적인 것이나 다 알고 있는 것을 제시한다. 이번의 수식이의 글은 두 번의 인용을 사용했다. 인용은 정확히 알고 있을 때 자신 있게 논술 답안에 사용할 수가 있다. 그런 점에서 주장에 대한 논거로 인용을 사용한 것을 높게 평가했다."

"감사합니다."

"너에게 사례로 인용의 사용을 적극 추천한다. 단 정확한 내용을 분명하게 적어주어야 한다. 알겠지. 다른 수험생들이 잘 안 쓰는 인용도 좋은 평가를 위한 차별화 전략으로 좋지."

다시 쓴 답안 1

<가>의 핵심 내용은 '박태환 선수의 수영 경기의 흥분된 캐스터의 중계'다. <u>스포츠 중계의 생방송을 생각할 때 캐스터의 흥분 중계는 옹호가 가능하다.</u> 현장을 캐스터의 눈으로 보고 머리로 생각하고 말로 바로 나와야 하는 어려움 때문이다. 여기에 필요한 전달력, 순발력, 애드립은 누군가 가르쳐 줄 수도 없다. 같은 맥락에서 "올림픽은 선수를 넘어 나라의 경쟁이기에 국민들에게 정서적으로 와 닿을 수밖에 없다"며 "우리 선수가 뛰는데 객관적이고 담담한 중계가 가능하고 타당한지도 생각해 달라"고 말한 모방송국 국장의 말은 설득력을 높인다. 또한 중계방송에서 캐스터와 해설자들의 '흥분 중계'가 국민 절반 이상이 이에 대해 '이해할 수 있다'는 많은 답변이 이를 뒷받침한다.

그러나 <가>의 핵심 내용에 대한 비판도 가능하다. 방송은 객관적인 정보 전달을 최우선으로 삼기 때문이다. 방통심의위의 자문기구인 방송분과특별위원회는 최근 회의를 열고 '레슬링 경기와 박태환 수영 경기의 해설자가 괴성을 지르고 반말을 사용해 해설자의 본분을 지키지 않았다'는 민원을 심의했다. 그 결과 방송언어 관련 심의 규정을 어긴 것으로 의견을 모았다는 말이 이를 증명하다. 방송심의에 관한 규정 제51조(방송언어) 제3항은 '방송에서 바른 언어생활을 해치는 억양, 어조 및 비속어, 은어, 유행어, 조어, 반말 등을 사용해서는 안 된다'고 규정하고 있기 때문이다.

"덩더덩더덩더쿵!"

"얼쑤!"

문제 2

제시문 <가>를 <나>의 관점으로 평가하고 그것에 대하여 자신의 견해를 제시하시오.

1) <u><나>의 관점은 '최고의 경영자와 일류 기업을 만들어내는 비결은 '인간 본성에 대한 이해'이다. 이것으로 <가>의 '흥분된 중계'를 평가하면 '긍정적인 평가'가 된다.</u>(!) 인간의 본성은 감정의 표현이기 때문이다. 2) <u>더구나 올림픽의 금메달이 유력시되는 수영 경기의 극적인 상황에서 캐스터가 냉정한 심리를 유지한다는 것은 인간에게 주어진 감정 표현 능력을 억누르는 것이 된다.</u>(?) 물론 방송이라는 특수한 경우이지만 캐스터가 느낀 감동을 느낀 그대로 꾸밈없이 전달하는 것은 본성에 의한 것이기에 자연스러운 행위일 수 있다. 3) <u>오히려 올림픽의 캐스터의 '흥분 중계'는 사람들에게 인간의 감정은 보편성을 띠기 때문에 설득력을 높이는 방법일 수도 있다.</u>(?)

얼쑤 선생은 이번에는 수식이의 '1), 2), 3)'의 문장에 '(!), (?), (?)'표를 찍었다. 1)은 좋은데 2), 3)은 안 좋다는 내용이다. 물론 논리적인 흐름은 좋다. 그 이유로 '논제에 대한 답안을 첫머리에 충실하게 제시했다. 이어서 특수한 상황에 따른 캐스터의 흥분 중계도 인간 본능 표현이라는 측면에서 자연스런 행위다'로 내용이 흘러갔기 때문이다. 그러나 수식이에게 이번 답안도 문장의 쓰임에 세심함이 요구되는 부분이 발견됐다. 논술의 고수는 조그만 것에 결판이 난다. 조그만 차이가 큰 차이가 되는 것이다. 논술 시험을 볼 때 문장의 사용이나 띄어쓰기, 부호 사용 등에도 조심해야 하는 이유다.

"수식아. 1)의 (!)표의 이유를 적어야지?"

"덩더덩더덩더쿵!"

"얼쑤!"

"우선 논제에 충실하게 썼다는 것이 (!)의 이유가 된다. 첫문장에 정확한 답안을 쓰는 것은 평가 교수에게 첫문장부터 신뢰감을 주는 행위다. 답안 분량이 적은 경우에는 이러한 전략은 아주 유효하다."

우식이는 노트에 또박또박하게 글을 적었다. 얼쑤! 선생은 그 이유에 대한 문장에 대해 (!)표를 찍어주었다.

"좋아. (!)표의 이유에 대한 글을 쓰는 솜씨가 많이 늘었군. 특히 서술어의 처리가 마음에 들어. 가만있어라. 내가 쓰고 있는 것을 흉내내고 있군. '이유가 된다', '신뢰감을 주는 행위다', '전략은 아주 유효하다'가 그래."

수식은 대답했다.

"저도 처음에는 '이유가 될 것이다'로 쓸 것을 '이유가 된다'로, '신뢰감을 주는 행위인 것이다'를 '신뢰감을 주는 행위다'로 '이'를 과감하게 깎았습니다. 또한 '전략으로 아주 유효한 것이다'를 '전략으로 아주 유효하다'로 고쳤죠. 얼쑤! 선생님의 특징을 저도 모르게 배운 것입니다."

얼쑤! 선생은 칭찬했다.

"좋아. 사실 '것이다'는 꼭 필요한 경우가 아니면 적지 않아야 한다. 그리고 현재형으로 쓰는 버릇을 가져야 한다. 여기에는 '이유가 된다'가 그것에 해당하지."

"덩더덩더덩더쿵!"
"얼쑤!"

"다음으로 2)의 문장을 보자. 내가 사실 (!)표를 찍을까 하다가 (?)표를 찍었는데 그 이유가 뭘까? 그 이유는 문장으로 적어야 한다. 말로 하지 말고."

"내용적으로는 근거로 바탕으로 논의를 했기에 문제가 없다. 단지 문장이 긴 것이 문제라면 문제다."

수식이는 문장으로 이렇게 적었다. 이에 얼쑤! 선생은 올바르게 지적했다고 생각했다. 수식이의 논술 능력은 많이 성장해 있었다.

"그렇다면 문장을 나누어 봐야지."

▶ 2 더구나 올림픽의 금메달이 유력시되는 수영 경기의 극적인 상황에서 캐스터가 냉정한 심리를 유지한다는 것은 인간에게 주어진 감정 표현 능력을 억누르는 것이 된다.(?)

▸2 더구나 올림픽의 금메달이 유력시되는 수영 경기의 극적인 상황이다. 그런 상황에 캐스터가 냉정한 심리를 유지한다는 것은 인간에게 주어진 감정 표현 능력을 억누르는 것이 된다.(?)

▸2 더구나 올림픽 수영 금메달이 유력시되는 극적인 경기 상황에서 캐스터가 냉정한 심리를 유지하기는 어렵다. 그것은 인간의 감정 표현 능력을 억누르는 것이 되기 때문이다.(!)

"다음으로 3)의 문장을 보자. 내가 왜 '3)오히려 올림픽의 캐스터의 '흥분 중계'는 사람들에게 인간의 감정은 보편성을 띠기 때문에 설득력을 높이는 방법일 수도 있다'에 (?)표를 했을까. 그 이유를 적기 바란다."

"글쎄요. '흥분 중계'를 인간의 본능 차원으로 이해하여 설득력 있는 말하기 방안으로 말했는데요."

"덩더덩더덩더쿵!"
"얼쑤!"

이렇게 수식이는 말하면서 펜을 들었다. 물론 수식이가 (?)표의 이유를 말로 해도 좋다. 그러나 얼쑤! 선생은 '말로 하는 것보다 글의 문장으로 만들어 제시하는 것이 논술 공부에 좋다'는 생각을 가지고 있다. 그래서 얼쑤! 선생은 좀 힘들지만 논술의 개인 지도에서 '말하기'보다는 '글로 써서 (!), (?)의 이유를 제시하기'를 고집한다.

"'캐스터의 흥분 중계는 인간의 본능 차원이기에 설득력 있는 말하기가 아니다. 그래서 (?)표를 받았다."

얼쑤! 선생은 다시 (?)표를 찍었다. 수식이는 고민했다.

"흥분 중계를 보편성으로 이해하면 차분한 중계는 특수한 중계가 되므로 내용이 비약돼 있다."

얼쑤! 선생은 신났다. 목소리를 높여,

"아, 수식이가 어려운 것을 맞췄어. 축하해요. 그렇지. 때로는 반대로 생각해

보면 진위를 분명히 알 때가 있지. 시에서도 시적 화자의 괴로운 현실의 생활이 제시되면 그 반대의 상황을 가정하여 감상하면 시적 화자의 소망을 파악할 수 있다. 그 사례로 성년의 '추운 현실', '삭막한 현실'의 상황이 제시되면, 시적 화자는 유년 시절의 '따뜻한 고향', '포근한 어머니의 품'을 이상으로 생각하지. 때로는 글의 내용도 반대되는 항을 대립시켜 생각해보면 어휘의 올바른 쓰임을 파악할 수 있지."

"그러면 고쳐 볼까?"

▶3 오히려 올림픽의 캐스터의 '흥분 중계'는 사람들에게 인간의 감정은 보편성을 띠기 때문에 설득력을 높이는 방법일 수도 있다.(?)

▶3 오히려 올림픽의 캐스터의 '흥분 중계'는 시청자들에게 인간의 감정은 솔직하게 전달하기에 이해될 수 있다.(!)

"덩더덩더덩더쿵!"
"얼쑤!"

다시 쓴 답안 2

<나>의 관점은 '최고의 경영자와 일류 기업을 만들어내는 비결은 '인간 본성에 대한 이해'이다. 이것으로 <가>의 '흥분된 중계'를 평가하면 '긍정적인 평가'가 된다. 인간의 본성은 감정의 표현이기 때문이다. 더구나 올림픽 수영 금메달이 유력시되는 극적인 경기 상황에서 캐스터가 냉정한 심리를 유지하기는 어렵다. 그것은 인간의 감정 표현 능력을 억누르는 것이 되기 때문이다. 물론 방송이라는 특수한 경우이지만 캐스터가 느낀 감동을 느낀 그대로 꾸밈없이 전달하는 것은 본성에 의한 것이기에 자연스러운 행위일 수 있다. 오히려 올림픽의 캐스터의 '흥분 중계'는 시청자들에게 인간의 감정은 솔직하게 전달하기에 이해될 수 있다.

"그렇지. 수고했어. 다음에 만나자."
"감사합니다."

...9강

1. 신문의 '기사 + 칼럼'을 선택하라!

"우나야, 그동안 잘 지냈지?"

"선생님도 잘 지내셨어요?"

우나의 목소리가 좀 어둡다. 목소리에 '얼쑤!'가 빠져있다. 우나는 신이 나면 '얼쑤! 선생님!' 하다가 기분이 다운되면 '얼쑤!'가 빠져버린다. 우나의 기분 파악은 다른데 있는 것이 아니라 바로 '얼쑤!'라는 말에 있다. 성격은 좋다.

우나는 고등학교에서 성적은 상위 랭킹에 속한다. 지금이 여름의 후반이기에 수시모집에 대한 고민에 차 있을 것이다. 압박을 받을 것이다. 내신 성적으로 보면 당연히 우나 자신이 원하는 대학에 지원을 해야 한다. 그러나 문제는 그동안 '논술'을 준비를 안 했다는 것이다. 지금 얼쑤! 선생에게 배우는 '스스로논술학습법' '15강' 중에 '5강' 정도가 전부다. 내신 공부에만 몰두한 학생들의 고민이 그렇듯 우나도 논술이 문제다. 여기에 부모의 기대는 큰 편이라면 심리적으로 압박을 당한다. 우나는 어떤 심정일까?

"당연히 기대를 하죠. 그런데 부모와 제가 원하는 대학이 달라서요. 그것이 문제예요."

"덩더덩더덩더쿵!"
"얼쑤!"

의외로 대답이 시원했다.

"부모는 교대를 원하는데, 저는 그렇지 않거든요. 나중에 대학을 정할 때 얼쑤! 선생님은 제 편을 들어주셔야 해요."

얼쑤! 선생은 웃으며 '그럼'하고 말했다. 얼쑤! 선생의 대학 진학과 관련한 기본 입장은 '학생이 진정 원하는 대학에 지원해야 한다'이다. 그러면서 아련한 과거의 일이 떠올랐다. 얼쑤! 선생이 고3 담임을 하던 오래 전의 기억이다.

그 때, 야간 자율학습 때 복도에서 언뜻 보니 '성경책'을 보는 학생이 있었다. 순간적으로 '그 시간이 있으면 교과서를 봐야지' 하는 생각이 들었다.

"뭐 하는 거야. 아니 수능시험이 얼마 안 남았는데 성경책이라니."

문을 박차고 들어가 얼쑤! 선생은 당장 교과서를 꺼내라고 다그쳤다. 그 순간 그 학생 얼굴의 당황한 빛을 지금도 잊을 수 없다.

"얼마나 힘이 들었으면 야자 시간에 성경책을 볼까? 그 학생에게는 성경책이 교과서보다 백 배나 더 마음을 안정시켜 줄 것인데."

그 단순한 사실을 깨닫는 데는 얼마 걸리지 않았다. 그 친구가 계속 낙방을 하더니, 나중에는 전화도 받지 않았다. 그 때 얼쑤! 선생은 무모한 열정만 가졌지 학생들의 세심한 감정을 다루는 데는 소홀했던 것이 후회가 되었다. 그 후 성경책만 보면, 어디서 초등학교 교사를 하고 있을 그 학생이 떠오른다.

"미안하다. 성경책 학생아!"

이 말은 얼쑤! 선생이 그 후 수없이 되 뇌인 말이다. 이런 일 때문인지 우나의 심정을 이해하려고 노력했다. 부모와의 대학 진학의 갈등 시에는 '우나 편을 들리라'는 얼쑤! 선생의 신조처럼 되어갔다.

"덩더덩더덩더쿵!"
"얼쑤!"

"날씨가 많이 덥지? 오늘은 9강이다. 자. 이 신문을 봐라. 여러 내용이 실려 있다. 너도 알겠지만 신문 기사와 칼럼을 한 편씩 선택해라. 만들 문제를 염두에 두면서 알았지."
우나는 땀을 닦으며 신문을 뒤적였다. 10분 정도 지났을까, 두 개의 제시문으로 선택한 기사와 칼럼이 노트에 붙어있다.
"무슨 내용이지?"
"네, 이번에는 <가>와 <나>의 공통점으로 '리더십'을 잡았습니다. 즉, '리더십의 조건을 말하고 있죠."
얼쑤! 선생은 말했다.
"논술 주제로 좋은 제시문이다. 오늘날 리더와 리더십에 대한 논의가 많다. 급변하는 시대에 중요한 키워드로 리더십이 작용한다. 그렇지. leader라는 단어를 14세기, leader ship이란 단어는 19세기에 들어와서 사용되었다고 한다."
우나가 고개를 들었다.
"리더십의 주제가 중요하군요."
"오늘날 사회가 다원화되면서 정치적, 사회적, 문화적으로 많은 갈등을 나타난다. 이것은 각 시대마다 갈등의 유형이 다르기 때문에 리더십의 유형이 또한 다를 수밖에 없다. 따라서 21세기의 리더십은 새로운 개념의 리더십이 요구되고 있음을 알 수 있다."

“덩더덩더덩더쿵!”
“얼쑤!”

얼쑤! 선생은 말을 이었다.

“당선된 대통령들이 고민하는 것이 있지? 바로 ‘화합형’ 대통령이 있고 ‘희망형’ 대통령이 있는데, 잘 봐요. 그 사례로 링컨은 공화당 대선 경쟁에서 맞붙었던 윌리엄 스워드를 국무장관에 임명했다고 한다. 또한 정적이었던 샐먼 체이스를 재무장관에, 에드윈 스탠턴을 전쟁장관에 임명했다고 한다. 바로 링컨은 화합형 리더의 대표지. 그러나 1933년의 대공황과 같은 위기에는 ‘희망형’ 리더가 각광을 받는다. 루스벨트가 대표적 사례야.”

우나는 짧게 말했다.

“그렇군요.”

“희망형 리더십은 창조적 리더십과 맥을 같이 한다. 바로 창조적인 상상력을 바탕으로 그 상상이 현실화됨을 믿게 하기 때문이야. 바로 그것이 아랍에미리트의 세이크 모하메드의 리더십이야. 대단하지.”

“무엇이 대단한가요?”

얼쑤! 선생의 목소리가 커졌다.

“못 들어봤어. 아랍에미리트이 도시인 두바이가 창조적 발상으로 세계의 주목을 끌었지. ‘사막 속의 스키장’과 ‘세계 지도 모양의 인공섬’을 창조적 발상으로 만들었지. 그런 도시 개발은 그동안의 황량한 사막과 무더위였던 두바이의 이미지를 정반대로 바꾸었지. 바로 쿨하고 산뜻한 이미지야.”

“사막의 나라가 쿨한 나라가 됐다고요?”

“그럼. 사막 속의 뉴욕이 됐으니까. 물론 석유를 팔은 돈으로 만들었겠지만, 그 발상은 우리의 상상을 뛰어넘었지. 이런 리더십의 내용은 논술의 주제로 단골이다.”

"덩더덩더덩더쿵!"
"얼쑤!"

얼쑤! 선생은 말을 이었다.

"이런 맥을 이어서 리더들은 창조적 성격은 어떻게 형성될까? 반드시 고통을 창조로, 절망을 희망으로 바꾼 경력을 지니고 있지. 다산 정약용 선생과 추사 김정희 선생이 대표적이야. 다산과 추사 선생은 리더가 가지는 본질을 지니고 있었기에 최고의 경지에 오르게 된 것이야. 마치 두바이를 뉴욕으로 바꾼 셰이크 모하메드와 같지."

우나는 의문을 표시했다.

"아니, 얼쑤! 선생님. 정치 지도자와 학문적으로 최고의 경지를 추구한 학자와 같은 경우라고요?"

"리더의 본질이 같다는 것이지. 생각해봐. 다산과 추사의 경우를 들어서 리더자의 특질을 말할게. 다산 정약용 선생은 삶과 죽음의 뜨거운 현장인 유배지를 창조적 공간으로 바꿨다. 그곳이 강진이라는 곳인데 유배지에 도착하는 날부터 '천주학쟁이'라는 낙인 때문에 주막집에 유배지를 정하게 된다. 여기서 '유배지를 창조적 공간'으로 바꾸었다는 말이 중요하지."

"덩더덩더덩더쿵!"
"얼쑤!"

우나는 고개를 끄덕였다.

"삭막한 강진의 유배지를 창조적 공간으로 만든 것은 두바이의 사막의 공간을 스키장으로 만든 것과 본질이 같네요. 그렇죠."

"바로 그것이야. 다산은 강진의 고통스런 유배 생활의 18년을 창조적 집념에 생명을 거는 치열한 작가 정신을 보였다. 그것이 바로 500여권의 저술의 결과로 나타나지. 요즘 책 한 권을 집필하는데도 최소한 1년이 걸린다. 그것도 다른 곳에 신경을 안 쓰고 오로지 책만 쓰는데 힘을 들인 결과지.”

우나는 놀랐다.

“그런데 500권이라니요?”

“다른 사람 같으면 유배지의 절망으로 목숨을 잃은 경우가 많았다. 그런데 다산 선생은 500권의 책을 지었으니 말이야. 특히 다산은 너무 오래 앉아서 글을 썼기 때문에 종당에는 엉덩이가 곪아터져 앉을 수가 없게 되었다고 한다. 그러자 다산은 벽에 선반을 만들고 서서 저술을 하였다는 것이야.”

“정말 치열한 창조적 정신이군요.”

“그렇지. 오늘날에는 이런 창조적 정신이 리더의 조건으로 상위 랭킹에 포함이 되지. 추사 선생도 마찬가지야.”

“추사 김정희 선생도요?”

“추사 선생은 추운 겨울에 유배지인 제주도에서 ‘세한도(歲寒圖)’라는 절품을 남겼다. 추사 선생은 금석학의 연구를 통하여 새로운 서법의 경지에 오르는 데 그것이 추사체이다. 여기서 중요한 사실이 있다.”

“덩더덩더덩더쿵!”
“얼쑤!”

얼쑤! 선생은 말을 이었다.

“‘최악의 조건이 창조적 상상력을 낳는다’는 거야. 다산이나 추사는 유배지라는 절망의 공간인 최악의 조건을 500여권의 저술과 세한도를 남기는 창조적 공간으로 만들었다는 것을 볼 때 이해가 가지. 그러니까 리더의 조건인 창조적 정열은 바로 체험에서 온다고 해도 과언은 아니야.”

“우리 학생들이 이분들의 창조적 공간을 활용할 방법이 없을까요?”

“아, 좋은 질문이야. 그렇지 위대한 사람들의 창조적 행위가 진정으로 우리에게 도움이 되기 위해서는 다양한 관점으로 활용할 줄 알아야지.”

“어떻게요?”

“덩더덩더덩더쿵!”
“얼쑤!”

얼쑤! 선생은 잠시 생각에 잠겼다.

“가만있어. 우리가 학교에서 보면 소위 ‘왕따’라는 학생이 있지. 나도 이런 말은 쓰지 말아야 하는데 왜 자꾸 ‘왕따’라는 말을 쓰는지 몰라. 부적응 학생이라고 해야 옳은 말이지. 이런 학생들에게 학교는 유배 생활과 같은 공간이다. 급우들로부터 따돌림을 당하니 얼마나 괴롭겠니? 이 학교의 공간을 창조적 공간으로 바꾸는 것이야.”

우나는 호기심을 보였다.

“어떻게요? 학교를 창조적 공간으로 바꾼다고요.”

얼쑤! 선생은 침을 튀기기 시작했다.

“그렇지. 앞에서도 말했듯이 고통스런 현실에서 창조적 정열은 만들었다. 우리가 다산과 추사 선생을 통하여 생각해 봤잖아. 나의 머리 속을 창조적 공간으로 만들어서 나만의 세계로 만드는 것이지. 그럴수록 다른 방향으로 의지가 생기는 결과로 나타나지. 학교 주변 상황의 어려움을 자신의 특기로 극복하는 것인데, 가령 자기가 좋아하는 과목만을 집중적으로 공부하는 것이지. 그 결과 다른 학생들보다는 그 과목에서만큼은 최고의 경지로 만드는 것이야. 아니면 인터넷 카페를 만들어 운영하면서 ‘운영자’로서 리더의 역할을 맡는 것이지.”

우나는 호기심을 보였다.

“그건 무슨 말이예요?”

“인터넷 카페의 운영자는 그 카페에서 주인공인 리더이다. 그곳에서만큼은 왕따가 아니라 당당한 주역이지. 그런데 가입 회원들이 늘어나려면 어떤 콘텐

츠가 게시판에 필요하지."

우나는 말했다.

"나만이 가지고 있는 자료지요. 다른 곳에서는 볼 수가 없는 자료요."

"그렇지. 그럴 때 그 카페는, 운영자는 주목을 받겠지. 그 나만이 가진 자료가 뭐야. 어떻게 만들지? 이미 있는 자료들을 통합하여 새로운 자료로 창출시킨다든가 내가 새롭게 써야 하겠지. 그런 어려운 것은 말고, 내가 취미로 하는 것을 재미있게 만들어 올리면 되는 것이야."

우나는 힘들게 말했다.

"그것이 말처럼 쉬울까요?"

"덩더덩더덩더쿵!"

"얼쑤!"

얼쑤! 선생은 길게 말했다.

"어렵겠지. 나는 지금 창조적 정열을 통해 고통스런 현실을 극복하는 것을 말하고 있어. 다산과 추사 선생을 생각해 봐? 냉정하게 말하면 이분들도 당시 조선 후기의 정계에서 왕따를 당한 사람들이지. 물론 고급 왕따겠지만 말이야. 결국 진정으로 극복할 수 있는 대안은 그 공간을 나만의 창조적 공간으로 만드는 것이야. 막말로 위대한 업적을 남긴 사람은 대부분 왕따를 당한 사람이라고 보면 된다. 역설적인 이야기에 해당하지."

"아니 그것은 또 무슨 이야기예요?"

"창조적인 일을 하려면 당연히 반대에 부딪히게 된다. 반대가 큰 사업일수록 창조성이 더 큰 것이다. 반대로 주위의 사람들이 대부분 찬성했다고 쳐봐. 이것은 누구나 생각하는 사업이라는 것이지. 두바이의 셰이크 모하메드 왕은 처음에 미치광이 취급을 당했다. 그 결과는 어떠니? 지금 세계가 두바이를 주목하고 있다. 두바이가 창조적 도시 개발의 모델로 각광을 받고 있잖아."

얼쑤! 선생은 '리더십'을 '스스로논술학습법'의 9강의 주제로 말했다가 그 이야기가 빙빙 돌았다. 다시 '화합이냐 희망이냐'의 리더십으로 돌아왔다. 다산과 추사는 '희망'의 리더십으로 이해된다. 다산이 천주교를 믿었다는 이유로 벽파의 공격을 받아 강진에 유배된 고통을 저술 작업을 통해 극복했기 때문이다. 우리 후손들은 여기서 희망의 리더십을 배운다. 오늘날 유배의 공간은 관점에 따라 어디든 존재한다. 과거 독재 정권에 항거하다 감옥에서 삶을 보낸 민주 인사들에게는 '감옥'이 창조적 공간이 될 수 있기 때문이다.

"덩더덩더덩더쿵!"
"얼쑤!"

2. 신문 칼럼의 문단을 '논술 문단'으로 재조직하라!

"우나야, 네가 선택한 칼럼의 문단을 그대로 베끼면서 '논술문단'으로 재조직해봐야 한다. 물론 그 칼럼의 문단이 좋은데 너무 전문적인 면을 보일 수 있기 때문이다. 대학 교수들이 가장 좋아하는 논술 답안은 고등학생의 수준을 원한다. 바로 순수한 논술 답안이 되기 때문이지. 대학에서 고득점의 답안을 공개한 것을 읽어보면 우리는 '별것 아닌 것 같은데'라는 느낌이 드는 이유다. 우리는 '잘 썼다, 못 썼다'를 논술 참고서나 문제집의 예시답안 정도의 수준으로 본다. 그것은 착각이다."

우나는 귀를 세웠다. 의문을 표했다.

"아니 그것이 착각이라고요?"

"논술 전문가가 쓴 예시 답안은 논술 시험장에서 쓴 현장 답안이 아니다. 자신이 논술 문제를 내고 이리 저리 내용을 참고하여 많은 시간을 두고 다듬은 답안이다. 그러니까 '써진 답안'이 아니라 '만들어진' 답안인 셈이다."

우나는 웃으면서 말했다.

"말이 멋있네요. '만들어진 답안'이요."

"나의 말을 들으면 또 다른 방향으로 튄다고 생각하겠지만, 요즘 스타들도 '만들어진 스타들이 많잖아. 이 이야기를 시작하면 한이 없으니 여기서 그 이야기는 그치도록 하자."

"아쉽네요."

얼쑤! 선생은 논술 답안의 기본 문단의 구조를 다시 말했다. 6, 7, 8강에서도 말했지만 두괄식의 문단으로 재조직하라는 것이다. 그러면서 큰 소리로 다시 강조했다.

"덩더덩더덩더쿵!"

"얼쑤!"

"문단은 크게 '중심문장과 뒷받침 문장'으로 나눈다. 그것을 기본적인 논리 구조로 구체화하면, '①중심문장＋②이유제시＋③상술＋④반대되는 의견을 끌어들여 비판(논쟁의 글인 경우)＋⑤사례(내용상 생략도 가능하다. 내용상 상술과 사례의 순서를 바꾸어도 무방하다.)' 등이다. 여기서 '①중심문장'이 중요한 내용이 되고, '②이유제시＋③상술＋④반대되는 의견을 끌어들여 비판(논쟁의 글인 경우)＋⑤예시'가 중심문장을 뒷받침하는 문장이 된다. 신문의 기사나 칼럼을 읽으면서, 베끼면서 논술이 요구하는 논리적인 구조로 재조직하는 스스로 학습이 필요하다. 단 칼럼에 없는 내용의 항목은 학생 자신이 만들어 넣으면 더욱 좋다. 또한 내용의 전개에 따라 사례가 먼저 나오고 상술이 뒤에 나와도 무방하다. 이것은 논술 시험에서 좋은 논술문단을 쓰기 위한 기본 방법이다."

우나는 웃으면서 말했다.

"얼쑤! 선생님, 이 이야기는 지금까지 3번 말하는 거예요."

얼쑤! 선생은 변명했다.

"중요한 것은 몇 번이고 강조해야지. 앞으로 한 번 더 10강에서 이야기를 해야 하는데. 논술 답안의 문단의 기본은 아무리 강조해도 지나치지 않아. 그러니 지루하게 생각하지 말라고. 우나야."

"덩더덩더덩더쿵!"
"얼쑤!"

"예. 알겠습니다."
"우리나라의 스포츠가 아마는 강한데 프로가 왜 약한지 아니? 같은 원리로 설명이 가능하지."
얼쑤! 선생은 말을 이었다.
"복싱은 기본 기술은 '스트레이트'다. 이 기본기를 튼튼하게 해야 하는데, 대부분 우리나라 선수들은 '라이트 훅, 레프트 훅' 기술을 먼저 배운다. 조금 연습해서 당장 사용하기에 좋기 때문이다. 실력이 별로인 선수들과 대전을 할 때는 이 기술이 먹힌다. 그러다 상대방이 세계적인 선수인 경우는 잘 먹히지 않는다. 복싱에서 '훅'의 기술은 팔을 구부리고 치는 것이기에 맞으면 위력은 있다. 그러나 '훅'의 기술은 상대방의 몸에 바싹 다가서야 한다는 부담이 있다. 즉 상대방에 가까이 붙어야만 이 기술을 쓸 수가 있다. 그만큼 위험부담이 많은 기술이 '훅'이다. 따라서 멀리서 공격이 가능한 기본기인 '스트레이트'를 먼저 충실히 배워야 한다. 다음에 '훅'의 기술을 배워야 하는 것이다. 세계적인 선수들이 '스트레이트' 등의 기본기가 잘 돼 있는 이유를 알아야 한다. 논술도 마찬가지다."
얼쑤! 선생은 말을 이었다.
"논술 답안은 문단을 기준으로 평가한다. 따라서 평가 교수의 눈에는 문단을 읽으면서 내용과 형식을 평가하는 것이다. 아까 복싱의 경우도 말했지만 논술의 경우는 두괄식의 문단이 기본에 속한다. 논술 수험생들은 논술 답안의 문단 구성의 기본에 충실해야 한다. 그런 의미에서 두괄식의 중요성을 다시 말한 거야, 하하하. 변명이 길었나?"

우나는 웃으면서 말했다.

"열 번이고 계속하세요. 정말요. 잘 들을게요."

얼쑤! 선생은 우나는 이제 논술의 기본은 됐다고 생각했다. 얼쑤! 선생이 가르쳐준 대로 논술 답안의 첫 문장을 논제가 요구하는 것을 잘 적었기 때문이다. 얼쑤! 선생은 7강에서 쓴 우나의 논술 답안1을 꺼내들었다.

"덩더덩더덩더쿵!"

"얼쑤!"

"<나>는 '우리는 독도 영유권 문제에 감정의 대응보다는 일본에 대한 치열한 연구를 통한 학술적 대응이 필요하다'를 말했다. 이것과 관련되는 제시문 <가>의 내용은 '[5]의 과거와 미래'이다. 즉 '중국은 이제 중국적인 것을 고집하던 과거에서 세계의 스탠더드에 맞추고 나아가 세계의 표준을 세우는 데 주도적인 역할을 할 것임을 보여주었다.'의 부분이다. 이것을 <나>에 맞추어 관련시켜보면, 우리는 우선 독도 분쟁에 유리한 상황을 위해서는 감정 대응에서 벗어나야 한다. 바로 냉철한 학문적인 연구의 결과물을 통해 여러 나라를 설득할 수 있어야 한다. 학문적 연구를 통한 논리 개발은 독도 분쟁 해결에 세계적 기준이 될 수 있다는 점에서 우리가 중요하게 인식해야 할 부분이다."

우나에게 자신의 답안을 보게 했다. 얼쑤! 선생은 답안의 문단의 기본이 잘 됐다고 칭찬했다. 바로 "'<나>는 우리는 독도 영유권 문제에 감정의 대응보다는 일본에 대한 치열한 연구를 통한 학술적 대응이 필요하다'를 말했다. 이것과 관련되는 제시문 <가>의 내용은 '[5]의 과거와 미래'이다"의 첫째 문장과 둘째 문장이다. 논제가 요구하는 충실하게 첫 문장에 적었다. 우나는 두괄식의 기본 문단은 익혔다고 생각했다. 복싱으로 보면 '스트레이트'의 기술은 된 것이다. 그 다음은,

“덩더덩더덩더쿵!”
“얼쑤!”

“우나야. 이제 고도의 기술을 배워야지. 복싱으로 말하면 기본기 다음에 배우는 ‘훅’의 기술이지.”

우나는 호기심을 보였다.

“그게 뭔가요?”

얼쑤! 선생은 말을 이었다.

“지금 중요한 이야기를 하려고 해. 그렇다면 문단 중에서도 어디가 평가자의 눈에 먼저 보이지?”

“그야. 논술 답안의 첫 문장이겠지요.”

“그렇지. 그래서 다른 수험생의 답안과 차별화를 이루기 위해서 그 첫 문장인 한 문장을 독특하게 써보자는 것이지. 평가자의 관심을 끌면서 호기심도 일으키는 문장을…”

“첫 문장을 논제가 요구한 것을 충실하게 적는 것이 중요한 것이 아닌가요?”

“덩더덩더덩더쿵!”
“얼쑤!”

얼쑤! 선생은 말했다.

“그렇다면 논술 답안은 어떻게 시작해야 할까? 먼저 ‘엉뚱한’ 내용으로 시작해도 좋다. 수험생 자신만의 엉뚱한 생각을 창의적으로 논제와 연결해 제시하는 것이다.”

“어려운 내용이네요. 엉뚱한 내용이니까요.”

“그렇지. 논술의 고수는 달라야 하지. 이런 창의적 측면은 논술 교사가 가르쳐줄 수 없지. 자신이 개발해야 하는 것이야.”

얼쑤! 선생은 침을 튀기며 설명했다. 우나가 물었다.

"얼쑤! 선생님. 그 엉뚱한 내용이라는 것이 논술 첫 문장에서는 무엇이 되나요?"

"좋은 질문이다. 엉뚱한 내용이란 '국제 외교'의 신문 기사일 수도 있다. 또 수험생 자신만의 독특한 '체험'일 수도 있다. 중요한 것은 서론의 독특함이 논제와 관련되어 흥미를 유발해야 한다는 점이다."

"그렇군요. 얼쑤! 선생님."

"우나야. 논제와 관련되지 않으면 '진짜 엉뚱한 내용'이 되기 때문이다. 이것은 조심해야 할 부분이야. 논술에 승부를 걸려면 이 첫 문장의 사용이 승부수가 되지."

우나는 힘든 듯이 말했다.

"오늘은 좀 어려운 것을 배우네요."

"요즘 통합논술은 대부분 1,000자 이내의 답안 분량을 요구한다. 내가 누차 말했지만 답안은 논제가 요구하는 핵심 내용을 담은 본론으로 직접 들어가는 것이 좋다."

"많이 들었던 내용입니다. 호호호."

우나는 기분이 풀린 모양이다. 웃음이 밝았기 때문이다. 얼쑤! 선생은 말을 이었다.

"그러나 짧은 답안이라도 채점 교수의 눈길을 잡는 수험생이 유리하다. 자신만의 관점이 포함된 창의적인 내용으로 답안을 시작하는 것이 효과적이다."

얼쑤! 선생은 일간지의 칼럼의 사례를 들어보았다. 우나는 노트에 옮겨 적을 태도를 보였다. 그 모습이 빨랐다. 논술에 열정이 보였다.

"덩더덩더덩더쿵!"
"얼쑤!"

다음은 신문 칼럼에 실린 멋진 첫 문장이다.

1) "인터넷 게임에 몰두하는 아이들과 이를 말리는 어머니들의 신경전이 전국의 가정마다 날씨만큼이나 뜨겁다." <신의진 연세대 의대 교수 조선일보 아침논단>

"우나야. 1)은 무엇을 쓰기 위해 첫 문장으로 사용했을까?"
"인터넷에 중독된 어린이들의 문제점과 해결방안을 썼습니다."
"좋다. 다른 말로 테크놀로지의 발전이 우리의 귀중한 정신문화를 흔들고 있는 현실을 비판하기 위한 글이다. 첫 문장으로 아주 좋지."

2) "교통신호를 기다리고 있을 때 빨간 불과 파란 불이 동시에 켜졌다면 어떨까?" <변용식 조선일보 칼럼>

"2)는 교통신호등의 이야기가 첫 문장이다. 무슨 내용일까? 교통신호등 그 자체의 이야기는 아니겠지."
"예. 비유를 한 것인데요. 한 가지씩 해야 혼란이 없는데, 한 번에 서로 다른 두 가지를 하려고 하다보면 문제가 생긴다는 주제가 올 것 같습니다."
"좋아, 이 글은 '정부로부터 한 가지 통일된 신호가 나와야 국민은 앞날을 예측하면서 살 수 있다'는 내용이 중심이다. 어때, 재미있지."

3) "우리 축구대표팀 감독은 히딩크가 맡았다고 해서 주권을 상실했다고 분개하는 국민은 없다." <김창균 조선일보 칼럼>

"3)은 어떤 내용을 쓰기 위한 첫 문장일까?"
"우리나라에서 좋은 결과를 보인 외국인은 주권문제와 관련이 없다는 것이 아닐까요?"

"덩더덩더덩더쿵!"
"얼쑤!"

"좋은데, 좀 더 구체적으로 논의 대상으로 확장했으면 좋겠어. 즉 한반도에서 실제 상황이 발생해서 작통권을 넘기면 벨 주한미군 사령관은 최첨단장비로 무장한 증원미군을 데려온다고 했는데, 이는 주권 문제와는 관련이 없다는 글이지."

"아, 그렇군요. 이런 글쓰기가 또 있군요."

"1), 2), 3)의 첫 문장은 내용을 떠나서 글에 대한 독자들의 호기심을 끌어내는데 아주 성공적이다. 글쓰기 전문가의 고도의 기술을 보인 것이지. 잘 봐. 비유가 쉬우면서 재미가 있잖아."

우나는 호기심을 보였다.

"논술의 첫 문장에서 비유가 중요하군요."

"꼭 비유만을 말하는 것이 아니다. 명문장의 인용, 속담, 독특한 개인의 체험 등이 오면 좋다. 그런데 그런 첫 문장을 사용할 때에는 조심할 점이 있는데 그 문장이 2문장을 넘어서면 안 된다. 통합논술의 답안이 대부분 1,000자를 넘지 않기 때문이다."

얼쑤! 선생은 말을 이었다.

"그런데 2009학년도 서울대학교의 경우는 서울대의 경우는 2,500자 내외를 요구하고 있다. 서울대는 교과서 지문을 활용하는 경우가 많다. 사회, 윤리 교과 등의 기본 개념과 원리를 반드시 익혀야 하는 이유다. 이 경우도 논제가 3개 정도가 서로 관련지어 제시된다. 따라서 답안은 간단한 서론과 논제가 요구하는 것을 직접 해결하는 본론, 간단한 결론의 형태가 필요하다. 특히 본론을 중심으로 답안을 작성하되 논리적이고 독창적인 논의 전개가 필요하다. 이 경우도 서론에서 관심을 불러일으키는 전략이 필요하다."

“덩더덩더덩더쿵!”
“얼쑤!”

“술을 먹기 전에 향기가 부드럽게 나는 것과 같지. 또한 술이 목을 넘어 갈 때 살짝 자극하는 것과 같지. 아참, 술 이야기로 학생 앞에서 비유를 했군. 술은 성인용 대화에 속하는 것인데 말이야. 하하하.”

우나는 모처럼 길게 말했다.

“이래 저래 첫 문장이 중요하군요. 관심을 끄는 첫 글은 긍정적인 평가에 원동력으로 작용하니까요. 저도 드릴 말씀이 있어요. 매년 말에 하는 영화제 시상식에서 주연상 등의 수상자에게 주어지는 인사말이 있잖아요. 거기서도 인사말의 첫 문장이 관심을 끌어야 다음 이야기도 기대가 되는 것과 같군요. 만약 ‘이상을 받게 해주신 선생님들께 감사드리고 이 자리에 계신 모든 분들과 기쁨을 같이 하고 싶습니다’라는 첫 문장은 실패한 문장이죠. 그렇죠.”

얼쑤! 선생이 말을 받았다.

“잘 생각했다. 상투적인 인사말이기에 그렇다. 자신만의 독특한 인사말을 하면 다음 말도 기대가 되는데 말이야. 먼저에도 말한 것 같은데, 내가 강아지를 좋아하거든. 그 체험의 결과로 알고 있는 것이 있어.”

강아지 이야기에 우나는 눈이 번쩍 떠졌다.

“그게 뭔데요?”

“장사가 잘되는 애완견 가게 주인은 관심을 끌만한 ‘독특한 애완견’ 한두 마리를 꼭 갖고 있다. 애완견을 사러 오는 손님에게 그 개를 제일 먼저 보여준다. 이 독특한 개로 하여금 처음부터 손님의 흥미와 관심을 불러일으키게 한다. 그런 다음에 여느 애완견 가게에서나 볼 수 있는 다른 개도 보여주는 것이다. 그러면 손님들은 처음에 본 멋있는 애견의 환영을 가지고 다른 개를 보기 때문에 그 애완견 가게에 대한 이미지를 좋게 생각하는 것이다. 그것이 강아지 매출을 많이 올리는 이유로 작용한다. 창의적인 전략을 가진 주인이다. 어때. 논리가 그럴듯하지."

우나는 감탄했다.

"절묘한 전략이네요. 논술의 '첫 문장'과 애견 가게에 처음으로 등장하는 '독특한 개'와 다를 바가 없군요. 호호호."

우나는 웃었다. 얼쑤! 선생은 말을 이었다.

"덩더덩더덩더쿵!"

"얼쑤!"

"그래서 논술답안은 첫 문장에 승부를 걸어야 한다는 말이 있다. 누가 한 말이냐고? 내가 한 말이지. 이런 내용의 글을 시사 주간지에 기고했더니 인터넷에 많은 댓글이 달리는 거야. 어떤 네티즌은 답안 문단의 작성에 너무 기교를 부린다는 댓글을 달았고, 학교에서 배울 수 없는 너무 어려운 것이라는 댓글도 있었다. 그러나 첫 문장을 재미있게 적어서 평가자의 관심을 끄는 내용이라면 좋다는 의견도 많이 있었다. 하하하."

"일종의 논쟁이 벌어졌군요."

"그렇지. 본론식의 핵심적인 내용만 적어야 하는 논술답안이라도 그 속에 자신만의 독특함이 있어야 한다는 것은 중요한 것이지."

"'자신만의 독특함'이 논술의 본질이군요."

"그렇지. 반짝반짝 빛나는 창의적인 한두 문장은 평가자의 관심을 끌지. 그 첫 이미지는 기억을 하게 만들지."

"채점 교수들의 시선을 확실히 붙들어 맬 것 같군요."

"또 '같군요'라는 말을 쓰는군."

"평가 교수들의 시선을 확실히 붙들어 맵니다."

"좋아."

"덩더덩더덩더쿵!"

"얼쑤!"

우나는 칼럼의 문단을 두괄식의 기본 유형으로 재조직했다. 그러면서 문단의 첫 문장을 관심을 끄는 내용의 절묘한 배치도 해보았다. 어설프지만 우나도 이것에 관심을 가져야 한다.

얼쑤! 선생은 틈틈이 답안의 문장의 길이를 강조했다. 여러 번 말하지만 논술의 문장은 짧은 것이 좋다. 핵심적인 알맹이만의 내용을 전해주는 이유가 된다. 경쾌한 맛도 있다. 길이에 따라 문장의 세련 여부도 결정된다. 논술의 질도 평가되기도 한다. 특히 논술 답안의 첫 문장도 짧으면 더 좋다. 첫 문장이 그 답안의 인상을 결정하기 때문이다. 그러면서 이순신 장군의 '난중일기'의 문체로 보라고 했다. 얼쑤! 선생이 펴든 난중일기는 무인다운 글의 짧은 문장이 중심이다. 우나는 읽어보았다. 해석에 따라 긴 글도 있으나 단순 명쾌한 내용의 짧은 글이 중심이다.

3. 기사, 칼럼을 통해 스스로 '논제'를 만들고 '답안'을 작성하라!

우나가 신문에서 선택한 제시문을 보았다. <가>는 신문의 기사이고 <나>는 칼럼이다. 얼쑤! 선생은 살펴보았다. 우나는 제시문 간의 공통점을 중심으로 제시문을 선택했음을 알 수 있다.

제시문 ● ● ●

<가> "리더에게 사회적 지능요소로 조화와 동기부여가 필요하다."[26]

<나> "신뢰와 중용을 통한 통합리더십으로 국민통합이 필요하다."[27]

---

26) 성공하는 리더, 실패하는 리더… '뇌는 알고 있다.' 동아일보(2008.09.20)

제시문을 바탕으로 문제를 만들게 했다. 이번에 우나는 20여분을 고민했다.

"우나야. 오늘날 사회 환경 구조에 다양한 변화가 일어난다. 그 상황에 대응할 수 있는 21세기형 리더십에 관련된 논술 시험 문제가 출제되고 있어."

얼쑤! 선생은 말을 이었다. 우나는 필기하려고 노트를 폈다.

"덩더덩더덩더쿵!"

"얼쑤!"

"이화여대는 '다음 제시문들은 국가를 이끌어가는 원리와 방법에 대한 동서고금의 다양한 생각들을 보여준다. 제시문 (가), (나), (다)를 논의의 근거로 삼아 현대적 의미의 리더십을 논술하시오.'라는 논술 문제를 출제했다. 그 (가), (나), (다)의 제시문은 남명 조식의 '을묘사직상소', 마키아벨리의 '군주론', 제레미 리프킨의 '노동의 종말'이다. 이를 바탕으로 통치자의 자질과 역할 및 통치의 방법을 서술한 대목을 근거로 답안을 작성하라는 것이다."

우나는 걱정하는 표정을 보였다.

"고전작품이 제시문으로 출제됐네요. 저는 고전 작품을 어렵다고 생각하는데요?"

"그것은 대부분 학생들이 어려워할 거야. 너만 어려운 것이 아니지."

"그 조식 선비의 '을묘사직상소'의 제시문을 볼까?"

"좋아요."

"덩더덩더덩더쿵!"

"얼쑤!"

   (가) 전하(殿下)의 다스림이 이미 그릇되어 나라의 근본이 망했고, 하늘의

---

27) [전진우 칼럼] '거위의 꿈' 동아일보 칼럼(2008.09.20)

뜻은 가버렸으며 인심도 이미 떠났습니다. 비유하자면 백 년 된 큰 나무에 벌레가 속을 갉아먹어 진액이 말라버렸는데 회오리바람과 사나운 비가 어느 때에 닥쳐올지 알지 못하는 것과 같습니다.

낮은 벼슬아치는 아래에서 히히덕거리면서 우선 주색만을 즐기고 높은 벼슬아치는 위에서 어름어름하면서 오로지 재물만을 늘리며, 물고기의 배가 썩어 들어가는 것 같은데도 그것을 바로잡으려고 하지 않습니다. 궁궐 안의 신하는 자기 세력 끌어들이기를 용이 못에서 물을 빨아들이듯 하고, 궁궐 밖의 신하는 백성 벗기기를 이리가 들판에서 날뛰듯 하니, 가죽이 다 해어지면 털도 붙어 있을 데가 없다는 것을 알지 못합니다.

나라 일을 정돈하는 것은 자질구레하게 형벌을 정하는 데에 있지 아니하고 오직 전하의 한 마음에 달려 있습니다. 그런데 전하께서 좋아하시는 일이 무엇인지 모르겠습니다. 학문을 좋아하십니까, 풍류와 여색을 좋아하십니까, 활쏘기와 말달리기를 좋아하십니까? 군자를 좋아하십니까, 소인을 좋아하십니까? 좋아하시는 바에 따라 나라가 흥하느냐 망하느냐 하는 것이 달려 있습니다.

진실로 어느 하루 깜짝 놀라 깨달아 팔을 걷어붙이고 학문에 힘쓰시면 덕을 밝히고 백성을 새롭게 하는 도리를 얻게 됩니다. 그렇게 하시면 그 안에 온갖 선(善)이 갖추어지고 온갖 덕화(德化)도 이로 말미암아서 나오게 됩니다. 이것을 들어서 시행하면 나라를 고루 잘 살게 할 수 있고, 백성을 화합하게 할 수 있으며, 위태로움을 편안하게 만들 수 있습니다.

정치를 하는 것은 사람에게 달려 있고, 사람을 쓰는 일은 몸을 수양함으로써 하며, 몸을 수양하는 일은 도(道)로써 하는 것입니다. 전하께서 만약 사람을 쓰는 데에 이렇게 하신다면 전하를 모신 신하들로서 사직을 보위하지 못할 자가 없을 것입니다. 전하께서 덕화를 베푸셔서 태평한 천하를 이루신다면, 저는 마구간의 끝자리에서나마 채찍을 잡고 정성을 다해서 신하의 직분을 다할 것입니다.

엎드려 원하옵건대 전하께서는 마음을 바로 하는 것으로써 백성을 새롭게 하는 요체를 삼으시고, 몸을 수양하는 것으로써 사람을 쓰는 근본을 삼

으셔서 왕도(王道)의 법을 세우십시오. 왕도의 법이 왕도의 법답지 않으면
나라가 나라답게 되지 못합니다. 밝게 살피시기를 엎드려 바라옵니다. 저는
감당할 수 없이 떨리고 두려운 마음으로 죽음을 무릅쓰고 이 말씀을 전하께
올리옵니다.

<남명 조식(南溟 曺植)의 『을묘사직상소』 중에서>

"우나야 이 제시문은 무엇을 말하고 있니?"

"'왕도정치'의 중요성을 말합니다. 조식 선생이 죽음을 각오하고 말하고 있네
요. 백성들에게 편안하게 살 수 있는 환경을 제공해주고 백성은 그러한 왕 및
기존의 질서에 순종해야한다는 것이죠."

"좋아. 왕도정치는 동양의 이상적인 정치 철학이다. 인간 삶의 윤리적 측면
에 기반을 둔 계층 간 조화의 리더십을 촉구하고 있지. 그러니 왕도정치는 요즘
말로 우리가 앞에서 말했던 '화합의 리더십'을 보이는 것이군. 도덕과 윤리에
의한 백성의 교화를 정치의 기본으로 삼는 것이지. 그런 리더십을 보이려면 지
도자는 어떠해야 할까?"

우나는 당당히 말을 했다. 논술에 자신감이 붙은 표정이 역력했다.

"지도자의 윤리와 도덕에 의한 정치를 말했으니, 몸과 덕을 수양해야 하겠지
요. 그래야 백성들이 믿고 따를 것이죠."

"그러면 '화합의 리더십' 측면에서 좀 생각해볼까? 왕도정치는 백성의 안정
과 인간다운 삶의 성취를 목적으로 하지. 따라서 그 방법은 힘과 무력에 의한
강제적 해결이 아니야. 그런 점에서 왕도는 공평한 '중용의 정치'를 의미하지.
바로 이것이 화합형의 리더십이지."

"고전의 왕도정치를 현대의 화합의 리더십으로 연결했네요."

"덩더덩더덩더쿵!"
"얼쑤!"

얼쑤! 선생은 (나)의 제시문을 펼쳤다.

　(나) 나는 상상적인 견해보다 사물의 구체적인 진실을 따르는 것이 낫다고 생각한다. 왜냐하면 많은 사람들은 현실적 존재로서 보지도 못하고 알지도 못하는 공화국이나 군주국을 상상해왔기 때문이다. 그러나 우리가 실제로 살고 있는 방식과 살아가지 않으면 안 될 이상(理想) 사이에는 많은 괴리가 있다. 어떻게 살아갈 것인가에 열중한 나머지 현실을 포기하는 사람은 자기 자신을 구원하는 것이 아니라 오히려 파멸시키는 것이다. 왜냐하면 모든 일에서 완벽한 선(善)을 추구하고자 하는 사람은 착하지 못한 많은 사람들의 틈바구니에서 파멸되지 않을 수 없기 때문이다.

　그러므로 자기 지위를 보전하고자 하는 군주는 좋지 않은 짓을 행하는 것을 배워야 하고, 언제 그것이 필요하고 언제 그것이 필요치 않은가를 판단할 줄 알아야 한다. 악덕이 없이 그의 권력을 유지하기 어려울 때는 그런 악덕의 오명(汚名)을 뒤집어쓰는 것을 결코 주저하지 말아야 한다.

　모름지기 군주는 두려움과 사랑을 동시에 받아야 한다. 그러나 그 두 가지를 함께 누리기는 어려우므로, 둘 중 하나를 포기해야 한다면 사랑을 받기보다 두려움을 받는 편이 안전하다. 사람들이란 일반적으로 은혜를 모르고 변덕스러우며 위선적이고 위험을 피하기에 급급하며 이익을 탐낸다고 말할 수 있기 때문이다. 그들은 군주가 은혜를 베푸는 동안은 전적으로 군주의 편이어서 자신의 피, 재산, 목숨과 자식까지도 바치겠다고 하는데, 그것은 실제로는 그럴 필요성이 별로 없을 때 하는 말이다. 막상 그래야만 할 때가 닥치면 그들은 배반한다. 그래서 그들의 말만 믿고 다른 준비를 해놓지 않은 군주는 몰락하게 된다.

　위대하고 고상한 정신을 통해서가 아니라 돈을 주고 얻은 우정은 매수한 것일 뿐 진정으로 확보한 것이 아니며, 따라서 위기에 몰리면 군주에게 도움이 되지 못한다. 또 인간은 두려움을 주는 사람보다 사랑을 주는 사람을 해칠 때 덜 망설인다. 사랑은 의무의 사슬로 묶여 있는 것인데, 인간은 이기적이어서 자기 목적에 도움이 될 때는 언제든지 그 사슬을 끊어버린다. 그

러나 두려움은 처벌에 대한 공포심으로 유지되는데 그것은 실패하는 법이
없다.

<마키아벨리의 『군주론』 중에서>

"덩더덩더덩더쿵!"
"얼쑤!"

"우나야. 다 읽어보았니? 리더십과 관련하여 강조하는 부분이 무엇이지."
"예. 제가 중점을 두고 읽은 부분은 '자기 지위를 보전하고자 하는 군주는 좋
지 않은 짓을 행하는 것을 배워야 하고, 언제 그것이 필요하고 언제 그것이 필
요치 않은가를 판단할 줄 알아야 한다. 악덕이 없이 그의 권력을 유지하기 어려
울 때는 그런 악덕의 오명(汚名)을 뒤집어쓰는 것을 결코 주저하지 말아야 한다.
모름지기 군주는 두려움과 사랑을 동시에 받아야 한다. 그러나 그 두 가지를 함
께 누리기는 어려우므로, 둘 중 하나를 포기해야 한다면 사랑을 받기보다 두려
움을 받는 편이 안전하다.'입니다. 그런 측면에서 볼 때 강력한 리더십을 주장
한다고 볼 수 있습니다."
이번에 우나는 길게 말했다. 특히 근거까지 짚으며 말했다. 논술적 사고인
'주장과 논거'가 우니의 설명방식에도 활용된다고 생각했다. 얼쑤! 선생은 기뻤
다.
"좋아요. 말하는 방식이 상당히 논리적이야. 응."
"얼쑤! 선생님과 '스스로논술학습법'을 하다 보니 자연스럽게 그렇게 되네
요?"
"진짜로. 기분이 좋다."
얼쑤! 선생은 말을 이었다.
"(나)의 '군주론'은 윤리적 관점과 반대인 강력한 통치 기술로서의 리더십을
말했다. (가)와는 내용상 반대의 리더십이라고 볼 수 있지."

얼쑤! 선생은 (다)의 제시문을 보였다. 우나에게 다른 관점의 리더십을 보게
될 것이라고 말했다.

"덩더덩더덩더쿵!"
"얼쑤!"

(다) 남북전쟁 이래의 영웅인 카우보이는 기술 시대의 새로운 영웅인 엔
지니어로 대체되었다. 엔지니어는 수십 권의 베스트셀러 소설에서 주인공으
로 등장했다. 효율성이라는 도구로 무장한 엔지니어는 신(新) 제국의 건설자
였다. 그의 거대한 작품들은 어디에서나 볼 수 있었다. 마천루와 교각과 댐
이 미국 전역에 세워졌다. 미국인들은 새로운 기술화(技術化)의 가치에 몰입
한 나머지 기술 이상주의를 옹호하게 되었다.

미국의 사회이론가 베블렌은 상업적인 탐욕과 시장의 비합리성이 기술의
시대적 역할을 약화시킴으로써 대대적인 낭비와 비능률을 조장한다고 비판
했다. 그는 국가를 전문 엔지니어들에게 위탁함으로써 경제를 구원하고 미
국을 새로운 에덴 동산으로 변혁시킬 수 있을 것이라고 주장했다. 그는 가
장 엄격한 효율성의 기준에 의거하여 비능률을 뿌리 뽑고자 했다. 그래서
그는 국가를 잘 작동하는 메가톤급 기계처럼 생각하고 전문 엔지니어가 그
것을 운영하는 방안을 구상했다.

그 이후 테크노크라트(Technocrat)라 칭하는 개혁자 집단은 베블렌의 생
각을 받아들여 미국의 엔지니어들에게 독재에 가까운 권력을 부여해 줄 것
을 촉구했다. 이들은 정치 경제와 관련된 철학적 개념들과 대중적 민주주의
가 미 대륙의 기술 지배를 위한 설계도를 만드는 데 아무런 기여도 하지 못
한다고 주장하면서, 인간에 의한 통치보다도 과학에 의한 통치를 선호하였
다. 이들은 기술 유토피아의 이상을 현실 정치에 반영하려는 운동을 전개하
였다. 이들 테크노크라트들은 과학이 낭비와 실업, 배고픔과 빈곤을 영원히
추방하고 궁핍의 시대를 풍요의 시대로 바꾼다고 주장하였다. 또한 그들은
자연과 인간 및 기계사용의 효율을 극대화하기 위해서 국가의 자원을 총괄

하고 관리하는 별도의 기관을 설립할 것을 주장하였다.

<제레미 리프킨의『노동의 종말』중에서>

"덩더덩더덩더쿵!"

"얼쑤!"

"우나야. 이 제시문은 엔지니어가 등장하네. 그것을 옹호하고 있어. 네가 말해볼까?"

"과학 기술에 의한 통치의 리더십을 말합니다. (다)의 하단의 '정치 경제와 관련된 철학적 개념들과 대중적 민주주의가 미 대륙의 기술 지배를 위한 설계도를 만드는 데 아무런 기여도 하지 못한다고 주장하면서, 인간에 의한 통치보다도 과학에 의한 통치를 선호하였다. 이들은 기술 유토피아의 이상을 현실 정치에 반영하려는 운동을 전개하였다.'를 통해서 알 수 있습니다."

얼쑤! 선생은 말했다.

"응, 잘 잡았구나. (다)는 기술 유토피아의 이상을 실현하여야 한다는 주장이지. 그동안의 철학적 개념의 리더십이 궁핍의 시대를 풍요의 시대로 바꾸지 못했다고 암시한다. 그러나 과학 기술에 의한 리더십은 인간의 이상향을 이룰 시대적 리더십임을 주장하고 있다. 결국 (다)는 기술적 효율성을 중시하는 테크노크라트(기술관료)의 리더십을 중시했다는 내용이지."

우나는 노트에 정리하여 적었다.

"그렇다면 답안을 작성할 때 오늘날 필요한 리더십에 어떤 관점을 가져야 할까? 물론 제시된 세 가지의 사례 중에서 한 가지만의 리더십을 적용할 수는 없다. 오늘날은 사회, 문화적으로도 다양한 가치가 존재하기 때문이다."

"그러면 어떻게 답안을 작성해야 할까요?"

"답안작성에도 통합의 기술이 필요하지. 오늘날은 과학의 시대다. 그래서 과학을 리더십의 기본에 깔면 좋다. 우선 (다)의 기술 과학에 의한 정치도 실현할 수 있는 리더십과 (나)의 국민의 화합을 바탕으로, (다)의 강력한 리더십을 통합하여 창의적 리더십을 발휘하는 지도자가 필요하다고 하면 어떨까?"

"너무 이것 저것 섞은 것은 아닐까요?"

"물론 이 논제에 대해 여러 답안 쓰기가 가능하다. 자, 위에서 말했던 그 사례를 들어보자."

"덩더덩더덩더쿵!"

"얼쑤!"

"어떤 사례죠?"

"벌써 까먹었어?"

얼쑤! 선생은 말했다.

"아랍에미리트의 셰이크 모하메드의 리더십이야. 두바이의 '사막의 스키장'과 '인공섬'이지. 두바이는 사막 위에 세운 도시야. 그 속에 실내 스키장이 있다고 생각해봐. 실내에 인공 눈이 내리고 1년 내내 스키를 즐긴다. 세계에서 세 번째로 큰 스키장인데 야기에 동원되는 눈만 약 6,000톤이 된다고 한다. 여기에는 중요한 사실이 있다."

"중요한 사실이라뇨?"

"그동안 아랍에미리트는 석유만을 의존하는 경제였다는 말을 들었다. 이에 셰이크 모하메드는 기분이 나빴겠지. 그래서 이제 두바이시가 석유 의존 경제에서 벗어나 관광, 금융, 부동산 중심의 국가로 변모시키겠다는 창의적 리더십을 발휘한 것이지. 그 결과가 셰이크 모하메드의 실내 스키장을 사막에 세운 것이야. 두바이의 세계지도 모양의 인공섬도 마찬가지야."

"인공섬도요?"

"그렇지. 두바이의 인공섬들은 별자리를 보는 듯한 형태로 전 세계의 모습을 그대로 표현했다. 인공 섬 한 개의 가치는 우리 돈으로 367억 정도라고 한다."

“대단하군요.”

“자, 지금부터 중요한 이야기야. 잘 들어야 해.”

얼쑤! 선생은 말을 이었다.

“‘셰이크 모하메드’가 인공 스키장과 인공섬을 만들기 위해 어떤 리더십을 발휘했을까? 우선 생각할 것은 셰이크 모하메드의 ‘주변의 극심한 반대’를 이기는 것이었다. 여기에 필요한 리더십은 첫째, 두바이 국민들의 안락한 생활을 보장하여 자신의 정책을 수용할 수 있는 ‘화합의 리더십’이다. 둘째, 역발상의 구상이기에 극심한 반대를 설득하고 밀어붙이는 의지의 ‘강력한 리더십’이다. 셋째, 첨단 시설의 스키장과 인공섬을 만드는 것이기에 과학기술의 효용성을 극대화하는 ‘과학기술의 리더십’이 필요하다.”

얼쑤! 선생은 침을 튀기며 설명했다. 우나는 메모를 끝낸 후 말을 했다.

“예. 그렇군요. 얼쑤! 선생님이 말씀한 것 중에서 ‘화합의 리더십은 제시문 (가)의 왕도정치’와 ‘의지의 강력한 리더십’은 (나)와 관련된다. 또 ‘과학기술의 리더십’은 (다)와 관련된다. 이렇게 통합적인 관점에서 답안을 작성하면 좋겠군요.”

“그렇지. 좋아요.”

“덩더덩더덩더쿵!”

“얼쑤!”

“우나야. 이번에는 좀 어려운 문제를 만들어보자. 내가 힌트를 줄게. 네가 선택한 제시문은 공통점을 보인다. 그러므로 공통점을 찾는 문제를 만들어 봐라.”

“공통점을 찾는 문제를 만들라고요? 답안을 미리 생각해보니 좀 쉬운 문제군요.”

우나가 말했다.

“그러나 다음 이야기를 들으면 쉽지가 않아. 좋아하지 말라고. 그 다음에 <가>

와 <나>의 공통점을 오늘날 현실과 관련지어 필요한 리더십의 유형을 제시하는 것이야. 또한 사례를 드는 문제를 연결해 완결된 문제를 만들어 보라는 것이지."

"우와 어렵네요. 공통점만 이야기한 아까는 좋았는데, 흑흑."

우나는 귀엽게 우는 흉내를 냈다.

"우나야. 내가 말한 내용을 유기적으로 조합하여 논술 문제를 만들어보도록 해라?"

"예."

문제 1

'제시문 (가)와 (나)의 공통점을 제시하고, 그것을 오늘날 현실과 관련지어 필요한 리더십을 사례를 들어 제시하시오'를 만들어 봤어요

"공통점 파악의 문제는 요약의 범주에 속한다. 핵심어를 바탕으로 제시문을 분석하다보면 대상에 대한 관점을 파악하게 된다. 알겠지."

우나도 말에 끼어들었다.

"각 단락의 중심 내용을 논리적으로 이으면 요약이 되지요."

"그러니까 비문학 제재의 독해에서 중요한 것은 문단별로 소주제문을 찾아내는 것이다. 요약은 논술 공부의 기본에 속한다. 이것에 강해야 한다."

"요약을 바탕으로 하는 논술 문제가 공통점, 차이점을 파악하는 문제가 되는군요?"

"그렇지. 대학에서 통합논술의 1번의 문제로 주로 요약을 물어본다. 물론 배점이 낮은 기본 점수에 해당하지."

얼쑤! 선생은 말을 이었다.

"네가 낸 문제에 대해서 논의를 해보자. <가>와 <나>의 제시문을 통해 볼 때 공통되는 것은 무엇이지?"

"덩더덩더덩더쿵!"
"얼쑤!"

우나는 똑 부러지게 말했다.
"조화와 중용이라는 핵심어죠."
"조화와 중용은 화합형 리더십에 속하는군. 그만큼 구성원간의 갈등이 심하다는 얘기야. 심리학에서 갈등이란 서로 대립되는 둘 또는 그 이상의 욕구가 동시에 만족될 수 없는 상태를 말한다. 우나가 알고 있는 우리나라의 갈등의 유형을 말해볼까?"
"지역, 빈부, 계층, 세대, 국가 간의 갈등입니다."
얼쑤! 선생이 말을 이었다.
"따라서 구성원들의 증폭된 갈등을 한 삶의 목표로 일치시켜 해결하는 것이 중요하다. 여기에는 구성원들이 그 대안을 수용할 수 있는 동기를 부여가 필요하다. 또한 구성원들에게 희망과 화합을 외쳐 한 이념으로 묶는 리더의 존재가 필요하지."
"말이 좀 어렵습니다. 호호호."
"이순신 장군의 리더십은 어떨까?"
얼쑤! 선생은 말을 이었다.
"소설가 김훈 씨는 이순신 장군의 리더십을 '전환의 리더십'이라 말한다. 당파로 인한 정치적 박해를 장군은 백의종군으로 전환시켰다. 또한 임진왜란의 군사력의 열세를 탁월한 전술로, 해전의 승리로 뒤바꾸었다는 것을 논거로 제시한다. 그렇다면 이순신 장군의 리더십 유형은 희망형일까? 화합형일까?"
우나는 당당하게 말했다.
"희망형의 리더십이군요. 위기의 순간에 희망형의 리더십이 발휘되는 것이죠. 생활의 질곡에 시달리는 백성들의 삶의 절망을 임진왜란의 승리로 전환시켰죠. 그것은 우리 국민들을 절망에서 희망으로 전환시키는 데 리더로서의 자질을 보였기 때문입니다.”

“우나는 말을 잘 하는구나. 이제 답안을 작성하기 바란다.”

“덩더덩더덩더쿵!”

“얼쑤!”

우나의 논술답안 1

　제시문 <가>와 <나>는 ‘조화와 중용’이라는 리더십의 공통점이다. <가>는 리더에게 사회적 지능요소로 조화와 동기부여가 필요하다고 말하고, <나>는 신뢰와 중용을 통한 통합리더십으로 국민통합이 필요하다고 말하기 때문이다. 조화와 중용은 화합의 리더십을 의미한다. 오늘날의 사회적 갈등은 계층 간, 지역 간 등의 분열의 모습에서 발생한다. 갈등이 심화되는 오늘날 사회에서 ‘중간항’을 넓히는 조화의 리더십은 보이지 않는다. 사회적 갈등의 치유는 조화와 중용에서 찾아야 한다. 그 사례로 미국의 링컨 대통령을 들 수 있다. 그는 조화와 중용의 화합의 정치로 분열될 뻔했던 미국을 유지시켰기 때문이다. 그는 미국의 남북 전쟁으로 인한 남북 분열을 막고 노예 해방을 선언함으로써 통합의 리더십을 보여주었다. 우리나라도 분열의 심각성으로 많은 갈등에 쌓여있다. 이러한 때는 링컨과 같은 화합형의 리더십을 보여주는 지도자가 필요하다.

“다음의 문제는 시와 관련된 문제를 만들어보자. 이것은 내가 설명하면서 문제를 만들 테니 잘 보아야 한다. 앞으로 너도 이런 유형을 만들어 봐야 하니까. 제시문의 내용으로 다양한 장르의 글이 올 수 있다. 지금 우리는 ‘스스로논술학습법’의 2단계를 보고 있는데 주로 제시문으로 신문 기사와 칼럼을 이용한다. 그런데 그것과 시를 연결하여 논의하는 논술 문제를 만들어보려 한다.”

“왕, 재미있겠네요?”

“재미있다니? 논술 문제를 만드는 것이 이제는 재미가 생겼어. 그러면 논술의 고수 경지에 다다른 것인데. 그것은 3단계까지 나간 다음에 오는 경지지.”

“그런가요. 2단계에서는 논술의 고수가 될 수 없나요?”

우나는 물었다.

"될 수 없다는 것이 아니라 내가 그 논술의 고수나 달인의 자격을 주지 않는다. 3단계를 마치고 내가 원하는 논술 능력이 됐을 때 논술의 고수의 칭호를 준다. 태권도에도 9단이 돼야 비로소 고수의 경지에 올랐다고 할 수 있잖아. 검은 띠라고 모두 태권도 고수는 아니거든. 그치."

"그렇군요."

"그건 그렇고, 이제는 특이하게 다음 시에 등장하는 시적 화자가 행하는 리더십을 분석해보자. 물론 문학의 시에서 시적 화자에게 리더십의 관점에서 분석한다는 것은 생소하지만 상당한 의미가 있다."

"덩더덩더덩더쿵!"
"얼쑤!"

우나는 관심을 표현했다.

"문학 시간에 시적 화자에게 리더십의 관점으로 감상한 것은 지금까지 없었어요?"

"거기다가 그 리더십의 의미와 한계를 생각하는 것은 어떨까? 아주 고차원적인 문제에 해당하지."

얼쑤! 선생은 우나의 노트에 문학책을 펼쳐 시를 적고, 문제를 제시했다. 새로운 유형이니만치 우나도 긴장한 눈치다. 시를 제시문으로 내는 대학은 가끔 있다. 최근엔 고려대학교가 시를 제시문으로 활용한 적이 있었다. 지금까지 말한 것을 중심으로 얼쑤! 선생은 다음과 같이 정리했다.

문제 2

'제시문 (나)의 관점으로 다음 시의 시적화자의 리더십을 분석하고, 그 의미와 한계에 대하여 견해를 제시하시오'를 만들어 봤습니다.

가난한 내가
아름다운 나타샤를 사랑해서
오늘밤은 푹푹 눈이 나린다.

나타샤를 사랑은 하고
눈은 푹푹 날리고
나는 혼자 쓸쓸히 앉어 소주를 마신다.
소주를 마시며 생각한다
나타샤와 나는
눈이 푹푹 쌓이는 밤 흰 당나귀 타고
산골로 가자 출출이 우는 깊은 산골로 가 마가리에 살자.

눈은 푹푹 나리고
나는 나타샤를 생각하고
나타샤가 아니 올 리 없다.
언제 벌써 내 속에 고조곤히 와 이야기한다.
산골로 가는 것은 세상한테 지는 것이 아니다.
세상 같은 건 더러워 버리는 것이다.

눈은 푹푹 나리고
아름다운 나타샤는 나를 사랑하고
어데서 흰 당나귀도 오늘밤이 좋아서 응앙응앙 울을 것이다.

─ '백석'의 <나와 나타샤와 흰 당나귀>

"우나야. 시인 백석 이야기다. 백석은 미남이었지. 장동건의 미남형이 아니라 얼굴이 갸름한 조인성의 미남형이다. 당연히 백석은 여러 여성들에게 인기가 많았지만, 정작 자신이 사랑한 여성과는 맺어지지 못했다. 시인의 집안이 가난했기 때문이다. 그런 와중에 이 시가 쓰여졌다."

“아, 낭만적인 사랑과 이별이군요.”

“그렇지.”

얼쑤! 선생은 이 시의 불가능한 사랑에 대한 연민과 미련이 짙게 드러났다고 말했다. 이러한 현실에 시적 화자의 대응방식이 ‘환상’이라는 공간이다.

“우나야. 이 시에서 시적 화자(백석 시인이라고 가정)는 가난한 자신과 아름다운 나타샤(고귀한 이국적 여성) 여인은 현실적인 갈등으로 사랑을 이루지 못하지. 그래서 어떻게 하지?”

“덩더덩더덩더쿵!”

“얼쑤!”

우나는 말했다.

“예. 시적 화자는 현실에서 불가능한 사랑을 이루기 위해 마가리(오두막집)으로 가지요. 물론 환상 속에 말예요. 흰 눈이 내리고, 순결의 나타샤가 있고, 흰 당나귀가 응앙응앙 우는 ‘마가리’는 환상의 공간이죠. 동화 속의 궁전 같아요. 왕자와 공주가 사는 궁전도 환상 속에 존재하잖아요.”

“우나는 아주 감상적인 여학생인가 봐. 사실 ‘마가리에 살자’를 ‘궁전에 살자’고 해도 되지. 우나는 금방 시적 상황과 대응 방식을 알아채네. 시를 좋아하는가 봐?”

“조금요.”

“2연을 잘 봐? 시적 화자는 현실의 불가능한 사랑 때문에 소주를 마신다. 즉 소주를 통해 얻은 환상 속에서 사랑을 이루려고 하는 것이다. 그 구체적 장소가 현실과 멀리 떨어진 환상 속의 마가리(오두막집)이다. 여기서 우리는 시적 화자의 갈등을 알 수 있다. 뭘까?”

“현실과의 갈등이겠지요. 구체적으로 말하면 ‘신분의 차이의 갈등’, 또는 ‘사회과의 개인과의 갈등’입니다.”

"그렇다. 우나야. 근거를 대야지."

"신분 차이의 갈등은, 시적 화자(나)는 가난하고 나타샤는 고귀하다. 또한 사회는 개인(나)의 사랑을 이루지 못하게 하기 때문에 갈등을 일으킵니다."

얼쑤! 선생이 말을 받았다.

"시적 화자의 갈등은 오늘날의 갈등 상황에 해당한다. 거기서 느끼는 시적 화자의 고통을 엄청나겠지."

"덩더덩더덩더쿵!"

"얼쑤!"

얼쑤! 선생은 말을 이었다.

"<나>의 관점은 무엇이라고 그랬지?"

얼쑤! 선생은 물었다.

"신뢰와 중용을 통한 리더십입니다."

"응. 시적 화자는 소주를 마시며 환상에 잠기는데, 나타샤가 올 것이라고 생각한다. 아니 벌써 와서 나에게 고조곤히 이야기 하고 있다. 이것이 '신뢰의 리더십'이다. 상대방을 믿음으로 대하는 시적 화자(리더)의 모습이다. 다음으로 시적 화자의 중용의 리더십을 보자. 이것은 우나가 설명해볼까?"

"어렵군요. 중용은 양극단을 배제한 중앙이니 이 시에서 그것이 뭐가 될까?"

우나는 자신에게 질문을 던지고 고민에 잠겼다. 5분이 흘렀다.

"글쎄요. 잘 모르겠습니다."

"좀 어렵지. 중용의 공간은 '마가리'가 된다. 이제는 내 말을 잘 들어야 돼. '마가리'는 상상의 공간이다. 나타샤와 사랑을 이룰 수 없는 현실을 떠나 사랑을 이루는 공간이다. '마가리'는 완전한 사랑을 이룬 공간도 아니고 완전히 이루지 못한 사랑의 공간도 아니다. 중간항의 중용의 공간이다. 화합의 리더십의 공간이다. 중용의 공간으로 '마가리'를 선정했기에 이룰 수 없는 현실의 사랑을 상상으로나마 이룰 수 있었던 것이다. 따라서 시적 화자는 '마가리'라는 중용의 공간이 있기에 현실을 살아갈 수 있는 것이다. 또한 희망을 갖는다."

"덩더덩더덩더쿵!"
"얼쑤!"

"상당히 감동적입니다."
우나는 '마가리'의 공간의 의미에 감동한 듯 했다.
"그러나 한계점도 존재하지."
"'마가리'가 환상의 공간이기에 술이 깨면 현실의 이별의 공간으로 돌아온다
는 점이지. 이것은 시적 화자에게 현실적 갈등이 계속 된다는 것을 의미한다."
"그렇군요. 얼쑤! 선생님."
얼쑤! 선생은 마무리를 했다. 시적 화자와 나타샤와의 현실의 벽을 넘어 둘
사이의 갈등을 치유하는 조화와 중용의 공간이 존재한다. 그것은 환상 속의 '마
가리'다. <가>의 제시문과 관련지어 환상의 공간이란 거위가 비상(飛上)의 날을
기대하듯 헛된 것인지도 모른다. 그러나 꿈마저 꾸지 못하는, 꿈마저 잃어버린
세상이라면 우리는 삶의 질곡(桎梏)을 이겨나갈 수 없다. 그럴 때 중용의 공간
으로 환상(꿈)이 존재한다. 이럴 때일수록 중용의 공간을 확대하는 것을 통해
삶의 갈등을 치유하는 화합형의 리더십이 필요하다.
얼쑤! 선생은 답안을 작성하도록 했다.

"덩더덩더덩더쿵!"
"얼쑤!"

우나의 논술답안 2
　제시문 <나>의 관점은 신뢰와 중용을 통한 통합리더십으로 국민통합이 필요하다고 말한다.

그런 의미에서 백석의 시의 시적 화자를 통한 리더십의 분석이 가능하다. 시적 화자는 흰 눈, 나타샤, 흰 당나귀가 등장하는 환상의 공간인 '마가리'를 중용의 공간으로 본다. 이 환상의 공간은 나타샤와 사랑을 이룰 수 없는 현실의 벽을 넘어 사랑의 갈등을 치유하는 공간으로 생성된다. 즉 현실의 사랑의 갈등을 화합의 리더십으로 꾸밀 수 있는 마가리가 된다. 이 환상의 공간에서는 나와 나타샤와의 신분의 차이도 존재하지 않는다. 그러나 마가리에의 중용의 공간은 한계점도 작용한다. 시적 화자는 현실의 갈등 때문에 소주를 마시고 환상 속에서 형성된 마가리는 술이 깨면 현실의 공간이 된다. 나타샤와 사랑을 이룰 수 없는 갈등이 공간이 재생되기 때문이다.

4. 논술 답안을 논술 선생님의 '!, ?'로 창의적인 첨삭을 받아라!

문제 1

제시문 <가>와 <나>의 공통점을 제시하고, 그것을 오늘날 현실과 관련지어 필요한 리더십을 사례를 들어 제시하시오.

우나의 논술답안과 첨삭 1

제시문 <가>와 <나>는 '조화와 중용'이라는 리더십의 공통점이다. 1) <u><가>는 리더에게 사회적 지능요소로 조화와 동기부여가 필요하다고 말하고, <나>는 신뢰와 중용을 통한 통합리더십으로 국민통합이 필요하다고 말하기 때문이다.</u>(?) 조화와 중용은 화합의 리더십을 의미한다. 오늘날의 사회적 갈등은 계층 간, 지역 간 등의 분열의 모습에서 발생한다. 2) <u>갈등이 심화되는 오늘날 사회에서 '중간항'을 넓히는 조화의 리더십은 보이지 않는다. 사회적 갈등의 치유는 조화와 중용에서 찾아야 한다.</u>(!) 3) <u>그 사례로 미국의 링컨 대통령을 들 수 있다. 그는 조화와 중용의 화합의 정치로 분열될 뻔 했던 미국을 유지시켰기 때문이다. 그는 미국의 남북 전쟁으로 인한 남북 분열을 막고 노예 해방을 선언함으로써 통합의 리더십을 보여주었다. 우리나라도 분열의 심각성으로 많은 갈등에 쌓여있다. 이러한 때는 링컨과 같은 화합형의 리더십을 보여주는 지도자가 필요하다.</u>(!)

"덩더덩더덩더쿵!"

“얼쑤!”

“우나야. 답안의 전체적인 흐름이 좋다. 압축된 내용의 제시와 논리적 구조가 눈에 보인다. 그 흐름은 ‘제시문의 공통점인 조화와 중용의 리더십’ → ‘우리 사회의 갈등의 상황과 그것을 해결할 수 있는 리더십의 부재’ → ‘우리 사회적 갈등의 조화와 중용의 리더십이 필요’ → ‘미국 링컨 대통령의 화합형의 리더십 사례 제시’이다. 그것이 논리적이라는 말이지. 얼쑤! 선생의 전체적인 평가는 (!)야.”

“기분이 좋네요.”

우나는 좋아했다.

“1)은 내용적으로는 좋다. 그러나 서술어가 매끄럽지 못하다. 또한 문장이 길다. 이 점을 염두에 두고 네가 고쳐보기 바란다.”

▶ 1 <가>는 리더에게 사회적 지능요소로 조화와 동기부여가 필요하다고 말하고, <나>는 신뢰와 중용을 통한 통합리더십으로 국민통합이 필요하다고 말하기 때문이다.(?)

▶ 1 <가>는 리더에게 사회적 지능요소로 조화와 동기부여가 필요하다이다. <나>는 신뢰와 중용을 통한 통합리더십으로 국민통합이 필요하다이기 때문이다.(?)

▶ 1 <가>는 리더에게 사회적 지능요소로 조화와 동기부여가 필요하다이다. <나>는 신뢰와 중용을 통한 통합리더십으로 국민통합을 이룰 수 있다이기 때문이다.(!)

“덩더덩더덩더쿵!”

“얼쑤!”

“우나야. 1)에 대한 ‘(?), (?), (!)’의 평가다. 첫 번째는 ‘필요하다고 말하고, 필요하다고 말한다’가 부자연스럽다. 두 번째는 문장을 두 문장으로 나눈 것은 좋다. 그러나 ‘필요하다이다’와 ‘필요하다이다’가 두 문장의 서술어에 같이 쓰였기에 단조롭다. 우나야. 왜 내가 서술어를 짚고 넘어가지?”

“글쎄요.”

“그것은 우리 한글은 ‘서술어’가 가장 중요한 의미를 담기 때문이다. ‘않다. 못하다. 있지 않다. 있다’ 등의 서술어에 의해 전체 내용이 긍정 또는 부정으로 바뀔 수 있을 정도로 중요하다.”

우나는 고개를 끄덕였다. 얼쑤! 선생이 말을 이었다.

“2)와 3)은 (!)표의 평가다. 그 이유를 노트에 적어볼까?”

“2)는 우리 사회의 갈등의 상황과 그것을 해결할 수 있는 리더십의 부재를 다루고, 곧 우리 사회적 갈등의 조화와 중용의 리더십이 필요성을 제시했기 때문에 논리성을 보인다.”

“좋아. (!)표를 선사하지. 그러면 3)이 (!)표의 평가인 이유를 적으면?”

“예. 지금 이 글은 자신 있습니다. 제가 링컨 대통령을 좋아합니다. 논거를 제시할 때 링컨을 염두에 두고 썼거든요.”

우나는 글로 그 이유를 쓰라고 했으나 말로 그 언저리를 제시하려고 했다.

“알았으니까. 빨리 글로 써봐?”

“‘미국 링컨 대통령의 화합형의 리더십 사례 제시’가 적절했다. 이 답안의 주제는 오늘날 사회에 요구되는 리더십은 ‘조화와 중용’이다. 그 이유는 여러 상황에서 발행하는 갈등이 주된 이유다.”

“좋아.”

“덩더덩더덩더쿵!”

“얼쑤!”

다시 쓴 답안 1

　제시문 <가>와 <나>는 ‘조화와 중용’이라는 리더십의 공통점이다. <u><가>는 리더에게 사회적 지능요소로 조화와 동기부여가 필요하다이다. <나>는 신뢰와 중용을 통한 통합리더십으로 국민통합을 이룰 수 있다이기 때문이다.</u> 조화와 중용은 화합의 리더십을 의미한다. 오늘날의 사회적 갈등은 계층 간, 지역 간 등의 분열의 모습에서 발생한다. 갈등이 심화되는 오늘날 사회에서 '중간항'을 넓히는 조화의 리더십은 보이지 않는다. 사회적 갈등의 치유는 조화와 중용에서 찾아야 한다. 그 사례로 미국의 링컨 대통령을 들 수 있다. 그는 조화와 중용의 화합의 정치로 분열될 뻔 했던 미국을 유지시켰기 때문이다. 그는 미국의 남북 전쟁으로 인한 남북 분열을 막고 노예 해방을 선언함으로써 통합의 리더십을 보여주었다. 우리나라도 분열의 심각성으로 많은 갈등에 쌓여있다. 이러한 때는 링컨과 같은 화합형의 리더십을 보여주는 지도자가 필요하다.

문제 2

제시문 (나)의 관점으로 다음 시의 시적화자의 리더십을 분석하고, 그 의미와 한계에 대하여 견해를 제시하시오.

우나의 논술답안과 첨삭 2

제시문 <나>의 관점은 신뢰와 중용을 통한 통합리더십으로 국민통합이 필요하다이다. 그런 의미에서 백석의 시의 시적 화자를 통한 리더십의 분석이 가능하다. 1) <u>시적 화자는 흰 눈, 나타샤, 흰 당나귀가 등장하는 환상의 공간인 '마가리'를 중용의 공간으로 본다. 이 환상의 공간은 나타샤와 사랑을 이룰 수 없는 현실의 벽을 넘어 사랑의 갈등을 치유하는 공간으로 생성된다.</u>(!) 현실의 사랑의 갈등을 화합의 리더십으로 꾸밀 수 있는 마가리가 된다. 이 환상의 공간에서는 나와 나타샤와의 신분의 차이도 존재하지 않는다. 그러나 마가리에의 중용의 공간은 한계점도 작용한다. 2) <u>시적 화자는 현실의 갈등 때문에 소주를 마시고 환상 속을 추구했다. 그 속에서 마가리는 형성되었고 술이 깨면 상상의 공간이 현실의 공간이 된다.</u>(?) 나타샤와 사랑을 이룰 수 없는 갈등이 공간이 재생되기 때문이다.

"덩더덩더덩더쿵!"
"얼쑤!"

"우나야. 이 글도 잘 쓴 글이다. 그런데 글의 중간에서 중심이 흔들렸다. 바로 2)의 부분이다. 읽어보면 내용은 이해가 되는데, 부분적으로 정리되지 않아 내용이 명확하게 다가오지 않는다. 신경을 쓰고 논술 답안을 작성해야 하며 퇴고 과정을 반드시 거쳐야 한다. 알겠지."

우나는 대답했다.

"죄송합니다. 저도 쓸 때는 몰랐는데, 지금 다시 보니 2)의 문장이 이상하군요."

"1)의 문장이 (!)인 이유를 노트에 문장으로 적어봐라. 말로 하지 말고 문장으로 적으라고. 문장으로 적으라는 이유는 습관적으로 세련된 문장을 키우기 위해서도 그렇지만 네가 평가의 이유를 스스로 파악하게 하기 위해서다."

우나는 그 이유를 적은 문장을 보여줬다.

"'마가리'를 중용의 공간으로 설정한 의미가 논제와 관련지어 제시됐기 때문이다. 또한 그곳은 현실과 대립된 공간이다. 즉, 사랑의 갈등을 치유하는 공간으로 시적화자의 화합의 리더십으로 만든 공간이다."

"아주 (!)의 이유를 잘 적었다. 그래서 역시 그 이유를 적은 문장에다가 (!)표를 준다. 두 번째 (!)를 붙인 것은 그 이유를 잘 적었다는 것이지."

"오늘은 기분 좋은 논술 수업입니다."

"그렇지. 네가 좋아하는 시도 나오고, 기분이 짱이네."

"오늘의 마지막! '마지막'의 글자를 을 거꾸로 하면 뭐가 되지."

"'막지마.' 하하하."

"마지막 2)문장의 (?)의 이유를 '막지 말고' 글로 써서 제시해 봐요? 노트에 써야 합니다."

우나의 손놀림이 빨라졌다.

"문장의 부분적으로 내용이 명확하지 않기 때문에요, 다음과 같이 고쳐봤어요."

"어디 볼까?"

"덩더덩더덩더쿵!"

"얼쑤!"

▶2 시적 화자는 현실의 갈등 때문에 소주를 마시고 환상 속을 추구했다. 그 속에서 마가리는 형성되었고 술이 깨면 상상의 공간이 현실의 공간이 된다.(?)

▶2 시적 화자는 현실의 갈등 때문에 소주를 마시고 환상을 추구했다. 그 속에서 마가리는 형성되었고 술이 깨면 현실의 공간이 된다.(?)

▶2 시적 화자는 현실의 갈등 때문에 소주를 마시고 환상인 마가리를 추구했다. 화합의 공간인 마가리는 술이 깨면 현실의 갈등 공간이 된다.(!)

"이번에도 평가의 과정이 '(?), (?), (!)'가 됐다. 세 번째의 '시적 화자는 현실의 갈등 때문에 소주를 마시고 환상인 마가리를 추구했다. 화합의 공간인 마가리는 술이 깨면 현실의 갈등 공간이 된다'로 고치니 문장이 자연스럽다."

다시 쓴 답안 1

　제시문 <나>의 관점은 신뢰와 중용을 통한 통합리더십으로 국민통합이 필요하다이다. 그런 의미에서 백석의 시의 시적 화자를 통한 리더십의 분석이 가능하다. 시적 화자는 흰 눈, 나타샤, 흰 당나귀가 등장하는 환상의 공간인 '마가리'를 중용의 공간으로 본다. 이 환상의 공간은 나타샤와 사랑을 이룰 수 없는 현실의 벽을 넘어 사랑의 갈등을 치유하는 공간으로 생성된다. 현실의 사랑의 갈등을 화합의 리더십으로 꾸밀 수 있는 마가리가 된다. 이 환상의 공간에서는 나와 나타샤와의 신분의 차이도 존재하지 않는다. 그러나 마가리에의 중용의 공간은 한계점도 작용한다. <u>시적 화자는 현실의 갈등 때문에 소주를 마시고 환상인 마가리를 추구했다. 화합의 공간인 마가리는 술이 깨면 현실의 갈등 공간이 된다.</u> 나타샤와 사랑을 이룰 수 없는 갈등이 공간이 재생되기 때문이다.

"우나야. 날씨도 더운데 고생했다. 오늘 '스스로논술학습법' 9강 2단계는 여기서 마치자."

"덩더덩더덩더쿵!"
"얼쑤!"

...10강

1. 신문의 '기사+칼럼'을 선택하라!

막바지의 여름이 기승이다. 오전엔 소나기가 뿌렸다. 창문 사이의 나무의 푸른 이파리가 바람에 흔들렸다.

토요일 오후 2시. 수식이와 약속한 논술 강의 시간이다. '스스로논술학습법'의 2단계의 마지막이다. 수식이는 시간 약속을 잘 지켰다. 마치 아파트의 문 앞에서 기다리다가 2시가 되면 초인종을 누르는 것 같다. 그 신뢰감이 수식이를 좋게 보는 이유다.

"덩더덩더덩더쿵!"
"얼쑤!"

논술과 시간은 밀접한 관련을 갖는다. 얼쑤! 선생이 경험으로 느낀 사례다. 몇 년 전 정시 모집에서 서울 상위권의 대학에 지원하는 여학생이 있었다. 수능 시험이 끝나고 논술 시험을 치러야 하므로 남은 기간은 약 한 달 정도다. 그런데 그 여학생은 그동안 논술 공부를 전혀 안 했다. 그러나 남은 기간에 논술 공부에 최선을 다해보기로 했다. 학교 교무실로 아침 8시까지 오라고 했다. 그 여학생과 얼쑤! 선생의 약속이다. 그런데 얼쑤! 선생이 학교에 7시 50분까지 가면 이미 그 여학생은 와 있었다. 약속이 8시까지인데 7시 50분에 와 있었다. 아침에는 20여분 정도를 논술 공부하는 시간으로 할애됐다. 그러나 논술 공부의 순도는 100%였다. 그 여학생은 열정이 있었다. '번쩍'하고 스파크를 일으키는 논술에 대한 정열이 있었다. 그 여학생의 처음에 쓴 답안은 내용이 명확하지 않았지만 억지로라도 분량은 다 채웠다.

한 달이 지났다. 얼쑤! 선생의 말은 특별한 것이 아니다. 그 여학생은 한 번도 시간의 약속도 어긴 적이 없었다는, 지극히 평범한 사실을 말하고 싶은 것이다. 정시의 논술 시험을 치렀다. 너무나 짧은 시간의 논술 공부였기에 솔직히 합격의 기대는 안 했다. 얼쑤! 선생은 합격 발표의 일자도 잊고 말았다. 하루 사이에 그 여학생을 까맣게 잊었다.

얼쑤! 선생이 휴대 전화를 받지 않았던 모양이다. 한 가지 일에 몰두하는 사람에게 휴대전화기는 있다가도 없는 물건이다. 중요한 물건이 아니다. 얼쑤! 선생은 현재도 문자를 보내는 법을 모른다. 일부러 안 배웠다는 표현이 옳다. 얼쑤! 선생이 운영하는 인터넷 카페인 '얼쑤논술연구소'의 게시판에 글이 달려있었다. 짧은 글이었다.

"덩더덩더덩더쿵!"
"얼쑤!"

"얼쑤! 선생님, 방금 고대 발표났는데 저 붙었데여.. 담임선생님 전화도

안받으시구 선생님 생각이 나서 들렀어여.. 진짜 얼쑤! 선생님 공이 커여..점
수도 불안했구, 교차지원이라 무조건 1차에 붙어야 하는데.. 논술 못 봤으면
진짜 꽝 났을 거예여.. 선생님 감사해여~~~!!!"

이 글에는 아직도 합격의 흥분이 남아있었다. 워드로 글을 쓴 것이 아니라
기쁨으로 글을 쓴 것이다. 여학생의 합격의 원동력은 논술 실력이 아니었다. 그
것은 시간을 지키고자하는 '정열'이었다. 이것이 상승 작용을 일으켜 논술을 그
짧은 기간에 즐기게 된 것이다.

"덩더덩더덩더쿵!"
"얼쑤!"

"수식아. 너는 합격한다."
난데없는 소리에 수식은 어리둥절했다. 수식은 아직은 논술 능력이 향상이
안 돼서 멀었다고 말했다. 그러나 얼쑤! 선생은 확신을 가지고 있었다. 수식은
매주 토요일 오후 2시의 '약속'은 반드시 지켰기 때문이다. 얼쑤! 선생에게 그것
같이 확실한 보증은 없었다.

얼쑤! 선생은 서재에서 신문을 펼쳤다. '스스로논술학습법'의 2단계는 신문의
기사와 칼럼을 한편씩 선택하는 것이다. 수식에게 20분이 주어졌다. 어떤 내용
을 선택할까. 이 선택된 글은 논술의 제시문으로 활용된다. 얼쑤! 선생은 신문
을 미리 읽지 않는다. 같은 입장에서 '스스로논술학습법'을 시작하는 것이다. 그
래야 논술 교사는 진정한 도우미로 남는다.
"수식아. 결정했니?"
"네. 'IP세대의 특징'의 기사와 '좋은 연설'이라는 칼럼을 연결시켜 제시문으
로 편집해 봤습니다."

"좋아."

얼쑤! 선생은 짧게 말했다. 일단 맞장구를 쳤다. 수식의 기를 살려주는 전략이다. 맞지 않는 내용을 연결했다 하더라도 대화하면서 새로운 관점으로 접근하면 어떤 제시문들도 다 관련이 되었다. 얼쑤! 선생의 경험에서 느낀 것이다.

"수식아. 지금 네가 신문을 통해 제시문을 선택하여 2개로 압축했지. 그 과정을 얼쑤! 선생이 모두 해줬다면 어떻게 될까?"

"스스로 하는 과정이 생략되면서 결과만의 논술이 될 것 같습니다."

"말을 잘했다. 다 만들어진 논술 공부를 네가 하는 것이 아니라 이 얼쑤! 선생이 하는 것이란다. 논술 공부의 주객이 전도된 것이지. 이런 불상사가 어디 있겠니. 물론 전문가에 의해 제시문과 문제가 다 만들어진 것을 공부해도 실력은 올라간다. 그러나 문제는 그 논술 수험생이 논술을 즐길 수 없다는 것이다. 즐기는 문제는 체험으로 구체화된다. 그러니 신문을 통해 '스스로논술학습법'의 각 단계를 직접 체험해보는 것은 중요하다. 수험생 자신만의 논술 시험의 고득점의 지혜를 터득하게 해준다. 알겠지."

"덩더덩더덩더쿵!"
"얼쑤!"

수식은 말했다.

"결국 '스스로논술학습법'에서 가장 중요한 것은 문제에 대한 답안을 작성하는 것이 아니라 직접 제시문을 선택하여 편집하고 문제를 만드는 과정이군요."

얼쑤! 선생이 맞장구를 쳤다.

"그렇지. 다른 논술 공부의 방법과는 정 반대가 되지. 솔직히 말하면 제시문의 선택 기사와 칼럼을 보고, 스스로 만든 논술 문제를 평가해보면 이미 쓴 답안이 그려진다. 단적으로 말해서 만들어진 문제만 봐도 쓰지 않은 답안을 알 수 있다는 것이다. 다른 상황에 적용을 해볼게."

얼쑤! 선생은 말을 이었다.

"과학의 이론을 스스로 만든 사람이 과학을 더 많이 알고 있는 사람이냐? 아니면 이미 다른 사람에 의해 만들어진 과학이론을 보고 그 내용을 잘 아는 사람이 과학을 더 많이 아는 사람이냐? 물어보나 마나지."

"얼쑤! 선생님. 논술 출제 교수가 문제를 만드는 과정을 하고 있잖아요. 그것을 우리가 그대로 해보는 것은 어떤 점이 좋은가요?"

"좋은 질문이다. 우리는 논술 시험을 봐야 하지. 그 때 출제자의 출제 의도를 정확히, 빠르게 알 수 있다는 점이다. 그러나."

얼쑤! 선생은 '그러나'하고 말을 멈췄다. 수식이는 참지 못하고 말을 끼었다.

"'그러나' 뒤에 무슨 말이 올까요?"

"중요한 것이 있지. 논술을 스스로 즐긴다는 것이지. 즐기는 수험생은 누구든지 당해낼 수 없다. 거기서 창의성이 나오고 자신만의 공부 방법의 지혜가 나오는 법이야. 바로 논술의 고수지. 달인이야. 이것이 논술에서만 그치는 것이 아니라 자신의 관심 영역으로 확대된다는 것이 다른 사람이 누릴 수 없는 부가가치지."

"그러면 다른 영역도 즐기게 되는 것인가요?"

"덩더덩더덩더쿵!"
"얼쑤!"

"그렇지. 생각해 봐. '스스로논술학습법'으로 대학에 진학을 했다고 치자. 또 얼마나 많은 공부를 해야 하니? 소위 전공과목을 해야 하는데 그 분야에 이미 이루어 놓은 다른 학자들의 업적만 배우고 말 것인가. 그것은 아니지. 만약 그렇다면 대학에서 지식만 배우고 마는 결과지. 어리석은 경우야. 자신이 스스로 그 전공과목을 즐겨서 새로운 이론을 만들어낼 정도는 돼야지. 이것이 대학의, 대학원의 학문의 기능이 돼야지. 그런데 어느 시대부터인가 대학의 기능이 변질되어 학벌이나 채우는 그런 현실이 됐다."

얼쑤! 선생은 고전 수필을 한 편 보여주었다. 아버지의 도둑이 아들 도둑을
교육시키는 방법이다. 그 과정이 '스스로논술학습법'과 유사하다.

"덩더덩더덩더쿵!"
"얼쑤!"

　　도둑질을 일삼고 있는 자가 일찍이 자기 아들에게 도둑 기술을 가르쳐 주
었다. 그러자 아들은 자기 기술이 아버지보다 훨씬 낫다고 생각했다. 도둑질
을 하러 갈 때면 늘 아버지보다 앞서 들어갔다 나올 때는 뒤에 나왔으며, 가
볍고 천한 것은 버리고 무겁고 귀한 것만 골라 가지고 나왔다.
　　또 그는 귀와 눈이 밝아 먼 곳에서 나는 소리도 잘 들었고, 어두운 곳에서
도 먼 곳을 잘 살필 수 있었다. 그러자 다른 여러 도둑이 그의 능력을 칭찬
하였다. 마침내 그는 아버지에게 자기 능력을 자랑했다.
　　"소자가 아버지 보다 기술은 모자라지만 힘은 더욱 쓸 수 있습니다. 이제
부터는 아무것도 두려울 것이 없습니다."
　　아비 도둑이 말하였다.
　　"그렇지 않아. 지혜는 겸손한 자세로 배워야 이룰 수 있고, 또 그 지혜는
스스로 터득한 것이라야 더욱 훌륭한 경험이 되는 거야. 그런데 너는 아직
까지 그런 경지에 도달하지 못했어!"
　　아들이 대답했다.
　　"도둑이야 재물을 많이 훔쳐 오면 되는 것이 아닙니까? 보세요, 소자가
아버지와 함께 도둑질하러 가면 늘 아버지보다 더 많이 훔쳐오지 않습니까?
뒷날 소자가 아버지 나이가 되면 아마 보통 사람들이 도달하지 못하는 특별
한 경지에 이를 겁니다."
　　"그렇겠지. 네가 만일 나의 경지에 도달하게 되면 군대가 아무리 삼엄하
게 경계하는 영이라도 들어 갈 수 있고, 또 아무리 깊이 감추어 둔 물건이라
도 찾아 낼 수 있을 거야. 그러나 백 번 잘하다가도 한번 실수하면 패가망신

하는 실패가 뒤따르는 법이야. 그러니 물건을 훔치는 도중에 어쩌다가 탄로가 나 붙잡힐 지경이 되면 상황을 보아 도망쳐 나오는 기술을 스스로 체득하지 않으면 안 돼. 내가 보기에는 아직 그런 경지에 이르지 못했어."

그러나 아들은 아버지 말을 승복할 수 없었다.

어느 날 밤 도둑 부자(父子)는 도둑질을 하러 어느 부잣집에 숨어 들어갔다. 곧 이어 아들은 보물이 가득 차 있는 창고의 자물쇠를 따고 들어갔다. 아버지는 아들이 들어간 창고의 문을 잠그고 그 문을 덜커덩 덜커덩 흔들었다. 그러자 곤히 잠을 자던 주인이 놀라 달려나와 도망치는 아비도둑을 쫓았다. 그러나 붙잡을 수 없게 되자 주인은 돌아와 창고를 살펴보았다. 그는 그곳 자물쇠가 채워져 있음을 확인하고는 안심하고 다시 방으로 들어가 잠을 잤다.

그때 창고 안에 갇혀 있던 아들 도둑이 빠져 나올 궁리를 하다가 손톱으로 창고 문짝을 박박 긁으면서 "찍찍" 하고 늙은 쥐소리를 냈다. 그러자 방에 들어갔던 주인이 속으로 중얼거렸다. '제기랄 쥐가 창고에 들어가 곡식을 다 축내는구나. 가만히 앉아 있을 수 없지.' 그는 초롱불을 들고 와 자물쇠를 열고 창고 안으로 들어갔다. 그때 아들 도둑이 문을 밀치고 도망쳐 나왔다. 그러자 주인은 도둑이 들었다고 소리쳤다. 집안 식구들이 모두 몰려 나와 그의 뒤를 바싹 따라왔다. 도둑은 거의 붙잡힐 지경이 되었다. 도둑은 그 집 마당 안에 파 놓은 연못 둑을 타고 도망치다가 큰 돌 하나를 집어 물 속에 던지고는 몸을 날려 뚝 밑으로 숨었다. 뒤따르던 사람은 도둑이 물속으로 몸을 던진 줄 알고 모두 연못만 들여다보았다. 이 틈을 타서 도둑은 거기를 빠져 나올 수 있었다. 그는 집으로 돌아와 아버지를 원망하며 말했다.

"새나 짐승도 자식을 사랑하고 보호할 줄 아는 데 아버지는 어찌하여 자식이 붙잡히도록 일부러 자물쇠를 잠갔습니까?"

아버지는 대견하다는 듯 아들을 보며 말하였다.

"이제부터는 네가 도둑으로 독보(獨步)적 존재(存在)가 되었구나. 사람이 남에게 배울 수 있는 기술은 한계가 있지만 스스로 터득한 것은 무한히 응용할 수 있기 때문이지. 특히 위급한 처지를 당해 임기응변(臨機應變)으로 위기를 모면함으로써 경험이 넓어지고 지혜가 발전하는 거야. 내가 너를 위험한 경지에 빠트린 것은 닥쳐올 위험을 미리 구제하려는 것이었어."

그 뒤에 아들 도둑이 어떻게 되었는지는 모르겠다.

어쨌든 도둑이란 남에게 몹쓸 짓을 하는 사람이다. 그런데도 이렇게 그 기술을 스스로 터득한 뒤에야 능히 천하에 짝할 사람이 없게 되는 것이거늘, 하물며 선비가 도덕을 닦아서 공명을 이루는 것임에 있어서야 더 말해 무엇 하겠는가?

대대로 국록(國祿)을 먹는 집안 자손이 사람과의 미덕이나 학문의 공과(功過)없이 먼저 영달(榮達)을 누리게 되면 교만해져서 조상님들의 업적을 과소평가하고 무시하게 된다. 이것이 바로 도둑 아들이 제 아버지를 무시하는 것과 같은 이치이다. 만일 높은 지위를 사양하며, 겸손하고 차분한 마음으로 학문에 열중한다면 가히 모든 것을 갖추어 공명을 얻을 수 있을 것이다. 그리고 자신의 학문을 응용하는 데 있어서도 맞지 않는 것이 없을 것이다. 이것이 바로 도둑 자식이 곤궁한 처지에서 지혜를 터득해 마침내 독보적 존재가 됨과도 같다. 그러니 창고에 갇혀 쫓김을 당하는 곤란을 두려워 말고 그것을 스스로 체득하는 마음을 가지는 것이 좋음을 명심할 일이다.

— 강희맹의 <도자설(盜子說)>

"덩더덩더덩더쿵!"
"얼쑤!"

얼쑤! 선생은 수식에게 천천히 일어보라고 했다. <도자설>은 아버지 도둑과 아들이란 뜻이다. 이런 글은 대부분 마지막의 문장을 조심해야 한다고 말했다. 그곳에 핵심이 있기 때문이다.

"수식아. 이 글에서 무엇을 말하고 있지?"

"예. 도둑의 이야기를 통해 주제를 우의적으로 말하고 있습니다. 아들 도둑이 곤경을 헤쳐 나오는 이야기를 통해 경험의 지혜를 말하고 있죠."

"좋은 말인데, '스스로'라는 말이 들어가면 좋다. 즉, '학문의 길에서도 스스로 지혜를 터득하도록 힘써야 한다'고 말하고 있지. 여기서 '스스로'라는 말을 염두에 두어야 한다. 무슨 일이든 '스스로'는 주체의 확인이며 즐김의 원동력이기 때문이다."

"그렇군요."

"다음의 <도자설> 글을 다시 보아라. 학문을 연구하는 지혜가 담겨있다. 특히 '그 지혜는 스스로 터득한 것'이라는 말을 명심해야 한다. 그럴 때 열정이 생기기 때문이다."

"그렇지 않아. 지혜는 겸손한 자세로 배워야 이룰 수 있고, 또 '그 지혜는 스스로 터득한 것'이라야 더욱 훌륭한 경험이 되는 거야. 그런데 너는 아직 까지 그런 경지에 도달하지 못했어! (...) 그 기술을 스스로 터득한 뒤에야 능히 천하에 짝할 사람이 없게 되는 것이거늘, 하물며 선비가 도덕을 닦아서 공명을 이루는 것임에 있어서야 더 말해 무엇을 하겠는가?"

수식은 그 내용을 노트에 적었다. 여기의 인용문에는 '스스로 터득'이라는 말이 두 번 나온다. 수식은 중요한 부분엔 빨간 줄을 쳤다. 수식에게 몇 번이고 읽게 했다. 얼쑤! 선생은 항상 중요한 내용은 노트에 적게 했다. 그리고 중요한 내용을 질문하면, 반드시 글로 써서 보이도록 했다. 그러한 과정이 '스스로논술학습법'을 탄탄하게 하는 주변적 요인이 된다.

"덩더덩더덩더쿵!"

"얼쑤!"

2. 신문 칼럼의 문단을 '논술 문단'으로 재조직하라!

"수식아, 먼저에는 논술 답안의 문단으로 두괄식을 쓰라고 했다. 기본적으로 두괄식의 구성이 좋다. 그러나 논술의 고수가 되려면 논제에 따라 문단의 구성을 바꾸는 것도 좋다. 고수나 달인은 자신만의 전문성을 드러내기 때문이다."

수식은 고개를 들고 말했다.

"자신만의 전문성이요. 멋있는 말입니다."

얼쑤! 선생은 길게 말했다.

"네가 선택한 칼럼이 있다. 우선 각 문단이 시각적으로 구분이 되게 번호를 붙여라. 그 다음 그대로 베껴라. 처음 칼럼을 대할 때는 모방이 좋지. 베끼면서 문장이 긴 것과 짧은 것을 밑줄 치고 그대로 모방해 봐야 한다. 그러면서 긴 문장은 왜 이런 상황에 긴 문장을 썼는가? 또한 이 상황에서 긴 문장이 주는 효과는 무엇인가? 아니면 짧은 문장으로 고쳐 봐야 한다. 특히 긴 문장을 사냥하여 무조건 짧은 문장으로 고쳐본다. 논술의 문장은 간결체가 좋기 때문이다. 수험생이 주장하는 바를 분명히 할 수 있다는 장점이 있다. 그 이유로 문장이 짧은 문장이 문법적인 오류를 줄일 수 있기 때문이다."

수식은 주의 깊게 들었다. 간단한 질문을 했다.

"논술의 기본 단위는 문장인가요? 단락인가요?"

"좋은 질문이다. 일반적으로 읽을 때는 문장이지만 채점을 염두에 둔 특수한 상황에서 글의 기본단위는 문단이다. 첫 문장에서 답안의 이미지가 결정되고 문단에서 그 내용이 결정되기 때문이다."

"그렇군요."

"그러나 오늘 10강에서는 두괄식이 만병통치 문단이 아니라는 것을 말하려 한다. 논제의 형태에 따라 달라져야 한다는 것이지. 논제의 형태를 불러 볼까?"

"덩더덩더덩더쿵!"

"얼쑤!"

"요약형, 문제해결형, 논박형…?"

수식이는 더듬거렸다. 작년에 대입 논술 시험을 봤는데도 기억이 안 나는 모양이다. 물론 논제의 형태까지 외울 필요는 없다. 그러나 '스스로논술학습'의 편의상 '분석형, 설명형, 비판형, 문제해결형'을 아는 것이 좋다. 그리고 본격적인 문제 유형은 다음의 11강에서 다루지만 여기서는 잠시 맛만 보기로 했다.

얼쑤! 선생은 말했다.

"꼭 논제 유형을 외울 필요는 없지. 그러나 유형은 알아두는 것이 좋다. 문단의 효과적인 구성 방식과 밀접하게 관련되기 때문이지. 두괄식, 미괄식 등의 답안 문단의 구조와 관련이 된다는 거지. 그런 측면에서 논제의 유형은 편의상 '분석형, 설명형, 비판형, 문제해결형'으로 나뉜다."

수식이는 노트에 적기 시작했다. 그러면서 얼쑤! 선생은 꼭 그러한 것이 아니라 강의의 편의상 논제유형을 네 가지로 나눈 것임을 강조했다.

"분석형은 논제가 요구한 순서 그대로 답안에 써주면 좋다. 분석형의 대표는 요약형이다. 요약은 특별한 형식이 있은 것이 아니다. 다만 고득점을 위한 전략이라면, 제시문의 논리 전개 방식을 그대로 유지하면서 그 내용을 요약하는 방법이 있지. 이것은 긴 내용을 짧게 줄이는 형식이지. 중요한 것은 창의적 요약이다."

"고득점을 받으려면 창의적 요약이 필요한데 잘 안 돼요?"

수식이는 관심을 보였다.

"창의적 요약은 내용을 완전히 소화해서 수험생의 자기 언어와 방식으로 재해석하고 재조직하여 쓰는 방법이지. 신문의 칼럼의 문단을 보면서 연습을 많이 해 봐야 해. 여기에는 '선택의 원칙, 변화의 원칙, 일반화의 원칙, 재구성의 원칙'을 활용하여 해야지."

"창의적 요약에는 네 가지 원칙이 있군요. 설명을 부탁드립니다."

수식이는 질문을 했다.

"덩더덩더덩더쿵!"
"얼쑤!"

"좋아. 첫째, 선택의 원칙은 전체 글에서 중심 문장을, 각 문단에서 소주제문을 선택하는 것을 말한다. 둘째, 변화의 원칙은 선택한 문장을 유의어를 활용하여 자신의 언어로 바꾸는 것을 말한다. 셋째, 일반화의 원칙은 구체적인 내용을 일반화시켜 제시하는 것이다. 넷째, 재구성의 원칙은 자신이 생각하는 중심적인 내용을 논리적인 순서로 재구성하여 제시하는 것을 말한다."
"좀 어렵군요. 신문의 칼럼을 바탕으로 요약을 연습하면 좋다."
"자. 이제는 중요한 이야기다. 요약의 논제는 창의적인 요약으로 방법으로 하는 것이 좋다. 따라서 가장 중요한 내용을 먼저 찾아서 첫 문장으로 배치해야 한다. 그 다음은 논리적 순서에 따라 논거 등을 배치하여 필연성을 하도록 하는 방법이다. 일종의 두괄식의 문단의 답안이다."
"다음으로 설명형은 어떤 문단 구조의 답안이 좋은가요?"
이제는 수식이가 질문하고 얼쑤! 선생이 대답하는 형태로 바뀌었다. 얼쑤! 선생이 말을 받았다.
"얼쑤! 선생이 너에게 물어야지. 안 그래."
"우선 네가 생각하여 말을 해 봐?"

"덩더덩더덩더쿵!"
"얼쑤!"

"역시 핵심을 먼저 제시하는 두괄식이 좋아요. '무엇에 대해 설명하라'가 기본 유형이기에 논제의 내용의 순서에 따라 적어주면 좋죠."

수식이는 자신 있게 말했다. 얼쑤! 선생은 머리 갸웃거리고,

"좀 더 정확하게 말해야지. 두괄식이라고 하면 소주제가 하나만 있는 형태가 된다. 그런데 설명형의 논제를 보고, 한 문제에 하나의 질문보다는 두 개의 질문이 들어 있는 경우가 많다. 그 사례로 '다음 내용을 통해 변화의 과정을 밝히고, 그 의미를 제시하시오'의 문제를 보자. 이 논제는 한 문장에 두 개의 문제를 담고 있다. 대입 논술에서는 이런 경우가 대부분이다. 이 때 답안의 문단은 두괄식이 좋다."

"중심 내용이 소주제문으로 첫 문장에 배치되고 그것을 논증한다. 그리고 이어서 문단의 중간에 소주제문을 제시하고 그것을 논증하는 방식이다. 쉽게 말해서 두괄식의 두 문단을 한 문단으로 합쳐놓은 것과 같은 문단이지."

수식이가 고개를 들고 말했다.

"그렇군요. 얼쑤! 선생님. 논제에서 두 가지를 물어보니, 두 가지의 소주제 문장이 제시돼야 하지요. 그것을 생각하지 못했네요. 두 개의 소주제 문장을 합쳐서 문단의 첫 문장에 제시하는 것이 아니고, 나누어서 각기 제시하는 경우이군요."

얼쑤! 선생이나 수식이나 쉬운 내용을 어렵게 설명하고 있다. 얼쑤! 선생은 말을 이었다.

"비판형의 논제 어떤 형식의 답안이 좋을까?"

"덩더덩더덩더쿵!"
"얼쑤!"

"비판형은 자신의 입장을 분명히 선택하는 것이죠. 자신의 입장에서 비판하고 논쟁을 하는 것이기에 자신의 주장이 강조되어야 합니다. 그러니 두괄식의 문단을 답안으로 써야 하지요."

"수식이 네 말이 좋다. 특히 채점의 상황을 생각하여 두괄식 구성을 해서 자

신의 결론적 입장을 먼저 보여 주는 것이 좋다. 주장에 대한 근거도 명확히 뒷받침하여 튼튼한 논증의 과정을 보여줘야지. 그러나 중요한 것이 빠진 것이 있다. 상대방의 반대되는 의견을 끌어들여 비판해야 하는 것 말이다. 이것은 '예상되는 반론'까지 포함하는 논술 고수의 방법이다. 이 내용이 답안 문단의 중간이 팍 박혀야지. 그렇지. '상대방을 비판하는 것'은 상대방의 허점을 밝히는 것으로 나의 주장을 강화하는 좋은 방법이지."

"아, '상대방의 반대되는 의견을 끌어들여 비판해야 하는 것'이 내 말에 빠졌군요. 얼쑤! 선생님이 그렇게 강조했는데 말이죠. 고득점을 받으려면 이 논증의 방법에 능통해야 한다고 말씀했는데요."

얼쑤! 선생은 조용히 말했다.

"여기서 조심할 부분이 있다. 답안의 문단에서 반론을 제기하면서 상대 입장을 완전히 비판하는 경우가 많다. 논술 답안의 작성법으로 온당치 못하다. 상대방의 주장의 타당한 점을 일부 인정하는 내용이 와야 한다."

수식의 눈이 반짝거렸다. 바로 '그것'이라는 표정이다. 눈이 말해줬다. 수식은 얼른 노트에 그 내용을 빨리 적었다. 얼쑤! 선생은 말을 이었다.

"그 방법은 '물론 이 00은 00의 측면에서 좋으나 00는 00의 측면에서 비판의 대상이 된다'의 형식의 구조가 좋다. 이어서 그 내용을 두 문장 정도로 왜 비판의 대상이 되는지 논증해주면 된다."

"예. 그렇군요."

"덩더덩더덩더쿵!"
"얼쑤!"

"다음에는 자신의 주장의 약점을 일부 인정해 주는 것이 좋다. 자신이 균형된 시각으로 이슈에 대해 합리적 입장에 서 있음을 보여 주기 때문이다. 논쟁의 이슈의 경우에는 한쪽 입장이 일방적으로 우위에 서는 경우는 드물다. 양쪽 모두 나름의 치밀한 논리로 다른 입장에서 주장한다. 따라서 나의 입장이나 주장에도 일부 한계점이 존재한다는 내용의 표현은 성숙한 표현이기에 평가에서 유리할 수 있다."

수식이는 만족한 표정으로 말했다.

"오늘 좋은 내용을 배웁니다."

얼쑤! 선생은 이제 '문제해결형'의 논제는 어떤 답안의 형식이 좋은가를 말했다. 논술의 핵심과 본질을 잘 담고 있는 논제가 문제해결형이다. 다른 말로 '대안제시형'이라고도 한다. 논술은 현실의 문제점을 밝히고 그 해결방안을 제시하는 것이기 때문이다. 대부분 이 유형은 문제점과 해결방안을 관련지어 제시하라는 형태를 취한다. 그러므로 어떤 답안의 문단 구조를 작성하는 것이 좋을까.

"수식아. 이제 중요한 것으로 왔다. 이른바 문제해결형이지."

"각 대학의 논술기출문제를 보니까 이 문제해결형이 배점이 가장 높더군요."

"덩더덩더덩더쿵!"

"얼쑤!"

"그렇지. 이 유형은 대체로 과제가 두 가지가 연결되어 있다. 우선 문제점이나 원인을 분석하는 것이고, 다음으로 그에 대해 대책이나 대안을 제시하는 것이다. 여기서 문제점의 제시보다는 해결방안의 제시가 높은 비중을 차지한다. 그러나 제시문이나 상황의 문제점을 잘 분석하여야 그 해결방안도 올바르다는 점에서 그 관계의 논리적 고리의 타당성을 염두에 두어야 한다."

수식은 짧게 말했다.

"그렇군요."

"답안 문단의 구성방식도 두괄식이 좋다. 두 문단으로 답안을 작성한다고 할 때는 문제점을 첫 단락의 첫 문장에 제시하고 왜 그것이 문제점이 되는지 논증 과정을 거친다. 다음의 단락의 첫 문장에 해결방안을 정책 명제로 제시하고 역시 치열한 논증과정을 거치면 된다."

수식은 내용을 재빨리 노트에 적었다. 얼쑤! 선생은 말을 이었다.

"이 논제에 대해 한 문단으로 답안을 작성한다면 어떨까? 상투적인 답안의 형식을 깨는 것도 좋다. 답안의 첫 문단의 첫 줄에 해결방안을 과감하게 제시하는 것이다. 그리고 논제의 문제점이 문단의 중간 부분의 내용부터 부각되도록 하는 방법이다. 물론 이것은 수험생이 그 논제에 대해서 완벽하게 알고 있는 경우에 권할 수 있는 답안 작성법이다. 수험생이 그에 대한 배경 지식이 풍부하고 확실한 관점을 보유하고 있으며 참신한 사례까지 갖추고 있는 경우에 한해서다."

"논술이 어렵다는 말을 이제야 알겠습니다. 무슨 형식이 정해진 것이 아니고 상황에 따라 달라질 수 있는 것이 많습니다. 그렇죠."

얼쑤! 선생은 설명했다.

"그래. 정해진 답안의 형식은 없지. 다만 이런 상황에서는 이런 답안의 구조를 지니는 것이 설득력을 높이는 데 좋다는 정도지. 그러나 그런 문제에 자신이 없는 경우는 기본적인 입장에 충실하는 것이 좋다. 결론적으로 말하여 짧은 답안의 분량은 두괄식의 사용이 합격을 위한 안전 운행에 좋다는 것이다."

"그렇군요. 사실 대학 합격자의 재구성한 논술 답안을 보면 두괄식으로 잘 썼다는 하는 것도 있습니다. 그러나 답안 문단의 구조가 분명치 않고 중심 내용이 어디에 있는지 알 수 없는 경우도 있더라고요. 이런 답안은 고득점을 받을 수 없었겠지만요."

"덩더덩더덩더쿵!"
"얼쑤!"

얼쑤! 선생은 맞장구를 쳤다. 그러면서 길게 말했다.

"당연하지. 그래서 이 부분에 대한 설명을 좀 더 해야겠어. 우리가 일반적으로 짧은 논술 답안을 말하면 1,000자 내외를 말한다. 이런 답안에서는 본격적인 '서론, 본론, 결론'의 형식을 단락으로 갖추기는 힘들다. 중점적으로 핵심내용을 다루어야 할 부분에 서론과 결론도 형식적 내용이 포함되므로 각 단락의 내용이 빈약해지기 때문이다. 따라서 논술 답안의 첫 문단의 첫 문장에 논제가 요구하는 사항에 대하여 자신의 견해나 입장을 분명하게 밝히는 것이 좋다. 논거도 여러 논거를 열거식으로 나열하지 말고 그 주장에 해당하는 핵심적인 논거만을 거론하여 구체적으로 논의하는 것이 좋다. 9강에서 말했듯이, 답안의 첫 문단의 첫 줄은 평가자의 관심을 유발하는 내용이 강렬하게 오면 금상첨화다. 이것도 수험생이 내용의 전개에 자신감이 있을 때 가능하다. 즉, 첫 문장의 관심을 끄는 내용과 답안에서 제시하고자 하는 핵심 내용의 격이 맞아떨어질 때 창의적으로 인정되어 고득점이 된다."

"관심을 끄는 첫 문장의 내용은 좋은데 그 뒤 이어지는 핵심적 내용이 부실할 때는 첫 문장의 사용의 의미가 없다는 이야기죠?"

"바로 그거야. 아프리카 수사자의 검은 갈기가 우람한 몸통과 자연스럽게 연결될 때 그 갈기의 위엄은 인정되는 것과 같지."

"재미있는 비유군요."

"덩더덩더덩더쿵!"
"얼쑤!"

수식은 기분이 좋아졌다. 여름의 막바지다. 뜨거웠던 여름이 힘없는 매미 소리와 함께 흘러갔다. 저녁 해의 광선이 얇아졌다. 아이들의 재잘거리는 소리도 높아졌다.

"수식아. 그 다음에 답안의 일반적인 분량이 1,600자 내외다. 지금 현재는 이 분량을 채택한 대학이 드물다. 전형적인 '서론, 본론, 결론'의 문단 구성이다. 첫 단락은 서론의 기능을 요구한다. 관심 유발의 기능으로 현황과 문제점, 논의의 이유를 밝히는 부분이다. 분량이 짧으면 좋다. 역시 첫 문장에 유의해야 한다. 본론은 이미 다 말했다. 논술의 핵심 몸통으로 논제에 대한 심층적인 논의가 논거와 함께 이루어지는 문단이다. 결론은 마지막 단락으로 과거에는 정리나 강조의 기능을 했다. 그러나 요즘은 과감하게 새로운 내용도 첨가시킨다. 즉, 해결의 방향이나 전망, 한계점, 당부, 대책을 제시하는 것이 바람직하다. 결론도 서론과 같이 분량이 짧으면 좋다."

"덩더덩더덩더쿵!"
"얼쑤!"

"얼쑤! 선생님, 요즘 서울대는 2,500자 내외를 답안 분량을 원하고 있습니다. 답안 분량이 길어지면 글을 쓰기가 더 어렵겠지요?"

"당연하지. 논제의 유형이 세 개나 연이어 들어갈 때가 있다. 그 사례로 2008학년도 서울대 수시2 인문계열 논술 문제로 '[제시문 가]에 나오는 경제체제의 각 요소와 내비하여, [제시문 나]의 [1]~[4]에 제시된 각 사회의 경제적 특성을 각 요소별로 비교·분석하시오. 이러한 분석에 근거하여 [제시문 나]에 나오는 경제적 특성의 일부 또는 선택적 조합을 통해 [제시문 가]에 나오는 경제체제를 대체하거나 구조적으로 보완할 가능성이 있는지의 여부와 그 이유를 논하시오.'의 경우다."

서울대에 관심이 많은 수식이가 물었다.

"답안 문단의 형식은 어떻게 해야 좋은가요?"

"우선 두 가지의 형태가 가능하다고 말하겠다. 서울대 문제는 한 문제 속에 많은 것을 물어보고 있다. 따라서 답안의 각 단락은 논제의 요구에 충실히 답을 한다는 심정으로 적으면 된다. 물론 두괄식이 좋다. 그러나 좀 더 개성적인 답안의 구성 방법을 보이고 싶으면 분량이 길므로, 첫 문단의 첫 줄과 마지막 단락의 마지막 줄은 개성 있게 적으면 좋다."

수식이는 눈을 반짝였다.

"여기서도 논술 고수의 방법을 보이는군요."

"그렇지, 첫 단락의 첫 문장에서 채점 교수의 관심을 불러일으키고, 마지막 단락의 마지막 문장에서 개성적으로 마무리하는 형식이다. 즉 처음과 끝이 수미상관적으로 대응을 이루어 고품격의 명품 답안을 작성할 수 있다. 물론 각 단락의 문단의 구조는 두괄식이 좋고 그 논거는 참신한 것으로 선별하여 제시해야 한다."

수식이는 노트에 열심히 적었다. 올해 대학에 대한 합격의 의지가 수식이의 손에서 빛났다.

"덩더덩더덩더쿵!"
"얼쑤!"

얼쑤! 선생은 '논술의 문단'을 다루는 이야기로 돌아왔다.

"수식아. 신문의 칼럼의 단락을 논술의 문단으로 재배열했지. 힘들지만 열심히 하기 바란다. 그것이 시험장에서는 내공으로 작용한다. 이제 문단의 '일관성의 원리'를 조금만 살펴보자. 네가 이것까지 염두에 둔다면 논술 고수로서 등장이 얼마 안 남았다. 우선 한 단락에서는 한 개의 핵심 내용만을 다루라는 것이다. 이것이 중요하다. 논술의 경우에는 한 문단에 논제가 요구한 내용만 다루면 된다는 뜻이다. 이를 위해 자신의 핵심 주장과 관련되는 논거의 뒷받침 문장을 써야 한다는 것이다. 이것을 논거의 적절성이라는 말을 알고 있었나?"

"알고 있습니다."

얼쑤! 선생은 구체적으로 설명했다.

"좋아. 사례를 들어 '과학의 발견에는 과학자의 노력이 중요하다'는 내용이 있다고 하자. 이 '과학자의 노력'이라는 내용이 한 단락을 이루어야 한다. 그래서 근거로 에디슨을 들었다. 그러면서 '물론 그가 백열등, 축전기 등의 발명을 한 데에는 천재성의 역할이 있었음을 잊어서는 안 된다.'라는 문장이 들었다고 해보자. 이 뒷받침 문장은 '과학자의 천재성'을 말한 부분으로 이 문단의 '과학자의 노력'과 상반되는 내용이다. 따라서 논거가 적절하지 못한 문단이 된다."

수식이는 고개를 끄덕였다.

"그렇군요. 그러니까 한 단락의 소주제문을 첫 문장에 제시했다면 두괄식이 되죠. 이를 근거할 구체적 내용들은 뒷받침 문장들이 됩니다. 소주제문의 내용과 밀접하게 관련된 논거들, 즉, 구체적인 뒷받침 문장들이 와야 한다는 것이죠."

수식이는 그 내용을 노트에 적기 시작했다. 어느새 수식이의 노트는 많은 내용으로 두꺼워졌다.

"수식아. 다음은 문단에서 접속어의 사용을 말해볼까?"

수식이는 즉시 말했다.

"학교에서는 적절한 접속어를 사용하라고 말합니다."

"덩더덩더덩더쿵!"
"얼쑤!"

얼쑤! 선생은 잠시 뜸을 들였다.

"그렇지. 원칙은 그렇다고 봐야지. 내가 논술은 가급적 짧은 문장을 쓰라고 말했다. 그렇다고 논술 답안의 문단에 쓰인 모든 문장을 짧게 쓸 수는 없다. 내용을 흐름을 타지 못하는 경우는 호흡의 단절감을 주기 때문이다. 물론 문단의 내용이 흐름을 탄다면 현장감과 긴박감을 주는데 말이야. 만약 논술 평가 교수들이 긴장감을 가지고 읽을 상황을 생각해 봐. 얼마나 멋진 답안의 문단이 되겠어."

수식이는 말을 받았다.

"얼쑤! 선생님. 그렇다면 짧은 문장을 논리적으로 이어주는 접속어를 적절하게 사용해야 하는군요?”

얼쑤! 선생은 잠시 생각했다.

“수식이의 너의 말도 좋은데 막연한 내용이지. 그래서 가끔 뒷받침 문장에는 긴 문장을 써 주는 거야. 거기다가 소주제문장과 뒷받침 문장이 유기적인 관련성을 갖게 되면 논술의 문단이 내용과 형식에서 안정감과 일관성을 갖추었다는 평가를 받게 되지. 자. 그렇다면 ‘접속어의 사용은 가급적 하지 않는 것이 좋다! ‘그러나, 하지만’ 등의 역접 관계만을 사용하는 것이지.’”

수식이는 즉시 의문을 표했다. 놀란 표정을 지었다.

“예?”

“학생들은 ‘따라서, 그러므로’ 등의 접속어를 남발한다. 물론 그것은 인과 관계를 분명히 드러내는 측면에서 효과가 있지만 자연스런 글의 흐름을 방해한다.”

얼쑤! 선생은 말을 이었다.

“수식아, 잘 생각해 봐? 집을 짓는 목수 중에서 우두머리 목수를 도목수라 한다. 이들은 집을 지을 때 못을 박지 않는다. 목수가 못을 박는다는 것은 인위적인 연결을 했다는 의미다. 최정상급의 도목수는 나무끼리 관련시켜 그 자체로 자연스럽게 연결되고 있지. 이 얼쑤! 선생이 무슨 이야기를 하는지 알겠나?”

수식은 즉시 말했다.

“논술의 고수는 접속어를 쓰지 않고 문장을 자연스럽게 연결한다는 말씀입니다. 짧은 문장을 내용의 흐름이 자연스럽게 연결한다면 접속어는 필요 없다는 말씀이죠. 도목수의 못은 문장에서 접속어에 해당합니다.”

얼쑤! 선생은 대답을 하는 수식이를 쳐다보았다. 선한 얼굴이다.

“그렇지. 논술의 고수는 문장에서 접속어의 사용을 자제한다. 접속어가 많이 쓰였다는 것은 아마추어의 글쓰기에 해당한다.”

“알겠습니다.”

"덩더덩더덩더쿵!"
"얼쑤!"

얼쑤! 선생은 서술어 사용의 말을 했다.

"논술의 문단을 쓰면서 주의해야 할 점은 많이 있다. 그러나 여기서는 한 가지만 더 다루기로 하자. 그것이 뭐냐고? 바로 '똑같은 말로 끝나는 서술어의 문장을 반복하지 말라'는 것이다. 물론 스피치 연설에서는 내용의 강조를 위하여 사용하는 경우가 있다. 그러나 글쓰기에서 같은 서술어의 사용은 피하는 것이 좋다."

"많이 쓰는 '이다'도 마찬가지인가요?"

"'이다'의 자체는 쓸 수밖에 없다. 그러나 '이다' 앞에 붙는 서술어들이 다음 문장에도 같이 쓰인다면 안 된다. 논술의 고수라면 바꾸어 주어야 한다. 물론 짧은 두 문장이라면 한 문장으로 합치는 것도 좋다."

"얼쑤! 선생님. 사례를 들어주시죠?"

"좋아. 그 사례로 '춘향전은 여성의 정절을 주제로 하는 소설이다. 고난과 역경을 이겨내는 강인한 여성상을 표현한 소설이다.'를 생각해 보자. 여기서 '소설이다, 소설이다'의 서술어가 두 문장에서 같이 사용되어 단조로움을 보인다. 그렇지."

얼쑤! 선생은 설명 대신에 질문을 던졌다.

"네가 '소설이다'의 서술어를 바꾸어 볼까?"

2분의 시간이 주어졌다. 수식은 고민을 했다. 노트에 수정한 문장을 적었다.

"'춘향전은 여성의 정절을 주제로 소설이다. 이 작품에는 고난과 역경을 이겨내는 강인한 여성상을 표현하고 있다'로 했어요."

"덩더덩더덩더쿵!"
"얼쑤!"

얼쑤! 선생은 문장의 일부는 칭찬했다.

"좋은데, 한 가지를 더 고친다면, '춘향전은 여성의 정절을 주제로 소설이다. 이 작품에는 고난과 역경을 이겨내는 강인한 여성상을 표현한다'는 더 좋지. 요즘 논술의 문장은 가능한 현재형의 사용도 문장의 품격을 높인다. 즉, 둘째 문장의 서술어인 '표현하고 있다'를 '표현한다'로 하는 나타내면 세련된 서술어가 된다."

수식은 노트에 이를 적었다.

"수식아, 이제는 이 두 문장을 한 문장으로 연결해 볼까?"

"'춘향전은 여성의 정절을 주제로 한 소설로서, 고난과 역경을 이겨내는 강인한 여성상을 표현한다'로 연결해 봤어요. 어때요?"

얼쑤! 선생은 잘한다고 칭찬했다.

얼쑤! 선생은 칼럼의 문단을 논술의 문단으로 고쳐 쓰도록 했다. 두괄식의 문단을 중심으로 가끔은 열거식의 문단으로 재조직하도록 했다. 또한 첫 문장의 사용을 관심을 갖도록 하기 위해 재미있게 다듬도록 했다.

얼쑤! 선생은 수식이가 재배열한 칼럼의 문단을 다시 읽어보고 불필요한 접속어를 뺐다. '가급적 접속어를 쓰지 말라'는 말을 다시 강조했다. 문장의 통한 글의 흐름을 최대한 자연스럽게 하기 위한 방법이다.

얼쑤! 선생은 문단의 일관성을 위해 소주제문에 관련된 내용이 왔는지 세심하게 평가했다. 수식이가 칼럼을 변형한 문단은 완벽하지 않아도 틀이 잡혀가고 있었다.

1,000자, 1,600자, 2,500자 내외의 답안 분량을 염두에 두고 답안의 문단 작성법을 연습시켰다. 1,000자 내외에서는 본론 위주의 문단을 통한 두괄식을 강조했다. 반드시 논제가 요구하는 내용을 문단의 첫 문장에 쓰도록 했다. 또한 열거식의 문단도 구성하도록 했다.

"덩더덩더덩더쿵!"

“얼쑤!”

　1,600자 내외의 답안에서의 서론, 본론, 결론의 형태를 말했다. 얼쑤! 선생은 강조했다. 다른 수험생과의 논술 답안에서 차별화 전략을 말했다. 그것은 답안 문단의 첫 문장을 통하여 평가자의 관심을 잡으라는 것이다. 이 때 첫 문장을 짧게 처리하면서 핵심 논제와 관련을 짓는 방법을 같이 생각했다. 여러 문장들을 예로 들어봤다. 결론의 마지막 문장도 서론의 첫 문장과 호응을 이루도록 개성 있는 문장을 강조했다.

　서울대의 수시에서 선보였던 2,500자 내외의 답안 분량이다. 신문 칼럼의 전 내용에 수식이의 생각을 덧붙여 2,500자로 작성하도록 했다. 한 문장에 여러 논제를 담는 논제를 만들어 보라고 했고, 답안을 작성할 때 논제가 요구하는 핵심 내용을 두괄식의 문단에서 강조하도록 했다.

　수식이는 땀을 흘리며 ‘스스로논술학습법’의 2단계를 따라왔다. 의지가 강했다.

“덩더덩더덩더쿵!”
“얼쑤!”

3. 기사, 칼럼을 통해 스스로 ‘논제’를 만들고 ‘답안’을 작성하라!

“수식아. 다음의 글을 보자.”

　경술년(1670)에 나는 고향 결성(潔城)으로 돌아가 지냈다. 집 뒤 켠에 너비가 수십 보 남짓에 깊이가 육, 칠 척쯤 되는 못이 하나 있었는데 긴 여름 동안 나는 하는 일 없이 그 못의 고기들을 구경하곤 하였다. 하루는 이웃 사람이 대를 베어 낚싯대를 만들고 바늘을 두들겨서 낚싯바늘을 만들어 나에게 주면서 낚시를 하도록 권하였다. 나는 서울에서만 오래 지냈기 때문에 낚싯바늘의 길이나 굵기, 굽은 정도가 어떠해야 하는지 알 턱이 없으므로 그저 이웃 사람이 주는 그대로가 적당한 것으로만 알 뿐이었다. 그리하여 종일토록 낚시를 드리우고 있었으나 한 마리도 잡지 못하였다. 다음날 손(客)이 한 사람 와서 낚싯바늘을 보더니 "고기를 잡지 못한 게 당연합니다. 바늘 끝이 안으로 너무 굽어 고기가 물기도 쉽지만 뱉기도 쉽게 생겼으니 끝을 박으로 조금 펴야 합니다." 하였다. 나는 그 사람을 시켜 낚싯바늘을 두들겨 밖으로 펴게 한 다음 다시 종일토록 드리웠으나 역시 한 마리도 잡지 못하였다.

그 다음날 또 손 한사람이 와서 바늘을 보더니 "못 잡은 게 당연합니다. 바늘 끝이 밖으로 펴지기는 하였으나 굽은 테의 둥글기가 너무 넓어서 고기 입에 들어갈 수가 없습니다." 하여 나는 또 그 사람을 시켜 바늘 굽이의 둥글기를 좁게 만든 다음 다시 종일토록 드리워서 겨우 한 마리를 잡았다. 그런데 그 다음 날 손 두 사람이 왔기에 내가 낚싯바늘을 보여주며 지금까지의 일을 말하니, 그 중 한 사람이 "적게 잡을 수밖에 없는 것이 당연합니다. 바늘은 굽힌 곡선의 끝이 짧아 겨우 싸라기를 끼울 만해야 하는데, 이것은 굽힌 끝이 너무 길어 고기가 삼킬 수 없고 삼켜도 다시 내뱉게 생겼습니다." 하였다. 내가 그 사람에게 그 끝을 짧게 만들도록 한 다음 한참동안 드리우고 있노라니 여러 번 입질을 하였으나 낚싯줄을 당기는 중에도 빠져서 도망가기가 일쑤였다. 그러자 곁에 있던 다른 손이 말하였다. "저 사람의 바늘에 대한 견해는 맞으나 당기는 방법이 빠졌습니다. 대체로 낚싯줄에 매달린 찌는 그 떴다 잠겼다 하는 데 따라 입질하는 것을 아는 것인데, 움직이기만 하고 잠기지 않는 것은 완전히 삼킨 것이 아니라서 갑자기 당기면 너무 빠르고, 잠겼다 조금 나오는 것은 삼켰다가 다시 뱉은 것으로 천천히 당기게 되면 이미 늦습니다. 때문에 잠길락 말락 할 때에 당겨야 합니다. 그리고 당길 때에도 손을 들어 곧바로 올리면 고기의 입이 막 벌어져서 바늘 끝이 아직 걸리지 않아 고기 아가미가 바늘 따라 벌어져서 나뭇가지에서 낙엽이 지듯 떨어져 버립니다. 그런 까닭에 비로 쓸듯이 손을 비스듬히 하여 당기면 고기가 막 삼키자마자 바늘 끝이 목구멍에 걸려 좌우로 요동을 쳐도 더욱 단단히 박히게 되므로 이것이 놓치지 않는 방법입니다.”

내가 다시 그 방법대로 해보니 드리운 지 얼마 안 되어 서너 마리를 잡았다. 그러자 손이 말하기를 “법(法)은 이것이 전부이나 묘(妙)가 아직도 부족합니다.” 하면서, 나의 낚싯대를 가져다 직접 드리웠다. 낚싯줄도, 바늘도, 미끼도, 내가 쓰던 그대로이고 앉은 곳도 내가 앉았던 곳으로, 달라진 것이라곤 낚싯대를 잡은 손일 뿐인데도 드리우자마자 고기가 다투어 올라와 마치 바구니 속에서 집어 올리듯 쉴 새 없이 낚아 올렸다. “묘(妙)라는 것이 이런 것입니까? 그것도 가르쳐줄 수 있겠습니다?” 내가 물으니, 손이 이렇게 답하였다. “가르쳐줄 수 있는 것은 법(法)입니다. 묘(妙)를 어떻게 가르쳐줄 수 있겠습니까. 가르쳐줄 수가 있다면 그것은 묘(妙)라고 할 수 없는 것입니다. 그러나 굳이 가르쳐달라고 한다면 한 가지가 있습니다. 당신은 내가 가르쳐준 법(法)으로 아침이고 저녁이고 드리워 정신을 가다듬고 뜻을 모아 오랫동안 계속하면 몸에 배고 익숙해져서 손의 움직임이 자연스럽게 조절되고 마음도 저절로 터득하게 될 것이니, 이처럼 된 후에 묘를 터득하거나 못하거나, 혹 그 미묘한 것까지 통달하여 묘(妙)의 극치를 다하거나, 또는 그 중 한 가지만 깨닫고 두세 가지는 모르거나, 아니면 하나도 몰라 도리어 의혹되거나, 혹은 문득 자각하여 스스로 자각한 줄도 모른다거나 하는 따위는 모두가 당신에게 달린 것이니 내가 어떻게 하겠습니까. 내가 당신에게 해줄 수 있는 말은 이것뿐입니다.” 그제야 나는 낚싯대를 던지고 탄식하였다. “훌륭하오. 당신의 말은! 이 도(道)를 미루어 간다면 어찌 낚시에만 적용될 뿐이겠소? 옛사람이 이르기를 ‘작은 일로 큰일을 깨우칠 수 있다’ 하였으니 이런 것을 두고 한 말이 아니겠소.” 손이 떠나고 나서 그의 말을 기록하여 스스로를 살피는 자료로 삼고자 한다.

— ‘남구만’의 <약천집>

“수식아. 이 글에서 중요한 부분이 어디지?”

“예. 이 글의 중간 아래 부분에 나오는 내용입니다.”

“덩더덩더덩더쿵!”
“얼쑤!”

“가르쳐줄 수 있는 것은 법(法)입니다. 묘(妙)를 어떻게 가르쳐줄 수 있겠습니까. 가르쳐줄 수가 있다면 그것은 묘(妙)라고 할 수 없는 것입니다. 그러나 굳이 가르쳐달라고 한다면 한 가지가 있습니다. 당신은 내가 가르쳐준 법(法)으로 아침이고 저녁이고 드리워 정신을 가다듬고 뜻을 모아 오랫동안 계속하면 몸에 배고 익숙해져서 손의 움직임이 자연스럽게 조절되고 마음도 저절로 터득하게 될 것이니, 이처럼 된 후에 묘를 터득하거나 못하거나, 혹 그 미묘한 것까지 통달하여 묘(妙)의 극치를 다하거나, 또는 그 중 한 가지만 깨닫고 두세 가지는 모르거나, 아니면 하나도 몰라 도리어 의혹되거나, 혹은 문득 자각하여 스스로 자각 한 줄도 모른다거나 하는 따위는 모두가 당신에게 달린 것이니 내가 어떻게 하겠습니까. 내가 당신에게 해줄 수 있는 말은 이것뿐입니다.”

“덩더덩더덩더쿵!”
“얼쑤!”

얼쑤! 선생은 말했다.
“이 내용은 너에게 중요한 부분이다. 이 내용을 빗대어 말해보자. 얼쑤! 선생은 너에게 ‘스스로논술학습법’에서 ‘법(法)’은 가르쳐줄 수 있지. 그러나 진정한 논술의 묘(妙)는 네가 스스로 연구하여 깨우쳐야 한다. 논술의 묘(妙)는 무한정으로 널려있다. 모두 너의 논술에 대한 열정에 달린 것이다. 그 열정은 너를 문득 자각하도록 하고, 묘리(妙理)를 통달하게 한다. 논술의 고수가 되기 위한 과정이지.”

수식은 물었다.

"예. '스스로논술학습법'의 2단계에서 이런 말이 나오네요?"

"그렇다. '스스로논술학습법'의 3단계는 대학 논술시험에 직접 적용하는 단계다. 따라서 '스스로논술학습법'의 2단계가 가장 중요하다."

수식은 침착하게 말했다.

"이, 그렇군요. 논술에 대한 깨달음을 느끼려면 일반적인 법을 익힌 후의 다음이 중요하네요. 그 다음은 '스스로'의 논술의 묘리를 터득하는 과정을 혼자 해 보라는 것이죠. 자신의 '마음가짐'이 중요하군요."

학문의 궁극은 결국 자신이 터득하는 것이다. 이것이 과학에서는 이론의 정립으로, 인문에서는 삶에 대한 깨달음으로 나타나는 것이다. 얼쑤! 선생은 <<당신은 내가 가르쳐준 법(法)으로 아침이고 저녁이고 드리워 정신을 가다듬고 뜻을 모아 오랫동안 계속하면 몸에 배고 익숙해져서 손의 움직임이 자연스럽게 조절되고 마음도 저절로 터득하게 될 것이니,>>라는 윗글의 핵심 구절을 수식에게 다시 강조했다. 이것은 스스로의 '열정'을 말하는 것이다. 열정이 뒷받침돼야 '아침이고 저녁이고 드리워 정신을 가다듬고 뜻을 모아 오랫동안 계속하면 몸에 배고 익숙해져서 손의 움직임이 자연스럽게 조절되고 마음도 저절로 터득하게 될 것'이기 때문이다.

"덩더덩더덩더쿵!"

"얼쑤!"

얼쑤! 선생은 말했다.

"이제 네가 신문에서 선택한 기사와 칼럼의 핵심 내용을 말해 봐라. 이것으로 문제를 만들고 오늘날의 관점에서 그 논의를 심화시키는 작업을 해야 한다."

수식이가 말한 핵심 구절은 다음과 같다.

<가> "재미와 열정(Interest & Passion)은 IP세대의 핵심적인 특징이다."[28]
<나> "좋은 연설은 간결하고 내용이 감동적이어서 강력한 파괴력을 갖는다."[29]

이것을 제시문으로 문제를 같이 만들어 봤다. 수식이가 신문 기사와 칼럼을 선택하고 얼쑤! 선생이 이것을 바탕으로 논술 문제의 방향을 잡았다.

문제 1

'제시문 <가>의 내용으로 <나>를 보완할 내용을 적고, 그 연설의 효용성을 제시하시오'를 만들어 봤습니다.

"수식아. 어느 분야든 거기에 맞는 특성이 있다. 그러면서 어떠한 대상이든 100% 완벽한 특성을 가지지 않는다. 항상 어떤 대상이든 한계점은 존재한다."

"그래서 '상호보완적'이라는 말이 중요시되는 이유군요."

"그렇지. 자연과학을 생각해 봐. 오늘날 기술 만능주의에서 자연과학이 차지하는 위치는 절대적이지. 과학이 원래는 자연과학은 인간 자신을 포함한 전체 우주를 대상으로 자연 현상의 이해하는 것이 본령이었지. 자연과학의 출발은 긍정적인 측면이었지."

얼쑤! 선생은 자연과학의 부정적인 측면을 수식에게 말하도록 했다.

"자연 환경 파괴와 생명의 존엄성을 파괴하고 있습니다."

"응. 그래. 너의 말을 구체화하여 보자. 즉, '과학기술'이 '응용과학'으로 발전하면서 과도한 물질문명의 추구라는 문제점을 일으켰지. 오늘날 물질문명은 너의 말대로 환경오염, 유전공학으로 인한 가치 의식의 혼란과 생명의 존엄성을 약화시켰다. 여기서 내가 하고자 하는 이야기는 무엇이지?"

"예. 우리가 완벽하다고 생각하는 자연과학도 그 한계점을 드러내는 양면성

---

28) [IP세대] '재미와 열정(Interest & Passion)' 동아일보(2008.09.30)
29) [오늘과 내일/정성희] '좋은 연설, 나쁜 연설, 지루한 연설' 동아일보(2008.08.26)

을 지니고 있다는 것 아닐까요?"

"그렇지. 수식이도 대상이나 상황을 대할 때 양면성의 관점으로 접근해야 한다. 그래야 균형된 시각을 확보할 수 있지."

"알겠습니다."

"덩더덩더덩더쿵!"
"얼쑤!"

얼쑤! 선생은 말했다.

"수식아. 기사나 칼럼인 제시문은 필자의 관점을 존중하여 그대로 수용해도 된다. 그러나 비판적, 창의적 사고를 높이기 위해서는 다양한 관점을 확보하여 제시문을 분석, 비판해야 한다. 그 결과 제시문의 내용에 보완할 점도 생각하게 한다. 신문을 통한 논술의 과정은 이 점을 중요시한다."

"신문을 통한 논술학습이 참 좋군요. 신문의 기사든 칼럼이든 논술을 위해 다양하게 활용할 수 있으니까요."

"그렇지. 잘 생각했어. 그래서 신문을 논술의 보고(寶庫)라고 하지. 그러나 칼럼마다 보완할 점을 생각하기는 학생의 입장에서 생각하기는 힘들다. 아무런 자료 없이 혼자 미흡한 점과 보안할 점을 찾는 것은 힘들다는 얘기야."

수식이 질문했다.

"그렇다면 어떻게 하면 될까요?"

"그런 질문을 한다는 것은 네가 논술 문제만을 풀었기 때문이야. 전문가가 만든 논술문제집을 통한 공부는 어느 수준까지는 올라가지만 고수의 경지에는 올라갈 수는 없다."

얼쑤! 선생은 말을 이었다.

"그래서 다른 제시문의 내용을 '암시'받아 다른 제시문의 내용을 '보충'하면 된다. 이런 의도로 논술 문제를 내는 것을 연습한다면 너의 입장에서는 금상첨화가 될 것이다. 이 이야기를 확대하면 오늘날에는 자료가 많다. 비용을 지불하며 새로운 자료를 만드는 것도 좋을 수 있다. 그러나 기존의 자료들을 통합하여 새로운 결과를 이루어 내는 것이 효율적이다.”

“이번 제시문의 경우는 쉬운 내용이다. 논술을 쓸 때는 어렵게 생각하면 안 된다. <가>의 특징으로 <나>의 좋은 연설이 되기 위한 보완책을 생각하여 답안을 작성하기 바란다.

“덩더덩더덩더쿵!”
“얼쑤!”

수식의 논술답안 1

제시문 <가>는 IP세대의 핵심적인 특징이 ‘재미와 열정’이라고 제시한다. IP는 독립적 생산자라는 의미다. IP세대는 재미를 느끼면 자신의 분야에 열정을 발휘한다.   이것은 삶의 보람을 느끼는 동력으로 작용할 때가 있다. <나>는 좋은 연설은 간결하고 내용이 감동적이어서 파괴력을 갖는다고 말한다. 그러므로 좋은 연설은 의사소통의 중요한 통로로 청중이 무엇을 요구하는지를 잘 읽어내야 한다. <나>는 좋은 연설은 간결하고 감동적인 것임을 강조하지만 <가>의 관점으로 접근하면 보완할 점이 생긴다. 바로 <가>의 ‘재미와 열정’이 간결하고 감동적인 연설에 들어갈 때 그 감동의 깊이는 더욱 커진다. 즉, ‘간결하고 재미와 열정을 보인 연설은 청중들의 감동을 배가시킨다’로 재정의가 가능하다. ‘재미’는 오늘날 시대적인 트렌드다. 재미는 연설에 필수적인 요소로 자리 잡았다. 세계적인 연설가들의 재미와 열정은 연설을 빛내는 요소로 작용하기 때문이다.

“덩더덩더덩더쿵!”
“얼쑤!”

문제 2

‘제시문 <가>에서 재미와 열정이 갖는 문제점을 찾아 구체적으로 밝히고, 그 해결방안을 제시하시오’를 만들어 봤습니다.

"수식아, 이제는 자신의 관점에서 제시문의 문제점을 밝히는 것을 생각해보자. 또한 해결 방안도 당연히 이어져야지. 자신의 관점이 강조되니 그의 내용에 대한 다양한 의견이 가능하겠지."

"얼쑤! 선생님. 그렇다면 <가>는 IP세대의 핵심적인 특징을 '재미와 열정'이라고 말했는데, 이에 대한 문제점을 생각하라는 것인가요? 그것도 자신의 관점에서요?"

수식은 신중하게 말했다. 얼쑤! 선생은 논술을 지도하면서 강조하는 것이 있다. '긍정적인 대상이나 상황이라도 양면성의 의해 접근하라'는 것이다. 어느 대상이든 100% 긍정적, 부정적은 없다는 것이다. 대상에 대한 원인과 그 배경을 분석해보면 그 양면성의 파악이 가능하다. 그 결과 대상에 대한 긍정적인 측면이 있으면 그 이면엔 부정적인 측면도 일부 존재한다. 또는 반대로도 가능하다. 이러한 사고 훈련은 대상에 대한 수험생의 균형된 시각을 확보하는 데 좋다. 얼쑤! 선생은 침을 튀겼다. 수식이가 말했다.

"얼쑤! 선생님. '재미와 열정'도 긍정적인 측면으로 분석되는 데 그 이면에는 부정적인 측면도 있다는 말씀이군요?"

"그렇지. 아까도 말했잖아. 대상에 대하여 하나로의 특성이 규정될 수 없다고 말이야. 여기서 말하는 것은 대상에 대한 다양한 관점을 파악할 때 그 양면성을 쉽게 찾아낼 수 있지."

"덩더덩더덩더쿵!"
"얼쑤!"

수식이가 말을 받았다.
"사례를 들어주면 좋겠어요?"
"좋아. 몇 년 전에 미국 버지니아공대의 참극이 있었지. 우리는 그 사건에 비극을 느꼈지만 미국인들이 보여준 성숙한 시민 의식에 감동을 한 적이 있었다.

그것은 다름 아닌 '조승희도 피해자이며 희생자'라는 미국인들의 의식이다."

"아, 나는 조승희란 사람을 악인으로만 생각했는데요?"

"겉모습으로만 보면 조승희는 악인이지. 그러나 대상을 보는 하나의 관점으로 본 결과야. 너에게는 미안한 이야기지만, 흑백사고에 익숙하다고 할 수 있지. 흑백 사고는 주장이 명쾌할 수는 있지만 극단적인 생각 외에는 다른 생각이 자리 잡을 수는 없다는 것이야. 그 결과 유연한 사고가 못되고 경직된 사고로 일관하지. 오늘날 다양한 가치가 존재하는 시대에는 흑백사고는 많은 단점을 드러낸다."

"덩더덩더덩더쿵!"
"얼쑤!"

"그렇군요."

얼쑤! 선생은 길게 설명했다.

"다시 조승희 이야기로 돌아가자. '조승희도 피해자이며 희생자'라는 미국인들의 의식은 그동안 조승희가 간직했던 정신적 아픔을 공유하려는 차원 높은 시민의식의 표현이다. 조승희 총격에 의해 사망한 사람 1명에 1개씩 추모석 33개가 마련됐는데, 거기엔 조승희의 추모석도 있었다. 미국인들은 '조승희 총격 사건'에서 관용과 포용의 정신을 이끌어낸 것이다. 이것을 일반화시키면 '100% 악인은 없다'다. 조승희의 가해자의 책임에 사회적인 책임을 관련시킨 것이다. 사회적 환경의 관점으로 조승희를 바라보니 그는 미국 내에서 소수 민족으로 외톨이의 삶을 살아왔다는 것을 찾아낼 수가 있었지. 그런 절망적인 삶 속에서 저지른 그의 범행에 대해 그가 가해자이면서 피해자라는 유연한 결론을 내린 것이다. 여기서 중요한 것이 있다. 다양한 관점을 지니면 대상에 대해 꼭 그 한 가지만을 가지고 인식하지 않는다. 그것을 둘러싼 복합적인 요소를 모두 인식의 대상에 포함시키기 때문에 유연한 사고 가능한 것이지. 21세기에 요구되는 우리들의 사고방식이다."

"덩더덩더덩더쿵!"
"얼쑤!"

수식이는 이 내용을 노트에 적었다. 때로는 요약해서, 문장이 긴 경우에는 질문을 해서 정확하게 알아들은 다음 적으려고 애썼다. 열정이 보였다.

"수식아. 그렇다면 재미와 열정만으로 직업을 선택할 때 문제점은 무엇일까?"

수식은 대답했다.

"직업이 갖는 생활 철학 등이 없습니다. 직업은 삶에 있어서 중요한 부분이잖아요. 오로지 재미와 열정만으로 직업을 선택하고 그 일에 몰두한다면 숭고한 철학적 의미가 퇴색됩니다. 직업이 보여주는 노동의 신성함도 오락적 기능으로 대체되기에 그 사회적 손실은 크다고 봅니다."

얼쑤! 선생은 고개를 끄덕였다. 특히 수식이의 말 중에 직업의 '노동의 신성함'이 '오락의 기능'으로 대체되는 것에 공감을 표했다.

"너의 말이 좋다. 물론 여기서 노동의 신성함은 곡 육체적 노동만을 말하는 것이 아니겠지. 하이트 칼라의 정신적 노동도 포함되는 것이겠지?"

"그렇습니다."

수식의 말은 당당했다. 짧은 말 속에 논술에 맛을 느낄 수 있다. 얼쑤! 선생은 말을 받았다.

"덩더덩더덩더쿵!"
"얼쑤!"

"같은 맥락에서 '재미와 열정'은 주관적인 감정에 속한다. 어디까지가 재미이고 열정인지를 계량적으로 측정할 수 없다는 것이지. 그러다 보니 재미와 열정은 개인적인 차원에서만 머물 수 있다는 한계를 가진다. 사회와 국가 발전의 원동력으로 심화될 때 재미와 열정은 그 사회적 의미를 갖는다. 이러한 것을 사회적 현상이라고 부르기도 하고. 너의 말은 좋은데 한 가지가 문제가 있어. 설명하는 내용이 추상적이라는 것이야. 무슨 문제, 그러면 눈에 보이는 것으로 제시를 해야지. 그냥 '노동의 신성함과 오락적 기능'이라고만 말하니까. 눈에 잡히지가 않아. 논술은 대상에 대한 설명이 구체성을 띨수록 전문성을 확보할 수 있지."

"그렇군요. 하하하."

수식은 겸연쩍게 웃었다.

"'재미와 열정'을 특성인 IP세대의 문제점은 높은 이직률로 잡을 수 있다. 자신이 좋아하는 재미와 열정이 기준이므로 직장 생활 중에 변화가 생겨 그것이 사라질 경우는 문제가 된다. 이들은 또 다른 '재미와 열정'을 찾아 떠날 수밖에 없다는 결론이다."

"그런 개인의 이직 현상이 결국 사회로, 국가의 현상으로 이어져 사회적 손실을 가져온다는 얘기군요."

"그렇지. 개인의 재미와 열정은 분명히 좋은 것이다. 그러나 이것을 개인으로만 끝나지 않고 사회적, 국가적으로 승화할 수 있는 방안이 필요하다. 그럴 때는 재미와 열정이 개인과 국가 발전의 창의적인 원동력으로 작용할 것이다."

수식이는 이런 내용을 노트에 적었다. 한번 더 읽어보는 세심함을 보였다.

"덩더덩더덩더쿵!"
"얼쑤!"

"그런 의미에서 문제 2에 대하여 답안을 작성하기 바란다. 항상 양면성을 염두에 두면 '재미와 열정'을 다양한 관점으로 접근하기 바란다. 얼쑤! 선생은 시간을 20분을 주었다.

수식의 논술답안 2

<가>는 '재미와 열정(Interest & Passion)'은 IP세대의 핵심적인 특징이다라고 말한다. 자기가 재미있는 일에 열정을 보이면서 지속적으로 삶을 보람을 느낀다면 금상첨화다. 그러나 관점을 달리하면 IP세대가 열정을 갖고 매진할 일의 기준이 '재미있느냐 없느냐'는 일시적이고 주관적인 개인적 감정이라는 것이다. 즉, 재미와 열정에 대한 객관성을 확보할 수 없다. 그에 따른 문제점으로 노동의 신성함이 사라질 것이다. 또한 조기 이직률을 들 수 있다. 그것은 사회 구조의 근본 형태를 흔들 수 있는 개인적 혼란을 초래한다.

그 해결방안은 IP세대의 재미와 열정을 사회적, 국가적인 차원으로 끌어 올려야 한다. 개인의 재미와 열정이 개인으로만 끝나서는 안 된다는 것이다. 사회와 국가가 통로를 열어주고 개인의 재미와 열정을 수용하여 이를 승화시켜야 한다. 또한 재미와 열정을 사회적으로 확대, 심화되도록 모색해야 한다. 이것은 의사소통의 중요성을 보여주는 부분이기도 하다. 이른바 IP세대의 재미와 열정이 사회적 현상으로 수용되어 경제의 생산성 향상에 원동력으로 작용해야 한다.

"덩더덩더덩더쿵!"

"얼쑤!"

4. 논술 답안을 논술 선생님의 '!, ?'로 창의적인 첨삭을 받아라!

문제 1

제시문 <가>의 내용으로 <나>를 보완할 내용을 적고, 그 연설의 효용성을 제시하시오.

수식이의 논술답안과 첨삭 1

제시문 <가>는 IP세대의 핵심적인 특징이 '재미와 열정'이라고 제시한다. IP는 독립적 생산자라는 의미다. IP세대는 재미를 느끼면 자신의 분야에 열정을 발휘한다. 1) 이것은 삶의 보람을 느끼는 동력으로 작용할 때가 있다.(?) <나>는 좋은 연설은 간결하고 내용이 감동적이어서 파괴력을 갖는다고 말한다. 그러므로 좋은 연설은 의사소통의 중요한 통로로 청중이 무엇을 요구하는지를 잘 읽어내야 한다. 2) <나>는 좋은 연설은 간결하고 감동적인 것임을 강조하지만 <가>의 관점으로 접근하면 보완할 점이 생긴다. 바로 <가>의 '재미와 열정'이 간결하고 감동적인 연설에 들어갈 때 그 감동의 깊이는 더욱 커진다.(!) 3) 즉, '간결하고 재미와 열정을 보인 연설은 청중들의 감동을 배가 시킨다'로 재정의가 가능하다.(?) '재미'는 오늘날 시대적인 트렌드다. 오늘날 재미는 연설에 필수적인 요소로 자리 잡았다. 세계적인 연설가들의 재미와 열정은 연설을 빛내는 요소로 작용하기 때문이다.

얼쑤! 선생은 수식이의 답안을 살펴봤다. 문장이 때로는 간결하다가도 긴 문장이 등장한다. 이것은 수식이가 문장의 흐름을 통해 리듬을 주려 한 의식적인 노력으로 보았다. 수식이가 고개를 끄덕거려 확인해 주었다. 만약 그렇다면 논술 답안을 작성할 때 수식은 논술 답안 작성에 여러 가지로 자신감이 있다는 얘기다. 특히 논리적 흐름이 자연스럽다.

"1)은 무얼 때문에 (?)표가 붙었지. 그 이유를 문장으로 적어주기 바란다."

"예. 열정이 삶의 보람으로 느끼는 원동력으로 작용하게 되니까 문제가 없어 보입니다. 내용상은 문제가 없고, 표현이 좀…"

"말로 하지 말고 글로 써 봐야지."

"1)의 문장은 '작용할 때가 있다'가 완전한 표현이 아니다. '작용한다'로 표현해야 좋다."

▶1 이것은 삶의 보람을 느끼는 동력으로 작용할 때가 있다.(?)
▶1 이것은 삶의 보람을 느끼는 동력으로 작용한다.(!)

"덩더덩더덩더쿵!"
"얼쑤!"

"얼쑤! 선생은 (!)표를 붙여 주었다. 앞 문장을 보면 단정적인 표현이 중심을 이룬다. 이런 어조는 다음 문장에서도 이어가는 것이 자신감을 표현할 때에 좋다. 알겠지. 아무래도 자신감의 표현은 평가자에게 확신을 주니까 말이야. 이제는 2)번의 문장의 (!)표의 이유를 스스로 분석하여 글로 적어 봐야지."

수식이가 쓴 문장을 보여주었다.

"제시문을 근거로 하여 논제를 충실히 수행하고 있다."

수식이의 이 문장에 얼쑤! 선생은 웃으며 (!)표를 붙여주었다. 여기서 (!)표는 얼쑤! 선생이 (!)표를 한 이유를 수식이가 잘 파악하여 적었다는 것이다.

"3)이 (?)표인 이유는 문장이 길기 때문에 내용이 분명하지 않다."

얼쑤! 선생은 (?)표를 붙였다. 수식이의 이어진 내용이다.

"3)은 문장이 길어서 의미가 어색해지며 주어의 위치가 앞에 와야 한다."

얼쑤! 선생은 (?)표를 붙였다.

"그 문장 뒤의 '재정의가 가능하다'의 표현이 어색하다."

▶ 3 즉, '간결하고 재미와 열정을 보인 연설은 청중들의 감동을 배가시킨다'로 재정의가 가능하다.(?)

▶ 3 간결하고 재미와 열정을 보인 연설은 청중들의 감동을 배가시킨다.(!)

다시 쓴 답안 1

제시문 <가>는 IP세대의 핵심적인 특징이 '재미와 열정'이라고 제시한다. IP는 독립적 생산자라는 의미다. IP세대는 재미를 느끼면 자신의 분야에 열정을 발휘한다. <u>이것은 삶의 보람을 느끼는 동력으로 작용한다.</u> <나>는 좋은 연설은 간결하고 내용이 감동적이어서 파괴력을 갖는다고 말한다. 그러므로 좋은 연설은 의사소통의 중요한 통로로 청중이 무엇을 요구하는지를 잘 읽어내야 한다. <나>는 좋은 연설은 간결하고 감동적인 것임을 강조하지만 <가>의 관점으로 접근하면 보완할 점이 생긴다. 바로 <가>의 '재미와 열정'이 간결하고 감동적인 연설에 들어갈 때 그 감동의 깊이는 더욱 커진다. 간결하고 재미와 열정을 보인 연설은 청중들의 감동을 배가시킨다. '재미'는 오늘날 시대적인 트렌드다. 오늘날 재미는 연설에 필수적인 요소로 자리 잡았다. 세계적인 연설가들의 재미와 열정은 연설을 빛내는 요소로 작용하기 때문이다.

"덩더덩더덩더쿵!"

"얼쑤!"

제시문 <가>에서 재미와 열정이 갖는 문제점을 찾아 구체적으로 밝히고, 그 해결방안을 제시하시오.

수식이의 논술답안과 첨삭 2

<가>는 '재미와 열정'은 IP세대의 핵심적인 특징이다라고 말한다. 자기가 재미있는 일에 열정을 보이면서 지속적으로 삶을 보람을 느낀다면 금상첨화다. 1) <u>그러나 관점을 달리하면 IP세대가 열정을 갖고 매진할 일의 기준이 '재미있느냐 없느냐'는 일시적이고 주관적인 감정이라는 것이다.</u>(!) 2) 즉, 재미와 열정에 대한 객관성을 확보할 수 없다.(?) 그 결과 노동의 신성함이 사라질 것이다. 또한 조기 이직률을 들 수 있다. 3) <u>그것은 사회 구조의 근본 형태를 흔들 수 있는 개인적 혼란을 초래한다.</u>(?)

그 해결방안은 IP세대의 재미와 열정을 사회적, 국가적인 차원으로 끌어 올려야 한다. 개인의 재미와 열정이 개인으로만 끝나서는 안 된다는 것이다. 사회와 국가가 통로를 열어주고 개인의 재미와 열정을 수용하여 이를 승화시켜야 한다. 또한 재미와 열정을 사회적으로 확대, 심화되도록 모색해야 한다. 4) <u>이것은 의사소통의 중요성을 보여주는 부분이기도 하다.</u>(?) 5) <u>이른바 IP세대의 재미와 열정이 사회적 현상으로 수용되어 경제의 생산성 향상에 원동력으로 작용해야 한다.</u>(?)

수식이의 글을 읽어본 얼쑤! 선생은 이번에도 같은 오류를 보인다고 생각했다. 수식의 글은 전체적인 큰 흐름은 좋다. 그동안 수식이가 답안에서 보인 평가다. 그러나 세부적인 언어나 문장의 사용이 다듬어지지 않았다. 운동 경기에서 '세기(細技)'가 부족한 것과 같다. 이른바 수식은 논술에 있어서 미완의 대기(大器)인 셈이다.

"덩더덩더덩더쿵!"
"얼쑤!"

"수식아. 1)의 (!)의 이유를 글로 적어 봐라?"

"1)의 내용이 (!)인 이유는 논제에 대해 충실히 이해한 문장이다. '재미와 열정'을 주관적 감정의 개념으로 처리한 문장은 앞뒤 문장의 연결로 볼 때 설득력을 높이기 때문이다."

"너의 이 문장이 아주 명문장인데, 특히 '재미와 열정'을 주관적인 감정으로 본 것은 탁월한 생각이야. 너에게 (!)표를 다시 찍어 준다."

수식이는 이 재미를 이어가려는 듯 2)의 문장으로 넘어갔다. 2)는 (?)가 붙었는데, 수식이가 그 이유로 제시한 문장이 '2)는 내용상 큰 문제는 없다. 그러나 앞 문장의 관련으로 볼 때 필자의 의지가 들어갔으면 더 좋다'가 쓰여 있었다. 얼쑤! 선생은 수식이의 노트에 적힌 이 내용을 보고, '그렇다면 좋은 표현으로 고치라'고 했다.

▶2 즉, 재미와 열정에 대한 객관성을 확보할 수 없다.(?)
▶2 즉, 재미와 열정에 대한 객관성을 확보할 수 없다는 것이다.(?)
▶2 재미와 열정에 대한 객관성을 확보할 수 없다는 것이다.(?)
▶2 그런 점에서 재미와 열정에 대한 객관성을 확보할 수 없다는 것이다.(?)
▶2 그런 점에서 재미와 열정에 대한 객관성을 확보할 수 없다는 한계를 가진다.(!)

여기에서 보인 다섯 문장에 대한 평가는 '(?),(?),(?),(?),(!)'표이다. 문장의 세기가 다듬어 지지 않다가 마지막에 다듬어진 것이다. 이것이 가능한 시간은 20분이 걸렸다. 그만큼 수식은 고민에 고민을 거듭했다. 답안의 3)문장도 마찬가지다. 올바른 내용이 아니다. 수식은

"덩더덩더덩더쿵!"
"얼쑤!"

▶3 그것은 사회 구조의 근본 형태를 흔들 수 있는 개인적 혼란을 초래한다.(?)
▶3 그것은 사회 구조의 근본 형태를 흔들 수 있는 개인적, 사회적 혼란을 초래한다.(!)

그 이유로 '노동의 신성함이나 조기 이직률은 개인적, 사회적 차원에서 설명이 가능한 일이다'라고 적혀 있었다. 그래서 얼쑤! 선생의 평가도 (!)이다.

"수식아, 너의 답안인 4)이것은 의사소통의 중요성을 보여주는 부분이기도 하다.(?) 5)이른바 IP세대의 재미와 열정이 사회적 현상으로 수용되어 경제의 생산성 향상에 원동력으로 작용해야 한다.(?)의 문장을 보자. 모두 (?)가 찍혔다. 그 이유를 노트에 적어서 보여주기 바란다."

수식의 (?)표에 대한 이유를 적은 문장이다.

"4)의 문장인 '의사소통'은 이 글의 논지와 관련이 없는 것이다. 내가 왜 그런 글을 썼는지 모르겠다. 그런 점에서 4)의 문장은 삭제를 하는 것이 좋다."

"5)는 3)의 내용과 관련지어 볼 때 이유제시가 오는 것이 논리성을 강화시켜준다."

▶5 이른바 IP세대의 재미와 열정이 사회적 현상으로 수용되어 경제의 생산성 향상에 원동력으로 작용해야 한다.(?)

▶5 이른바 IP세대의 재미와 열정이 사회적 현상으로 수용되어 경제의 생산성 향상에 원동력으로 작용하기 때문이다.(!)

"덩더덩더덩더쿵!"
"얼쑤!"

수식이는 얼쑤! 선생의 (?)표의 평가에 대한 이유를 잘 포착한다고 생각했다. 얼쑤! 선생은 질문을 했다.

"수식아. 어떻게 (?), (!)표에 대한 이유를 쉽게 알 수 있지?"

"얼쑤! 선생님의 (?), (!)표를 통해 암시를 받습니다. 그것을 내용과 형식으로 나누어 살펴보죠. 여기서 문장이 길면 내용의 명확성을 의심하고, 어휘의 올바른 쓰임을 생각해봅니다. 만약 문장이 짧으면 큰 내용의 흐름과 맞는 내용인지를 보고요. 주장이 나온 문장 뒤에 밑줄이 쳐져 있으면서 (?)가 붙으면 주장에 대한 올바른 근거인가를 의심하죠. 하하하."

수식의 웃음은 우렁찼다.

다시 쓴 답안 2

<가>는 '재미와 열정'은 IP세대의 핵심적인 특징이다라고 말한다. 자기가 재미있는 일에 열정을 보이면서 지속적으로 삶을 보람을 느낀다면 금상첨화다. 그러나 관점을 달리하면 IP세대가 열정을 갖고 매진할 일의 기준이 '재미있느냐 없느냐'는 일시적이고 주관적인 감정이라는 것이다. 그런 점에서 재미와 열정에 대한 객관성을 확보할 수 없다는 한계를 가진다. 그 결과 노동의 신성함이 사라질 것이다. 또한 조기 이직률을 들 수 있다. 그것은 사회 구조의 근본 형태를 흔들 수 있는 개인적, 사회적 혼란을 초래한다.

그 해결방안은 IP세대의 재미와 열정을 사회적, 국가적인 차원으로 끌어 올려야 한다. 개인의 재미와 열정이 개인으로만 끝나서는 안 된다는 것이다. 사회와 국가가 통로를 열어주고 개인의 재미와 열정을 수용하여 이를 승화시켜야 한다. 또한 재미와 열정을 사회적으로 확대, 심화되도록 모색해야 한다. 이른바 IP세대의 재미와 열정이 사회적 현상으로 수용되어 경제의 생산성 향상에 원동력으로 작용하기 때문이다.

"덩더덩더덩더쿵!"
"얼쑤!"

3단계

얼 쑤 ! 선 생 의   스 스 로 논 술 학 습 법

과정

(1) 분석형 논제(요약, 공통점, 차이점, 핵심어, 공통 주제 등)를 확인하고, 신문에서 제시문을 선택하여 편집하고, 스스로 문제를 만들고 답안을 작성해 보라!

(2) 설명형 논제(과정, 예측, 결과, 영향, 개념, 본질, 관계, 의미 등)를 확인하고, 신문에서 제시문을 선택하여 편집하고, 스스로 문제를 만들고 답안을 작성해 보라!

(3) 비판형 논제(주장, 비판, 반박, 평가, 판단, 근거 등)를 확인하고, 신문에서 제시문을 선택하여 편집하고, 스스로 문제를 만들고 답안을 작성해 보라!

(4) 문제 해결형 논제(문제점, 해결방안 등)를 확인하고, 신문에서 제시문을 선택하여 편집하고, 스스로 문제를 만들고 답안을 작성해 보라!

(5) 논술 답안을 논술 선생님의 ' !, ? ' 로 창의적인 첨삭을 받아라!

대입 논술의 전과정을 '대화체'를 통해 '신문'을 통하여 쉽고 재미있게 제시합니다. 이제는 논술을 즐기며 놀이로 하시기 바랍니다. '나도 제시문을 선택하고 논제를 만들고 논술답안을 작성할 수 있는 능력'은 학생들을 논술 고수로, 선생님들을 논술의 전문가로 만들 것입니다.

이젠 1단계 · 2단계 · 3단계의 '스스로논술학습법'의 논술을 즐기시기 바랍니다. 학생들과 선생님들이 스스로 선택한 '신문 기사'와 칼럼을 선택하여 '논술 문제'를 만들고 '논술 답안'을 작성하다보면 논술을 즐기는 자신을 발견할 수 있습니다.

...11강

1. 분석형 논제(요약, 공통점, 차이점, 핵심어, 공통 주제 등)를 확인하고, 신문에서 제시문을 선택하여 편집하고, 스스로 문제를 만들고 답안을 작성해 보라!

"우나야. 이제 대망의 '스스로논술학습법'의 3단계다. 3단계는 직접 신문의 기사나 칼럼을 선택하여 대입논술 출제 유형대로 만들어 보는 것이다. 물론 논술 답안도 작성해야겠지. 지금까지 잘 따라왔다."

우나는 슬픈 듯 목소리가 낮아졌다.

"여름이 지나가고 가을이 오니까 시험의 계절이 온 것 같아요. 매미 소리도 사라지고 남은 것은 공허함뿐이예요."

"그 공허감을 논술 공부로 채워야지."

얼쑤! 선생은 신문을 쳐들었다. 우나는 노트를 꺼내면서 볼펜을 잡았다. 얼쑤! 선생은 말을 이었다.

"대입에서 분석형 논제는 '요약, 공통점, 차이점, 공통주제 등'을 물어보지. 이것은 논술의 기본이 된다. 논술 제시문을 통해 일종의 독해 능력을 평가하자는 것이다. 분석적 사고와 관련된다. 제시문의 내용의 이해 능력을 큰 덩어리의 복잡한 전체 내용을 부분적으로 나누어서 이해하면 된다."

"덩더덩더덩더쿵!"
"얼쑤!"

"알겠습니다."
우나의 목소리가 순순하다.
"각 대학마다 약간의 차이는 있다. 그러나 논술 시험은 논리적, 비판적, 창의적 사고력의 고도의 지적 과정을 측정하려는 목적을 지니지. 그 기본 단계가 분석형 논제지. 비판적 창의적 사고의 측정은 교과의 통합을 통해 소통 가능한 가치 있는 지식을 중시한다. 따라서 개념이나 원리를 구체적인 현실에 적용하는 능력을 평가하려고 한다."
얼쑤! 선생은 또 침을 튀기려 했다. 열변을 토하면 침이 같이 튀었다.
우나도 맞장구를 쳤다.
"바로 그것이 통합교과형 논술의 특징이죠."
얼쑤! 선생이 길게 설명했다.
"요즘의 대학의 논술 출제 경향은 고전의 제시문이 줄었다는 것이다. 반면에 교과서와 문학 작품 등 다양한 제시문이 출제된다는 점이다. 여기서 주목할 점은 인문계나 자연계의 논술의 출제 경향은 교과서에 기반을 두고 있다는 거야. 따라서 각 교과서의 중요 개념을 타 교과의 연계 속에서 밝힐 수 있는 능력도 필요하지. 또한 그것을 시사적인 이슈와 관련지어 서술할 수도 있어야 해. 자연계의 경우는 과학이나 수학 과목의 개념을 일상의 삶 속에 적용하여 그 가치를 서술하는 능력도 요구한다."

"덩더덩더덩더쿵!"
"얼쑤!"

"그렇군요."
"여기서 가장 중요한 것이 있지. 인문계나 자연계의 논술에서 대학의 기출문제를 반드시 풀어보라는 것이야. 너도 서울의 상위권 대학을 지망하니 그 대학들의 기출문제는 분석을 했어야지. 대학에서 발표하는 논술 모의고사 문제도 마찬가지야."
"알겠습니다."
우나는 짧게 말했다. 얼쑤! 선생은 답안을 쓴 것을 반드시 첨삭을 받아야 한다고 말했다. 또한 첨삭 후에 다시 써 보는 인내력도 필요하다고 강조했다.
"오늘 신문이다. 분석형 논제를 위한 두 개의 제시문을 선택하기 바란다."
시간은 30여분이 주어졌다. 눈에 불을 켜고 3단계의 첫출발을 의미 있게 하려는 의지가 보였다. 논술에 대한 열정이었다.

제시문 ● ● ●
<가> "중국과 러시아가 북한의 나진항 개발을 두고 경쟁이 치열하다."[30]
<나> "미국의 대학들이 대학 이미지를 위하여 '녹색 평가'로 경쟁하고 있다."[31]

"덩더덩더덩더쿵!"
"얼쑤!"

---

30) 中-러 "北개방 이후를 노려라" …두만강변이 뜨겁다. 동아일보(2008.07.28)
31) 美대학들 '녹색 경쟁' 동아일보(2008.07.28)

우나가 신문에서 선택한 제시문이다. 이것을 바탕으로 분석형 논제를 만들기로 했다. 우나가 가벼운 요약의 문제를 만들었다. 만든 문제를 노트에 적도록 했다.

문제

'제시문 <가>와 <나>의 공통적인 핵심어를 찾아 밝히고, 그것에 대한 견해를 제시하시오'를 만들어 봤습니다.

"응, 요약의 전형적인 문제다. <가>와 <나>의 공통되는 것을 뽑으면 된다."
"제시문 <가>와 <나>의 일치하는 항을 생각하여 그것을 중심으로 공통점을 잡아내야 한다는 말이죠. 그렇죠."
얼쑤! 선생은 말했다.
"그것이 공통 핵심어가 된다. 그렇다면 무엇이 될까?"
우나는 분명하게 대답을 했다.
"<가>와 <나>의 공통 핵심어는 '경쟁'입니다."

"덩더덩더덩더쿵!"
"얼쑤!"

"그렇다면 '경쟁'에 대한 너의 견해를 어떻지?"
"경쟁은 본질은 같은데 현상이 다르군요. <가>는 북한의 나진항을 두고 중국과 러시아가 경쟁하고, <나>는 대학들의 이미지를 위하여 녹색 평가로 미국 대학들이 경쟁하고 있으니까요."
"좋다. 그런데 제시문의 내용을 그대로 말했기에 창의성 측면에서는 점수가 없지. 말을 하더라도 '경쟁'이라는 핵심어에 대한 생각을 너의 입장에서 말해주는 것이 좋다."

우나는 깊이 생각했다. 말을 이었다.

"'경쟁'은요. 현대 사회가 발전하는 원동력입니다. 서로가 경쟁자를 이기려고 새로운 것을 연구하고 개발하니까요. 그것이 문명의 이기로 다가오죠."

"너는 추상적으로 말을 한다는 것이 문제다. 구체적인 논거가 따라줘야지. 사례를 들어 말해 볼까?"

"휴대폰을 사례로 들겠습니다. 새로운 기능이 장착된 제품이 출시가 되면 어느 새 다른 기능을 장착한 타사 제품의 휴대폰이 출시되고요. 휴대폰 시장의 지배를 위해서는 새로운 기술을 개발할 수밖에 없죠."

"좋아."

얼쑤! 선생은 일단 칭찬을 했다. 말을 이었다.

"덩더덩더덩더쿵!"

"얼쑤!"

"우나야. '경쟁'을 기본적으로 생각해 보자. 경쟁은 협동과 대응되는 말이다. 인류가 나타난 때부터 경쟁은 오늘날까지 모든 동식물에 적용되어 왔다. 그 경쟁의 결과로 어떤 동물은 지구상에서 사라지기도, 번성하기도 했다. 또한 인류 문화는 경쟁의 결과로도 볼 수 있지. 경쟁에서 이긴 자들이 그 문화를 흡수하여 자신의 것으로 만드니까 말이야. 헤겔의 역사철학인 변증법도 그 자체는 경쟁이다. 헤겔은 인류 역사 발전의 원동력으로 서로 경쟁을 통한 '정반합'의 결과로 해석한 것이지."

우나는 노트를 펼쳤다. 얼쑤! 선생은 말을 이었다.

"인간의 전쟁은 경쟁의 극단적인 모습이지. 서로 상대편이 원시시대에는 돌을 던졌겠지. 돌을 맞다보니 더 강력한 무기를 생각하게 되었다. 그래서 날카로운 돌을 던지게 된다. 날카로운 돌을 맞다보니 청동기 무기를 개발하고, 활을 개발하고, 총을 개발하고... 오늘날 인류는 핵무기를 개발하게 되었다. 인류의 역사와 함께 한 전쟁이라는 경쟁의 결과지."

얼쑤! 선생은 말을 계속했다.

"경쟁은 적자생존의, 약육강식의 원리의 핵심을 이루지. 경쟁의 반대는 '협동'이라고 그랬지. 그렇다면 협동은 인간에 이익을 주지 않는다는 말인가? 그렇지 않다."

우나가 말을 받았다.

"경쟁과 협동이 상호보완적으로 작용할 때가 더 높은 수준의 문화발전의 원동력이 된다는 것이군요."

"덩더덩더덩더쿵!"
"얼쑤!"

얼쑤! 선생은 강하게 말했다.

"우나야. 경쟁은 그야말로 능력의 싸움이다. 그렇다면 사회의 기득권을 가진 자가 유리하다. 그 결과는 비인간적이지. 그러나 협동만을 강조하면 사회가 느슨해져 생명력이 없어진다. 열심히 노력하여 능력을 얻은 사람이 억울할 것 아니야. 사회적 가치를 보상받을 수 없으니까 말이야. 이것도 안 되지."

"그래서 경쟁과 협동이 나온 것이군요."

"아주 기본적인 이야기지."

"자, 지금부터 중요한 이야기야. 경쟁이 나타난 근본은 인간의 욕망은 무한한데 이를 충족시킬 재화는 유한하기 때문이다. 그 경쟁의 극단의 폐해를 방지하기 어느 사회든 경쟁의 윤리와 도덕을 갖추게 된다."

우나가 대답했다.

"역설적으로 경쟁은 인간 사회에서 필요악이 되는군요."

"그렇지. 우리는 경쟁과 협동의 개념으로 다양한 사회적 현상을 설명할 수 있어야 한다. 더 나아가 국제 관계도 경쟁과 협력으로 설명이 가능해야 한다.

국가 간의 경쟁은 갈등을 낳는다. 그것의 극단은 전쟁이다. 자국의 이익을 위하여 국가 간의 조약이나 협약의 틀을 깨기 때문이다. 국가간의 협약이 많은 이유는 전쟁을 방지하기 위해서다.”

얼쑤! 선생은 말을 이었다.

“덩더덩더덩더쿵!”
“얼쑤!”

“오늘날 우리 사회는 경쟁을 강조한다. 그것이 국가 경쟁력으로 작용한다고 말한다. 정부가 외치는 사회의 모든 분야의 ‘개혁’, ‘민영화’라는 말 속에는 ‘경쟁의 논리’가 들어있다. 그러나 냉정하게 생각해 보자. 좀 전에 네가 경쟁을 무엇이라고 표현했지?”

얼쑤! 선생은 우나를 바라보았다.

“필요악이라고 했습니다.”

“그렇지. 우스운 이야기지만, 경쟁이 ‘필요악’에서 ‘필요’로 규정 될 수 없을까? 만약 내가 이것을 완벽하게 이론으로 정립할 수 있다면 대단한 학자가 되는데 말이야. 하하하. 그런데 우리나라의 경우 먼저 협동을 이루어 놓은 후에 경쟁을 강조하면 어떨까. 상식적인 내용이지만 국민들을 출발선부터 비슷하게 해놓고 경쟁을 시키자는 말이지. 국민들을 모두 평등하게 하리란 힘들겠지만 경제를 성장 쪽에 두지 말고 분배 쪽에 둔다면 그 차이는 좁혀질 것이다.”

우나는 노트에 적었다. 얼쑤! 선생은 말을 이었다.

“바로 올림픽 경기가 그렇잖아. 그래서 올림픽을 ‘지구촌의 협력과 경쟁의 장’이란 말도 쓰지. 그런데 우리 사회는 어떻지?”

우나는 술술 말했다.

“빈부의 차가 심합니다. 그것의 원인이 불합리한 경쟁에 있는 것이죠.”

“좋아. 기득권이 바로 그 사람의 능력으로 작용한다는 것이 문제야. 역설적으로 불로소득으로 획득한 기득권일 때 그 횡포는 더 심하지. 그러나 여기서 조심할 것은 정당하게 획득한 기득권일 때는 옹호를 해줘야 한다는 것이지. 비판받아야 할 재벌이 있고 옹호할 재벌이 존재하는 이유다. 결론적으로 사회가 다양화가 될수록 그에 합당한 경쟁의 윤리가 필요하다. 경쟁에 윤리가 없다면 이른바 '투쟁이나 갈등'과 차이가 없을 것이다."

얼쑤! 선생의 말이 갓길로 새려고 했다. 우나에게 답안을 작성해보라고 했다. 분량은 자유다.

"덩더덩더덩더쿵!"
"얼쑤!"

첨삭● ● ●

논술 답안을 논술 선생님의 '!, ?'로 창의적인 첨삭을 받아라!

문제

제시문 (가)와 (나)의 공통적인 핵심어를 찾아 밝히고, 그것에 대한 견해를 제시하시오.

우나의 논술답안과 첨삭

1) <가>와 <나>의 공통 핵심어는 '경쟁'이다. <가>는 중국과 러시아가 북한의 나진항 개발을 두고 경쟁을 하고, <나>는 미국의 대학들이 대학 이미지를 위하여 '녹색 평가'로 경쟁하고 있기 때문이다.(!) 이 경쟁은 모두 자신의 이익을 위해 행해지는 수단으로 국가 간이나 단체 간 모두 포함된다. 오늘날 경쟁은 불합리한 면이 많다. 2) 경쟁의 윤리가 실종되고 기득권을 바탕으로 자행되고 있기 때문이다. 이런 경쟁이라면 상대방을 쓰러뜨리는 투쟁과 다름이 없을 것이다.(!) 3) 제시문의 <가>보다는 <나>의 경우가 경쟁의 윤리가 있어 보인다. '녹색 혁명'이란 공통항을 가지고 행해지는 협력을 통한 경쟁이기 때문이다.(?) 경쟁에는 윤리와 도덕이 필요하다. 최소한의 규칙으로 경쟁의 울타리를 치고 협력 속에서 경쟁을 추구해야 한다. 우리들이 반성해야 할 부분이다.

"우나야. 이번 답안도 칭찬해주고 싶다. 물론 완벽한 답안은 기대하기 힘들다. 고등학교 수준의 지적 배경에서 논제에 얼마나 충실했느냐가 중요하다. 물론 3)의 경우는 우나의 논술에 대한 의욕이 앞서다 보니 그렇게 썼을 것이다. 좀 있다가 말하겠지만 아쉬운 점이다."

우나는 듣고만 있다.

"덩더덩더덩더쿵!"
"얼쑤!"

"1)의 문장에 (!)표를 한 이유를 노트에 적어봐라? 너는 논술 답안 문단의 첫 줄은 잘 쓰는 편이다. 평가자의 관심을 유발시키는 문장을 잘 쓴다는 것이 아니다. 논제가 요구하는 것을 분명하게 잘 쓴다는 것이다. 이것만도 대단한 것이다."

우나는 '얼쑤! 선생님이 다 말을 해줬네요' 하면서 노트에 적었다. 얼쑤! 선생은 웃었다.

"1)의 문장의 평가가 (!)인 것은 논제가 요구하는 것을 충실하게 잘 적었기 때문이다. 1)의 문장이 두 개를 이루는데 첫 문자와 둘째 문장의 관계는 논리성을 보인다. 첫 문장이 결과이고 둘째 문장이 이유 제시다."

얼쑤! 선생이 읽어보고 (!)표를 찍었다. '(!)표'의 이유를 잘 적었다는 의미에서 '(!)표'를 또 찍어준 것이다. 이것이 (!), (?)표를 이용한 얼쑤! 선생님의 첨삭 지도 방법이다. 얼쑤! 선생은 우나에게 3)의 문장 끝에 붙은 (?)표 이유를 노트에 문장으로 적으라고 했다. 우나는 곰곰이 생각에 잠겼다.

"논의의 핵심과 관련이 없는 내용이다. 즉 핵심에서 벗어난 내용이기에 적절치 못한 내용이다. 제시문의 내용은 '경쟁'이라는 것으로 <가>, <나>의 제시문을 포괄한다. 그러나 논술 답안의 3)의 문장은 <가>, <나>의 '경쟁'의 정도를 내용을 비교하고 있다. 논제로 볼 때는 <가>와 <나>의 공통되는 핵심어로 '경쟁'을 의미하고 있기 때문에 '비교'는 관계없는 내용이다."

얼쑤! 선생은 우나의 '완벽한 이유 설명이다'라고 하면서 (!)표를 붙여 주었다. 그러면서 그 3)의 문장을 고치라고 했다.

- ▶3 제시문의 <가>보다는 <나>의 경우가 경쟁의 윤리가 있어 보인다. '녹색 혁명'이란 공통항을 가지고 행해지는 협력을 통한 경쟁이기 때문이다.(?)
- ▶3 경쟁이 투쟁과 다른 이유는 경쟁에는 공정한 룰이 있기 때문이다. 그 경쟁의 룰은 모두 지켜야 한다는 협력의 의미와 경쟁의 윤리를 담고 있다.(!)

다시 쓴 답안

  <가>와 <나>의 공통 핵심어는 '경쟁'이다. <가>는 중국과 러시아가 북한의 나진항 개발을 두고 경쟁을 하고, <나>는 미국의 대학들이 대학 이미지를 위하여 '녹색 평가'로 경쟁하고 있기 때문이다. 이 경쟁은 모두 자신의 이익을 위해 행해지는 수단으로 국가 간이나 단체 간 모두 포함된다. 오늘날 경쟁은 불합리한 면이 많다. 경쟁의 윤리가 실종되고 기득권을 바탕으로 자행되고 있기 때문이다. 이런 경쟁이라면 상대방을 쓰러뜨리는 투쟁과 다름이 없을 것이다. <u>경쟁이 투쟁과 다른 이유는 경쟁에는 공정한 룰이 있기 때문이다. 그 경쟁의 룰은 모두 지켜야 한다는 협력의 의미와 경쟁의 윤리를 담고 있다.</u> 그런 점에서 경쟁에는 윤리와 도덕이 반드시 필요하다. 최소한의 규칙으로 경쟁의 울타리를 치고 협력 속에서 경쟁을 추구해야 한다. 우리들이 반성해야 할 부분이다.

"덩더덩더덩더쿵!"
"얼쑤!"

2. 설명형 논제(과정, 예측, 결과, 영향, 개념, 본질, 관계, 의미 등)를 확인하고, 신문에서 제시문을 선택하여 편집하고, 스스로 문제를 만들고 답안을 작성해 보라!

  대입논술의 두 번째 유형은 설명형 논제다. 얼쑤! 선생이 다시 말하지만 논제 유형은 강의 상 편의에 따라 나눈 것이다. 이 설명형은 대상이나 상황의 '과

정, 예측, 의미’ 등을 설명을 요구하는 유형이다. 따라서 수험생들은 특정 제시
문과 관련지어 도표나 통계를 설명하는 데 능숙해야 한다. 얼쑤! 선생은 우나에
게 신문을 주었다. 기사나 자료를 찾아 제시문으로 선택하라는 것이다. 우나는
뜸을 들였다.

“우나야. 이제는 설명형 논제다. 이 유형을 만들어봐야 한다. 선택한 신문의
제시문을 보여 주기 바란다.”

“덩더덩더덩더쿵!”
“얼쑤!”

우나는 10여분을 더 달라고 했다. 꼼꼼한 성격이 드러나는 부분이다. 우나는
<나>의 경우는 주제문장을 제시했다.

제시문 ● ● ●

<가> **국민이 기업에 주문하는 과제**

<나> “각계의 기업에서 실시하는 신규, 경력 인력 채용의 글이다. 채용 방법은 ‘공채, 경력직
원 채용, 상시 채용’ 등 다양하다.”32)

우나는 <가>의 ‘통계’와 <나>의 ‘경력자 채용’에 대한 글을 선택했다. 물론 쉬
운 내용이다. 신문을 통한 논술은 쉽게, 재미있게 접근할 수 있다는 장점을 지

---

32) ‘기업 3~5년차 이상 경력채용 문 활짝’ 동아일보(2008.07.28)

닌다. 또한 스스로 즐기면서 할 수 있다는 자신감을 갖는다. 만약 처음부터 논술 문제집 등을 가지고 논술 공부를 했다면 많은 인내가 필요했을 것이다.

"우나야. <가>는 국민이 기업에 주문하는 과제를 통계로 제시했지. 가장 큰 숫자는 어디에 있지. 그렇지. 기업 최우선 과제는 답변자 중 57.1%가 '고용 창출 확대'가 필요하다고 말한 부분이야. 그 뒤를 '경영 투명성 제고', '정경 유착 단절', '사회 공헌 활동' 순으로 이어지고 있지. 결국 이 통계는 무엇을 말하고 있지?"

우나가 웃으며 말했다.

"기업에 바라는 국민적 기대입니다. 어려운 경제 여건 속에서 고용을 늘려주기를 바라는 것이죠. 국민들의 기대는 취업을 통한 삶의 안정이죠. 그런데 오늘날 경제가 너무 어려운 데 기업이 계속 신입 사원을 뽑을 수가 있을까요?"

"그렇다. 아주 중요한 질문을 했다. 세계적인 경영 컨설턴트인 게리 해멀은 이에 대하여 충고를 한다. '경제가 나쁠수록 새로운 인력을 계속 고용하라고 말한다. 그는 만약 상황이 어렵다고 새로운 직원을 뽑는 일을 멈춘다면, 그 기업은 그 날로부터 도태될 것이다. 조직의 평균 나이가 많아질수록 변화하기가 힘들어진다'[33]고 말한다."

"덩더덩더덩더쿵!"
"얼쑤!"

우나는 고개를 끄덕였다. 우나가 관심을 보였다.

"일종의 역발상이군요. 이런 어려운 상황이라면 기업은 인건비를 줄이기 위해 구조 조정 등을 하여 감원을 하는 것이 일반적인 상식인 데요? 어떤 기업은 신입 사원을 모집해 놓고 첫 출근을 하기 전에 취소 통보를 했다고 하잖아요."

역발상은 누구에게나 호기심을 준다.

---

33) [Weekly BIZ] '혁신 DNA'를 심어라 환부는 깊게 도려내라. 조선일보(2008.11.22)

얼쑤! 선생은 말했다.

"경제 상황이 어려울 때 기업이 과감하게 신입 사원을 모집하는 것은 젊은 피수혈에 해당한다. 이것은 기업의 자체에 위기를 극복하고자 하는 의식이 싹 틀 수 있다. 변화의 소용돌이 속에서 헤어날 아이디어와 패기를 신입 사원으로부터 얻을 수 있기 때문이지. 기업의 어느 부서나 신입 사원이 들어오면 일정 기간은 새로운 분위기에서 역동적인 현장감이 살아나지. 또한 경력 사원의 모집은 다른 측면에서 효용성이 있어. 변화의 시대는 조화를 바탕에 깔고 창의성을 추구해야 한다. 또한 신입 사원의 무모한 열정을 잡아줄 경력 사원도 필요하지."

"덩더덩더덩더쿵!"
"얼쑤!"

"그런 점에서 제시문 <나>의 '각계의 기업에서 실시하는 신규, 경력 인력 채용'은 그러한 변화를 잘 읽은 데서 오는 적극적인 대응이군요."

얼쑤! 선생은 말을 계속했다. 우나는 노트에 중요한 내용을 요약하여 적었다.

"그렇지. 일종의 창조적 대응과 같지. 20세기의 산업 경제는 '부지런함'과 '복종'이 미덕이었다. 자신의 분야의 전문성을 바탕으로 열심히 일하면 됐었다. 산업 경제 때는 사회적 변화가 느려서 맡은 바 일만 열심히 하면 그런 대로 견딜 수 있었다. 그러나 오늘날은 '창조 경제'의 시대다. 변화를 이끌어 갈 새로운 아이디어가 필요한 시대다. 이러한 시대에 게리 해멀 교수는 창의성을 '완전히 다른 업계, 다른 소재에서 아이디어를 얻는 능력'으로 본다. 또한 그는 창의적인 사람을 세상에서 가능한 것, 불가능한 것을 나누지 않고 감정에 치우쳐 약간 미친 듯이 도전하는 사람들로 본다. 그런 사람들이 대부분 신입 사원들이지."

우나가 말했다.

"기업들은 이러한 신입 사원을 놓쳐서는 안 되는군요. 그런 점에서 경제가 어려울수록 기업에서는 역발상의 생존 전략도 필요하다는 말씀이죠."

“덩더덩더덩더쿵!”
“얼쑤!”

우나에게 문제를 만들어 보라고 했다. 우나는 쉬운 제시문이라고 좋아했다. 그러나 얼쑤! 선생은 제시문의 쉬운 내용에 얽매이지 말라고 했다. 또한 제시문의 관련성을 다른 대상이나 상황에 적용하여 심층, 확대하는 사고가 논술에 필요함을 알려주었다. 우나가 만든 논제는 이렇다.

문제

‘제시문 <가>와 <나>를 설명하고, 어려운 경제 현실에서 기업의 신입 사원 모집의 의미에 대한 견해를 제시하시오’를 만들어 봤어요.

우나가 만든 문제를 보니 신입 사원의 창의성을 염두에 두었음을 알 수 있었다. 오늘날 변화의 시대, 어려운 경제 상황에서 기업이 나갈 방향은 무엇인가? 창의성으로 무장하는 것이다. 역발상을 창의성의 근본으로 본다. 그렇다면 기업의 해결책은 어려운 경제 상황을 ‘위기’로 보지 않고 ‘기회’로 보는 것이다. 역발상의 관점으로 본 기업의 인식이다. 사례를 들면, ‘직원들의 실패 사례에 포상금 주는 제도다.’, ‘속옷도 경우에 따라서는 겉옷이다.’, ‘추운 나라 러시아에서 에어컨을 팔다’ 등이다. 한결같이 창의성이 번득인다.

“덩더덩더덩더쿵!”
“얼쑤!”

첨삭●●●

논술 답안을 논술 선생님의 ‘!, ?’로 창의적인 첨삭을 받아라!

　제시문 <가>는 국민이 기업에 주문하는 과제는 '고용 창출 확대'로 국민의 바람을 제시했다. <나>는 어려운 경제 상황에서의 기업들의 신규, 경력 인원의 채용을 다뤘다. 즉, '기업의 고용에 대한 국민의 기대와 기업의 다양한 신입, 경력 채용'으로 제시문을 정리할 수 있다. 1) <u>어려운 경제 현실에서 기업의 다양한 사원 모집의 의미는 특별하다. 신입사원은 기업에 역동성을 부여하고 새로운 관점으로 기업의 위기를 해결할 잠재적 능력을 지녔다. 또한 경력 사원은 불안정을 막고 중심을 잡을 인재로 기업에서 선호한다.</u>(?) 기업의 신입사원의 채용은 어려운 위기 상황에서 궁극적으로 긍정적으로 작용할 것이다. 이제는 기업들이 경제가 어려울 때 감원한다는 고정적인 관점을 버려야 한다. 어려운 경제는 기업들에게 오히려 기회가 된다. 역발상으로 무장할 때 위기는 기회가 된다. 2) <u>계속되는 신입 사원의 모집은 기업이 급격한 변화에 창의력으로 승부하는 것이 된다. '경제가 나쁠수록 새로운 인력을 계속 고용하라'고 말하는 게 리 해멀 교수의 충고가 이를 뒷받침한다.</u>(!)

　이번의 문제는 기업의 어려운 경제 상황에서 신입 사원 모집의 의미를 다뤘다. 상식적이라면 '경제가 어려우면 기업은 감원을 해야 한다'이다. 일종의 구조 조정을 말하는 것이다. 그러나 관점을 바꾸어 어려운 경제 상황에 신입 사원의 계속 모집의 의미를 물었다. 창의적인 문제에 속한다. 그 전에 고려대가 '합리성을 비판하시오'와 같은 맥락이다. 역발상을 바탕으로 창의적인 답안을 요구하기 때문이다.

　"우나야. 답안을 작성하느라고 수고했다. 1)의 경우는 어떻게 해서 (?)를 받았는지 생각해보고 그 이유를 문장으로 써 보자."

　"덩더덩더덩더쿵!"
　"얼쑤!"

　우나는 신중하게 생각했다. 자신이 작성했던 답안에 대해 스스로 문제점을 찾는다는 것은 쉬운 일이 아니다. 그러나 그러한 과정이 논술의 전문성을 줄 것이다. 얼쑤! 선생은 다른 수험생은 못해보는 것을 우나는 해보는 것에 대한 대가라고 말했다. 우나는 웃었다. 노트에 쓴 글을 보여주었다. 그러나 처음 몇 자만 적고 더 이상 적지를 못했다.

"1)의 (?)표는"

"좀 어려울 수가 있지. 자, 힌트는 한 번이다. 네가 낸 문제하고 1)의 문장과의 내용을 살펴보기 바란다."

우나는 뭔가 암시를 받은 듯 눈을 들어 문제와 답안을 번갈아 봤다. '바로 그거다!' 얼쑤! 선생은 생각했다. 논술을 공부할 때 암시만 주고 결론은 학생이 스스로 접근하도록 하자고 결심했다. 그러나 이것이 성격이 급한 얼쑤! 선생에게 먹혀들지 의문이다. 우나의 답안이 나올 때가지 인내력으로 기다려야 한다. 그게 잘 안 된다. 이번엔 인내력으로 기다리자고 다짐했다. 10여분이 흘렀다.

드디어 우나는 문장을 작성했다.

"1)의 (?)표는 논제와 1)의 문장이 잘 맞지 않는다. 문제는 '어려운 경제 현실에서 기업의 신입 사원 모집의 의미'를 요구했는데 답안에서는 신입 사원에 '경력 사원'까지 포함하여 논의를 했기 때문이다."

"덩더덩더덩더쿵!"

"얼쑤!"

얼쑤! 선생은 웃었다. 만족감의 표현이다. 기다리면 된다.

"바로 그것이다. 기다린 보람이 있다!"

얼쑤! 선생이 속으로 외친 말이다. 선생은 수업에서 최대한 말을 아껴야 한다고 생각했다. 교사가 도우미의 역할에 머물 때는 학생들의 생각의 공간이 넓어진다. 자꾸만 질문을 하는 것도 좋은 논술 교수법이다. 이 과정에서 얼쑤! 선생이 깨달은 바가 있다. 학생이 했던 말을 꼭 글로 적게 하는 것이다. 이런 관점에서 우나에게도 (!), (?)표의 이유를 반드시 노트에 글로 적게 했다. 말로 하는 표현과 문장의 글쓰기는 엄연히 다르다. 그래서 구술과 논술이 존재하지 않는가.

"자. 그러면 1)의 문장을 수정하여 적어라?"

"덩더덩더덩더쿵!"
"얼쑤!"

▶1 어려운 경제 현실에서 기업의 다양한 사원 모집의 의미는 특별하다. 신입사원은 기업에 역동성을 부여하고 새로운 관점으로 기업의 위기를 해결할 잠재적 능력을 지녔다. 또한 경력 사원은 불안정을 막고 중심을 잡을 인재로 기업에서 선호한다.(?)

▶1 어려운 경제 현실에서 기업의 신입 사원 모집의 의미는 특별하다. 신입사원은 기업에 역동성을 부여하고 새로운 관점으로 기업의 위기를 해결할 잠재적인 능력을 지닌다. 또한 기업의 어려움을 새로운 관점으로 파악하여 다양한 해결책을 제시할 수도 있다.(!)

얼쑤! 선생은 기쁘게 말했다.

"우나는 이제 문장의 실력이 많이 늘었다. 좀 긴 문장인데도 자연스럽게 읽히기 때문이다. 특히 '잠재적 능력'은 쉬운 말이지만 막상 쓰려고 하년 어려운 말이다. 그런데 자연스럽게 쓰고 있으니 말이다."

"감사합니다."

우나는 칭찬을 들으면서 노트를 봤다. 우나의 2)의 문장은 얼쑤! 선생의 (!)표가 찍혀 있는데, 그 이유가 옆에 적혀 있었다.

"2)의 문장의 (!)표의 이유는, 문장의 연결이 논리적이기 때문이다. 앞의 문장은 '신입사원의 창의성'을 말했고, 그 근거로 '게리 해멀 교수의 말을 인용'했기 때문이다."

얼쑤! 선생은 짧게 칭찬했다.

"아주 적절한 이유다. 시간이 좀 걸렸지만 분석의 눈이 예리하다."

"덩더덩더덩더쿵!"
"얼쑤!"

　　제시문 <가>는 국민이 기업에 주문하는 과제는 '고용 창출 확대'로 국민의 바람을 제시했다. <나>는 어려운 경제 상황에서의 기업들의 신규, 경력 인원의 채용을 다뤘다. 즉, '기업의 고용에 대한 국민의 기대와 기업의 다양한 신입, 경력 채용'으로 제시문을 정리할 수 있다. <u>어려운 경제 현실에서 기업의 신입 사원 모집의 의미는 특별하다. 신입사원은 기업에 역동성을 부여하고 새로운 관점으로 기업의 위기를 해결할 잠재적인 능력을 지닌다. 또한 기업의 어려움을 새로운 관점으로 파악하여 다양한 해결책을 제시할 수도 있다.</u> 기업의 신입사원의 채용은 어려운 위기 상황에서 궁극적으로 긍정적으로 작용할 것이다. 이제는 기업들이 경제가 어려울 때 감원한다는 고정적인 관점을 버려야 한다. 어려운 경제는 기업들에게 오히려 기회가 된다. 역발상으로 무장할 때 위기는 기회가 된다. 계속되는 신입 사원의 모집은 기업이 급격한 변화에 창의력으로 승부하는 것이 된다. '경제가 나쁠수록 새로운 인력을 계속 고용하라'고 말하는 게리 해멀 교수의 충고가 이를 뒷받침한다.

"덩더덩더덩더쿵!"

"얼쑤!"

3. 비판형 논제(주장, 비판, 반박, 평가, 판단, 근거 등)를 확인하고, 신문에서 제시문을 선택하여 편집하고, 스스로 문제를 만들고 답안을 작성해 보라!

　　비판형 논제는 창의적 사고와 함께 고차원의 사고에 속한다. 지성인이면 갖추어야 할 고급의 사고력이다. 학문의 발전은 건전한 비판에서 나왔다. 주장에 대한 논거 등의 관계를 잘 파악하여 비판을 하면 된다.

　　"우나야. 비판적 사고란 무엇일까?"

　　"어떤 대상에 대해 옳고 그름을 평가하는 것이 아닐까요?"

　　"맞는 말이다. 여기서 중요한 점은 결과물만을 비판해보는 것이 아니라 그 과정에까지 범위를 넓혀 비판하는 것도 포함한다. 논술에서는 비판적 사고 능력을 평가하려는 의도가 많다. 그래서 비판적 사고를 키우려면 일상생활의 모든 대상이나 상황의 결과에 '왜(why)'를 생각해보는 태도가 필요하다."

우나는 동조했다.

"그렇군요. 항상 '왜(why)' 그럴까? 이런 식의 출발이지요."

얼쑤! 선생은 정리했다.

"결국 비판적 사고는 남의 사고와 자신의 반성적 사고에 속하지. 여기서 새로운 지적 관심을 낳게 되고 그것에 대한 논리적 체계를 세우게 된다."

"덩더덩더덩더쿵!"

"얼쑤!"

우나는 비판적 사고의 중요성에 고개를 끄덕였다. 얼쑤! 선생은 오늘 신문을 펼쳤다. 비판형 논제의 제시문을 찾으라는 의미다. 20여분이 흘렀다. 우나는 가위로 신문의 칼럼과 기사를 오려서 붙이고 그 관련성을 생각했다. 이제 우나도 그 문제를 만들기 위한 과정에 속도가 붙었다. 논술을 즐기다 보면 자연스레 붙는 속도다. 이제는 논술의 속도를 즐겨야 한다. 그것이 논술의 고수다. 우나의 제시문의 선택의 과정을 유심히 봤다. 신문을 죽 넘기면서 큰 타이틀을 보고 밑줄을 쳤다. 그런 과정으로 몇 개를 읽은 다음 2, 3개로 압축했다. 특히 주제 문장을 찾을 때는 신문의 기사의 첫 부분과 마지막 부분을 주의 깊게 읽는 모습이 보였다. 그리고는 신문 기사의 타이틀과 맞춰 보았다. 이것은 문제를 염두에 둔 제시문의 선택의 과정이다. 우나는 얼쑤! 선생의 얼굴을 쳐다봤다.

"응. 다 선택했구나? 자. 그 핵심 내용을 적어서 보여줘라."

제시문●●●

<가> "외교부의 세계 각국의 독도 오기(誤記)에 대응 전략으로, 지명 표기와 관련된 사항을 종합적으로 점검하고 대처할 것이다."34)

<나> "'여성이라는 단일 정체성은 없다'라면서 오늘날 여성들이 여성 문제 해결을 위해서는

'다층적 상황에 따른 다양한 실천'을 해야 한다."35)

"덩더덩더덩더쿵!"
"얼쑤!"

"우나야. <가>와 관련지어 논의해보자. 요즘 독도 문제에 대해 국제 사회의 변화가 있었다. 그 사례로 최근 미 지명위원회가 독도의 귀속 국가를 최근 '미지정'으로 바꾸었다는 것이다. 요즘 국제 사회에서 독도를 일본이 주장하는 '다케시마'나 중립적 표현인 '리앙쿠르 록스(Liancourt Rocks)'로 표기가 늘고 있는 현실에서 우려할 만한 일이다. 우리의 어떤 전략이 유효할까?"

우나는 고개를 들고 말했다.

"결국 국가 경쟁력의 싸움이 아닌가요?"

"네가 내려고 하는 문제의 핵심은 <나>에서 찾도록 염두에 두고 선택한 제시문이다. 사실 그런가?"

"아직 이 제시문에 대한 구체적인 문제는 생각을 안 해봤어요. 그러나 얼쑤! 선생님의 말씀대로 <가>는 독도의 중립 표기 상황에 우리 외교부의 '종합적 점검과 대처'를 주장하지요. 그러나 <나>는 여성 문제 해결에 '다양한 상황에 적극적이고 다양한 실천'을 주장하고 있잖아요. 그렇다면 자연스레 <나>의 관점에서 <가>를 비판할 수 있는 문제가 만들어지겠네요."

얼쑤! 선생은 맞장구를 쳤다.

"그렇지. 독도에 대한 외교부의 '점검과 대응'에 다른 해결책을 제시하여 다양한 대응전략이 필요하다는 말이구나."

이제 문제로 좁혀졌다. 비판형의 문제를 염두에 둔다면 비판이라는 것이 쉬워진다. 그 의미와 한계점을 잘 파악하여 한계점에 대한 대안을 제시하면 좋은

---

34) "독도TF 구성 세계각국 오기사례 대처" 동아일보(2008.07.28)
35) "'여성'이라는 단일 정체성은 없다" 동아일보(2008.07.28)

비판이 된다. 중요한 것은, 그 비판의 대상의 일부는 인정을 해주어야 한다. 그 한계점을 비롯한 나머지 논거를 비판해야 한다는 것이다. 대상의 모든 것을 비판하게 되면 비판을 위한 비판이 돼버린다.

얼쑤! 선생은 말했다.

"여기서 <가>의 '점검과 대응'도 문제 해결에 중요한 의미를 지닌다. 그러나 <나>의 관점으로 보면 '상황은 항상 변한다'는 전제 하에 다양한 대응을 주문하고 있다. 이것을 염두에 두고 문제를 만들면 된다. 그리고 <가>와 <나>의 내용을 잘 살펴서 비슷한 내용을 찾아내야 한다. 반대로 다른 내용도 찾아내야 한다. 혹시 '설명하는 두 대상이 다른데 어떻게 같은 내용을 찾아냅니까'하고 묻겠지만 그것은 초보의 질문에 속한다. 현상보다는 본질을 찾아내는 일반화 과정을 거치면 된다."

우나는 펜을 들어 적었다. 이리 저리 보면서 다듬고 정리하였다. 특히 얼쑤! 선생이 좋아하는 모습은 고심에 고심을 하여 다듬고 다듬어서 보여주는 내용이다. 그것이 스스로논술학습법에서 제시문, 논제여도 좋고 답안이어도 좋다. 우나는 지금 문제를 만드는 과정에 공을 들이고 있었다.

"덩더덩더덩더쿵!"
"얼쑤!"

"자. 다음의 '오프라 윈프리'의 내용을 보자."

우나는 관심을 보였다.

"<오프라 윈프리 쇼>를 진행하는 흑인 여자 말인가요?"

"그렇지. 오프라는 1억 4천만의 시청자들을 끌고 다닌다. 그는 <오프라 윈프리 쇼>를 통해 자신의 분야에서 오를 수 있는 최고의 자리에 올랐다."

"무슨 말씀을 할지는 알겠어요. 제시문 <나>와 관련지어 '오프라 윈프리'는 '흑인'이라는 정체성의 극복을 위한 다양한 실천을 하고 있습니다. 그 일 때문에 그렇죠.”

얼쑤! 선생은 우나가 똑똑하다고 생각했다.

“맞다. 자신의 여성 정체성을 바꾼 사람이 많지만 오프라 윈프리가 대표적 사례다. 잘 생각해 보자. 윈프리의 성공이 아름다운 이유는 무엇인가? 생각해보기 바란다.”

우나는 고심을 하였다.

“용기와 신념의 결과지요?”

“물론 그런데 <나>의 제시문과 관련지어 말하면 더 좋지.”

우나는 다시 <나>의 핵심 내용을 다시 봤다.

“다양한 실천이 아닌가요?”

얼쑤! 선생은 기쁨을 느끼며 길게 설명했다.

“그렇다. 윈프리는 자신에 멍에처럼 지워졌던 정체성을 극복하기 위해 ‘다양한 실천’을 하였다. 이것이 위대한 점이다. 다른 사람들이 자신의 운명처럼 여겼던 정체성에 종속되어 살았지만 윈프리는 그러지 않았다. 자신의 정체성에 도전했다. 그 사례로 윈프리의 맨 처음 직장은 식품원 점원이었다. 물론 직업에는 귀천이 없지만 당시는 대부분 흑인들이 일한 곳이 점원이었다. 그러나 그녀는 자신이 방송에 재능이 있다는 것을 알고 흑인 여성의 새로운 정체성에 도전하게 된다. 천신만고 끝에 얻은 직장이 지방에 있는 라디오 방송국이었다. 그 다음에는 그 유명한 <오프라 윈프리 쇼>이다. 방송인이 가장 부러워하는 것이 무엇일까? 그들은 한결같이 말한다. 자신의 이름을 타이틀로 내세운 토크쇼를 하는 것이라고 한다.”

“덩더덩더덩더쿵!”

“얼쑤!”

“자신의 정체성을 최고로 키운 것이군요. 윈프리는 자신을 비판하고 반성하여 새로운 도약을 이루어 냈군요. 아니, 새로운 정체성에 도전하여 성공을 거둔 것이 되겠군요. 오늘날 미국의 국무장관인 '라이스'도 그런 경우지요."

"그렇다. 그동안 여성들은 여성이 남성과 대비되는 입장에서 단일의 정체성을 확보하기 위해 노력했었다. 그것을 쉽게 말하면 '남녀평등'이다. 그러나 이제는 한 단계를 높여 여성의 다양한 정체성을 확보하자는 것이지. 이것은 그동안 단일한 방법으로만 전개해 왔던 여성 운동을 비판하는 것이다."

우나는 깨달았다.

"아. 그렇군요. 이제는 여성의 정체성이 다양한 상황에 맞는 적극적인 입장으로 창조돼야 한다는 말이군요. 그런 정체성을 위해 '상황에 따른 다양한 실천'을 주장하는 것이죠."

얼쑤! 선생의 말이 길어졌다. 이젠 늘어진 말을 정리하고 나섰다.

"<가>와 <나>의 내용을 대비하면 다음과 같다. <가>에서 외교부가 미국의 독도에 대한 중립적 표현에 '미국이 독도가 대한민국 땅임을 인식하고 신중한 대응을 해야 한다'고 요구한다. 그것은 <나>의 '그동안 여성이 평등의 개념으로 남성과 대비된 단일한 여성의 정체성을 찾는 것'과 일치한다. 그러나 <나>는 '이제는 그것에서 벗어나 새로운 정체성을 확립을 위해 다양한 실천'을 강조한다. 바로 <나>의 이 내용을 활용하여 우리 외교부는 미국의 독도중립지역의 표기에 대한 대응 전략으로 삼아야 한다. 정리가 좀 되었지."

"아. 그렇군요."

우나는 노트에 그것을 정리하여 적었다.

"덩더덩더덩더쿵!"
"얼쑤!"

"자. 이제는 우나가 문제를 보여줘야지. 다시 강조한다. 비판을 위한 비판이 되지 않기 위해서는 <가>의 일부 내용을 인정하는 답안까지 염두에 두어야 한다. 비판형 논제라고 해서 전부를 비판하는 것은 균형된 시각을 잃은 것이다. 합리적 비판이라는 말도 그것이다. 또한 설득력을 높이기 위해서는 상대방의 주장에 대해 긍정적인 의미를 먼저 찾는 것이 고급의 비판이다.”

'제시문 <가>의 주장에 대해 <나>의 관점에서 근거를 찾아 평가하고, 그 보완책을 마련하시오' 를 만들어 봤어요.

첨삭 ● ● ●

논술 답안을 논술 선생님의 ‘!, ?’로 창의적인 첨삭을 받아라!

우나의 논술답안과 첨삭

   <가>는 외교부의 세계 각국의 독도 오기(誤記)에 대응 전략으로, 지명 표기와 관련된 사항을 종합적으로 점검하고 대처할 것이다는 것을 밝힌다. 1) <나>는 ‘여성이라는 단일 정체성은 없다’라면서 오늘날 여성들이 여성 문제 해결을 위해서는 ‘다층적 상황에 따른 다양한 실천’을 해야 한다고 말한다.(?) 2) 여기서 <가>의 ‘점검과 대응’의 전략은 <나>의 관점으로 볼 때 소극적인 대응에 속한다, 미국이 독도의 주권을 미지정으로 바꾼 것은 그동안 우리 외교부의 전략에 문제가 있었음을 드러낸 결과다.(!) 반대로 일본의 전략이 미국에 통하고 있음을 상기할 때 우리의 독도에 대한 전략도 방향 전환이 요구된다. 바로 <나>의 ‘상황에 따른 적극적이고 다양한 실천’을 <가>의 문제 해결에 활용할 필요가 있다. <나>는 그동안의 단일한 방식으로만 진행됐던 여성 운동을 비판하고 이제는 새로운 정체성을 확립을 위해 다양한 실천을 강조하기 때문이다. 3) <가>의 제시문으로 볼 때 전략의 대상이 독도를 중립적 지역으로 표기한 나라가 미국임을 생각할 때는 적극적인 대응이 요구된다. 미국은 일본과 같이 독도 영토 분쟁에 대한 당사자가 아니다. 일본이라는 당사자가 아니라면 신중한 전략보다는 과감한 전략이 요구되는 이유다.(!)

“덩더덩더덩더쿵!”

"얼쑤!"

"우나야. 답안의 내용이 좋다. <가>에 대한 비판을 <나>의 구체적인 논거를 들어 했다는 점이 훌륭하다. 논리의 흐름도 매끄럽다. 그러나 중요한 것을 빠뜨렸다. 무엇인지 말해 볼까?"

우나는 고심을 한다. '힌트를 주세요'라고 말하는 듯 얼쑤! 선생을 쳐다본다.

"비판형의 논제에서 이것을 안 적으면 정말 큰 일 나지. 내가 그렇게 강조했는데 말이야."

우나는 얼쑤! 선생이 강조했다는 말에 눈이 번득였다. 즉시 자신의 노트를 죽 읽어봤다. 찾았다는 듯 볼펜으로 밑줄을 찢어져라 그었다.

"바로 그것이군요. 상대방의 주장을 일부 인정하라는 말이죠. 내가 그것을 왜 몰랐을까?"

"덩더덩더덩더쿵!"
"얼쑤!"

우나는 1)번의 문장의 평가에 대한 이유를 노트에 적었다.

"1)의 문장에 붙은 (?)표는 문장이 너무 길다는 것이다. 두 문장으로 나누어야 한다."

이 글에 얼쑤! 선생은 말없이 (!)표를 찍었다. 우나는 막상 답안을 작성하면 문장의 길이를 인식하지 못한다고 했다. 길다고 인식하면 수정하여 고치겠는데, 글을 쓸 때는 어떤 내용을 적을까 이것만 생각하게 된다는 것이다. 충분히 이해가 되는 얘기다. 그러나 논술의 고수는 이것 또한 놓치지 않는다는 사실을 알아야 한다.

얼쑤! 선생은 채근했다.

"우나야. 알았으면 지금 두 문장으로 나누어 봐야지?"

▶1 <나>는 '여성이라는 단일 정체성은 없다'라면서 오늘날 여성들이 여성 문제 해결을 위해서는 '다층적 상황에 따른 다양한 실천'을 해야 한다고 말한다.(?)
▶1 <나>는 '여성이라는 단일 정체성은 없다'를 말한다. 또한 오늘날 여성들이 여성 문제 해결을 위해서는 '다층적 상황에 따른 다양한 실천'을 해야 한다고 말한다.(?)
▶1 <나>는 '여성이라는 단일 정체성은 없다'라면서 오늘날 여성들이 여성 문제 해결 전략이 필요하다. 그것은 '다층적 상황에 따른 다양한 실천'을 해야 한다고 말한다.(?)
▶1 <나>는 '오늘날 여성들이 여성 문제 해결을 위해서는 '다층적 상황에 따른 다양한 실천'을 해야 한다고 말한다. 즉, 여성이라는 단일 정체성은 없다'고 주장한다.(!)

"덩더덩더덩더쿵!"
"얼쑤!"

이번에는 '(?),(?),(?),(!)'의 평가가 내려졌다. 네 번 만에 합격 평가(!)를 받은 것이다. 긴 한 문장을 두 문장으로 나누는 것도 쉬운 일이 아니다. 긴 문장이 갖는 내용을 그대로 유지하면서 짧은 두 문장이 갖는 긴장감까지 유지시켜야 하기 때문이다.

"다음의 2)의 문장에 대한 (?)의 평가를 분석하고 그 이유를 적어야지?"

"예. 2)의 문장은 <가>를 <나>의 관점으로 볼 때 '소극적이다'로 비판된다. 이것은 <나>를 바탕으로 근거가 설정했기에 논제에 충실했다고 본다. 또한 미국이 독도의 주권을 미지정지로 정했다는 것을 제시함으로써 그동안의 외교 전략의 문제점을 드러냈다. 이것은 답안의 다음 내용인 문제 해결로 자연스럽게 이어진다. 그 결과 2)의 문장은 (!)표를 받았다."

얼쑤! 선생은 미소를 지었다. 우나의 얼굴에도 미소가 어렸다.

"3)의 문장은 한국의 입장에서 독도를 대하는 미국과 일본의 차이를 드러냈다. 그 차이는 우리 외교부의 일본에는 신중한 대응을, 미국에는 강력한 대응의 근거로 작용한다. 그래서 얼쑤! 선생님이 (!)를 주었다."

얼쑤! 선생은 박수를 쳤다. 이제는 우나의 수준이 대단하다. '스스로논술학습법’의 효과라고 할 수 있다.

“덩더덩더덩더쿵!”
“얼쑤!”

다시 쓴 답안

　　<가>는 외교부의 세계 각국의 독도 오기(誤記)에 대응 전략으로, 지명 표기와 관련된 사항을 종합적으로 점검하고 대처할 것이다는 것을 밝힌다. <나>는 ‘오늘날 여성들이 여성 문제 해결을 위해서는 ‘다층적 상황에 따른 다양한 실천’을 해야 한다고 말한다. 즉, 여성이라는 단일 정체성은 없다’고 주장한다. 여기서 <가>의 ‘점검과 대응’의 전략은 우리가 약소국이라는 외교 전략상 신중한 대응이란 측면에서 효과적인 전략일 수 있다. 그러나 <나>의 관점으로 볼 때 소극적인 대응에 속한다. 미국이 독도의 주권을 미지정으로 바꾼 것은 그동안 우리 외교부의 전략에 문제가 있었음을 드러낸 결과다. 반대로 일본의 전략이 미국에 통하고 있음을 상기할 때 우리의 독도에 대한 전략도 방향 전환이 요구된다. 바로 <나>의 ‘상황에 따른 적극적이고 다양한 실천’을 <가>의 문제 해결에 활용할 필요가 있다. <나>는 그동안의 단일한 방식으로만 진행됐던 여성 운동을 비판하고 이제는 새로운 정체성을 확립을 위해 다양한 실천을 강조하기 때문이다. <가>의 제시문으로 볼 때 전략의 대상이 독도를 중립적 지역으로 표기한 나라가 미국임을 생각할 때는 적극적인 대응이 요구된다. 미국은 일본과 같이 독도 영토 분쟁에 대한 당사자가 아니다. 일본이라는 당사자가 아니라면 신중한 전략보다는 과감한 전략이 요구되는 이유다.

4. 문제 해결형 논제(문제점, 해결방안 등)를 확인하고, 신문에서 제시문을 선택하여 편집하고, 스스로 문제를 만들고 답안을 작성해 보라!

　　우나는 ‘스스로논술학습법’의 3단계인 11강의 ‘문제해결형 유형’에 도전하고 있다. 논술 시험에서 가장 배점이 많은 유형이다. 그만큼 이 유형은 창의성이 들어 있는 답안 작성을 요구한다. 창의성은 누가 가르쳐주는 것이 아니다. 가르처줬다면 그 순간은 창의성은 창의성이 아니기 때문이다. 창의성은 수험생 자신이 개척해야 할 새로운 영역이다.

얼쑤! 선생은 환하게 말했다.

"우나야. 논술의 큰 산에서 길을 잃지 않고 잘 따라왔다. 논술의 산의 정상이 저기 보인다. 고지가 저기인데 여기서 멈출 수 없다는 말도 있다. 좀 더 힘을 내기 바란다. 이제 계절도 가을이잖니? 논술의 큰 산에 오르니 울긋불긋 단풍이 아름답지? 논술의 매력을 느낄 수 있느냐 말이다."

"예. 아직은 어안이 벙벙하지만 '스스로논술학습법'의 그 어렵다는 3단계에 접어드니 자신감이 생깁니다. 정말 논술과의 '만남'은 '맛남'입니다."

"덩더덩더덩더쿵!"
"얼쑤!"

"아, 우나는 멋있는 소리를 하네. '만남'이 '맛남'이라니 말이야. 이제 논술의 맛이 무엇인지 아는 것 같애."

우나는 자신감이 있어 보였다. '스스로논술학습법'의 3단계의 11강이 끝나려는 무렵은 누구나 논술의 맛을 본다는 것이 얼쑤! 선생의 경험이다. 우나도 이제 그런 경지에 온 것이다.

"이제 논제 유형인 '문제해결형'이다. 자, 이 신문에서 기사나 칼럼을 포함해 3개의 제시문을 선택해라. 오늘 토요일 오후, 시간이 6시가 넘어간다. 4시간 째 접어드는 논술의 강행군이다."

우나는 두더지가 양 앞발로 땅을 파듯 양 손으로 신문을 들어 올리며 신문 기사와 칼럼을 찾았다. 이번에는 처음으로 3개의 제시문을 찾아야 한다. 시간이 촉박하다. 주어진 시간은 30분이다. 그러나 우나는 불평이 없다. 논술 체질로 변해갔다. 기특하다.

얼쑤! 선생은 자신 있게 말했다.

"우나야. 선택했지. 기사와 칼럼을 오려서 노트에 붙여야지. 그리고 주제인 핵심 문장을 선택하여, 아니면 여러 문장들을 통합하여 한 문장으로 만들어서 제시해야 한다."

"예. 알겠습니다."

"덩더덩더덩더쿵!"

"얼쑤!"

제시문 ● ● ●

<가> "중국과 러시아가 북한의 개방 후의 나진항 개발을 두고 경쟁이 치열하다."[36]

<나> "철학자들은 문화 간 충돌을 완화하고 이해를 높이는 다리 역할을 할 수 있어야 한다는 것이다."[37]

<다> "서울대는 최근 학계의 화두인 광범위한 학문간 '통섭(학문융합)'에 본격 나섰다."[38]

얼쑤! 선생이 읽어보니 <나>의 '철학자들의 역할'과 <다>의 '학문 간의 통섭'을 같은 맥락이었다. 즉 두 제시문을 하나로 묶을 수 있다는 이야기다. 그런 반면에 <가>는 그 반대의 개념인 '경쟁'이다. 이런 제시문 간의 관계를 염두에 두고 우나는 제시문을 선택했을 것이라고 생각했다.

"맞지?"

얼쑤! 선생의 짧은 질문이다. 우나는 얼른 그 말을 받았다.

"기특하지 않아요. 짧은 시간에 그것을 염두에 두고 선택했으니까요. 그죠."

얼쑤! 선생이 분위기를 잡았다.

"오늘의 마지막 논제 유형은 '통섭'이라는 핵심어로 시작해보자. 그런데 통합이라는 말이 있지. 이것은 통섭과 다른 말이다. 통합은 '합친다', 통섭은 '섞는다'

---

36) 中·러 "北개방 이후를 노려라" …두만강변이 뜨겁다. 동아일보(2008.07.28)
37) "오늘의 철학을 다시 생각한다" 동아일보(2008.07.28)
38) 서울대 '통섭'으로 간다 동아일보(2008.07.28)

의 의미이기 때문이다. '지식의 통섭'이라는 책의 서평은 통합을 '비빔밥'으로 비유한다. 비빔밥은 각종 나물과 함께 비벼놓은 것이기에 통합의 '합친다'의 의미가 들어맞는다. 또한 이 책은 통섭을 '된장이나 김치' 정도로 비유된다. 섞어 놓은 재료들이 서로 간섭하고 발효되어 전혀 다른 결과물이 나오기 때문이라는 것이다."

"덩더덩더덩더쿵!"
"얼쑤!"

"통합과 통섭의 의미가 좀 다르군요. 저는 오늘 처음으로 알았어요."
우나는 호기심을 보였다. 얼쑤! 선생은 통섭이란 말이 '전공 간의 융합'이므로 앞으로 통섭의 학문은 더욱더 강조될 수밖에 없다고 말했다. 우나는 고개를 끄덕였다.
얼쑤! 선생이 말했다.
"오늘날 학문이 권위적이 되어버렸어. 다른 학문의 간섭을 배제해 버리지. 그 이유가 뭘까?"
"자신만의 학문을 최고로 여겨서 그런 것 아닐까요?"
"그렇지. 학문의 이기주의라 할 수 있지. 오늘날 세상은 복잡하고 다양하여 현상이나 대상이 하나의 학문만으로는 설명이 되지 않는다. 그래서 통섭이라는 말이 시대적 화두로 제시된 것이지."
"그럼 앞으로 통섭이라는 말이 중요해지겠네요. 젊은 우리들이 깊이 새겨야 될 말이군요."
얼쑤! 선생은 우나가 기특했다.
"'지식의 통합'의 마지막 부분에 나오는 말이 의미 심장하다. 뭐라고 했을까. 궁금하지. 난 이 말을 메모해두고 음미하고 있어. 잘 들어 봐. '우물을 깊게 파려면 처음에 넓게 파라'는 말이다. 오늘날 대학생들에게도 시사해주는 바가 크다. 한 가지 학문인 전공에 들어가기 전에 우선 학문을 넓게 배우는 것이 중요하다는 것이지. 얼마나 중요한 말이니. 우리나라의 대학의 현실은 어떨까?”

얼쑤! 선생은 말을 이었다.

“교수들은 자기의 학문적 자존심 때문에 서로 눈치를 보고, 학생들도 취업에만 매달리는 바람에 통섭이라는 학문 개혁이 안 된다는 언론의 보도가 있었다.”

우나는 금방 말했다.

“교수들의 학문 이기주의가 만연하겠지요. 한국은 교육이 수직적 구조이기에 통섭의 학문은 당장 기대하기 힘들겠다는 생각이 들어요.”

“덩더덩더덩더쿵!”

“얼쑤!”

“하버드 대학에서는 ‘서로 다른 전공의 교수들이 잡담을 하는 것을 최고의 지적 대화’로 본다는 내용이 있다. 의미가 있다. 수평적인 교육 구조에서는 통섭의 학문 간 융합이 가능하다. 미국은 초등학교 교사가 대학 교수로 초빙되어 간다는 이야기도 있지.”

“얼쑤! 선생님. 그러니까 그 나라의 학문적 토대가 중요하겠군요. 일종의 분위기 말이예요. 이것이 학자들의 열정과 만난다면 어떨까요?”

우나도 통섭의 학문에 대해 관심을 보였다. 모든 학문 영역을 넘나들다 보면 공통점을 발견하게 된다고 한다. 학문의 근본의 뿌리는 같다는 것이다. 학문의 같은 뿌리가 다른 환경과 문화 속에서 겉옷의 색깔만 다르게 입었을 뿐이다. 지구의 서로 다른 표면에 솟아오르는 여러 물줄기의 근원을 찾아보면 지층의 속에서는 결국 하나의 물로 모아지는 것과 같은 이치다. 오늘날 인위적으로 나눈 학문의 영역이 세분화되었을지라도 그 학문의 본질은 모두 우주와 세상의 이치를 탐구하는 것이기 때문이다. 각기 방향과 대상만 다르고 탐구의 본질은 같다는 것이다.

“그러나 통섭이 경계해야 할 것은 ‘일반화의 오류에 빠질 수 있다’는 것이다. 자. 그러면 네가 선택한 제시문을 분석해보자.”

우나가 입을 열었다.

“덩더덩더덩더쿵!”
“얼쑤!”

“<가>는 ‘경쟁’이라는 측면에서 통섭과 반대되는 개념으로 잡았습니다. <나>의 문화 간 충돌을 완화하고 이해를 높이는 다리의 철학의 역할도 ‘통섭’과 관련됩니다. 이 기사에서 생세르냉 교수는 “개인의 천재성이 과학적 합리성을 좌우하던 당시와 달리 오늘날에는 여러 사람의 상호작용이 과학과 기술을 결정한다”는 내용이 나왔습니다. 따라서 <나>의 제시문도 ‘통섭’의 의미가 강합니다. <다>는 서울대의 광범위한 학문간 ‘통섭(학문융합)’이라고 직접 제시됐습니다. 결국 제가 선택한 제시문은 <가>의 ‘경쟁’과 <나>, <다>의 ‘통섭’으로 일반화가 가능합니다.”

얼쑤! 선생은 감동했다.

“잘 설명했다. 너의 설명이 논리적이어서 좋다. 이것을 바탕으로 문제를 만들어야지.”

문제는 쉽게 나왔다. 이미 우나가 설명한 내용을 압축하여 문제로 만들면 되기 때문이다.

문제

‘<가>의 ‘경쟁’이 갖는 문제점을 현실의 사례를 들어 밝히고, <나>와 <다>의 공통의 핵심어를 바탕으로 그에 대한 해결 방안을 제시하시오’를 만들어 봤어요.

우나는 칭찬을 받았다. 이번의 문제에는 ‘현실의 사례’도 요구했다. 논술 답안을 작성해야 한다. 시간은 30분이 주어졌다. 답안을 쓰기에는 짧은 시간이지만 얼쑤! 선생과의 대화를 통해 그 내용의 일부를 접근했기 때문에 가능하리라 생각했다.

"덩더덩더덩더쿵!"
"얼쑤!"

우나의 논술답안과 첨삭

1) <u><가>의 '경쟁'이 갖는 문제점은 '투쟁이나 갈등'으로 번질 수 있다는 것이다.</u>(?) 중국이나 러시아가 자국의 이익을 앞세운 경쟁으로 나진항 개발을 추진할 때 예상되는 결과다. 2) 이것은 지나친 경쟁이 갖는 문제점이다.(?) 즉, 나진항의 개발을 두고 중국과 러시아의 '제 살 깎아 먹기'의 경쟁이 될 수 있다. 지나친 경쟁에서 오는 제품의 '파격 세일'이 단적인 사례. 제품 판매의 목적은 이윤 추구인데, 경쟁의 방법으로 파격 세일을 하다가 서로 손해를 입는 경우다.
<나>와 <다>의 공통 핵심어는 '통섭'이다. 3)_______________(?) 통섭은 융합으로 서로 섞이어 새로운 것을 만들어내는 것을 말한다. 통섭은 서로 다른 학문의 융합뿐만 아니라 다양한 분야에 적용될 수 있다. 4) <u>나진항의 개발을 두고 중국과 러시아가 치열하게 경쟁하는 궁극적으로 두 나라에 도움이 안 된다. 따라서 두 나라 간의 나진항 개발의 통섭이 요구된다. 중국과 러시아의 서로 다른 기술이 융합하여 새로운 기술로 나진항을 개발하는 방안이 필요하다. 이것은 양국의 충돌을 피하고 서로의 이익을 꾀하는 win-win 전략이 되기 때문이다.</u>(!)

"우나야. 얼쑤! 선생은 이 답안을 보고 고민을 했다. 다른 답안보다 많은 문제점이 보였기 때문이다. 우선 단락의 통일성이 탄탄하지 않았다. 대표적인 사례가 1)의 문장이다. 1)의 문장을 중심으로 보면, 그에 대한 사례도 1)의 문장과 관련이 돼야 한다. 그런데 다른 내용의 사례가 왔다."

우나가 말했다.

"정신없이 쓰다 보니 그렇게 됐습니다. 1)의 문장에 (?)가 붙었는데, 얼쑤! 선생님의 말씀은 문장 자체로는 좋은 데 그에 대응하는 사례가 안 맞는다는 말이죠. 그렇다면 1)의 문장을 고치겠습니다."

우나는 노트에 문장을 작성하기 시작했다. 머리를 흔들며 고민도 했다.

"덩더덩더덩더쿵!"
"얼쑤!"

▶1 <가>의 '경쟁'이 갖는 문제점은 '투쟁이나 갈등'으로 번질 수 있다는 것이다.(?)
▶1 <가>의 '경쟁'이 갖는 문제점은 결국 서로 간에 피해를 본다는 것이다.(!)

얼쑤! 선생은 그 내용이 만족스럽지는 않지만 (!)표를 찍어주었다. 서로 피해를 보는 '파격 세일'과 관련이 되기 때문이다. 이어서 우나는 2)번의 (?)에 대한 이유를 적었다.

"2)의 문장에 (?)표가 붙은 것은 문제점이라는 말을 또 적었기 때문이다. 첫 문장에 논제의 요구로 이 말을 적었기에 반드시 다음 문장에 적어야 할 이유가 없다."

"그렇다면?"

"삭제를 해야죠."

3)번은 내용이 없는데 밑줄이 쳐지고 (?)표가 붙어있다. 지금까지 얼쑤! 선생의 논술 첨삭은 써 있는 내용에 밑줄이 쳐져 있었는데 3)은 그렇지 않다.

우나는 웃으며 말했다.

"아하, 이 부분에 새로운 내용이 들어가야 된다는 것이죠?"

"그렇다. 네가 그 이유를 생각해서 글로 적어라."

"앞의 문장은 논제가 요구하는 부분의 내용이다. 그렇다면 핵심 내용으로 중요하다. 중요한 문장 뒤에는 근거가 붙어야 한다. 내용상 제시문의 내용 중에 선택된 근거가 들어가야 한다."

우나는 자신감이 흘러 넘쳤다. 즉시 노트에 들어갈 문장을 적었다.

"덩더덩더덩더쿵!"
"얼쑤!"

> ▸ 3 <나>는 철학자들은 문화 간 충돌을 완화하고 이해를 높이는 '다리 역할'의 통섭을 다뤘고,
>   <다>는 서울대의 학문간 '통섭(학문융합)'을 말하고 있기 때문이다.(?)
> ▸ 3 <나>는 철학자들은 문화 간 충돌을 완화하고 이해를 높이는 '통섭 역할'을 다뤘고, <다>
>   는 서울대의 학문간 '통섭(학문융합)'을 말하고 있기 때문이다.(!)

얼쑤! 선생은 만족감을 표현했다. 우나가 쓴 3)의 문장은 비록 두 번의 수정을 거쳤지만 '숙련된 문장 쓰기의 기법'을 보여주는 사례라고 생각했다. 문장이 긴데도 자연스런 내용을 전달했기 때문이다. 원래의 문장은 '다리 역할의 통섭을 다뤘고' 이다. 그러나 (?)표를 맞고는 즉시 '비유를 떼고 통섭 역할'로 대체했기 때문이다.

"4)의 내용에 (!)가 붙은 것은 중국과 러시아의 경우로 적용하여 '기술적인 측면의 통섭'을 말하고 있기 때문이다. 즉, 중국과 러시아의 서로 다른 기술의 융합을 분명히 적어서 통섭과 강하게 연결하고 있다."

역시 우나의 이 문장에도 얼쑤! 선생은 (!)표를 붙였다. 이제 우나는 자신의 잘못 쓴 문장, 잘 쓴 문장의 그 이유를 잘 잡아내는 수준에 올랐다. 또한 마지막 문장에 쓰인 'win-win 전략'도 참신한 표현에 속한다. 정말 많이 컸다.

"덩더덩더덩더쿵!"
"얼쑤!"

다시 쓴 답안

<가>의 '경쟁'이 갖는 문제점은 결국 서로 간에 피해를 본다는 것이다. 중국이나 러시아가 자국의 이익을 앞세운 경쟁으로 나진항 개발을 추진할 때 예상되는 결과다. 즉, 나진항의 개발을 두고 중국과 러시아의 '제 살 깎아 먹기'의 경쟁이 될 수 있다. 지나친 경쟁에서 오는 제품

의 '파격 세일'이 단적인 사례다. 제품 판매의 목적은 이윤 추구인데, 경쟁의 방법으로 파격 세일을 하다가 서로 손해를 입는 경우다.

　<나>와 <다>의 공통 핵심어는 '통섭'이다. <나>는 철학자들은 문화 간 충돌을 완화하고 이해를 높이는 '통섭 역할'을 다뤘고, <다>는 서울대의 학문간 '통섭(학문융합)'을 말하고 있기 때문이다. 통섭은 융합으로 서로 섞이어 새로운 것을 만들어내는 것을 말한다. 통섭은 서로 다른 학문의 융합뿐만 아니라 다양한 분야에 적용될 수 있다. 나진항의 개발을 두고 중국과 러시아가 치열하게 경쟁하는 궁극적으로 두 나라에 도움이 안 된다. 따라서 두 나라 간의 나진항 개발의 통섭이 요구된다. 중국과 러시아의 서로 다른 기술이 융합하여 새로운 기술로 나진항을 개발하는 방안이 필요하다. 이것은 양국의 충돌을 피하고 서로의 이익을 꾀하는 win-win 전략이 되기 때문이다.

...12강

이제 완연한 가을이다. 가을이 주는 낭만적인 정감은 수험생들에게는 거리가 멀다. 오늘 오후도 전형적인 가을 날씨를 보인다. 얼쑤! 선생은 가을을 하얀색으로 표현하기를 좋아했다. 바로 이효석의 '메밀꽃 필 무렵'을 떠올리기 때문이다. 물론 강원도 봉평은 한 번도 가본 적이 없다. 그러나 방랑자인 허생원의 한(恨)만은 얼쑤! 선생의 가슴으로 다가왔다. 항상 9월이 그랬다.

"덩더덩더덩더쿵!"
"얼쑤!"

조선달 편을 바라는 보았으나 물론 미안해서가 아니라 달빛에 감동하여서였다. 이지러는 졌으나 보름을 갓 지난 달은 부드러운 빛을 흐뭇이 흘리고 있다. 대화까지는 팔십리의 밤길, 고개를 둘이나 넘고 개울을 하나 건너고 벌판과 산길을 걸어야 된다. 길은 지금 긴 산허리에 걸려 있다. 밤중을 지난 무렵인지 죽은듯이 고요한 속에서 짐승 같은 달의 숨소리가 손에 잡힐 듯이 들리며, 콩포기와 옥수수 잎새가 한층 달에 푸르게 젖었다. 산허리는 온통 메밀밭이어서 피기 시작한 꽃이 소금을 뿌린 듯이 흐뭇한 달빛에 숨이 막힐 지경이다. 붉은 대궁이 향기같이 애잔하고 나귀들의 걸음도 시원하다. 길이 좁은 까닭에 세 사람은 나귀를 타고 외줄로 늘어섰다. 방울소리가 시원스럽게 딸랑딸랑 메밀밭께로 흘러간다. 앞장 선 허생원의 이야기소리는 꽁무니에 선 동이에게는 확적히는 안 들렸으나, 그는 그대로 개운한 제멋에 적적하지는 않았다.

우리나라 명사들이 최고의 명문장으로 꼽은 부분이다. 얼쑤! 선생은 이 내용을 다시 읽고 있었다.

"덩더덩더덩더쿵!"
"얼쑤!"

수식이가 오는 날이다. '스스로논술학습법'의 3단계를 진행하는 12강이다. 얼쑤! 선생이 진행하는 이 논술 학습도 종반에 치닫고 있다. 가녀린 햇빛이 내리는 지금은 오후 2시다.
"수식아. 신문의 내용을 읽고 분석형의 제시문을 찾아보기 바란다. 일단 신문 기사나 칼럼을 주의 깊게 읽어야 한다. 독특한 관점을 보인 기사는 절대 놓쳐서는 안 된다. 그것이 중요한 것이지."
얼쑤! 선생은 말을 이었다.
"대학들이 출제하는 논술의 제시문은 그 제시문만의 특정한 내용을 담지 않는다. 다른 내용에서 부분적으로 발견할 수 있는 내용들이다."
수식은 얼른 말을 받았다.
"그럴 수 있겠습니다. 얼쑤! 선생님."
"2009학년도 수시 2학기 연세대 인문계 논술을 보자. 제시문으로 <가>의 아리스토텔레스의 '수사학'과 <나>의 이승만 대통령의 '취임사'가 나왔다. 또한 <다>에서 김훈의 소설 '남한산성'이, <라>는 일간지의 언론 매체별 신뢰도를 조사한 '자료'가 나왔다. 이것을 통합하여 일반화시키면 '설득'이라는 핵심어로 압축이 가능하다. 그렇다면 '설득'의 내용은 연세대에서 출제한 제시문에만 나오는가? 절대 그렇지 않다."

수식이가 말을 받았다.

"문학이든 비문학이든, 신문이든 '설득'이라는 관점에서 읽어보면 대부분 다 해당되는 내용이죠."

"바로 그것이다. 문제는 설득이 오늘날 중요한 삶의 방법으로 제시된다는 것을 파악하면 이해가 쉬워진다. 따라서 연세대의 논술 문제도 우리 '스스로논술학습법'의 3단계에서 다루는 논제 유형과 다르지 않다."

"그렇군요."

수식은 짧게 대답했다.

"덩더덩더덩더쿵!"

"얼쑤!"

얼쑤! 선생은 말했다.

"<문제 1>은 제시문에 나타난 대립의 해결 양상에 대한 차이점을 서술하라는 바로 '분석형'의 논제다. <문제 2>는 설득을 통한 해결 방식 중 어떤 것이 바람직하다고 생각하는지 서술하라는 문제는 '설명형' 논제에 속한다. 설명형 논술은 주어진 과제를 풀어서 밝힌다. 그러면서 궁극적으로 과제에 대한 어떤 견해나 관점을 가지고 있는지를 설득력 있게 밝히는 유형이기 때문이다. 또한 그것의 문제점과 해결 방안을 서술하라는 것은 '문제해결형'에 속한다. <문제 3>은 표를 보고 설득의 방법이 나온 제시문 <가>를 활용하여 서술하는 것은 '분석형'의 논제가 된다. 다른 대학도 마찬가지다."

수식은 노트에 적기 시작했다. 여러 내용을 자신이 정리하는 메모하는 것만
큼 중요한 것이 없다. 수식이가 그런 경우다. 얼쑤! 선생은 말을 이었다.

"덩더덩더덩더쿵!"
"얼쑤!"

"고려대의 경우는 <가>의 칸트의 '계몽'이란 무엇인가? <나>의 필립 페팃의
'공화주의' <다>의 김성한의 소설 '개구리' <라>의 선택의 모순을 다룬 '뉴콤의
문제' 등이 제시문으로 나왔다. 여기서 '계몽, 노예근성, 선택의 모순' 등은 우리
가 알고 있는 다른 제시문에서도 볼 수 있는 주제다. 특히 신문에서도 이 주제
를 가지고 찾아보면 전부는 아닐지라도 전체 내용중에 한 문단에서, 한 문장에
서 그러한 주제와 관련된 내용을 찾을 수 있다. 이 주제들을 다양한 관점에서
살피면 논술 문제를 푸는데 큰 어려움이 없다는 것이야. 알겠지."
수식은 이해가 빨랐다.
"결국 주제의 다른 내용에 대한 적용의 문제가 되는군요."
"그렇지. 고려대의 문제를 보면 논제 유형이 드러난다. <문제 1>은 제시문을
500자 내외로 요약하는 '분석형'의 논제다. <문제 2>는 학문의 진보에 관한 자
신의 입장을 묻는 문제로 '설명형'의 논제에 해당한다. < 문제 3>은 사회구성을
일정하게 유지한 혁신가와 모방자의 비율관계를 설명하라는 '분석형'의 수리형
논제였다."
얼쑤! 선생은 침을 튀기며 설명했다. 수식은 노트에 꼼꼼히 적었다.

"덩더덩더덩더쿵!"
"얼쑤!"

1. 분석형 논제(요약, 공통점, 차이점, 핵심어, 공통 주제 등)를 확인하고, 신문에서 제시문을 선택하여 편집하고, 스스로 문제를 만들고 답안을 작성해 보라!

"수식아. 분석형 논제는 논술의 기본이다. 이 신문을 보고 내용을 분석하여 핵심어를 설정하여 제시문으로 선택하기 바란다."

수식은 면밀하게 신문을 뒤적였다. 이번에는 책의 내용을 쓴 서평 부분에 수식의 눈이 멈췄다. 밑줄을 치며 치밀하게 분석하기 시작했다. 특히 신문 기사의 처음과 마지막 부분에 유의하면서 읽었다.

"핵심어로 무엇을 잡았니?"

"'과학의 관점'을 생각했습니다. 비록 쉬운 것이지만 스스로 해 본다는 것에 의미를 부여하고 싶습니다."

얼쑤! 선생은 수식에게 자신감을 주었다.

"좋지. 3단계의 출발은 그렇게 한다. 실망할 필요는 없다. 이제 너는 2단계를 잘 끝내고 오늘 3단계로 들어왔다. 너는 논술에 흥미를 느끼고 있다. 그것이 중요하지. 논술의 여러 길 가운데 고수의 길로 접어들었다. 길만은 잘 잡았다. 오늘의 '스스로논술학습법'의 3단계인 12강을 통하여 확실한 너의 칼라를 보여줘야 한다."

얼쑤! 선생은 목소리를 낮추고 비장하게 말했다.

수식은 짧게 말했다.

"잘 알겠습니다."

수식은 서평의 신문 기사의 내용을 읽고 두 제시문의 핵심 주제를 추려냈다.

"덩더덩더덩더쿵!"

"얼쑤!"

<가> "우리나라 미술이 '과학문화재'라고 강조한다."[39]

<나> "사라져가는 '반딧불이에 대한 과학적인 설명을 한다."[40]

분석형의 논제는 '요약, 공통점, 차이점, 핵심어, 공통 주제' 등을 바탕으로 문제를 만든다. 이럴 때는 핵심적 주제를 미리 생각하면 좋다. 그러나 최고의 방법으로 신문의 여러 내용을 보면서 즉흥적으로 생각해 내는 방법을 추천한다. 미리 주제를 선정하고 신문 기사나 칼럼을 찾으면 사고의 영역이 좁아지고 발산적 사고가 되지 않는다. 그러나 신문의 여러 기사나 칼럼 등을 섞어 놓고 퍼즐게임처럼 통합하고 나누어보는 과정에서 생겨나는 주제(핵심어)가 있다. 신문의 특성 상 시사적인 내용을 많기 때문에 그 주제(핵심어)는 오늘날 삶의 가치와 밀접하게 관련된다. 마치 깊은 산 속에서 보물을 캐내는 듯한 흥분된 기분으로 신문의 내용 속에서 필요한 주제를 찾아 발굴해야 한다. 또한 공통된 주제에 해당하는 신문의 기사를 모아 제시문으로 늘여놓으면 된다. 얼마나 가슴 벅찬 일인가? 이것이 논술을 즐기면서 놀이하는 것이다. 이런 과정에서 열정이 샘솟는다.

수식이가 만든 문제를 읽어보았다.

"덩더덩더덩더쿵!"

"얼쑤!"

문제

'제시문 <가>와 <나>의 공통점을 찾아 제시하고, 그에 대한 자신의 견해를 밝히시오'를 만들어 봤습니다.

---

39) 한국미술의 과학을 논하다…'한국 미술의 美' 동아일보(2008.08.09)
40) 왜 빛나는 걸까?…'반딧불이 통신' 동아일보(2008.08.09)

"네가 만든 문제는 분석형의 논제로 <가>와 <나>의 공통점을 물었다. 그리고 그것에 대한 자신의 견해도 물었다. 그런데 공통점에 대한 '자신의 견해'를 묻는 것은 어떻게 생각해 냈지?"

"예. 제가 얼쑤! 선생님의 서재에 오기 전에 대학의 논술 기출문제를 봤습니다. 그런데 논술의 문제가 한 가지로 분명한 것이 있었지만 대학에 따라 두 가지의 질문이 섞인 것도 있었습니다. 그래서 공통점만 물어보는 문제는 단조로울 것 같아 '그것에 대한 자신의 견해'를 넣어서 만들어 보았습니다."

수식은 열심히 설명했다. 그의 적극적인 의지가 마음에 들었다. 얼쑤! 선생이 논술 방법에 대해 시키는 대로만 한 것이 아니고, 자신이 연구하여 문제를 덧붙이는 것이 마음에 들었다.

"덩더덩더덩더쿵!"
"얼쑤!"

얼쑤! 선생은 질문을 던졌다.

"좋다. 감동이다. 네가 만든 논제는 '분석형'에 '비판형'이 합쳐진 것이다. 암. 그렇게 해야지. 다음으로 <가>의 제시문의 내용이 갖는 의미는 무엇이지?"

수식은 당당하게 말했다.

"참신성입니다. <가>는 우리나라 미술을 '과학의 관점'으로 봤다는 것이죠. <가>에 따르면, 한국 미술의 특징은 그동안 언급되었던 '비애의 미, 애상의 미'가 아니라는 것입니다. 새로운 관점인 과학적 입장에서 고찰하니 우리의 미술이 자연에 부응하는 자연주의라는 것입니다. 그래서 대상을 바라보는 관점에 초점을 맞추고 '과학적인 관점'을 주제로 잡았습니다."

"그렇다면 그 근거를 대야지. 주장과 근거는 바늘과 실의 관계잖아."

"네. 성덕대왕신종의 주조 기술, 고려청자와 조선백자의 흙, 유약, 불의 조화는 당대 과학이 잘 반영됐다는 것입니다. 과학의 관점으로 보는 근거입니다."

얼쑤! 선생은 거푸 질문을 던졌다.

"좋아. 다음으로 넘어가자. <나>의 제시문을 선정하게 된 배경은 무엇이지?"

수식이가 말을 받았다.

"<나>는 반딧불이에 대한 설명입니다. 수명은 1년이고, 발광의 빛은 냉광(冷光)으로 뜨겁지 않고, 성충은 이슬만 먹고 산다는 등 과학적으로 설명했습니다. 객관적인 접근 태도를 보인 것이죠."

"훌륭하다. 너의 설명에 논리성이 번뜩인다. 논리성은 논술의 핵심이다. 여기서 잠깐 과학적 사고에 대해서 생각해보자."

"덩더덩더덩더쿵!"

"얼쑤!"

얼쑤! 선생은 '프레시안'에 소개된 <최무영의 과학 이야기>를 참고하여 말했다.

"첫째, 과학적 사고는 기존지식에 대한 '반성'이다. 우리가 다루는 한국의 미술에 대해서 생각해보면, 그 동안은 애상미로 봤다. 그런데 반성하여 새롭게 조사하니 그것은 애상미가 아니라 당대의 과학이 활용됐다는 것이다. 그 근거도 들고 있다. 둘째, 과학적 사고는 '지식의 정량화'다. 정량화는 시료를 이루는 각 성분의 양을 객관적으로 재는 분석의 방법이다. 그 사례로 조선백자의 흙, 유약, 불의 조화를 정량적으로 분석한 결과로 과학 문화재라는 것을 밝힌 것이다. 셋째, 과학적 사고는 '지식의 실증적 검토'다. 실험을 통한 검증으로 확인해야 한다는 것이다. <나>의 경우도 반딧불이의 발광 마디에서 나오는 빛은 열광(熱光)이 아니라 냉광(冷光)이라는 것이 과학적으로 검증됐기 때문이다."

수식이는 노트에 이 내용을 요약하여 적었다. 얼쑤! 선생은 이어서 <최무영의 과학 이야기>의 글을 읽게 했다. 수식이는 흥미진진하게 읽었다. 필자가 딱딱한 과학의 글을 쉽게 대화체로 풀어썼기에 수식이가 읽기에 좋았던 모양이다. 얼쑤! 선생은 자연물에 대한 개념을 밝힌 모든 대상들은 과학적 사고의 세 요소를 통해 검증된 것이라고 말했다.

"수식아 그러면 답안을 작성하기 바란다."

"덩더덩더덩더쿵!"

"얼쑤!"

첨삭●●●

논술 답안을 논술 선생님의 '!, ?'로 창의적인 첨삭을 받아라!

수식의 논술답안과 첨삭

<가>는 우리 미술이 '과학문화재'라고 강조한다. 신비한 종소리를 만들어 낸 성덕대왕신종의 주조 기술, 고려청자와 조선백자의 재료인 흙, 유약, 불의 조화는 1) 당대 과학과 뗄 수 없는 관계라는 것을 근거로 댄다.(?) <나>는 사라져가는 반딧불이에 대한 '과학적인 설명'을 한다. 따라서 2) <가>와 <나>의 공통점은 '대상을 바라보는 과학적 사고'라는 것이다. 과학적 사고는 '기존 지식에 대한 반성, 지식의 정량화, 지식의 실증적 검토'를 통해 이루어진다.(!) 3) <가>의 '성덕대왕신종'의 주조 기술이 과학적 사고의 세 요소에 의해 검증되었다. 또한 <나>의 '반딧불이'의 발광이 냉광(冷光)이라는 것도 과학적 사고의 세 요소에 의해 검증되었기 때문이다.(?) 이런 과학적 관점은 기존의 인식을 바꾸고 새로운 지식을 객관적으로 알려주기에 그 효용성은 크다.

"수식아. 전체적인 흐름은 좋다. 특히 논제에 대한 내용을 답안에 분명하게 제시한 것은 좋다. 또한 주장에 대한 논거가 정확하다. 그러나 문장의 부분적인 사용이 좀 미숙하다. 중복되는 어휘는 피하고 깔끔하게 처리하는 문장 기술이 필요하다. 그러나 수식아. 크게 걱정할 필요가 없다. 완벽한 답안이란 전문가가 써도 존재하지 않는다. 알겠지."

"집에 가서 문장 쓰기를 연습해 보겠습니다."

수식이는 당당하게 말했다. 그러면서 노트에 적은 얼쑤! 선생의 평가인 (?), (!)에 대한 이유를 보여주었다.

"1)의 문장은 (?)표가 붙었는데, 세련된 문장이 아니기 때문이다."

얼쑤! 선생은 (!)표를 찍어주고, 그 문장을 고치라고 했다.

"덩더덩더덩더쿵!"

"얼쑤!"

▶1 당대 과학과 뗄 수 없는 관계라는 것을 근거로 댄다.(?)
▶1 당대 과학을 반영한 것을 근거로 댄다.(?)
▶1 당대 과학을 반영한 근거가 된다.(!)

수식은 수정한 두 번째 문장에서 '당대 과학을 반영한 것을'이라는 표현을 썼다. 그러나 이것은 앞의 말인 '재료인 흙, 유약, 불의 조화는'과 관련시키면 호응이 안 되는 잘못된 표현이다. '재료인 흙, 유약, 불의 조화는 당대 과학을 반영한 것을 근거로 댄다'가 되기 때문이다. 따라서 (!)표를 찍은 문장인 '재료인 흙, 유약, 불의 조화는 당대 과학을 반영한 근거가 된다'로 해야 한다.

"2)의 문장에 (!)가 붙은 이유는, 2)의 문장이 이 답안에서 자신의 견해에 해당하는 '이런 과학적 관점은 기존의 인식을 바꾸고 새로운 지식을 객관적으로 알려주기에 그 효용성은 크다'의 전제가 되기 때문이다."

얼쑤! 선생은 (!)의 이유의 문장에 (!)를 찍어 주었다. 말을 이었다.

"논술의 답안에서 평가자의 설득력을 높이려면 전제를 바탕으로 한 자신의 견해를 밝혀야 한다. 너의 답안에서 빛나는 부분이다. 그 효용성을 기억해두기 바란다."

수식은 3)의 문장에 (?)가 찍힌 이유에 대해 노트에 적었다. 생각하고 적는 시간은 2분이 채 안 걸렸다. 미리 앞에서 얼쑤! 선생이 '중복되는 어휘가 있어서'라는 말을 염두에 두고 썼기 때문이다. 얼쑤! 선생은 목을 빼어 적은 문장을 보았다.

"덩더덩더덩더쿵!"
"얼쑤!"

"3)의 내용은 '과학적 사고의 세 요소에 의해 검증되었다'가 중복되었기 때문에 (?)표가 붙었다. 중복된 어휘를 없애고 두 문장을 한 문장으로 이어야 한다. 그 결과 긴 문장이 될 것이므로 내용의 명확성을 확보해야 한다."
"좋아. 그 이유에 대해 (!)표를 붙여주마. 그럼 수정한 내용을 노트에 써서 보여줘야지."

▶ 3 <가>의 '성덕대왕신종'의 주조 기술이 과학적 사고의 세 요소에 의해 검증되었다. 또한 <나>의 '반딧불이'의 발광이 냉광(冷光)이라는 것도 과학적 사고의 세 요소에 의해 검증되었기 때문이다.(?)
▶ 3 <가>의 '성덕대왕신종'의 주조 기술과 <나>의 '반딧불이'의 발광이 냉광(冷光)이라는 것도 이 과학적 사고의 세 요소에 의해 검증되었다.(!)

다시 쓴 답안

<가>는 우리 미술이 '과학문화재'라고 강조한다. 신비한 종소리를 만들어 낸 성덕대왕신종의 주조 기술, 고려청자와 조선백자의 <u>재료인 흙, 유약, 불의 조화는 당대 과학을 반영한 근거가 된다.</u> <나>는 사라져 가는 반딧불이에 대한 '과학적인 설명'을 한다. 따라서 <가>와 <나>의 공통점은 '대상을 바라보는 과학적 사고'라는 것이다. 과학적 사고는 '기존 지식에 대한 반성, 지식의 정량화, 지식의 실증적 검토'를 통해 이루어진다. <u><가>의 '성덕대왕신종'의 주조 기술과 <나>의 '반딧불이'의 발광이 냉광(冷光)이라는 것도 이 과학적 사고의 세 요소에 의해 검증되었다.</u> 이런 과학적 관점은 기존의 인식을 바꾸고 새로운 지식을 객관적으로 알려주기에 그 효용성은 크다.

"덩더덩더덩더쿵!"

“얼쑤!”

2. 설명형 논제(과정, 예측, 결과, 영향, 개념, 본질, 관계, 의미 등)를 확인하고, 신문에서 제시문을 선택하여 편집하고, 스스로 문제를 만들고 답안을 작성해 보라!

“수식아. 설명형 논제는 설명은 대상에 대한 개념과 속성, 가치, 의의, 관계 등을 밝혀 쓰기를 원하는 유형이다. 또한 필자의 내용을 근거로 논점을 파악하고 자신의 주장과 견해까지 나가는 형태의 글을 요구한다. 설명형의 논제는 다른 유형도 마찬가지만 제시문의 정확한 독해를 요구하지.”

“정확한 독해는 논술의 어느 경우나 중요하군요. 그 전에는 논술에서 배경지식을 강조했는데 현재는 제시문의 독해만 정확하게 해도 별 무리가 없는 것 아닌가요?”

수식은 말했다. 그러나 얼쑤! 선생은 그런 말에 신중한 접근이 필요하다고 말했다.

“덩더덩더덩더쿵!”
“얼쑤!”

얼쑤! 선생의 침이 튀었다.

“요즘 그런 말이 인터넷에 돌아다니더라. 그런데 아무리 논술고사가 본고사의 형태를 취한다 해도 논제에 대해 아는 것이 없으면 쓸 수가 없다. 정확한 독해에서 나온 핵심적 내용을 배경지식으로 두텁게 감싸면 심층적인 서술이 가능해진다. 그래서 논술을 ‘교과서의 개념, 이론’ + ‘독서를 통한 백경지식’ + ‘신문을 통한 이슈’의 총합으로 말하기도 하지. 그러나 독서의 배경지식에 너무 얽매일 필요는 없어. 독서에서 언급하는 내용이 신문에서 오늘날 이슈로 구체화되고 있기 때문이야. 우리가 주목해야 할 내용이야. 논술시험에서 고득점을 받은 수험생의 글을 보면 누구나 일관된 내용이 있지. 그것은 신문에서 결정적인 도움을 받았다는 내용이야."

"그럼 신문을 읽을 때 어떤 방법이 좋은가요?"

얼쑤! 선생은 설명했다.

"어떤 사건에 대해 글을 읽더라도 일반화 과정을 꼭 거쳐야지. 사건을 있는 그대로 수용하는 것이 아니라 삶의 보편적인 상황으로 만들어야 한다는 것이야. 이게 중요해. 사례를 들어, 고위 공무원의 비리 문제의 기사를 읽었을 때 '공무원의 부정과 비리'를 먼저 생각해보는 것이지. 그 다음에는 '인간의 삶에서 부정과 비리는 왜 사라지지 않을까?'로 시선의 폭을 넓혀 보는 것이야. 더 확장하면 '자본주의 사회의 이기주의 만연으로 인한 도덕성의 해이'로 나가도 되지. 그러면서 교육의 문제와도 관련시켜보는 것이야. 이것이 통합 논술의 사고 과정이 아니겠어."

수식은 말을 받았다.

"신문을 통해 하나의 주제를 잡으면 상상력을 동원해 연관되는 삶의 주제와 계속 관련시켜야 되는군요. 미국 대통령선거와 관련된 기사 내용이 있다면, 우선 '지도자의 자질'과 '21세기에 요구되는 리더십'을 떠 올려야 하고요. 그 다음에 '선택의 문제'등으로 접근하면 되는 것인가요?"

"그렇지. 특히 '선택'의 주제는 좋아. 인간이 살아가면서 선택은 피할 수 없지. 매순간이 선택의 연속이니까. 선택은 삶의 가치의 측면에서 좋은 주제가 된다. 요즘에는 통계적 자료를 동원한 삶의 상황을 제시한 것이 잘 나온다. 이럴 때는 제시문의 원리나 이론을 통해 다른 제시문의 오늘날 사람의 통계 자료를 분석하여 밝히는 것이 잘 나오지."

덩더덩더덩더쿵!"

“얼쑤!”

“그렇군요. 얼쑤! 선생님. 통계자료를 제시한 논술을 자세히 말씀해 주세요?”

“일종의 ‘통계자료 설명형’이라 부르면 되는데, 여론 조사, 실험 결과의 도표, 그래프 등의 자료는 자료 사이의 상호 관계나 변화 추이 등을 잘 살펴야 한다. 특히 연도별, 나이별, 직장별 등의 기준을 가지고 그 표의 상황에 대한 ‘설명과 견해’를 요구하는 문제가 많다. 여기서 조심할 것은 도표나 그래프의 ‘급격한 변화’에 초점을 맞추어서 그 이유나 속성 등을 평가하는 경우를 조심해야 한다.”

수식이는 앞에 놓인 신문에서 우선 통계나 그래프가 나온 것을 찾기로 했다. 특히 통계는 경제면에서 찾았다. 수식이는 선택한 통계의 자료를 오려서 노트에 붙였다. 그리고 통계의 해당 기사를 요약하여 주제문장으로 제시했다.

제시문 ● ● ●

<가> “생산자 물가 동향에 따르면 7월의 생산자 물가 총지수는 7월(12.8%) 이후 가장 큰 폭으로 상승했다.”[41]

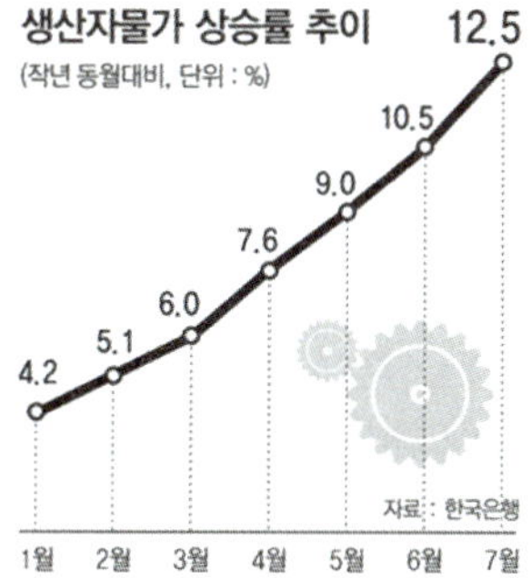

<나> “우리나라 중소기업의 돈 마름 때문에 국내 은행들의 중소기업에 대한 신용도가 하락했다.”[42]

---

41) ‘생산자 물가 상승폭 10년 만에 최고’ 동아일보(2008.08.09)
42) 中企, 타는 ‘돈’마름 동아일보(2008.08.09)

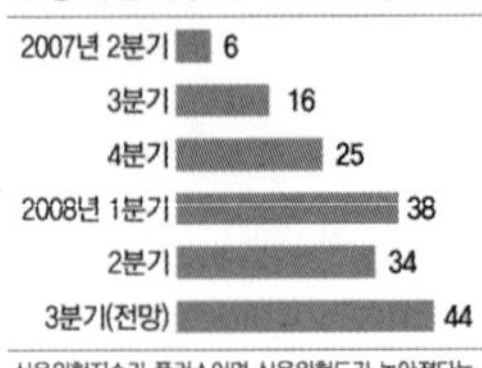

"덩더덩더덩더쿵!"

"얼쑤!"

생산자물가는 국내시장 출하단계에서 결정되는 재화 및 서비스의 가격을 말한다. 생산자 물가는 원자재 가격을 포함한 국내 전체의 물가를 산정한 것이다. 반면에 소비자 물가는 소비자의 소비생활을 위하여 구입할 대 결정되는 재화의 가격과 서비스요금의 가격을 말한다. 소비자 물가는 정부가 소비자가 구매하는 일부 품목을 대상으로 물가를 산정한 것이다.

"수식아. 생산자 물가가 상승한다면 당연히 원자재 가격이 오르겠지. 그것도 <가>의 통계를 보면 2월에 생산자 물가가 5%대에 올랐었다. 그런데 생산자 물가는 매달 상승폭이 커져서 상승폭이 급격히 커지고 있다는 내용이다. 이 내용을 네가 <나>와 관련시켜 설명해 볼까?"

수식이는 웃으면서 도표를 봤다.

"<나>는 중소기업의 자금난을 통해 은행의 신용도 하락을 말하고 있습니다. 중소기업은 주로 원자재를 사용합니다. 원자재의 가격도 생산자 물가에 포함되므로 기업의 자금난은 가중될 수밖에 없습니다."

수식이의 목소리는 신뢰감이 들었다. 얼쑤! 선생은 수식에게 더 설명을 하도록 했다.

"중소기업은 자금이 더 필요해졌지만 국내 은행이 자금난을 계기로 중소기

업의 신용도를 하락시켰습니다. 또한 은행들이 금리를 올려서 중소기업들이 대
출의 부담을 느끼는 상황은 중소기업의 입장에서는 설상가상(雪上加霜)입니다.”
　얼쑤! 선생은 고개를 끄덕였다. 수식에게 기를 계속 살려주어야 했다. 얼쑤!
선생은 질문을 던졌다.

“덩더덩더덩더쿵!”
“얼쑤!”

“그렇다면 <가>의 도표를 볼 때, 공산품의 생산자 물가가 올랐음을 바탕으로
그 원인과 결과를 생각해 볼까?”
　수식이는 노트에 ‘공산품의 물가상승’이라고 적고 동그라미를 쳤다. 이어 두
줄을 그은 후 앞부분에 각각 ‘원인’과 ‘결과’라고 적었다.
　“소비자들의 수요가 큰 품목이 공산품이죠. 따라서 공산품의 물가 상승의 결
과가 생산자 물가의 상승을 이끌었다고 생각됩니다. 결국 공산품이 올랐다는
것은 전체의 다른 생산자 물가가 모두 올랐다는 지표가 됩니다. 제시문의 신문
기사에도 나왔듯이 공산품의 생산자 물가 상승의 원인은 ‘급등한 국제 유가’와
‘원자재 가격의 상승’으로 볼 수 있습니다.
　수식이는 자신감이 넘쳐흘렀다. 이야기를 다 한 후에 물 한 잔을 마셨다.
　“좋다. 너의 내용을 바탕으로 논술 문제를 만들어 보도록 하자.”

문제

‘제시문 <나>를 <가>와 관련지어 설명하고, <가>의 공산품 생산자 물가 상승의 원인을 예측하
여 제시하시오’를 만들어 봤습니다.

“덩더덩더덩더쿵!”
“얼쑤!”

논술 답안을 논술 선생님의 '!, ?'로 창의적인 첨삭을 받아라!

수식의 논술답안과 첨삭

1) <u><가>의 생산자 물가 상승에 따라 <나>의 우리나라 중소기업의 자금난 압박과 은행들로부터 신용도가 하락했다는 내용이다.</u>(!) 생산자 물가가 상승한다면 중소기업의 원자재 가격도 오른다. <가>의 통계를 볼 때 생산자 물가는 매달 상승폭이 커져서 그에 따라 중소기업의 자금난도 커졌으리라 생각된다. 또한 <나>는 중소기업의 자금난 때문에 은행의 신용도가 하락했다고 말한다. 2) <u>중소기업은 주로 원자재를 사용한다. 원자재의 가격도 생산자 물가에 포함되므로 기업의 자금난은 가중될 수밖에 없다.</u>(?) <가>로 볼 때 공산품의 생산자 물가가 상승했음을 알 수 있다. 3) <u>소비자들의 수요가 큰 품목이 공산품이므로 공산품의 물가 상승의 결과가 생산자 물가의 상승을 이끌었다고 본다. 또한 공산품의 생산자 물가 상승의 원인은 '급등한 국제 유가'와 '원자재 가격의 상승'으로 볼 수 있다.</u>(!)

"수식아. 네가 이야기한 것을 그대로 적었구나. 이 논제는 쉬운 논제에 속한다. 교과서의 심오한 경제의 이론을 바탕으로 경제 현실을 문제를 설명한다기보다 생산자 물가의 상승으로 우리나라 중소기업의 자금난이 어려움을 겪는다는 내용이기 때문이다. 그러나 열심히 설명하려는 너의 열정은 높이 살만하다. 1)의 문장은 왜 (!)표가 붙었는지 글로 써 볼까?"

"덩더덩더덩더쿵!"
"얼쑤!"

"논제에 충실한 내용을 적었기 때문이다. 답안 문단의 첫 문장에 논제가 요구하는 내용을 적는 것은 답안 분량이 적을 때 아주 유효한 방법이다."

얼쑤! 선생은 '너의 이유를 적은 문장도 좋고'하며 (!)표를 붙여 주었다. 두 번째 붙인 (!)표는 1)의 처음 문장에 붙은 (!)표에 대한 그 이유를 잘 설명했다는 표시다.

수식이는 2)의 문장에 (?)표를 찍은 이유를 적어서 보여주었다.

"2)의 문장은 '생산자 물가인 원자재 가격이 올라 중소기업의 자금난이 어려워졌다'는 내용이다. 그런데 이 내용이 답안의 둘째, 셋째 문장에 나와 있다. 따라서 같은 내용으로 삭제해야 한다."

얼쑤! 선생은 (!)표를 붙여주었다. 수식이는 자신이 답안을 쓰고 자신이 구체적으로 평가를 한 셈이다. 얼쑤! 선생은 단지 (?)표와 (!)만을 붙여주어 평가의 암시만 했을 뿐이다. 그래서 이러한 논술방법을 '스스로논술학습법'이라고 한다.

"3)은 공산품이 다른 생산자 물가 상승을 이끌었다는 내용과 그 결과 원인을 밝혀 논제에 충실한 모습을 보여 주었다."

수식이의 노트에 적은 내용이다. 역시 (!)표를 찍어 주었다. 수식은 미소를 지었다.

"덩더덩더덩더쿵!"

"얼쑤!"

다시 쓴 답안

<가>의 생산자 물가 상승에 따라 <나>의 우리나라 중소기업의 자금난 압박과 은행들로부터 신용도가 하락했다는 내용이다. 생산자 물가가 상승한다면 중소기업의 원자재 가격도 오른다. <가>의 통계를 볼 때 생산자 물가는 매달 상승폭이 커져서 그에 따라 중소기업의 자금난도 커졌으리라 생각된다. 또한 <나>는 중소기업의 자금난 때문에 은행의 신용도가 하락했다고 말한다. <가>로 볼 때 공산품의 생산자 물가가 상승했음을 알 수 있다. 소비자들의 수요가 큰 품목이 공산품이므로 공산품의 물가 상승의 결과가 생산자 물가의 상승을 이끌었다고 본다. 또한 공산품의 생산자 물가 상승의 원인은 '급등한 국제 유가'와 '원자재 가격의 상승'으로 볼 수 있다.

3. 비판형 논제(주장, 비판, 반박, 평가, 판단, 근거 등)를 확인하고, 신문에서 제시문을 선택하여 편집하고, 스스로 문제를 만들고 답안을 작성해 보라!

"수식아. 베이징의 올림픽의 감동이 아직도 남았지. 정말 피나는 고통 속에서의 영광된 금메달의 열매는 그 무엇에 비교할 수 없다. 그렇지. 너는 누구를 좋아하니?"

"저는요. 역도의 장미란입니다. 그 역도 경기를 보고 장미란이 정말 아름답다고 느꼈습니다. 힘의 한계에 도전하는 그녀의 모습은 자신과의 싸움에서 이겼다는 사실은 진정한 아름다움을 보여주는 부분입니다."

수식이는 신이 나서 말했다.

"덩더덩더덩더쿵!"
"얼쑤!"

"그렇다. 장미란의 고독한 자신과의 싸움이 가장 멋졌지. 또한 역도에 대한 순수한 열정이 우리 국민들의 마음을 울렸다. 장미란이 미스코리아보다 아름다운 이유다. 자, 오늘은 이 신문을 봐라. '스스로논술학습법'의 3단계의 비판형 논제를 올림픽의 기사를 통해 선정해 보자."

수식이의 손이 재빠르게 움직였다. 신문은 온통 베이징 올림픽의 기사가 중심이다. 수식이는 쉽게 한 신문 기사를 제시문으로 선택했다. 10여분이 흘렀다. 수식이는 한 칼럼을 오려들고 나섰다. 그러나 신문 기사는 선정했으나 칼럼은 선정하지 못하고 있다. 수식이가 지금 서로 다른 내용으로 제시문을 편집하려 하는데 마땅한 칼럼이 눈에 보인지 않는 모양이다. 얼쑤! 선생은 다른 날짜의 신문을 건네주었다. 또 10여분이 흘렀다. 수식이의 손길이 바빠졌다. 칼럼 하나를 오려서 노트에 붙이기 위해서다. 또 기사와 칼럼을 읽더니 주제문장을 만들어냈다. 얼쑤! 선생이 눈을 들어 쳐다봤다.

<가> "베이징 올림픽의 갈비뼈 부상의 유도의 왕기춘과 장딴지 경련의 역도 이배영은 고통 속
　　에서의 투혼으로 누리꾼들에게 인기를 받고 있다."[43]
<나> "스포츠는 극한적인 육체적 고통에서 매혹과 열광이라는 미학이 나온다."[44]

"나도 <가> 글을 읽고 감동을 받았다. 왕기춘과 이배영의 고통 속에 투혼은 진정한 스포츠가 무엇이지를 보여주었다. 스포츠는 고통 속에서 찬란한 감동의 꽃을 피운다는 것이다. 이제 우리는 무조건 금메달에 열광하지 않는다. 금메달을 떠나서 스포츠를 통해 진정한 인간의 참 모습을 보여줄 때 감동한다. 이것은 성숙한 의식에서 나오는 감동이다."

"덩더덩더덩더쿵!"
"얼쑤!"

얼쑤! 선생도 고통으로 일그러진 얼굴의 왕기춘과 이배영의 모습의 사진을 몇 번이고 쳐다보았다. 고통 속에서 최선을 다하는 모습이 클로즈업되어 나타났다. '고통 속의 최선'은 비운의 두 선수가 누리꾼들에게 인기를 누리는 이유다.
"수식아. 삶의 진실은 먼 곳에 있지 않다. 베이징 올림픽 사진마다 진실이 들어있다. 왕기춘의 유도와 이배영의 역도는 그 선수에게 스포츠는 삶 자체이다. 삶의 자체가 아니고는 '부상 투혼'을 발휘할 수 없다. 그들에게 스포츠는 삶이요, 삶은 스포츠다. 삶의 진실은 여기에 있다. 우리가 진한 감동을 받는 이유다."
수식은 말했다.

---

43) '부상 투혼' 왕기춘-이배영 미니홈피 '소핫' 동아일보(2008.08.13)
44) '매혹과 열광' 어느 인문학자의 스포츠 예찬 동아일보(2008.08.09)

"얼쑤! 선생님, 그렇지요. 삶의 진실은 이렇게 존재하는군요. 이제 나의 눈으로 발견할 수 있습니다. 바로 '스포츠와 삶과의 일치'이죠."

"중요한 것을 잘 잡아내었다. 진정한 예술가에겐 그 사람의 삶 자체가 예술이어야 한다. 입장을 바꾸어 볼까? 진정한 학생에게는 공부가 삶 자체이어야 한다. 거꾸로 삶이 공부 자체이어야 하고, 수식이는 어떠냐?"

수식이는 '그 정도는 아니지요'하면서 고개를 숙였다. 그러면서 얼쑤! 선생은 '박경리'의 <거리의 악사>라는 수필을 펼쳐 보였다.

"덩더덩더덩더쿵!"
"얼쑤!"

나는 쫓기듯 산에서 내려오고 논둑길을 걸어오는데,

"장판 사려어-" 외치는 소리에 고개를 드니, 바로 앞에 장판지를 말아서 짊어진 할머니가 다시 '장판 사려' 하고 외친다. 나는 그의 뒤로 바싹 붙어서 따라가다가, "할머니?" 하고 불렀다. 할머니는 돌아보지도 않고 대답을 했다. "이러고 다니면 장판지가 더러 팔려요?" "사는 사람이 있으니께, 팔리니께 댕기지." "많이 남아요?" "물밥 사묵고 댕기믄 남는 것 없지, 친척집에서 잠은 자고…."

노파는 다시 외친다. 집이래야 눈에 띄는 농가(農家)가, 박 덩굴 올라간 초가지붕이 몇 채도 안 되는데, 뒤따라가는 내 생각으론 한 장도 팔릴 것 같지가 않다. 그래도 노파는 유유히 목청을 돋워 장판 사라고 외치다가, 그것도 그만두고 노래를 부르기 시작한다. 연못 속의 금붕어가 어쨌다는 그런 노래였는데 너무 구슬프게 들려 나도 모르게 귀를 기울이다가, 여기도 또한 거리의 악사(樂士)가 있구나 하고, 어쩌면 이런 사람들이 진짜로 예술가(藝術家)인지 모르겠다는 묘한 생각을 하다가, 그 노파는 윗마을로 가고 나는 가매못 곁에 와서 우두커니 낚시질을 하고 있는 아이들 옆에 서서 구경을 한다. <중략> 가매못 옆을 지나가면서 나는 어릴 때 상두가(喪頭歌)를 구슬피 불러서 길켠에 선 사람들을 울리던 그 넉살 좋은 사나이와 농악(農樂)꾼에

유달리도 꽹과리를 잘 치고 춤 잘 추던 사람을 생각하며, 그들이야말로 예
술가인지도 모른다고 생각했다.

─ 박경리 '거리의 악사' 중에서

"수식아, 감동을 주는 내용은 재생해서 보는 것도 좋지. 바로 이 부분이야.
'노파는 유유히 목청을 돋워 장판 사라고 외치다가, 그것도 그만두고 노래를 부
르기 시작한다. 연못 속의 금붕어가 어쨌다는 그런 노래였는데 너무 구슬프게
들려 나도 모르게 귀를 기울이다가, 여기도 또한 거리의 악사(樂士)가 있구나
하고, 어쩌면 이런 사람들이 진짜로 예술가(藝術家)인지 모르겠다는 묘한 생각
을...'의 내용이다. 진정한 예술은 그들의 삶과 일치한다. 즉, 삶이 예술이고 예
술이 삶이다. 작가에게 삶의 현장이 예술적 현장이 되는 이유다."
"그렇군요. 바로 그거지요."
수식은 말을 받았다. 그리고 노트에 정리했다.

"덩더덩더덩더쿵!"
"얼쑤!"

이제 <나>의 칼럼을 보자.
"우리는 일반적으로 미적인 아름다움을 음악이나 그림 등의 특정 대상에서
찾는다. 우리들이 대상을 보는 관점이 고정된 결과다. 그러다보니 현대인들의
미적 경험의 대상이 축소될 수밖에 없다. 그만큼 우리의 정신을 맑게 하는 삶의
가치의 경험은 좁아진다. 안타까운 일이야."
"얼쑤! 선생님, 역설법이라는 것이 있잖아요. 겉으로 이치에 맞지 않는 듯 하
나 그 속에 삶의 진실이 들어있는 것 말입니다. 지금 선생님이 말씀하시려는 관
점이 그런 것 아닌가요?"
"수사법으로는 맞는 말이다. 나도 한 때는 '역설의 미학'이란 책을 쓰고 싶어

서 안달이 났을 때가 있었지."

수식이는 관심을 보였다.

"그런데 왜 안 쓰셨어요?"

"쓰기에는 내 삶이 일천하다는 것을 느꼈어. 원고지로 500매 가량을 쓰니 삶을 너무 모르고 있다는 생각이 들었지. 솔직한 고백이야. 쓰다가 보니 '역설법의 미학'은 삶의 중심을 관통하는 어마어마한 일이라는 것을 깨달았지. 역설의 이치로 신비의 우주와 다양한 삶을 설명해야 하는데 말이야. 나는 문장으로는 가능하다고 생각했어. 그러나 써 놓고 보니 겉만 그럴듯한 문장만 되었지. 거기에 걸맞은 삶의 경험이 녹아 있지 않으니 죽은 글이 되었지. 패기와 열정만으로 대든 자신이 부끄러웠다. 나이가 70은 돼야 쓰게 될지 몰라."

얼쑤! 선생은 한숨을 쉬었다. <나>의 내용은 '고통이 스포츠 매혹의 요소다'는 것은 바로 역설적인 논리와 같다.

"<나>의 관점으로 <가>를 평가하면 어떨까?"

수식이는 대답을 했다.

"왕기춘과 이배영의 베이징 올림픽에서의 고통은 우리 국민들에게 '매혹과 희열'을 준 스타다라고 볼 수 있죠. <나>의 관점이 '스포츠는 극한적인 육체적 고통에서 매혹과 열광이라는 미학이 나온다'이니까요. 또한 삶의 진실은 고통 속에 있으니까요."

수식은 논리적으로 말하려고 노력을 했다. 그러기 위해 노트를 보면서 천천히 말했다. 얼쑤! 선생은 문제를 만들라고 말했다.

"덩더덩더덩더쿵!"

"얼쑤!"

문제

'제시문 <나>의 관점에서 <가>를 평가하고, 그에 대한 자신의 견해를 제시하시오'를 만들어 봤습니다.

논술 답안을 논술 선생님의 '!, ?'로 창의적인 첨삭을 받아라!

수식의 논술답안과 첨삭

　　<나>의 관점이 '스포츠는 극한적인 육체적 고통에서 매혹과 열광이라는 미학이 나온다'이다. <나>의 관점에서 <가>를 평가하면, 유도의 왕기춘과 역도의 이배영의 베이징 올림픽에서의 고통은 국민들에게 '매혹과 희열'을 준 스타다가 된다. 왕기춘은 유도의 경기에서 갈비뼈 부상을 입었다. 또한 이배영은 역도 경기에서 장단지의 경련의 고통에도 바를 놓지 않았다. 두 선수의 이런 모습은 단지 프로 근성만으로 설명되지 않는다. 더 높은 차원의 접근이 필요하다. 1) 바로 스포츠만이 갖는 고통 속의 희열이라는 미학을 보여준 것이다. 이런 경지는 두 선수에게 운동은 삶의 그 자체이기 때문이다. 바로 운동과 삶과의 일치는 합일(合一)의 '순수한 열정'이다.(!) 투혼을 불사른 두 선수의 고통은 순수한 열정의 또 다른 표현이기 때문이다. 2) 올림픽 스포츠는 금메달로 평가가 가능하지만 이면에 진정한 금메달이 또 있음을 느낀다.(?)

　　"수식아. 전체적으로 잘 쓴 글이다. 문장도 대부분 세련되어 있다. 특히 '두 선수의 이런 모습은 단지 프로 근성만으로 설명되지 않는다. 더 높은 차원의 접근이 필요하다'는 문장은 세련의 미를 보인다. 축하한다."

　　"감사합니다."

　　수식은 기쁨의 미소를 지었다. 그러나 '옥의 티'라고 마지막 문장에는 (?)표를 주었다. 얼쑤! 선생도 이 부분에서 많은 고민을 했다. 그냥 두어도 큰 문제가 없을 문장이지만 논술의 고수가 되려면 '옥의 티'도 없어야 한다는 것이 얼쑤! 선생의 생각이다.

　　"덩더덩더덩더쿵!"
　　"얼쑤!"

　　수식은 노트에 적은 (!)의 이유를 보여주었다. 깔끔하게 적은 문장이다.

"1)의 문장에 얼쑤! 선생님이 (!)표를 붙인 이유는 '고통과 희열'이라는 역설법을 통해 삶의 진실을 보여주고 있기 때문이다. 그 진실은 운동선수에게는 운동과 삶의 합일로 나타난다. 진정한 합일의 경지에 이르게 되면 고통이 희열로 바뀐다. 겉모습은 고통이지만 속의 희열이다. 바로 순수한 열정이기 때문이다."

얼쑤! 선생은 두말없이 (!)표를 붙였다.

"2)는 마지막 문장으로서 격이 떨어진다. 마지막 문장은 고품격의 여운을 남기는 말이 오든지, 핵심 문장의 구체적 논거가 오는 것이 좋다. 그러나 2)의 문장은 '또 다른 금메달'을 운운함으로써 문장을 타고 자연스럽게 흘러오던 어조가 변하게 된다. 삭제하는 것이 좋다."

수식의 이런 글에 얼쑤! 선생은 (!)표를 찍었다. (?)가 (!)로 바뀐 것이다.

수험생이 자신이 문제를 내고 자신이 답안을 작성한다. 그리고 논술 선생은 답안의 문장에 (!), (?)의 표시로 암시만 한다. 그러면 수험생이 다시 왜 그런지 이유를 문장으로 적는다. 다시 논술 선생이 (!), (?)표로 그 이유를 평가한다. 결국 수험생이 자신이 논술의 모든 과정을 스스로 하게 되는 것이다.

다시 쓴 답안

<나>의 관점이 '스포츠는 극한적인 육체적 고통에서 매혹과 열광이라는 미학이 나온다'이다. <나>의 관점에서 <가>를 평가하면, 유도의 왕기춘과 역도의 이배영의 베이징 올림픽에서의 고통은 국민들에게 '매혹과 희열'을 준 스타다가 된다. 왕기춘은 유도의 경기에서 갈비뼈 부상을 입었다. 또한 이배영은 역도 경기에서 장단지의 경련의 고통에도 바를 놓지 않았다. 두 선수의 이런 모습은 단지 프로 근성만으로 설명되지 않는다. 더 높은 차원의 접근이 필요하다. 바로 스포츠만이 갖는 고통 속의 희열이라는 미학을 보여준 것이다. 이런 경지는 두 선수에게 운동은 삶의 그 자체이기 때문이다. 바로 운동과 삶과의 일치는 합일(合一)의 '순수한 열정'이다. 투혼을 불사른 두 선수의 고통은 순수한 열정의 또 다른 표현이다.

"덩더덩더덩더쿵!"

"얼쑤!"

4. 문제 해결형 논제(문제점, 해결방안 등)를 확인하고, 신문에서 제시문을 선택하여 편집하고, 스스로 문제를 만들고 답안을 작성해 보라!

"수식아, 시험에서 배점이 가장 많은 논제 유형이다. 논술의 성격과도 잘 맞는 유형이다. 바로 '문제해결형'이다. 이 문제 유형은 수험생 자신의 견해나 대안을 창의적으로 제시하는 것이 좋다. 따라서 구체적이고 사례를 논거로 제시하는 것이 설득력을 높여야 한다."

수식은 조용히 듣고 있다. 얼쑤! 선생은 말을 이었다.

"실현 가능한 참신한 해결 방안이 중요하다. 수험생들은 추상적인 주장으로 일관한다. 그러나 구체성을 띠고 있지 않기에 좋은 평가를 받을 수 없지."

"얼쑤! 선생님, 사례를 들면 이해가 빠를 것 같습니다."

얼쑤! 선생은 고개를 끄덕였다.

"우리 민족의 대표적 명절로 추석과 설이 있다. 앞으로 100년이 지나도 추석과 설이 지금과 같은 명절로 남아 있을까?"

"장담을 못하겠지요."

"덩더덩더덩더쿵!"
"얼쑤!"

얼쑤! 선생은 말했다.

"그런 생각이 무리는 아니지. 오늘날은 변화가 심하기에 명절이 사라지는 것이 아닌지 걱정한다. 이러한 인식은 해결책을 물어보게 한다. 그런데 학생들의 답안은 한결같다. 수식아, 무엇일까?"

수식이는 생각했다. 자신의 의견보다는 다른 수험생들의 생각을 해야 했다. 묘한 질문이다.

"'아름다운 전통인 명절을 지키기 위해서 노력해야 한다'는 식이 아닐까요?"

"말을 잘했다. 그런 식으로 답변을 한단 말이야. 조금 세련되면, '정부와 국민이 명절의 의미를 되새겨 존속하도록 노력해야 한다'는 식이야. 틀린 답은 아니다. 상식적인 답이라는 것이 문제지."

"덩더덩더덩더쿵!"

"얼쑤!"

수험생들은 상식적인 해결 방안에서 벗어나야 한다. 논술 평가자는 구체적인 해결 방안을 요구한다. 추상적이면 안 된다. 수험생의 관점에서 형성된 참신한 생각을 원한다.

얼쑤! 선생은 말을 이었다.

"수식아. 미국의 추수감사절에는 대통령이 직접 칠면조 한 마리를 '사면'해준다고 한다. 매년 추수감사절마다 미국인 식탁에 오르는 것이 칠면조다. 그러나 대통령에 의해 사면되는 칠면조는 평생을 편하게 살 수 있지."

"아, 그렇군요."

얼쑤! 선생은 말을 이었다.

"여기에 주목해야 한다."

"그것이 뭔데요?"

수식은 관심을 보였다. '칠면조 사면에 중요한 사실이 있다?' 노트를 꺼냈다. 메모할 준비를 했다. 얼쑤! 선생이 말했다.

"칠면조 사면 행사가 미국의 추수 감사절을 영원히 존속하게 해 준다."

수식은 놀랐다. 일반적으로는 대통령이 한 마리를 사면함으로써 4천5백여 만 마리가 '대학살'되는 칠면조에 대한 '애도'쯤으로 생각했을 것이다. 그런데 '한 마리의 사면이 추수감사절의 전통을 지킨다니!' 놀랄 만한 일이다. 얼쑤! 선생은 우리나라도 미국의 추수감사절의 행사에서 힌트를 얻어야 한다고 말했다.

“덩더덩더덩더쿵!”
“얼쑤!”

얼쑤! 선생은 말을 이었다.

“설과 추석의 명절에 우리나라 대통령이 나서서 ‘소’ 등을 한 마리씩 선정해 사면을 베푸는 의식을 공개적으로 치르면 어떨까?”

수식은 의문을 표시했다.

“소 사면을요?”

“아니면 덩치가 작은 ‘닭 사면’도 좋다.”

수식은 노트에 내용을 적었다.

“명절 전 날의 ‘소 사면’, ‘닭 사면’ 행사는 우리 민족에 문화적 상징을 부여할 것이야. 또한 우리의 사면의 이벤트는 외신을 타고 세계적으로 방송되겠지. 그 결과 외국인들에게도 한민족의 명절의 의미를 각인시킬 것이다. 중요한 것은 ‘우리의 명절을 존속’시킬 수 있는 이벤트로 사면이 작용할 수 있다는 것이지.”

수식이가 고개를 들었다.

“덩더덩더덩더쿵!”
“얼쑤!”

수식은 반론을 제시했다.

“얼쑤! 선생님. 우리 명절에 ‘소 사면’은 미국 추수감사절의 ‘칠면조 사면’을 그대로 모방한 것이 아닌가라는 반론도 나올 텐데요? 외래문화의 무비판적 수용이 아닌가요?”

“좋은 질문이다. 수식의 그동안 질문 중에서 가장 좋다. 하하하. 그러나 민족의 전통이 100% 고유한 것이 있을까?”

“없지요.”

"그래 없다. 전통은 시대에 변화한다. 전통이 우리 문화 창조에 이바지할 수 있느냐하는 것이 문제지."

얼쑤! 선생은 말을 이었다. 가을의 바람이 서재로 불었다.

역사학자 이기백은 글을 썼다. "그 비판을 통해서 현재의 문화 창조에 이바지할 수 있다고 생각되는 것만을 우리는 전통이라고 불러야 할 것이다. … 민족문화의 전통을 계승하자는 것이 국수주의나 배타주의가 될 수는 없다. 오히려 왕성한 창조적 정신은 선진문화 섭취에 인색하지 않을 것이다. … 외래문화도 새로운 문화의 창조에 이바지함으로써 뜻이 있는 것이고, 그러함으로써 비로소 민족문화의 전통을 더욱 빛낼 수 있는 것이다"가 그것이다.

"답변은 이기백 선생의 글로 대신 할게. 그렇게 해도 되겠지. '통섭'의 의미로 전통이 설명되는군."

"알겠습니다."

얼쑤! 선생은 해결 방안으로 "우리 명절의 고유 의미를 바탕으로 미국의 '칠면조 사면' 같은 외국 전통을 수용해야 한다. 그 결과 우리 민족 명절로의 창조가 가능할 것이다"로 제시했다. 쉬우면서 참신하고 구체적인 해결 방안이다.

얼쑤! 선생은 힘있게 말했다.

"강조한다. '해결 방안은 구체적으로 제시해야 한다. 참신하다면 더 좋고' 말이야."

얼쑤! 선생은 침까지 튀었다. 수식은 고개를 끄덕였다.

"덩더덩더덩더쿵!"
"얼쑤!"

수식에게 신문의 기사와 칼럼 등을 제시문으로 선택하도록 했다.

제시문●●●

<가> "'강한 중국 부활'을 담은 베이징 올림픽의 개회식의 내용이다."45)

<나> "베이징 올림픽에 대한 해외 언론들의 찬사와 혹평의 반응이다."46)

<다> "서로 소통할 수 없는 장미와 늑대의 우화다."47)

수식은 이번의 제시문의 선택은 신문 기사 2편과 우화 1편으로 결정했다. 우화를 넣으면 다양한 해석이 가능해진다. 중국 '베이징 올림픽의 기사와 우화의 만남'으로 독특한 제시문을 편집했다. 수식의 창의력이 발휘되는 순간이다.

"수식아. 제시문 <나>를 보면 베이징 올림픽을 보는 관점에 따라 언론의 반응이 달라짐을 알 수 있다. 시각의 차이지. 신문 기사의 타이틀을 보면 베이징 올림픽에 대해, '국제사회 복귀 선언' '역사상 가장 정치적…' 찬사半 혹평半이라고 돼 있잖아. 바로 그거야. 논술도 이런 관점이 필요하지. 결국 자신의 창의성으로 발현되어 다른 수험생과의 차별화가 가능하다는 말이야."

"덩더덩더덩더쿵!"

"얼쑤!"

수식은 친근하게 말했다.

"제가 만든 논술 문제의 대상은 이렇습니다. <나>의 다양한 관점으로 <가>의 문제점을 찾는 우선으로 두었죠. 이어서 <다>의 우화의 의미를 통해 해결방안을 제시하는 것으로 했는데 어떨까요?"

수식은 자신감을 드러냈다.

"좋다. 문제점에 대한 해결 방안을 제시문을 참고하여 제시하라는 것이 요즘 대부분 시험의 문제 유형이다. 간혹 해결 방안을 자신의 입장에서 쓰라는 것도 있다. 따라서 두 가지의 문제 해결형을 익혀야 한다. 논술 문제와 제시문의 첫 작품으로는 성공적이다."

---

45) 진시황도 못봤을 향연… 지구촌 '오리엔탈 쇼크' 동아일보(2008.08.09)

46) "국제사회 복귀 선언" "역사상 가장 정치적"… 찬사半 혹평半 동아일보(2008.08.09)

47) [작가 김주영의 그림 읽기] 소통할 수 없는 장미와 늑대는… 동아일보 칼럼(2008.08.09)

“감사합니다.”

'<나>의 관점에서 <가>의 문제점을 찾아 밝히고, 그에 대한 해결 방안을 <다>에서 찾아 제시하시오'를 만들어 봤습니다.

첨삭● ● ●

논술 답안을 논술 선생님의 '!, ?'로 창의적인 첨삭을 받아라!

“덩더덩더덩더쿵!”
“얼쑤!”

수식의 논술답안과 첨삭

<나>는 베이징 올림픽에 대한 해외 언론들의 찬반의 반응이다. '국제 사회 복귀 선언'으로 본 찬사가 있고 '역사상 가장 정치적'이라는 혹평의 반응이기 때문이다. <나>는 대상에 대한 두 가지의 관점을 보인다. <다>는 서로 소통할 수 없는 장미와 늑대의 우화다.

1) <u><다>에서 장미와 늑대는 선천적인 능력과 특성을 발휘하며 살아야 함을 보여준다.</u>(?) 자신의 선천적인 특성을 발휘할 때 대상과의 진정한 의사소통이 가능하기 때문이다. 2) <u><가>는 '강한 중국 부활의 메시지'를 담은 베이징 올림픽의 개회식 내용이다. 중국의 56개 민족의 화합을 강조한 부분은 <나>의 '정치적'이라는 관점으로 볼 때 <가>의 문제점을 도출할 수 있다.</u>(!) 독립시위를 벌였던 티베트족과 테러사건이 터진 지역의 위구르족도 베이징 올림픽에서 화합을 강조했기 때문이다. 중국의 인권 문제가 논란이 되는 이유다.

<다>에서 <가>의 해결방안을 찾을 수 있다. 즉, '장미와 늑대의 선천적인 능력, 특성을 버린 상태에서는 의사소통이 어려워 고통을 겪는다'는 내용이다. 따라서 3) <u>56개 소수 민족의 능력과 특성이 발휘되려면 명목상 화합으로만 통합할 것이 아니라 독립 보장으로 나가는 것이 진정한 화합의 방안이 된다.</u>(?) 4) <u>56개 중국의 소수의 민족들이 의사소통을 이루며 교류할 수 있어 화합의 날을 만들 수 있기 때문이다.</u>(?)

전체 내용의 윤곽은 드러나지만 그것의 명확한 표현이 부족했다. 논점을 정확히 잡은 것은 좋았다. 논리성도 부각됐다. 여기에 적절한 문장이 뒷받침됐다면 좋은 답안이다.

수식은 노트에 1)의 (?)에 대한 이유를 적었다.

“덩더덩더덩더쿵!”
“얼쑤!”

“1)의 문장이 (?)인 이유는 다음 문장과의 내용이 겹치는 것이 있다. 즉, ‘선천척인 능력과 특성을 발휘하며’이다. 따라서 이 겹치는 내용을 삭제해야 한다.”

얼쑤! 선생은 (?)표를 찍었다. 1)의 잘못된 것의 이유를 잘못 말한 것이다. 그래서 (?)에 또 (?)이 붙었다. 수식이는 고민에 잠겼다.

“1)과 이어지는 다음의 문장 길이가 모두 길다. 1)의 문장의 위치 상 중요한 내용이 와야 한다. 그래서 문장을 줄이고 논제와 관련된 핵심적인 내용이 와야 한다.”

얼쑤! 선생은 웃으며 (!)표를 찍었다.
“바로 그거야! 문장의 내용을 고쳐봐야지.”

“덩더덩더덩더쿵!”
“얼쑤!”

▶1 <다>에서 장미와 늑대는 선천척인 능력과 특성을 발휘하며 살아야 함을 보여준다.(?)
▶1 <다>에서 장미와 늑대는 선천척인 능력과 특성을 발휘한다.(?)
▶1 <가>는 선천척인 능력과 특성의 중요성을 말한다.(!)

“2)는 논제에 대한 충실한 답변이 제시됐다. <가>와 <나>의 내용을 통해 논제와 관련하여 두 제시문 간의 관계를 명확히 규정했다. 그래서 (!)표를 받은 것이다."

얼쑤! 선생은 웃으며 (!)표를 찍었다.

"3)은 내용 상 무리가 없다. <나>의 정치적 관점에 따라 <가>의 내용을 볼 때 개막식의 화합 메시지는 명목상일 수 있다는 설명이 가능하다. 그러나 진정한 화합의 방안이라면 많은 소수 민족의 '능력과 특성'을 인정해주는 방향으로 나가야 한다. 그러나 (?)가 붙은 것은 '56개의 소수민족'의 표현이 이 답안에서 3번이 나오고 문장이 길기 때문이다."

얼쑤! 선생은 (!)표를 찍었다.

"덩더덩더덩더쿵!"
"얼쑤!"

▶ 3 56개 소수 민족의 능력과 특성이 발휘되려면 명목상 화합으로만 통합할 것이 아니라 독립 보장으로 나가는 것이 진정한 화합의 방안이 된다.(?)
▶ 3 많은 소수 민족의 능력과 특성이 발휘되려면 명목상 화합으로만 통합할 것이 아니다. 독립 보장으로 나가는 것이 진정한 화합의 방안이 된다.(?)
▶ 3 진정한 화합을 위해서는 많은 소수 민족의 능력과 특성이 발휘되도록 해야 한다.(!)

수식이는 3)의 긴 문장을 깔끔하게 잘 줄였다. 문장의 다이어트는 논술 답안의 작성에서 중요하다. 수험생들은 핵심적인 문장을 짧게 제시하는 것을 익혀야 한다. 그 속에 논제가 요구하는 것을 담을 때 평가자들은 감동하기 때문이다.

"4)도 3)과 같은 이유로 (?)표가 붙었다. 핵심적인 내용을 중심으로 줄여야 한다."

얼쑤! 선생은 (!)표를 찍었다.

▶ 4 56개 중국의 소수의 민족들이 의사소통을 이루며 교류할 수 있어 화합의 날을 만들 수 있기 때문이다.(?)

▶ 4 소수 민족들의 능력과 특성의 발휘는 진정한 의사소통을 가능하게 하기 때문이다.(!)

"덩더덩더덩더쿵!"

"얼쑤!"

다시 쓴 답안

<나>는 베이징 올림픽에 대한 해외 언론들의 찬반의 반응이다. '국제 사회 복귀 선언'으로 본 찬사가 있고 '역사상 가장 정치적'이라는 혹평의 반응이기 때문이다. <나>는 대상에 대한 두 가지의 관점을 보인다. <다>는 서로 소통할 수 없는 장미와 늑대의 우화다.

<가>는 선천적인 능력과 특성의 중요성을 말한다. 자신의 선천적인 특성을 발휘할 때 대상과의 진정한 의사소통이 가능하기 때문이다. <가>는 '강한 중국 부활의 메시지'를 담은 베이징 올림픽의 개회식 내용이다. 중국의 56개 민족의 화합을 강조한 부분은 <나>의 '정치적'이라는 관점으로 볼 때 <가>의 문제점을 도출할 수 있다. 독립시위를 벌였던 티베트족과 테러사건이 터진 지역의 위구르족도 베이징 올림픽에서 화합을 강조했기 때문이다. 중국의 인권 문제가 논란이 되는 이유다.

<다>에서 <가>의 해결방안을 찾을 수 있다. 즉, '장미와 늑대의 선천적인 능력, 특성을 버린 상태에서는 의사소통이 어려워 고통을 겪는다'는 내용이다. 따라서 진정한 화합을 위해서는 많은 소수 민족의 능력과 특성이 발휘되도록 해야 한다. 소수 민족들의 능력과 특성의 발휘는 진정한 의사소통을 가능하게 하기 때문이다.

...13강

1. 분석형 논제(요약, 공통점, 차이점, 핵심어, 공통 주제 등)를 확인하고, 신문에서 제시문을 선택하여 편집하고, 스스로 문제를 만들고 답안을 작성해 보라!

토요일 오후 2시, 우나는 도착했다. 논술 시험을 세 달 앞둔 상황에서 긴장감이 보였다. 가방을 열고 노트를 꺼냈다. 가방 속의 가지런히 정돈돼 있는 논술 관련 자료가 보였다. 그 중에 유난히 눈이 띄는 것이 있다. 일간지 신문이다. 가을의 은행잎이 물들었다. 바람에 잎이 날리며 떨어졌다. 얼쑤! 선생은 무엇으로 논술을 시작할까 고민했다. 그렇다. 오늘 우나의 논술의 시작은 <호민론>을 읽게 하자. 호민론과 관련된 신문 기사를 찾게 하자. 얼쑤! 선생의 머리에 비수처럼 떠오른 생각이다.

얼쑤! 선생은 서재에서 '허균'의 <호민론(豪民論)>을 폈다. 그 모습이 재빨랐다. 호민론은 논술을 하려면 보게 되는 필수적 자료다. 우나는 당황하지 않았다. 침착하게 읽어나갔다.

"덩더덩더덩더쿵!"
"얼쑤!"

천하에 두려워할 만한 자는 오직 백성뿐이다 백성은 물, 불, 호랑이보다도 더 두렵다. 그런데도 윗자리에 있는 자들은 백성들을 제멋대로 업신여기며 모질게 부려먹는다. 도대체 어찌 그러한가.

항민(恒民)은 무릇 이루어진 일이나 함께 기뻐하면서 늘 보이는 것이 얽매인 자, 시키는 대로 법을 받들고 윗사람에게 부림을 받는 자들이다. 이들 항민은 두려워할 만한 존재가 아니다.

원민(怨民)은 모질게 착취당하며 살이 발겨지고 뼈가 뒤틀리며, 집에 들어온 것과 논밭에서 난 것을 다 가져다 끝없는 요구에 바치면서도 걱정하고 중얼중얼 윗사람을 원망하거나 하는 자들이다. 이들 원민도 반드시 두려운 존재는 아니다.

호민(豪民)은 자기 모습을 푸줏간에 감추고 남모르게 딴 마음을 품고서 세상 돌아가는 것을 엿보다가, 때를 만나면 자기의 소원을 풀어보려는 자들이다. 이들 호민이야말로 두려운 존재이다.

호민은 나라의 틈을 엿보다가 일이 이루어질 만한 때를 노려서, 팔뚝을 걷어붙이고 밭이랑 위에서 한 차례 크게 소리를 외친다. 그러면 저 원민들이 소리만 듣고도 모여드는데, 함께 의논하지 않았어도 그들과 같은 소리를 외친다. 항민들도 또한 살 길을 찾아 어쩔 수 없이 호미자루와 창자루를 들고 따라와서 무도한 놈들을 죽인다.

진나라가 망한 것은 진승과 오광 때문이고, 한나라가 어지러워진 것도 황건적 때문이다. 당나라 때에도 왕선지와 황소(黃巢)가 기회를 탔었는데, 끝내는 이 때문에 나라가 망했다. 이 모두 백성을 모질게 착취해서 제 배만 불렸기 때문이니, 호민들이 그 틈을 탄 것이다.

고려 때에는 백성들로부터 받아들이는 것에 한도가 있었고, 자연의 이익을 백성들과 함께 누렸다. 장사꾼에게는 그 길을 열어 주고 쟁이들에게도 혜택을 주었다. 또 수입을 헤아려 지출을 하였기 때문에 나라에 쌓아 놓은 것이 있었다. 갑자기 큰 전쟁이나 국상이 있더라도 따로 백성들로부터 거두는 적은 없었다. 다만 말기에 와서는 삼공(三空)을 염려하였다.

우리 조선은 그렇지 못하다. 얼마 안 되는 백성을 거느리고도 신을 섬기는 일이나 윗사람을 받드는 예절은 중국과 같다. 나라에 쌓아 놓은 것이 없어서 무슨 일이 일어나면 한 해에도 두 번이라도 세금을 거둬들인다.

그런데도 윗사람들은 태평스럽게 두려워할 줄 모르고, 불행히도 견훤이나 궁예 같은 사람이 나와서 몽둥이를 휘두르면, 근심과 원망에 가득 찬 민중들이 따라 가지 않는다고 어찌 보장하겠는가? 기주·양주의 육합의 반쯤은 발을 꼬고 앉아서 기다리게 될 것이다.

백성을 다스리는 자가 이런 두려운 형상을 훤히 알아서 느슨한 활시위를 바로잡고 어지러운 수레바퀴를 고친다면, 그래도 나라는 유지할 수는 있을 것이다.

*삼공(三空): 흉년이 들면 사당에는 제사를 못 지내고, 서당에 학생이 없으며, 뜰에는 개가 없다.

'허균'의 <호민론(豪民論)>

"덩더덩더덩더쿵!"
"얼쑤!"

"우나야. 이 글이 무슨 내용이냐?"
"호민이 위험한 존재임을 말하고 있습니다. 허균은 역사적인 사례를 들어 말하죠. 위정자들에게 호민이 생기지 않도록 정치를 할 것을 촉구합니다."
"좋아. 그렇다면 누구의 관점에서 글이 전개되지?"
우나는 말했다.

"백성의 관점입니다. 오늘날의 민주주의 사상과 맥을 같이 합니다."

얼쑤! 선생은 말했다.

"이 문장을 잘 봐라. '천하에 두려워할 만한 자는 오직 백성뿐이다 백성은 물, 불, 호랑이보다도 더 두렵다. 그런데도 윗자리에 있는 자들은 백성들을 제멋대로 업신여기며 모질게 부려먹는다. 도대체 어찌 그러한가'의 내용은 프랑스대혁명 선언문을 보는 듯하다."

"오늘날도 기성의 권위에 맞서 개혁의 이름으로 변화들이 일고 있다. 호민론의 백성의 관점에서 관련되는 내용의 신문 기사를 찾아보자."

우나에게 30분이 주어졌다. 제시문의 선택의 기준이 생겼다. 쉬울 수도 있으나 틀에 맞춰야 한다는 부담감도 작용한다. 우나의 손이 빨라졌다.

제시문● ● ●

<가> "중국 광저우시의 고위 간부에 대한 주민평가 도입한다."[48]

<나> "공공기관장 경영평가에 민간 전문가 평가단이 경영계획서 이행실적 보고서를 평가한다."[49]

<다> "열정의 좋은 시는 독자가 알아본다."[50]

얼쑤! 선생은 놀랐다. 선택한 제시문들이 기준에 들어맞았기 때문이다. <가>의 '주민평가', <나>의 '민간전문가 평가단', <다>의 '독자'가 허균이 말하는 '호민'에 해당되기 때문이다.

"우나야. 선택의 묘수가 좋다. 대단하다."

"덩더덩더덩더쿵!"

"얼쑤!"

---

48) '글로벌 현안 中 끌어들이기' 동아일보(2008.08.28)
49) '공공기관장 경영평가 50점 미만 해임' 동아일보(2008.08.28)
50) 젊은 시는 '외계어'라고요? 영상처럼 음악처럼 그저 동아일보(2008.08.28)

얼쑤! 선생은 문제를 만들어 보라고 했다. 분석형의 논제이기에 요약이나 공통점을 중심으로 만들면 된다. 우나는 분석형이 대부분 고정돼 있는 형태이기에 즉시 만들었다. 노트에 옮겨 적은 후 얼쑤! 선생에게 보여주었다.

'제시문 <가>, <나>, <다>의 공통 주제를 밝히고, 그에 대한 자신의 견해를 의미에 중점을 두어 제시하시오'를 만들어 봤습니다.

제시문을 세 개 제시하고 공통 주제를 밝히라는 문제는 분석형의 전형적인 문제다. 더구나 공통 주제에 자신의 견해를 포함하라는 것은 '분석+견해'의 복합적 유형이 된다. 이런 유형은 제시문의 정확한 분석에 자신의 견해를 덧붙이게 함으로써 한 차원을 높은 논술답안을 요구한다. 수험생들은 신문 기사를 통해 '스스로논술학습법'의 경험이 필요하다. 스스로 문제를 만들었다는 자신감이 생긴다. 실제 논술시험에서 출제자의 의도를 정확히 파악할 수 있다. 자신이 문제를 만들고 답안을 작성했으니 다른 수험생들보다는 모든 면에서 차별화가 가능할 것이다.

첨삭●●●

논술 답안을 논술 선생님의 '!, ?'로 창의적인 첨삭을 받아라!

우나의 논술답안과 첨삭

제시문들의 공통점은 '시민들에 의한 대상의 평가'이다. <가>는 '중국 광저우시의 고위 간부에 대한 주민평가를 도입한다'는 내용이다. <나>는 공공기관장 경영평가에 민간 전문가 평가단이 경영계획서 이행실적 보고서를 평가한다는 내용이다. <다>는 열정의 좋은 시는 독자가 알아본다는 내용으로 돼 있다. 그동안 대상에 대한 위로부터의 평가가 아래로부터의 평가로의 전환은 획기적인 측면을 지닌다. 특히 중국의 고위직에 대한 주민평가는 풀뿌리 민주주의 실현의 상징적 의미를 준다. 1) 이것은 그동안 객체로 인식됐던 시민들에 의해 주권을 찾은 경우로 민주주의에 바탕을 둔다.(?) <가>는 '주민들'에, <나>는 '민간 전문가'에, <다>는 '독자'에 의해 그들의 성과가 평가되기 때문이다. 따라서 주체들은 객체(시민들)의 목소리에 귀를 기울일 필요가 있다. 시민들이 의견을 반영하는 것이야말로 시민들에게 질 높은 정책을 실시하는 것이기 때문이다.

"덩더덩더덩더쿵!"
"얼쑤!"

우나의 답안은 잘 썼다. 이번 답안도 논제에 충실하다. 우나는 첫 문장에 중요한 논제의 요구를 잘 반영했고 논거를 갖추려는 노력이 보인다. 우나는 노트에 1)의 (?)표인 이유를 적었다.

"1)의 (?)표인 이유는 민주주의에 바탕을 둔다는 내용인데 앞 문장과의 관계가 분명치 않다. 앞 문장은 중국의 고위직에 대한 주민평가의 상징적 의미를 제시했다. 다음의 1)의 문장은 '풀뿌리 민주주의'라는 상징성에 대한 구체적인 의미 부여가 나와야 자연스럽다. 그러나 답안 1)의 문장은 '시민들에 의해 주권을 찾은'이라고 돼 있다. 이것은 시민들이 직접 주민평가라는 주권을 찾아왔다는 의미가 되어 앞 문장과 직접적인 관련이 안 된다."

우나는 (?)의 이유에 대한 내용을 앞 문장과 1)의 문장은 연결이 잘 안 된다는 내용이라고 적었다. 우선 (!)표를 주었다. 얼쑤! 선생은 수정하라고 했다.

▶1 이것은 그동안 객체로 인식됐던 시민들에 의해 주권을 찾은 경우로 민주주의에 바탕을 둔다.(?)
▶1 이것의 계기로 정치, 사회의 모든 분야에 주민 평가가 확산되어 국민 주권을 확립하여 정착시켜야 한다.(?)
▶1 이것은 정치, 사회의 모든 분야에 주민 평가가 확산되어 국민 주권을 확립하는 기회로 생각할 때 그 의미는 크다.(!)

"덩더덩더덩더쿵!"

"얼쑤!"

"우나야. 수정한 두 번째, 세 번째 문장은 내용상 큰 차이는 없다. 그러나 주민 평가가 시작되는 시점에서 '국민 주권을 확립하여 정착시켜야 한다'는 강력한 주장보다는 주민 평가의 시작에 큰 의미를 부여하는 것이 설득력이 높다."

"해결방안은 반드시 강한 어조여야 하나요?"

"꼭 그런 것은 아니지만, 논제를 보면 '주민 평가의 의미'에 중점을 두어 자신의 견해를 밝히라고 돼 있지. 따라서 강력한 주장보다는 그것의 의미 부여가 훨씬 자연스럽다고 볼 수 있지."

우나는 말했다.

"그렇군요. 저는 무조건 논제에서 '자신의 견해를 제시하라'고 하면 당위적인 주장을 생각했었거든요."

우나는 노트에 정리했다. '스스로논술학습법'의 과정들이 노트에 잘 정리돼 있었다. 언젠가 우나에게 '왜 노트에 꼼꼼히 정리하니?'하고 물었었다. '나중에 논술 과외를 하려고요'라고 대답하여 웃은 적이 있었다. 노트에 치밀하게 정리하는 것은 논술 시험에서 큰 자산으로 작용한다.

"덩더덩더덩더쿵!"
"얼쑤!"

다시 쓴 답안

제시문들의 공통점은 '시민들에 의한 대상의 평가'이다. <가>는 '중국 광저우시의 고위 간부에 대한 주민평가를 도입한다'는 내용이다. <나>는 공공기관장 경영평가에 민간 전문가 평가단이 경영계획서 이행실적 보고서를 평가한다는 내용이다. <다>는 열정의 좋은 시는 독자가 알아본다는 내용으로 돼 있다. 그동안 대상에 대한 위로부터의 평가가 아래로부터의 평가로의 전환은 획기적인 측면을 지닌다. 특히 중국의 고위직에 대한 주민평가는 풀뿌리 민주주의 실현의 상징적 의미를 준다. <u>이것은 정치, 사회의 모든 분야에 주민 평가가 확산되어 국민 주권</u>

을 확립하는 기회로 생각할 때 그 의미는 크다. <가>는 '주민들'에, <나>는 '민간 전문가'에, <다>는 '독자'에 의해 그들의 성과가 평가되기 때문이다. 따라서 주체들은 객체(시민들)의 목소리에 귀를 기울일 필요가 있다. 시민들이 의견을 반영하는 것이야말로 시민들에게 질 높은 정책을 실시하는 것이기 때문이다.

2. 설명형 논제(과정, 예측, 결과, 영향, 개념, 본질, 관계, 의미 등)를 확인하고, 신문에서 제시문을 선택하여 편집하고, 스스로 문제를 만들고 답안을 작성해 보라!

"우나야. 얼마 전 뉴스에 서울시의 5분 동안 소등의 행사를 소개했다. 5분만 소등을 해도 천문학적인 돈의 액수가 절약된다는 것이다."

우나는 의심을 표현했다.

"정말 그런가요? 언뜻 생각하기엔 과연 그런가 생각이 듭니다."

믿기지 않는다는 얘기다.

"인터넷의 자료에 의하면, 한전이 1년에 판매하는 전력은 약 3천억kWh라고 한다. 5분 정도의 소등을 돈으로 계산하면 약 4억 원이 절약된다는 것이야."

우나는 놀라는 눈치다.

"빈방에 전등만 꺼도 천문학적인 에너지가 절약이 된다는 말이 사실이군요."

자원이 부족한 우리는 에너지 절약의 필요성을 강조한다. 현재 지구의 온도가 높아지고 있는데 그 원인은 화석 에너지의 사용으로 인한 온실 가스의 배출이 원인이다. 2100년에는 온실 가스로 인한 지구 평균 기온이 상승하여 해수면이 65cm 높아질 것으로 예상한다. 그 결과 인류의 생존이 위협을 받을 것으로 예상된다.

얼쑤! 선생은 말했다.

"우나야. 결국 에너지의 많은 사용으로 지구의 온난화가 이루어지고 인류의 생명이 위험한 지경에 이른 것이다. '에너지관리공단'은 에너지 절약 방법을 제시한다. 가장 중요한 것은 '빈방 등 쓰지 않는 곳과 외출 시에는 반드시 소등을 확인하자'이다. 빈방과 외출 시 소등은 적어도 '10% 이상'의 절전 효과가 있다는 것이지. 또한 '한집 한등 끄기'도 엄청난 에너지 절약을 가져온다는 것이야."

"그렇군요."

"덩더덩더덩더쿵!"
"얼쑤!"

"우나야. 이번의 설명형 논제는 에너지 절약과 관련된 내용으로 제시문을 편집해 보자. 이 신문에서 기사와 칼럼 등을 다양하게 활용하여 제시문으로 선택해보기 바란다."

우나는 신문을 살폈다. 에너지와 관련된 기사를 찾아 읽으며 정리했다. 가위로 오려서 노트에 붙였다. 시간은 30분이 걸렸다. 얼쑤! 선생이 도와준 것은 하나도 없다. 주제를 '에너지'로 압축해주는 과정만 대화로 했을 뿐이다. 우나가 신문 기사를 선택하고, 문제를 만들고 답안을 작성해야 한다. 바로 '스스로논술학습법'의 3단계다.

우나가 정리한 제시문의 핵심 내용이다.

제시문●●●

<가> "2017년 한국 어떻게 달라지나?"[51]

2017년 한국 어떻게 달라지나

	1인당 국내 총생산(GDP)	여성 1인당 출산율	해외 에너지 의존 비중	실업률	연간 특허 수	의회의 여성 의원 비율
2017년	2만2619 ~ 3만2221 달러	1.2 ~ 1.5명	42.0 ~ 67.8%	3.1 ~ 6.6%	1만5 ~ 1만3108 건	17.2 ~ 27.7%
현재	1만7380달러	1.13명	96.8%	4.0%	6500건	13.4%

현재의 1인당 GDP는 2005년 지표, 에너지 의존 비중, 특허 수, 여성의원 비율은 2006년 지표, 실업률 및 출산율은 2007년 지표.

자료: UN 밀레니엄 프로젝트

---

51) '2017년 한국 국민소득 최대 3만2221달러' 동아일보(2008.08.28)

<나> "서울시의 소등 행사를 통한 '에너지 절약'을 제시한다."[52]
<다> "한국은 에너지 수입과 소비가 많은 나라로 '지구 온난화'를 초래했다."[53]

문제를 염두에 두고 제시문을 선택할 수도 있다. 이번의 설명형의 경우도 그렇다. 얼쑤! 선생이 '에너지 절약'에 대한 주제를 이야기했기 때문이다. 우나는 그 주제에 맞춰 신문의 관련 있는 기사를 선택했다. 그러나 반대로의 접근도 좋다. 그 효과 더 크기 때문이다. 무작위로, 또는 정반대의 내용을 선택해보자. 이어서 네 개의 논제유형을 적용시켜 자신이 스스로 문제를 만들어 보는 식이다. 그 과정에서 논술에 대한 많은 깨달음을 경험을 통해 얻을 것이다.

"덩더덩더덩더쿵!"
"얼쑤!"

"우나야. 제시문들을 연결시켜 설명을 해보자."
우나는 웃으며 말했다.
"내가 제시문을 선택하다보니 설명이 쉬워지네요. 잘 설명해야 한다는 책임감도 들고요. 제시문 <나>는 '서울의 소등 행사를 통한 에너지 절약'과 <다>는 '한국은 에너지 수입과 소비가 많은 나라로 지구 온난화를 일으킨다'는 내용은 <다>의 원인 때문에 <나>의 실천이 이루어진 것이죠. 논리적, 인과의 관계로 제시문들을 관련시켜 봤습니다. <나>의 소등 행사의 실천이 계속 된다면 <가>의 '해외 에너지 의존 비중'이 낮아진다고 생각했습니다."
"제시문이 어렵다고 좋은 것은 아니다. 우리가 중점을 두는 것은 스스로 제시문을 선택해보고, 논술 문제, 답안까지 만드는 과정이다. 여기에 중점을 둔다면 제시문의 내용이 아니다. 논제를 만드는 과정에 대한 논리적 설명이 초점이

---

52) '불을 끄고 별을 켜자' 동아일보(2008.08.20)
53) '20일 밤 9시 전국 5분간 소등 동아일보(2008.08.20)

다. 그런 관점에서 본다면 우나의 설명은 대단하다. 쉬운 제시문에 대한 일반적인 설명은 누구나 가능하다. 그러나 제시문들의 관계를 논리적으로 설명하는 것은 고차원이기 때문이다.

"우나. 네가 만든 논제를 공개해라"

우나는 웃으며 노트를 펼쳤다. 자신감의 표현이다.

"덩더덩더덩더쿵!"

"얼쑤!"

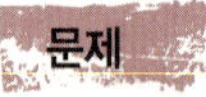
문제

'제시문 내용을 통해 <나>, <다>의 관점으로 <가>를 설명하고, 그 의미를 제시하시오'를 만들어 봤어요.

<나>와 <다>의 핵심 내용을 파악하고 이를 바탕으로 <가>의 내용을 설명하는 문제는 설명형 문제의 전형을 보인다. 우나도 논술의 맛을 안다고 느꼈다. 달착지근한 그 맛이다.

"우나야. 네가 만든 <나>, <다>의 관점으로 <가>를 설명하고, 그 의미를 제시하시오.'의 문제를 보자. 네가 말했지만, 3개의 제시문은 핵심 내용의 파악에 따라 관련이 가능하다. 제시문 간의 관련은 논술에서 요구하는 핵심이다. 무슨 관계로 엮을 것인지 말이다. 좀 전에 네가 설명을 잘 했다."

"감사합니다."

우나는 길게 설명했다.

"이제는 다른 관점으로 제시문간의 관련시켜 볼까?"

"시간의 측면으로도 관련이 가능합니다. '에너지'라는 공통 주제를 가운데 놓고요. <나>을 '현재 상황'으로, <다>를 '과거 상황'으로 놓을 수 있지요. 물론 <다>를 '현재 상황'으로 놓아도 관계없습니다. 현재 지구의 온난화가 이루지고 있으니까요. 그러나 제가 <다>를 과거 상황에 놓은 것은 '에너지 수입과 소비가 많은 나라'에 중점을 뒀기 때문입니다. 그것은 과거로부터 에너지를 많이 수입하고 소비해왔으니까요."

"덩더덩더덩더쿵!"

"얼쑤!"

"그렇다면 <가>는?"

얼쑤! 선생이 조급해졌다. 뻔한 대답을 물어봤다. 중요한 것은 우나가 '시간의 관점'으로 접근하여 설명을 한다는 것이다. 먼저 말한 '인과 관계', 지금 말한 '시간 관계' 두 가지의 관점을 보인 것이다. 얼쑤! 선생이 평가하는 부분이다.

우나는 신중하게 말했다.

"'미래 상황'이 되죠. <나>, <다>의 내용과 관련지어 <가>의 도표를 보면 '해외 에너지 의존 비중'입니다. 그 다음에는 '실업률이 낮아지고', '1인당 국민 총생산'과 '여성 1인당 출산율'도 올라갈 것이죠. 나아가 경제 상황이 좋아지면 '여성들의 의원 비율'도 높아질 것으로 예상되죠."

"<가>의 도표로 설명했지만, 그 논리성을 칭찬하고 싶다."

우나는 깔끔한 마무리를 지었다.

"<다>의 에너지 소비에 따른 부작용<과거>의 문제점을 극복하기 위해, <나>의 '서울시의 소등 행사'라는 해결방안(현재)이 제시되었다. 이런 현상으로 <가>의 '2017년 해외 에너지 의존 비중이 낮아질 것'(미래)이라고 예측했다. 그 결과 '2017년 1인당 국민 총생산'과 '여성 1인당 출산율은 높아지고, '실업률은 낮아질 것'으로 전망된다."

"수고 많이 했다."

"덩더덩더덩더쿵!"

"얼쑤!"

우나는 기분이 좋았다. 얼쑤! 선생은 논제에 대한 답안을 작성하라고 했다.

첨삭●●●

논술 답안을 논술 선생님의 '!, ?'로 창의적인 첨삭을 받아라!

문제

제시문 내용을 통해 <나>, <다>의 관점으로 <가>를 설명하고, 그 의미를 제시하시오.

우나의 논술답안과 첨삭

<나>는 '서울의 소등 행사를 통한 에너지 절약'과 <다>는 '한국은 에너지 수입과 소비가 많은 나라로 지구 온난화를 일으킨다'는 내용이다. <다>의 원인으로 <나>의 실천이 이루어졌다. 1) <나>의 소등 행사의 실천이 매일 5분씩 국민적 운동으로 실천된다면 <가>의 '해외 에너지 의존 비중'이 낮아질 것이라는 전망이 가능하다.(?) 2) 다른 제시문들의 '에너지 절약'과 관련지어 볼 때, <가>의 도표 설명의 핵심은 '해외 에너지 의존 비중'이다. 그 다음에 '실업률이 낮아지고', '1인당 국민 총생산'과 '여성 1인당 출산율'의 연관된 예측도 가능하다.(!) 3) 또한 경제 상황이 좋아지면 '여성들의 의원 비율'도 높아질 것으로 예상된다.(?)

4) 우리가 주목할 점은 '에너지의 절약'이다. '에너지 문제'는 미래의 인간의 모든 영역에 연쇄적으로 영향을 미치기 때문이다.(!) 5)인터넷의 자료에 의하면, 한전이 1년에 판매하는 전력은 약 3천억kWh라고 한다. 이것을 우리나라가 5분 정도의 소등을 한다면 약 4억원이 절약된다고 한다.(!) 에너지 절약의 중요성을 실감하는 대목이다.

"우나야. 10여분 동안 답안을 작성하느라 수고했다. 1)의 문장에 내가 (?)표를 주었다. 그 이유를 노트에 문장으로 적어보기 바란다."

"1)의 문장이 (?)인 이유는, 문장이 길기 때문이다."

얼쑤! 선생은 (?)를 주었다. (?)에 대한 이유가 잘못 됐다는 표시다. 우나는 고민했다. 이렇게 (?)표로 암시가 되면 우나는 다른 각도에서 접근했다. 1)문장이 길기 때문이 아니라면, 문장의 내용에 문제가 있다는 암시다. 조심스럽게 쓴 글을 얼쑤! 선생에게 보였다.

"1)의 문장이 (?)인 이유는, '매일 5분씩 국민운동으로 실천된다면'이라는 내용이 문제가 되기 때문이다. 논제가 '설명하라'에서는 '가정'에 의한 설명은 정확도가 떨어진다. 제시문의 내용에 '매일 5분씩 국민운동으로 실천된다면'이라는 내용이 없다."

얼쑤! 선생은 (!)표를 찍었다. 제시문을 다시 읽어보도록 했다.

"덩더덩더덩더쿵!"
"얼쑤!"

▶1 <나>의 소등 행사의 실천이 매일 5분씩 국민적 운동으로 실천된다면 <가>의 '해외 에너지 의존 비중'이 낮아질 것이라는 전망이 가능하다.(?)
▶1 <나>의 에너지 날의 축제 등으로 에너지 절약을 실천한다면 <가>의 '해외 에너지 의존 비중'이 낮아질 것이라는 전망이 가능하다.(!)

<나>의 제시문에는 8월 22일 '에너지 날'을 맞이하여 전국적으로 에너지 축제가 열릴 것이다란 말이 있다. 그러나 이런 내용을 '소등 행사의 실천이 매일 5분씩 국민적 운동으로 실천한다면'으로 설명하면 확대 해석한 것이기 때문이다.

"2)의 문장이 (!)인 이유는, <나>의 '에너지 절약'과 <나>의 우리의 전기소비량 세계 9위', 세계에서 석유를 6번째로 많이 수입하고 8번째로 많이 소비하는 나라다'라는 내용을 <가>의 '해와 에너지 의존'의 항목과 직접 연결시켰기 때문이다."

우나는 <나>, <다> 제시문의 내용을 근거하여 (!)표인 이유를 문장으로 제시했다. 이유를 잘 제시했다. 얼쑤! 선생은 (!)표를 찍었다.

"3의 (?)표인 이유는, 3)의 '여성들의 의원 비율'도 2)의 문장의 맥락과 직접 연결되기 때문에 2)의 문장 내용에 포함시켜야 한다. 따라서 3)의 문장은 삭제하고 '여성들의 의원 비율'은 2)에 넣으면 된다."

"덩더덩더덩더쿵!"
"얼쑤!"

우나는 어려운 부분을 해결해 냈다. 이런 과정은 우나에게 논술의 고수에 도
달하기 위한 필수의 단계로 작용한다. 바로 결과보다는 과정을 중시하는 '스스
로논술학습법'의 영향이다.
"4)의 문장은 '에너지의 절약'을 주목한 것이 (!)표의 이유다. 그 다음 문장의
'연쇄적 영향'이런 어휘도 적절한 표현이기 때문이다."
얼쑤! 선생은 (!)표를 찍었다.
"5)의 문장은 이터넷 자료를 통해 구체적으로 에너지 절약의 중요성을 밝혔
기 때문에 설득력을 높였다. 그 결과 얼쑤! 선생으로부터 (!)표를 받았다."
"좋다!"
얼쑤! 선생의 짧은 칭찬이다.

다시 쓴 답안
　<나>는 '서울의 소등 행사를 통한 에너지 절약'과 <다>는 '한국은 에너지 수입과 소비가 많
은 나라로 지구 온난화를 일으킨다'는 내용이다. <다>의 원인으로 <나>의 실천이 이루어졌다.
<u><나>의 에너지 날의 축제 등으로 에너지 절약을 실천한다면 <가>의 '해외 에너지 의존 비중'
이 낮아질 것이라는 전망이 가능하다.</u> 다른 제시문들의 '에너지 절약'과 관련지어 볼 때, <가>
의 도표 설명의 핵심은 '해외 에너지 의존 비중'이다. 그 다음에 '실업률이 낮아지고', '1인당
국민 총생산'과 '여성 1인당 출산율', '여성들의 의원 비율'의 연관된 예측도 가능하다.
　우리가 주목할 점은 '에너지의 절약'이다. '에너지 문제'는 미래의 인간의 모든 영역에 연쇄
적으로 영향을 미치기 때문이다. 인터넷의 자료에 의하면, 한전이 1년에 판매하는 전력은 약
3천억kWh라고 한다. 이것을 우리나라가 5분 정도의 소등을 한다면 약 4억원이 절약된다고 한
다. 에너지 절약의 중요성을 실감하는 대목이다.

"덩더덩더덩더쿵!"
"얼쑤!"

3. 비판형 논제(주장, 비판, 반박, 평가, 판단, 근거 등)를 확인하고, 신문에서 제시문을 선택하여 편집하고, 스스로 문제를 만들고 답안을 작성해 보라!

"우나야. 비판형 논제는 첫째, 주어진 논점에 '자신의 관점으로 비판하라'를 확보하고 있어야 한다. 둘째, 논제에 따라 '제시문에서 관점을 취하라'는 것도 있다. 논술 수험생에게 있어 두 가지의 관점의 확보는 필요하다."

우나의 질문이다.

"자신의 관점은 비판의 근거가 되죠. 자신의 관점을 바탕으로 할 때는 '참신'해야 된다고 하는데 어떤 것이 참신한 거예요?"

노트를 꺼내 적을 준비를 했다.

"참신하다는 것은 누구나 생각하는 것이 아니다. 상식적인 것은 누구나 공통되는 것이므로 나의 관점이 될 수 없다. 나만의 개성으로 대상에 대한 관점을 확보할 때 새로운 가치가 된다. 가치의 다양성이 요구되는 오늘날에는 그 중요성은 극대화된다."

얼쑤! 선생은 말을 이었다.

"덩더덩더덩더쿵!"
"얼쑤!"

"영화 '왕의 남자'를 사례로 들어보자. 난 이 영화를 몇 번이나 봤다. 볼 때마다 다른 내용이 눈에 보였다. 우나도 너도 봤지? 등장인물 중에서 누구에 주목했니?"

얼쑤! 선생의 호기심 어린 질문을 했다. 우나는 고개를 들었다.

"예. 공길이를 중심으로 봤지요. 얼굴도 꽃미남이고 중요한 배역을 맡고 있어서요."

"하하하. 너도 꽃미남을 좋아하는 구나. 질문을 하면 '왕의 남자'의 흥행 배우로 장생과 공길이를 지목한다. 맞는 대답이다. 무리가 없는 대답이기 때문이지. 아마도 '육갑이'를 선택한 학생은 별로 없을 것이다."

우나는 '육갑이'란 말에 쓰던 손을 멈추었다.

"만약 '왕의 남자'의 대박 요인을 꼽으라고 해도, '장생, 공길, 육갑'이의 세 사람의 조화를 말한다. 맞는 말이다. 그러나 문제는 대부분 학생들이 그렇게 생각한다는 것이 문제다. 자신만의 관점이 없다는 것이지."

"상식적인 관점은 '비판형 논제'에서 도움이 되지 않는다는 말씀이죠. 자신만의 색깔이 없다는 것인가요?"

얼쑤! 선생은 말했다.

"무난한 답안은 '조화'를 강조하는 내용이다. 논술 수험생들은 '조화'를 신앙처럼 대한다. 당연한 내용은 누구나 생각이 가능하기에 비판형 논제에서는 독특함이 없다."

우나는 노트에 '비판형 논제는 독특함'이라고 적었다.

"다시 '왕의 남자'로 돌아가자. '장생과 공길'은 주인공으로 주제 형성에 중요한 역할을 했다. 반면 '육갑이'는 양념 구실을 했다. 이것만으로 본다면 장생과 공길이가 주목의 대상이다. 그러나..."

'그러나' 뒤에 올 말을 물었다. 우나는 깊이 생각했다.

"'자신만의 관점이 없다'는 것이죠. 그렇지요? 상황을 바라보는 관점이 없다는 것은 나의 정체성에 혼란이 오죠."

"덩더덩더덩더쿵!"

"얼쑤!"

“맞다. 바꾸어 말하면 ‘창의성이 없다’는 말이다. 이런 내용의 답안이 많을 때 판박이 답안이라고 부른다. 중요한 역할의 선택의 순서는 ①‘장생+공길+육갑’ ②‘공길(혹은 장생)’ ③‘장생(혹은 공길)’ ④‘육갑이’일 것이다. 상식적인 수험생은 ‘①’을 선택한다. 자신이 없는 수험생이다. 선택의 기준이 모호하다. ‘왕의 남자’의 배역들이 모두 잘해서 히트를 쳤다는 식이다. 우나는 공길이라고 했지?”

“제가 상식적인 사람이네요. 호호호.”

“그렇지. 그 순서를 과감하게 바꾸어 보자. 수험생들의 선택이 적을 것으로 예상되는 ‘육갑이’를 선택해 보자. 이 수험생의 답안은 주목을 받는다.”

“그렇다면 어떻게 육갑이를 설명해야 할까요?”

“그것이 문제다. 관점은 선명한데(주목을 받는데), 그에 다른 논거가 빈약하면 큰일난다. 이렇게 생각해 보자. 육갑이의 걸쭉한 입담으로 풍자의 맛을 더하여, ‘아름다운 욕망’, ‘화려한 비극’이라는 감동이 더 진해지지 않았을까. 물론 ‘왕의 남자’의 미학의 본질은 장생과 공길이가 만들어 냈음은 의심할 여지가 없다.”

우나가 끼어들었다.

“덩더덩더덩더쿵!”
“얼쑤!”

“여기서 중요한 부분은, 호호호. ‘왕의 남자’의 미학의 본질은 장생과 공길이가 만들어 냈음은 의심할 여지가 없다는 말은 비판의 방법을 보여주죠. 일부는 긍정을 해주라는 것 말예요.”

“그렇지. 네가 중요한 것을 설명하는구나. 맞아. 그것도 얘길 해야지.”

얼쑤! 선생은 말을 이었다.

“그러나 그 본질을 확산시켜 우리의 뇌리에 영속이 가능케 한 인물이 육갑이라는 결론을 이끌어낸다면 어떨까. 영화와 관객을 흥미로 이어준 인물로 육갑이를 선택하는 거야. 오늘날 중요시되는 의사소통의 역할이지. 사회의 각계에서 의사소통이 단절된다면 갈등이 생기잖아. 영화에서 갈등은 구체적으로 무엇이냐?"

"흥행의 실패지요."

"정확하게 잡았다. 나는 '왕의 남자'가 흥행에 성공한 이유는 육갑이의 의사소통의 기막힌 역할로 본다. 육갑이는 영화와 관객의 중간의 역할에 충실히 머물렀다. 육갑은 심각하지도 않고, 헐겁지도 않은 탄력적인 역할을 해냈기 때문이다. 일종의 양념의 역할이지. 우리는 된장국을 먹을 때 우선 양념의 맛이 입에 전해진다. 그 다음에 된장의 맛인 본질을 맛보기 때문이다. 여기서 된장국과 사람을 처음에 연결한 것은 바로 '양념'이다. 양념이 의사 소통의 역할을 한 것이다.

우나는 깨달았다.

"그렇네요. 감상의 관점을 공길에서 육갑이로 바꾸니 신선해요. 저도 비유를 해볼게요. 상품은 장생과 공길이 만들고 멋있는 포장과 마케팅은 육갑이가 담당했다고 하면 어떨까요? 구매자들은 맨 처음 상품의 포장을 봤을 것이고, 포장을 통해 그 상품을 보기 된 것이 히트 쳤다고 비유하면 어떨까요."

"좋아, 좋아, 너만의 관점의 창의성이 돋보인다."

"덩더덩더덩더쿵!"

"얼쑤!"

요즘 논술 교육은 당장 써먹을 것 찾기에 치중한다. 헛배만 채우는 논술교육이다. 비판력과 창의력을 죽이는 논술 교육이다. 무서운 논술 교육이다. 대부분의 논술 교육이 틀에 박힌 글쓰기 방법론을 익히게 한다. 박제된 지식만을 주입하는 논술 교육인 셈이다.

우나에게 신문을 주고 비판형 논제를 염두에 둔 제시문을 선택하도록 했다.

우나는 신문에서 기사나 칼럼 찾기 과정을 즐겼다. 재미가 있어 보였다.

제시문● ● ●

<가> "미국은 경제가 어려운 유엔 회원국들에게 매년 거액을 원조하지만 표결 등에서 '미국 편'을 드는 국가는 해마다 줄어들고 있다."[54]

<나> "개량 국악기는 '우리 전통 국악기가 새로운 창작음악이나 서양 음악과의 크로스오버가 개량 국악기를 낳게 한다."[55]

"우나야. '돈의 위력'이란 말을 들어 봤지. '돈'에 대한 교훈을 다룬 글을 먼저 보자. 바로 '임춘'의 <공방전>이다. 학교에서 배운 적이 있겠지만, 공방(孔方)이란 엽전에 뚫린 네모난 구멍을 가리키는 말이다. 엽전을 의인화(擬人化)한 우화 소설이야."

"예. 기억이 납니다."

"덩더덩더덩더쿵!"
"얼쑤!"

공방(孔方)의 자(字)는 관지(貫之)다. 공방이란 구멍이 모가 나게 뚫린 돈, 관지는 돈의 꿰미를 뜻한다. 그의 조상은 일찍이 수양산 속에 숨어 살면서 아직 한 번도 세상에 나와서 쓰여진 일이 없었다.

그는 처음 황제(黃帝) 시절에 조금 조정에 쓰였으나 워낙 성질이 굳세어 원래 세상일에는 그다지 세련되지 못했다. 어느 날 황제가 상공(相工)을 불러 그를 보았다. 상공은 한참 들여다보고 나서 말한다.

"이는 산야(山野)의 성질을 가져서 쓸 만한 것이 못 됩니다. 그러하오나 폐하께서 만일 만물을 조화하는 풀무나 망치를 써서 그 때를 긁어 빛이 나게 한다면, 그 본래의 바탕이 차차 드러나게 될 것입니다. 원래 왕자(王者)란

---

54) '유엔서 힘 잃어가는 美' 동아일보(2008.08.28)
55) 가야금 명인 황병기 '사랑방 음악회' 전석매진 진기록 동아일보(2008.08.28)

모든 사람으로 하여금 올바른 그릇이 되게 해야 하는 것입니다. 원컨대 폐하께서는 이 사람을 저 쓸모 없는 완고한 구리쇠와 함께 내버리지 마시옵소서." 이리하여 공방은 차츰 그 이름이 세상에 나타나기 시작했다.

그 뒤에 일시 난리를 피하여 강가에 있는 숯 굽는 거리로 옮겨져서 거기에서 오래 살게 되었다. 그의 아버지 천(泉)은 주나라의 대재(大宰)로서 나라의 세금에 관한 일을 맡아 처리하고 있었다. 천(泉)이란 화천(貨泉)을 말한다.

공방은 생김새가 밖은 둥글고 구멍은 모나게 뚫렸다. 그는 때에 따라서 변통을 잘 한다. 한번은 한나라에 벼슬하여 홍려경(鴻臚卿)이 되었다. 그 때 오왕(吳王) 비(妃)가 교만하고 참람(僭濫)하여 나라의 권리를 혼자서 도맡아 부렸다. 방은 여기에 붙어서 많은 이익을 보았다. 무제 때에는 온 천하의 경제가 말이 아니었다. 나라 안의 창고가 온통 비어 있었다. 임금은 이를 보고 몹시 걱정했다. 방을 불러 벼슬을 시키고 부민후(富民侯)로 삼아, 그의 무리인 염철승(鹽鐵丞) 근(僅)과 함께 조정에 있게 했다. 이 때 근은 방을 보고 항상 형이라 하고 이름을 부르지 않았다.

방은 성질이 욕심이 많고 비루(鄙陋)하고 염치가 없었다. 그런 사람이 이제 재물을 맡아서 처리하게 되었다. 그는 돈의 본전과 이자의 경중을 다는 법을 좋아하여, 나라를 편안하게 하는 것은 반드시 질그릇이나 쇠그릇을 만드는 생산 방법에만 있는 것이 아니라고 생각했다. 그는 백성으로 더불어 한 푼 한 리의 이익이라도 다투고, 한편 모든 물건의 값을 낮추어 곡식을 몹시 천한 존재로 만들고 딴 재물을 중하게 만들어서, 백성들이 자기들의 본업인 농업을 버리고 사농공상(士農工商)의 맨 끝인 장사에 종사하게 하여 농사짓는 것을 방해했다.

이것을 보고 간관(諫官)들이 상소를 하여 이것이 잘못이라고 간했다. 하지만 임금은 이 말을 듣지 않았다. 방은 또 권세 있고 귀한 사람을 몹시 재치 있게 잘 섬겼다. 그들의 집에 자주 드나들면서 자기도 권세를 부리고 한편으로는 그들을 등에 업고 벼슬을 팔아, 승진시키고 갈아치우는 것마저도 모두 방의 손에 매이게 되었다. 이렇게 되니, 한다 하는 공경(公卿)들까지도 모두들 절개를 굽혀 섬기게 되었다. 그는 창고에 곡식이 쌓이고 뇌물을 수없이 받아서 뇌물의 목록을 적은 문서와 증서가 산처럼 쌓여 그 수를 셀 수 없이 되었다.

그는 모든 사람을 상대하는 데 잘나거나 못난 것을 관계하지 않는다. 아무리 시정 속에 있는 사람이라도 재물만 많이 가졌다면 모두 함께 사귀어 상통한다. 때로는 거리에 돌아다니는 나쁜 소년들과도 어울려 바둑도 두고 투전도 한다. 이렇게 남과 사귀는 것을 좋아한다. 이것을 보고 당시 사람들은 말했다.

"공방의 한 마디 말이 황금 백 근만 못하지 않다."

원제(元帝)가 왕위에 올랐다. 공우(貢禹)가 글을 올려 말한다.

"공방이 어려운 직책을 오랫동안 맡아 보는 사이, 그는 농사가 국가의 근본임을 알지 못하고, 오직 장사꾼들의 이익만을 두호(斗護)해 주어서, 나라를 좀먹고 백성을 해쳐서 국가나 민간 할 것 없이 모두 곤궁에 빠지게 되었습니다. 그 위에 뇌물이 성행하고 청탁하는 일이 버젓이 행해지고 있습니다. 대체로 '짐을 지고 또 타게 되면 도둑이 온다[負且乘 致寇至].'한 것은 '주역'에 있는 분명한 경계입니다. 청컨대 그를 파면시켜서, 모든 욕심 많고 비루한 자들을 징계하시옵소서."

'임춘'의 <공방전>

"<공방전>은 무슨 내용이지?"

"예. 돈을 최고의 가치로 여기고 숭배하는 배금주의와 황금만능주의를 비판합니다. 또한 '공방'의 외양을 통해 '돈'이 가진 이중성을 드러낸 것이죠."

얼쑤! 선생이 말했다.

"<공방전>의 돈의 이중성이란 의인화된 '공방'은 생김새가 밖은 둥글고 구멍은 모나게 뚫렸기 때문이다. 이 부분을 잘 보자. '방(方)의 위인이 밖은 둥글고 안은 모나며'라는 내용이 있다. 이 내용은 돈의 생김새를 통하여 '긍정적'이면서도 '부정적'인 공방의 모순적 성격을 우의적으로 드러낸 것이야. 다음의 내용인 '그(공방)는 때에 따라서 변통을 잘 한다'라는 것은 세상의 일의 처세에 능하다는 말이지. 이것을 통해 우리는 돈을 많이 가진 사람들의 행동 특성이 함축적으로 제시되지.”

얼쑤! 선생은 말을 이었다.

“강대국인 미국의 경제적 원조를 받는 유엔 회원국들이 많다. 이 내용을 <가>의 제시문과 관련지어 생각해 보자. 유엔 총회 표결에서 회원국들이 미국의 견해에 찬성한 비율은 1995년 50.6%를 기록한 이후 해마다 낮아진다고 한다. 2007년에는 18.3%에 그쳤다. 미국으로부터 거액의 경제 지원을 받는 국가들도 유엔에서 미국을 외면한다는 내용이다.”

“덩더덩더덩더쿵!”
“얼쑤!”

“미국은 배신감을 느꼈겠네요.”

“그렇지. 미국이 느낀 배신감은 ‘유엔에서 미국을 지지하는지에 따라 지원금에 차이를 둘 것’이라는 미국의 표현이 잘 말해준다. 이 현상을 관점에 따라 다양한 결과를 얻을 수 있다.”

“어떤 관점으로요?”

“미국이 경제가 어려운 유엔 회원국들에게 하는 경제적 원조는 당사국에 도움을 준다는 측면에서 긍정적일 수도 있지. 그러나 미국의 ‘자국의 이익’이라는 목적에서 행해지는 ‘경제적 위력’은 이제는 잘 통하지 않는다는 점이야. 결국 ‘경제적 원조(돈)’만이 사람이나 나라를 움직이는 것이 아니라는 교훈을 말해주지. <공방전>에서 모든 것을 돈으로만 해결했던 ‘공방’이 결국 주위 사람들로부터 버림을 받듯이 말이야.”

“그렇게도 관련이 되는군요.”

얼쑤! 선생은 길게 말했다.

“<공방전>의 감상의 관점을 다양하게 하면 미국의 상황과 관련을 시킬 수도 있지. 지금의 <공방전>의 감상 포인트를 오늘날 국제 현실의 강대국들의 경제 원조의 대상인 '돈'과 관련시켜 본 것이야. 무론 억지도 있겠지만, <공방전>의 고전 작품을 오늘날 시사에 적용시켜 그 감상의 폭을 넓힌다면 그 자체로 의미가 있지. 안 그래. 작품에 대한 좋은 감상은 시대를 뛰어 넘어 그 본질을 다른 대상이나 상황을 통해 가치를 부활시키는 것이야. 그래서 시대의 상황과 대상은 바뀌어도 그 본질은 바뀌지 않는다는 말을 음미할 필요가 있어."

우나는 고개를 끄덕이며 메모를 했다. 손놀림이 재빨랐다.

"덩더덩더덩더쿵!"
"얼쑤!"

"그렇다면 유엔 회원국들에게 지지를 받으려면 미국은 어떻게 해야 할까?"

우나가 말했다. 제시문 <나>의 경우에서 참고할 수 있다고 말했다. <나>의 핵심 내용을 찾으면 된다고 말했다. <가>와 <나>의 제시문의 관계가 자연스럽게 설정되었다. 또한 이런 한 관점에서 논제도 만들어졌다. '스스로논술학습법'의 3단계의 과정을 밟다보면 줄줄이 '제시문 선택, 논제 만들기, 답안 작성'이 엮여 나왔다. 중간 과정의 줄기를 잡아당기면 땅 속의 많은 감자들이 연이어 뽑혀 나오는 것과 같다.

우나는 말을 이었다.

"<나>는 개량 국악기는 우리 전통 국악기가 새로운 창작음악이나 서양 음악과의 '크로스오버'가 개량 국악기를 낳게 한다고 합니다. '새가 탄생할 때 알 속에서 병아리가 부리로 쪼고, 어미 새가 밖에서 동시에 두드려야 한다'는 말대로 다른 대상이 맞장구를 쳐야 한다는 것이죠."

우나는 신나게 말했다. <나>의 일부 내용을 바탕으로 말했지만 논리적인 설명이었다. '맞장구'의 '새끼 새와 어미 새'의 비유는 참신했다. 얼쑤! 선생이 말을 받았다.

"'크로스오버'는 두 가지 이상의 장르가 맞장구를 치듯 혼합이 되어서 형성된 음악이다. 그 사례로 재즈와 록을 결합해 대중화시킨 '퓨전 재즈'가 있다. 따라서 크로스오버는 상대방의 본질을 인정하는 신뢰감을 바탕에 깔고 있다."

"그렇다면 '미국의 정책이 유엔 회원국들로부터 지지를 받으려면 크로스오버의 정신이 필요하다'는 것이 되겠네요. 미국이 원조를 통해서만 지지를 받으려 하지말고 상대국과 혼합하는 진정성이 전제로 작용해야 할 것이죠."

우나는 힘겹게 말했다. 머릿속에는 많은 생각이 있는데 그것을 제련된 말로 뽑아내는 것이 힘들어 보였다.

"문제를 만들어보기 바란다. 가능하지?"

"얼쑤! 선생님과 대화한 내용을 바탕으로 해보겠습니다."

문제

'<가>의 문제점을 <나>의 관점에서 평가하고, 그에 대한 자신의 견해를 제시하시오'를 만들어 봤어요.

"덩더덩더덩더쿵!"

"얼쑤!"

첨삭●●●

논술 답안을 논술 선생님의 '!, ?'로 창의적인 첨삭을 받아라!

우나의 논술답안과 첨삭

1) <u><가>는 미국은 경제가 어려운 유엔 회원국들에게 매년 거액을 원조하지만 표결 등에서 '미국 편'을 드는 국가는 해마다 줄어들고 있다는 내용이다. <나>는 개량 국악기는 우리 전통 국악기가 새로운 창작음악이나 서양 음악과의 '크로스오버'가 개량 국악기를 낳게 한다고 말한다.</u>(?) <가>를 <나>의 관점으로 평가하면 경제가 어려운 유엔 회원국들에 대한 미국의 경제

적 지원은 문제가 있음을 알 수 있다. 2) <u>미국의 경제적 지원만으로는 유엔 회원국들의 지지를 이끌어내지 못하기 때문이다.</u>(?) 이것은 미국이 유엔 회원국들로부터 미국에 대한 찬성을 이끌어 내려면 새로운 방법이 모색되어야 함을 말해준다.

<나>의 핵심 내용인 '전통적인 방법에서 벗어나 대상과의 크로스오버를 통해 시대에 맞는 것을 창조해야 한다'는 것이다. 크로스오버란 두 가지 이상의 장르가 혼합이 되어서 형성된 음악을 말한다. 3) <u>'새가 탄생할 때 알 속에서 병아리가 부리로 쪼고, 어미 새가 밖에서 동시에 두드려야 개량 국악기가 탄생한다. 마찬가지로 미국이 유엔 회원국들로부터 지지를 이끌어내려면 경제 지원(돈)이 아닌 상대국과의 진정한 크로스오버가 필요하다.</u>(!)

우나는 답안을 잘 썼다. 논리적인 형식에 필요한 내용만을 담았기 때문이다. 특히 3)의 '새가 탄생할 때 알 속에서 병아리가 부리로 쪼고, 어미 새가 밖에서 동시에 두드려야 개량 국악기가 탄생한다'는 비유는 참신한 맛을 준다. 적절한 표현이다. 비록 <나>의 제시문에 나온 내용이지만 효과적으로 활용되었기 때문이다.

"우나야. 수고했다. 진심으로 축하한다. 그런데 1), 2)의 문장에 (!)표를 주어도 됐었다. 그러나 얼쑤! 선생인 두 곳에 (?)표를 준 이유는, 네가 논술의 고수가 되기 위해서는 이것마저도 다듬어야 하기 때문이다. 논술의 고수는 티끌마저 없어야지."

"논술의 고수의 경지에 도달하기가 어렵군요."

우나는 '휴'하고 한숨을 쉬었다. 우나는 노트에 1)의 문장의 (?)의 이유를 적었다.

"1)의 문장은 길기 때문에 (?)표가 붙었다. 핵심적인 내용은 짧아야 명확하게 전달된다."

얼쑤! 선생은 (!)표를 찍었다. 만족감의 표시다.

"덩더덩더덩더쿵!"
"얼쑤!"

▶1 <가>는 미국은 경제가 어려운 유엔 회원국들에게 매년 거액을 원조하지만 표결 등에서 '미국 편'을 드는 국가는 해마다 줄어들고 있다는 내용이다. <나>는 개량 국악기는 우리 전통 국악기가 새로운 창작음악이나 서양 음악과의 '크로스오버'가 개량 국악기를 낳게 한다고 말한다.(?)

▶1 <가>는 미국으로부터 거액의 경제 지원을 받는 국가들도 유엔회의 표결에서 미국을 외면한다는 내용이다. <나>는 개량 국악기는 우리 전통 국악기가 서양 음악과의 '크로스오버'를 통해 창조된다고 말한다.(!)

우나의 손놀림이 빨라졌다. 자신감의 표현이다. 1)의 문장들을 핵심적인 말로 잘 줄여서 (!)표를 받았기 때문이다. 자신감은 논술의 고수의 기본이다. 우나에게 논술의 고수의 칭호를 줄 때가 된 것 같다.

"2)의 문장이 (?)표인 이유는, <나>의 관점에서 보인 '핵심어'가 빠졌기 때문이다. 바로 '크로스오버'다."

2)의 문장이 (?)인 이유에 대한 내용을 자신 있는 문장으로 보여주었다. "바로 '크로스오버'다"라는 표현이다. 이 짧은 표현은 논술의 고수임을 보여준다. 우나는 논술의 험한 준령을 넘어서 산 정상 근처에 도달해 있었다. 얼쑤! 선생의 눈에는 보였다.

"덩더덩더덩더쿵!"
"얼쑤!"

▶2 미국의 경제적 지원만으로는 유엔 회원국들의 지지를 이끌어내지 못하기 때문이다.(?)

▶2 진정한 크로스오버 없이 미국의 경제적 지원만으로는 유엔 회원국들의 지지를 이끌어내지 못하기 때문이다.(!)

우나는 두 번째로 수정한 2)의 문장에서 (!)표를 가볍게 획득했다. 3)의 (!)표의 이유를 적은 문장을 노트에서 보여주었다.

"3)의 문장은 참신한 비유가 돋보였다. 비유가 참신하면 논술이 재미가 있어진다. 논술 평가자가 즐기면서 읽는 논술 답안이 된다.

얼쑤! 선생은 (!)표를 찍었다.

"덩더덩더덩더쿵!"
"얼쑤!"

다시 쓴 답안

<가>는 미국으로부터 거액의 경제 지원을 받는 국가들도 유엔회의 표결에서 미국을 외면한다는 내용이다. <나>는 개량 국악기는 우리 전통 국악기가 서양 음악과의 '크로스오버'를 통해 창조된다고 말한다. <가>를 <나>의 관점으로 평가하면 경제가 어려운 유엔 회원국들에 대한 미국의 경제적 지원은 문제가 있음을 알 수 있다. 진정한 크로스오버 없이 미국의 경제적 지원만으로는 유엔 회원국들의 지지를 이끌어내지 못하기 때문이다. 이것은 미국이 유엔 회원국들로부터 미국에 대한 찬성을 이끌어 내려면 새로운 방법이 모색되어야 함을 말해준다.

<나>의 핵심 내용인 '전통적인 방법에서 벗어나 대상과의 크로스오버를 통해 시대에 맞는 것을 창조해야 한다'는 것이다. 크로스오버란 두 가지 이상의 장르가 혼합이 되어서 형성된 음악을 말한다. '새가 탄생할 때 알 속에서 병아리가 부리로 쪼고, 어미 새가 밖에서 동시에 두드려야 개량 국악기가 탄생한다. 마찬가지로 미국이 유엔 회원국들로부터 지지를 이끌어내려면 경제 지원(돈)이 아닌 상대국과의 진정한 크로스오버가 필요하다.

"덩더덩더덩더쿵!"
"얼쑤!"

4. 문제 해결형 논제(문제점, 해결방안 등)를 확인하고, 신문에서 제시문을 선택하여 편집하고, 스스로 문제를 만들고 답안을 작성해 보라!

"우나야. 이 신문에서 문제해결형의 기사를 선택하기 바란다. 문제해결형은 자신의 관점을 분명히 가지고 있어야 한다. 주관이 필요하다는 것이지."

"호호호. 저는 혈액형이 A형이라 제 성격이 어떤 일을 꼼꼼하게 따져는 봐도 단호한 결정을 못 내리는 편입니다. 혈액형과 성격이 관계가 있는 것 같아요."

우나는 웃으며 말했다.

"문제점을 찾고 그에 대한 해결 방안을 내리는 것은 논술의 본질이지. 그 점을 염두에 두고 신문에서 해당 기사나 칼럼 등을 찾아보면 좋아. 전체 주제를 바탕으로 선정해도 되고 기사의 한 두 문장의 내용을 바탕으로 선정해도 된다. 우리가 하고 있는 '스스로논술학습법'은 전문가 수준의 완벽한 논술 문제를 만들기 위한 과정이 아니다. 학생들이 제시문을 선택하고 문제를 만들어보는 과정을 직접해 봄으로써 창의적인 논술학습을 할 수 있도록 하는 것이지."

주어진 시간은 20분이다. 꼼꼼해서인지 볼펜을 들고 핵심 구절에 밑줄을 치며 읽었다. 우나의 성격이 드러난다.

우나는 3개의 제시문을 신문 기사에 골라냈다.

"덩더덩더덩더쿵!"

"얼쑤!"

제시문●●●

<가> "불교계가 반발하는 이유는 '정부의 종교 차별' 때문이다."[56]

<나> "한국의 근현대사 교과서 기술에 대한 논란이 일고 있다."[57]

<다> "기후 변화를 완화하고 지구온난화 문제를 해결하는 방안으로 습지(늪)이 보전하고 이용해야 한다."[58]

"덩더덩더덩더쿵!"

---

56) "사태 어디로 번질지 정부에 달렸다" 동아일보(2008.08.28)
57) "현행 교과서는 대한민국 정통성 부정" 동아일보(2008.08.28)
58) "기후변화 완충 역할 습지만한 게 있나요" 동아일보(2008.08.28)

“얼쑤!”

　　<가>와 <나>는 시사적인 내용이다. 시사적인 현상은 대입논술에서 제시문을 선택할 때 염두에 두는 부분이다. 특수한 시사적인 내용이 직접 논술 제시문으로 출제될 수가 있다. 그러나 시사이슈의 본질을 드러내는 일반화된 이론이나 원리 등을 교과서나 도서에서 뽑아 제시문으로 제시하기도 한다. 그런 점에서 대입논술에서 시사이슈는 중요하다. 시사이슈가 담는 신문이 논술 시험에서 훌륭한 교재가 되는 이유다. 신문의 기사를 통해 시사적인 논제를 적극적으로 만들어 보자. 신문은 정치, 사회, 경제, 문화, 스포츠 등에서 이슈를 다양하게 제시한다. 논술도 시사이슈와 밀접한 관련을 맺는다. 동서양 고전이 논술 제시문으로 출제되었다 하더라도 현실의 이슈와 관련지어 답안을 작성하는 것이 고득점에 유리하다. 이런 점에서 신문의 시사적인 내용으로 제시문을 선택하고 문제를 만들어 답안까지 작성하는 것은 좋은 논술 공부 방법이다.

　　“우나야, 네가 선택한 제시문에 대한 간략한 설명을 해보면 좋겠다.”

　　학생들 자신이 선택한 제시문에 대하여서는 대부분 설명을 잘 한다. 자신이 쉽게 이해되는 것을 바탕으로 선정하고 꼼꼼히 읽었기 때문이다. 우나도 마찬가지다. 이런 과정은 주제에 대한 토론도 잘 되는 요소로 작용한다.

　　우나는 대답했다.

　　“<가>는 정부의 종교 편향에 반대하는 불자의 결집된 힘과 의지를 보여주고 있습니다. 불교계의 어른인 총무원장의 차량의 과잉 검문을 두고 불교계에서는 정부의 종교에 대한 편향된 시각이 있다는 내용입니다.”

　　“음. 종교에 대한 정부의 편향된 시각이 존재한다는 내용이군. <나>의 내용은?”

　　“한국의 근현대사 교과서 기술에 대한 논란입니다.”

　　얼쑤! 선생이 말을 받았다.

　　“그 논란의 핵심은 한쪽에서는 ‘좌파 정권의 잘못된 역사인식에서 벗어나 역사를 바로 세우는 시도'라고 주장한다. 그러나 반대편에서는 '역사를 거꾸로 돌리려는 시대착오의 우를 범하고 있다며 우익 역사관에 따른 편향적 서술이 교육과정에 반영되면 안 된다'는 거야."

"그렇군요."

"덩더덩더덩더쿵!"
"얼쑤!"

"역사학자 E. H. 카는 '역사는 과거와 현재의 끊임없는 대화'라고 말했지. 또한 크로체는 '모든 역사는 현재의 역사이다'라고 했어. 이 말은 무엇을 말하지?"

얼쑤! 선생은 말을 이었다.

"그런 점에서 역사 교과서의 기술 내용은 언제든지 바뀔 수 있음을 전제로 한다. 따라서 우리는 역사 교과서의 내용을 고정불변의 절대적 진리로 여길 것이 아니라, 끊임없는 해석과 논쟁의 대상으로 봐야 한다는 것이지. 그러나 그것이 어떤 정권의 이념을 정당화하는 수단이 될 수 있다는 의미는 아니야. 오히려 과거 역사에 대한 다양한 해석과 논쟁은 현재를 바르게 이해하고 미래에 대한 진취적인 전망을 할 수 있게 하는 데 의의가 있다59)는 것이지."

'역사 이해의 관점'은 대입논술에서 중요한 주제에 속한다. 그 사례를 보자.

1) 다음 제시문 [A], [B]는 인류 문명의 역사에 관하여 각각 다른 관점을 보여주고 있다. 이 두 가지 관점을 간략히 비교 분석하고, 그 중 하나의 입장을 택하여 인류의 미래를 전망해 보시오.(2005 경희대 정시)

2) 제시문 [A]는 역사의 연구 방법론을 제시하고 있다. [A]의 이론을 토대로 하여 [B]의 견해를 보완하거나 비판하시오.(2006 서강대 수시 2학기)

---

59) [통합논술] '교과서로 논술잡자 - 역사관과 역사 교과서 편찬' 부산일보(2008.11.11)

3) [제시문 개와 [제시문 내는 김부식(金富軾)의 『삼국사기(三國史記)』에 실려 있는 글이다. 『삼국사기』를 다시 편찬한다고 가정하고, [제시문 개]의 사실에 대해서 [제시문 내]와 같은 성격의 글을 작성하라.(2007 서울대 수시 2학기)

4) <논제 1> 제시문 (가)는 개화기 직전 조선 사회의 상황을, 제시문 (나)는 오늘의 세계화 상황을 기술하고 있다. 이 두 상황의 유사점과 차이점을 설명하시오. <논제 2> 오늘의 세계화 상황을 알고 있는 입장에서 제시문 (다)를 참고하여 당시 조선 사회가 당면한 문제에 대한 대책을 마련하시오.(2008 서울대 논술 모의고사)

우나는 노트에 정리했다. 최근에 주로 역사문제와 관련된 논제가 출제되는 경향을 보인다. 상반된 '역사에 대한 관점'을 바탕으로 동서양의 특정 역사적인 사례를 적용해보는 것이 필요하다.(2008 서울대 논술 모의고사)

"덩더덩더덩더쿵!"
"얼쑤!"

"<다>의 제시문의 내용은 무엇이지?"
우나는 신나게 말했다.
"습지란 물을 담고 있는 땅입니다. 습지는 물이 흐르다 고이는 오랜 과정을 통하여 다양한 생명체들을 키움으로써 완벽한 생산과 소비의 '균형'을 갖춘 하나의 생태계라는 것이죠. 그런 점에서 기후 변화를 완화하고 지구온난화 문제를 해결하는 방안으로 습지(늪)이 보전하고 이용해야 한다고 말합니다."
얼쑤! 선생도 중요한 부분이라고 생각했다.
"'습지(늪)'에 대한 이야기를 좀 더 해 볼까? 홍수 대책에 관해 물으면 어떤 대답이 나올까? 대부분 '댐 건설이 필요하다'와 '하천 기능을 살려야 한다'는 주장을 제시할 것이다. '개발'과 '환경 보호'의 대립적 관점에서 나온 결과지. 우나는 어떤 입장이지?"

"환경 생태계의 보호의 입장에서 '하천 기능을 살려야 한다는 입장입니다."

우나는 웃었다. 상식적인 주장이라는 생각이 들었기 때문이다.

얼쑤! 선생은 말했다.

"너의 주장도 의미는 있지만 참신한 맛을 주지는 못한다. 새로운 시각을 얻기 위해 다음 칼럼을 보자."

"덩더덩더덩더쿵!"

"얼쑤!"

주먹과 손바닥으로 상징되는 이항대립 체계는 서구문화의 뿌리를 이루고 있는 기본 체계이다. 천사와 악마, 영혼과 육신, 선과 악, 괴물을 죽여야 공주와 행복한 결혼을 한다는 이른바 세인트 조지 콤플렉스가 바로 서구 문화의 본질이었다고 할 수 있다. 그러니까 서양에는 이항대립의 중간항인 가위가 결핍되어 있었던 것이다. 주먹과 보자기만 있는 대립항에서는 어떤 새로운 변화도 일어나지 않는다. (…) 가위의 힘, 말하자면 세 손가락은 닫혀 있고 두 손가락은 펴 있는 양쪽의 성질을 모두 갖춘 중간항을 발견하였다. 열려 있으면서도 닫혀 있는 가위의 존재, 그 때문에 이항대립의 주먹과 보자기의 세계에 새로운 생기가 생겨난다. 주먹은 가위를 이기고 보자기를 이기지 못하며 보자기는 주먹을 이기는, 그 어느 것도 정상에 이를 수 없으며 그 어느 것도 밑바닥에 깔리지 않는 서열 없는 관계가 형성되는 것이다.

— 이어령 '중간항의 문화'

"덩더덩더덩더쿵!"

"얼쑤!"

"우나야. 이 글은 어떤 내용이지?"

"이항 대립항에서는 어떤 새로운 변화도 없다는 내용입니다. '주먹'과 '손바닥'으로 대립되는 이항의 구조에서는 '가위'라는 중간항이 필요하다는 것이죠. '가위'가 해결책이 되는 것입니다."

"'가위'의 존재는 이분법적 사고(흑백의 사고)에서 벗어나게 하는 새로운 발상을 보여준다. 가위바위보의 '가위'에 해당하는 중간항을 홍수 대책의 원리로 활용해보면 어떨까?"

우나는 호기심으로 말을 받았다.

"'가위'라는 중간항으로요?"

"그렇다. 지금까지의 홍수 대책은 인간만을 위한 것이라고 해도 과언이 아니었다. 산업화 시대의 개발 논리였지. '댐 건설'이 대표적인 사례다. 거기서 한 발 더 나간게 '다목적댐'이었고. 생각해 봐. 하지만 엄청난 홍수를 댐으로 완벽하게 막는다는 것은 댐의 기능상 한계를 지닐 수밖에 없다."

"댐은 산업화 시대의 논리군요."

"맞아, 시대가 바뀌면서 댐은 자연과의 공존을 기반으로 한 해결책이 아니라는 인식을 하게 됐지. 그러다 보니 또 자연만을 생각한 거야. 그러다 보니 댐을 주장하는 개발의 논리와 자연의 보존을 주장하는 친환경의 논리의 대립을 가져왔지."

얼쑤! 선생은 침을 튀기며 말했다. 우나는 노트에 '극단적인 대립'이라고 적었다.

"얼쑤! 선생님. '개발의 논리와 친환경의 논리'는 극단적인 이항대립이군요. 일종의 '주먹과 보자', 즉, '바위와 보'가 되죠. 여기에 중간항인 '가위'에 필요한 것이군요."

얼쑤! 선생은 단정적으로 말했다.

"그렇다. 이 시점에서 '자연은 인간을 위해 존재한다'는 이분법적 사고에서 벗어나기 위한 지혜가 요구된다. 즉, 오로지 인간만을 위해서도 안 되고 자연만을 위해서도 안 된다는 것이다. 인간과 자연의 서열 없는 중간항의 관계가 필요하다는 것이야. 우나에 홍수 해결책으로 중간항이 무엇이 있을까?”

우나는 고민에 잠겼다. 즉, 댐도 아니고, 자연 그대로도 아닌 것을 생각했다. 그러나 쉽사리 생각이 떠오르지 않았다. 물 한잔을 먹었다. 얼쑤! 선생이 말을 이었다.

“바로 ‘대규모 늪(습지)을 확보해야 한다’라는 주장이야. 기존의 홍수 대비책을 뛰어넘는 참신한 발상이라는 점에서 주목받을 수 있지 않을까? 예컨대 홍수 해법을 가위바위보로 푼다면 ‘늪(습지)’은 ‘가위’에 해당한다. ‘개펄’도 같은 이치다. 바다도 육지도 아닌 것이 개펄이기 때문이다.”

“덩더덩더덩더쿵!”
“얼쑤!”

늪(습지)은 항상 물에 젖어 있는 땅이다. 즉, ‘물도 아니고 뭍(땅)도 아닌 지역’이다. 늪은 물과 땅이 공존하는 중간항에 해당한다. 늪은 스펀지와 같아서 많은 양의 물을 끌어들여 간직한다. 이런 점에서 “도시와 교외 지역의 습지를 보전하고 이 지역에서 사라진 습지를 복원하자. 습지를 활용한 도시의 물순환 체계 구축은 도시형 홍수를 방지하는 데 도움을 준다. 홍수 위험이 있는 저지대의 개발을 금지하고 습지로 보전하자”는 서울대 김귀곤 교수의 글[60]은 상당히 설득력이 있다.

“이런 내용을 알고 <다>의 ‘기후 변화를 완화하고 지구온난화 문제를 해결하는 방안으로 습지(늪)이 보전하고 이용해야 한다.’는 충분히 이해가 되지.”
“<다>의 내용에 공감입니다. 습지의 역할이 그렇게 큰 줄 몰랐네요. 우리나라에는 우포늪이 있지요.”
얼쑤! 선생은 말했다.

---

60) ‘네 안의 창의력을 깨워라’(주간동아 551호. 필자 이도희)

"요즘 '창원선언'을 채택하고 끝난 람사르 총회가 습지의 중요성을 알렸다. 지금까지는 습지(늪)의 중요성을 인식하지 못했다. 습지와 개펄은 '생명의 보고(寶庫)다. 그런데 중요한 것이 있다. 습지, 개펄을 '일반화'시키면 여러 상황에 적용할 수 있다. 그 일반화가 '중간항'이야. 이것은 현대인의 삶의 문제점의 해결에 중요한 원리로 작용할 수 있지. 우나가 그 사례를 들어 볼까?"

"이항의 극단적인 대립 상황이라면 '진보와 보수'가 있지요. 여기에 중간항인 '가위'를 들이대면 '중도'가 되지요. 극단적인 대입의 문제 상황에서는 '중도'가 해결책이 됩니다. 또한 '빈부 갈등'의 상황입니다. 그렇다면 중간항인 '중산층의 확대'가 해결책이고요."

"덩더덩더덩더쿵!"
"얼쑤!"

우나는 대답했다. 얼쑤! 선생이 말을 했다.
"자. 그러면 제시문을 바탕으로 문제를 만들어 봐야지."
우나는 노트를 펼쳤다. 얼쑤! 선생과 많은 대화를 통해 나온 내용을 중심으로 간단하게 문제를 만들었다. 그것을 노트에 적었다.

문제

'<가>와 <나>의 문제점을 밝히고, 그것의 해결 방안을 <다>를 참고하여 구체적으로 제시하시오'를 만들어 봤어요.

첨삭 ● ● ●

논술 답안을 논술 선생님의 '!, ?'로 창의적인 첨삭을 받아라!

　　<가>는 불교계가 반발하는 이유는 '정부의 종교 차별' 때문이라고 말한다. <나>는 한국의 근현대사 교과서 기술에 대한 논란이 인다는 내용이다. 이를 바탕으로 <가>와 <나>의 문제점은 '균형적 시각을 정립하지 못하고 편향된 시각으로 대상을 본다'이다. <가>에서 불교계가 말하는 '정부의 종교 차별'의 내용이다. 불교계는 '불교계의 어른인 총무원장의 차량을 검문하는 상황은 정부의 불교에 대한 차별의 사례로 본다. <나>에서 대학 교수들은 '한국의 근현대사가 민중운동사, 독립운동사로 편향돼 있다'는 것을 제시한다. 즉, 기존의 한국근현대사 교과서는 기술 체계와 방법 등이 한쪽으로 편향돼 있다는 것이다.

　　1) <u><가>와 <나>의 문제점을 <다>에서 찾을 수 있다.</u>(?) '기후 변화를 완화하고 지구온난화 문제를 해결하는 방안으로 습지(늪)이 보전하고 이용해야 한다'가 그것이다. 습지란 물을 담고 있는 질퍽한 땅이다. 습지는 땅도 아니고 물도 아닌 중간이다. 물이 흐르다 고이는 오랜 과정을 통하여 생성된 것으로 다양한 생명체들의 서식지다. 2) <u>습지는 완벽한 생산과 소비의 균형을 갖춘 하나의 생태계다. 습지의 역할은 습지의 생명체들의 순환 작용을 통해 안정된 생태계를 유지시켜 준다. 여기서 습지를 '균형의 중간항'이라는 편향된 갈등 해결의 원리를 끄집어낼 수 있다.</u>(!) <가>는 종교에 대한 편향으로 종교간의 균형이 깨졌고, <나>는 교과서에 편향된 서술이 늘면서 역사관의 균형이 깨졌다는 것이 문제점이다. 그런 점에서 <다>의 '습지'와 같은 중간항의 '균형된 시각'이 그 해결 방안이 된다. 균형된 시각은 습지와 같이 '다양한 삶의 가치'를 건강하게 보존시키기 때문이다.

"덩더덩더덩더쿵!"
"얼쑤!"

　　얼쑤! 선생은 우나의 답안을 읽어 보았다. 잘 쓴 답안이다. 주어진 논제에 답안을 충실히 쓴다는 것이 우나의 장점이다. 이번 답안은 만족스러웠다. 그것은 쉬운 제시문의 내용을 창의적인 관점으로 <다>를 해석하는 고도의 출제의도를 잘 파악했기 때문이다. 특히 '늪(습지)'을 '균형의 중간항'으로 파악해 편향된 관점의 해결책으로 제시한 것은 탁월하다.

　　요즘 서울대는 논술시험에서 제시문은 쉬운 것으로 내는 경향을 보인다. 이것만 보고 학생들은 서울대의 논술 시험이 쉽다고 생각한다. 그러나 분석해보면 논제가 요구하는 것이 하나의 주제에 대해 그와 다른 상황인 여러 논제를 묻는다. 이것은 주제를 여러 상황으로 관련시켜 활용하는 능력과 창의적인 관점을 요구하는 문제에 속한다. 난이도가 높은 문제다. 수험생들은 이러한 출제 경향에 철저한 대비가 요구된다.

우나는 답안의 1)의 이유가 (?)인 이유를 문장으로 적었다. 생각하는 데 5분이 걸렸다.

"1)은 둘째 문단의 첫문장으로 중요한 내용이 와야 한다. 그러나 방향만 제시하는 추상성이 강조돼 무의미한 문장이 된다. 특히 논제의 내용과 같다."

얼쑤! 선생은 신나게 (!)표를 찍었다. 우나는 (?)의 이유를 정확하게 짚었다. 바로 논제가 '<가>와 <나>의 문제점을 밝히고, 그것의 해결 방안을 <다>를 참고하여 구체적으로 제시하시오'이기 때문이다. 1)의 문장을 고치라고 했다.

   ▶1 <가>와 <나>의 문제점을 <다>에서 찾을 수 있다.(?)
   ▶1 문제점인 '편향된 시각'에 대한 해결 방안은 <다>에서 찾을 수 있다.(?)
   ▶1 문제점인 '편향된 시각'에 대한 해결 방안은 <다>의 '습지'에서 찾을 수 있다.(?)
   ▶1 '편향된 시각'에 대한 해결 방안은 <다>의 '습지'에서 찾을 수 있다.(!)

"덩더덩더덩더쿵!"
"얼쑤!"

세 문장만에 (!)표를 받았다. 주제 문장은 추상적인 것보다는 구체적인 것이 좋다. '해결 방안을 <다>에서 찾을 수 있다'보다는 '해결 방안을 <다>의 '습지'에서 찾을 수 있다'가 구체적이기 때문이다. 우나는 바로 2)의 자신이 쓴 문장을 자신이 평가하는 글을 썼다. 여기에 얼쑤! 선생은 (!)이라는 암시를 주어 평가의 방향만 잡아 주었을 뿐이다.

"2)의 내용이 (!)인 이유는, '습지'에 대한 설명이 문제점 해결의 근거로 충실히 작용하기 때문이다. 습지는 땅과 물의 중간의 균형을 이루며 이것은 갈등의 해결의 원리로 작용한다는 것은 창의성의 관점으로 높이 평가할 만하다.”

2)의 답안 내용을 놓고 '창의성의 관점으로 높이 평가할 만하다'고 우나가 쓴 자신의 문장은 서로 웃게 만들었다. 우나는 쑥스러움의, 얼쑤! 선생은 감동의 웃음이었다.

다시 쓴 답안

<가>는 불교계가 반발하는 이유는 '정부의 종교 차별' 때문이라고 말한다. <나>는 한국의 근현대사 교과서 기술에 대한 논란이 인다는 내용이다. 이를 바탕으로 <가>와 <나>의 문제점은 '균형적 시각을 정립하지 못하고 편향된 시각으로 대상을 본다'이다. <가>에서 불교계가 말하는 '정부의 종교 차별'의 내용이다. 불교계는 '불교계의 어른인 총무원장의 차량을 검문하는 상황은 정부의 불교에 대한 차별의 사례로 본다. <나>에서 대학 교수들은 '한국의 근현대사가 민중운동사, 독립운동사로 편향돼 있다'는 것을 제시한다. 즉, 기존의 한국근현대사 교과서는 기술 체계와 방법 등이 한쪽으로 편향돼 있다는 것이다.

'편향된 시각'에 대한 해결 방안은 <다>의 '습지'에서 찾을 수 있다. '기후 변화를 완화하고 지구온난화 문제를 해결하는 방안으로 습지(늪)이 보전하고 이용해야 한다'가 그것이다. 습지란 물을 담고 있는 질퍽한 땅이다. 습지는 땅도 아니고 물도 아닌 중간이다. 물이 흐르다 고이는 오랜 과정을 통하여 생성된 것으로 다양한 생명체들의 서식지다. 습지는 완벽한 생산과 소비의 균형을 갖춘 하나의 생태계다. 습지의 역할은 습지의 생명체들의 순환 작용을 통해 안정된 생태계를 유지시켜 준다. 여기서 습지를 '균형의 중간항'이라는 편향된 갈등 해결의 원리를 끄집어 낼 수 있다. <가>는 종교에 대한 편향으로 종교 간의 균형이 깨졌고, <나>는 교과서에 편향된 서술이 늘면서 역사관의 균형이 깨졌다는 것이 문제점이다. 그런 점에서 <다>의 '습지'와 같은 중간항의 '균형된 시각'이 그 해결 방안이 된다. 균형된 시각은 습지와 같이 '다양한 삶의 가치'를 건강하게 보존시키기 때문이다.

“덩더덩더덩더쿵!”
“얼쑤!”

…14강

나뭇잎이 떨어졌다. 찬바람도 불었다. 겨울의 문턱이다. 수식이의 옷이 두꺼워졌다.

오늘도 토요일 오후, 긴장감이 돌았다. 논술 시험이 얼마 안 남았기 때문이다. 수식이는 엊그제 본 수능시험에 대하여 만족을 못하는 눈치다. 최선을 다했으면 됐다고 얼쑤! 선생이 말해도 고개를 숙이고 있었다. 재수를 결정한 상황에서 줄기차게 수능과 논술만을 보고 달려왔을 수식이, 아쉬움이 크리라고 생각했다. 얼쑤! 선생은 얼굴이 까칠한 수식을 보며 젊은 애들이 마음껏 놀지 못하고 이렇게 공부를 해야만 하는 상황에 연민의 정을 느끼기도 하였다.

그러나 얼쑤! 선생은 머리를 흔들었다. 나약함에 빠져서는 안 된다. 비록 얼쑤! 선생과 6번의 '스스로논술학습법'을 했지만, 수식이가 아직은 논술의 고수의 경지라고 말을 못할 것이다. 논술의 고수의 경지라는 가치를 정량화, 계량화할 수 있는 수치가 있는 것도 아니기 때문이다. 얼쑤! 선생은 '논술을 즐기느냐'를 그 기준으로 생각한다. 그런 점에서는 수식은 논술의 경지에 올랐다. 수식은

3시간의 '스스로논술학습'을 하면서 화장실을 가는 것을 보지 못했기 때문이다.
수식은 몰입의 경지를 보여준 것이다.

　"덩더덩더덩더쿵!"
　"얼쑤!"

　수식이가 들어왔다. 정확히 오후 2시다. '스스로논술학습법'의 3단계의 14강
은 무엇으로 시작할까? 그렇다. 논술의 영원한 주제를 먼저 다루자. 인간이 삶
을 살아가면서 영원한 가치의 문제로 다루어 질 삶의 주제들이다.
　"수식아, 얼굴이 헬쑥하구나. 수능 시험에 대한 결과는 잊어버리자. 또 다른
중요한 것이 남았으니 말이다."
　"예. 알겠습니다."
　수식의 말은 담담했다. 논술의 영원한 주제를 끄집어냈다. '인간의 본성'과
'개인과 사회'가 그것이다. 얼쑤! 선생은 말을 이었다. 수식은 노트를 꺼냈다. 눈
이 번뜩이고 있었다.
　"우선 '인간 본성'에 관한 주제다. 인간 본성과 관련된 오늘날의 이슈를 신문
의 기사, 칼럼에서 찾아 구체화시켜야 한다. 직접 연결이 안 되더라도 관점을
다양화하여 관련시켜야 한다. 인간 본성의 고전적인 관점은, 우리가 윤리 시간
에 '인간은 본래 선한가, 악한가' 등이야. 너 많이 생각해봤지. 나아가 '인간의
조건은 무엇이냐', '인간의 본성은 이기적인가, 이타적인가', '진정한 인간의 행
복은 무엇인가', '인간의 삶의 본질은 물질적인가, 정신적인가, 아니면 적절한
조화인가' 등으로 이어지지. 이것은 근거가 충실해야 논리성을 얻을 수 있지."

　"덩더덩더덩더쿵!"
　"얼쑤!"

얼쑤! 선생은 말을 쏟아냈다. 수식을 보며 말을 이었다.

"답안을 작성한다고 하면 어떤 관점이 좋을까?"

"논란에 되는 주제는 '적절한 조화'를 주장으로 내세우면 좋은데요. 이때는 근거를 참신한 것으로 제시해야 한다는 부담감이 있습니다. 그래서 한쪽 입장을 택한 후 철저한 논거로 승부를 걸고 싶습니다. 수험생들이 선택하지 않는 주장을 선택하겠습니다."

"좋다. 논술의 고수라면 그렇지. 남들이 참신한 근거를 찾아 주장을 강화해야지. 그렇다면 '인간은 악하다, 이기적이다, 삶의 본질은 물질적이다'에 관점을 두고 참신한 논거로 승부를 걸겠구나."

수식이는 고개를 들고 말했다.

"가능할지는 모르겠습니다. 주장과 내용의 선명성을 분명하게 전달하고 싶습니다. 오늘날의 사건, 사고가 인간의 이기심과 관련이 있고요. 그렇게 하고 싶습니다."

수식이의 당당함이 넘쳤다. 눈이 빛났다.

"그러나 창의적으로 관점을 연결시켜야 한다. 신문 기사에 나오는 모든 각종 사건과 관련을 시키면 좋지. 특히 논란이 되는 '법원의 존엄사 첫 인정'과도 적용시켜야 하다는 것이야."

수식은 노트에 내용을 적었다.

"덩더덩더덩더쿵!"
"얼쑤!"

얼쑤! 선생은 말했다.

"다음은 '개인과 사회'의 주제야. 인간의 삶의 모든 문제는 '개인과 사회'의 주제와 모두 관련된다. 세계화의 문제, 자유와 평등의 문제, 정체성의 문제, 사실과 인식 등이지. 또한 생명 공학과 윤리, 과학과 정보사회, 지구 온난화와 환경 파괴 문제도 모두 '개인과 사회'라는 큰 틀의 주제와 관련된다."

수식이의 대답은 짧았다.

"그렇군요."

"'개인과 사회'는 반드시 '갈등'과 관련된다. 논술이 근본적으로 주목하는 대상이 '갈등'이다. 논술의 목적은 개인과 사회의 갈등에 대한 원인과 해결 방안을 모색하는 것이라고 해도 된다. 개인과 사회는 도덕, 윤리, 관습, 법 등으로 이해관계가 복잡하게 얽혀있지. 2009 수시2 논술고사의 고려대와 연세대의 경우도 마찬가지다. 고려대는 '선택 시 합리적인 두 기준 사이에 발생하는 모순을', '자유'라는 포괄적 주제 등이 제시됐기 때문이다. 연세대는 이해 대립 상황을 해결하는 다양한 방식 중에서 제시문에서 '설득'을 키워드로 제시했지."

수식은 노트에 깔끔하게 적었다. 얼굴을 들었다.

"얼쑤! 선생님. 복잡할 것이 없네요. 신문을 펼쳐 놓고 개인과 사회의 큰 틀 위에서 주제의 범위를 구체적으로 좁히면 되겠네요. 촛불 시위 문제도 개인은 어떤 입장에서 국가, 사회는 어떤 입장에서 이해관계가 물려 갈등을 일으켰는지 생각하면 논리적인 글을 슬 수 있는 거네요."

"깊이 들어가면, 촛불 시위는 '현행 법률과 대의민주주의 수호', '시민의 헌법상 자유와 직접민주주의 실현' 등의 개인과 사회의 가치의 충돌로도 볼 수 있지."

"덩더덩더덩더쿵!"

"얼쑤!"

1. 분석형 논제(요약, 공통점, 차이점, 핵심어, 공통 주제 등)를 확인하고, 신문에서 제시문을 선택하여 편집하고, 스스로 문제를 만들고 답안을 작성해 보라!

"수식아. 이 신문을 통해 분석형 논제의 제시문을 찾아보기 바란다. 분석형 은 요약과 공통점, 차이점을 바탕으로 기사를 찾아보면 된다."

수식이의 눈과 손이 빨라졌다. 논술 고수의 경지를 보여줬다.

제시문●●●

<가> "포스텍과 한국종합예술학교의 학문 간의 통섭 교류를 한다."[61]

<나> "코오롱그룹의 패션 브랜드는 '소비자 교감 마케팅'을 펼친다."[62]

수식은 학문 간의 통섭과 소비자 교감 마케팅을 제시문으로 선택했다. 학문 간의 통섭은 시대적인 현상으로 주목된다. 또한 소비자 교감 마케팅도 소비자 를 새로운 개념으로 설정한 창의적 사고가 돋보였다.

"덩더덩더덩더쿵!"

"얼쑤!"

"인간은 기계를 만들 때 서로 다른 대상 간의 융합을 통해 이루어 졌다. 우선 인체와 과학의 융합이다. 그 사례로 인체의 손가락과 과학이 만나 '갈고리'가 된다. 또한 움푹 파인 곳의 손바닥과 과학이 만나 '그릇'을 만들었다. 서로의 특 성을 융합하여 새로운 제품을 만든 것이다."

"그렇군요. 처음에는 다른 대상의 특성을 모방하여 자신의 특성과 결합하여

---

61) 과학과 예술… '서로에게 길을 묻다' 동아일보(2008.09.22)
62) "고객님 어떤 옷 만들까요?" 교감 마케팅 동아일보(2008.09.22)

신제품을 만들어내는 것이죠. 가격이 비싼 '물방울 옷'도 물방울과 공학이 만나 새로운 옷의 무늬를 만든 것도 그러한 사례가 되나요?"

"크게 보면 그렇지. 이제는 자연과 과학이 융합하여 새 제품을 창조한 사례를 생각해 볼까?"

수식이는 곰곰이 생각했다.

"예. 자연의 식물인 가시덤불과 공학이 만나 '철조망'을 만들었죠. 또한 자연의 동물의 털에 들러붙어 먼 곳으로 이동하도록 진화한 식물의 씨의 특성과 공학이 만나 '찍찍이'라는 상품을 탄생시켰습니다."

얼쑤! 선생이 말을 받았다.

"좋다. 인간과 자연, 그리고 공학이 융합하여 새로운 제품을 만들어낸다. 바로 서로 다른 대상 간의 융합의 결과지. 이화여대의 최재천 교수는 '섞여야 아름답고, 섞여야 강해지고, 섞여야 살아남는다. 학계, 기업, 사회가 함께 섞여야 한다'고 말했다 멋있는 말이지. 그런 점에서 <가>에 대한 설명을 부탁한다."

수식이는 신나게 설명했다.

"<가>는 포항공대의 포스텍과 한국종합예술학교의 학문 간의 통섭 교류를 말한다. 공대와 예술의 만남은 각기 다른 특수성을 지니고 있습니다. 내용을 보면 포스텍의 수학 교수의 수업을 한국예술종합학교의 학생들이 듣습니다. 대단한 일이죠. 이것은 학문 간의 벽을 허물어 학생들의 사고와 시각의 폭을 넓혀가는 계기가 될 것입니다."

"덩더덩더덩더쿵!"
"얼쑤!"

얼쑤! 선생의 질문 속도가 빨라졌다.

"말을 잘했다. 과학자와 예술가 사이의 소통과 만남의 장을 통해 서로 간의 학문의 장점을 통합할 수 있지. 이런 융합에서 새로운 이론을 창조될 수가 있지. 그렇다면 <나>는 어떤 내용이지?”

수식이는 노트를 보며 말했다. 눈에 힘이 들어갔다.

“<나>도 그룹의 패션 브랜드가 펼치는 ‘소비자 교감 마케팅’을 말합니다. ‘소비자 교감 마케팅’은 소비자를 제품 개발의 단계에 포함시키는 것이죠. 그 동안은 대부분의 회사의 일방적인 아이디어로 물건을 만들었습니다. 그것이 아니죠. 그런 점에서 ‘공급자와 소비자의 통합된 아이디어’라고 봅니다.”

얼쑤! 선생은 만면에 웃을 띠었다. 말을 이었다.

“내용이 좋은 기사를 제시문을 선택했네. 소비자를 회사의 제품 개발 아이디어에 참여시키는 것은 창의적인 발상이지. 제품의 주체와 객체가 통합되는 새로운 전략이다.”

‘수식은 논술의 고수’라고 얼쑤! 선생은 생각했다. 10여분에 <가>와 <나>의 신문 기사를 제시문을 선택하고 핵심적인 설명을 했기 때문이다. 만족감의 미소가 어렸다. 이제는 문제를 만들라고 했다. 분석형의 논제는 요약을 바탕으로 한다. 공통점, 차이점 등이 들어가는 기본형이기에 논제를 만들기 쉽다.

문제

‘제시문 <가>, <나>의 공통점과 차이점을 밝히고, 그에 대한 자신의 견해를 제시하시오’를 만들어 봤습니다.

“덩더덩더덩더쿵!”
“얼쑤!”

첨삭●●●

논술 답안을 논술 선생님의 ‘!, ?’로 창의적인 첨삭을 받아라!

<가>는 포스텍과 한국종합예술학교의 '학문 간의 통섭 교류'를 한다. <나>에서는 코오롱그룹의 패션 브랜드는 '소비자 교감 마케팅'을 펼친다. 이를 바탕으로 공통점은 서로 다른 대상 간의 창의적 통섭은 획기적인 발전의 토대가 된다는 점이다. <가>는 서로 다른 학문 간의 벽을 허물고 과학과 예술 학문의 만남을 통해 사고와 시각의 폭을 넓혀가는 계기가 될 것이다. 또한 <나>는 서로 다른 회사의 공급자와 소비자의 아이디어가 통합하여 새로운 제품을 만든다. 1) <u>21세기가 통섭을 중요시하는 이유다.</u>(!)

그러나 <가>와 <나>는 대상 간의 관계에서 차이점을 보인다. <가>는 학문 간의 영역은 다르지만 대학들 간의 학문의 교류에 속한다. 주체로 본다면 대등의 관계다. 그러나 <나>는 제품을 공급하는 회사와 이를 구입하는 소비자 간의 통합이기에 주체는 대조의 관계가 된다. 2) <u>그런 점에서 통합의 밀도는 <나>가 더 강하다고 할 수 있다.</u>(!) 제품을 만드는 공급자와 구매하는 소비자의 개념이 상호보완적으로 변할 수 있는 통합의 사례이기 때문이다.

이번도 답안을 잘 작성했다. 창의성의 측면에서는 둘째 문단의 내용은 이해가 된다. 공급자와 소비자의 관계를 대조에서 통합을 통한 상호보완적으로 파악한 것은 높이 평가할 부분이다. 그러나 문장의 서술어 등은 다듬어야 할 부분이다. 주어와 서술어의 호응을 고려하여 세심하게 처리해야 할 부분이다.

"덩더덩더덩더쿵!"
"얼쑤!"

얼쑤! 선생은 말을 던졌다.
"수식아, 1)의 문장이 (!)인 이유를 문장으로 적어 볼까?"
수식은 노트에 적은 글을 보여주었다.
"1)의 문장은 간결한 문장을 제시하여 두 가지의 효과를 높인다. 첫째는 '통섭'의 중요성을 시대성과 관련지어 통섭의 당위적 결과를 이끌었다는 점이다. 둘째는 앞 문장 모두가 대체로 만연체이다. 문장의 호흡이 길다는 측면에서 단조로움을 느낄 수 있었다. 그러나 1)의 문장이 간결하게 처리되어 긴 앞 문장들의 단점이 극복된다. 그러므로 1)은 문장들 간의 리듬을 타게 하는 핵심적 문장으로 지목된다.

얼쑤! 선생은 (!)표를 찍었다. 완벽한 설명이었다. 수식은 2)의 (!)표에 대한 글을 보여주었다.

"2)의 문장은 창의력이 돋보인다. 통섭을 통하여 공급자와 소비자의 관계가 상호보완적이라는 관점의 발상은 신선하다."

얼쑤! 선생은 웃으며 (!)표를 찍었다. 그러나 문장 2)에서 통합의 밀도가 <가>보다는 <나>가 강하다는 것은 관점에 따라 주관성이 개입된 결과로도 볼 수 있다. 단지 '대조'라는 관계에서 파악한 것은 '공급자들의 목적'은 '소비자들의 기호'와 일치시켜 수익을 올린다는 것을 간과했을 수도 있기 때문이다. 얼쑤! 선생이 수식이의 답안이나 그 설명에서 (!)표를 찍은 것은 관점의 참신함을 높게 평가했기 때문이다.

다시 쓴 답안

<가>는 포스텍과 한국종합예술학교의 '학문 간의 통섭 교류'를 <u>말한다.</u> <나>에서는 코오롱 그룹의 패션 브랜드는 '소비자 교감 마케팅'을 펼친다는 <u>내용이다.</u> 두 제시문의 공통점은 다른 대상 간의 통섭은 창의적인 발전의 토대가 된다는 점이다. <가>는 과학과 예술 학문의 만남을 통해 사고와 시각의 폭을 넓혀가는 계기가 된다. 또한 <나>는 서로 다른 회사의 공급자와 소비자의 아이디어가 통합하여 새로운 제품을 만들 수 있다. 21세기가 통섭을 중요시하는 이유다.

그러나 <가>와 <나>는 대상 간의 관계에서 차이점을 보인다. <가>는 학문 간의 영역은 다르지만 대학들 간의 학문의 교류에 속한다. 주체로 본다면 대등의 관계다. 그러나 <나>는 제품을 공급하는 회사와 이를 구입하는 소비자 간의 통합이기에 주체는 대조의 관계가 된다. 그런 점에서 통합의 밀도는 <나>가 더 강하다고 할 수 있다. 제품을 만드는 공급자와 구매하는 소비자의 개념이 상호보완적으로 변할 수 있는 통합의 사례이기 때문이다.

"덩더덩더덩더쿵!"
"얼쑤!"

2. 설명형 논제(과정, 예측, 결과, 영향, 개념, 본질, 관계, 의미 등)를 확인하고, 신문에서 제시문을 선택하여 편집하고, 스스로 문제를 만들고 답안을 작성해 보라!

　제시문 간의 관계를 묻는 것은 논술의 중요한 요소다. 논술 공부의 기본에 속한다. 출제자의 의도는 각기 다른 내용을 하나의 주제로 묶어 내는 창의적 능력을 보기 위함이다. 학생들은 세 개의 제시문이 서로 다른 내용일 때 그것을 꿰뚫는 통합의 관점을 활용해야 한다. 시대의 추이가 통합 학문의 방향으로 나가는 요즘 이것은 시사적인 의미를 지닌다. 신문의 서로 다른 이슈들이 많다. 그것들을 선택하고 다양한 주제 중에서 한 가지의 주제를 선택해 엮어보는 '스스로논술학습법'이 중요하다. 수험생은 평소 일반적 주제를 사회적 쟁점과 관련지어야 하다. 특히 찬반 입장의 시사 이슈는 참신한 논거를 들어 설득력이 높은 논리의 글로 써봐야 한다. 또한 시사 이슈를 과거에 비슷한 사례나 역사적 사건을 함께 익히면 더 좋다. 그것을 주장을 강화하는 논거로 삼으면 논술 능력을 향상시킬 수 있다.

　사례를 들면 다음과 같다.

"덩더덩더덩더쿵!"
"얼쑤!"

1) [일반주제] 학벌 중심 사회의 원인과 그 폐해, 개인의 사회적 양심과 바람직한 삶의 가치 향상 방안 ▶ [이슈] 학력 위조 파문
2) [일반주제] 인구 고령화에 따른 사회변화와 대책 방안 ▶ [이슈] 출산율의 감소와 노인 인구의 증가
3) [일반주제] 현대사회에서 다양한 가족 형태가 공존하는 방법 ▶ [이슈] 미스 맘과 가족제도
4) [일반주제] 공무원의 책임과 윤리, 공무원의 도덕적 해이 ▶ [이슈] 직불제 신청 수령
5) [일반주제] 국민과 정부정책 수립자간의 의사소통 활성화 방안, 민주주의와 여론, 다수결원

리의 한계, 여론형성 과정의 장단점, 국민의 정치 참여 형태 변화, 집회 문화의 변화, 정보
통신기술을 활용한 전자민주주의, 인터넷을 통한 여론 수립 과정, 국민과 정부 간 의사소통
의 재정립, 미디어의 역할과 기능, 대의민주주의의 단점, 인터넷 실명제와 표현의 자유, 이
념을 초월한 삶의 문제를 다룬 생활 정치의 가능성, 온라인의 사이버 정치 가능성 ▶ [이슈]
광우병 쇠고기 수입 반대 파동과 촛불 집회

6) [일반주제] 가공식품의 대량 생산과 우리들의 식생활 건강 ▶ [이슈] 쥐머리 새우깡, 멜라닌
검출

7) [일반주제] 우리 사회의 법과 제도, 사회적, 법적 합의의 필요성, 환자의 생명권과 자기 결
정권, 의사소통의 한계와 의미, 선택권의 주체와 객체의 관계, 생명의 범위와 진정한 의미,
법과 제도의 의미와 한계점, 사회적 약자에 대한 관심과 배려, 합법적 허용의 득과 실, 법률,
학계의 용어가 갖는 사회적 의미, 인위적 행위와 자연적 행위의 도적적, 윤리적 의미, 안락
사에 대한 국가의 종교, 역사적 전통의 필요성, 죽음에 대한 문화적, 사회적 정서의 중요성,
헌법에 보장된 인격권과 행복추구권, 인간 본능의 법과 사회적 인식 ▶ [이슈] 법원 존엄사
첫 인정

"덩더덩더덩더쿵!"
"얼쑤!"

얼쑤! 선생은 말을 했다.

"수식아, 논술 수험생들에게 일반 주제와 시사 이슈를 관련지어 제시문을 선
택하고 논제를 만들어 보는 적극성이 필요하다. 알겠지? 특히 위의 사례 중에
서 '[이슈] 광우병 쇠고기 수입 반대 파동과 촛불 집회'의 경우는 많은 일반 주
제를 남겼다. 그 이슈는 올해 논술의 시험에서 가장 뜨거운 사례에 속했지."

"아, 얼쑤! 선생님. 그러니까 뜨거운 이슈를 놓고 다양한 관점을 동원하여 다
양한 일반 주제를 만들어 보라는 말씀이죠."

얼쑤! 선생도 덩달아 신이 났다.

"그렇지. 좋아. 이런 과정이 '논술을 즐기는 방법'이지. 즐기다 보면 논술의
경지에 도달하게 되지. 얼마 전 '법원 존엄사 첫 인정'의 이슈가 있었지. 하나의

이슈에 대해 일반 주제는 관점에 따라 많았다.”

수식도 감동하는 눈치다.

“얼쑤! 선생님. 그것이 논술의 능력이군요.”

수식은 노트에 적었다.

“덩더덩더덩더쿵!”

“얼쑤!”

선택한 기사의 핵심 내용을 적었다. 이번에는 세 개의 제시문이었다.

제시문 ● ● ●

<가> “한국의 직장인이 일하면서 병 들어가는 이유에 대해 ‘5가지 증상’을 갖는다.”[63]

<나> “고혈압 환자에게 몸을 이완시키는 음악이나 특수음향을 들려주면 혈압이 떨어진다는
연구 결과가 있다.”[64]

<다> “삶을 적극적으로 살려면 앞쪽형 인간이 되라.”[65]

얼쑤! 선생은 짧은 질문을 했다.

“수식아. <가>의 설명을 부탁한다.”

수식은 힘찬 목소리로 대답했다.

“<가>는 “한국의 직장에서 병 들어가는 이유를 ‘5가지 증상’으로 말합니다.
‘생존 컴플렉스, 성실 병, 원만 병, 변화 강박증, 미래 염려증과 나중에 증후군’
이 바로 그것입니다. 한국인에게 있어 대부분은 직장이 ‘생계형’이기 때문입니
다. 생계형은 한국인의 업무보람과 인간관계의 만족도가 낮습니다. 자신이 진
정한 삶의 보람을 못 느낀다는 것이죠.”

---

63) ‘대한민국 직장인이 걸리기 쉬운 5가지 증상’ 동아일보(2008.09.19)

64) ‘음악 들으면 혈압 떨어진다’ 동아일보(2008.09.22)

65) ‘앞쪽형 인간이 성공한다’ 동아일보(2008.09.17)

"덩더덩더덩더쿵!"

"얼쑤!"

얼쑤! 선생은 나직이 말을 했다.

"그렇다. 우리에게 직장은 전통적 개념에 머물러 있다고 볼 수 있지. 부양해야 할 가족을 둔 가장에게 직장은 생계형으로 작용한다. 물론 직장은 경제력을 유지해주며 생존권을 보장해주는 신성한 곳이지. 그러나 가족 부양의 의무로 직장을 다닌다면 기계와 같은 직원으로 회사에 종속되고 말 것이지."

얼쑤! 선생은 말을 이었다.

"오늘날 직장은 사회적으로 많은 서비스를 직원에게 요구한다. 고객을 위해 자신의 감정과 다른 감정을 보일 때가 많죠. 그것도 종속의 한 부분인가요?"

"좋은 이야기를 했다. 그것과 관련된 논술 기출문제가 있다."

2008학년도 고려대학교 수시모집2(인문계) 논술 문제

[1] 유통 시장에 한층 더 조직화된 대규모 기업들이 등장하고 있다. 종전의 소규모 기업들이 상품을 판매했다면 새로 등장한 대규모 기업들은 서비스를 우선적으로 판매한다. 기업가는 노동자를 고용하면서 그의 노동과 기술을 구매한다. 그런데 사무직이나 서비스직의 경우 기업가는 피고용자로부터 노동과 기술뿐 아니라 인성도 구매한다. 노동자의 임금 노동은 고용주를 위해 시간과 에너지를 희생하는 일이다.
서비스 분야의 노동자는 그에 더하여 고객이나 관리자 같은 수요자를 위해 종종 자아를 희생해야 한다.

서비스 판매도 시장의 논리에 좌우되므로 '인성 시장'이 그 분야에서 형성되는 것은 그리 놀랍 않다. 상품 생산보다 인적 관리에 대한 관심이 증가하면서 피고용자의 인성이나 인맥 형성 능력 등이 교환의 영역에 이입되고, 그로써 상업적 관련성을 지닌 상품으로 변모되는 과정은 자연스러워 보인다. 개인적 특성들에 대한 통제권이 가격을 매개로 이전될 때 인성 시장이 형성된다. 인성 시장이 안정적으로 지속되기 위해서는 세 가지 조건이 충족되어야 한다. 첫째, 피고용자는 기업의 관료 구조 속에 편입되어 상위의 권위자에 의해 훈련과 감독을 받아야 한다. 둘째, 피고용자의 일상 업무는 고객과 접촉하여 그에게 회사의 좋은 인상을 심어 주는 것이어야 한다. 셋째, 고객은 피고용자와 무관한 익명의 존재여야 한다.

고객은 인성 시장에서 상업적 가면을 쓴 존재를 만난다. 따라서 고객은 백화점 판매원을 하나의 인격체로 생각하면서 그에게 감사하는 마음을 가질 필요가 없다. 단지 판매원의 친절과 호의에 대해 값을 지불하면 된다. 백화점 판매원도 맡은 바 역할을 효율적으로 수행하면 된다. 친절과 호의는 기업의 판매 전략을 합리화하는 대외적 측면에 해당한다. 따라서 판매원은 고객과의 관계에서 정형적인 준칙과 규율을 지켜야 한다. 판매원은 상품들을 전시하고 그것들을 고객이 구매하도록 설득할 뿐이다. 바로 그 임무를 수행하면서 판매원은 자신의 인성을 사용한다. 판매원은 자신이 회사를 대표한다는 점을 염두에 두어야 하며 그 익명적 조직에 충성하기 위해 언제나 고객에게 친절과 봉사를 제공해야 한다.

판매원의 본심과 고객에 대한 그의 행동 사이에는 분명한 거리가 있다. 매장에서 판매원이 짓는 미소는 상업적인 미끼이다. 판매원이 외모에 신경 쓰지 않는다면 그것은 경영진이 부주의한 탓으로 보아야 한다. 판매원이 자기 규율과 성실성, 재치, 품위 등을 개인적으로 내면화하지 않았다 하더라도 그는 판매를 위해 그러한 미덕들을 고객이 느끼도록 해야 한다.

인사 전문가의 교육 지침서에는 직원들이 '무던하고 무난하며 효과적인 인성'을 갖도록 육성되어야 한다고 적혀 있다. 소규모의 자영 상인들처럼 판매 직원들도 서비스와 인성을 통해 서로 경쟁한다. 그러나 자영 상인들과 달리 판매 직원들은 그들 나름대로 가격을 흥정하거나 시장을 판단하여 판매할 물건을 구매할 수 없다. 시장에 대한 판단과 구매 결정은 전문가들의 몫이다. 판매 직원은 자유주의의 고전적 영웅처럼 자기 계발과 관리를 통해 승진을 위한 개인적 능력을 형성할 수 없다. 이제 직업의 세계에서 인성도 관리되어야 할 대상이다. 인성은 상품 판매를 위한 도구로 사용되어야 한다.

현대의 기업들은 치밀하게 짜인 장치로 직원들을 훈련하여 그들이 인성 시장에서 성공적으로 경쟁하도록 한다. 그런데 인성 시장에서 작동되는 판매의 방식이 가장 유력한 처세의 방식으로 새로 부상하고 있다. 공적인 사업 관계에서 형성된 기술이 사적인 영역으로 확산되는 것이다. 새로운 처세 방식을 전하는 책들은 모든 사람들이 지도자가 될 수 있다고 말한다. 스스로 빙퉁그러진 행위를 하지 않는 한 누구도 가난해지거나 실패하지 않는다고 한다. "오늘날 새로운 귀족 계급이 생성되고 있다. 개인적 매력의 귀족이 바로 그 계급이다." 새로운 귀족 계급의 성원은 겉으로는 다른 성원을 상급자로 우대하는 한편 속으로는 자기가 세계에서 가장 크고 가장 중요한 사람이라고 되뇐다.

현대의 대도시 사람들에게 보편화된 상호 불신과 자기 소외의 바닥에는 인성 시장이 자리 잡고 있다. 공통의 가치와 상호 신뢰가 부재한 상황에서는 일시적인 계약으로 사람들을 연결시키는 화폐 중심의 거래 관계는 포착하기 어려울 정도로 교묘해지고 개인의 삶과 대인 관계의 모든 영역에 깊숙이 침투한다. 고객에게 친한 척하는 판매원의 윤리가 일반 사람들에게도 요구된다. 시간이 흐를수록 그 윤리의 부정적인 면이 드러나기도 하지만 사람들은 처세를 위한 방편으로 그 윤리를 생활의 일부로 받아들인다. 달라진 점이 있다면 이제는 사람들이 그 윤리가 보내는 의미심장한 눈빛을 알아본다는 것이다. 모든 인간 행위에 조작이 내재한다는 것은 상식처럼 받아들여진다.

[2] 최근에 은행업, 보험업, 관광업 및 레저 산업과 같은 서비스 분야의 직업이 증가함에 따라 '감정 노동'에 관련된 사람들의 수도 현저히 늘고 있다. 그런데 감정 노동은 특정한 범주의 직업에만 한정되지 않으며 공적·사적 생활에서 광범위하게 이루어지고 있다. 우리는 모두 가정과 직장에서 어느 정도 우리의 감정을 만들어내고 관리할 필요가 있다. 예를 들어, 어린아이를 동반한 쇼핑은 아이들 때문에 심하게 부대끼는 부모들에게 종종 감정

노동을 단련할 기회가 된다. 부모들은 계산대 앞에서 차례를 기다리는 동안 아이들에게 고함을 지르기보다는 억지 미소를 지어야 하기 때문이다.

스스로 자신을 돌볼 수 없는 아동이나 노인, 장애인 및 병자를 돌보는 직종에 종사하는 사람들 역시 육체 노동뿐만 아니라 감정 노동을 수행하고 있다. 그들은 규범적이고 윤리적인 측면을 포함한 사회 관계 속에서 노동한다. 그들은 사회가 일반적으로 그 직업에 기대하는 역할을 수행하기 위해 특정한 얼굴 표정과 육체적 표현을 만들 수 있도록 자신의 감정을 관리한다.

감정 노동 종사자들의 임무는 고객들이 요구하는 서비스를 제공함으로써 그들이 편안함을 느끼도록 하는 것이다. 이러한 업무 속에서 그들은 고객들에게 짜증 내지 않으면서 자신들의 역할에 충실해야 한다는 딜레마에 부딪치게 된다. 표면 연기는 이 딜레마에 대처하는 한 가지 방식이다. 그러나 표면 연기가 위선적이며 자존심을 상하게 한다고 생각하는 사람들에게 그 방법은 만족스럽지 못하다. 그래서 노련한 직업인들은 표면 연기 대신 내면 연기를 선호하는 경향이 있다. 예를 들어 간호사들은 무례하고 공격적인 환자를 다룰 때 그 환자의 행동이 정당화될 수 있는 이유를 생각해 내려고 애쓰고, 화를 내기보다는 스스로 미안한 감정을 가지려 한다. 그러나 그런 대처 방식도 바람직한 것만은 아니다. 진정한 자기 감정으로부터 유리되는 현상을 감수해야 하기 때문이다.

특정 직업이 몸에 가하는 스트레스는 특정한 감정과 육체적 상태를 요구하는 업무 때문에 더욱 심화된다. 자신의 행위가 자아 개념과 모순된다고 인식할 때 스트레스 수준은 높아진다. 자신의 욕구를 부정하면서 언제나 다른 사람들의 욕구에 우선적으로 부응해야 할 때 몸은 견딜 수 있는 이상으로 가해지는 긴장에 대해 무의식적인 저항을 드러낼 수 있다. 감정 노동 종사자들에게 기대하는 감정 노동의 양이 증가하고 있는 현대 사회에서 이런 위험성은 더욱 높아지고 있다.

[3] 사무원

이른 아침 6시부터 밤 10시까지 하루도 빠짐없이

그는 의자 고행을 했다고 한다.
제일 먼저 출근하여 제일 늦게 퇴근할 때까지
그는 자기 책상 자기 의자에만 앉아 있었으므로
사람들은 그가 서 있는 모습을 여간해서는 볼 수 없었다고 한다.
점심시간에도 의자에 단단히 붙박여
보리밥과 김치가 든 도시락으로 공양을 마쳤다고 한다.
그가 화장실 가는 것을 처음으로 목격했다는 사람에 의하면
놀랍게도 그의 다리는 의자가 직립한 것처럼 보였다고 한다.
그는 하루종일 損益管理臺帳經(손익관리대장경)과 資金收支心經(자금수지심경)
속의 숫자를 읊으며
철저히 고행업무 속에만 은둔하였다고 한다.
종소리 북소리 목탁소리로 전화벨이 울리면
수화기에다 자금현황 매출원가 영업이익 재고자산 부실채권 등등을
청아하고 구성지게 염불했다고 한다.
끝없는 수행정진으로 머리는 점점 빠지고 배는 부풀고
커다란 머리와 몸집에 비해 팔다리는 턱없이 가늘어졌으며
오랜 음지의 수행으로 얼굴은 창백해졌지만
그는 매일 상사에게 굽실굽실 108배를 올렸다고 한다.
수행에 너무 지극하게 정진한 나머지
전화를 걸다가 전화기 버튼 대신 계산기를 누르기도 했으며
귀가하다가 지하철 개찰구에 승차권 대신 열쇠를 밀어 넣었다고도 한다.
이미 습관이 모든 행동과 사고를 대신할 만큼
깊은 경지에 들어갔으므로
사람들은 그를 '30년간의 長座不立장좌불립'이라고 불렀다 한다.
그리 부르든 말든 그는 전혀 상관치 않고 묵언으로 일관했으며
다만 혹독하다면 혹독할 이 수행을
외부 압력에 의해 끝까지 마치지 못할까 두려워했다고 한다.
그나마 지금껏 매달릴 수 있다는 것을 큰 행운으로 여겼다고 한다.

그의 통장으로는 매달 적은 대로 시주가 들어왔고

시주는 채워지기 무섭게 속가의 살림에 흔적없이 스며들었으나

혹시 남는지 역시 모자라는지 한 번도 거들떠보지 않았다고 한다.

오로지 의자 고행에만 더욱 용맹정진했다고 한다.

그의 책상 아래에는 여전히 다리가 여섯이었고

둘은 그의 다리 넷은 의자 다리였지만

어느 둘이 그의 다리였는지는 알 수 없었다고 한다.

[4]

산업별 종사자 수의 변화		1985	1990	1995	2000	2005
산업 \ 연도						(단위:천명)
1차 산업		3712	3272	2403	2243	1815
2차 산업		3647	4992	4884	4311	4252
3차 산업		7562	9801	13,168	14,602	16,789
보건 및 사회복지 사업*	전체	–	–	350	481	639
	남성	–	–	119	149	181
	여성	–	–	231	332	458

*간호사,사회복지사 및 양로원,고아원,육아시설,복지관 등의 종사자 포함.

"덩더덩더덩더쿵!"

"얼쑤!"

"수식아, (1)의 핵심 내용을 말해 볼까?"

수식은 얌전하게 말했다.

"그동안의 노동과 기술뿐 아니라 이제는 인성을 사고 파는 인성 시장이 생겨
났다는 내용입니다. 백화점에 근무하는 직원의 경우는 그 서비스가 고객이 원
하는 품성과 태도에 맞춰져 잇다는 것입니다. 자신의 정체성인 '인성'이 아니죠.
이런 상황은 직업에 자신의 인격이 종속 당한 것입니다."

"음. 직원 자신의 인성이 상품 판매를 위한 도구가 됐다는 것이다. 화폐 중심
의 거래 관계에서 이런 '자신의 인성을 조작'하며 근무하는 직장인들은 늘어날

수밖에 없다는 것이야.”

수식은 즉시 말을 받았다.

“자신의 정체성 혼란에서 오는 직장인의 스트레스가 많겠군요.”

수식은 노트에 적기 시작했다. 얼쑤! 선생은 (2)도 설명을 하라고 했다.

“(2)는 ‘감정 노동’에 대한 내용입니다. 자신의 직업과 그 역할이 원하는 감정을 가지고 생활해야 하는 직장인들에 관한 얘기입니다.”

얼쑤! 선생은 짧게 질문했다.

“사례를 들면?”

“간호사가 대표적 사례죠. 간호사들은 환자들이 편안함을 느끼도록 할 직업적 의무를 가집니다. 자신이 마음대로 기분을 표출해서는 안 되죠. 자신의 솔직한 감정도 환자를 위해 다른 감정으로 바꿔야 합니다. 결국 자신의 정체성을 회복하지 못하고 다른 사람의 감정을 내 감정으로 직장 생활을 하기 때문에 마음의 병이 됩니다.”

수식의 말은 거침이 없었다. 지금의 이야기를 신문 기사의 <가>와 관련시켰다.

목소리에 자신감이 배었다.

“덩더덩더덩더쿵!”
“얼쑤!”

“<가>의 직장에서 ‘생존 컴플렉스, 성실 병, 원만 병, 변화 강박증, 미래 염려증과 나중에 증후군’이 바로 그것입니다. 우리 한국인들은 직장을 ‘생계수단 형’으로 인식하기에 고객을 위한 감정 처리가 자신의 감정인 척 할 수밖에 없습니다.”

얼쑤! 선생은 길게 물었다.

“한국인들의 직장 개념이 ‘생계수단형’인 상태에서 5가지의 증상의 병이 들 수밖에 없다는 것을 잘 설명했다. 제시문 (3)의 경우는 어떨까?"

수식은 말을 시작했다.

"제시문 (3)은 장부의 숫자만 다루는 고통스런 사무원을 그립니다. 이 사무원은 직장에서 주체적인 행동을 할 수 없습니다. 그 사무원이 매일 상사에게 굽실굽실 하는 것은 자신이 진정 원하는 행동은 아니죠. 직업이 요구하는 습관적인 감정과 행동입니다. 이 사무원은 직장은 '생계수단형'의 대표적 사례입니다. 사무원은 중증의 직장병에 걸렸을 겁니다."

얼쑤! 선생은 (4)의 표를 설명하라고 했다. 수식은 노트를 보았다.

"(4)의 표는 1차 및 2차 산업 종사자 수는 감소하고 3차 산업 종사자 수가 증가한 상황을 보여줍니다. 특히 보건 및 사회복지의 종사자 수가 증가하고 있다. 이러한 것은 서비스 직업에 여성이 차지하는 비중이 높다는 사실입니다. 앞으로 남성보다는 여성들이 감정 노동에 시달릴 가능성이 높습니다."

"덩더덩더덩더쿵!"
"얼쑤!"

현대인들은 직장에 종속돼 있다. 자본주의의 속성이 사물화를 부추겼다. 사물화는 인간의 질적 관계가 상품의 양적인 관계로 바뀌는 것을 말한다. 즉, 인간 사이의 질적 관계인 인간의 노동과 피와 땀의 가치가 일정한 화폐의 양으로 가격이 매겨진다. 여기서 오늘날 직장인은 스트레스를 받고 병을 얻는다. 이런 직장에서 인간은 소모품일 수밖에 없다. 인간의 정체성을 바탕으로 한 자율성, 창의성은 무시되는 이유다.

얼쑤! 선생은 웃으며 말했다.

"수식아. 네가 선택한 <나>의 제시문을 설명해 주었으면 한다."

수식은 긴 답변을 했다. 고개를 들고 어깨를 폈다.

"<나>는 '고혈압 환자에게 몸을 이완시키는 음악이나 특수음향을 들려주면 혈압이 떨어진다는 연구 결과'를 말합니다. 여기서 특수 음악은 파도 소리, 음악은 모차르트의 음악 등을 말합니다. 왜냐하면요. 규칙적인 음이 편안한 마음을 준다는 것입니다. 모차르트의 음악이나 파도 소리는 규칙적이잖아요. 대뇌에 직접 작용해 알파(α)파를 활성화시켜 몸의 흥분을 낮춘답니다. 그 결과 부교감 신경이 활성화되어 혈압이 떨어진다는 것이다. 같은 이유로 새소리, 물소리 등 자연의 소리도 혈압을 낮춥니다."

"덩더덩더덩더쿵!"
"얼쑤!"

얼쑤! 선생은 칭찬을 했다.
"좋은 설명이야. <다>는 어떤 내용이지?"
"<다>는 '삶을 적극적으로 살려면 앞쪽형 인간이 되라'는 것이죠. 인간의 뇌에는 앞쪽과 뒤쪽이 있다는 것입니다. 제시문에 의하면, 뒤쪽 뇌는 인간의 희로애락(喜怒哀樂)을 담당하는 곳으로 충동과 욕구를 느끼게 한답니다. 그러나 앞쪽 뇌는 뒤쪽 뇌에 저장된 정보를 종합 편집의 기능을 합니다. 앞쪽의 뇌는 행동과 사고를 결정하는 고차원적인 업무를 담당하는 것이죠."
"수식의 설명이 논리적이 됐네. 전에는 보지 못했던 현상이야. 집에서 설명하는 연습을 했나?"
수식은 당당하게 말했다.
"아닙니다. 먼저 중심 내용을 말하고 논거를 댔을 뿐입니다."
얼쑤! 선생의 짧은 질문이 들어갔다.
"오늘날 직장인들은 어느 형의 뇌가 활성화 됐을까?"
"오늘날 직장인들은 스트레스 때문에 뒤쪽형 뇌가 활성화 됐을 것입니다. 고려대학교 논술 기출문제에서도 보듯 '자신의 감정보다는 다른 감정으로 살아가야 하는 직장인은 스트레스에 노출돼 있습니다. 그 결과 신문의 <다>의 기사도 뒤쪽의 뇌의 활성화로 충동적이고 감정적으로 살아갈 것입니다."

얼쑤! 선생은 물었다.

"그렇다면 <가>의 해결책은 무엇일까?"

수식의 대답은 정연했다.

"제시문 <나>와 <다>에서 찾을 수 있습니다. <나>에서 음악이나 특수음향을 들으면서 <다>의 앞쪽형 인간으로 살면 됩니다. 자신의 정체성의 회복이 됩니다. 자신을 돌아보게 됩니다. 마음에 여유가 생깁니다. 그렇게 된다면 현대인들은 직장에 종속되지 않고 삶의 가치를 느끼며 살 것입니다."

얼쑤! 선생은 만족했다. 밖에는 싸늘한 바람이 불었다. 몇 그루의 나무가 초겨울임을 알려줬다.

"덩더덩더덩더쿵!"

"얼쑤!"

수식은 문제를 만들었다. 대화를 통한 답안도 머리에 그려졌다.

문제

'각 제시문 내용을 통해 <가>, <나>, <다>의 관계를 논리적으로 설명하고, <나>, <다>가 시사하는 바를 제시하시오'를 만들어 봤습니다.

첨삭 ● ● ●

논술 답안을 논술 선생님의 '!, ?'로 창의적인 첨삭을 받아라!

수식이의 논술답안과 첨삭

제시문들 간의 관계는, 우선 <가>의 한국인들의 직장이 생계형이기에 병들어 가다보니, <다>의 뒤쪽 뇌가 활성화 됐다로 연관된다. 그 해결 방안으로 <나>의 혈압으로 고생하는 직장인들에게 음악이나 자연의 소리를 듣는 것이 좋다가 된다. 또는 <가>의 한국의 직장이 생계형이기에 발생하는 병은 <나>의 현대인들의 혈압 상승의 요인으로 작용한다. 그 해결 방안으로 <나>와 <다>의 음악이나 자연의 소리를 듣는 것과 앞쪽형 인간이 되어야 한다.

　<나>와 <다>는 직장의 병을 가진 현대인들에게 삶의 지혜의 교훈을 제시한다. 현대인들은 생계형의 직장 때문에 많은 병과 스트레스에 시달린다. 1) 그럴수록 '자연의 소리, 음악을 들으면서 대화를 하는 논리적인 사람이 되려고 노력해야 한다. 이른바 느림의 철학으로 앞쪽형의 인간이 돼야 한다. 또한 현대인들은 직장을 생계형으로 인식하지 않아야 한다. 직장을 삶의 보람과 가치를 인식하는 장으로 생각해야 한다.(?) 현대인들이 정체성을 회복하여 삶의 주체로 나설 때 직장의 5가지의 병은 사라질 것이다.

　"덩더덩더덩더쿵!"

　"얼쑤!"

　수식의 답안은 논리적이다. 제시문들 간의 관계를 드러낸 문장은 '인과관계'의 논리성을 보여준다. <가>의 문제점을 <나>와 <다>를 다양한 관점으로 파악하여 풀어갔다. 제시문의 내용이 쉽지만 여기서는 내용의 깊이보다는 논리성을 우선시 하여 평가했다. 또 논리성은 논제가 요구하는 사항이다.

　수식에게 1)의 문장들이 (?)인 이유를 적게 했다.

　얼쑤! 선생은 읽어보았다.

　"1)의 문장들이 (?)의 평가를 받은 것은 '주장(해결책)'이 나열됐다는 것이다. 600자 정도의 답안에서 1)의 네 문장이 모두 정책형의 명제로 됐다는 것은 자연스럽지 못하다. 또한 1)의 첫 문장의 '논리적인 사람이 돼야 한다'와 둘째 문장의 '앞쪽형의 인간이 돼라'는 같은 의미다. 1)의 세 번째 문장은 '부정형'의 주장이 된다. 자연스런 주장이 되어야 한다."

　얼쑤! 선생은 (!)표를 찍어 주었다. 노트에 수정을 하도록 했다.

▶1 그럴수록 '자연의 소리, 음악을 들으면서 대화를 하는 논리적인 사람이 되려고 노력해야 한다. 이른바 느림의 철학으로 앞쪽형의 인간이 돼야 한다. 또한 현대인들은 직장을 생계

형으로 인식하지 않아야 한다. 직장을 삶의 보람과 가치를 인식하는 장으로 생각해야 한다.(?)

▶ 1 그럴수록 '자연의 소리, 음악을 들으면서 대화를 하는 논리적인 사람이 되려는 마음이 중요하다. 이것은 이성적인 판단으로 앞쪽형의 인간이 되는 과정이다. 현대인들은 직장을 생계형이라는 인식에서 벗어나야 한다. 직장을 삶의 보람과 가치를 인식하는 지혜가 요구된다.(!)

다시 쓴 답안

제시문들 간의 관계는, 우선 <가>의 한국인들의 직장이 생계형이기에 병들어 가다보니, <다>의 뒤쪽 뇌가 활성화 됐다로 연관된다. 그 해결 방안으로 <나>의 혈압으로 고생하는 직장인들에게 음악이나 자연의 소리를 듣는 것이 좋다가 된다. 또는 <가>의 한국의 직장이 생계형이기에 발생하는 병은 <나>의 현대인들의 혈압 상승의 요인으로 작용한다. 그 해결 방안으로 <나>와 <다>의 음악이나 자연의 소리를 듣는 것과 앞쪽형 인간이 되어야 한다.

<나>와 <다>는 직장의 병을 가진 현대인들에게 삶의 지혜의 교훈을 제시한다. 현대인들은 생계형의 직장 때문에 많은 병과 스트레스에 시달린다. <u>그럴수록 '자연의 소리, 음악을 들으면서 대화를 하는 논리적인 사람이 되려는 마음이 중요하다. 이것은 이성적인 판단으로 앞쪽형의 인간이 되는 과정이다. 현대인들은 직장을 생계형이라는 인식에서 벗어나야 한다. 직장을 삶의 보람과 가치를 인식하는 지혜가 요구된다.</u> 현대인들이 정체성을 회복하여 삶의 주체로 나설 때 직장의 5가지의 병은 사라질 것이다.

"덩더덩더덩더쿵!"
"얼쑤!"

3. 비판형 논제(주장, 비판, 반박, 평가, 판단, 근거 등)를 확인하고, 신문에서 제시문을 선택하여 편집하고, 스스로 문제를 만들고 답안을 작성해 보라!

논술의 비판형은 다양한 논제를 만들 수 있다. 주장, 비판, 반박, 평가, 보완,

한계, 판단, 근거 제시 등을 바탕으로 만들 수 있기 때문이다. 우선 제시문의 내용을 <가>와 <나>의 평가를 생각해 보자. 평가는 분석하여 의미를 가리는 것이다. 수험생들은 이것을 평가의 기준으로 만들고 논의해 가는 자신감이 중요하다. 또한 이 세상의 모든 대상이나 현상은 완벽하지 않다고 생각하자. 기존의 긍정적인 평가를 받은 대상에도 그 한계점을 찾아 제시해보는 적극성이 필요하다. 비판적 사고가 갖는 매력이다. 비판형 논술은 자신의 견해를 피력하는 것으로 마무리하는 것이 좋다. 견해의 제시는 논술에서 핵심이기 때문이다. 특히 자신의 견해가 창의적이면 더 좋다.

"덩더덩더덩더쿵!"
"얼쑤!"

얼쑤! 선생이 입을 열었다.
"수식아, '웃음의 미학'이란 말 들어봤지? 그 이야기를 해 보자. 웃음은 현대인들에게 필수적 요소로 떠올랐다. 그만큼 사회가 각박해졌다는 증거지."
수식이가 받았다.
"인간의 특징으로 '웃음'을 말하기도 하잖아요. 웃음을 잃었다는 것은 오늘날 이 삭막한 세상임을 말해주죠."
얼쑤! 선생은 '관점을 통한 세상 보기'를 이야기했다. 직접 그 현상을 파고 들어가 분석하는 것도 있다. 그러나 묘미가 없다. 직접 제시하는 것이기에 재미가 없다. 내용은 명백하지만 딱딱하여 전달 효과가 떨어진다는 것이다. 다른 현상을 통해 다른 세상의 핵심을 짚어낸다면 그 감촉은 말랑말랑하다. 전달 효과가 높은 이유다.
얼쑤! 선생은 말을 이었다.
"수식아. 웃음은 인간에 대한 이해를 확장시킨다. 인간의 자연적인 정서, 친절한 본능, 정직성 등이 웃음으로 표출되지. 중요한 것이 웃음인데, 사라졌단 말이지."

수식이는 웃으면서 말했다. 맞장구의 웃음이었다.

"덩더덩더덩더쿵!"
"얼쑤!"

"웃음이 사람에게 중요하다는 것이죠. '웃는 얼굴에 침을 못 뱉는다'는 말이
맞아요. 그런데 진정한 웃음이 사라졌으니 말입니다."

얼쑤! 선생은 고개를 들었다. 물 한 잔을 들다 말았다. 늦가을의 물에 이가
시렸기 때문이다.

얼쑤! 선생은 말을 이었다.

"진정한 웃음은 효과는 무엇인가? 미워하는 사람을 이해하도록 하여 점점 사
랑하도록 만드는 것이라 생각한다. 웃음은 이기적, 경쟁적인 관계에서 비롯되
는 현대인들의 스트레스에 특효약으로 작용하지. 웃음은 대상의 긍정화가 가능
하다는 점에서 현대인들에게 주는 시사점은 크다. '웃음을 잃었다'는 것은 인간
삶의 가치가 잘못됐다는 것이지요."

수식이가 말을 받았다.

"TV 개그프로그램이 높은 인기를 누리는 이유가 그것이죠. 그런데 오늘날
웃음은 타인의 결점 등을 보고 유발되는 것이 대부분이지요. '비웃음'이 될 수
있죠."

얼쑤! 선생은 칭찬을 했다.

"문제를 잘 제기했다. 수식의 관찰력이 날카로운데."

얼쑤! 선생은 칭찬을 했다.

"덩더덩더덩더쿵!"
"얼쑤!"

얼쑤! 선생은 물 한 잔을 먹고 말했다.

"다른 사람의 불행이나 결점을 보고 터지는 웃음이 있지. 그것은 진정한 웃음이 아니다. 관점에 따라 '비웃음'으로 오해를 받는다. 그런데 오늘날 그런 웃음이 시간과 공간을 초월하여 통용된다는 것이 문제다. 그것이 인터넷 악플로 매달리고, 학교의 왕따의 사회 문제를 일으킨다. '우리나라는 상황의 우월함을 바탕으로 가해자가 된다'는 말은 과언이 아니다."

수식은 노트에 정리했다. 특히 '상황의 우월함을 바탕으로 가해자가 된다'는 말에 빨간 밑줄을 그었다. 얼쑤! 선생이 들여다보니, '우리나라에서 웃음거리가 된 사람은 비하되거나 격하된다는 점이 문제다'라고 적혀 있었다. 한 발 더 나아간 수식의 정리 기술이다. 수식의 논술의 고수의 길이 대견스러웠다.

웃음과 관련한 위인들의 말이다.

"덩더덩더덩더쿵!"
"얼쑤!"

윌리엄 세익스피어는 "이것은 감기보다 전염성이 강하다. 그리고 이것은 전 세계 어느 곳에 있는 누구에게나 존재한다. 그대의 마음을 웃음과 기쁨으로 감싸라. 그러면 1천 해로움을 막아주고 생명을 연장시켜 줄 것이다."라고 말했다. 프로이드는 "금지된 생각을 함으로써 웃음이라는 에너지가 발산돼 자유로움을 만끽한다"고 말했다. 칸트는 "긴장해 있을 때 예상 밖의 결과가 나타나 갑자기 긴장이 풀려 우스꽝스럽게 느껴지는 감정의 표현이다"라고 말했다. 특히 로버트 프로바인 박사는 웃음을 사회성과 관련지어 "웃음은 인간관계를 돈독하게 해주는 사회적 신호 중 하나다."라고 말했다.

얼쑤! 선생은 말을 이었다.

"수식아. 성공적인 삶을 산 사람들은 역경을 웃음으로 극복했다. 조지 베일런트 교수는 웃음은 "가장 고통스러운 감정을 하찮은 것으로 만들어 준다"고 말했다. ‘일소일소(一笑一少) 일로일로(一怒一老)’라는 말이 있다. 인간에게 웃음은 중요한 요소로 작용한다. 웃음을 만국의 가장 아름다운 언어라고 말하는 이유다.”

“덩더덩더덩더쿵!”
“얼쑤!”

다음의 글은 ‘웃음’의 구체적인 내용이다.

크게 웃으면 심리적 안정과 내장운동, 전신운동을 통해 소화를 돕는다고 한다. 혼자 웃을 때보다 여럿이 함께 웃으면 33배 효과가 있다고 한다. 잘 웃으면 8년을 더 살 수 있다는 연구도 있다. (...) 국내 한 기업이 20~50세 남녀 직원 500여명을 대상으로 ‘웃음에 관한 라이프 스타일’을 조사했더니 하루 평균 10회 웃고, 한번 웃을 때 8.6초 웃는다고 했다. 이를 80년 일생으로 환산하면 평생에 30일 동안만 웃는다는 얘기다. 반면 걱정하고 근심하는 시간은 하루 평균 3시간6분으로 나타났다. 80년으로 치면 10년 정도를 근심하면서 산다는 의미다.[66]

현대인들의 스트레스에 웃음은 특효약이다. 오늘의 ‘비판형 논제’는 웃음과 관련한 신문 기사를 선택하라고 했다. 수식은 재빠르게 움직였다. ‘웃음’이라는 키워드를 정해놓고 신문 기사와 칼럼을 읽어보았다. 20여분이 걸렸다.

제시문 ● ● ●
<가> “한강 고유의 매력을 복원하고, 새로운 한강의 모습을 생태적으로 창조하는 한강 르네상스 프로젝트를 통해 서울을 쾌적하고 매력적인 도시로 재탄생시킬 것이다.”[67]

---

66) ‘웃음의 미학’ 채영택 논설위원 영남일보(2008.10.23)
67) ‘한강르네상스 프로젝트’ 동아일보(2008.09.24)

<나> "자연과 조화를 잘 이룬 '가파른 경사를 비스듬히 타고 오르는 집'을 지었다."[68]
<다> "자동차에도 표정이 있다."[69]

"덩더덩더덩더쿵!"
"얼쑤!"

얼쑤! 선생은 선택한 기사를 쳐다보았다. 특히 '웃음'과 관련지어 <다>의 '자동차의 표정'을 다룬 기사의 선택이 탁월했다. 칭찬을 해주었다. 특정 주제를 염두에 두고 단박에 신문 기사를 골라내는 능력을 보인 것이다. 논술의 고수가 갖춰야 할 조건이다.

수식이는 <가>, <나>, <다>의 기사 선택에 대한 설명을 했다.

"얼쑤! 선생님. <가>와 <나>도 자연과 동화를 이룬 친환경적인 개발을 말합니다. 그런데 저는 여기에도 보완점이 필요하다는 것을 생각했습니다."

얼쑤! 선생은 이 말에 감동했다.

"뭐라고! 거기까지 생각했어! 대단하다."

얼쑤! 선생은 놀랐다. 놀람이 감동이 되는 순간이다. 누구나 '친환경 개발'은 최고의 대안으로 생각한다. 자연과의 상호 보완적인 입장에서 오늘날 자연 보호를 위한 대안의 키워드이기 때문이다. 그러니까 <가>의 '한강의 모습을 생태적으로 창조하는 한강 르네상스 프로젝트'에도, <나>의 '자연과 조화를 잘 이룬 가파른 경사를 비스듬히 타고 오르는 집'에도 보완점이 필요하다는 인식은 창의적이다. 금상첨화(錦上添花)의 관점이다. 수식이의 다양한 관점이 잡아낸 결과다. 얼쑤! 선생은 '스스로논술학습법'에 자부심을 느꼈다.

"덩더덩더덩더쿵!"
"얼쑤!"

---

68) [美와 삶 어우러진 집] 김인철 교수 설계 '오르는 집-틸트 업' 동아일보(2008.09.24)
69) '車에도 표정이 있다?' 연합뉴스(2008.09.24)

얼쑤! 선생은 칭찬을 했다.

"수고했다. 설명이 논리적이다. 이제는 노트에 문제를 만들어야지."

수식이도 신이 났다. 얼쑤! 선생이 인정했다면 논술의 고수라는 애기와 같다.

'<가>와 <나>를 평가하고, 그것에 대하여 <다>의 관점을 참고하여 자신의 견해를 제시하시오'
를 만들어 보자.

첨삭● ● ●

논술 답안을 논술 선생님의 '!, ?'로 창의적인 첨삭을 받아라!

"덩더덩더덩더쿵!"

"얼쑤!"

수식이의 논술답안과 첨삭

<가>는 '한강 고유의 매력을 복원하고, 새로운 한강의 모습을 생태적으로 창조하는 한강 르네상스 프로젝트의 내용이다. 서울을 쾌적하고 매력적인 도시로 재탄생시킨다는 내용이 중심이다. <나>는 자연과 조화를 잘 이룬 '가파른 경사를 비스듬히 타고 오르는 집'의 내용이다. 가파른 경사를 건축물의 한계로 여기지 않고 오히려 집의 특징으로 살렸다. 이 건축의 주목의 대상은 바로 '생태형'이다. 1) <u><가>와 <나>는 자연의 특징을 인간의 삶의 목표로 활용하는 지혜를 볼 수 있는 이유가 된다.</u>(!) <다>는 '자동차에도 표정이 있다'는 내용이다. 사람은 본능적으로 표정을 생존에 필요한 가장 중요한 정보로 인식한다. 그 결과 자동차 앞부분을 보고도 표정이 있다고 느낀다. 그 사례로 르노 자동차의 '트윈고'가 웃는 표정, 폴크스바겐 '비틀'은 놀란 표정, 동독의 국민 자동차 '트라반트'는 슬픈 표정, 'BMW'는 화난 표정을 갖는다고 한다. 2) <u>또한 남성과 여성 모두 성숙하고 남성적이며 거만하고 화난 것처럼 보인다고 묘사한 차를 선호했다.</u>(?)

<가>와 <나>는 '자연과 조화'를 이루어 건축한다는 측면에서 긍정적이다. 오늘날 인간의 자

연과의 조화는 사명으로 여겨질 만큼 고귀한 가치가 되기 때문이다. 그러나 <다>의 관점으로 <가>를 평가하면 '한강의 독특한 표정이 없다'는 것이다. <다>는 자동차의 '여러 표정'은 구매의 선택 요소이기 때문이다. 3) 즉, '한강 고유의 매력을 복원하고, 새로운 한강의 모습을 생태적으로 창조하여 서울을 쾌적하고 매력적인 도시로 재탄생시킬 것'이라는 <가>의 내용에 '한강의 표정'이 넣으면 더 좋다.(?) '웃는 표정'의 한강을 만들면 삭막한 현대에 정신적인 여유를 주기 때문이다. 4) 자동차의 표정과 같이 '한강의 독특한 표정'은 표정 브랜드로 세계에서 각광을 받을 것이다.(!) 5) <나>도 마찬가지다. 가파른 경사의 활용으로 건축된 집은 자연과 조화를 이뤘지만 이 집만의 '표정이 없다'는 것이다. 자동차의 여러 표정과 같이 집의 건축에도 자연과의 조화 속에 '웃는 표정'을 넣는다면 명품의 표정 주택으로 살아날 것이다.(!) 한강과 전원주택의 웃는 표정은 또 하나의 관광과 구매의 브랜드가 될 것이다.

대단한 수준이다. 답안을 논의해 나가는 과정이 논리적이기 때문이다. 특히 '접속어'의 사용을 최대한 줄이면서 자연스럽게 물이 흘러가는 듯한 리듬을 보인다.

얼쑤! 선생은 수식을 쳐다보았다. 그윽한 눈길을 보냈다.

얼쑤! 선생이 입을 열었다.

"수식아. 1)에는 (!)표가 붙었다. 그 평가 이유를 노트에 적어 봐라?"

"1)의 문장이 (!)가 붙은 이유는, 세련된 문장의 표현에 있다. 특히 '자연의 특징을 인간 삶의 가치로 활용한다'는 표현은 백미다."

"덩더덩더덩더쿵!"

"얼쑤!"

얼쑤! 선생은 (!)표를 붙여주고 웃었다. 수식이가 자신의 글을 '백미(白眉)'로 표현하였기 때문이다. 자화자찬(自畵自讚)인 셈이다. 백미(白眉)는 같은 계통의 많은 사람 중에서 가장 뛰어난 사람을 일컫는다. 또한 사람만이 아니라 뛰어난 작품을 이야기할 때도 백미라 부른다. 수식이의 배짱에 감탄했다. 논술의 고수라면 자신이 최고라는 배짱이 있어야 한다.

수식이는 노트에 적을 글을 보여주었다.

"2)의 문장은 <다>의 핵심 내용과 관련이 없다. (?)표를 받은 이유다. <다>의 핵심은 '자동차에도 표정이 있다'인데 '구매자의 차의 선호도'는 그것과 관련이 없다. 2)의 문장은 삭제해야 한다.

얼쑤! 선생은 (!)표를 찍었다. 동작이 빨랐다.

"3)의 문장이 (?)가 붙은 것은 문장이 길기 때문이다. 자신의 견해가 들어간 문장은 짧은 것이 좋다.

노트에 수정을 하였다.

▶ 3 즉, '한강 고유의 매력을 복원하고, 새로운 한강의 모습을 생태적으로 창조하여 서울을 쾌적하고 매력적인 도시로 재탄생시킬 것'이라는 <가>의 내용에 '한강의 표정'이 넣으면 더 좋다.(?)

▶ 3 한강의 모습을 생태적으로 창조하여 서울을 쾌적하고 매력적인 도시로 재탄생시킬 것'이라는 <가>의 내용에 '한강의 표정'이 넣으면 더 좋다.(?)

▶ 3 한강의 모습을 생태적으로 창조하여 서울을 재탄생시킬 것'이라는 <가>의 내용에 '한강의 표정'이 넣으면 더 좋다.(!)

"덩더덩더덩더쿵!"

"얼쑤!"

수식이는 노트에 적을 글을 보여주었다.

"4)의 문장은 <다>의 내용인 '자동차 표정'을 바탕으로 <가>의 내용에 대한 대안을 제시한 것이 좋다. 친환경적으로 개발할 예정인 한강에 '웃는 표정'을 넣어 브랜드화 하자는 주장은 설득력이 높다."

얼쑤! 선생은 (!)표를 찍었다. 크게 찍었다. 한강에 '웃는 표정'을 넣어 브랜드화 하자는 주장은 국가 경쟁력을 높이는 창의적 발상에 해당하기 때문이다.

수식이의 글이 이어졌다.

"5)의 세 문장으로 돼 있다. 각기 문장들이 '짧고, 길고, 길고'다. 우선 리듬이 형성된다. 그 다음에 자연과 조화를 이룬 주택에 '표정'을 넣음으로써 '명품 표정 주택'이라는 새로운 브랜드 만들기의 창의적 발상을 보여줬다."

수식의 설명의 문장이 명문장에 해당했다. 이 문장의 (!)에 대한 설명도 (!)표를 붙였다. 차가운 바람이 불어왔다.

"덩더덩더덩더쿵!"
"얼쑤!"

다시 쓴 답안

<가>는 '한강 고유의 매력을 복원하고, 새로운 한강의 모습을 생태적으로 창조하는 한강 르네상스 프로젝트의 내용이다. 서울을 쾌적하고 매력적인 도시로 재탄생시킨다는 내용이 중심이다. <나>는 자연과 조화를 잘 이룬 '가파른 경사를 비스듬히 타고 오르는 집'의 내용이다. 가파른 경사를 건축물의 한계로 여기지 않고 오히려 집의 특징으로 살렸다. 이 건축의 주목의 대상은 바로 '생태형'이다. <가>와 <나>는 자연의 특징을 인간의 삶의 가치로 활용하는 지혜를 볼 수 있는 이유가 된다. <다>는 '자동차에도 표정이 있다'는 내용이다. 사람은 본능적으로 표정을 생존에 필요한 가장 중요한 정보로 인식한다. 그 결과 자동차 앞부분을 보고도 표정이 있다고 느낀다. 그 사례로 르노 자동차의 '트윈고'가 웃는 표정, 폴크스바겐 '비틀'은 놀란 표정, 동독의 국민 자동차 '트라반트'는 슬픈 표정, 'BMW'는 화난 표정을 갖는다고 한다. 또한 남성과 여성 모두 성숙하고 남성적이며 거만하고 화난 것처럼 보인다고 묘사한 차를 선호했다.

<가>와 <나>는 '자연과 조화'를 이루어 건축한다는 측면에서 긍정적이다. 오늘날 인간의 자연과의 조화는 사명으로 여겨질 만큼 고귀한 가치가 되기 때문이다. 그러나 <다>의 관점으로 <가>를 평가하면 '한강의 독특한 표정이 없다'는 것이다. <다>는 자동차의 '여러 표정'은 구매의 선택 요소이기 때문이다. 한강의 모습을 생태적으로 창조하여 서울을 재탄생시킬 것'이라는 <가>의 내용에 '한강의 표정'이 넣으면 더 좋다. 자동차의 표정과 같이 '한강의 독특한 표정'은 표정 브랜드로 세계에서 각광을 받을 것이다. <나>도 마찬가지다. 가파른 경사의 활용으로 건축된 집은 자연과 조화를 이뤘지만 이 집만의 '표정이 없다'는 것이다. 자동차의 여러 표정과 같이 집의 건축에도 자연과의 조화 속에 '표정'을 넣는다면 명품의 표정 주택으로 살아날 것이다. 한강과 전원주택의 웃는 표정을 비롯한 다양한 표정은 또 하나의 관광과 구매의 브랜

드가 될 것이다.

"덩더덩더덩더쿵!"
"얼쑤!"

4. 문제 해결형 논제(문제점, 해결방안 등)를 확인하고, 신문에서 제시문을 선택하여 편집하고, 스스로 문제를 만들고 답안을 작성해 보라!

얼쑤! 선생은 신문을 펼쳤다. 눈에 잡히는 기사가 있었다. '이천 수퍼 한우'를 도살한다는 내용이다.

> 몸무게가 1t이 넘어 '이천 수퍼 한우'라고 불렸던 한우가 '장렬한' 최후를 맞게 됐다. 주인공은 경기도 이천시 마장면 각평리 새봄농장 김성진씨가 키우고 있는 한우 수소. 38개월 된 이 거세우(牛)의 무게는 현재 1,060kg이다. 일반 한우(600~700kg)에 비해 2배 가까이 무거워 농촌진흥청에서 동물 복제에 대비해 세포를 채취해 가기도 했다. 이천시는 다음달 6일 이천시 중리동에 문을 여는 '임금님표 이천한우 전문점 3호점' 개점 기념행사를 위해 이 수퍼 한우를 잡기로 했다고 27일 밝혔다.[70]

마음이 답답했다. 이천 수퍼 한우라면 국민들이 알고 있는 인기를 누리던 황소다. 비록 거세된 황소이지만 한국 한우의 상징적인 존재다. 그 수퍼 한우가 '도살(屠殺)'이라니 믿기지 않았다.

수식에게 이 기사를 읽게 했다. 지금 문제해결형의 문제를 만들어 보라고 했다. 문제해결형은 대상에 문제점을 밝히고 해결방안의 제시가 기본이다. 수식

---

70) '최후의 날 맞은 1060kg 이천 수퍼 한우' 조선일보(2008.11.28)

이는 뚝딱 문제를 만들어 냈다. '최후의 날 맞은 1,060kg 이천 수퍼 한우'가 논제의 첫 글이다. 그 죽음을 앞둔 황소가 우리 곁에 있는 듯하다.

얼쑤! 선생은 문제를 읽었다.

'최후의 날 맞은 1,060kg 이천 수퍼 한우'에 대한 내용을 읽고, 문제점과 해결 방안을 제시하시오.

"덩더덩더덩더쿵!"
"얼쑤!"

상징은 그것을 매개로 하여 다른 것을 알게 하는 작용을 가진다. 상징의 놀라운 힘이다. 상징은 인간에게만 부여된 고도의 정신작용의 하나다. 상징은 고급의 문화다. 상징은 역사와 함께 해왔으므로 우리에게 중요한 의미를 가진다. 다음의 글을 보자.

인간은 독특한 방법으로 사회를 계승해 왔다. 인간의 능력은 상징을 통해 과거를 정밀하게 재생하고 새로운 미래까지 창조할 수 있었다. 사례로 기독교의 상징인 '십자가'를 들 수 있다. 사람들이 상징을 통해 십자가의 의미를 찾게 함으로써 쉽게 기독교의 본질에 접근할 수 있다. 문화와 상징은 믿음을 근거로 형성된 것들이다. 믿는다는 것은 어떤 대상과의 이질감을 근본적으로 제거하려는 의도적 정서인 동시에 끊임없는 안도감을 내포한 자기 개방을 의미한다. 그런 의미에서 상징은 사회적인 의미를 갖는다.[71]

수식에게 답안을 작성하도록 했다. 생각을 마음껏 펼치게 하기 위해 답안 분량은 자유로 했다. 시간은 50분을 주었다. 얼쑤! 선생은 시계를 보았다.

---

71) '상징의 미학' 네이버 블로그(목어의 문학마을)

무게가 1,060kg인 이천 수퍼 한우! 그동안 온 국민의 관심거리였다. 이천시가 이천 한우의 명품 브랜드화를 위해 광고했기 때문이다. 이제 이천 수퍼 한우는 이천시만의 상징이 아니다. 우리나라 한우의 상징이었다. 그런데 도살이라니 어이가 없다. 물론 독거노인, 결식아동, 장애인 등의 2000여명에게 불고기용으로 대접한다고 하니 뜻이야 좋다. 그러나 도살을 통한 이천 수퍼 한우의 상징 파괴는 우리 문화 정신의 파괴와 같다. 이천시는 이천 수퍼 한우의 상징의 위대성을 보지 못했을까?

첫째, 이천 수퍼 한우의 상징은 한국 전체 한우의 상징이었다. 1) 대부분 전국 시도의 지자체의 상징은 인위적인 것이다. 그 지방의 특산물을 상징화됐기 때문이다. 따라서 특산물의 상징은 유동적이며 짧다. 특산물은 그 지역에는 많이 난다. 그러나 이천의 수퍼 한우의 경우는 다르다. 자연적 발생에 의한 이천시의 행운에 속하기 때문이다. 나아가 한국의 한우 전체의 행운에 속한다. 자연적 발생에 의한 상징은 자연적으로 관리되는 것이 원칙이다. 그런 의미라면 이천 수퍼 한우는 우리의 한우의 상징으로 영원히 존재하게 했어야 한다. 자연사할 때까지 보존했어야 했다. 자연이 준 선물이기 때문이다.

둘째, 이천 수퍼 한우는 한국의 한우의 장래 희망이었다. 우리나라 한우의 농가는 현재 폐사 직전이다. 밀려드는 외국의 수입축산물에 의해 바닥을 친지 오래다. 그렇다면 축산물 관계자들이 이천 수퍼 한우를 활용해 한국의 한우 농가를 살리는 지혜를 발휘했어야 했다. 이천 수퍼 한우는 한국 한우의 위기를 기회로 바꿀 수 있는 상징이었다. 이 수퍼 한우를 통해 쇠고기 수입 개방의 위기를 극복할 수도 있었다. 상징이 갖는 문화의 힘을 축산관계자들은 인식하지 못했다.

셋째, 이천 한우를 통해 한국의 명절의 의미를 재생시킬 수 있었다. 추석, 설의 명절도 서구화로 위기에 처해 있다. 미국의 추수감사절에는 대통령이 직접 칠면조 한 마리를 '사면'해준다. 사면되는 칠면조는 천수를 누리며 칠면조답게 살게 해준다. 대통령의 칠면조 사면 행사는 칠면조들을 정신적으로 모두 살리는 상징적 축제다. 중요한 것은 추수감사절에 사면되는 한 마리의 칠면조로 미국의 추수감사절을 위대한 문화로 자리잡게 한다는 것이다. 우리도 명절 전날에 대통령이 '소 사면'을 베푸는 행사를 치렀어야 했다. 그 첫 사면 대상이 '이천 수퍼 한우'였어야 했다. 우리 명절의 '소 사면' 행사의 문화적 상징이 우리의 영원한 명절로 존속시키기 때문이다. 그런 이천 수퍼 한우를 사면시키지 못할망정 도살이라니, 이해가 어렵다.

이천 수퍼 한우의 도살은 상징의 도살이다. 몇 년 전에 고려청자를 발견하게 해준 주꾸미도 어부에 의해 식당에 팔려나갔다. 주꾸미다운 삶을 인간에게 보장받지 못했다. 값비싼 고려청자에는 관심이 많았지만 그것을 발견하게 해준 주꾸미에겐 문화적 상징의 부여가 없었다. 이천 수퍼 한우와 주꾸미가 한국의 땅과 바다에 태어난 것이 안타깝다. 문화의 빈곤이 드러낸 대표적 사례다. 자연사 박물관은 왜 존재하는가? 이제부터라도 자연적인 문화적 상징은 우리가 보존해야 한다. 문화가 빈약한 나라는 빈약한 정신 수준으로 살 수밖에 없다. 상징의 의미를 새롭게 인식해야 할 때다.

"덩더덩더덩더쿵!"
"얼쑤!"

분량으로 보면 1,600자 정도다. 논술의 형식을 갖춘 통글 분량으로는 알맞다. 이천 수퍼 한우가 갖는 상징은 우리나라 한우의 상징이라는 전제를 깔았다. 그 결과 이천 수퍼 한우의 상징은 믿음을 근거로 형성되었다. 이천 수퍼 한우의 상징에 대한 이질감이 전혀 없는, 믿음의 자기 개방이 된 상태다. 상징이 강력한 사회적 의미를 갖는 이유로 작용한다.

이 답안은 논거로 미국의 추수감사절의 '칠면조 사면'을 들었다. 이천 수퍼 한우와 관련시켜 우리 명절의 존속 방안으로 제시한 것은 탁월하다. 설득력을 높이는 요소로 작용한다. '이천 수퍼 한우'의 도살은 미국의 칠면조 사면과 대조되어 문제가 있음을 부각시켰다. 논리성이 돋보이는 답안이다.

그러나 1)의 내용이 분명치 못하다. 다른 지방자치제의 상징은 '인위적'이고 이천 수퍼 한우는 '자연적 발생'이라는 것이다. 인위적, 자연적 발생의 상징의 기준이 모호하다. 분명한 내용과 근거가 필요하다.

수식에게 부정확한 부분을 수정하도록 했다.

다시 쓴 답안

무게가 1,060kg인 이천 수퍼 한우! 그동안 온 국민의 관심거리였다. 이천시가 이천 한우의 명품 브랜드화를 위해 광고했기 때문이다. 이제 이천 수퍼 한우는 이천시만의 상징이 아니다. 우리나라 한우의 상징이었다. 그런데 도살이라니 어이가 없다. 물론 독거노인, 결식아동, 장애인 등의 2,000여명에게 불고기용으로 대접한다고 하니 뜻이야 좋다. 그러나 도살을 통한 이천 수퍼 한우의 상징 파괴는 우리 문화 정신의 파괴와 같다. 이천시는 이천 수퍼 한우의 상징의 위대성을 보지 못했을까?

우선 이천 수퍼 한우는 한국의 한우의 장래 희망이었다. 우리나라 한우의 농가는 현재 폐사 직전이다. 밀려드는 외국의 수입축산물에 의해 바닥을 친지 오래다. 그렇다면 축산물 관계자들이 이천 수퍼 한우를 활용해 한국의 한우 농가를 살리는 지혜를 발휘했어야 했다. 이천 수퍼 한우는 한국 한우의 위기를 기회로 바꿀 수 있는 상징이었다. 이 수퍼 한우를 통해 쇠고기 수입 개방의 위기를 극복할 수도 있었다. 이천 수퍼 한우는 우리나라에서 오직 한 마리이기에 그 상징성은 더 크다. 그런 의미에서 이천 수퍼 한우는 한국의 한우의 상징으로 존재했어야 한다. 자연사할 때까지 보존했어야 했다. 자연이 준 선물이기 때문이다. 상징이 갖는 문화의 힘을 관계자들은 인식하지 못했다. 아쉬운 부분이다.

다음으로 이천 한우를 통해 한국의 명절의 의미를 재생시킬 수 있었다. 추석, 설의 명절도 서구화로 위기에 처해 있다. 미국의 추수감사절에는 대통령이 직접 칠면조 한 마리를 '사면'해 준다. 사면되는 칠면조는 천수를 누리며 칠면조답게 살게 해준다. 대통령의 칠면조 사면 행사는 칠면조들을 정신적으로 모두 살리는 상징적 축제다. 중요한 것은 추수감사절에 사면되는 한 마리의 칠면조로 미국의 추수감사절을 위대한 문화로 자리잡게 한다는 것이다. 우리도 명절 전날에 대통령이 '소 사면'을 베푸는 행사를 치렀어야 했다. 그 첫 사면 대상이 '이천 수퍼 한우'였어야 했다. 우리 명절의 '소 사면' 행사의 문화적 상징이 우리의 영원한 명절로 존속시키기 때문이다. 그런 이천 수퍼 한우를 사면시키지 못할망정 도살이라니, 이해가 어렵다.

이천 수퍼 한우의 도살은 상징의 도살이다. 몇 년 전에 고려청자를 발견하게 해준 주꾸미도 어부에 의해 식당에 팔려나갔다. 주꾸미다운 삶을 인간에게 보장받지 못했다. 값비싼 고려청자에는 관심이 많았지만 그것을 발견하게 해준 주꾸미에겐 문화적 상징의 부여가 없었다. 이천 수퍼 한우와 주꾸미가 한국의 땅과 바다에 태어난 것이 안타깝다. 문화의 빈곤이 드러낸 대표적 사례다. 자연사 박물관은 왜 존재하는가? 이제부터라도 자연적인 문화적 상징은 우리가 보존해야 한다. 문화가 빈약한 나라는 빈약한 정신 수준으로 살 수밖에 없다. 상징의 의미를 새롭게 인식해야 할 때다.

수식이는 한 단락을 뭉텅 삭제했다. 그 일부의 내용을 다음 단락에 덧붙여 보강했다. 재수생이 보이는 노련한 모습이다.

"덩더덩더덩더쿵!"

"얼쑤!"

신문을 통해 제시문을 선택하도록 했다. 수식이의 숙달된 모습이 보였다. 신문을 통해 논술을 즐기는 모습이 대견스럽다. 누구든지 즐기는 자를 당하지 못한다. '미쳐야(狂) 미친다(及)'는 말은 진리다. 논술에서 고수의 경지에 오르려면 논술에 미쳐야 한다.

수식이가 노트에 적었다.

제시문●●●

<가> "세계 제일의 장수국가 일본이 '장수가 곧 재앙'이 될지 모른다."[72]

<나> "초등학교에 다닐 나이의 인구가 1980년에 비해 3분의 2 수준으로 줄었다."[73]

<다> "우리 경제 재도약의 기반이 될 신성장동력으로 6대 분야 22개 중 융합신산업의 4개 신성장동력의 선정했다."[74]

얼쑤! 선생이 말을 시작했다.

"장수가 재앙이라니? 역설적인 내용이구나."

수식이는 짧게 말을 받았다.

"<가>의 내용을 두고 하시는 말씀이군요."

머리를 긁으면서 말했다.

"노령 인구의 급증은 출산 감소로 이어진다. 저출산으로 출생아가 줄면 노인 인구 비중은 크게 늘게 된다. 그 결과 노인 인구에 대한 사회적 비용의 부담이 엄청나게 늘게 된다. 노인 장수의 원인을 생각나는 대로 말해 볼까?"

수식이는 곰곰이 생각하다가 말했다.

"과학 기술의 발달과 함께 의료 기술도 발전했습니다. 이제는 불치병이 거의

---

72) 日 "長壽가 재앙이 되기 전에…" 동아일보(2008.09.24)

73) '초등생 인구 3분의 2로 줄어' 동아일보(2008.05.13)

74) '미래 성장동력 22개 분야는' 동아일보(2008.09.22)

치료가 됩니다. 선진국일수록 장수가 많다는 것이 이를 증명합니다.”

수식이는 논리적으로 말했다. ‘때문에’, ‘이를 증명합니다’ 등이 대표적이다. 논리성은 논술의 핵심이다. 논술 수험생들에게 당락을 좌우할 정도다.

얼쑤! 선생이 말했다.

“덩더덩더덩더쿵!”
“얼쑤!”

“우리나라의 경우는 어떨까? 통계청의 발표에 따르면 2020년에는 평균수명이 남자는 77.5세, 여자 84.1세로 평균 80.8세로 예측하고 있다. 노화 원인의 DNA 발견과 예방, 유전자 치료를 통한 질병 치료의 획기적 발전, 위생 환경 구조의 개선 등에 의한 예측된 결과다. 노인 증가는 많은 과제를 낳는다, 수식이가 생각해볼까?”

수식은 노트에 정리하기 시작했다. 핵심적인 말을 쓰고 그것을 구체적으로 설명하는 형식이다. 수식이는 심각한 표정을 지었다.

“‘노인에 대한 도덕 윤리의 붕괴’를 보고 싶습니다. 요즘도 노인을 버리는 자식들이 있습니다. 어떤 분의 이야기를 들으면, 양로원에 부모를 맡기고 연락처를 바꾼다고 합니다. 지금도 그런데 2020년이 됐을 때는 노인 학대, 유기와 같은 현대판 고려장이 성행할 것입니다.”

수식이가 말을 이었다.

“덩더덩더덩더쿵!”
“얼쑤!”

“다른 관점에서는 세대 간의 갈등과 국가 경쟁력 약화 등으로 이어지겠지요.”

얼쑤! 선생은 말했다.

"일본이 현재 이 단계에 온 것이다. 과연 장수는 축복인가 고통인가에 물음을 던지고 있지. 아까도 말했지만 고령 인구의 증가는 상대적으로 출산 감소로 이어진다. 그 결과 사회복지기금 등이 바닥을 보일 것이다."

얼쑤! 선생은 임춘식 한남대 사회학과 교수의 자료를 보여줬다.

장수는 사회나 개인의 축복이 아닐 수 없다. 장수는 결코 생물학적인 생존 시간을 연장하는 것만으로 실현되는 것은 아니다. 장수는 사회, 경제, 문화적 조건이 더운 인간 생존에 적합해질 때 가능하기 때문이다. 삶의 질이 좋아질수록 장수하는 것이라면 장수는 곧 사회의 질을 가늠하는 것이며, 개인 행복 지수의 상승을 의미하는 것이다. 그러나 인간 수명의 혁명적 연장으로 인간관은 치명적인 도전을 받게 될 것이다. 그 결과 인간의 존엄성은 크게 훼손 될 것이고, 장수의 보편화로 노인 인구의 비율이 청년층을 넘어서는 상황이 온다면 문제는 심각해질 것이다. 이에 대한 노인의 장수에 맞는 새로운 사회적 보장 장치의 마련이 시급하다.

수식은 노트에 정리했다. 노인 장수가 축복과 고통이 될 수 있는 조건은 무엇인가에 골몰하게 생각했다.

얼쑤! 선생은 <다>에 대한 설명을 부탁했다.

"<다>는 우리 경제 재도약의 기반이 될 신성장동력으로 6대 분야 22개를 최종 선정했다는 내용입니다. 6대 분야는 '로봇, 신소재. 나노융합, IT융합 시스템, 방송통신 융합미디어'입니다. 한국에 정말 위기가 찾아온다면 지금 한국은 위기를 기회로 삼을 비책으로 신성장동력을 제시합니다. 한국이 지난 IMF 외환위기를 극복할 수 있었던 것도 신성장동력이었던 'IT와 벤처'가 있었기 때문이죠."

수식이의 설명은 논리가 있다. 과거의 사례를 들어 논거를 보강시킨다.

얼쑤! 선생이 말했다.

"덩더덩더덩더쿵!"

"얼쑤!"

"전문가들은 '22개 산업 모두에 집중하기는 힘들다'고 말한다. 이 안에서도 '선택과 집중'이 필요하다'고 말한다. 전문가들이 꼽은 '선택과 집중' 항목은 현재 한국의 핵심 산업들과도 연계돼 있다. 반도체, 통신, 자동차 산업 등이 대표적 사례다. 수식이 네가 생각할 때는 신성장동력 6대 분야에서는 어떤 것에 선택과 집중을 해야 한다고 생각하나? 6대 분야는 '로봇, 신소재. 나노융합, IT융합 시스템, 방송통신 융합미디어'이지."

수식이는 얼굴을 들며 말했다. 자신감이 넘쳐흘렀다.

"저는 <가>의 '장수가 재앙이 될지 모른다'와 관련하여 6대 분야 중에서 선택해보겠습니다. 장수는 앞에서 말씀드렸지만, 출생과 청년 근로자의 감소로 이어집니다. 장수로 인한 노인의 증가는 노인에 대한 연금과 의료, 간병 등의 준비에 많은 어려움이 따르죠. 노인 부양에 대한 부담감이 정신적, 경제적으로 많이 작용하기 때문입니다. 저는 그래서 '로봇'을 선택하고, 집중적으로 투자해야 한다고 봅니다. 로봇을 통해 노인 부양이나 근로 환경 개선의 노력을 한다면 장수로 나타나는 개인적, 사회적인 문제점을 해결할 수 있다고 봅니다. 최근에 경기도 의정부시의 유치원에 최첨단 '로봇'이 어린이들을 가르치는 보조교사로 활동 중이라고 합니다. 마찬가지로 인공지능 로봇이 상용화되면 충분히 가능한 일입니다."

얼쑤! 선생은 감탄을 했다. 수식이가 선택한 제시문을 통해 문제를 만들도록 했다.

문제

'<가>의 문제점을 <나>에서 찾아 밝히고 그것의 해결 방안을 <다>의 (1)~(4) 중에서 선택하여 제시하시오'를 만들어 봤습니다.

"덩더덩더덩더쿵!"

"얼쑤!"

논술 답안을 논술 선생님의 '!, ?'로 창의적인 첨삭을 받아라!

수식의 논술답안과 첨삭

1) <u><가>의 '장수로 인한 노인의 증가'의 문제점을 <나>에서 찾으면 '출산율의 감소로 인한 초등학생의 감소'와 '경제 노동력 부족'이 된다.</u>(!) <가>는 세계 제일의 장수국가인 일본이 '장수가 곧 재앙'이 될지 모른다는 내용이다. 장수로 인한 노인 인구 비중은 크게 늘어 사회적 부담이 크다는 것이 그 이유다. 통계에 따르면, 2025년이면 15~64세의 '일하는 세대' 2명이 65세 이상 노인 1명을, 2050년이면 1.5명이 1명을 먹여 살려야 한다는 얘기다. 장수가 가져오는 문제점이다. <나>는 초등학교에 다닐 나이의 인구가 1980년에 비해 3분의 2 수준으로 줄었다는 내용이다. 향후 노동력부족에 따른 장기적 경제성장동력 저하도 문제점으로 제기된다.

2) <u>'장수로 인한 노인의 증가'의 해결 방안은 <다>에서 찾을 수 있다.</u>(?) <다>는 우리 경제 재도약의 기반이 될 신성장동력으로 6대 분야의 선정 내용이다. 바로 '로봇, 신소재. 나노융합, IT융합 시스템, 방송통신 융합미디어'가 그것이다. 그 중에서 '로봇'이 장수로 인한 노인 문제를 해결할 수 있다. 노동력의 부족과 노인 부양의 많은 어려움을 로봇이 대체할 수 있다. 특히 인공지능형 로봇이 출현하면 노인 부양에 따르는 노동력 부족이 상당 부분 해결될 것이다. 일본의 2025년에는 로봇이 352만 명의 일을 대신할 것이라는 연구결과가 이를 뒷받침한다. 3) <u>17년 뒤면 427만 명의 노동력이 부족해 이 가운데 82%를 로봇이 대행할 수 있다는 얘기다.</u>(?)

답안이 좋다. 핵심적인 내용을 분명히 제시하여 논제에 요구에 충실한 것이 돋보인다. 그러나 옥에도 티가 있는 법이다. 2)와 3)의 문장이 그에 해당한다. 얼쑤! 선생이 말했다.

"1)의 문장에 (!)표를 찍었다. 그 이유를 노트에 적기 바란다."

"(!)표인 이유는, 두괄식의 문단 구성으로 논제의 요구에 충실했다는 점이다.

논술 답안 분량이 1,000자 내외는 핵심적 내용이 채점의 포인트다. 특히 <가>와 <나>의 핵심을 정확히 잡아 논의의 발판으로 삼았다."

얼쑤! 선생은 수식의 글에 (!)표를 찍었다.

"2)는 문단의 첫 문장으로 해결 방안을 제시했는데 <다>의 내용이 나타나지 않았다. 해결 방안으로 <다>의 핵심이 제시되어야 한다. 문단의 첫 문장은 평가의 초점이다. 논제와 관련된 핵심적 내용이 와야 한다."

얼쑤! 선생은 농담을 했다.

"덩더덩더덩더쿵!"

"얼쑤!"

"아니, 그렇게 잘 알면서 왜 그렇게 썼어?"

수식은 심각하게 말했다.

"참. 이상해요. 답안을 쓸 때는 그 이유를 모르겠습니다. 첨삭을 받을 때에 얼쑤! 선생님이 (?)나 (!)표를 찍어주시면 그 이유를 금방 알겠습니다. 왜 그렇죠."

얼쑤! 선생은 눈을 들었다.

"좋은 질문이다. '퇴고 과정을 즐겨야 한다.' 답안의 초고가 완벽한 사람은 없다. 그래서 퇴고가 필요한 것이다. 전문가도 마찬가지다. 책을 150여권을 쓴 서울대 국문학과의 김윤식 교수는 말했지. 퇴고의 과정을 석공이 돌을 다듬는 과정으로 비유했어. 퇴고가 쓰기보다 더 힘든 과정이지."

수식이가 말을 받았다.

"퇴고가 그렇게 중요하군요."

"우선 서술어가 깔끔해야 한다. '해야 할 것으로 생각한다'는 '해야 한다'로 줄여야지. 과감한 간결체의 사용도 퇴고 과정에서 고려해야 한다. 평가자에게 상쾌한 문장의 맛을 줄 것이다. 문장은 길이를 줄여야 세련된다는 것을 명심해라."

“알겠습니다.”

수식은 논술의 고수로 마지막 단계를 남겨 놓고 있다. 그것은 ‘퇴고를 즐겨라’다. 논술의 전 과정을 즐기지 않으면 논술의 고수라 할 수 없다.

수식이가 2)의 문장을 수정했다.

“덩더덩더덩더쿵!”
“얼쑤!”

　▶ 2 ‘장수로 인한 노인의 증가’의 해결 방안은 <다>에서 찾을 수 있다.(?)
　▶ 2 ‘장수로 인한 노인의 증가’의 해결 방안은 <다>의 ‘로봇’에서 찾을 수 있다.(!)

“3)의 (?)인 이유는 앞 문장의 내용과 중복이 된다. 중복된 사례는 의미가 없다. 따라서 삭제해야 한다.”

얼쑤! 선생은 (!)표를 찍었다.

다시 쓴 답안

　<가>의 ‘장수로 인한 노인의 증가’의 문제점을 <나>에서 찾으면 ‘출산율의 감소로 인한 초등학생의 감소’와 ‘경제 노동력 부족’이 된다. <가>는 세계 제일의 장수국가인 일본이 ‘장수가 곧 재앙’이 될지 모른다는 내용이다. 장수로 인한 노인 인구 비중은 크게 늘어 사회적 부담이 크다는 것이 그 이유다. 통계에 따르면, 2025년이면 15～64세의 ‘일하는 세대’ 2명이 65세 이상 노인 1명을, 2050년이면 1.5명이 1명을 먹여 살려야 한다는 얘기다. 장수가 가져오는 문제점이다. <나>는 초등학교에 다닐 나이의 인구가 1980년에 비해 3분의 2 수준으로 줄었다는 내용이다. 향후 노동력부족에 따른 장기적 경제성장동력 저하도 문제점으로 제기된다.

　‘장수로 인한 노인의 증가’의 해결 방안은 <다>의 ‘로봇’에서 찾을 수 있다. <다>는 우리 경제 재도약의 기반이 될 신성장동력으로 6대 분야의 선정 내용이다. 바로 ‘로봇, 신소재. 나노융합, IT융합 시스템, 방송통신 융합미디어’가 그것이다. 그 중에서 ‘로봇’이 장수로 인한 노인 문제를 해결할 수 있다. 노동력의 부족과 노인 부양의 많은 어려움을 로봇이 대체할 수 있다. 특히 인공지능형 로봇이 출현하면 노인 부양에 따르는 노동력 부족이 상당 부분 해결될 것이다.

일본의 2025년에는 로봇이 352만 명의 일을 대신할 것이라는 연구결과가 이를 뒷받침한다.

"덩더덩더덩더쿵!"
"얼쑤!"

...15강

바람이 몰아쳤다. 초겨울의 문턱이다. 수험생들이 수시 전형에 매달렸다. 수시는 논술이 중요하다. 논술이 칼바람처럼 차갑다.

"이럴 때 얼쑤춤이나 출까나"
"좋지."

"덩더덩더덩더쿵!"
"얼쑤!"

우나가 들어왔다. 오늘은 '스스로논술학습법'의 15강의 3단계다.
얼쑤! 선생은 말했다.
"우나야. '마지막'을 거꾸로 하면 뭐가 되지?"
쉬운 질문이다. 우나는 화답하며 말했다.

"'막지마'인데요."

"그렇다. '마지막'은 '마지막'이 아니라 '막지마'이다. '마지막'은 '하던 일의 끝남'을 의미한다. 그러나 '막지마'는 '하던 일을 계속하려는 의지'를 의미한다."

우나는 목소리를 높여 말했다.

"썰렁하지만 의미는 있네요. 호호호."

논술에는 큰 흐름이 있다. 그것은 "시대에 따른 주제의 '변화'에 주목하라!"다. 대학 논술 모의고사와 기출 문제를 보면 안다. 그것은 '변화'라는 키워드다. 제시문과 논제가 '변화'에 초점이 맞춰져 있다.

얼쑤! 선생은 일사천리로 말했다.

"인간 삶의 역사는 변화를 중요하게 여긴다. 변화를 통해 삶의 가치관이 변한다. 변화를 통해 삶의 가치가 혼돈되고 새로운 가치가 만들어진다. 변화를 통해 의기를 극복하려 한다. 새로운 변화에 적응하지 못하면 경쟁에서 뒤진다. 같은 대상이라도 나라마다 그 변화가 다르다. 변화에 잘 적응하는 것이 국가 경쟁력을 강화한다. 변화하는 시대에 새로운 패러다임이 요구된다."

변화와 관련한 내용은 셀 수 없이 많다. 시대의 키워드는 바로 '변화'다.

얼쑤! 선생은 잠시 뜸을 들였다. 말을 이었다.

"덩더덩더덩더쿵!"

"얼쑤!"

"통시적 관점에서 '변화'를 생각해보자. 원시 사회부터, 산업사회부터 오늘날 정보화 사회까지 인간의 정치, 사회, 경제, 문화, 종교 등 모든 분야는 변화에 변화를 겪어왔다. 그가 변화의 길목에 떡 지키고 서 있다. 그는 두 눈을 부릅뜨고 그 시대적 의미와 가치를 탐색하려 한다. 그가 누구인가? 논술이다. 나는 그렇게 정의하고 싶다. 또한 공시적 관점(동시대)에서 다른 공간의 대상의 변화도 주목해야 한다. 오늘날 동서양 정치, 사회, 경제, 문화, 종교의 변화 등이 사례가 된다. 같은 대상이지만 다른 가치를 지니는 현상은 인간의 다양한 삶을 이해하는 데 필수적 요소가 된다. 그 바탕 위에서 미래의 정치, 사회, 경제, 문화, 종교의 변화 양상도 예상이 가능하다. 여기서 핵심 키워드는 과거, 현재, 미래를 꿰뚫는 '변화'다. 논술 수험생들은 먼저 시대의 '변화'를 알아야 논술의 길을 제대로 잡은 것이다."

얼쑤! 선생은 호흡이 길게 설명했다. 우나는 노트에 정리했다.

"이제 적용을 해 볼까?"

우나는 노트에 적으면서 대답을 했다. 노트에 일목요연하게 정리돼 있다.

"덩더덩더덩더쿵!"

"얼쑤!"

사례 1

① **[통시적 변화]** "미국 건국 초창기 거리상의 문제와 제한된 의사소통 때문에 시민들의 의사 결정을 대신할 대표를 선택하였다." (변화) "현대의 정보통신 사회는 주민들에게 주민 자치를 활성화시키고 다양한 정치 참여의 기회를 열어준다." (2008 서울대 논술 모의평가 제시문)

② **[통시적 변화]** "원시 유목민족은 절대적 '빈곤'에도 불구하고 진정한 풍요로움을 알고 있다고 한다. (변화) 현대의 '넘쳐나는' 사회에서는 오히려 풍요로움이 상실되었으며 그 잃어버린 풍요로움은 생산성을 한없이 증대해도 새로운 생산력의 고삐를 풀어도 다시 찾아질 수 없다." (2008 고려대 논술 모의평가 제시문)

③ **[통시적 변화에 초점]** "산업사회 전에는 소비자의 필요에 의해 상품이 구매됐다." (변화) "정보화 사회는 공급자가 소비자를 교묘하게 설득하여 상품을 구매하게 한다." (2008 고려대 논술 모의평가 제시문)

④ **[통시적 변화]** "과거 공동체 안의 사람들은 서로간의 돈독한 인간적 유대가 형성되어 있다." (변화) "현대의 인간의 삶을 서로 간의 계약으로 하는 새로운 인간관계가 나타난다

."75) (2008 연세대 논술 모의평가 제시문)

⑤ **[통시적 변화에 초점]** "근대적 국가에서 개인은 우선적으로 시민으로 간주된다." (변화) "그 이후에야 각 개인은 특정한 종교나 종족 혹은 민족 등을 기초로 한 소수 집단의 구성원으로 간주된다." (2009 서울대 논술 수시 2학기 제시문)

⑥ **[통시적 변화]** "16–17세기의 종교개혁과 종교전쟁이 기독교 세계의 통일성을 깨뜨리기 전까지는 서유럽에서도 교회가 사회의 핵심적인 제도이자 집단 정체성의 주된 원천이었으며, 또 진리의 마지막 보루였다. 유럽의 계몽주의는 지난날 종교가 헤게모니적 위치를 차지하고 있었던 것에 대한 반작용이라는 성격을 지니고 있으며, 세속적인 윤리나 미적 취향을 자유롭게 추구할 여지를 열어 놓았다." (변화) "그 후 수세기 동안 계몽주의의 영향에 가장 강하게 노출되었던 지역에서 종교가 지닌 힘은 갈수록 위축되었다. 그러나 일방적으로 세속화가 진행되었던 것은 아니며, 종교적 삶의 부흥을 내세우는 반대 세력의 도전과 반발이 끊임없이 있었다. 도덕규범이 퇴락하고 있고, 모든 고귀한 것이 무너지고 있다고 느끼는 사람들 사이에서는 더욱 더 그러했다. 철학적 이성이 과거에 종교가 했던 일을 대신하여 윤리와 미적 취향을 안정시킬 것이라고 기대했던 칸트의 예측은 빗나갔다. 또한 근현대적 삶에서 핵심적인 역할을 하게 된 시장도 사회를 안정시키지 못하고 있다." (2009 서울대 논술 수시 2학기 제시문)

"덩더덩더덩더쿵!"
"얼쑤!"

⑦ **[공시적 변화]** [1] "프랑스에서는 2004-2005학년도부터 공립 초·중등학교 학생들에게 종교적 정체성을 겉으로 드러내는 상징과 의복을 착용하지 못하도록 하는 법안이 상정되어 표결을 기다리고 있다." (변화) [2]"태국의 라마 6세 와치라웃 왕(1910-1925 재위)은 서구 열강의 식민 지배를 피해 왕국의 독립을 유지하고 국가통합을 이루기 위하여 민족주의를 주창하고, 국가와 민족의 개념을 종교와 왕이라는 태국의 중요한 전통적 양대 가치와 연결시킴으로써 국가의 정통성과 불교의 밀접한 관계를 강조했다." **[공시적, 통시적 변화]** (변

---

75) '대상이나 문화현상의 변화를 파악하라' 이도희. 한국경제(2007.10.05)

화) "터키는 인구의 95% 이상이 무슬림인데 터키의 국가, 정치, 사회는 대체로 세속화되어 있다. 공립학교, 대학, 병원, 관공서 등의 공공기관에서 종교적 상징을 겉으로 드러내는 것은 금지되어 있으며, 초대 대통령인 무스타파 케말이 터키공화국의 기본 노선으로 천명한 6대 원칙 가운데 세속주의가 명시되어 있다. (변화) 하지만 1970년대 이후 이슬람은 밑으로부터 정치화되기 시작했다. 부패 혹은 무능으로 대부분의 세속주의 정당들이 신뢰받지 못하는 상황에서 대다수 국민에게 호소력을 갖는 이슬람을 전면에 내세운 정당들이 등장하기 시작하였다." (2009 서울대 논술 수시 2학기 제시문)

"덩더덩더덩더쿵!"
"얼쑤!"

우나의 눈을 바라보았다. 잘 이해했는지 알기 위해서다. 물 한 잔을 먹고 말했다.

"2009학년도의 서울대 수시논술 문제에 대해 김영정 교수는 '무엇이 사회를 이끌어갈 주체가 되는가의 관점이 중요하다'고 말했다. 또한 김경범 교수는 '채점의 핵심은 학생이 자기 생각을 가지고 썼느냐를 보는 것이다'라고 말했다. 특히 김 교수는 '출제 의도와 다른 해석이더라도 명쾌한 논리와 창의성이 드러나면 높은 점수를 받을 수 있다'고 말했다. 이것은 '변화의 시대에 각 나라의 사회를 이끌어가는 주체는 무엇인가를 창의적으로 서술하는 학생을 고득점을 주겠다는 것이다."

2009 서울대 논술 수시 2학기 논술 문제

[논제] [제시문 가]에 제시된 두 가지 입장을 근거로 하여 [제시문 나]의 각 사례에 나타난 국가와 종교의 관계를 분석하고, [제시문 나]의 각 사례에서 정부가 취한 정책에 대해 그러한 정책이 채택된 근거를 유추하고 그 정책의 문제점에 대해 기술하라. 이러한 분석을 토대로 하여 국가와 종교의 관계에 대해 자신의 입장을 논하라. (시험 시간 180분, 분량 2,500자 내외)

[제시문 가]

[1] 근대적 국가에서 개인은 우선적으로 시민으로 간주되며, 그 이후에야 각 개인은 특정한 종교나 종족 혹은 민족 등을 기초로 한 소수 집단의 구성원으로 간주된다. 시민으로서 개인은 다른 모든 사람들과 동등한 권리와 의무를 지니며, 다수가 참여하는 정치적 과정에 적극적으로 참여하도록 요청받는다. 한편 특정 소수 집단의 구성원으로서 개인은 이러한 정체성을 기반으로 자발적 단체나 조직을 구성할 수 있다. 그러나 소수 집단의 종교적 또는 문화적 권리는 사적(私的) 공간으로 간주되는 영역에서 허용되는 것이며, 그러한 권리를 공적(公的) 영역에 반영하라는 이들의 요구에 대해 국가는 부정적인 입장을 지니고 있다. 종교적 혹은 문화적 동질성에 기초한 개별 공동체주의를 공적 영역에까지 확대하려는 시도는 사회적 통합을 저해한다고 보기 때문이다.

[2] 종교가 대부분의 문화에서 핵심적인 위치를 차지하는 이유는 인간의 가장 중요한 관심사에 초월적인 의미를 부여함으로써 사회를 안정시키는 기능이 있기 때문이다. 16-17세기의 종교개혁과 종교전쟁이 기독교 세계의 통일성을 깨뜨리기 전까지는 서유럽에서도 교회가 사회의 핵심적인 제도이자 집단 정체성의 주된 원천이었으며, 또 진리의 마지막 보루였다. 유럽의 계몽주의는 지난날 종교가 헤게모니적 위치를 차지하고 있었던 것에 대한 반작용이라는 성격을 지니고 있으며, 세속적인 윤리나 미적 취향을 자유롭게 추구할 여지를 열어 놓았다. 그 후 수세기 동안 계몽주의의 영향에 가장 강하게 노출되었던 지역에서 종교가 지닌 힘은 갈수록 위축되었다. 그러나 일방적으로 세속화가 진행되었던 것은 아니며, 종교적 삶의 부흥을 내세우는 반대 세력의 도전과 반발이 끊임없이 있었다. 도덕규범이 퇴락하고 있고, 모든 고귀한 것이 무너지고 있다고 느끼는 사람들 사이에서는 더욱 더 그러했다. 철학적 이성이 과거에 종교가 했던 일을 대신하여 윤리와 미적 취향을 안정시킬 것이라고 기대했던 칸트의 예측은 빗나갔다. 또한 근현대적 삶에서 핵심적인 역할을 하게 된 시장도 사회를 안정시키지 못하고 있다.

[제시문 나]

[1] 프랑스에서는 2004-2005학년도부터 공립 초 · 중등학교 학생들에게 종교적 정체성을 겉으로 드러내는 상징과 의복을 착용하지 못하도록 하는 법안이 상정되어 표결을 기다리고 있다. 교육부 장관의 설명에 의하면 공립학교에서 착용을 금지하는 대상에는 무슬림의 베일, 유대인의 작은 모자(kippa), 혹은 지나치게 큰 십자가도 포함될 것이라고 한다. 교육부장관은 종교적 차별을 하지 않고 있음을 강조하고 있지만, 이 법안의 주된 금지 대상은 1989년이래 공립학교에서 허가 여부로 논란이 되어 왔던 무슬림 여성의 베일 착용이라는 시각이 있다. 이 법은 프랑스의 공적 영역에서 이슬람이 어떤 위치를 차지하고 있는가에 대한 논쟁을 유발하였고, 이슬람 세계에서는 이 법안을 이슬람에 대한 직접적인 공격이라고 간주하여 큰 논란거리가 되었다.

프랑스에서 이슬람이 신도의 규모에서 두 번째로 큰 종교로 부상하고 무슬림 이민자가 여러 도시 교외지역에서 자신들의 세를 구축하고 있는 상황에서 위 법안을 둘러싼 논란은 프랑스에서 세속주의의 미래가 어떻게 될 것인가 하는 문제를 내포한 것이다. 이 법안의 지지자들은 세속주의를 프랑스 공화국의 근본이자 개인의 자유를 보장하고 사회적 통합을 촉진하는 원칙이라고 간주한다. 그런데 베일 착용 금지를 반대하는 무슬림 여성들은 대규모 가두시위를 벌였으며, 그들 중 일부는 프랑스 국기인 파랑, 하양, 빨강의 삼색기를 머리에베일로 써서 무슬림 베일의 착용이 프랑스 시민으로서의 정체성을 부정하지 않는다는 의사를 상징적으로 보여주려 했다.

[2] 태국의 라마 6세 와치라웃 왕(1910-1925 재위)은 서구 열강의 식민 지배를 피해 왕국의 독립을 유지하고 국가통합을 이루기 위하여 민족주의를 주창하고, 국가와 민족의 개념을 종교와 왕이라는 태국의 중요한 전통적 양대 가치와 연결시킴으로써 국가의 정통성과 불교의 밀접한 관계를 강조했다. 그는 1차 세계 대전 시기에 태국이 주권국가임을 표시하고자 세 가지 색으로 된 태국의 국기를 만들었는데, 푸른색은 왕, 흰색은 불교, 붉은 색은 국

가를 상징한다. 그가 반복하여 강조했던 메시지는 불교적 도덕성을 준수하는 것이 강력하고 번영된 국가 건설의 길이라는 점이었다. 태국의 인접국들이 모두 서구 열강의 식민지가 되었을 때, 그는 태국이 불교의 보루가 되어야 함을 강조했다.

그는 불교의 도덕성이 근대사회에 적합하지 않다고 주장하는 사람들에게 다음과 같이 훈계했다. "도덕적 행위는 시류를 타지 않는다. 국내외를 불문하고 사람들이 상호 의존하여 삶을 영위하는 한, 정직, 신뢰, 명예로운 행위 등은 항상 고결한 가치이다. 이러한 이유로 태국은 불교의 오랜 가르침을 흔들림 없이 숭배해야 한다. 국제사회의 존경을 얻을 수 있고 진실한 문명에 이를 수 있는 길은 불교직 가르침을 따르는 깃이다."

그러나 태국 국민의 90% 이상이 불교도라 하더라도 태국 남부 지역에는 말레이계 무슬림이 다수 거주하고 있고, 그 지역에서 불교도와 무슬림간의 갈등과 분쟁이 오랫동안 지속되고 있다는 사실은 상대적으로 덜 알려져 있다.

[3] 터키는 인구의 95% 이상이 무슬림인데 터키의 국가, 정치, 사회는 대체로 세속화되어 있다. 공립학교, 대학, 병원, 관공서 등의 공공기관에서 종교적 상징을 겉으로 드러내는 것은 금지되어 있으며, 초대 대통령인 무스타파 케말이 터키공화국의 기본 노선으로 천명한 6대 원칙 가운데 세속주의가 명시되어 있다. 하지만 1970년대 이후 이슬람은 밑으로부터 정치화되기 시작했다. 부패 혹은 무능으로 대부분의 세속주의 정당들이 신뢰받지 못하는 상황에서 대다수 국민에게 호소력을 갖는 이슬람을 전면에 내세운 정당들이 등장하기 시작하였다. 지난 십여 년 간 이슬람 정당들은 지지 기반을 넓히는 데 상당히 성공적이었지만, 종종군부에 의해 무력화되곤 하였다.

그런데 이슬람 정당 출신의 개혁주의자들을 중심으로 새로 구성된 정의발전당은 혁혁한 성공을 거두어 2002년 이래 집권당의 자리를 유지하고 있다. 종전에 세속주의 정당들이 해결하지 못했던 많은 과제들이 정의발전당 집권 하에서 해결되었다. 즉 일관성 있는 경제개혁에 힘입어 경제가 신속하게 성장하였고 국민 소득이 증대되었으며, 쿠르드족, 기독교인, 장애인, 동성애자 등에 대한 차별을 금지하는 사법적 개혁이 시행되었다. 이러한 개혁은 터키가 EU 가입 협상을 추진하는 데 큰 도움이 되고 있다. 정의발전당은 이란식의 이슬람공화국 모델을 지향하지 않고, 이슬람 세계와의 외교관계보다는 유럽, 미국, 나토와의 관계를 중요시한다. 이들은 한편으로 자신들을 이슬람 정당으로 규정하는 것에 대해 반대하지만, 다른 한편으로는 이들의 정치적 언설(言說) 속에 이슬람적인 수사가 자주 등장하고, 이 정당의 고위 인사들의 부인들이 베일을 쓰고 공식석상에 나타나는 등 공적 영역에서 이슬람적 가치를 진작시키는 것을 중요시한다. 터키 정치의 숨은 실력자이자 세속주의의 아성인 군부가 이전의 이슬람 정당들을 무력화시켰음에도 정의발전당에 대해서는 비교적 용인하는 태도를 보이고 있다는 점은 주목할 만한 사실이다.

"덩더덩더덩더쿵!"
"얼쑤!"

얼쑤! 선생은 말을 이었다.
"우나야. 제시문을 분석해 볼까?"
"[제시문 가]에서는 종교가 근, 현대사회의 안정과 통합에 미치는 영향에 대한 두 가지 견해를 설명했습니다. [1]은 '시민이라는 공적 영역이 종교를 포함한 사적 영역에 우선한다'는 것입니다. 그러나 [2]는 '여전히 종교가 사회를 안정시키는 기능을 담당하고 있다'는 내용이죠. 요약을 통해 지문의 핵심이 파악됩니다."
얼쑤! 선생은 짧게 말했다.
"좋다. [제시문 2]의 중심 내용은?"
10여분의 시간이 지났다. 잠시 뜸을 들였다.
"[제시문 나]는 종교가 최근 국제사회에서 사회 통합 및 변화에 미친 결과를 보여줍니다. 구체적인 사례를 통해 증명하고 있죠. 여기에 '통합과 변화'라는 키워드가 나오네요. 특히 '변화'라는 말이예요."

얼쑤! 선생의 질문이 이어졌다.

"덩더덩더덩더쿵!"
"얼쑤!"

"각 사례는 무엇을 말하지?"

"[제시문 나]의 [1]의 프랑스는 이슬람 국가들에 대한 차별 논란을 일으켰다는 사례죠. 무슬림 여성들의 히잡 착용을 통해 종교적 정체성을 드러내는 상징과 의복을 착용하지 못하게 하는 법안을 만들었기 때문입니다."

"그럼 [2]의 내용은?"

우나는 천천히 말했다.

"[2]는 태국의 라마 6세의 주장은 불교적인 도덕성을 준수하는 것이 필요하다는 것입니다. 그 결과 태국의 정통성을 확보하고 서구 열강의 침략에 맞설 수 있다는 내용이죠. 불교가 국가 통합의 강력한 요인으로 작용한다는 것입니다."

우나는 말을 이었다.

"[3]은 터키에서 세속화되었던 요즘 들어 이슬람 정당 출신의 개혁주의자들이 지지를 얻고 있다는 내용입니다."

"덩더덩더덩더쿵!"
"얼쑤!"

얼쑤! 선생은 우리나라의 현실과 관련지어 설명했다. 서울대가 얼마 전에 논란이 됐던 '이명박 정부와 불교 간의 갈등'을 염두에 두고 만들었을 것이다. 그 논란을 일반화시켜 종교를 사회의 역할의 관점에서 논의하도록 한 것이라고 말했다. 논술 시험은 시대를 직접적 또는 간접적으로 반영하게 돼 있다. 일반적인 주제를 시사 이슈와 관련지어 문제점을 도출하고 그 해결 방안을 서술하는 연습이 필요하다.

1. 분석형 논제(요약, 공통점, 차이점, 핵심어, 공통 주제 등)를 확인하고, 신문에서 제시문을 선택하여 편집하고, 스스로 문제를 만들고 답안을 작성해 보라!

얼쑤! 선생은 신문을 제시했다. 분석형 논제를 만들라고 했다. 시간은 30분을 주었다. 우나는 노트에 신문의 기사를 제시문으로 하여 핵심 문장을 적었다.

제시문 ● ● ●

<가> "기업인들은 문화에 대한 투자는 '튀는 아이디어'이다."[76]
<나> "'되고 송'의 SK텔레콤의 광고 전략이 성공을 거뒀다."[77]

대입논술에서 공통점의 논제는 기본 논술 유형에 속한다. 학생들은 이 분석형 논제에 강해야 한다. 이것을 바탕으로 논리적, 비판적, 대안제시형의 논제에 대한 심층적인 논술 답안을 작성할 수 있기 때문이다. 분석 유형은 대상이나 상황, 관점, 문제점, 해결방안 등에서 공통적인 요소, 차이점 등을 찾는 것이 급선무다. 특히 두 제시문의 모두 읽고 공통적으로 겹치는 부분에 주목해야 한다.

문제

'제시문 <가>, <나>의 핵심어를 바탕으로 공통점을 밝히고, 그에 대한 자신의 견해를 제시하시오'를 만들어 봤어요.

---

76) 내년 3월 서울서 문화행사 '트랜스포머' 여는 伊프라다. 동아일보(2008.09.30)
77) '생각대로 하면 되고' 박혜란 SKT 상무. 동아일보(2008.09.30)

“덩더덩더덩더쿵!”
“얼쑤!”

논술 답안을 논술 선생님의 ‘!, ?’로 창의적인 첨삭을 받아라!

우나의 논술답안과 첨삭

<가>와 <나>의 공통점은 ‘기업의 성공 비결은 튀는 아이디어이다’이다. 1) <u><가> 튀는 아이디어를 수용하고 지지할 수 있는 기업인의 열린 마인드가 성공적인 문화 비즈니스 모델을 완성할 수 있다고 말한다. <나>는 ‘되고 송’의 SK텔레콤의 광고 전략의 성공을 말한다. ‘되고 송’은 일방적인 메시지 전달보다는 소비자가 채워 넣을 수 있는 감성의 여지를 만들었기 때문이다.(!)</u> 2) <u>여기서 광고 기획자의 철학을 볼 수 있다.(?)</u>

‘튀는 아이디어’는 오늘날 기업에서 중요시 된다. 오늘날은 감성의 시대이다. 감성의 튀는 아이디어는 제품에 의미를 부여하고 제품의 만족도를 증대시키는 데 도움을 준다. 단지 제품의 기능적인 편익이나 기능 또는 가격의 강조는 아이디어의 한계를 보인다. 그러나 3) <u>소비자의 감성에 어울리는 자극이나 정보를 통해 제품에 호의적인 감정을 불러일으키고 소비 경험을 즐겁게 하는 것은 새로운 가치를 창출할 수 있다.(?)</u>

“덩더덩더덩더쿵!”
“얼쑤!”

우나는 얼쑤! 선생의 (!)와 (?)표의 평가 이유를 문장으로 적었다.

“1)의 문장이 (!)표인 이유는, 주제 문장에 대하여 잘 구체적으로 뒷받침했기 때문이다. 1)의 두 문장이 적절한 분량으로 분배돼 있어 안정의 시각적 효과도 크다.”

얼쑤! 선생은 (!)표를 찍었다. 뒷받침 문장의 장점을 지적했기 때문이다.

“2)의 문장이 (?)표인 이유는, 내용 중의 ‘광고 기획자의 철학’은 이 글의 논지와 관련이 없기 때문이다. 삭제를 해야 한다.”

역시 (!)표가 찍혔다.

“3)의 문장이 (?)표인 이유는, 문장이 너무 길기 때문이다. 한 장에는 하나의 내용이 담겨야 하다. 그러나 3)의 문장은 여러 개의 내용이 담겼다. 두 문장으로 나누어야 한다.

▶ 3 소비자의 감성에 어울리는 자극이나 정보를 통해 제품에 호의적인 감정을 불러일으키고 소비 경험을 즐겁게 하는 것은 새로운 가치를 창출할 수 있다.(?)
▶ 3 소비자의 감성에 어울리는 자극이나 정보를 통해 제품에 호의적인 감정을 불러일으켜야 한다. 소비 경험을 즐겁게 하는 것은 새로운 가치를 창출할 수 있다.(?)
▶ 3 소비자의 감성에 어울리는 자극이나 정보를 통해 제품에 호의적인 감정을 불러일으켜야 한다. 그 결과 소비 경험을 즐겁게 하여 새로운 가치를 창출할 수 있다.(?)
▶ 3 소비자의 감성에 어울리는 자극이나 정보를 제품에 활용하면 호의적인 감정을 불러일으킬 수 있다. 그 결과 소비 경험을 즐겁게 하여 새로운 가치를 창출할 수 있다.(?)
▶ 3 소비자의 감성에 어울리는 자극이나 정보를 제품에 활용하면 호의적인 감정을 일으킨다. 그 결과 소비 경험을 즐겁게 하여 새로운 가치를 창출할 수 있다.(?)
▶ 3 소비자의 감성에 어울리는 자극이나 정보를 제품에 활용하면 효과적이다. 그 결과 소비 경험을 즐겁게 하여 새로운 가치를 창출할 수 있다.(?)
▶ 3 소비자의 감성에 어울리는 자극이나 정보를 제품에 활용하면 효과적이다. 그 결과 소비자의 소비 경험을 즐겁게 하여 새로운 가치를 창출할 수 있다.(!)

“덩더덩더덩더쿵!”
“얼쑤!”

긴 하나의 문장을 두 문장으로 나눌 때에는 우선 인과관계를 기준으로 한다. 인과 관계는 원인과 결과이므로 문장의 내용에 설득력을 강화시킨다.

우나가 3)의 문장의 수정을 ‘(?),(?),(?),(?),(?),(?),(!)’표로 일곱 번 만에 ‘(!)’표를 받았다. 우나는 (!)표를 받겠다는 의지력을 보였다. 논술 고수의 모습이다.

칭찬해 주었다.

다시 쓴 답안

　　<가>와 <나>의 공통점은 '기업의 성공 비결은 튀는 아이디어이다'이다. <가> 튀는 아이디어를 수용하고·지지할 수 있는 기업인의 열린 마인드가 성공적인 문화 비즈니스 모델을 완성할 수 있다고 말한다. <나>는 '되고 송'의 SK텔레콤의 광고 전략의 성공을 말한다. '되고 송'은 일방적인 메시지 전달보다는 소비자가 채워 넣을 수 있는 감성의 여지를 만들었기 때문이다.

　　'튀는 아이디어'는 오늘날 기업에서 중요시된다. 오늘날은 감성의 시대이다. 감성의 튀는 아이디어는 제품에 의미를 부여하고 제품의 만족도를 증대시키는 데 도움을 준다. 단지 제품의 기능적인 편익이나 기능 또는 가격의 강조는 아이디어의 한계를 보인다. 그러나 소비자의 감성에 어울리는 자극이나 정보를 제품에 활용하면 효과적이다. 그 결과 소비자의 소비 경험을 즐겁게 하여 새로운 가치를 창출할 수 있다.

"덩더덩더덩더쿵!"
"얼쑤!"

2. 설명형 논제(과정, 예측, 결과, 영향, 개념, 본질, 관계, 의미 등)를 확인하고, 신문에서 제시문을 선택하여 편집하고, 스스로 문제를 만들고 답안을 작성해 보라!

　　제시문 간의 관계는 논제와 관련하여 반드시 파악해야 한다. 그 해결 전략으로는 자료에 제시된 핵심 내용을 분석하고 각 제시문 간의 연관 관계를 파악하면 된다. 제시문 간의 관계는 우선, 문제점과 해결방안, 관점의 대조적 관계, 인과적 관계, 병렬의 관계, 원리와 사례의 관계, 원리와 시사이슈의 관계, 통시적, 공시적 변화의 관계 등이다. 제시문들 간의 적절한 활용을 논제로 제시하는 경우가 많다. 통합(통섭)학문의 방향으로 나가는 오늘날 각기 다른 분야의 제시문 간의 활용은 극대화 될 수 있다. 제시문들을 자신의 관점으로 파악하여 다른 제시문들과 관련지을 수 있는 능력이 필요하다. 바로 창의적 능력이다.

얼쑤! 선생은 신문을 가져왔다. 신문 기사를 통해 설명형의 제시문을 세 개를 선택하게 했다. 우나의 손놀림이 날랬다. 설명형의 논제와 어울리는 기사를 찾았다. 노트를 옆으로 당겨놓았다. 20분의 시간이 걸렸다.

제시문● ● ●

<가> "우리 국민은 이명박 정부가 향후 가장 역점을 둬야 할 국정과제로 '물가안정'(33.9%)을 1순위로 꼽았다."[78]

<나> "'부모들은 자녀들의 직업으로 공무원(22.7%)과 교사(10.0%)'를 좋아해 직업 안정성에 큰 의미를 두었다."[79]

<다> "배우는 자신만의 차별화를 이룰 수 있는 '연기, 정체성'이 필요하다."[80]

"덩더덩더덩더쿵!"
"얼쑤!"

우나는 여론 조사의 기사 내용을 제시문으로 선택했다. 여론 조사가 두 개나 됐다. 여론 조사는 목적적으로 정의하면 "국민여론의 방향을 알아보고자, 객관적인 조사과정을 거쳐 신뢰성 있는 결과를 도출하여 효율적인 정책과 정보를 마련하는 조사작업"이다. 현대사회는 '여론'을 중요시한다. 여론을 민주주의의 중요한 사회가치로 판단한다. 그러나 여론 조사의 한계점도 표출된다.

"덩더덩더덩더쿵!"
"얼쑤!"

---

78) [여론조사] "現정부 국정과제 1순위는 물가안정" 33.9% 동아일보(2008.08.15)
79) [여론조사] "자녀직업 선호도 공무원 22.7%, 교사 10%" 동아일보(2008.08.15)
80) [이승재 기자의 무비홀릭] "요즘 안타까운 배우들" 동아일보(2008.09.30)

[논제] 다음 제시문들을 읽고 여론에 의한 합리적 의사결정의 가능성과 한계에 관한 자신의 입장을 논하시오. (각 제시문의 주요 논점이나 시사하는 바를 반영할 것.)

[제시문 1]

The citizen consents to all the laws, even to those that are passed against his will, and even to those which punish him when he dares to break any one of them. The constant will of all the members of the state is the general will; it is through it that they are citizens and free. When a law is proposed in the people's assembly, what is asked of them is not precisely whether they approve of the proposition or reject it, but whether it is in conformity with the general will which is theirs; each by giving his vote gives his opinion on this question, and the counting of votes yields a declaration of the general will. When, therefore, the opinion contrary to my own prevails, this proves only that I have made a mistake, and that what I believed to be the general will was not so.

[제시문 2]

I once said to a Pennsylvanian: "Please explain to me why in a state founded by Quakers and renowned for its tolerance, freed Negroes are not allowed to use their rights as citizens. They pay taxes; is it not right that they should vote?"

"Do not insult us," he replied, "by supposing that our legislators would commit an act of such gross injustice and intolerance."

"So, with you, Negroes do have the right to vote?"

"Certainly."

"Then how was it that at the electoral college this morning I did not see a single one of them in the meeting?"

"That is not the fault of the law," said the American. "It is true that Negroes have the right to be present at elections, but they voluntarily abstain from appearing."

"That is extraordinarily modest of them."

"Oh! It is not that they are reluctant to go there, but they are afraid they may be maltreated. With us it sometimes happens that the law lacks force when the majority does not support it. Now, the majority is filled with the strongest prejudices against Negroes, and the magistrates do not feel strong enough to guarantee the rights granted to them by the lawmakers."

"What! The majority, privileged to make the law, wishes also to have the privilege of disobeying the law?"

*electoral college: a group of people whose job is to choose a political or religious leader

[제시문 3]

언로(言路)를 넓힘으로써 여러 사람들의 계책(計策)을 모아야 하옵니다. 임금이란 작은 한 몸을 가지고 만백성 위에 처하고 있어서 청각(聽覺)은 모든 것을 다 듣기에 부족하고 시각(視覺)은 모든 것을 다 보기에 부족하기 때문입니다. 인심(人心)이 함께 옳다 하는 것을 '공론'(公論)이라 하며, 공론의 소재(所在)를 '국시'(國是)라 합니다. 국시란 한 나라의 사람들이 모두 함께 옳다 하는 것이니 이익으로 유혹하는 것도 아니며, 위엄으로 무섭게 하는 것도 아니면서 삼척동자(三尺童子)도 그 옳은 것을 아는 것이 곧 국시입니다. 여항(閭巷)에 공론이 가득 차야 왕도정치(王道政治)가 이룩될 수 있으며, 만약 공론 아닌 '중론'(衆論)이 세상을 돌아다니면 나라가 망하게 됩니다. 공론은 '겸선'(兼善)과 '공선'(共善)으로 뒷받침된 올바른 의견이요, 중론은 '자선'(自善)만을 주장하는 잘못된 의견입니다.

마음으로는 옛날 법도(法道)를 사모(思慕)하고 몸으로는 유가(儒家)의 행실을 실천에 옮기고 입으로는 법언(法言)을 말함으로써 공론을 유지하는 자를 '사림'(士林)이라고 하옵니다. 사림이 조정(朝廷)에서 사업 수행에 참여하면 나라가 잘 다스려지고, 사림이 조정에 없어서 사업 수행이 '공언'(空言)에 좌우되면 나라가 어지러워지옵니다.

*여항(閭巷): 세간 (世間)
*법언(法言): 바른 도리로 법도가 올바로 되게 하는 말
*공언(空言): 타당성이나 공익성이 없는 허망된 말

[제시문 4]

'가' 신문 (2003년 6월 3일)

　　환경운동연합 부설 시민환경연구소가 지난 달 30, 31일 이틀 동안 여론조사 전문기관인 한길리서치에 의뢰해 전국의 성인남녀 1천명을 대상으로 전화면접 조사를 한 결과, 전북도민은 새만금 간척사업에 76.8%가 찬성 의사를 보인 반면 52.5%만이 방조제 공사를 마무리해야 한다는 의사를 보였다고 밝혔다. 그러나 나머지 국민은 대다수(84.6%)가 공사 중단을 지지해 전북도민의 의식과 여전히 큰 간극을 보였다. 간척사업에 대해서도 67.7%가 반대 의사를 표시해 76.8%가 찬성하고 있는 전북도민과 대조를 보였다.

'나' 신문 (2003년 6월 16일)

　　매경인터넷이 지난 9일부터 16일 오전까지 실시한 인터넷 여론조사에서 총 응답자 중 42.1%인 2559명은 "새만금을 개발하되 용도변경 등 절충안이 필요하다"고 응답했다. 또 응답자의 33.6%인 2044명은 "새만금 간척사업은 계속돼야 한다"고 답하는 등 새만금 간척사업 중단에 반대하는 입장을 보였다. 참고로 "새만금 간척사업은 백지화되어야 한다"는 응답은 24.2%에 불과했다.

[제시문 5]

위의 사진은 국립현대미술관의 야외조각장에 설치된 <10개의 계량기>라
는 작품으로, '계량하는 것이 계량되고 있다'는 점을 표현하고 있다.

"덩더덩더덩더쿵!"
"얼쑤!"

<제시문의 1, 3, 5>는 여론 조사의 합리적 의사 결정의 가능성을 보여준다.
<1>은 국가 구성원의 일반 의지의 표현이 법이다. 이것은 국민 다수의 여론의
수렴이라는 점에서 합리적 의사결정이라 할 수 있다. <3>은 사회 지도층이 사
회를 이끌 때 여론에 의한 의견을 수렴한다. 도덕성을 갖춘 사람의 사회 지도층
은 합리적 의사 결정을 하려는 의지를 지니기 때문이다. <5>의 저울은 여론 조
사의 정확성을 검증하는 도구다. 저울이 측정할 때마다 합리적 의사 결정은 그
만큼 높아진다.
그러나 <제시문 2, 4>는 여론의 한계점을 드러난다. <2>는 법과 현실의 괴리
를 말한다. 다수의 의견이 이상을 표현한 법의 경우다. 그 법을 사회 구성원들
이 진심으로 수용하지 못하면 여론에 의한 합리적 의사결정이 아니다. <4>는
동일한 이슈에 상반된 견해를 보이는 여론이다. 경제 발전을 중시하는 기관과
환경보호를 중시하는 기관의 이슈에 대한 차이다. 주관적 견해가 여론에 개입
되어 합리적 의사결정이 아니다.
"우나야. 위 제시문들 간의 관계를 살펴볼까?"
우나는 생각했다. '문제점과 해결방안, 관점의 대조적 관계, 인과적 관계, 병
렬의 관계, 원리와 사례의 관계, 원리와 시사이슈의 관계, 통시적, 공시적 변화
의 관계'에 무엇이 해당될까. 고민을 거듭했다.
우나는 말했다.
"우선 '대조' 관계로 나누었어요. <제시문의 1, 3, 5>와 <제시문 2, 4>는 여론
에 대해 상반의 관점을 보이기 때문입니다. 기준은 합리적 의사 결정의 여부조."

정확하게 말했다고 칭찬했다.

"덩더덩더덩더쿵!"
"얼쑤!"

'<가>와 <나>의 관계를 설명하고, 거기에 <다>를 활용할 때 획득되는 가치를 제시하시오'를 만들어 봤어요.

직업의 선택은 인생에서 중요한 선택의 하나다. 자신이 일할 분야, 만나야 할 사람, 경제적 보수, 자아실현의 내용과 정도, 사회적 역할 등이 직업 선택과 함께 결정되기 때문이다. 직업 선택의 조건은 '나의 최대의 능력을 발휘 여부'에 맞춰져야 한다. 또한 '나의 큰 만족과 행복 여부' 등을 고려하여 직업을 선택해야 한다. 그런데 <나>는 경제적인 여건의 악화로 안정된 직장인 공무원을 원한다는 것이다. 현대인의 직업관이 단적으로 표출된 경우다. 자신의 능력과 적성을 고려하지 않은 단기적인 결정이다. 그 폐해 또한 크다. 이럴 때 직장을 생계형으로 수단으로 생각한다는 것이다. 생계형으로 직장이 인식될 때는 개인과 직장에 피해가 돌아간다. 직장을 '자신의 능력 발휘, 행복의 실현'을 위한 공간으로 인식해야 한다.

첨삭●● ●

논술 답안을 논술 선생님의 '!, ?'로 창의적인 첨삭을 받아라!

우나의 논술답안과 첨삭

<가>와 <나>는 '원인과 결과'의 관계다. <가>는 경제가 힘들어 국민의 생활이 불안정하다는 내용이다. 그 결과 <나>에서 부모들은 자녀들의 직업 선호도로 안정적인 '공무원'을 좋아한다

는 것이다. 1) <가>는 국민은 정부가 역점을 둬야 할 국정과제로 '물가안정'(33.9%)을 1순위로 꼽았다는 통계다. 2순위가 '경제 활성화'(30.0%)로 '어려운 경제 상황'을 드러낸다. <나>는 부모의 자녀 직업에 대한 선호도 통계다. '부모들은 공무원(22.7%)과 교사(10.0%)'를 가장 좋아해 직업 안정성에 큰 의미를 두는 것으로 분석된다.(!)

2) <가>와 <나>는 경제 상황에 의한 직업의 선택을 말한다. <다>를 활용할 때 <가>, <나>에 자신만의 독창성이 필요하다는 의미를 획득할 수 있다.(?) 삶을 성공을 기준으로 바탕으로 직업을 선택해야 한다. 자신의 적성과 능력 등을 직업 선택의 기준으로 삼아야 한다. 직업은 가족의 생존권을 보장해주고 삶의 가치를 창조하는 신성한 곳이다. 장기적 관점에서 직업을 바라봐야 한다. 경제적인 이유로 안정된 공무원의 직장을 자녀에게 강요해서는 안 되는 이유다.

"덩더덩더덩더쿵!"
"얼쑤!"

"1)은 세 문장이다. 내가 여기에 (!)를 찍었는데 그 이유를 노트에 적기 바란다."

우나는 노트에 이유를 적으며 고심했다. 문장이 3개나 이어진 것에 (!)표를 주었다는 것은 문장의 연결성 등에도 의미를 파악해야 한다.

우나는 노트를 보여주었다. 가지런한 글씨가 문장으로 나타났다.

"1)의 문장이 세 개인데 (!)표를 받았다. 그 이유는 세 문장 모두 통계가 제시됐다는 공통점 때문이다. 통계는 현상을 수치로 나타낸 것으로 신뢰감을 준다."

얼쑤! 선생은 짧게 칭찬했다. (!)표를 찍었다.

"좋다."

말을 이었다.

"논술은 논거로 통계의 영향력이 강하다. 통계의 위력은 논술시험에서 독특한 근거로 작용한다. 알겠지. 논거로 막강한 힘을 발휘한다는 얘기야. 창의적인 답안으로 인정받으려면 '통계'의 논거가 좋다. 통계는 객관적이고 합리적인 특성을 보이기 때문이다. 또한 '현대인의 삶은 통계를 만들고, 통계는 현대인의 삶을 규정한다'는 말이 있다. 통계의 힘을 드러내는 표현이다."

우나가 노트의 2)에 손가락을 댔다. 얼쑤! 선생보고 읽으라는 표시다.

"2)의 문장은 (?)표를 받았다. 명확한 내용을 제시하지 못했기 때문이다. 두 번째 문장의 '자신만의 독창성이 필요'의 내용에 '직업 선택 시'라는 말이 들어가야 내용 전달이 명확하다. 한 문장의 내용은 그 자체로 이해돼야 한다."

얼쑤! 선생은 (!)표를 찍었다. 수정하도록 했다.

"덩더덩더덩더쿵!"

"얼쑤!"

▶ 2 <가>와 <나>는 경제 상황에 의한 직업의 선택을 말한다. <다>를 활용할 때 <가>, <나>에 자신만의 독창성이 필요하다는 의미를 획득할 수 있다.(?)

▶ 2 <가>와 <나>는 경제 상황에 의한 직업의 선택을 말한다. <다>를 활용할 때 <가>, <나>의 직업의 선택에 자신만의 독창성이 필요하다.(?)

▶ 2 <가>와 <나>의 직업의 선택에 <다>의 자신의 능력, 독창성이 기준으로 작용해야 한다. <다>는 배우들이 성공을 위해서는 자신만의 독창성을 강조하기 때문이다.(!)

우나는 (?),(?) 다음에 (!)표를 받았다.

다시 쓴 답안

<가>와 <나>는 '원인과 결과'의 관계다. <가>는 경제가 힘들어 국민의 생활이 불안정하다는 내용이다. 그 결과 <나>에서 부모들은 자녀들의 직업 선호도로 안정적인 '공무원'을 좋아한다는 것이다. <가>는 국민은 정부가 역점을 둬야 할 국정과제로 '물가안정'(33.9%)을 1순위로 꼽았다는 통계다. 2순위가 '경제 활성화'(30.0%)로 '어려운 경제 상황'을 드러낸다. <나>는 부모의 자녀 직업에 대한 선호도 통계다. '부모들은 공무원(22.7%)과 교사(10.0%)'를 가장 좋아해 직업 안정성에 큰 의미를 두는 것으로 분석된다.

<u><가>와 <나>의 직업의 선택에 <다>의 자신의 능력, 독창성이 기준으로 작용해야 한다. <다>는 배우들이 성공을 위해서는 자신만의 독창성을 강조하기 때문이다. 삶을 성공을 기준으로</u>

바탕으로 직업을 선택해야 한다. 자신의 적성과 능력 등을 직업 선택의 기준으로 삼아야 한다. 직업은 가족의 생존권을 보장해주고 삶의 가치를 창조하는 신성한 곳이다. 장기적 관점에서 직업을 바라봐야 한다. 경제적인 이유로 안정된 공무원의 직장을 자녀에게 강요해서는 안 되는 이유다.

"덩더덩더덩더쿵!"
"얼쑤!"

3. 비판형 논제(주장, 비판, 반박, 평가, 판단, 근거 등)를 확인하고, 신문에서 제시문을 선택하여 편집하고, 스스로 문제를 만들고 답안을 작성해 보라!

제시문의 관점으로 제시문을 비판하라는 문제가 많다. 비판형의 전형적인 문제다. 더 나아가 <가>를 <나>와 <다>의 통합된 관점으로 비판형의 논제도 있다. 또한 그 비판의 한계점도 제시하라고 했을 때 이것이 고난도의 문제임을 알려준다.

논술 수험생들은 문제점에 대한 완벽한 대안이나 비판이 있을 수 없다는 것을 알아야 한다. 대상이나 사물은 긍정적, 부정적 측면도 동시에 지닌다. 대상이 갖는 양면성의 모습니다. 사례로 '도둑의 긍정적인 측면을 논하라'고 한다면 어떻게 할까? 언뜻 생각하면 도둑은 개인의 재산과 생명을 위협하고 사회적 혼란을 야기하는 100% 부정적 존재로 인식한다. 틀린 말은 아니다. 논술 수험생은 여기서 한 발짝 더 나가야 한다. 그 결과 또 다른 답을 쓸 수 있다. "도둑은 경찰관, 아파트 경비원, 보안회사 등의 직업을 유지하게 하여 삶을 누리게 한다"라고 썼다면 어떨까? 창의성의 점수를 받는다. 대상을 양면성으로 접근한 결과다. 관점에 따라 도둑은 '필요악'이 되는 셈이다. 도둑이 없다면 이들은 실업자가 되기 때문이다.

"덩더덩더덩더쿵!"
"얼쑤!"

우나에게 신문을 주었다. 다양한 기사와 칼럼이 실렸다. 이번에는 비판형 논제를 만들어 보기 위한 제시문의 선택이다. 얼쑤! 선생은 비판의 그 한계점도 논제에 넣으라고 했다. 기사 선택의 시간은 30분이다. 고난도의 비판유형이다.

제시문● ● ●

<가> "서울대의 최근 3년간 자퇴생 중 70% 이상이 이공계열 학생으로 의·치대나 한의대로 진학하려고 학교를 떠났다."[81]

<나> "2009학년도 서울대가 자유전공학부를 신설해 2차 수시모집을 하여 인문학적 사고(思考)를 할 수 있는 자연과학자를 키우는 것이 목표다."[82]

<다> "창의적인 발상으로 햄버거를 '햄버거 요리'로의 전환시켜 큰 인기를 끌고 있다."[83]

얼쑤! 선생이 말을 걸었다.
"우나야. 이공계의 위기가 심하다고 한다. 그 이유를 생각해 볼까?"
우나는 대답했다.
"오늘날은 인터넷이 발달했습니다. 정보를 찾기가 아주 쉬워졌지요. 어려운 대상이라도 힘들게 분석하고 연구할 필요가 없어졌습니다. 아무런 사고 과정이 없이 모방하여 쉽게 자신의 것으로 만듭니다. 그 결과 기초 학문에 대한 중요성을 인식하지 못한 것이지요. 또한 응용과학이 발달하면서 수익성이 있는 대상이 추구하는 삶의 가치가 됐습니다. 그러다 보니 우수한 학생들이 돈이 되는 한의학, 의학으로 몰리게 됐습니다. 현대인의 이기적인 단면이죠. 기초 과학을 등한시한 이유가 됩니다."

---

81) "서울대 자퇴생 72% 이공계열… 위기" 동아일보(2008.10.08)
82) [횡설수설/정성희] "서울대 자유전공학부" 동아일보(2008.09.12)
83) "개성 없는 맛은 싫다… '명물 햄버거'에 빠지다" 동아일보(2008.09.19)

우나의 말을 들었다. 논리적이다. 즉흥적인 답변으로 좋다.

얼쑤! 선생은 말했다.

"덩더덩더덩더쿵!"

"얼쑤!"

"60년대 중화학 공업이 부흥할 때는 화공과가 인기학과였다. 70년대는 과학이 최고의 대우를 받았다. 외국의 물리학의 유학파들이 들어왔기 때문이다. 90년대 후반부터는 의학계열이 인기를 끌었다. 우리나라 국민소득의 증가와 함께 유전공학이 시대의 화두로 떠올랐기 때문이다. 오늘날 기초 학문과 기초 과학에 관심을 두지 않는 이유로 작용했다."

"그렇군요."

얼쑤! 선생은 말했다.

"기초 학문은 중요하다. 인문계를 기피하면 국가기강이 흔들린다. 이공계를 기피하면 국가의 존립자체가 위험하다. 이공계에 대한 관심에 국가의 사활이 걸렸다. 이공계의 기초 과학은 중요하다. 국가 발전의 뼈대에 해당하기 때문이다. 이공계가 살아야 나라가 산다. 미국의 경우를 보자."

얼쑤! 선생은 자료를 펼쳤다.

"과학기술 초강대국 자리를 굳히고 있는 미국. 미국을 제외한 선진 7개국의 예산보다 많은 미국의 과학예산, 수준 높은 교육과 사회적 시스템, 초당적 과학정책의 현장이 미국이다."84)

"한국이 이공계 기피 문제가 심각한 사회문제로 부각되면서 연일 대대적인 이공계 지원 정책들이 논의되며 쏟아져 나온다. 연구비 지원, 이공계 대학생들

---

84) "스페셜. 이공계, 위기는 기회다." MBC.스페셜(2004년 2월 8일)

에 대한 장학금 지원부터 이공계 석·박사 일자리 1만개 창출, 이공계 출신의 공
직진출 확대 등 이공계 기피 현상을 극복하기 위해 정부가 내놓은 대안들이다.
이공계를 살려야 한국이 산다."85)

우나는 노트에 요약을 했다. <가>의 제시문을 보며 확인했다.

"덩더덩더덩더쿵!"
"얼쑤!"
우나는 제시문을 바탕으로 문제를 만들었다.

문제

'<나>와 <다>의 통합의 관점으로 <가>를 비판하고, 그 한계점을 사례를 들어 제시하시오'를
만들어 봤습니다.

첨삭●●●

논술 답안을 논술 선생님의 '!, ?'로 창의적인 첨삭을 받아라!

우나의 논술답안과 첨삭

　<가>의 이공계 위기는 <나>와 <다>의 '변화를 통한 창의적 관점'에서 비판이 가능하다. <가>
는 서울대의 최근 3년간 자퇴생 중 70% 이상이 이공계열 학생으로 의대로 진학하려고 학교를
떠났다는 것이다. 1) 돈이 되는 직업을 갖기 위한 고정관념이기 때문이다.(?) <나>는 전공학부
라는 고정관념을 배제한 '자유전공학부'를 신설하여 법학 및 의학을 함께 배우면 학문을 융합
한 창의적 인재를 키울 수 있다고 한다. <다>는 창의적인 발상으로 햄버거를 '햄버거 요리'로
의 전환시켜 성공을 거뒀다는 내용이다. 변화 시대에 맞는 창의적 관점을 확인한다.
　그러나 2) 창의적 관점의 한계는 대상의 본질을 흐려 정체성을 상실시킨다는 것이다.(!) 그
사례는 진돗개의 보존 사업이다. 3) 혼합의 창의성으로 진돗개의 육성 사업을 하면 더 이상

---

85) "스페셜. 이공계, 위기는 기회다." MBC스페셜(2004년 2월 22일)

진돗개가 아니다. 다양한 형질의 진돗개가 출현하여 진돗개의 정체성을 상실하는 결과를 초래한다. 오늘날 고유의 형질의 진돗개만을 선별하여 교배시키는 것은 순종의 형질을 유지시키려는 의도다. 진돗개의 가치를 극대화하는 전략이다.(!) 인간의 이기적 유전자의 정체성도 존속돼야 사회의 생존 전략에서 우위에 선다. 이런 관점에서 <가>의 좋은 직업을 위한 학생들의 인기 학과로의 전환은 옹호될 수 있다. 인간의 본능에 가까운 행위로 생존 경쟁을 사는 전략이기 때문이다.

어려운 문제에 해당한다. 긍정적으로 보는 것의 한계점을 사례로 들어 제시하라고 했기 때문이다. 우리는 대상의 긍정적인 점은 계속 긍정적으로 보려 한다. 그런데 이 논술 문제는 그것의 한계점을 적으라는 것이다. 혼합의 창의적 관점은 오늘날 긍정적으로 평가한다. 그러나 이 답안은 진돗개의 순종 유지 사업을 통해 혼합의 한계점을 논리적으로 제시한다. 뛰어난 점이다.

기존의 관성이나 타성에 매몰되지 말고 늘 사물이나 사태를 다각도로 깊이 있게 성찰하게 하는 창의적 사고다. 그 사례를 보자.

"덩더덩더덩더쿵!"
"얼쑤!"

문제 1

기술만능주의의 입장'에서 '친환경적인 입장 또는 생태주의적 입장'을 반박하라?

2007학년 고려대 모의논술 문제

출제의도

기술중심주의의 입장에서 모든 문제가 기술의 발전을 통해 해결될 수 있다는 낙관론을 펼치고 있다. 어떤 문제도 새로운 기술의 개발을 통해 해결할 수 있기 때문에 자원의 고갈을 비롯한 환경문제에 관해서도 문제는 기술부족과 이를 부채질하는 비합리적 태도라고 주장하고 있다.

문제 2

'과도한 자기반성은 오히려 자기 합리화나 자기 과시와 연결될 수 있다.'는 주어진 제시문의 입장에서, 윤동주의 '서시'의 화자가 보여주는 한계를 비판하라?"

2007 이화여대 수시 1학기 논술 문제

출제의도

　지나친 자책이나 부끄러움, 반성이 오히려 병이 될 수 있다. 과도한 반성은 오히려 자기 합리화나 자기 과시와 연결될 수 있다는 것이다. 우리가 도덕성과 독립 의지로 존경받는 윤동주의 시를 비판하려면 비판적 관점에서 접근해야 한다. 우리는 세상의 모든 것은 다 비판과 의심의 대상이 된다고 생각해야 해. '자책하고 괴로워만 한다'는 것은 투쟁과 적극적으로 살아야 할 의무를 면제받으려는 술책으로 볼 수도 있다. '주어진 길을 걸어가야겠다'도 관점을 바꾸면 다르게 해석된다. 자기 의지로 새로운 길을 만들겠다는 의지가 아니라 운명적 관점으로 볼 수 있다는 것이다.

문제 3

불안의 생산성, 항존성이 어떻게 사회 문화의 역동성으로 작동하는가?

2006 연세대 정시 논술 문제

출제의도

　본 문제는 바로 이러한 불안에 대한 인식을 토대로 수험생들에게 불안이라는 증후를 통해 사회변동의 흐름을 성찰하게 하고, 더 나아가 불안이 개인이나 역사 발전에 어떠한 에네르기로 작용할 수 있는지를 구체적 사례를 통해 자신의 의견을 정리하게 하였다. 기존의 불안에 대한 인식, 즉, 긴장과 갈등, 소외 등 병리 현상으로만 바라보는 시각을 전환시켜 우리 사회의 사회·문화적 현상들에 내재하는 불안의 속성과 그에 대한 인간의 '응전'을 다시 반추하게 될 기회가 되었을 것이다.

"덩더덩더덩더쿵!"
"얼쑤!"

얼쑤! 선생은 말했다.
"우나야. 1)에 (?)표가 붙었다. 그 이유를 문장으로 써라?"
"1)의 문장이 (?)표인 이유는, '1)돈이 되는 직업을 갖기 위한 고정관념이기 때문이다'의 내용이 앞 문장과 연결이 되지 않기 때문이다. 앞 문장은 이공계열의 학생들이 의대로 진학하려고 자퇴한다는 내용과 '고정관념이기 때문이다'가 연결이 안 된다. 1)의 문장을 수정해야 한다."

얼쑤! 선생은 (!)표를 찍었다.

> ▶ (〈가〉는 서울대의 최근 3년 간 자퇴생 중 70% 이상이 이공계열 학생으로 의대로 진학하려고 학교를 떠났다는 것이다.) 1) 좋은 직업을 갖기 위한 고정관념이기 때문이다.(?)
> ▶ (〈가〉는 서울대의 최근 3년 간 자퇴생 중 70% 이상이 이공계열 학생으로 의대로 진학하려고 학교를 떠났다는 것이다.) 1) 좋은 직업을 갖기 위한 고정관념의 표현이다.(?)
> ▶ (〈가〉는 서울대의 최근 3년 간 자퇴생 중 70% 이상이 이공계열 학생으로 의대로 진학하려고 학교를 떠났다는 것이다.) 1) 좋은 직업을 갖기 위한 고정관념의 행동이다.(!)

"2)의 문장이 (!)인 이유는 창의적 관점의 한계를 잘 제시했기 때문이다. 창의적 관점은 혼합의 다양성을 바탕으로 한다. 그 결과 다양한 변종은 만들어내지만 그 대신 대상의 본질인 '정체성'이 흐려진다."

"덩더덩더덩더쿵!"
"얼쑤!"

얼쑤! 선생은 (!)표를 주었다. 우나는 창의성이 있다.
다음의 문장을 보여 주었다. 얼쑤! 선생은 자세히 읽었다.
"3)의 문장은 네 문장으로 돼 있다. 주장에 대한 진돗개의 사례를 설득력 있게 제시했기 때문에 (!)표를 받았다. 혼합의 창의성을 바탕으로 한다면 다양한 형질의 진돗개가 권장돼야 한다. 그러나 오늘날 진돗개 보존 사업은 이와는 정반대다. 고유의 형질만을 가진 진돗개를 선별하여 교배시킴으로써 순수 혈통을 유지시키기 때문이다. 네 번째 문장은 짧게 제시하여 상쾌한 맛을 준다."

　<가>의 이공계 위기는 <나>와 <다>의 '변화를 통한 창의적 관점'에서 비판이 가능하다. <가>는 서울대의 최근 3년간 자퇴생 중 70% 이상이 이공계열 학생으로 의대로 진학하려고 학교를 떠났다는 것이다. 좋은 직업을 갖기 위한 고정관념의 행동이다. <나>는 전공학부라는 고정관념을 배제한 '자유전공학부'를 신설하여 법학 및 의학을 함께 배우면 학문을 융합한 창의적 인재를 키울 수 있다고 한다. <다>는 창의적인 발상으로 햄버거를 '햄버거 요리'로의 전환시켜 성공을 거뒀다는 내용이다. 변화 시대에 맞는 창의적 관점을 확인한다.

　그러나 창의적 관점의 한계는 대상의 본질을 흐려 정체성을 상실시킨다는 것이다. 그 사례는 진돗개의 보존 사업이다. 혼합의 창의성으로 진돗개의 육성 사업을 하면 더 이상 진돗개가 아니다. 다양한 형질의 진돗개가 출현하여 진돗개의 정체성을 상실하는 결과를 초래한다. 오늘날 고유의 형질의 진돗개만을 선별하여 교배시키는 것은 순종의 형질을 유지시키려는 의도다. 진돗개의 가치를 극대화하는 전략이다. 인간의 이기적 유전자의 정체성도 존속돼야 사회의 생존 전략에서 우위에 선다. 이런 관점에서 <가>의 좋은 직업을 위한 학생들의 인기 학과로의 전환은 옹호될 수 있다. 인간의 본능에 가까운 행위로 생존 경쟁을 사는 전략이기 때문이다.

"덩더덩더덩더쿵!"

"얼쑤!"

4. 문제 해결형 논제(문제점, 해결방안 등)를 확인하고, 신문에서 제시문을 선택하여 편집하고, 스스로 문제를 만들고 답안을 작성해 보라!

　얼쑤! 선생은 신문을 펼쳤다. 많은 기사들이 들어찼다. 우나에게 '논술은 즐겨야 한다'를 강조했다. 이른바 '미쳐야(狂) 미친다(及)'다. 논술의 고수라면 이 의미를 안다. 우나는 고개를 들었다. 우나는 '논술을 즐기고 있는가'를 반문하는 것 같다.

　얼쑤! 선생은 말했다.

　"자, 오늘의 신문 기사다. 문제해결형의 논제를 염두에 두고 제시문을 선택해라. 시간은 30분이다.”

얼쑤! 선생은 시간을 넉넉하게 주었다. 머리칼을 쓸어 올리며 신문의 내용이 몰두했다. 칼럼에 집중하여 읽었다. 논술의 고수답다.

“덩더덩더덩더쿵!”
“얼쑤!”

제시문●●●

<가> “사회의 익명화(匿名化)가 집단적 자아도취를 생성시켜 집단 우중화(愚衆化)를 초래한다.”[86]

<나> “국민 감동을 일으킬 일에 오늘날 정치인들의 무관심이 심각하다.”[87]

<다> “‘엄뿔’은 세대 간, 드라마와 시청자들의 공감하는 의사소통이 잘 되어 인기를 누렸다.”[88]

얼쑤! 선생은 제시문 (가)의 내용을 참고하여 우나에게 정리해 주었다.

인터넷 공간에서 이름이 사라지고 있다. 도시화로 인해 개인주의가 만연해 면대면(面對面)의 관계가 사라졌다. 도시의 아파트나 원룸의 주거 형태가 도시화의 대표다. 이곳은 이름보다는 번호가 사용된다. 그 몇 호라는 번호는 익명의 상징이다. 이제는 사람은 죽어서 이름을 남기고 아니라 ‘번호’, ‘아이디’를 남긴다로 해야 할 판이다. 정보화의 익명의 터널은 깊고 넓다.

익명성의 출발은 좋다. 현실의 벽을 사이버 공간에서는 뛰어넘을 수 있기 때문이다. 남성이 여성도 되고, 여성이 남성도 된다. 관점에 따라 이것은 정체성의 혼란이 아니라 사이버 세계에서의 새로운 정체성의 확립이 된다. 익명성은 지위나 위계질서를 극복하게 만든다. 누구나 카페나 블로그를 가지고 글을 쓸 수 있다. 이름이 없는 자신도 자신의 카페에 칼럼과 기사를 쓸 수 있다. 전문가

---

86) [동아광장/전상인] “익명사회의 그늘” 동아일보(2008.09.17)
87) [광화문에서/허엽] “조용필과 도지사” 동아일보(2008.09.26)
88) “막내린 ‘엄마가 뿔났다’…3대 인기비결” 동아일보(2008.09.29)

만 쓰는 것이 아니다. 이름을 숨기면 용감해지니까. 우리는 그 장점을 간과했다. 익명성이 주는 수평적 구조는 자신을 사회적 강자로 만들기 위해서 필요하다. 그러나 현실은 수직적 구조로 돼 있다. 이 장벽을 뛰어넘게 해주는 것이 익명의 사이버 세계다. 이 얼마나 영광스러운 또 다른 세계인가. 바로 이상의 세계다. 그러나 칼도 쓰는 자에 따라 기능이 다르다. 선택에 따라 살인의 무기가 되고 맛있는 요리의 도구가 되기 때문이다. 그러나 우리는 익명성을 '악용'하여('이 용'해서가 아니라 '악용'해서다. 익명성이 원래는 좋은 것이었으니 사용하면서 부정적인 인식으로 굳어졌다.) 비방의 글로 자신의 표현했다. 그 결과 많은 사 람들이 절망감을 느꼈고 연예인들이 자살까지 했다. 결국 익명성은 의사소통을 단절시켜 우중화에 이르게 된다.

이에 중앙대학교의 박범훈 총장은 그 해결 방안으로 '추임새 운동'을 펼친다. '추임새'라는 책도 발간했다. 다음은 관련 '기사의 내용'[89]의 일부다.

－추임새란 원래 국악용어가 아닌가요?
"그렇죠. '추임새'는 판소리 도중에 흥을 돋우기 위해 넣는 소리를 가리킵니 다. '얼씨구' '좋다' '그렇지' '으이' '아암' 같은 감탄사로 판소리뿐만 아니라 민요 잡가 무가 광대 소리에 즐겨 쓰이죠. 북을 쳐 장단을 맞추는 고수(鼓手) 와 청중이 넣도록 되어 있어 공연자와 청중의 양면성이 담겨 있는 것이 특 징입니다. '추임새'는 '추어주다'라는 말에서 나왔는데 '정도 이상으로 칭찬 해 주다'라는 뜻이죠. 추임새는 소리꾼이 더 좋은 소리를 할 수 있도록 만드 는 일종의 비타민 역할을 합니다. 오랫동안 소리를 하느라고 목소리가 가라 앉고 지쳐갈 때 고수의 힘찬 추임새는 흥을 돋우는데 결정적인 노릇을 하거 든요. 또 사설의 내용이나 상황이 바뀔 때 강한 곳은 강하게, 약한 곳은 약 하게 넣음으로써 판소리 흐름을 보조합니다. 가끔 소리꾼 상대역의 대사나 북소리를 대신하기도 하고요. 상호보완작용을 통해 완벽을 이뤄내는 겨레의 슬기임에 틀림없습니다."

---

89) [환기통] 좋다, 그렇지! "맺히고 억울한 것 서로 풀어줍시다" 경향신문(2008.10.22)

"덩더덩더덩더쿵!"
"얼쑤!"

　－ 예스런 추임새가 21세기에 어떤 영향을 미치고 어떤 역할을 할까요?
"요즘 인터넷에 들어가 보면 남을 헐뜯고 끌어내리는 댓글이 꽉 들어차 있습니다. 이유없는 분노로 가득찬 이들이 '묻지마 살인'을 저지르고 조금만 상처를 받아도 그 소중한 목숨을 자살로 마감합니다. 물질적으론 옛날이 더 고달팠는데 이토록 세상이 메마르게 된 것은 추임새가 없어서 그렇다고 생각합니다. (중략) 추임새를 듣고 성장한 이들은 긍정적 성격을 갖고 주변사람들에게도 사랑을 나눠줍니다. 하지만 추임새를 듣지 못하고 자라면 불만과 비방만 하게 되죠. 우수한 인재를 키우는 것은 물론 건강한 사회를 위해서도 추임새는 꼭 필요합니다."

　참 좋은 내용이다. 추임새 운동이 확산돼야 하다. 인터넷의 익명성을 악용하여 악플을 달지 않고 '선플'을 달면 그것이 추임새 운동이 된다. 그럴 때 우리들은 사이버 공간에서 이름을 되찾을 수 있다. 또한 호랑이는 죽어서 가죽을 남기고 사람은 죽어서 '이름'을 남길 수 있다. 그 사람의 '이름'을 사이버 공간에서 찾을 때 사이버 공간은 우리에게 희망의 공간이 된다. 사람이 죽어서 '아이디'를 남겨서는 안 된다. 사이버 공간의 실명제 실시는 반짝 효과는 있겠지만 큰 효과를 거두기는 어렵다. 일종의 법의 강제이지 국민들의 사회적 합의가 아니기 때문이다. 사회적 합의를 추임새 운동을 통해 이를 수 있다. 추임새 운동을 통한 국민의 의식을 전환시켜야 한다.
　얼쑤! 선생은 침을 튀기며 강조했다. 우나는 고개를 들고 물었다.
　"'얼쑤!' 라는 추임새를 선생님은 상징으로 갖고 있잖아요. 제가 알기로는 15년 전에 '얼쑤'라는 상징을 썼다고 들었는데요?"
　얼쑤! 선생은 긴장감이 들었다.
　"그렇다. 내가 15년 전부터 '얼쑤!' 라는 추임새를 수업시간에 쓰기 시작했다.

추임새 운동의 원조를 따지면 바로 나지.”

우나가 말했다.

“덩더덩더덩더쿵!”

“얼쑤!”

“그래서 ‘얼쑤! 선생’이 됐군요.”

“학생들이 불러주다 보니 그것이 나의 상징이 됐어. 그래서 내가 인터넷 카페로 운영하는 것도 ‘얼쑤논술연구소’지. 나는 죽을 때가지 ‘얼쑤!’ 라는 이름으로 살아갈 거야.”

‘스스로논술학습법’의 15강 3단계의 이야기가 다른 내용으로 샜다. 얼쑤! 선생의 신변이야기로 들어 선 것이다. ‘이왕 다른 길로 샌 김에 확실히 새자’고 말했다. 얼쑤! 선생과 우나는 웃었다.

얼쑤! 선생은 글을 펼쳤다. 얼쑤! 선생이 쓴 칼럼이다.

[얼쑤논술수업 ①] 활기찬 수업을 위해서는 ‘얼쑤!’의 추임새가 필요하다.[90]

공교육이 붕괴되는 현실에서 교육 전문가들이 공교육 살리기 대책을 내놓는다. 그 대책들이 하루 빨리 교육 현장에 정착되어 통합논술을 통한 공교육에 활력을 불러 일으켜야 한다. 여기에 얼쑤! 선생(44. 이도희. 송탄여고 논술국어교사)의 신나는 얼쑤수업 방법의 제시는 참신하고 신선하다. 교사가 학생들과의 수업을 ‘얼쑤!’라는 추임새로 서로 추겨주면서 같이 만들어 나기기 때문이다. 앞으로 얼쑤! 이도희 선생의 수업 방법을 10회에 나누어 싣는다. 오늘은 그 1회로 공교육의 수업에 ‘얼쑤’라는 추임새가 왜 필요한가를 생각해본다.

논술의 광풍 속에 공교육은 회생할 것인가? 교육 담당 관련자들의 공통된 관심사이다. 특히 통합논술의 도래를 놓고 전문가들의 엇갈린 주장은 이를

---

90) “얼쑤로 교육보기” <얼쑤로세상을 본다> 한겨레 블로그(2006.10.30)

더욱더 부채질한다. 표면적으로는 학교에서 통합논술을 잘 가르쳐야 공교육이 사는 것으로 생각하기 쉽다. 그러나 공교육 현장에서 논술을 담당하고 있는 필자는 그렇게 생각하지 않는다. 공교육의 교사가 어떤 내용을 가르치든 결국 수업방법이 문제가 된다는 것이다. 왜냐하면 논술의 광풍에서 공교육 교사들도 여기에서 비껴가기 힘들 것이고 모든 교과 선생님들이 통합논술을 담당할 수밖에 없다는 것이 현실론이기 때문이다. 그런 의미에서 '여러 교과 교사가 팀을 이루어 통합논술을 지도해야한다'느니 하는 방안은 흐름에 맡겨두면 되므로 공교육 살리기의 근본적인 대책이 되지 않는다. 더불어 공교육의 교사들이 통합논술을 가르칠 능력이 없다는 말도 잘못이다. 생각해보면 타 교과목 교사들이 논술교육에 참여하지 않았기 때문에 학교에서 통합논술을 가르치지 못한 것이지 앞으로 타 교과 교사들이 참여한다면 자연스럽게 해결될 문제이다. 이는 공교육 교사들의 의식의 문제이지 실력의 문제가 아님을 알 수 있다.

통합논술을 가르쳐도 교사 자신의 전공분야를 가르치는 것은 변함이 없다. 단지 타 교과 선생님들이 자신의 전공과목을 논술수업에 관련시켜 참여하는 것뿐이다. 이런 관점이라면 공교육이 살기 위해서는 결국 교사가 자신의 전공과목을 독특한 수업기술로 논술을 가르치면 된다는 결론에 이른다. 특히 논술을 가르칠 때 학생과 교사의 신뢰감을 형성할 수 있는 재미있는 수업방법을 개발하는 것에 초점이 맞춰진다. 이런 측면에서 필자의 '얼쑤수업'은 충분히 제시할만한 가치가 있다고 본다. 우선 얼쑤수업의 기본이 되는 '얼쑤'라는 추임새를 살펴보자.

판소리, 탈춤에서 대표적 추임새로 '얼쑤'가 있다. 공연 중 광대와 관객이 한 덩어리가 되어 서로를 추켜 줌으로써 그 속에서 예술의 감동을 극대화한다. 이른바 광대와 관객과 함께 힘을 합쳐 만들어가는 공동 공연인 셈이다.

판소리에서 광대가 2시간 이상을 창(소리)을 하기가 쉬운 일이 아니다. 물론 아니리 부분이 있어 광대가 중간에 호흡을 가다듬기는 하지만 창이 판소리의 본질이기 때문이다. 광대가 창을 하다가 힘들어하는 눈치가 보이면 북을 잡은 고수는 "어이, 물 한 잔 먹고 해야겠어" 한다. 그러면 광대는 자연스럽게 물을 마신다. 이는 각본에 없는 각본으로 지극히 자연스럽다. 또한 광대가 춘향가의 '암행어사 출도' 대목에서 휘몰이로 창을 할 때 관객들은 "얼쑤!", "잘 한다" 등으로 적절하게 맞장구쳐줌으로써 판소리 대목을 같이 완성한다. 이렇게 추임새는 관객도 광대가 되는 환상적 신명을 맛보게 하는 독특한 역할을 하는 셈이다.

또한 탈춤에서도 '얼쑤!'라는 추임새는 중요한 요소로 작용한다. 탈춤 공연 중에 관객이 광대들의 언행에 적절하게 개입하여 신명을 끌어올린다. 이 신명은 극의 완성도로 이어진다. 탈춤의 큰 구조가 앞놀이 - 본놀이 - 뒷놀이로 되어 있는데, 특히 탈춤의 뒷놀이에서는 광대와 관객이 한데 어울려 춤을 춘다. 이 춤은 행동의 추임새로서 그 날 공연의 감동의 신명을 함께하는 풀어 마무리하는 중요한 의미를 담고 있다. 이렇게 추임새는 관객이 판소리와 탈춤의 과정에 참여하여 공동의 신명을 최대한 끌어올리는 한 판을 만든다.

오늘날 우리 교실에서도 이런 추임새를 이용한 수업이 필요하다. 요즘 고교 교실에 '따로'라는 말이 돌고 있다. 사교육의 위세에 눌린 우리 공교육은 그 실상이 비참하다. 수업은 학생과 교사가 혼연일체가 되어 공동의 목표를 이루어야 한다. 그런데 교사의 열정을 학생이 외면하는 것인지 아니면 학생들의 열정을 교사가 못 따르는 것인지 아직까지 사제지간의 관계는 겉돌고 있다. 결국 교실의 이기주의로 흐르고 있어 문제는 더욱 심각하다. 왜 그럴까? 전문가들은 그 이유를 여러 곳에서 찾고 있지만 필자는 교사들의 수업이 구태를 답습하기 때문이라고 판단한다. 흔히 말하는 학생들은 변하고 있는데 교사는 변하고 있지 않다는 것. 이런 시점에서 필자는 "얼쑤"라는 추임새에 관심을 갖고 연구하여 교실 수업에 활기를 넣으려는 노력을 해왔다. 다행스럽게도 학생들과 교사의 눈에 보이는 변화를 감지할 수 있었다.

그동안 학교 수업은 교사 주도였다고 봐도 과언이 아니다. 즉, 교사는 일방적으로 말하고 학생들은 그대로 듣기만 하는 것이다. 이런 분위기는 담당 교사의 수업 자체를 지루하게 한다. 그렇다고 교사가 완전 토론식으로 이끌어가 성공하는 경우는 이른바 명문고 몇 군데에 한한다. 우리나라의 대부분인 일반 고교에서는 수업의 진도와 맞물려 수업이 진행되기에 완전 토론식 수업은 한계를 가질 수밖에 없다. 이런 교육적인 구조가 일방적인 교사 주도 수업과 토론식 수업의 경계에서 현직 교사는 고민한다고 볼 수 있다.

이럴 때 '교사는 학생을, 학생은 교사'를 서로 추켜주는 논술수업을 한다면 어떨까? 이것이 바로 '얼쑤수업'의 뿌리이다. 필자는 10년 전부터 이런 상황에서 이 두 가지를 적절하게 조화시켜줄 수 있는 것이 무엇인가? 학생과 교사가 공동으로 만들어가는 신명나는 논술수업 방법은 무엇인가를 고민해왔다. 그 결과물이 "얼쑤"라는 추임새를 원리를 이용한 '얼쑤수업'이라 생각한다. 여기서 중요한 것은 얼쑤 추임새의 '추겨줌'의 원리를 상황에 맞게 다양하게 활용할 수 있다는 점이다. 다음 2회에서 그 구체적인 방법을 알아보도록 한다.

"덩더덩더덩더쿵!"
"얼쑤!"

[얼쑤논술수업 ②] 활기찬 수업을 위해서는 '얼쑤!' 추임새의 화법이 필요하다

논술 교사의 수업 중 사용하는 언어는 중요한 의미를 가진다. 수업이론에서는 여러 기법을 제시한다. 교사 화법에 변화를 추구하라는 것이다. 학교 현장의 교사들은 화법의 이론을 알고 있다. 그러나 문제는 기존의 화법이론이 재미가 없다는 것. 교사들은 같은 학생들을 대상으로 매일 수업을 해야 한다. 학교는 서로 간에 신선함을 느낄 수 없는 교육적 환경이다. 이런 상태에서의 재미없는 교사 화법은 한계를 느낄 수밖에 없다. 어쩌면 교사들이 지루함의 감옥에 갇힘으로써 공교육의 추락은 더 심해졌는지 모른다.

교사들이 매일 같은 학생들을 놓고 매 시간마다 흥미를 갖게 하려면 다양한 화법이 필요하다. 과거와 같이 화법의 높낮이 정도로는 교사, 학생 모두 지루함만 가중시킬 뿐이다. 그렇다면 그 방법은 무엇일까? 학생들의 질문이나 교사 자신의 문장이 끝났을 때나 휴지기를 갖는 중간 부분에 "얼쑤!", "좋다!", "그렇지!", "암만!" 등의 추임새를 삽입하면 어떨까? 이런 추임새는 간단하면서 그 효과는 크다. 얼쑤! 선생(44. 송탄여고 교사)이 연구하여 제시하는 학생을 추어주는 '추임새'다. 그 사례를 보자.

"전통은 물론 과거로부터 이어 온 것을 말한다. 이 전통은 대체로 그 사회 및 그 사회의 구성원인 개인의 몸에 배어 있는 것이다. 그러므로 스스로 깨닫지 못하는 사이에 전통은 우리의 현실에 작용하는 경우가 있다. 그러나 과거에서 이어 온 것을 무턱대고 모두 전통이라고 한다면, 인습(因襲)이라는 것과는 구별이 서지 않을 것이다. 우리는 인습을 버려야 할 것이라고는 생각하지만, 계승해야 할 것이라고는 생각하지 않는다. 여기서 우리는, 과거에서 이어 온 것을 객관화하고, 이를 비판하는 입장에 서야 할 필요를 느끼게 된다. 그 비판을 통해서 현재의 문화 창조에 이바지할 수 있다고 생각되는 것만을 우리는 전통이라 불러야 한다."

교사가 이 내용을 수업한다고 할 때 기존의 교사 화법은 이랬다. 교사는 평이하게 읽어가면서 마지막 문장에 와서 힘을 주어 읽는 정도이다. 이 부분이 가장 중요한 메시지를 담고 있기 때문이다. 바다로 친다면 폭풍에 해당하는 내용이다. 폭풍 치는 억양으로 교사가 외쳐야 하는 부분이다. 교사 혼자 말하는 교사주도 수업이다. 문제는 그런 화법이 강조의 효과는 있다고 치더라도 재미적인 요소, 화합의 요소가 없다는 것이다. 이 과정을 추임새를 넣어서 꾸며본다.

> 학생: "선생님, 이 단락의 중요한 부분이 마지막 문장인가요?"
> 교사: <"그렇지!">
> 학생: "왜 그런가요?"
> 교사: <"좋은 질문이지!">
> 교사: "전통의 창조 방안을 제시했기 때문이다. 얼씨구!" (추임새가 된다.)
> 학생: "그렇군요."
> 교사: <"우리 친구들 똑똑하지!">

여기서 < >의 부분이 기본적인 추임새에 해당한다. 이 추임새는 얼쑤! 선생이 제시하는 기본형이다. 누구나 다 할 수 있는 추임새이다. 중요한 점은 교사가 이 <추임새>를 환경이나 학생들의 수준에 맞춰 다양하게 추임새를 꾸밀 수 있다는 것이다. 일종의 변형성에 해당한다. 변형성에서 신선함을 얻을 수 있다. 특히 교사의 별명과 관계된 독특한 추임새라면 더 좋다. 판소리나 탈춤이 그러하듯 논술 교사의 화법에도 전형성과 변형성을 적절히 사용해야 제 맛이다.

논술수업에서 전형성이란 반드시 말해야 하는 부분이다. 즉, 교사의 수업 시 특정 지문을 읽는 부분은 변할 수 없는 전형성에 해당한다. 그러나 교사나 학생들이 하는 추임새 부분은 그 성격상 변형성에 해당한다. 추임새는 여러 가지의 형태로 바뀌면서 새롭게 흥미를 유발시키는 귀중한 요소이다. 우리 교사들은 이 추임새를 자신의 특성에 맞게 갈고 닦아야 할 필요가 있다. 추임새가 독특하게 사용되면 그 교사의 브랜드가 될 수 있다. 이른바 학생들이 기다리는 수업이 된다.

학생들은 추임새에 아무 부담 없이 수업에 참여할 수 있다. 그 동안은 교사의 질문에 대한 답변으로 학생들이 참여했다. 답변은 총명한 학생의 몫이다. 문답법의 화법 구조에 학생들의 참여는 제한적일 수밖에 없다. 하지만 추임새는 문답법을 적극적으로 이끌어내기 위한 준비단계로 보면 어떨까? 몇 번씩 추임새 화법을 통해 "얼쑤"라고 외치다 그 순간 교사가 문답법을 사용한다면 어떨까? 학생들이 부담 없이 수업에 참여할 수 있을 것이다.

통합논술 수업도 마찬가지이다. 논술 수업 내용의 질이 아무리 좋은들 학생들의 흥미를 유발시키지 못하면 아무 소용이 없다. 특징 없는 논술수업이 계속 이어진다고 생각해 보라. 그 순간 공교육은 무너지는 것이다. 공교육 살리기는 거창한 것이 아니다. 무슨 큰 계획에 의해서 공교육이 실현되는 것도 아니다. 이 조그만 '얼쑤' 추임새가 큰 변화를 불러올 수 있다. 공교육을 담당하고 있는 교사는 우선 화법의 구조를 바꾸는 것이 필요하다. 추임새를 넣을 수 있는 공간을 만들면 된다. 그 공간에 학생들이 자유롭게 다양한 추임새로 참여하면 된다.

"덩더덩더덩더쿵!"

"얼쑤!"

얼쑤! 선생은 말했다.

"이제 '스스로논술학습법'으로 돌아가자. <다>의 제시문은 '엄뿔'이 다양한 의사소통의 성공으로 인기 드라마가 됐다는 내용이지."

우나가 대답했다.

"예. '엄뿔'은 세대 간, 드라마와 시청자들의 공감하는 의사소통이 잘 되었다고 합니다. 그 결과 시청자의 자아 찾기와 대리 만족을 주었다는 것이죠. '엄뿔'은 세대를 아우르는 현실을 반영하고 사람 냄새나는 명대사가 있었습니다. 주조연의 완벽 하모니도 있었고요."

"얼쑤! 좋지. 설명도 잘 했고!"

추임새가 터졌다.

우나에게 문제를 만들도록 했다. 노트를 펼치고 펜을 들었다. 시간은 10여분이다.

문제

'<가>와 <나>의 문제점을 제시하고, <다>를 참고하여 자신의 해결방안을 제시하시오'를 만들어 봤어요.

논술 시험의 전형적인 논제 유형은 문제해결형이다. 문제점에 대한 해결 방안의 제시다. 논제는 학생들이 스스로 해결 방안을 생각하여 제시하는 것이 아니다. <다>의 내용을 참고하여 그것에 근거해 자신의 의견을 포함한 해결 방안을 밝히라는 것이다. 이 논제의 해결 방안은 <다>의 제시문 속에 드러난다. 요즘의 대부분 논술 유형이 그렇다. 이 논제는 <가>와 <나>의 제시문에서 문제점을 추출하는 '분석력과 비판력'을 우선 평가한다. 그 다음 평가 요소는 창의력이다. 문제점과 관련지어 <다>에서 해결 방안을 찾아 자신의 의견을 덧붙이기 때문이다. 앞으로 수험생들이 분석적, 비판적, 창의적 사고력을 바탕으로 한 논제 유형을 많이 만들어 보면 좋다. 수험생 스스로 문제 만들기를 통해 출제자의 의도를 쉽게 파악할 수 있기 때문이다.

"덩더덩더덩더쿵!"
"얼쑤!"

첨삭● ● ●

논술 답안을 논술 선생님의 '!, ?'로 창의적인 첨삭을 받아라!

우나의 논술답안과 첨삭

<가>와 <나>의 문제점은 익명사회(匿名社會)는 무관심을 가중시킨다이다. <가>에서는 익명사회는 사람들을 비겁하게 하고, 위선적이며 무책임한 존재로 만들 개연성이 있다는 것이다. 또한 익명의 힘은 집단적 자아도취를 생성시켜 사회구성원의 우중화(愚衆化)를 초래한다는 점도 강조한다. <나>는 국민 감동에 대한 정치인의 무관심이 더 심각하다고 말한다. 1) 정치인들의 연설은 감동이 없어 찾지 않지만 가수 조용필 씨의 노래에는 팬들이 공연장을 찾는다고 한다.(?) 조용필의 노래에는 감동이 있다. 서민들이 조용필 공연장에선 신명을 냈고 걱정도 털어냈다는 것을 정치인들이 알아야 한다는 내용이다. 2) '익명사회(匿名社會)의 무관심'의 해결 방안은 <다>의 '의사소통이 인기비결이다'를 참고하면 좋다.(!) <다>는 시청자들이 '엄마가 뿔났다'의 드라마와 의사소통을 통해 자아 찾기와 대리 만족을 주었다는 것이다. 시청자와의 공감의 의사소통은 '엄뿔'의 인기비결이다. 익명사회의 무관심은 의사소통의 단절로 이어져 죽음을 부른다. 아이디의 자유로움이 악플의 동기가 되면 다른 사람에게 죽음이 된다. 3) 익명사회의 아이디에 인간적인 정체성을 담아야 한다.(?) 나아가 익명사회의 자신의 이름이 아이디가 되어야 한다.

답안의 내용을 잘 적었다. 핵심적인 내용을 잘 제시하여 설득력을 높였다. 그러나 논술의 고수도 실수를 저지르는 법이다. '않지만'의 역접 부분은 강조의

기법이다. 강조하는 핵심의 내용이 역접의 뒤에 배치해야 하는 것이다.

얼쑤! 선생은 말했다.

"1)의 문장에는 (?)표가 붙었다. 그 이유를 노트에 적어 볼까?"

우나는 (?)표의 암시가 있기에 자신의 잘못을 쉽게 찾았다. 볼펜을 들었다. 입가에 웃음을 지었다.

"2)의 문장에 (?)표가 붙은 이유는, 강조하는 부분의 위치를 잘못 배치했기 때문이다. 내용의 흐름 상 '정치인의 국민에 감동에 무관심한 것'이 핵심이다. 뒤에 써진 '가수 조용필의 감동적인 노래는 대조를 위해 끌어들인 것이다. 그렇다면 그 내용을 서로 바꾸어야 한다."

얼쑤! 선생의 추임새가 터졌다.

"덩더덩더덩더쿵!"
"얼쑤!"

▶1 정치인들의 연설은 감동이 없어 찾지 않지만 가수 조용필 씨의 노래에는 팬들이 공연장을 찾는다고 한다.(?)

▶1 가수 조용필 씨의 노래에는 팬들이 공연장을 찾지만 정치인들의 연설은 감동이 없어 찾지 않는다고 한다.(!)

우나는 말을 이었다.

"2)의 문장이 (!)표인 이유는, 논제가 요구하는 내용의 핵심을 제시했기 때문이다. 답안의 첫째 문단은 논제의 요구인 제시문의 <가>와 <나>의 문제점을 분명하게 제시했다. 답안의 두 번째 문단은 <다>를 참고한 해결 방안을 제시했다. 답안이 균형적으로 내용을 전개시켜 논제를 충분히 수용하여 설득력을 높인 것이다."

"좋다. 그렇지!"

얼쑤! 선생의 추임새다.

2)의 (?)의 이유에 (!)표를 붙였다. 얼굴이 밝아졌다. 자신감이 번뜩였다.

얼쑤! 선생은 말을 했다.

"얼쑤! 선생은 3)에 (!)표를 준 것이 아니라 (?)표를 주었다. 그 이유를 생각해 내기가 어려울 것이다."

"덩더덩더덩더쿵!"

"얼쑤!"

힘을 실어주기 위해 추임새를 넣었다. 우나는 고민에 잠겼다. 아무리 생각해도 (?)의 이유가 나오지 않았다.

"'익명사회의 대표인 아이디'라고 고쳐야 분명한 문장이 된다."

우나는 얼쑤! 선생의 눈치를 살폈다.

얼쑤! 선생은 (?)표를 찍었다. 우나는 10여분을 고민했다. 어느 순간 얼굴이 밝아졌다. 우나는 노트에 (?)의 이유를 적기 시작했다.

"3)의 문장은 앞 문장의 이유로 제시돼야 한다. 논리적인 관계가 설득력의 요인이라면 3)의 문장도 앞문장과 논리성을 보여주어야 한다."

얼쑤! 선생의 얼굴에 미소가 돌았다. (!)표가 찍혔다.

▶ 3 익명사회의 아이디에 인간적인 정체성을 담아야 한다.(?)
▶ 3 익명사회의 아이디에 인간적인 정체성을 담아야 하기 때문이다.(!)

다시 쓴 답안

<가>와 <나>의 문제점은 익명사회(匿名社會)는 무관심을 가중시킨다이다. <가>에서는 익명사회는 사람들을 비겁하게 하고, 위선적이며 무책임한 존재로 만들 개연성이 있다는 것이다. 또한 익명의 힘은 집단적 자아도취를 생성시켜 사회구성원의 우중화(愚衆化)를 초래한다는 점도 강조한다. <나>는 국민 감동에 대한 정치인의 무관심이 더 심각하다고 말한다. 1) <u>정치인들의 연설은 감동이 없어 찾지 않지만 가수 조용필 씨의 노래에는 팬들이 공연장을 찾는다고 한</u>

다.(?) 조용필의 노래에는 감동이 있다. 서민들이 조용필 공연장에선 신명을 냈고 걱정도 털어냈다는 것을 정치인들이 알아야 한다는 내용이다.

'익명사회(匿名社會)는 무관심'의 해결 방안은 <다>의 '의사소통이 인기비결이다'를 참고하면 좋다. <다>는 시청자들이 '엄마가 뿔났다'의 드라마와 의사소통을 통해 자아 찾기와 대리만족을 주었다는 것이다. 시청자와의 공감의 의사소통은 '엄뿔'의 인기비결이다. 익명사회의 무관심은 의사소통의 단절로 이어져 죽음을 부른다. 아이디의 자유로움이 악플의 동기가 되면 다른 사람에게 죽음이 된다. <u>익명사회의 아이디에 인간적인 정체성을 담아야 하는 이유다.</u> 나아가 익명사회의 자신의 이름이 아이디가 되어야 한다.

"덩더덩더덩더쿵!"
"얼쑤!"

그 후 이야기

'스스로논술학습법'을 3단계까지 마쳤다.

얼쑤! 선생으로부터 우나와 수식은 '논술의 고수'의 칭호를 받았다. 그 후 10여일은 우나와 수식은 대입논술 모의고사와 논술기출문제에 매달렸다. 들려오는 얘기로는 논술문제가 쉽게 느껴진다는 것이다. 자신들이 스스로 논술의 제시문을 선택하고 문제 유형을 익혀서 만들 정도였으니 기출문제는 쉬운 것은 당연했다. 술술 답안을 작성했다고 한다.

답안을 작성하여 얼쑤! 선생을 찾아왔을 때 얼굴이 밝아 보였다. 보여준 실전 문제의 답안의 문장은 짧고 세련됐다. 또한 논제가 요구하는 것을 핵심으로 첫 문장에 확실하게 적었다. 답안의 첫 문장에 핵심 내용을 분명하게 제시하니 평가자가 읽기도 편했다. 두괄식의 매력이 빛을 발했다. 사례는 일상의 주변에서 발굴한 것으로 주장에 대한 논거로 참신하게 작용했다. 격려해주었다.

며칠 후, 우나와 수식은 대입 논술시험을 보러 갔다. 둘 다 명문대에 시험을 쳤다. 자신이 반드시 가고 싶어했던 대학이었다. 그러나 각기 다른 대학으로 날

짜가 달랐다.

얼쑤! 선생은 시험보기 전에 불렀다. 식사를 하기 위해서다. 우나는 초밥을 좋아했고 수식은 추어탕을 원했다. 둘 다 고집이 세었다. 그런데 한 식당에 두 가지의 다른 메뉴가 있을 리가 없었다. 초밥과 추어탕은 질이 전혀 달랐기 때문이다.

"불고기를 먹으러 가자."

"덩더덩더덩더쿵!"
"얼쑤!"

지하철의 소리가 들리는 곳에서 목소리가 나왔다. 휴대폰을 귀에 바짝 댔다. 우나의 가녀린 목소리가 들렸다.

"얼쑤! 선생님. 저예요. 논술 시험이 끝났어요. 집으로 가는 중이예요. 지하철 계단을 내려가고 있어요. 날씨가 춥네요."

'시험 문제가 뭐가 나왔니?'하고 물으려다 입을 닫았다. 일단 시험은 끝난 것이고, 우나는 집으로 돌아가고 있었다.

순간적인 전화가 끝났다.

그 후 한참까지 얼쑤! 선생의 마음에 지하철 소리가 덜컹거리고 있었다. 우나는 어둠 속에서 부르짖고 있었다. 논술만을 향해 달려왔던 우나, 의지력이 빛났다. 짧지만 긴 통화였다.

얼쑤! 선생은 합격기원의 추임새를 보냈다.

"덩더덩더덩더쿵!"
"얼쑤!"

다음 날이다. 날씨가 맑았다. 시험이 끝났을 텐데 수식은 소식이 없다.

'어째 소식이 없을까?'

그 때 휴대폰이 드르륵 울렸다. 문자를 보냈다.

'수식이다!' 속으로 외쳤다.

"시험을 끝내고 집에 와 있습니다. 수식이."

남 속 타는 줄을 모르고 태연했다. 그러나 수식의 밝은 모습이 떠올랐다.

얼쑤! 선생은 급했다. 휴대폰의 문자를 눌렀다.

"시험 문제가 뭐가 나왔는데?"

짧은 대답이 찍혔다.

"기억이 안나요."

역시 수식에게도 합격기원의 추임새를 보냈다.

"덩더덩더덩더쿵!"

"얼쑤!"

한 줄로 밝히고 싶다.

'지금 우나와 수식이 대학에 잘 다니고 있다.'

우나와 수식이는 '스스로논술학습법'으로 논술 과외까지 하면서,

"얼씨구 좋다!"

대한민국 1%를 위한 교육
이지논술닷컴